U0822474

国家级一流本科课程（线上线下混合式一流课程）教材

CRIMINAL PROCEDURE LAW

刑事诉讼法（修订版）

主编

彭海青　庞华玲

撰稿人（以撰写章节先后为序）

彭海青　肖沛权　庞华玲　马云雪
杨锦炎　田力男　曾新华　郑　曦
初殿清　倪　润　赵琳琳　杨灵敏

法律出版社
LAW PRESS · CHINA
北京

图书在版编目(CIP)数据

刑事诉讼法 / 彭海青，庞华玲主编. -- 修订版. -- 北京：法律出版社，2023
ISBN 978 - 7 - 5197 - 7314 - 4

Ⅰ. ①刑… Ⅱ. ①彭… ②庞… Ⅲ. ①刑事诉讼法－中国 Ⅳ. ①D925.2

中国版本图书馆CIP数据核字(2022)第219143号

刑事诉讼法(修订版)
XINGSHI SUSONGFA(XIUDING BAN)

彭海青 庞华玲 主编

责任编辑 刘 琳
装帧设计 鲍龙卉

出版发行 法律出版社
编辑统筹 法律教育出版分社
责任校对 裴 黎
责任印制 刘晓伟
经 销 新华书店

开本 710毫米×1000毫米 1/16
印张 27.75 字数 543千
版本 2023年6月第1版
印次 2023年6月第1次印刷
印刷 永清县金鑫印刷有限公司

地址：北京市丰台区莲花池西里7号(100073)
网址：www.lawpress.com.cn
投稿邮箱：info@lawpress.com.cn
举报盗版邮箱：jbwq@lawpress.com.cn

销售电话：010 - 83938349
客服电话：010 - 83938350
咨询电话：010 - 63939796

版权所有·侵权必究

书号：ISBN 978 - 7 - 5197 - 7314 - 4
定价：66.00元

凡购买本社图书，如有印装错误，我社负责退换。电话：010 - 83938349

修订版前言

本书于2015年8月出版以来，我国刑事司法改革持续推进，尤其是2018年10月26日第十三届全国人民代表大会常务委员会第六次会议通过的我国刑事诉讼法的第三次修正案公布之后，随之相关法律和司法解释陆续发布，这促使本书的修订提上了议事日程。此外，人工智能时代的到来为我国智慧司法的产生与发展提供了契机，这也是本书修订所不能忽略的方面。由此，本书修订再版主要涉及以下三个方面的内容：

一是与刑事诉讼法相关的立法与司法改革。主要包括以审判为中心的刑事诉讼制度、刑事案件律师辩护全覆盖、人民陪审员制度、海上刑事案件管辖制度、死刑复核与执行程序中当事人合法权益保障等。

二是2018年刑事诉讼法修订的内容。主要是认罪认罚从宽原则的确立与制度完善、人民检察院侦查权的调整、监察法与刑事诉讼法的衔接、速裁程序与缺席审判程序的建立、刑事诉讼法与监察法的衔接等。

三是智慧司法的相关内容。主要是在线刑事诉讼的产生、概念、基本原则、适用条件、身份认证、电子材料提交、在线庭审的主要程序规则与纪律、妨害在线诉讼的处罚以及在线诉讼数据保护，以及公安司法机关、纪检监察机关、律师事务所等的信息化建设等。

本书修订再版在编写方法上也做了与人工智能时代适应性的创新性改变，试图打造一部能够适应人工智能时代法科生学习与法律职业新需求的刑事诉讼法教材。

第一，引入思维导图。本教材运用XMind思维导图软件将教材的主要内容以思维导图形式展现出来，使于读者通过阅览该图知晓与了解本书各章关键词及相互关系，理顺思维逻辑，从而有助于提升学习质效。

第二，依托慕课资源。笔者依托2019年北京理工大学教育教学建设项目——信息技术与教学深度融合专项，建成了“刑事诉讼法”慕课，于2019年12月在爱课程（中国大学MOOC）平台上线。本教材修订也将对应章节的慕课资源一并更新，便于读者通过学习慕课更深入理解教材内容。

第三，设置微信公众号。本教材修订时，设置微信公众号，及时推送刑事诉讼法理论研究与司法实务前沿著述，帮助读者拓宽学习视野，及时跟进学界与事务界最新发展动态。

第四，建立微信小程序。本教材修订时，设置微信小程序，与微信公众号关联，实现作者们与读者的实时联系与沟通，帮助作者实时了解刑事诉讼法律规范与司法实务的有关讯息。

本书撰稿人均参与了原稿的修订，再版增加的第二十四章、第二十七章由彭海青撰写；再版增加的第三十章由北大英华科技有限公司杨灵敏总监撰写。由于章节变动，加之部分撰稿人的工作单位信息发生了变化，在此对人员分工更新如下：

彭海青：北京理工大学法学院教授，法学博士、博士后。撰写第一、二、十六、十八、二十、二十一、二十四、二十七章；

肖沛权：中央政法大学刑事司法学院教授，法学博士，撰写第三、八、十七章；

庞华玲：北京理工大学法学院副教授，撰写第四、七、十、十一章；

马云雪：北京中银律师事务所律师，法学博士，撰写第五、二十五章；

杨锦炎：北京市社会科学院社会治安综合治理研究所研究员，法学博士、博士后，撰写第六章；

田力男：中国人民公安大学法学院副教授，法学博士，撰写第九、十九章；

曾新华：对外经贸大学法学院副教授，法学博士、博士后，撰写第十二、十三章；

郑　曦：北京外国语大学法学院教授，法学博士、博士后，撰写第十四、十五章；

初殿清：北京航空航天大学法学院副教授，法学博士，撰写第二十二、二十三章；

倪　润：中国政法大学诉讼法学研究院副教授，法学博士，撰写第二十六章；

赵琳琳：澳门科技大学法学院课程主任、副教授，法学博士，撰写第二十八、二十九章；

杨灵敏：北大英华科技有限公司总经理助理兼市场营销总监，工程师，撰写第三十章。

本教材修订有幸得以入选北京理工大学设立“十三五”（2018—2019）规划教材项目。2023年5月，本人主讲的“刑事诉讼法”被教育部认定为“第二批国家级一流本科课程（线上线下混合式一流课程）”，本书系刑事诉讼法课程的主要教材。衷心感谢北京理工大学教务部朱元捷、刘畅主任以及北京理工大学法学院李寿平院长、张瑜书记、郭德忠副院长等领导们一直以来对于刑事诉讼法课程的慕课建设、研究型课程建设以及本教材编辑出版、修订版工作的大力支持与指导！

北京大学张力行教授（“北大法宝”的创始人）、北大英华科技有限公司杨灵敏总监、晏翀博士对于本教材中人工智能、司法大数据等内容与方法的融入献计献策并积极参与，为本教材智能化特色的打造发挥了关键作用，在此表示深深谢意！

法律出版社的刘琳编辑为本书的修订再版出谋划策，一如既往地全身心付出辛劳，在此表示诚挚的谢意！

北京理工大学法学院硕士研究生李晨睿、崔闻思、崔海玉、张立华、于坤、戈治文、刘禹池等承担了文字校对、司法考试真题与扩展阅读书目核查等工作，在此一并表示感谢！

彭海青

2023 年 6 月 6 日于北京理工大学良乡校区至善园

前　言

2012年3月14日,第十一届全国人民代表大会第五次会议通过了我国《刑事诉讼法》修正案,于2013年1月1日起实施。两年多来,伴随这部《刑事诉讼法》的出台及实施,有关司法解释不断发布,刑事司法实践也因之发生了较大变化。为此,作为法学专业本科生、法律硕士研究生等教学参考的刑事诉讼法教材中的知识内容亟须更新。在此背景下,我们组织编写了这本教材。

本书的编写紧紧围绕教育部制定的刑事诉讼法教学大纲的要求,并考虑学生学习的需要以及法律职业的需求,努力体现以下三个特色:

1. 本土性。本书立足本土,倾力介绍与阐释我国现行《刑事诉讼法》及有关司法解释所规定的刑事诉讼原则、制度、程序的内容,客观展示我国刑事诉讼法律规范及司法实践的原貌。鉴于我国刑事诉讼法律规范主要是对本土司法实践需求的回应,刑事诉讼制度中国模式的轮廓日益清晰,也因篇幅所限,本书未着笔墨于外国法的有关内容。这是与以往刑事诉讼法教材相比的特色之一。比如刑事证据规则部分,由于以前我国刑事证据规则方面的规定不多,以往教材偏重于对英美法系证据规则的介绍,而2010年"两院三部"《办理死刑案件证据规定》和《非法证据排除规定》出台以后,我国刑事证据规则的状况得以大大改观,认真梳理与学习这些刑事证据规则比了解英美法系证据规则更具现实意义。也就是说,我国刑事诉讼法律规范的完善为刑事诉讼法教材本土性定位的实现奠定了基础。

2. 前沿性。本书关注前沿问题:首先,关注刑事诉讼法律规范前沿。及时掌握新法,更新知识,对于法律学习者至关重要,因此本书在编写过程中,对于新旧法律规范细心甄别,以最新的法律规范作为参考资料。本书的写作依据是最新修订的《刑事诉讼法》以及最新发布的司法解释,资料更新至2015年4月30日。其次,关注国家司法考试前沿。国家司法考试是检验法律学习效果的重要标准,也是从事法律职业的"敲门砖"。本书部分章后所附的"案例精选",都是从近几年有关刑事诉讼法的司法考试真题中精心选取的,并辅之答案与解析,给学生及早提供国家司法考试方面的指引。最后,关注学术研究前沿。学术研究是法律学习的最高层次,为开拓学习视野,启发研究思维,每章附设"扩展阅读",选取能够反映学术研究新视角、新观点、新方法的专著和论文。

3. 创新性。本书注重体例编排的创新性:一方面,将本书内容划分为总论、主体论、原则论、制度论、程序论、特别程序论以及附论七个部分,以明确本书的结构,也明确刑事诉讼法知识体系的结构。另一方面,每章前设“本章知识要点”,以提示本章学习的主要知识点;部分章后设“案例精选”、“思考问题”、“法条链接”以及“扩展阅读”,以配合本章主旨内容的学习。

本书的撰稿人为活跃在刑事诉讼法教学一线的中青年教师,均具有法学博士学位,绝大多数还具有博士后研究和海外留学背景,系典型的“学院派”。

本书撰稿人简介及分工如下(以撰写的章节先后为序):

彭海青:北京理工大学法学院诉讼法学研究所所长、副教授,法学博士、博士后,撰写第一、二、十六、十八、二十、二十一章;

肖沛权:中央民族大学法学院讲师,法学博士,撰写第三、八、十七章;

庞华玲:北京理工大学法学院副教授,撰写第四、七、十、十一章;

马云雪:中国社会科学院法学研究所博士后研究人员,法学博士,撰写第五、二十四章;

杨锦炎:北京市社会科学院社会治安综合治理研究所助理研究员,法学博士、博士后,撰写第六章;

田力男:中国人民公安大学法学院讲师,法学博士,撰写第九、十九章;

曾新华:对外经贸大学法学院讲师,法学博士、博士后,撰写第十二、十三章;

郑　曦:北京外国语大学法学院副教授,法学博士、博士后,撰写第十四、十五章;

初殿清:北京航空航天大学法学院讲师,法学博士,撰写第二十二、二十三章;

倪　润:中国政法大学诉讼法学研究院讲师,法学博士,撰写第二十五章;

赵琳琳:澳门科技大学法学院课程主任、副教授,法学博士,撰写第二十六、二十七章。

为加强教材建设工作,进一步促进学校教学改革的深入开展和教学质量的提高,结合当前高等教育发展的新形势和学校自身发展的要求,鼓励教学一线的教师编写一批有特色、质量高、适合实际教学需求的教材,北京理工大学设立“十二五”(2014—2015)规划教材项目。本教材有幸得以入选该项目。在此对北京理工大学对本书编写出版的大力支持表示感谢!

法律出版社的刘琳编辑为本书的出版忙碌、辛劳,在此表示诚挚的谢意!

北京理工大学法学院诉讼法专业的研究生李欣、郭珊、孙倩、陈正雄、何津津等承担了文字校对、司法考试真题与扩展阅读书目核查等工作,在此一并表示感谢!

作为集体智慧的结晶,本书饱含大家对刑事诉讼法教学工作的热心、真情与责任感，期望本书的出版可对我国刑事诉讼法学科建设与我国刑事诉讼法治的发展贡献薄力。同时，不能避讳的是，尽管数易其稿，字斟句酌，由于时间与水平所限，错漏恐难以避免，诚请广大读者予以反馈、批评，以便于我们日后改进。

彭海青

2015 年 5 月

法律文件全称简称对照表

全称	简称
《中华人民共和国宪法》(1982 年)	《宪法》
《中华人民共和国刑事诉讼法》(1979 年)	1979 年《刑事诉讼法》
《中华人民共和国刑事诉讼法》(1996 年)	1996 年《刑事诉讼法》
《中华人民共和国刑事诉讼法》(2012 年)	2012 年《刑事诉讼法》
《中华人民共和国刑事诉讼法》(2018 年)	《刑事诉讼法》
《中华人民共和国刑法》(1997 年)	《刑法》
《中华人民共和国监察法》(2018 年)	《监察法》
《中华人民共和国人民陪审员法》(2018 年)	《人民陪审员法》
《中华人民共和国法律援助法》(2021 年)	《法律援助法》
《中华人民共和国立法法》(2015 年)	《立法法》
《中华人民共和国律师法》(2017 年)	《律师法》
《中华人民共和国人民警察法》(2020 年)	《人民警察法》
《中华人民共和国反间谍法》(2014 年)	《反间谍法》
《中华人民共和国人民法院组织法》(2018 年)	《人民法院组织法》
《中华人民共和国人民检察院组织法》(2018 年)	《人民检察院组织法》
《中华人民共和国全国人民代表大会和地方各级人民代表大会代表法》(2015 年)	《全国人民代表大会和地方各级人民代表大会代表法》
《中华人民共和国国家赔偿法》(2012 年)	《国家赔偿法》
《中华人民共和国监狱法》	《监狱法》
《中华人民共和国未成年人保护法》	《未成年人保护法》
《中华人民共和国预防未成年人犯罪法》	《预防未成年人犯罪法》
《中华人民共和国国际刑事司法协助法》	《国际刑事司法协助法》
最高人民法院、最高人民检察院、公安部、国家安全部、司法部、全国人大常委会法制工作委员会《关于实施〈中华人民共和国刑事诉讼法〉若干问题的规定》(2012 年)	六机关《规定》

最高人民法院《关于适用〈中华人民共和国刑事诉讼法〉的解释》(2021 年)	最高法《解释》
最高人民检察院《人民检察院刑事诉讼规则(试行)》(2019 年)	最高检《规则》
公安部《公安机关办理刑事案件程序规定》(2020 年)	公安部《规定》
最高人民法院、最高人民检察院、公安部、国家安全部、司法部《关于办理死刑案件审查判断证据若干问题的规定》(2010 年)	“两院三部”《办理死刑案件证据规定》
最高人民法院、最高人民检察院、公安部、国家安全部、司法部《关于办理刑事案件排除非法证据若干问题的规定》(2010 年)	“两院三部”《非法证据排除规定》

目　录

第一编　总　论

第二编　主　体　论

第三编 原 则 论

第四编 制 度 论

第五编 程 序 论

第六编　特别程序论

第七编　附　　论

第一编　总　论

第一章 概 述

本章知识要点

刑事诉讼与刑事诉讼法的基本知识是刑事诉讼理论、原则、制度、程序等内容的逻辑起点。本章主要介绍了刑事诉讼的概念、特征、阶段、刑事诉讼与非诉讼解纷方式、刑事诉讼法的概念、性质、渊源、任务及与相邻部门法的关系等内容。

第一节 刑 事 诉 讼

一、刑事诉讼的概念和特征

《尚书·尧典》中记载:"帝曰:'呼!嚣讼,可乎?'"这说明在我国尧舜禹时期就产生了诉讼。根据《说文解字》的解释,"诉,告也","讼,争也。"但是,在我国古代的典籍中,"诉"和"讼"二字长期以来是分开使用的,直到元代刑律《大元通制》中才出现"诉讼"一词,但其内容规定的是有关控告犯罪的问题,与现代意义上的诉讼并不完全相同。中国近代所使用的"诉讼"是清末变法时期从日本引进的。而日本则是由于明治维新时代学习欧美法制,把 Procedure 翻译为"诉讼"。

诉讼就是一方控告,另一方争辩,请求国家机关解决争议。在解决社会冲突的手段中,诉讼是一种最为常规、最为规范、效力最为明显的手段,是从"私力救济"向"公力救济"过渡的基本标志。[1]

在我国,诉讼可分为刑事诉讼、民事诉讼和行政诉讼三种类型。我国的刑事诉讼是指国家专门机关在当事人及其他诉讼参与人的参加下,依照法律规定的程序,惩罚犯罪,保障人权,维护国家、社会秩序的活动。我们可以从刑事诉讼的主持者、参加者、法律要求、目的等方面分析刑事诉讼的特点,以进一步理解刑事诉讼的内涵。

第一,刑事诉讼的主持者是国家专门机关,这表明刑事诉讼是一种国家司法活

[1] 参见顾培东:《社会冲突与诉讼机制》,中国法制出版社 2004 年版,第 39 页。

动。刑事诉讼中的国家机关包括人民法院、人民检察院、公安机关、国家安全机关、监狱等。这些机关在刑事诉讼的不同阶段发挥主导作用,分工负责,相互配合,相互制约,共同完成刑事诉讼的任务。

第二,刑事诉讼的参加者是刑事诉讼中的诉讼参与人,包括当事人和其他诉讼参与人。其中当事人包括犯罪嫌疑人、被告人、被害人、自诉人、附带民事诉讼的原告人和被告人等;其他诉讼参与人包括诉讼代理人、辩护人、证人、鉴定人、见证人、翻译人员等。当事人是为维护个人的利益参与到刑事诉讼中来的,而其他诉讼参与人与案件并没有直接的利害关系,其参与刑事诉讼或者是为了帮助查清案件事实,或者是为了维护某一方当事人的合法利益等。当事人和其他诉讼参与人参与刑事诉讼是诉讼民主、文明的体现。

第三,刑事诉讼应当依照法律规定的程序进行,这是法治原则在刑事诉讼中的体现。国家专门机关和诉讼参与人都应当依照刑事诉讼法及相关法律规范的规定行使权力、权利,履行责任、义务。

第四,刑事诉讼的目的是惩罚犯罪,保障人权,维护国家、社会秩序。刑事诉讼产生的直接原因是发生了犯罪行为,而犯罪行为侵犯了公民个人利益或者国家利益,人们赖以生活、学习、工作的社会秩序遭到了破坏,因而需要查清犯罪事实,发现、揭露、追究、惩罚犯罪人,保护被害人、一般公民、国家的利益,维护社会秩序。

二、刑事诉讼的阶段

刑事诉讼是三种诉讼中最复杂的一种诉讼类型,这是由刑事案件的复杂性决定的。刑事诉讼从开始到结束是由若干个依次进行、相对独立、相互衔接的环节构成的,我们可以称为“诉讼阶段”。我国的刑事诉讼大致可以划分为以下五个阶段:立案、侦查、起诉、审判和执行。其中审判阶段又可以分为一审、二审和审判监督阶段,对于死刑案件还要经历死刑复核阶段。

我国刑事诉讼阶段的划分主要是以下列四项标准为依据的:

一是专门机关。专门机关是刑事诉讼的主持者,在不同的诉讼阶段,主持机关有所不同。主持立案、侦查阶段的专门机关主要是公安机关;主持审查起诉阶段的专门机关是人民检察院;主持审判阶段的专门机关是人民法院。但主持执行阶段的机关根据刑罚的种类有所不同,包括看守所、监狱、公安机关、人民法院等。

二是诉讼任务。每个诉讼阶段有其相对独立的诉讼任务。立案阶段的任务是确定是否有犯罪事实发生并需要追究刑事责任;侦查阶段的任务是查明案件事实、抓获犯罪嫌疑人;审查起诉阶段的任务是确定案件是否应当向人民法院提起诉讼;审判阶段的任务是确定被告人的刑事责任;执行阶段的任务是将裁判文书的内容付诸实施。

三是诉讼方式。每个阶段由于其诉讼任务不同,诉讼方式也不相同。侦查阶段保密性要求比较高,除特殊需要,比如通缉、邀请见证人等,一般是不向社会公开的。这一方面是为了防止有关人员隐匿、毁灭、伪造证据,防止证人串供,保障侦查工作的顺利进行;另一方面犯罪嫌疑人仅仅涉嫌犯罪,并不一定是真正的罪犯,过早公开会对其产生不良的社会影响。审查起诉阶段在一定程度上向社会公开,主要体现在允许人民监督员参与审查起诉工作。在审判阶段,公开审判是刑事诉讼法的基本原则与制度,审判活动完全向社会公开,允许公民旁听,允许视频直播庭审。

四是诉讼文书。每个诉讼阶段结束时,主持这一阶段的国家专门机关都要做出相应的诉讼文书,表示已经完成本阶段的诉讼任务。这些诉讼文书也是区分诉讼阶段的重要标志。立案阶段结束时的诉讼文书是不予立案通知书、刑事案件立案报告书等;侦查阶段结束时的诉讼文书是起诉意见书、撤销案件决定书等;审查起诉活动结束时的诉讼文书为起诉书、不起诉决定书;审判活动结束时的诉讼文书为判决书、裁定书;执行活动结束时的诉讼文书为刑满释放证明书等。

三、刑事诉讼与非诉讼解决方式

在我国,刑事诉讼是解决刑事案件的方式,但并非唯一的方式,调解、和解、自决(私了)等也能够发挥解决刑事案件的作用。

刑事调解,是指发生犯罪行为后,中立的第三方依据一定的规范,采用说服、教育、劝导等方式使当事人双方能够互谅互让,自愿达成协议,解决刑事争议。刑事调解包括诉讼内调解与诉讼外调解两种方式。诉讼内调解,是指在公安机关、人民检察院、人民法院的主持下,当事人双方互谅互让,自愿达成协议,解决刑事争议。诉讼外调解是指在公民、社会组织等的主持下,当事人双方互谅互让,自愿达成协议,解决刑事争议。在我国,人民调整委员会调解发挥着越来越重要的作用,通常是对犯罪嫌疑人、被告人、被害人具有调解意愿的轻伤害案件,公安机关、人民检察院、人民法院委托基层调解委员会促使双方达成调解协议,不再追究犯罪嫌疑人、被告人的刑事责任。

刑事和解,是指在刑事诉讼中,犯罪嫌疑人或被告人与被害人及其亲属以认罪、赔偿、道歉等方式达成谅解与协议,国家专门机关不再追究犯罪嫌疑人、被告人刑事责任或者对其从轻处罚的一种案件处理方式。为了规范刑事和解程序,2012年《刑事诉讼法》新增加了 项特别程序,即"当事人和解的公诉案件诉讼程序"。

刑事自决,俗称"私了",是指刑事案件的诉讼双方不经过国家专门机关而自行协商解决冲突。由于自决具有快捷、不伤和气等优点,成为当事人乐于选择的方式。

刑事调解、和解与自决等非诉讼解决冲突的方式相对于刑事诉讼方式而言具有省时、省钱、不伤和气、有效化解心理对抗等优势,因而颇受欢迎。但是,非诉讼解决方式也还存在当事人利益保护打折扣、非自愿性保障不足等缺陷,尤其是在自决方式下,加害人和被害人的权利都难以得到法律保护。虽然刑事诉讼化解冲突主体情绪和心理对抗的作用不突出,但在维护合法权利以及强制义务的实现,维护法律秩序尊严方面的效用却为其他手段所不及。调解、和解、自决等其他手段之所以能够产生一定的效力,很大程度上源于诉讼及其暴力强制的存在。现代诉讼制度正以提高社会接受度为宗旨而不断完善,从而为弥补诉讼功能的缺陷提供了可能。[2]

第二节　刑事诉讼法

一、刑事诉讼法的概念和性质

刑事诉讼法是国家制定的规范国家专门机关在当事人及其他诉讼参与人的参加下,依照法律规定的程序,惩罚犯罪,保障人权,维护国家、社会秩序活动的法律规范的总和。

按照不同的标准,刑事诉讼法可以归属于不同的法律分类体系,[3]从中可以发现刑事诉讼法的性质。

一是基本法律。以法的地位、效力、内容和制定的程序为标准对法律进行分类,法可以分为根本法和普通法。根本法是指在整个法的形式体系中居于最高地位的一种规范性文件。我国属于单一制国家,根本法指宪法。普通法是指宪法以外的所有法。普通法又可分为基本法律和其他法律。基本法律是由全国人民代表大会制定和修改的法律,其他法律是由全国人民代表大会常务委员会制定和修改的法律。刑事诉讼法是由全国人民代表大会制定和修改的法律,属于基本法律。

二是一般法。以法的适用范围为标准可以将法律分为一般法和特别法。一般法是指对一般人、一般事项、一般时间、一般空间范围有效的法;特别法指对特定的人、特定的事项有效,或在特定区域、特定时间有效的法。刑事诉讼法对于一般人、一般事项、一般时间、一般空间范围都有效,属于一般法。

三是程序法。以法所规定的内容不同为标准,法可以分为实体法和程序法。实体法是指以规定主体的权利、义务关系或职权、职责关系为主要内容的法。程序法是指以保证主体的权利和义务得以实现或保证主体的职权和职责得以履行所需程序或手续为内容的法。刑事诉讼法是以保证国家专门机关的职权和职责、诉讼参与人的权利和义务得以实现所需程序或手续的法律,属于程序法。

---

〔2〕 参见顾培东:《社会冲突与诉讼机制》,中国法制出版社 2004 年版,第 41 ~ 42 页。

〔3〕 有关法的分类参见张文显主编:《法理学》(第四版),北京大学出版社、高等教育出版社 2011 年版,第 58 ~ 59 页。

四是公法。以法所调整的社会关系为标准,法可以分为公法和私法。公法是调整国家之间、国家机关之间或国家机关与私人之间关系的法;私法是调整私人之间关系的法。刑事诉讼法是调整国家专门机关之间、国家机关与诉讼参与人之间的法律,属于公法。

二、刑事诉讼法的渊源

刑事诉讼法的渊源是指刑事诉讼法的创立方式及表现为何种法律文件形式。刑事诉讼法的渊源对于立法与执法都具有重要的意义。立法机关可以从中提取有关规则,上升为法律,降低立法成本,提升立法效果。司法机关可以在法律规范不能满足现实需要时,从中提取有关规则,运用到司法实践中去,弥补法律的不足。

在我国,刑事诉讼法的渊源主要包括以下内容:

1. 宪法

宪法是国家的根本法,通常规定了一个国家的国家性质、社会制度、经济制度、文化制度、国家政权组织形式、公民的基本权利和义务、国家机构的组织与活动原则等。宪法在一个国家法律体系中的效力是最高的,是立法的基础与根据,任何法律、法规都不得同宪法相抵触。我国《刑事诉讼法》第 1 条规定:"为了保证刑法的正确实施,惩罚犯罪,保护人民,保障国家安全和社会公共安全,维护社会主义社会秩序,根据宪法,制定本法。"制定(包括修改)刑事诉讼法以宪法为根据,包括两方面内容:一是对于刑事诉讼程序的规定,必须遵循和贯彻宪法规定原则,通过刑事诉讼法对于刑事诉讼行为的规范,体现宪法的原则和精神;对于宪法有关刑事诉讼程序的明确规定,在刑事诉讼法作出明确规定予以落实。二是刑事诉讼法的任务、原则以及具体规范都不得与宪法的原则和规定相抵触。[4]

2. 刑事诉讼法典

刑事诉讼法典是刑事诉讼法的核心渊源,其中全面规定了刑事诉讼法的立法目的、任务、基本原则、制度、程序等内容。中华人民共和国成立以来,我国共制定过以下四部刑事诉讼法典:

(1)1979 年《刑事诉讼法》。这是新中国成立以来的第一部刑事诉讼法典。它于 1979 年 7 月 1 日由第五届全国人民代表大会第二次会议通过、1980 年 1 月 1 日施行,共 164 条。这部《刑事诉讼法》确立了我国刑事诉讼的基本原则、制度、程序框架。

(2)1996 年《刑事诉讼法》。它于 1996 年 3 月 17 日由第八届全国人民代表大会第四次会议第一次修正、1997 年 1 月 1 日施行。修正后的条文共 225 条,比修正前增加了 61 条。主要修正的内容包括:确立了未经人民法院依法判决不得定罪的

---

〔4〕 参见郎胜主编:《中华人民共和国刑事诉讼法释义》(最新修正版),法律出版社 2012 年版,第 2 ~ 3 页。

原则、确立了人民检察院依法对刑事诉讼实行法律监督的原则,将律师参加诉讼活动的时间提前到侦查阶段、调整了检察机关自侦案件的范围、取消收容审查、废除免予起诉制度、在庭审中强化控辩双方的作用、增设简易程序,等等。

(3)2012 年《刑事诉讼法》。它于 2012 年 3 月 14 日由第十一届全国人民代表大会第五次会议第二次修正、2013 年 1 月 1 日施行。与修正前的《刑事诉讼法》相比,增、删、改共计 149 条,其中增加 66 条,修改 82 条,删除 1 条,修正后的条文共 290 条。主要修正的内容包括:增加"尊重和保障人权"的规定、赋予侦查阶段聘请的律师以辩护人地位、扩大法律援助适用的阶段和案件范围、增加规定"不得强迫任何人证实自己有罪",确立非法证据排除规则、要求对讯问过程进行录音或者录像、增加技术侦查等特殊侦查手段、完善第一审程序中证人、鉴定人出庭制度,扩大简易程序的适用范围、改革死刑复核程序、完善暂予监外执行制度、创立社区矫正制度;增设未成年人刑事案件诉讼程序,当事人和解的公诉案件诉讼程序,犯罪嫌疑人、被告人逃匿、死亡案件违法所得的没收程序,依法不负刑事责任的暴力型精神病人的强制医疗程序四种特别程序。

(4)2018 年《刑事诉讼法》。它于 2018 年 10 月 26 日由第十三届全国人民代表大会常务委员会第六次会议通过,自公布之日起施行。此次修法,调整和新增条款各 18 条,修正后的条文共 308 条。主要修正的内容包括:完善刑事诉讼法与监察法的衔接机制,调整人民检察院侦查职权、建立缺席审判制度以加强境外追逃追赃工作的力度和手段、完善认罪认罚从宽制度和增加速裁程序等。

3. 法律解释

《立法法》第 45 条规定:"法律解释权属于全国人民代表大会常务委员会。法律有以下情况之一的,由全国人民代表大会常务委员会解释:(一)法律的规定需要进一步明确具体含义的;(二)法律制定后出现新的情况,需要明确适用法律依据的。"法律解释可分为以下两类:

(1)全国人民代表大会及其常务委员会制定的法律中涉及刑事诉讼的规定。如《刑法》《人民法院组织法》《人民检察院组织法》《中华人民共和国国家安全法》《监狱法》《中华人民共和国法官法》《中华人民共和国检察官法》《律师法》《未成年人保护法》《未成年人犯罪预防法》《人民警察法》等。

(2)全国人民代表大会及其常务委员会就刑事诉讼有关问题所作的专门规定。如 2014 年 4 月 24 日第十二届全国人民代表大会常务委员会第八次会议通过的《关于〈中华人民共和国刑事诉讼法〉第七十九条第三款的解释》《关于〈中华人民共和国刑事诉讼法〉第二百七十一条第二款的解释》《关于〈中华人民共和国刑事诉讼法〉第二百五十四条第五款、第二百五十七条第二款的解释》等。

4. 司法解释

司法解释指最高人民法院和最高人民检察院分别就审判工作和检察工作中具

体应用法律的问题进行解释。由于我国刑事诉讼法的一些规定不够具体，需要通过更加具体的、具有可操作性的程序规范予以细化，以便贯彻执行。根据1981年6月全国人大常委会《关于加强法律解释工作的决议》的规定，全国人大赋予我国司法机关司法解释权，最高人民法院和最高人民检察院分别就审判工作和检察工作中具体应用法律的问题进行解释。这是司法机关进行司法解释的法律依据。2015年3月修改后的《立法法》规定："最高人民法院、最高人民检察院作出的属于审判、检察工作中具体应用法律的解释，应当主要针对具体的法律条文，并符合立法的目的、原则和原意。遇有本法第四十四条第二款规定情况的，应当向全国人民代表大会常务委员会提出法律解释的要求或者提出制定、修改有关法律的议案。最高人民法院、最高人民检察院作出的属于审判、检察工作中具体应用法律的解释，应当自公布之日起三十日内报全国人民代表大会常务委员会备案。最高人民法院、最高人民检察院以外的审判机关和检察机关，不得作出具体应用法律的解释。"根据该规定，最高人民法院、最高人民检察院的司法解释权得到了进一步的规范，地方司法机关的司法解释权被取消。

目前，我国的司法解释可以分为以下两类：

一是最高人民法院和最高人民检察院从整体上就刑事诉讼法适用中的问题作出全面解释，如2019年12月2日由最高人民检察院第十三届检察委员会第二十八次会议通过的《人民检察院刑事诉讼规则》、2020年12月7日最高人民法院审判委员会第1820次会议审议并通过的《关于适用〈中华人民共和国刑事诉讼法〉的解释》，等等。

二是最高人民法院和最高人民检察院就刑事诉讼法适用中某些具体问题作出解释。如2018年1月1日最高人民法院发布的《人民法院办理刑事案件排除非法证据规程（试行）》《人民法院办理刑事案件庭前会议规程（试行）》《人民法院办理刑事案件第一审普通程序法庭调查规程（试行）》，2019年9月1日最高人民法院发布的《关于死刑复核及执行程序中保障当事人合法权益的若干规定》，2018年7月3日最高人民检察院发布的《人民检察院公诉人出庭举证质证工作指引》，2018年11月24日最高人民检察院发布的《关于人民检察院立案侦查司法工作人员相关职务犯罪案件若干问题的规定》，等等。

还应当指出的是，除上述司法解释外，最高人民法院和最高人民检察院还联合公安部、国家安全部、司法部、全国人大常委会法制工作委员会等部门对刑事诉讼法的适用问题作出全面解释或就某些具体问题作出解释。如2016年10月1日最高人民法院、最高人民检察院、公安部联合发布的《关于办理刑事案件收集提取和审查判断电子数据若干问题的规定》，2018年10月1日最高人民法院、最高人民检察院联合发布的《关于办理虚假诉讼刑事案件适用法律若干问题的解释》，等等。

5. 行政法规和规章

行政法规指国务院颁布的行政法规中有关适用《刑事诉讼法》的规定。如2012年2月15日国务院第192次常务会议通过的《拘留所条例》。

规章指国务院下属各部门和其他部门就本部门业务工作中与刑事诉讼有关的问题所作的规定,如2020年7月20日公安部令第159号公布的《规定》(2020年修正)、2012年4月9日中华人民共和国司法部令第124号发布的《办理法律援助案件程序规定》,等等。

6. 地方性法规

地方性法规是指地方人民代表大会及其常务委员会根据本行政区域的具体情况和实际需要,在不同宪法、法律、行政法规相抵触的前提下,制定的有关刑事诉讼法方面的规定。如2020年6月3日湖北省第十三届人民代表大会常务委员会第十六次会议通过的《湖北省法律援助条例(2020修正)》、2017年3月30日江苏省人民代表大会常务委员会第二十九次会议通过的《江苏省预防未成年人犯罪条例》,等等。

7. 国际条约

国际条约是国家之间签订的有关政治、军事、经济或文化等方面的权利和义务的文书。按照缔约国的数量,国际条约可分为双边条约和多边条约。前者是指两个国家之间制定的有关政治、军事、经济或文化等方面的条约;后者通常指国际公约,是国际间有关政治、经济、文化、技术等方面的多边条约。公约通常为开放性的,非缔约国可以在公约生效前或生效后的任何时候加入。

中华人民共和国成立以来,我国缔结了大量与刑事诉讼法有关的国际条约。

在双边条约方面,包括《中华人民共和国政府和美利坚合众国政府关于刑事司法协助的协定》(2000年6月19日签订,2001年3月8日生效)、《中华人民共和国和俄罗斯联邦引渡条约》(1995年6月26日签署,1997年1月10日生效),等等。

在国际公约方面,主要分为以下两类:

一是有关人权保障的国际公约。目前中国已经加入和签署了27项国际人权公约,如《经济、社会及文化权利国际公约》(1997年10月签署,2001年3月27日批准,同年6月27日对中国生效)、《儿童权利公约》(1992年1月31日批准,同年4月2日对中国生效)、《禁止酷刑和其他残忍、不人道或有辱人格的待遇或处罚公约》(1986年12月12日批准,1988年11月3日对中国生效),等等。

二是有关预防和打击犯罪的国际公约。目前中国已经加入和签署的公约如《联合国打击跨国有组织犯罪公约》(2000年联大通过,2003年在我国生效)、《联合国反腐败公约》(2003年联大通过,2005年在我国生效),等等。

根据《条约法公约》,对于在主权平等、充分表达自己意愿基础上的各项有效条约各当事方必须按照公约的规定，善意地解释公约，忠实地履行公约义务。任何当事方都不得以任何借口违反条约的规定，不得从事违反条约目的和宗旨的任何活动，除情势发生变迁等特殊情况外，不得废弃公约规定的义务。如果不履行有关的公约义务，就构成国际不当行为，违约者应承担国际责任。

三、刑事诉讼法的任务

《刑事诉讼法》第 2 条规定："中华人民共和国刑事诉讼法的任务，是保证准确、及时地查明犯罪事实，正确应用法律，惩罚犯罪分子，保障无罪的人不受刑事追究，教育公民自觉遵守法律，积极同犯罪行为作斗争，维护社会主义法制，尊重和保障人权，保护公民的人身权利、财产权利、民主权利和其他权利，保障社会主义建设事业的顺利进行。"这是刑事诉讼法任务的规定。根据这一规定，刑事诉讼法的任务主要包括以下内容：

首先，准确、及时地查明犯罪事实，正确应用法律，惩罚犯罪分子，保障无罪的人不受刑事追究。准确、及时地查明犯罪事实是刑事诉讼法的首要任务，要求对犯罪事实、犯罪人的认定都要准确；在准确的基础上还要注意时间上不能拖延，否则有些证据会灭失，不利于查清案件事实。准确、及时地查明犯罪事实是正确应用法律，惩罚犯罪分子，保障无罪的人不受刑事追究的前提。正确应用法律，惩罚犯罪分子，保障无罪的人不受刑事追究是准确、及时地查明犯罪事实的基础上实现的刑事诉讼法的基本任务。正确应用法律既包括正确应用刑法对被告人定罪量刑，也包括严格遵守刑事诉讼法规定的原则、制度和程序。只有事实认定准确，适用法律正确，才能一方面使犯罪分子罚当其罪，得到应有的惩罚；另一方面保证不冤枉无罪的人，保障无罪的人不受刑事追究。

其次，教育公民自觉遵守法律，积极同犯罪行为作斗争。刑事诉讼虽然是一种国家活动，但需要当事人、其他诉讼参与人的参与，同时刑事诉讼中的各个阶段也不同程度地向社会公开，比如侦查阶段的通缉，审查起诉阶段的人民监督员参与，审判阶段的人民陪审员陪审、公民旁听、法庭直播、公开宣判等，通过这些活动宣传刑事法律，帮助公民理解犯罪的危害性与惩罚的严厉性，从而增强守法意识，提升与犯罪行为作斗争的自觉性。

最后，维护社会主义法制，尊重和保障人权，保护公民的人身权利、财产权利、民主权利和其他权利，保障社会主义建设事业的顺利进行。这是刑事诉讼法的根本任务。保障刑法的实施是制定刑事诉讼法的主要目的，刑事诉讼活动的开始是因为发生了最严重的违法行为——犯罪行为，而犯罪行为侵犯了公民的人身权利、财产权利、民主权利和其他权利，破坏了工作、学习、生活秩序，阻碍了社会主义建设事业的顺利进行。2012 年《刑事诉讼法》将宪法中"尊重和保障人权"的规定写进来，具有重大意义：一方面，体现了对宪法原则的贯彻落实；另一方面，体现了对与刑事诉讼有关的当事人、诉讼参与人，甚至罪犯等权利的全面保障，是程序观念与法治观念的重要更新。

四、刑事诉讼法与相邻部门法

刑事诉讼法是我国法律体系中的部门法之一,与其关系比较密切的其他部门法主要是宪法、刑法、民事诉讼法以及行政诉讼法。

1. 刑事诉讼法与宪法

宪法是刑事诉讼法制定的依据,刑事诉讼法与宪法的关系如此密切,以至于被称为“小宪法”。刑事诉讼法与宪法的关系主要体现在以下三个方面:

第一,宪法规定了刑事诉讼法的某些基本原则。宪法中某些国家机关办理案件时的规定被直接作为刑事诉讼法的基本原则。比如《宪法》第 130 条规定:“人民法院审理案件,除法律规定的特别情况外,一律公开进行。被告人有权获得辩护。”相应地,《刑事诉讼法》第 11 条规定:“人民法院审判案件,除本法另有规定的以外,一律公开进行。被告人有权获得辩护,人民法院有义务保证被告人获得辩护。”又如《宪法》第 140 条规定:“人民法院、人民检察院和公安机关办理刑事案件,应当分工负责、互相配合、互相制约,以保证准确有效地执行法律。”相应地,《刑事诉讼法》第 7 条规定:“人民法院、人民检察院和公安机关进行刑事诉讼,应当分工负责,互相配合,互相制约,以保证准确有效地执行法律。”

第二,宪法规定了刑事诉讼中专门机关的权力、诉讼参与人的权利及其关系等重要内容。国家机关的权力与公民的基本权利是宪法中的重要内容,而刑事诉讼法中涉及公安机关、人民检察院、人民法院等在办理刑事案件中的权力以及对诉讼参与人的生命权、自由权、财产权等基本权利的剥夺与限制。《宪法》第 131 条规定:“人民法院依照法律规定独立行使审判权,不受行政机关、社会团体和个人的干涉。”第 136 条规定:“人民检察院依照法律规定独立行使检察权,不受行政机关、社会团体和个人的干涉。”相应地,《刑事诉讼法》第 5 条规定:“人民法院依照法律规定独立行使审判权,人民检察院依照法律规定独立行使检察权,不受行政机关、社会团体和个人的干涉。”又如,《宪法》第 37 条规定:“中华人民共和国公民的人身自由不受侵犯。任何公民,非经人民检察院批准或者决定或者人民法院决定,并由公安机关执行,不受逮捕。禁止非法拘禁和以其他方法非法剥夺或者限制公民的人身自由,禁止非法搜查公民的身体。”第 39 条规定:“中华人民共和国公民的住宅不受侵犯。禁止非法搜查或者非法侵入公民的住宅。”相应地,《刑事诉讼法》第 80 条规定:“逮捕犯罪嫌疑人、被告人,必须经过人民检察院批准或者人民法院决定,由公安机关执行。”《刑事诉讼法》第 138 条规定:“进行搜查,必须向被搜查人出示搜查证。在执行逮捕、拘留的时候,遇有紧急情况,不另用搜查证也可以进行搜查。”第 139 条规定:“在搜查的时候,应当有被搜查人或者他的家属,邻居或者其他见证人在场。搜查妇女的身体,应当由女工作人员进行。”

第三,宪法的有些内容需要依赖刑事诉讼法实施。宪法中规定的国家机关的权力和公民的权利及其关系体现在具体案件中，因而其中有关刑事诉讼中国家专门机关权力、诉讼参与人权利及其关系需要依赖刑事诉讼法予以实施。比如《宪法》第 28 条规定："国家维护社会秩序，镇压叛国和其他危害国家安全的犯罪活动，制裁危害社会治安、破坏社会主义经济和其他犯罪的活动，惩办和改造犯罪分子。"又如《宪法》第 33 条规定："中华人民共和国公民在法律面前一律平等。国家尊重和保障人权。"这些规定都需要在刑事诉讼法的程序中予以实现。

2. 刑事诉讼法与刑法

在我国法律体系中，刑事诉讼法与刑法在位阶上都属于基本法律，没有高低之分。二者的关系可以这样理解：

一方面，刑事诉讼法对刑法的实施具有保障作用。

刑事诉讼法和刑法是程序法与实体法的关系。马克思曾对程序法与实体法的关系做了生动地说明："审判程序和法两者之间的联系如此密切，就像植物的外形和植物的联系，动物的外形和血肉的联系一样。审判程序和法应该具有同样的精神，因为审判程序只是法律的生命形式，因而也是法律的内部生命的表现。"[5]刑事诉讼法是程序法，刑法是实体法，实体法需要程序法的保障才能正确实施，刑法的任务需要依托刑事诉讼法的规范才能得以实施。《刑事诉讼法》第 1 条明确规定保证刑法的正确实施是制定刑事诉讼法的主要目的。

刑事诉讼法对刑法实施的保障作用主要表现在以下几个方面：

第一，刑事诉讼法确定了实施刑法的国家专门机关及其职权分工，从而为刑法的实施提供了组织保障。

第二，刑事诉讼法规定了一系列基本原则、制度和程序，为国家专门机关和诉讼参与人在刑事诉讼活动中的权力与责任、权利与义务的行使提供了依据，从而有助于保障刑法得以有序地实施。

第三，刑事诉讼法规定了运用证据的规则，有助于准确认定案件事实，从而有助于保障刑法在此基础上得以正确地实施。

第四，刑事诉讼法规定了一定的制度、程序，如期限制度、简易程序、调解制度等，有助于保障刑法得以高效率地实施。

另一方面，刑事诉讼法具有独立于刑法的价值。

刑事诉讼法的独立价值是指刑事诉讼法本身所具有的体现国家民主、文明等的现状和程度的价值。有时刑事诉讼法的实施并不与刑法的任务相一致，甚至阻碍、限制刑法的实施。比如，刑讯所获得的口供即使是真实的，有助于认定案件事实，定罪量刑，符合刑法的任务要求，也应当被排除，因为其违反了《刑事诉讼法》第 56 条有关"采用刑讯逼供等非法方法收集的犯罪嫌疑人、被告人供述和采用暴

---

〔5〕《马克思恩格斯全集》（第 1 卷），人民出版社 1961 年版，第 178 页。

力、威胁等非法方法收集的证人证言、被害人陈述,应当予以排除”的规定。正是刑事诉讼法独立价值的存在,使刑事诉讼法在与刑法的关系中并不处于附属地位。

3. 刑事诉讼法与民事诉讼法、行政诉讼法

刑事诉讼法与民事诉讼法、行政诉讼法属于我国法律体系中相邻近的部门法,三者之间既存在共性,也存在差异。

共性在于:

第一,性质相同。刑事诉讼法与民事诉讼法、行政诉讼法都属于程序法,都是为正确实施实体法而制定的。

第二,某些原则、制度和程序相同。刑事诉讼法与民事诉讼法、行政诉讼法具有许多共同的原则、制度和程序。比如都具有司法机关依法独立行使职权,“以事实为根据,以法律为准绳”等原则,以本民族语言文字进行诉讼等基本原则;都具有强制措施、回避、公开审判、陪审、合议、二审终审等制度;都具有第一审程序、第二审程序、审判监督程序等。

刑事诉讼法与民事诉讼法、行政诉讼法所要保障实施的实体法不同,所要解决的实体问题也就不同。刑事诉讼法保证刑法的正确实施,所要解决的是追诉犯罪和犯罪嫌疑人、被告人的刑事责任问题;民事诉讼法保证民商法、经济法的正确实施,所要解决的是双方当事人之间的权利、义务纠纷问题;行政诉讼法保证行政法的正确实施,所要解决的是公民、法人和其他组织与行政机关之间因具体行政行为发生的纠纷问题。由于刑事诉讼法、民事诉讼法和行政诉讼法所解决的实体问题不同,决定了它们在诉讼主体、原则、制度、程序上存在区别:

第一,刑事诉讼法所规定的诉讼主体比民事诉讼、行政诉讼的主体数量多、称谓复杂。刑事诉讼法规定的国家专门机关包括人民法院、人民检察院、公安机关、国家安全机关、监狱等;民事诉讼法、行政诉讼法中的国家专门机关主要包括人民法院和人民检察院。刑事诉讼法规定的当事人包括被害人、自诉人、犯罪嫌疑人、被告人以及附带民事诉讼的原告人、被告人;民事诉讼法和行政诉讼法规定的当事人包括为原告、被告和第三人。

第二,刑事诉讼法、民事诉讼法和行政诉讼法各有其独特的诉讼原则。刑事诉讼法的特有原则包括未经人民法院依法判决不得确定有罪、犯罪嫌疑人、被告人有权获得辩护等原则;民事诉讼法的特有原则包括当事人平等、调解、处分等原则;行政诉讼法的特有原则为包括对行政行为进行合法性审查、不适用调解等原则。

第三,刑事诉讼法、民事诉讼法和行政诉讼法在诉讼制度上存在差异性。比如刑事诉讼法规定对犯罪嫌疑人、被告人采取的强制措施包括拘传、取保候审、监视居住、拘留和逮捕;民事诉讼法和行政诉讼法规定对诉讼参与人和其他人采取的强制措施包括训诫、罚款、拘留;行政诉讼法还规定有责令具结悔过。又如关于举证责任,刑事诉讼法实行控诉方负举证责任,被告方不负举证责任;民事诉讼法实行

"谁主张,谁举证"原则,原告、被告都负有举证责任;行政诉讼法实行被告负举证责任,等等。

第四,刑事诉讼法所规定的诉讼程序比民事诉讼法、行政诉讼法所规定的诉讼程序复杂。刑事诉讼法规定的诉讼程序包括立案、侦查、起诉、审判及执行程序。对于死刑案件,还应当适用死刑复核程序。2012 年刑事诉讼法修改后还增加了四种特别程序;2018 年刑事诉讼法修改又增加了一种特别程序——缺席审判程序。民事诉讼法、行政诉讼法所规定的诉讼程序主要包括审判程序和执行程序。

思考问题

1. 试述刑事诉讼与非诉讼解纷方式的关系。
2. 试述刑事诉讼法和刑法的关系。

法条链接

《刑事诉讼法》第 1、2 条。

扩展阅读

1. 顾培东:《社会冲突与诉讼机制》,中国法制出版社 2004 年版。
2. 陈瑞华:《法律人的思维方式》(第二版),法律出版社 2011 年版。
3. 王爱立主编:《中华人民共和国刑事诉讼法释义》(最新修正版),法律出版社 2018 年版。

第二章　刑事诉讼的基础理论

本章知识要点

刑事诉讼的基础理论体现了刑事诉讼的一般规律。本章主要介绍了刑事诉讼职能、刑事诉讼构造、刑事诉讼目的、刑事诉讼价值等基础理论。

第一节　刑事诉讼职能

刑事诉讼职能是刑事诉讼中国家专门机关和诉讼参与人所承担的职责和发挥的作用。由于各专门机关与诉讼参与人在刑事诉讼中的利益追求及诉讼目标不同,因而有必要对其职能进行区分。正如马克思所指出的:“在刑事诉讼中,法官、原告和辩护人都集中到一个人身上,这种集中是和心理学的全部规律相矛盾的。”[1]

刑事诉讼中主要存在以下三种基本职能:

第一,控诉职能。控诉职能指向法院提起诉讼,要求法院追究被告人的刑事责任。控诉职能由检察机关和自诉人承担。由于侦查是公诉的必要准备,非经侦查,便无从确定应否起诉,因此,广义上说侦查也是控诉的体现。

第二,辩护职能。辩护职能指针对控诉向法院提出有利于被告人的事实和理由,以维护被告人的合法权益。辩护职能由被告人及其辩护人行使。

第三,审判职能。审判职能指通过审理确定被告人是否犯有被指控的罪行和应否处以刑罚以及处以何种刑罚。审判职能由法院行使。

在控诉、辩护、审判三种基本职能区分基础上,形成了法官中立、控审分离、控辩平等等现代刑事诉讼的基本要求。

除以上三种基本职能外,还有学者提出以下几种刑事诉讼职能的学说:

一是“四职能说”。“三职能说”固然能够反映传统刑事诉讼程序的基本特征,

---

〔1〕《马克思恩格斯全集》(第1卷),人民出版社1961年版,第30页。

但这种观点却不适合我国刑事诉讼的实际情况。这是因为,在我国刑事诉讼中,检察机关除承担公诉职能外,还承担法律监督职能,所以应当在三职能基础上增加法律监督职能。

二是“五职能说”。在我国刑事诉讼中,除控诉、辩护、审判与法律监督职能外,还存在“协助司法职能”,如证人、鉴定人本身与诉讼结果无利害关系,其在刑事诉讼中主要是站在客观公正的立场上,协助司法机关进行诉讼活动,发现事实真相,作出正确的裁判结论。

三是“七职能说”。刑事诉讼职能的划分应当反映和展现从立案到执行各个诉讼程序中主持机关或诉讼参与人的全部诉讼活动,由此,刑事诉讼的职能包括七个方面:侦查职能、控诉职能、辩护职能、审判职能、执行职能、协助诉讼职能和诉讼监督职能。

第二节　刑事诉讼构造

刑事诉讼构造是刑事诉讼的专门机关和诉讼参与人在刑事诉讼中的地位和相互关系。刑事诉讼构造是实现刑事诉讼目的的手段和方式,刑事诉讼目的的实现受到刑事诉讼构造的制约。

在刑事诉讼发展史上,刑事诉讼构造可以分为弹劾式、纠问式、混合式(包括职权主义和当事人主义)等模式。

弹劾式诉讼模式,是在刑事案件发生后,由私人告诉,原告负责传唤被告到庭,法官居中审判,原告与被告诉讼地位平等,权利义务对等的诉讼模式。弹劾式诉讼模式第一次把社会冲突的解决程序规范化,是人类司法史上的第一种诉讼模式。它适用于东西方主要的奴隶制国家,如古埃及、古巴比伦、古印度、古希腊、古罗马共和国等。

纠问式诉讼模式,是在刑事案件发生后,集侦查、控诉职能与审判职能于一身的法官主动追究犯罪,被告人是被追查的对象,处于客体地位,整个诉讼程序以书面、秘密的方式进行的诉讼模式。纠问式诉讼模式产生于罗马帝国时期,从 13 世纪至 19 世纪上半叶盛行于除英国之外的欧陆国家以及中国的春秋至清王朝的封建社会。

欧洲大陆国家受启蒙思想家民主主义思潮的影响,吸收弹劾式诉讼程序的合理因素,形成了不同于纠问式诉讼模式的混合式诉讼模式。英国统治者认识到在公民个人控诉力量不足时也逐渐建立了警察、检察机关等追究犯罪的国家机关,形成了不同于弹劾式诉讼模式的混合式诉讼模式。混合式诉讼模式是主要由警察侦查犯罪,检察官追诉犯罪,法官居中审判,加强对被追诉人的权利保护,法庭审判以公开、口头、直接的方式进行的诉讼模式。

由于历史文化传统等制度建立的背景不同,两种混合式诉讼制度中的程序不仅具有共性,也存在差异,以法国、德国为代表的大陆法系刑事诉讼程序保留了纠问式诉讼程序的职权因素,而以英国、美国为代表的英美法系诉讼程序则仍带有弹劾式诉讼程序中当事人对程序运行的主导权。因而,西方法学界将现代大陆法系和英美法系国家的诉讼程序分别称为审问制和对抗制,而在日本和我国台湾地区,学者们习惯上称为职权主义和当事人主义。随着两大法系的融合,在实践中两种诉讼模式也出现了相互借鉴的趋势。日本和意大利等国家将职权主义与当事人主义因素糅合,使其现时诉讼程序呈现既不同于大陆法系,也异于英美法系的特点,形成了自己的独特风格,学界谓之“折衷主义诉讼模式”。

在刑事诉讼构造理论中,国外主要还存在以下学说:

一是犯罪控制模式与正当程序模式。1964 年美国学者赫伯特·帕卡提出了犯罪控制模式与正当程序模式。前者主张刑事诉讼程序最重要的机能就是抑制犯罪,为了维护社会公共秩序,犯罪必须被置于严格的控制之下;后者认为不受制约的权力必然被享有者滥用,主张在刑事诉讼中限制国家权力以实现对被告人权利的保护。

二是争斗模式与家庭模式。1970 年美国学者格里费斯在批评帕卡理论的基础上,提出了争斗模式和家庭模式。前者是国家利益与被告人在不可能存在利益调和的情况下,诉讼成为双方的斗争;后者是在国家利益与被告人利益调和存在可能性的情况下,检察官与辩护人的诉讼活动成为法院公正裁判的协助性活动,程序的教育功能得到最有效的发挥。

三是阶层模式与同位模式。1975 年美国学者达马斯卡提出阶层模式与同位模式。前者是指有关刑事司法的各机关有着严格的阶层秩序,官员以正确地执行严格的规范性命令为志向,重视笔录和卷宗;后者是指刑事诉讼中,官员被期待对社会问题予以最佳的解决,而非规范命令的技术性适用。

在我国,有些学者提出了“三角形结构”与“线形结构”两种模式。他们认为,刑事诉讼三角结构的表征是作为双方当事人的原告、被告平等对立,法官作为第三方居于其中,踞于其上,公正裁判、解决纠纷。直观地看,这种诉讼结构是“等腰三角形”或“正三角形”,因而称为三角结构。所谓线形结构,实际上是将诉讼视为一种“双方组合”,一方是作为整体的国家司法机关,另一方为被告人(包括犯罪嫌疑人),诉讼活动的基本内容是司法机关积极推进司法活动。

第三节 刑事诉讼目的

刑事诉讼目的是立法者根据国家和社会的需要并基于对刑事诉讼固有属性的认识,制定刑事诉讼法、进行刑事诉讼活动所期望实现的结果。刑事诉讼目的与刑事诉讼程序是目的与手段的关系,目的决定手段的选择与运用,而手段影响目的实现程度。

刑事诉讼目的具有以下特点:

一是整体性。刑事诉讼中的各个专门机关和诉讼参与人进行刑事诉讼都有各自的目的,刑事诉讼目的是国家制定刑事诉讼法,进行刑事诉讼活动所要达到的整体目的。

二是强制性。刑事诉讼目的是通过刑事诉讼程序实现的,而刑事诉讼程序的推进过程不乏国家强制力的运用,因而刑事诉讼目的的实现也具有强制性。

三是客观性。刑事诉讼目的的设计是立法者根据国家和社会的需要并以刑事诉讼固有属性为依据的,由于国家、社会的需要与刑事诉讼的固有属性都是客观的,因而刑事诉讼目的具有客观性。

四是主观性。刑事诉讼目的是立法者所设计的制定刑事诉讼法、实施刑事诉讼活动所需达到的理想目标,其中体现了立法者的政治偏向、价值取向等,因而具有主观性。

刑事诉讼目的包括直接目的和根本目的,其中直接目的是惩罚犯罪和保障人权,根本目的是保障国家安全和公共安全,维护社会秩序。

惩罚犯罪自古以来就是刑事诉讼的主题。刑事诉讼程序的启动是因为存在犯罪事实,需要追究刑事责任,可以说惩罚犯罪是刑事诉讼活动发生的直接原因。惩罚犯罪主要包括以下三个方面的内容:(1)确定是否有罪。依据刑法规定的犯罪构成要件确定犯罪嫌疑人、被告人是否有罪。(2)确定罪名。在有罪的前提下,依据刑法上有关罪名的规定,确定犯罪嫌疑人、被告人所犯何罪。(3)确定刑事责任。依据刑法有关刑罚的规定,确定犯罪嫌疑人、被告人所应受到的刑罚处罚。

保障人权是随着刑事诉讼的民主化、文明化发展进程逐渐进入刑事诉讼视野的。作为刑事诉讼目的之一的保障人权,主要包括以下四个方面的内容:

第一,保障犯罪嫌疑人、被告人的权利。为保证刑事诉讼的顺利进行,犯罪嫌疑人、被告人的人身自由权、财产权等基本人权可能被限制或剥夺,犯罪嫌疑人、被告人在刑事诉讼中处于弱势地位,因而其权利应当受到保障,包括保护其以辩护权为核心的诉讼权利得到合法行使,保护有罪的人罪当其罚,保障无罪的人不受刑事追究等。

第二,保障被害人的权利。虽然现代刑事诉讼中实行国家追诉主义,一般设置检察机关追诉犯罪,但国家利益和被害人利益并不完全重合,被害人有其独立于国家的利益需要得到保护,因而被害人的权利应受到保护,包括保护其诉讼权利得以合法行使,保护其因犯罪行为遭受侵害的实体利益得以补偿等。

第三,保障其他诉讼参与人的权利。刑事诉讼中所保护的人权还包括其他诉讼参与人为安全、顺利履行诉讼义务而必备的权利,以及履行诉讼义务后导致利益受损的求偿权。比如证人由于知道案情,基于对国家的义务作证,享有人身安全受保护的权利;鉴定人有了解与鉴定有关的案件材料的权利,有在特殊情况下拒绝鉴定的权利等,这些其他诉讼参与人的权利都应纳入刑事诉讼人权保障的视野。

第四,保障一般公民的权利。通过惩罚犯罪保障刑事诉讼当事人与其他诉讼参与人以外的一般公民免受犯罪行为的侵害与威胁,从而保证一般公民得以正常地工作、学习和生活。

保障国家安全和公共安全,维护社会秩序是刑事诉讼的根本目的。安全、稳定、有序的国家和社会环境是人们生产和生活得以维系的前提条件,而犯罪是和平时期最严重的违法行为,是对国家社会安全与秩序的严重破坏,因而需要惩罚犯罪。可见,惩罚犯罪的根本目的在于维护良好的国家、社会秩序。

总体而言,惩罚犯罪与保障人权可以统一于维护国家、社会秩序这一刑事诉讼的根本目的。但在有些情况下也可能发生冲突,这时需要具体情况具体对待,惩罚犯罪与保障人权不必然谁为先,谁为后。比如在刑事诉讼中,有时侦查人员破案心切,采用刑讯方式获取证据,即使口供是真实的,有助于惩罚真凶,但也应当排除。因为口供的取得侵犯了犯罪嫌疑人的人身权利,这时就要以保障人权为先。而对于恐怖主义犯罪,则应当加大侦查机关惩罚犯罪的权力,相应地也就加大了对犯罪嫌疑人权利的限制。

第四节　刑事诉讼价值

刑事诉讼价值是刑事诉讼立法及实施能够满足国家、社会及其一般成员特定需要而对其所具有的意义。

刑事诉讼价值主要包括公正、效率和秩序三方面内容。

1.公正

“正义是社会制度的首要价值,正像真理是思想体系的首要价值一样。一种理论无论多么精致和简洁,只要它不真实,就必须加以拒绝或修正;同样,法律和制度不管它们如何有效率和有条理，只要它们不正义，就必须加以改造或废除。作为人类活动的首要价值，真理和正义是决不妥协的。"[2]正义、公正、公平等一般在同等意义上使用，向来是人们所追求的崇高理想。当代"正义理论集大成者"罗尔斯将正义分为实质正义、形式正义和程序正义三类。实质正义是关于社会的实体目标和个人的实体性权利与义务的正义，它包括政治正义（宪法正义）、经济正义（分配正义）和个人正义，其中政治正义和经济正义合称社会正义。形式正义又叫"作为规则的正义"或法治，其基本含义是严格地一视同仁地依法办事。程序正义是介于实质正义与形式正义之间的概念，它要求规则在制定和适用中程序具有正当性。程序正义又可分为纯粹的、完善的和不完善的程序正义三种。[3]

在我国，通常认为，刑事诉讼中的公正主要是指刑事诉讼过程中权力、责任、权利、义务的合理配置，包括程序公正与实体公正。

所谓程序公正，一方面指有关刑事诉讼运行的方式、方法、步骤的安排符合其内部客观规律，其对刑事案件的回应是恰如其分的，是合理的；另一方面指有关程序主体之间关系安排是合理的，也就是保障权力、权利都能在合理限度内充分行使，责任、义务都能相应地落实到位。程序公正具有以下五个方面的具体要求：

第一，控审分离。控诉职能和审判职能分别由国家不同专门机关承担。控诉职能主要由检察机关承担，审判职能由审判机关承担。实行不告不理，在程序上，控诉权对于审判程序的发动具有主动性；在实体上，审判只限于起诉书中载明的犯罪嫌疑人与起诉书中载明的犯罪事实。

第二，法官独立、中立。法官独立是指法官在审理裁判案件时，应当自主地认定案件事实、适用法律，排除非法因素的干扰。所谓法官中立，主要是相对于控辩双方而言的，即在以法官为顶点、控辩双方居于底边两端而形成的典型的三角诉讼格局中，法官应当与控辩双方保持相等的距离。

第三，控辩对等。在刑事诉讼中，控方与辩方的地位是平等的，各自依法享有权利，承担义务，并且双方所享有的权利、义务是相对应的，在平等中实现对抗。

第四，程序参与。当事人与诉讼参与人都能够依法参与到刑事诉讼程序中来，并对刑事案件的处理结果产生有效的影响。

第五，诉讼公开。刑事诉讼各阶段的程序运行的方式、方法，专门机关的权力、责任，当事人及其他诉讼参与人的权利义务以及各阶段的处理结果等都应当向社会公开。

所谓实体公正，是指刑事案件的处理结果是在准确认定事实、正确适用法律基

---

〔2〕［美］罗尔斯：《正义论》，何怀宏等译，中国社会科学出版社1988年版，第1～2页。

〔3〕［美］罗尔斯：《正义论》，何怀宏等译，中国社会科学出版社1988年版，第80～81、211、225、532页。

础上获得的,包括准确认定案件事实、正确适用法律两方面内容。实体公正的具体要求主要包括以下三个方面:(1)准确认定犯罪事实。据以定罪量刑的犯罪事实必须准确无误地认定。(2)正确适用刑法确定罪名与刑罚。正确认定罪与非罪及其罪名;疑罪有利于被告人;按照罪刑相适用原则,依法适度判刑。(3)错案赔偿。对于确定为冤假错案的,应当依法予以纠正,并依据国家赔偿法的规定给予被错误定罪处刑的人及其家属等以经济赔偿或补偿。

2. 效率

效率最初是经济学中表征投入与产出关系的概念。经济分析法学派把效率观念引入法学领域,以经济学的分析方法,特别是微观经济学的方法分析法律问题。在刑事诉讼中也存在一个类似经济学领域中的投入与产出问题。刑事诉讼是一项以高昂诉讼成本为代价的国家追诉犯罪的活动,其成本包括刑事诉讼中耗费的大量人力、物力、财力,国家与被追诉人及其他诉讼参与人都必须有一定支出投入诉讼,使程序能够正常运作。在刑事诉讼领域,这种效益突出表现为社会秩序、裁判公正、公民自由等理性因素。也就是说,试图以最小的人力、物力、财力的投入,最大限度地产出社会秩序、司法公正、公民自由应是刑事诉讼效率的核心。

效率价值主要体现在诉讼过程的经济合理性与诉讼效果的合目的性两个方面。诉讼过程的经济合理性有以下具体要求:(1)诉讼周期的长短。刑事诉讼法规定了国家专门机关与诉讼参与人应当遵守的诉讼期间,诉讼效率要求实际的诉讼周期应当尽量小于法定期间。(2)诉讼程序的繁简。诉讼效率要求刑事诉讼程序设置时,应当形成繁简有序的体系,既有普通程序,也有简易程序,通过简易程序的设置来节省诉讼资源。(3)司法资源的合理配置。诉讼效率要求将有限的司法资源进行合理的配置,将司法资源主要用于解决重大、疑难、复杂案件,而对于普通案件或者情节简单、性质轻微的案件在资源配置方面应有所限制。

诉讼效果的合目的性主要体现在两个方面:一是结案数量方面的要求,要求办理完结的刑事案件应当能满足国家和社会对解决社会冲突、维护国家安全与社会秩序的需要;二是对结案质量的要求,要求办理完结的每一个刑事案件都是公正的。[4]

效率与公正相比在地位上始终是属次要的,即使为追求诉讼效率,简化程序,在公正方面有所折扣,也不允许突破公正的底限。比如为追求诉讼效率,在刑事诉讼中设置简易程序,虽然在简易程序中可以简化诉讼环节,但不能剥夺被告人的辩护权、最后陈述权等基本诉讼权利,因为对于被告人这些诉讼权利的保障属于程序公正的基本要求。

---

〔4〕 参见李文健:《刑事诉讼效率论》,中国政法大学出版社 1999 年版,第 31 ~ 34 页。

3. 秩序

"秩"和"序"都指"次序","秩序"一词是指"有条理、不混乱的情况"。[5] 秩序包括自然秩序和社会秩序,与人类社会有关的是社会秩序,这种社会的有序状态是社会及其成员生存与发展的基本条件,是社会结构的要素之一,因而具有客观必然性。人类社会曾经存在过四种社会秩序:"习俗秩序、道德秩序、制度秩序和法律秩序。"[6] 法律制度存在的使命是调整社会关系、维护社会秩序。

作为刑事诉讼价值之一的秩序主要指这种法律秩序,其包括两方面含义:一方面,通过刑事裁判活动,恢复被破坏的社会秩序。这是因为,对于犯罪行为,如不加以控制追究,必将造成两种危害后果:其一,犯罪愈加猖獗,给国家、社会及个人利益造成越来越大的损失;其二,公民、组织的私力复仇泄愤。以上两种结果都会导致更严重的无秩序状态,使社会失去继续存在、发展之前提。另一方面,刑事诉讼活动本身应当是有序的,以免在原有秩序未被恢复时平添新的混乱。刑事诉讼活动必须依法进行,并应符合刑事诉讼目的的要求,以使刑事诉讼活动本身的秩序得以维持。

思考问题

1. 试述刑事诉讼中人权保障的内涵。
2. 试述当事人主义诉讼模式与职权主义诉讼模式的差异。

法条链接

《刑事诉讼法》第1、2条。

扩展阅读

1. 宋英辉等:《刑事诉讼原理》,北京大学出版社2014年版。
2. 陈瑞华:《刑事诉讼的前沿问题》(第五版),中国人民大学出版社2016年版。
3. 李心鉴:《刑事诉讼构造论》,中国政法大学出版社1998年版。
4. 李文健:《刑事诉讼效率论》,中国政法大学出版社1999年版。
5. 彭海青:《刑事裁判共识论》,法律出版社2012年版。

---

〔5〕《现代汉语词典》,商务印书馆1996年版,第1422、1624页。

〔6〕参见吕世伦、文正邦主编:《法哲学论》,法律出版社2004年版,第568页。

第二编　主体论

第三章　刑事诉讼专门机关

本章知识要点

刑事诉讼专门机关在刑事诉讼中处于主导地位。本章主要介绍了公安机关的性质、组织体系和职权；人民检察院的性质、组织体系和职权；人民法院的性质、任务、组织体系，审判组织，人民陪审员制度和人民法院的职权；其他专门机关的组织体系与职权等。

第一节　概　　述

刑事诉讼专门机关，是指依法在刑事诉讼中行使法职权的国家机关。在我国，刑事诉讼专门机关主要指公安机关、人民检察院和人民法院。根据我国宪法、刑事诉讼法及有关法律的规定，公安机关负责刑事案件的侦查、拘留、执行逮捕与预审；人民检察院除了对直接受理的案件进行侦查外，还负责批准逮捕及向人民法院提起公诉。人民法院主要负责案件的审判，还负责无罪判决、罚金、剥夺政治权利等刑罚的执行。监狱主要负责死刑缓期二年执行、无期徒刑、有期徒刑等刑罚的执行，以及对罪犯在监狱内犯罪的案件进行侦查。此外，国家安全机关办理危害国家安全的刑事案件时行使与公安机关相同的职权。军队保卫部门对军队内部发生的刑事案件行使侦查权。设置在各级海关的走私犯罪侦查机构专门负责对走私案件的侦查工作。中国海警局专门负责对海上发生的刑事案件行使侦查权。这些专门机关在刑事诉讼中分工负责、互相配合、互相制约，共同打击犯罪，保障人权，维护社会主义法制，保障社会主义建设事业的顺利进行。

第二节　公 安 机 关

一、公安机关的性质和组织体系

在我国，公安机关属于行政执法机关，是各级人民政府的组成部分，承担社会治安和国内安全保卫工作。公安机关在刑事诉讼中是主要的侦查机关,负责对案件进行侦查,维护社会治安秩序,预防和打击犯罪,保卫社会主义制度,保障社会主义现代化建设的顺利进行。

在我国,公安机关的组织体系由公安部、公安厅(局)、公安处(局)以及公安分局构成,分别设置在各级人民政府中。其中,公安部是国家最高公安机关,设于中央人民政府,负责组织领导全国的公安工作;公安厅(局)设于省、自治区、直辖市;公安处(局)设于地区、自治州和市;公安局设于县、县级市、自治县;公安分局设于直辖市和中等城市的市辖区。各级公安机关在本行政区内经批准可设立派出机构,作为公安机关的派出机关,履行公安机关的部分职能。如公安厅可在地区行署设立公安处;县公安局、区公安局可在乡、镇、城市街道和其他必要的地方设立公安派出所。此外,按行业系统设立的军队、铁路、民航保卫和公安部门,也是公安机关的组成部分。

公安机关实行双重领导体制。一方面,各级公安机关作为各级人民政府的职能部门,要接受本级人民政府的领导;另一方面,下级公安机关要接受上级公安机关的领导。上级公安机关可直接领导和指挥下级公安机关的业务活动(包括侦查),也可在侦查过程中调动下级公安机关的侦查力量。但是,不同地区、不同系统的公安机关之间并没有隶属关系,它们在刑事诉讼中是配合、协作的关系。《刑事诉讼法》第 83 条规定:“公安机关在异地执行拘留、逮捕的时候,应当通知被拘留、逮捕人所在地的公安机关,被拘留、逮捕人所在地的公安机关应当予以配合。”

二、公安机关在刑事诉讼中的职权

公安机关在刑事诉讼中的职权主要包括:

第一,立案权。公安机关自行发现有犯罪事实或犯罪嫌疑人需要追究刑事责任的,应当决定立案。《刑事诉讼法》第 109 条规定:“公安机关或者人民检察院发现犯罪事实或者犯罪嫌疑人,应当按照管辖范围,立案侦查。”此外,对于有关单位、组织或个人的报案、控告、举报、自首等材料,公安机关按照自己的职能管辖范围进行审查后,认为有犯罪事实发生且需要追究刑事责任时,有权决定立案。

第二,侦查权。在刑事诉讼中,公安机关的主要任务是对刑事案件进行侦查。《刑事诉讼法》第 19 条第 1 款规定:“刑事案件的侦查由公安机关进行,法律另有规定的除外。”在侦查过程中,公安机关可以采取专门的调查工作,如讯问犯罪嫌疑人,询问证人、被害人,勘验、检查;侦查实验,搜查,查封、扣押物证、书证,查询、冻结存款、汇款、债券、股票等财产,鉴定,技术侦查,通缉等;也可以采取强制措施,如对犯罪嫌疑人采取拘传、取保候审、监视居住、拘留,对经人民检察院批准逮捕或人民检察院、人民法院决定逮捕的犯罪嫌疑人执行逮捕。此外,公安机关在侦查过程中还负责对案件进行预审。

第三,执行权。公安机关是刑罚的执行机关之一。在刑事诉讼的执行阶段,公安机关负责对判处拘役、剥夺政治权利刑罚的执行。

第三节　人民检察院

一、人民检察院的性质和组织体系

根据我国宪法和人民检察院组织法的规定，人民检察院是国家的法律监督机关，代表国家行使法律监督权。人民检察院的组织体系包括最高人民检察院、地方各级人民检察院和专门人民检察院。

最高人民检察院是我国最高检察机关，是全国检察院的领导机关，领导地方各级人民检察院和专门人民检察院的工作；对全国性的重大刑事案件行使检察权；依法对刑事诉讼、民事诉讼和行政诉讼实行法律监督；对于检察过程中具体应用法律、法令的问题进行解释；制定检察工作条例、细则和办法；规定各级人民检察院的人员编制等。

地方各级人民检察院包括：(1)省级人民检察院，包括省、自治区、直辖市人民检察院；(2)设区的市级人民检察院，包括省、自治区辖市人民检察院，自治州人民检察院，省、自治区、直辖市人民检察院分院；(3)基层人民检察院，包括县、自治县、不设区的市、市辖区人民检察院。(《人民检察院组织法》第13条)其中，省级人民检察院和设区的市级人民检察院根据检察工作需要，经最高人民检察院和省级有关部门同意，并提请本级人民代表大会常务委员会批准，可以在辖区内特定区域设立人民检察院，作为派出机构。(《人民检察院组织法》第16条)此外，各地检察机关还可以根据工作需要设立驻监狱、看守所检察室、乡镇检察室、税务检察室等，作为派出机构。

专门检察院是在上述普通人民检察院之外设立的专门性人民检察院。它们设立在特定的组织体系或行业内，接受最高人民检察院领导。目前我国的专门检察院只有军事检察院。军事检察院设立在中国人民解放军，专门负责对现役军人的违反职责罪和其他刑事案件进行监督。我国曾在铁路系统设有铁路运输检察院。但在2010年12月，中央机构编制委员会办公室、最高人民法院、最高人民检察院、财政部、人力资源和社会保障部、铁道部[1]联合签发的《关于铁路法院检察院管

---

〔1〕 2013年3月，根据第十二届全国人民代表大会第一次会议审议的国务院《关于提请审议国务院机构改革和职能转变方案》的议案，铁道部实行铁路政企分开。将铁道部拟定铁路发展规划和政策的行政职责划入交通运输部；组建国家铁路局，由交通运输部管理，承担铁道部的其他行政职责；组建中国铁路总公司，承担铁道部的企业职责；不再保留铁道部。

理体制改革若干问题的意见》明确要求将铁路法院检察院一次性移交给驻在地的省、自治区、直辖市党委和高级人民法院、省级人民检察院,实行属地管理。目前铁路运输检察院已经从铁路系统剥离,编入地方检察院。

在我国,人民检察院上下级之间是领导与被领导的关系。其中,最高人民检察院领导地方各级人民检察院和专门人民检察院的工作,上级人民检察院领导下级人民检察院的工作。具体而言,最高人民检察院通过对检察工作具体应用法律问题的解释指导各级人民检察院的工作。上级人民检察院(包括最高人民检察院)可以直接参加并领导下级人民检察院对自侦案件的侦查工作;可以对下级人民检察院的审查批捕和审查起诉活动进行指导和作出指示;对上级检察机关的指令或决定,下级检察机关应当执行;上级检察机关可以决定撤销下级检察机关不正确的不起诉决定,可以向同级人民法院撤回下级人民检察院对同级人民法院提起的不正确的抗诉。

各级人民检察院内部实行检察长负责制,由检察长统一领导本院工作。根据我国《人民检察院组织法》第 29 条的规定,检察官在检察长领导下开展工作,重大办案事项由检察长决定。检察长可以将部分职权委托检察官行使,可以授权检察官签发法律文书。

二、人民检察院的职权

我国《刑事诉讼法》第 3 条第 1 款规定:“检察、批准逮捕、检察机关直接受理的案件的侦查、提起公诉,由人民检察院负责。”第 8 条规定:“人民检察院依法对刑事诉讼实行法律监督。”另外,我国《人民检察院组织法》第 20 条规定,人民检察院行使下列职权:(1)依照法律规定对有关刑事案件行使侦查权;(2)对刑事案件进行审查,批准或者决定是否逮捕犯罪嫌疑人;(3)对刑事案件进行审查,决定是否提起公诉,对决定提起公诉的案件支持公诉;(4)依照法律规定提起公益诉讼;(5)对诉讼活动实行法律监督;(6)对判决、裁定等生效法律文书的执行工作实行法律监督;(7)对监狱、看守所的执法活动实行法律监督;(8)法律规定的其他职权。可见,人民检察院在刑事诉讼中的职权主要包括以下三个方面:

第一,侦查权。在我国,人民检察院是国家的侦查机关之一,对某些特定刑事案件有权依法直接受理并进行侦查。根据我国《刑事诉讼法》第 19 条第 2 款的规定,人民检察院在对诉讼活动实行法律监督中发现的司法工作人员利用职权实施的非法拘禁、刑讯逼供、非法搜查等侵犯公民权利、损害司法公正的犯罪,可以由人民检察院立案侦查。对于公安机关管辖的国家机关工作人员利用职权实施的重大犯罪案件,需要由人民检察院直接受理时,经省级以上人民检察院决定,可以由人民检察院立案侦查。在侦查过程中,人民检察院可以采取专门的调查工作,如讯问犯罪嫌疑人,询问证人、被害人,勘验、检查;侦查实验,搜查,查封、扣押物证、书证,查询、冻结存款、汇款、债券、股票等财产,鉴定,技术侦查,通缉等;也可以采取强制措施,如对犯罪嫌疑人采取拘传、取保候审、监视居住、拘留与逮捕;对于调查终结、侦查终结移送审查起诉的案件可以退回补充调查、补充侦查等。

第二,公诉权。人民检察院是国家唯一的公诉机关,负责对自诉案件以外的所有刑事案件进行审查起诉和提起公诉。人民检察院通过对调查终结、侦查终结的案件进行审查,并在审查后根据不同情形作出相应决定。对于符合起诉条件的案件,应当决定提起公诉,并派检察官出庭支持公诉;对于不符合起诉条件的案件,作出补充调查、补充侦查、不起诉或移送有关主管机关处理的决定;对于符合特定条件的未成年犯罪嫌疑人,人民检察院有权作出附条件不起诉的决定。另外,我国《刑事诉讼法》第 101 条第 2 款规定:"如果是国家财产、集体财产遭受损失的,人民检察院在提起公诉时,可以提起附带民事诉讼。"

第三,诉讼监督权。人民检察院是宪法规定的专门的法律监督机关,其对刑事诉讼的监督贯穿刑事诉讼全过程。具体而言,人民检察院对刑事诉讼进行法律监督的内容包括:刑事立案监督、侦查活动监督、审判活动监督、刑事判决裁定监督、死刑复核法律监督、羁押和办案期限监督、看守所执法活动监督、刑事判决裁定执行监督、强制医疗执行监督等。

第四节 人 民 法 院

一、人民法院的性质、任务和组织体系

(一)人民法院的性质和任务

我国《宪法》第 128 条规定:"中华人民共和国人民法院是国家的审判机关。"《人民法院组织法》第 2 条第 1 款也作了相同的规定。据此,人民法院是国家的审判机关,代表国家行使审判权,依法对刑事案件、民事案件和行政案件等案件进行审理和判决。而且,人民法院是唯一有权审理案件并进行定罪量刑的专门机关。我国《刑事诉讼法》第 3 条第 1 款规定:"审判由人民法院负责。"第 12 条规定:"未经人民法院依法判决,对任何人都不得确定有罪。"

根据《人民法院组织法》第 2 条第 2 款的规定,人民法院通过审判刑事案件、民事案件、行政案件以及法律规定的其他案件,惩罚犯罪,保障无罪的人不受刑事追究,解决民事、行政纠纷,保护个人和组织的合法权益,监督行政机关依法行使职权,维护国家安全和社会秩序,维护社会公平正义,维护国家法制统一、尊严和权威,保障中国特色社会主义建设的顺利进行。

(二)人民法院的组织体系

根据《人民法院组织法》第 12 条的规定,我国人民法院组织体系包括最高人

民法院、地方各级人民法院和专门人民法院。

最高人民法院是我国的最高审判机关,负责对全国性的重大刑事案件进行第一审;对高级人民法院判决和裁定的上诉案件和抗诉案件、按照全国人民代表大会常务委员会的规定提起的上诉案件和抗诉案件、按照审判监督程序提起再审的案件、高级人民法院报请核准的死刑案件进行审判(《人民法院组织法》第16条);监督地方各级人民法院和专门法院的审判工作;对于在审判过程中如何具体适用法律的问题,进行解释。

2014年10月23日,中国共产党第十八届中央委员会第四次全体会议通过的《中共中央关于全面推进依法治国若干重大问题的决定》提出,要"探索设立跨行政区划的人民法院,办理跨地区案件"。根据这一要求,最高人民法院于2015年1月5日通过《关于巡回法庭审理案件若干问题的规定》,确定在广东省深圳市设立第一巡回法庭,巡回区为广东、广西、海南三省区;在辽宁省沈阳市设立第二巡回法庭,巡回区为辽宁、吉林、黑龙江三省。2016年年底,经中央全面深化改革领导小组同意,最高人民法院在江苏省南京市设立第三巡回法庭,巡回区为江苏、上海、浙江、福建、江西五省市;在河南省郑州市设立第四巡回法庭,巡回区为河南、山西、湖北、安徽四省;在重庆市设立第五巡回法庭,巡回区为重庆、四川、云南、贵州、西藏等五个省、自治区、直辖市;在陕西省西安市设立第六巡回法庭,巡回区为陕西、甘肃、青海、宁夏、新疆等五省区。巡回法庭是最高人民法院的组成部分。巡回法庭的判决和裁定即最高人民法院的判决和裁定。

地方各级人民法院由高级人民法院、中级人民法院和基层人民法院构成。

高级人民法院包括省、自治区和直辖市高级人民法院。高级人民法院审判的案件有:依法由它管辖的第一审案件;下级人民法院报请审理的第一审案件;最高人民法院指定管辖的第一审案件;就中级人民法院作出的未生效的判决和裁定向其提出的上诉或抗诉案件;根据审判监督程序提出的再审案件;中级人民法院报请复核的死刑案件。(《人民法院组织法》第21条)

中级人民法院包括在省、自治区内按地区设立的中级人民法院,在直辖市内设立的中级人民法院,省、自治区辖市的中级人民法院,以及自治州中级人民法院。中级人民法院审判法律规定由它管辖的第一审案件、基层人民法院报请审理的第一审案件、上级人民法院指定管辖的第一审案件、就基层人民法院作出的未生效判决和裁定提出的上诉或抗诉案件、依据审判监督程序提出的再审案件以及适用违法所得没收程序的案件。(《人民法院组织法》第23条)中级人民法院对它所受理的刑事和民事案件,认为案情重大应当由上级人民法院审判的时候,可以请求移送上级人民法院审判。

基层人民法院包括县人民法院和市人民法院、自治县人民法院、市辖区人民法院。根据《人民法院组织法》第26条的规定,基层人民法院根据地区、人口和案件情况，可以设立若干人民法庭。人民法庭是基层人民法院的组成部分，它的判决和裁定就是基层人民法院的判决和裁定。基层人民法院审判第一审案件，但是法律另有规定的除外。基层人民法院对它所受理的案件，认为案情重大应当由上级人民法院审判时，可以请求移送上级人民法院审判。

专门人民法院是在上述普通法院之外设立的专门性人民法院。目前我国的专门人民法院有军事法院、海事法院、知识产权法院、金融法院等。其中，海事法院、知识产权法院、金融法院没有对刑事案件的审判权。军事法院负责对现役军人的违反职责罪和其他刑事案件进行审判。与铁路运输检察院一样，我国曾在铁路系统设有铁路运输法院，但经改革，铁路运输法院已经从铁路系统剥离，编入地方人民法院。

人民法院上下级之间是监督关系。最高人民法院监督地方各级人民法院和专门人民法院的审判工作，上级人民法院监督下级人民法院的审判工作。但是，这种监督不是通过对具体案件的指导实现的，各级人民法院均有权依法独立行使审判权，下级人民法院不应在案件判决作出前就案件的处理等问题请示上级人民法院，上级人民法院也不应对下级人民法院正在审理的案件作出决定，指令下级人民法院执行。人民法院的监督只能依据法律规定的权限和程序进行。具体而言，人民法院的监督应当通过二审程序、审判监督程序、死刑复核程序、法定刑以下量刑的核准程序维持下级人民法院正确的判决和裁定，纠正错误的判决和裁定来实现。

二、审判组织

审判组织是在人民法院内部负责审理具体案件的组织。审判组织通过对具体案件进行审理和判决，实现人民法院的审判权。我国《刑事诉讼法》第183条第1款规定："基层人民法院、中级人民法院审判第一审案件，应当由审判员三人或者由审判员和人民陪审员共三人或者七人组成合议庭进行，但是基层人民法院适用简易程序、速裁程序的案件可以由审判员一人独任审判。"另外，根据《人民法院组织法》第36条第1款的规定，各级人民法院设审判委员会。审判委员会由院长、副院长和若干资深法官组成，成员应当为单数。根据《人民法院组织法》第37条第1款的规定，审判委员会履行下列职能：(1)总结审判工作经验；(2)讨论决定重大、疑难、复杂案件的法律适用；(3)讨论决定本院已经发生法律效力的判决、裁定、调解书是否应当再审；(4)讨论决定其他有关审判工作的重大问题。据此，人民法院审判刑事案件的组织形式有三种：独任庭、合议庭与审判委员会。

(一)独任庭

独任庭是指由审判员一人独任审判案件的审判组织。独任庭主要适用于基层人民法院适用简易程序、速裁程序的案件。我国《刑事诉讼法》第183条规定："基层人民法院适用简易程序、速裁程序的案件可以由审判员一人独任审判。"需要指出的是，根据《刑事诉讼法》第222条的规定，适用速裁程序的案件均由审判员一人独任审判，但是并不是所有适用简易程序的案件均由独任庭进行审理。根据我国《刑事诉讼法》第216条的规定,适用简易程序审理案件,对可能判处3年有期徒刑以下刑罚的,可以组成合议庭进行审判,也可以由审判员一人独任审判;对可能判处的有期徒刑超过3年的,应当组成合议庭进行审判。

(二)合议庭

合议庭是指由数名审判人员根据合议原则审判案件的审判组织。在我国,合议庭是人民法院审判案件的基本组织形式,除法律规定可以独任审判的案件外,其他案件均应由合议庭审判。实践表明,由合议庭根据合议原则审判刑事案件,可以充分发挥审判人员的集体智慧,防止主观片面和恣意专行,有利于保证案件的审判质量。

根据我国刑事诉讼法的规定,合议庭成员既可由专业的审判员组成,也可由审判员和人民陪审员组成。如何组成取决于法院的级别和审判程序。具体而言,基层人民法院、中级人民法院审判第一审案件,应当由审判员3人或者由审判员和人民陪审员共3人或者7人组成合议庭进行,但是基层人民法院适用简易程序、速裁程序的案件可以由审判员1人独任审判。高级人民法院审判第一审案件,应当由审判员3人至7人或者由审判员和人民陪审员共3人或者7人组成合议庭进行。最高人民法院审判第一审案件,应当由审判员3人至7人组成合议庭进行。人民法院审判上诉和抗诉案件,由审判员3人或者5人组成合议庭进行。最高人民法院复核死刑案件,高级人民法院复核死刑缓期执行的案件,应当由审判员3人组成合议庭进行。另外,按照审判监督程序重新审判的案件的审判组织,应当分别依照第一审程序或第二审程序的有关规定另行组成相应的合议庭,原来参加审判的审判人员不能成为该合议庭的成员。

合议庭组成人员的人数应当是单数,合议庭设审判长一人,由院长或者庭长指定一人担任。但院长或者庭长只能指定专业的审判员担任审判长,而不能指定人民陪审员担任。如果院长或庭长参加合议庭,则由院长或庭长担任审判长。合议庭对案件进行审判时,由审判长主持和指挥。合议庭评议表决时按少数服从多数的民主集中制原则作出决定,但少数人的意见也应当记入笔录。合议庭笔录应当由全体合议庭成员签名。

(三)审判委员会

审判委员会是人民法院内部对审判活动实行集体领导的组织形式。我国《刑事诉讼法》第185条规定:“对于疑难、复杂、重大的案件,合议庭认为难以作出决定的,由合议庭提请院长决定提交审判委员会讨论决定。审判委员会的决定,合议庭应当执行。”根据最高法《解释》第216条第2款、第3款的规定,对下列案件,合议庭应当提请院长决定提交审判委员会讨论决定:(1)高级人民法院、中级人民法院拟判处死刑立即执行的案件,以及中级人民法院拟判处死刑缓期执行的案件;(2)本院已经发生法律效力的判决、裁定确有错误需要再审的案件;(3)人民检察院依照审判监督程序提出抗诉的案件。对合议庭成员意见有重大分歧的案件、新类型案件、社会影响重大的案件以及其他疑难、复杂、重大的案件,合议庭认为难以作出决定的,可以提请院长决定提交审判委员会讨论决定。

就审判委员会讨论决定疑难、复杂、重大案件,且合议庭对其决定应当执行而言,审判委员会也是人民法院的审判组织。

根据《人民法院组织法》第36条、第37条、第38条以及第39条的规定,各级人民法院设审判委员会。审判委员会由院长、副院长和若干资深法官组成,成员应当为单数。审判委员会会议分为全体会议和专业委员会会议。中级以上人民法院根据审判工作需要,可以按照审判委员会委员专业和工作分工,召开刑事审判、民事行政审判等专业委员会会议。审判委员会召开全体会议和专业委员会会议,应当有其组成人员的过半数出席。审判委员会会议由院长或者院长委托的副院长主持。审判委员会实行民主集中制。审判委员会举行会议时,同级人民检察院检察长或者检察长委托的副检察长可以列席。合议庭认为案件需要提交审判委员会讨论决定的,由审判长提出申请,院长批准。审判委员会讨论案件,合议庭对其汇报的事实负责,审判委员会委员对本人发表的意见和表决负责。审判委员会的决定,合议庭应当执行。审判委员会讨论案件的决定及其理由应当在裁判文书中公开,法律规定不公开的除外。

三、人民陪审员制度

《刑事诉讼法》第13条规定:"人民法院审判案件,依照本法实行人民陪审员陪审的制度。"人民陪审员参与人民法院审判案件,是人民参与审判工作,发挥国家主人翁作用的重要形式,也是人民法院的审判工作贯彻群众路线,接受群众监督的具体体现。

为了完善人民陪审员制度,促进司法公正,2018年4月27日,第十三届全国人民代表大会常务委员会第二次会议通过《人民陪审员法》,对人民法院实行陪审制度作了具体规定:

1. 任职条件。根据《人民陪审员法》第5条的规定,公民担任人民陪审员,应当具备下列条件:(1)拥护中华人民共和国宪法;(2)年满28周岁;(3)遵纪守法、品行良好、公道正派;(4)具有正常履行职责的身体条件。担任人民陪审员,一般应当具有高中以上文化程度。根据《人民陪审员法》第6条、第7条的规定,下列人员不能担任人民陪审员:(1)人民代表大会常务委员会的组成人员,监察委员会、人民法院、人民检察院、公安机关、国家安全机关、司法行政机关的工作人员;(2)律师、公证员、仲裁员、基层法律服务工作者;(3)其他因职务原因不适宜担任人民陪审员的人员。有下列情形之一的,不得担任人民陪审员:(1)受过刑事处罚的;(2)被开除公职的;(3)被吊销律师、公证员执业证书的;(4)被纳入失信被执行人名单的;(5)因受惩戒被免除人民陪审员职务的;(6)其他有严重违法违纪行为,可能影响司法公信的。

2. 任免程序。人民陪审员的名额,由基层人民法院根据审判案件的需要,提请同级人民代表大会常务委员会确定。人民陪审员的名额数不低于本院法官数的3倍。司法行政机关会同基层人民法院、公安机关,从辖区内的常住居民名单中随机抽选拟任命人民陪审员数5倍以上的人员作为人民陪审员候选人,对人民陪审员候选人进行资格审查,征求候选人意见。司法行政机关会同基层人民法院,从通过资格审查的人民陪审员候选人名单中随机抽选确定人民陪审员人选,由基层人民法院院长提请同级人民代表大会常务委员会任命。因审判活动需要,可以通过个人申请和所在单位、户籍所在地或者经常居住地的基层群众性自治组织、人民团体推荐的方式产生人民陪审员候选人,经司法行政机关会同基层人民法院、公安机关进行资格审查,确定人民陪审员人选,由基层人民法院院长提请同级人民代表大会常务委员会任命。依照前款规定产生的人民陪审员,不得超过人民陪审员名额数的1/5。人民陪审员的任期为5年,一般不得连任。人民陪审员有下列情形之一,经所在基层人民法院会同司法行政机关查证属实的,由院长提请同级人民代表大会常务委员会免除其人民陪审员职务:(1)本人因正当理由申请辞去人民陪审员职务的;(2)具有本法第6条、第7条所列情形之一的;(3)无正当理由,拒绝参加审判活动,影响审判工作正常进行的;(4)违反与审判工作有关的法律及相关规定,徇私舞弊,造成错误裁判或者其他严重后果的。人民陪审员有前款第三项、第四项所列行为的,可以采取通知其所在单位、户籍所在地或者经常居住地的基层群众性自治组织、人民团体,在辖区范围内公开通报等措施进行惩戒;构成犯罪的,依法追究刑事责任。

3. 审理案件的范围。基层人民法院、中级人民法院、高级人民法院审判下列第一审刑事案件,由审判员和人民陪审员组成合议庭进行:(1)涉及群体利益、公共利益的;(2)人民群众广泛关注或者其他社会影响较大的;(3)案情复杂或者有其他情形,需要由人民陪审员参加审判的。基层人民法院、中级人民法院、高级人民法院审判下列第一审刑事案件,由审判员和人民陪审员组成7人合议庭进行:(1)可能判处10年以上有期徒刑、无期徒刑、死刑,且社会影响重大的;(2)涉及征地拆迁、生态环境保护、食品药品安全,且社会影响重大的;(3)其他社会影响重大的。第一审刑事案件被告人申请由人民陪审员参加合议庭审判的,人民法院可以决定由人民陪审员和法官组成合议庭审判。

4. 陪审员的挑选。基层人民法院审判案件需要由人民陪审员参加合议庭审判的,应当在人民陪审员名单中随机抽取确定。中级人民法院、高级人民法院审判案件需要由人民陪审员参加合议庭审判的,在其辖区内的基层人民法院的人民陪审员名单中随机抽取确定。

5. 权利和义务。人民陪审员参加三人合议庭审判案件,对事实认定、法律适用,独立发表意见,行使表决权。人民陪审员参加7人合议庭审判案件,对事实认定,独立发表意见,并与法官共同表决;对法律适用,可以发表意见,但不参加表决。合议庭评议案件,实行少数服从多数的原则。人民陪审员同合议庭其他组成人员意见分歧的,应当将其意见写入笔录。合议庭组成人员意见有重大分歧的,人民陪审员或者法官可以要求合议庭将案件提请院长决定是否提交审判委员会讨论决定。

6. 任职保障。人民陪审员的人身和住所安全受法律保护。任何单位和个人不得对人民陪审员及其近亲属打击报复。对报复陷害、侮辱诽谤、暴力侵害人民陪审员及其近亲属的,依法追究法律责任。人民陪审员参加审判活动期间,所在单位不得克扣或者变相克扣其工资、奖金及其他福利待遇。人民陪审员所在单位违反前款规定的,基层人民法院应当及时向人民陪审员所在单位或者所在单位的主管部门、上级部门提出纠正意见。

人民陪审员参加审判活动期间,由人民法院依照有关规定按实际工作日给予补助。人民陪审员因参加审判活动而支出的交通、就餐等费用,由人民法院依照有关规定给予补助。人民陪审员因参加审判活动应当享受的补助,人民法院和司法行政机关为实施人民陪审员制度所必需的开支,列入人民法院和司法行政机关业务经费,由相应政府财政予以保障。具体办法由最高人民法院、国务院司法行政部门会同国务院财政部门制定。

人民陪审员的培训、考核和奖惩等日常管理工作,由基层人民法院会同司法行政机关负责。对人民陪审员应当有计划地进行培训。人民陪审员应当按照要求参加培训。对于在审判工作中有显著成绩或者有其他突出事迹的人民陪审员,依照有关规定给予表彰和奖励。

四、人民法院的职权

根据《刑事诉讼法》和《人民法院组织法》的规定,人民法院以下职权:直接受理自诉案件;对受理的刑事案件进行审判并作出裁判;对被告人决定逮捕和采取拘传、取保候审、监视居住等强制措施;在法庭审理过程中,对证据进行调查核实,必要时可以进行勘验、检查、扣押、鉴定和查询、冻结;主持和指挥审判活动,对违反法庭秩序的人,有权进行必要的处罚;对生效的判决、裁定,交付执行机关执行,并对某些判决和裁定直接执行;对确有错误的生效裁判,启动审判监督程序进行再审。

第五节 其他专门机关

在刑事诉讼中,承担刑事诉讼基本职能的专门机关除公安机关、人民检察院和人民法院以外,还有国家安全机关、军队保卫部门、监狱、海关所属走私犯罪侦查机构和中国海警局等专门机关。

国家安全机关是国家的安全保卫机关,是各级人民政府的组成部分。国家安全机关担负着与危害国家安全的违法犯罪行为作斗争、保卫国家安全、巩固人民民主专政、维护社会主义制度的职能。1983 年 6 月,第六届全国人民代表大会第一次会议决定设立国家安全机关,同年 7 月 1 日国家安全部成立。同年 9 月 2 日,第六届全国人民代表大会常务委员会第二次会议通过《关于国家安全机关行使公安机关的侦查、拘留、预审和执行逮捕的职权的决定》,明确规定国家安全机关承担原由公安机关主管的间谍、特务案件的侦查工作,是国家公安机关的性质,在刑事诉讼中,行使与公安机关相同的职权。2014 年 11 月 1 日,第十二届全国人民代表大会常务委员会第十一次会议通过《反间谍法》,以此取代了 1993 年 2 月 22 日第七届全国人民代表大会常务委员会第三十次会议通过的《中华人民共和国国家安全法》,规定国家安全机关是反间谍工作的主管机关,国家安全机关在反间谍工作中依法行使侦查、拘留、预审和执行逮捕以及法律规定的其他职权。《刑事诉讼法》第 4 条规定:"国家安全机关依照法律规定,办理危害国家安全的刑事案件,行使与公安机关相同的职权。"

根据我国的军事体制,中国人民解放军内部设立保卫部门,负责军队内部发生的刑事案件的侦查工作。1993 年 12 月 29 日第八届全国人民代表大会常务委员会第五次会议通过的《关于中国人民解放军保卫部门对军队内部发生的刑事案件行使公安机关的侦查、拘留、预审和执行逮捕的职权的决定》明确规定:"中国人民解放军保卫部门承担军队内部发生的刑事案件的侦查工作,同公安机关对刑事案件的侦查工作性质是相同的,因此,军队保卫部门对军队内部发生的刑事案件,可以行使宪法和法律规定的公安机关的侦查、拘留、预审和执行逮捕的职权。"我国《刑事诉讼法》第 308 条第 1 款进一步明确了军队保卫部门在刑事诉讼中也是刑事侦查的专门机关,即规定:"军队保卫部门对军队内部发生的刑事案件行使侦查权。"

监狱是国家的刑罚执行机关,是执行死刑缓期二年执行、无期徒刑、有期徒刑刑罚的场所。在长期的实践中,我国监狱系统形成了一整套行之有效的管理机制,为有效打击罪犯在服刑期间的犯罪行为,我国《监狱法》赋予了监狱对罪犯在监狱内犯罪的案件的侦查权。我国《刑事诉讼法》第 308 条第 3 款对此予以了确认,即规定:"对罪犯在监狱内犯罪的案件由监狱进行侦查。"

另外,为了有效打击走私犯罪行为,国务院于 1998 年批准在各级海关设立专门的走私犯罪侦查机构。1998 年 12 月 3 日,最高人民法院、最高人民检察院、公安部、司法部、海关总署共同发布的《关于走私犯罪侦查机关办理走私犯罪案件适用刑事诉讼程序若干问题的通知》规定,海关总署、公安部组建成立走私犯罪侦查局,纳入公安部编制机构序列,设在海关总署。走私犯罪侦查局既是海关总署的一个内设局,又是公安部的一个序列局,实行海关与公安双重垂直领导、以海关领导为主的体制,按照海关对缉私工作的统一部署和指挥,部署警力,执行任务。走私犯罪侦查局在广东分署和全国各直属海关设立走私犯罪侦查分局；走私犯罪侦查分局原则上隶属海关设立的走私犯罪侦查支局。各级走私犯罪侦查机关负责其所在海关业务管辖区域内的走私犯罪案件的侦查工作。由此可见，这些走私犯罪侦查机构在侦查活动中，行使与公安机关相同的职权。

为了有效维护我国海洋权益，第十三届全国人民代表大会常务委员会第三次会议于2018年6月通过《关于中国海警局行使海上维权执法职权的决定》，明确将原属国家海洋局领导管理的海警队伍整体划归中国人民武装警察部队领导指挥，并组建中国人民武装警察部队海警总队，称中国海警局，且明确规定："中国海警局执行打击海上违法犯罪活动、维护海上治安和安全保卫等任务，行使法律规定的公安机关相应执法职权。"为了贯彻落实《关于中国海警局行使海上维权执法职权的决定》，使中国海警局顺利开展海上犯罪的打击工作，我国2018年修改《刑事诉讼法》时将中国海警局作为侦查机关写入法典，即第308条第2款规定："中国海警局履行海上维权执法职责，对海上发生的刑事案件行使侦查权。"据此，中国海警局对海上发生的刑事案件行使侦查权。

思考问题

1. 如何理解刑事诉讼专门机关与诉讼基本职能之间的关系。
2. 如何理解人民法院上下级之间的关系。

法条链接

《刑事诉讼法》第3、4、8、12、19、83、89、101、107、183、222、308条；《宪法》第123、126、129条；《人民检察院组织法》第10、12、13、20条；《人民法院组织法》第2、12、13、29～39条；《反间谍法》第8条；最高法《解释》第213条。

扩展阅读

1. 周新：《论我国检察权的新发展》，载《中国社会科学》2020年第8期。
2. 魏晓娜：《刑事审判中的事实问题与法律问题——从审判权限分工的视角展开》，载《中外法学》2019年第6期。
3. 苗生明：《新时代检察权的定位、特征与发展趋向》，载《中国法学》2019年第6期。
4. 顾培东：《再论人民法院审判权运行机制的构建》，载《中国法学》2014年第5期。
5. 陈光中：《刑事诉讼中公安机关定位问题之探讨——对〈刑事诉讼法修正案（草案）〉规定司法机关包括公安机关之质疑》，载《政法论坛》2012年第1期。
6. 刘计划：《检警一体化模式再解读》，载《法学研究》2013年第6期。
7. 韩大元、于文豪：《法院、检察院和公安机关的宪法关系》，载《法学研究》2011年第3期。

第四章 刑事诉讼参与人

本章知识要点

刑事诉讼参与人是除司法人员以外的享有一定诉讼权利、承担一定诉讼义务的人，他们对刑事诉讼的进程和结局发挥着不同程度的影响和作用。本章主要介绍了包括被害人、自诉人、犯罪嫌疑人、被告人、附带民事诉讼的原告人和被告人在内的刑事诉讼的当事人和包括法定代理人、诉讼代理人、辩护人、证人、鉴定人和翻译人员在内的其他诉讼参与人的概念，以及单位当事人的概念。

第一节 概 述

根据《刑事诉讼法》第108条第4项的规定，诉讼参与人包括当事人、法定代理人、诉讼代理人、辩护人、证人、鉴定人和翻译人员。上述诉讼参与人在刑事诉讼中通过行使诉讼权利、承担诉讼义务，保证诉讼活动得以顺利进行。

由于各诉讼参与人与案件结局的利害关系及对刑事诉讼进程的影响有所不同，诉讼参与人又被区分为当事人和其他诉讼参与人。

凡是与案件结局有着直接利害关系、对刑事诉讼进程发挥着较大影响作用的诉讼参与人，即为当事人。当事人包括：被害人、自诉人、犯罪嫌疑人、被告人、附带民事诉讼的原告人和被告人。根据刑事诉讼法的规定，当事人在各自的诉讼法律关系中都是不可缺少的，承担控告（起诉）或辩护（答辩）职能，其诉讼活动对刑事诉讼的启动、发展和终结起着重要的推动作用。因此，当事人在刑事诉讼中享有广泛的诉讼权利，同时也承担较多的诉讼义务。

凡是与案件没有直接利害关系，而是基于其他原因参加刑事诉讼的人，即为其他诉讼参与人，包括：法定代理人、诉讼代理人、辩护人、证人、鉴定人和翻译人员。他们参加诉讼的目的是协助某一方当事人充分有效地行使诉讼职能，或为诉讼一方提供证据材料，或为诉讼的顺利进行服务。这些诉讼参与人的实体权利不因刑事诉讼的进行而处于待定状态，诉讼的结果也不会对其产生直接的有利或不利影响,因而与案件的结局没有直接的利害关系。

第二节 当 事 人

一、被害人

(一)被害人的概念

刑事诉讼中的被害人是指人身、财产及其他合法权益受到犯罪行为侵害的人。被害人可能因为参与刑事诉讼的方式不同而在刑事诉讼中担当不同的角色,如在自诉案件中,被害人担任自诉人的角色;在刑事附带民事诉讼中,又被称为附带民事诉讼中的原告人。这里所指的被害人仅限于公诉案件中的被害人。我国1996年修改后的刑事诉讼法已明确规定了被害人具有当事人的诉讼地位。

(二)被害人的诉讼权利

被害人作为当事人,在刑事诉讼中享有的主要诉讼权利如下:

1. 对于犯罪行为有权向公安机关、人民检察院或人民法院报案、提出控告,要求接案;并有权以附带民事诉讼原告人的身份提起附带民事诉讼,要求赔偿经济损失。

2. 对于有关机关不予立案的决定,有权获知原因,并可申请复议;对于公安机关应当立案侦查而不立案侦查的,有权向人民检察院提出。

3. 对于侦查人员、检察人员、审判人员以及鉴定人员、翻译人员和书记员有应当回避的情形的,有权申请他们回避;对于驳回回避申请的决定,有权申请复议一次。

4. 有权向侦查机关申请补充鉴定或者重新鉴定。

5. 自公诉案件移送审查起诉之日起,有权委托诉讼代理人(经济困难时可向法律援助机构申请法律援助——委托律师为诉讼代理人)。

6. 对于人民检察院的不起诉决定,(7日内)有权向上一级检察院提出申诉,请求提起公诉。

7. 对于自己有证据证明被告人侵犯自己人身、财产权利的行为应当依法追究刑事责任,而公安机关或人民检察院不予追究的案件,有权向法院提起自诉。

8. 法庭审理中,经审判长许可,有权对被告人、证人、鉴定人发问,对案件证据和案情发表意见并进行辩论。

9. 不服第一审判决、裁定时,有权请求人民检察院提出抗诉;并可对附带民事诉讼部分在上诉期间提出上诉。

10. 有权参加第二审审理活动。

11. 对已生效的判决、裁定,有权向人民检察院、人民法院提出申诉(可委托申诉代理人)。

(三)被害人的诉讼义务

被害人作为当事人,在享有上述诉讼权利的同时,也要承担以下法定的诉讼义务:

1. 如实向司法机关陈述案件事实。

2. 接受司法机关依法对其进行的人身检查。

3. 接受司法机关的传唤。

4. 在法庭上接受询问和回答问题。

5. 遵守法庭秩序。

二、自诉人

(一)自诉人的概念

自诉人是指直接向人民法院提起自诉案件的被害人。

自诉是法律规定的被害人或者其法定代理人直接向人民法院提起刑事诉讼的方式。在现代刑事诉讼中,国家追诉占主导地位,因而自诉案件的范围通常受到严格的限制。被害人一旦遭受自诉案件范围中的犯罪行为侵害后,有权向人民法院提出指控;而当被害人死亡或丧失行为能力时,被害人的法定代理人有权向法院起诉。

(二)自诉人的诉讼权利

自诉人是自诉案件的一方当事人,具有独立的诉讼地位,在诉讼中执行的是控诉职能。自诉人在刑事诉讼中享有的主要诉讼权利如下:

1. 对犯罪行为向法院提起刑事诉讼,并以附带民事诉讼原告人的身份提起附带民事诉讼,要求赔偿经济损失。

2. 依法申请审判人员、书记员、鉴定人和翻译人员回避。

3. 委托诉讼代理人(经济困难时可向法律援助机构申请法律援助——委托律师为诉讼代理人)。

4. 法庭审理中,参加法庭调查,经审判长许可,有权对被告人、证人、鉴定人发问;参加法庭辩论,申请法院调取新的证据、传唤新的证人、申请重新鉴定或勘验。

5. 在诉讼中请求调解或者与被告人自行和解,在判决宣判前可以撤回自诉(《刑事诉讼法》第210条第3项情形除外)。

6. 阅读或听取审判笔录,并有权请求补充或更正。

7. 不服第一审判决、裁定,在上诉期间提出上诉。

8. 参加法院第二审审理活动。

9. 对已生效的判决、裁定认为确有错误,有权向人民检察院、人民法院提出申诉(可委托申诉代理人)。

（三）自诉人的诉讼义务

自诉人在享有一定诉讼权利的同时，也承担如下的诉讼义务：

1. 按时出庭。自诉人经两次合法传唤，无正当理由拒不到庭的，或者未经法院许可中途退庭的，按撤诉处理。

2. 如实提供案件真实情况。如故意伪造证据陷害他人，必须承担法律责任。

3. 承担举证责任。如果自诉人不能提出有力的证据来支持自己的主张，就要承担对自己不利的后果，或者被裁定驳回起诉，或者被告人被宣告无罪。

4. 执行人民法院生效的判决、裁定以及调解协议。

三、犯罪嫌疑人、被告人

（一）犯罪嫌疑人、被告人的概念

犯罪嫌疑人和被告人是指因涉嫌犯罪而受到刑事追究的人。

将受到刑事追诉者的称谓在不同的诉讼阶段进行区分，具有重要意义：其一，根据诉讼法的一般理论，提起正式的控诉是确定"被告人"的前提，而且控诉是向人民法院提起的。在正式的控诉提起之前，受到刑事追诉者只是因为有犯罪的嫌疑而参加到刑事程序中来，因此，不能称为"被告人"，而只能称为"犯罪嫌疑人"。其二，犯罪嫌疑人和被告人的称谓，是诉讼民主和文明的重要标志，是刑事诉讼基本原则的体现，表明他们虽然处于被追诉的地位，但是他们并非"罪犯"，因为我国《刑事诉讼法》第 12 条规定："未经人民法院依法判决，对任何人都不得确定有罪。"所以，犯罪嫌疑人和被告人在诉讼中依法享有一定的诉讼权利，具有当事人的身份和地位。

（二）犯罪嫌疑人、被告人的诉讼权利

刑事诉讼法明确规定了犯罪嫌疑人、被告人享有一系列的诉讼权利，主要包括以下内容：

1. 使用本民族语言文字进行诉讼。

2. 对于侦查人员、检察人员、审判人员侵犯其诉讼权利和人身侮辱的行为，有权提出控告。

3. 对于侦查人员、检察人员、审判人员以及鉴定人员、翻译人员和书记员有应当回避情形的，有权申请其回避；对于驳回申请回避的决定，有权申请复议。

4. 了解自己被指控的罪名和应享有的诉讼权利。

5. 拒绝回答侦查人员提出的与本案无关的问题。

6. 在侦查阶段委托律师作为辩护人（经济困难时可向法律援助机构申请律师提供法律援助）；没有委托辩护人，法律援助机构没有指派律师为其提供辩护的，由值班律师提供法律帮助；侦查机关在第一次讯问犯罪嫌疑人或者对犯罪嫌疑人采取强制措施的时候，应当告知。

7. 被羁押的犯罪嫌疑人、被告人及其法定代理人、近亲属有权申请取保候审。

8. 犯罪嫌疑人在公诉案件中,自被侦查机关第一次讯问或者采取强制措施之日起,有权委托辩护人;被告人在自诉案件中,随时有权委托辩护人。在法定条件下有权获得人民法院指定的辩护人为其辩护,也有权拒绝辩护人继续为其辩护,还有权另行委托辩护人为其辩护。

9. 对于公安机关、检察院、法院采取强制措施法定期限届满的,有权要求解除强制措施。

10. 申请司法机关收集、调查证据。

11. 被不起诉人对检察院作出的不起诉决定不服时有申诉权(7 日内)。

12. 被告人有权收到检察院起诉书的副本(法院开庭 10 日前送达)。

13. 被告人在法院审理时有权委托辩护人。

14. 被告人有出席法庭审理的权利。

15. 被告人在法庭审理中,有权辨认物证,可以对证据和案件情况发表意见,有权申请通知新的证人到庭、调取新的物证、申请重新鉴定或者勘验。

16. 被告人有权参加法庭辩论。

17. 被告人有最后陈述权。

18. 被告人有权阅读审讯笔录。

19. 被告人有权在上诉期限内对第一审判决、裁定提出上诉。

20. 对已经生效的判决认为确有错误,可以提出申诉(可委托申诉代理人)。

21. 自诉案件的被告人在诉讼中有权对自诉人提起反诉。

(三)犯罪嫌疑人、被告人的诉讼义务

刑事诉讼法在赋予犯罪嫌疑人、被告人诉讼权利的同时,也规定了以下诉讼义务:

1. 在法定的条件下接受拘传、拘留、逮捕、监视居住、取保候审等强制措施。

2. 在法定条件下接受讯问、搜查、扣押等,对于讯问,应当如实回答。

3. 对于生效的判决、裁定,有义务执行等。

四、附带民事诉讼的原告人和被告人

(一)附带民事诉讼的原告人、被告人的概念

我国《刑事诉讼法》第 101 条规定:"被害人由于被告人的犯罪行为而遭受物质损失的,在刑事诉讼过程中,有权提起附带民事诉讼。被害人死亡或者丧失行为能力的,被害人的法定代理人、近亲属有权提起附带民事诉讼。如果是国家财产、集体财产遭受损失的,人民检察院在提起公诉的时候,可以提起附带民事诉讼。"

根据这一法律规定,在刑事诉讼中,附带民事诉讼的原告人是指在刑事诉讼中以自己的名义向司法机关提起附带民事诉讼的人;附带民事诉讼的被告人则是指在刑事诉讼中被起诉承担民事赔偿责任的人。

刑事附带民事诉讼以刑事案件的成立为前提,而且必须是被告人的犯罪行为

给被害人造成了物质损失。但是在实践中,即使经最终审理发现被告人的行为并不构成犯罪,但是其所实施的违法行为确实给被害人造成了损害,被告人也应对此负赔偿责任;或者经审理确认虽然被告人的行为给被害人造成了物质损失,但是被告人因属于无刑事责任能力人(如未满 14 周岁的未成年人),则应由其监护人负赔偿责任。因此,刑事附带民事诉讼中的原告人和被告人并不完全等同于刑事诉讼本身的被害人和被告人。

(二)附带民事诉讼的原告人、被告人的诉讼权利

附带民事诉讼中的原告人和被告人作为刑事诉讼中的当事人,主要享有以下权利:

1. 使用本民族的语言文字进行诉讼。

2. 对于侦查人员、检察人员、审判人员侵犯其诉讼权利和人身侮辱的行为,有权提出控告。

3. 对于侦查人员、检察人员、审判人员以及鉴定人员、翻译人员和书记员有应当回避情形的,有权申请其回避;对于驳回申请回避的决定,有权申请复议。

4. 原告人有权在刑事诉讼过程中,以口头或书面的方式提起诉讼。

5. 原告人有权申请诉讼保全或先行给付。

6. 委托诉讼代理人参加诉讼。

7. 要求民事诉讼同刑事诉讼一并审理,及时处理。

8. 参加法庭调查和法庭辩论。

9. 要求人民法院进行调解。当事人双方也可以自行和解,原告人有权撤诉,被告人有权提起反诉。

10. 如不服地方各级人民法院的第一审附带民事诉讼判决或裁定,有权提出上诉。

11. 对已经发生法律效力的附带民事诉讼判决或裁定认为确有错误的,有权提出申诉等。

第三节　其他诉讼参与人

一、法定代理人

法定代理人是依照法律规定对被代理人负有保护义务的人。根据《刑事诉讼法》第 108 条第 3 项的规定,法定代理人是指被代理人的父母、养父母、监护人和负有保护责任的机关、团体的代表。

在刑事诉讼中,犯罪嫌疑人、被告人、被害人、自诉人、刑事附带民事诉讼的原

告人和被告人都有可能因自己的诉讼行为能力问题而需要法定代理人参加诉讼。法定代理人的诉讼地位和诉讼权利主要取决于被代理人的诉讼地位,在诉讼中享有与被代理人相同的某些重要诉讼权利,如申请回避权、上诉权等。法定代理人享有这些诉讼权利具有独立的法律性质,即在行使这些权利时,即使被代理人不同意,也不影响其法律效力。

二、诉讼代理人

诉讼代理人是指受被代理人的委托或法院的指定依法参加诉讼的人。根据《刑事诉讼法》第108条第5项的规定,诉讼代理人是指公诉案件的被害人及其法定代理人或者近亲属、自诉案件的自诉人及其法定代理人委托代为参加诉讼的人和附带民事诉讼的当事人及其法定代理人委托代为参加诉讼的人。

诉讼代理人只能以被代理人的名义并在其授权的范围内进行诉讼。如果没有被代理人的授权或同意,诉讼代理人代替被代理人进行的诉讼活动,就不具有法律效力。诉讼代理人在诉讼中主要享有被代理人的某些诉讼权利;诉讼代理人如果是律师,则负有为被代理人提供法律帮助等义务。

三、辩护人

辩护人是指接受犯罪嫌疑人、被告人的委托,或者受法律援助机构指派参加诉讼,帮助犯罪嫌疑人、被告人行使辩护权,依法维护犯罪嫌疑人、被告人的诉讼权利和其他合法权益的人。

根据我国《刑事诉讼法》第33条的规定,犯罪嫌疑人、被告人除自己行使辩护权以外,还可以委托一人至二人作为辩护人。下列人员可以被委托为辩护人:(1)律师;(2)人民团体或者犯罪嫌疑人、被告人所在单位推荐的人;(3)犯罪嫌疑人、被告人的监护人、亲友。正在被执行刑罚或者依法被剥夺、限制人身自由的人,不得担任辩护人。被开除公职和被吊销律师、公证员执业证书的人,也不得担任辩护人,但系犯罪嫌疑人、被告人的监护人、近亲属的除外。

由于犯罪嫌疑人和被告人在刑事诉讼中处于被动、不利的诉讼地位,而诉讼的结果与他们密切相关,因而应充分发挥辩护人在刑事诉讼中的作用。为保障辩护人充分行使刑事辩护职能,刑事诉讼法赋予了辩护人一系列的诉讼权利,如阅卷权、会见通信权、调查取证权、参加法庭调查、法庭辩论权等,同时也规定辩护人不得帮助犯罪嫌疑人、被告人隐匿、毁灭、伪造证据或者串供,不得威胁、引诱证人作伪证以及进行其他干扰司法机关诉讼活动的行为;依法承担忠于职守的义务、保密的义务等。

辩护人在刑事诉讼中具有独立自主的诉讼地位,并不是犯罪嫌疑人、被告人的代言人。辩护人依据事实和法律,维护犯罪嫌疑人、被告人的合法权益,其辩护意见不受犯罪嫌疑人、被告人的意见左右,也不受控诉方和审判人员意见的左右。

四、证人

证人是指除当事人以外了解案件情况并向司法机关作证的人。

刑事诉讼中的证人需要具备下列的条件：(1)证人必须是在诉讼活动开始之前了解案件情况的人，证人具有不可代替性；(2)证人必须是能够辨别是非、正确表达的人，生理上、精神上有缺陷或者年幼，不能辨别是非、不能正确表达的人，不能做证人；(3)证人必须是自然人，而不能是法人。

证人是独立的诉讼参与人，同案件结果之间没有直接的利害关系，但是证人证言的内容有可能影响到诉讼中当事人的利益。所以为了保障证人能够真实地提供证言，刑事诉讼法赋予证人以下诉讼权利：(1)查阅询问笔录，并可以要求补充或者是修改。(2)要求补偿因为作证而支出的交通、住宿、就餐等费用。(3)要求在侦查阶段为其姓名保密；对于危害国家安全犯罪、恐怖活动犯罪、黑社会性质的组织犯罪、毒品犯罪等案件，证人本人或者其近亲属的人身安全面临危险的，有权要求公安机关、人民检察院和人民法院采取必要的保护措施。(4)对本人及其近亲属受到的威胁、侮辱、殴打或者打击报复的行为提出控告。

刑事诉讼法也规定了证人的诉讼义务，主要有：(1)凡是知道案件情况的人，都有作证的义务。(2)证人不得有意作伪证或者隐匿罪证，否则应当依法处理。(3)证人没有正当理由不得拒绝出庭，否则人民法院可以强制其到庭(但是被告人的配偶、父母、子女除外)；证人出庭后拒绝作证的，应当依法处理。

五、鉴定人

鉴定人是指受到司法机关的聘请或者指定后，凭借自己的专门知识和技能对案件事实中的专门性问题作出书面鉴定意见的诉讼参与人。

为保证鉴定人能够作出科学的鉴定意见，法律赋予鉴定人以下诉讼权利：(1)查阅与鉴定事项有关的案卷材料；必要时，经侦查人员、审判人员的同意，可以参加勘验与检查。(2)就同一专门性问题有两个以上的鉴定人鉴定时，可以共同作出一个鉴定意见，也可以分别作出各自的鉴定意见。

鉴定人在享有诉讼权利的同时，也应承担一定的诉讼义务：(1)出席法庭，回答有关人员就鉴定意见依法提出的问题。(2)客观全面地反映鉴定的过程和结果，不得隐瞒或者编造虚假情况，如果故意提供虚假鉴定意见，应当负法律责任。(3)有关人员要求补充鉴定或者重新鉴定时，须重新提供鉴定意见。

六、翻译人员

翻译人员是指接受司法机关的聘请或指定在刑事诉讼中进行语言文字翻译活动的人员。

刑事诉讼中需要翻译的语言文字，包括外国语、少数民族语、聋哑手语、盲文、密码等。翻译人员不能同案件存在利害关系，否则适用回避的规定。

为保证翻译人员的合法权益和刑事诉讼的顺利进行，法律赋予翻译人员在刑事诉讼中享有以下权利:(1)了解与翻译内容有关的案件情况。(2)查阅记载其翻译内容的笔录,笔录与实际翻译内容不符的,有权要求修改和补充。翻译人员的诉讼义务是:按照语言文字的原意进行翻译,不得隐瞒、歪曲或编造,如果有意弄虚作假,应负法律责任。

第四节 单位当事人

诉讼参与人在一般情况下是自然人,但是随着市场经济的发展,单位以犯罪嫌疑人、被告人、被害人及附带民事诉讼原告人和被告人的身份参加刑事诉讼的情况日益增多,我国刑法已将单位犯罪正式纳入我国的刑事犯罪体系中。刑事诉讼法不仅依法惩治单位犯罪,保障单位被害人的合法权益不受侵犯,同时也保障单位犯罪嫌疑人、被告人合法的诉讼权利。

一、单位被害人

在侵犯财产的犯罪以及职务犯罪中,单位往往是犯罪行为造成危害后果的承担者。在通常情况下,犯罪行为所侵害的不仅仅是单位被害人的经济利益,还损害了单位的信誉和声誉等。单位被害人可以通过其法定代表人反映自己的意志并实施各种行为。因此,在刑事诉讼中,单位被害人除了可以提起附带民事诉讼外,还可依据法律的规定,对于符合自诉条件的案件提起自诉。

二、单位犯罪嫌疑人、被告人

根据刑法的相关规定,单位犯罪是指公司、企业、事业单位、机关、团体实施的危害社会的、依法应受刑事处罚的行为。单位可以成为危害公共安全罪、破坏社会主义市场经济秩序罪、侵犯公民人身权利或民主权利罪、侵犯财产罪、妨害社会管理秩序罪、危害国防利益罪、贪污贿赂罪等犯罪的主体。单位构成犯罪必须具备以下条件:(1)单位犯罪是单位有目的、有意识的活动;(2)单位犯罪是以单位的名义实施的;(3)单位犯罪必须是为单位利益而实施的;(4)单位犯罪的实施者是作为单位整体构成要素的法定代表人、主管人员、直接责任人员和单位其他成员。在我国,对单位犯罪实行“双罚制”,既对单位判处罚金,也对直接负责的主管人员和其他直接责任人员判处刑罚。

在单位犯罪的被追究对象中,有关单位的直接负责的主管人员和其他直接责任人员作为自然人参加刑事诉讼,其参与方式、诉讼权利同普通刑事犯罪的犯罪嫌疑人、被告人相同。为解决单位如何参加刑事诉讼这一问题,最高法《解释》中专门对单位犯罪案件的审理程序作出了原则性规定:刑事案件中被告人是单位的,被告单位的诉讼代表人应当是法定代表人、实际控制人或者主要负责人;法定代表人、实际控制人或者主要负责人被指控为单位犯罪直接责任人员或者因客观原因无法出庭的，应当由被告单位委托其他负责人或者职工作为诉讼代表人。但是，有关人员被指控为单位犯罪，直接责任人员或者知道案件情况、负有作证义务的除外。难以确定诉讼代表人的，可以由被告单位委托律师等单位以外的人员作为诉讼代表人。诉讼代表人不得同时担任被告单位或者被指控为单位犯罪直接责任人员的有关人员的辩护人。开庭审理单位犯罪案件，应当通知被告单位的诉讼代表人出庭；诉讼代表人不符合规定的，应当要求人民检察院另行确定。被告单位的诉讼代表人不出庭的，应当按照下列情形分别处理：诉讼代表人系被告单位的法定代表人、实际控制人或者主要负责人，无正当理由拒不出庭的，可以拘传其到庭；因客观原因无法出庭，或者下落不明的，应当要求人民检察院另行确定诉讼代表人；诉讼代表人系其他人员的，应当要求人民检察院另行确定诉讼代表人。被告单位的诉讼代表人享有刑事诉讼法规定的有关被告人的诉讼权利。开庭时，诉讼代表人席位置于审判台前左侧，与辩护人席并列。

案例精选

某地法院审理齐某组织、领导、参加黑社会性质组织罪，需要对作证人员进行保护。法院通知侦查人员丙出庭说明讯问的合法性，为防止黑社会组织报复，对其采取不向被告人暴露外貌、真实声音的措施。（源于2014年国家司法考试真题卷二第69题）

【问】法院对作证的侦查人员采取的保护措施是否合法？

【答案与解析】不合法。《刑事诉讼法》第64条第1款规定，对于危害国家安全犯罪、恐怖活动犯罪、黑社会性质的组织犯罪、毒品犯罪等案件，证人、鉴定人、被害人因在诉讼中作证，本人或者其近亲属的人身安全面临危险的，人民法院、人民检察院和公安机关应当采取以下一项或者多项保护措施：（1）不公开真实姓名、住址和工作单位等个人信息；（2）采取不暴露外貌、真实声音等出庭作证措施；（3）禁止特定的人员接触证人、鉴定人、被害人及其近亲属；（4）对人身和住宅采取专门性保护措施；（5）其他必要的保护措施。据此可知，侦查人员并非条文中的“证人、鉴定人、被害人”，因此不属于证人保护对象。

思考问题

1. 分析刑事诉讼法修订过程中辩护人参与诉讼活动的演进。
2. 比较法定代理人与诉讼代理人的区别。

法条链接

《刑事诉讼法》第9、29、31～49、61～65、101～102、108、114、117、120、146～147、178～181、187、191～195、197～199、202、210～213、227、229、231、252、278、281、283、285、288、299～300条；

最高法《解释》第336~338条;六机关《规定》第4~8、10条;最高人民法院、最高人民检察院、公安部、司法部关于印发《关于刑事诉讼法律援助工作的规定》(2013年)第2~12条。

扩展阅读

1. 焦俊峰:《认罪认罚从宽制度下被害人权益保障问题研究》,载《法商研究》2021年第1期。
2. 张保生、董帅:《中国刑事专家辅助人向专家证人的角色转变》,载《法学研究》2020年第3期。
3. 朱孝清:《再论辩护律师向犯罪嫌疑人、被告人核实证据》,载《中国法学》2018年第4期。
4. 尹冷然:《刑事证人出庭作证与庭审实质化》,载《华东政法大学学报》2018年第1期。
5. 陈海锋:《鉴定人出庭的认识误区与规制路径——以刑事诉讼为主要视角》,载《法学》2017年第8期。
6. 胡铭:《鉴定人出庭与专家辅助人角色定位之实证研究》,载《法学研究》2014年第4期。
7. 易延友:《证人出庭与刑事被告人对质权的保障》,载《中国社会科学》2010年第2期。
8. 谢勇、唐启迪:《论刑事被告人宪法权利的保障》,载《法学杂志》2012年第7期。
9. 王新清:《论刑事诉讼当事人辅助制度》,载《中国法学》2014年第5期。
10. 李奋飞:《刑事被害人的权利保护——以复仇愿望的实现为中心》,载《政法论坛》2013年第5期。

第三编　原则论

第五章　刑事诉讼的基本原则

本章知识要点

刑事诉讼的基本原则是专门机关与诉讼参与人进行刑事诉讼活动所必须遵循的基本准则。本章主要介绍了侦查权、检察权、审判权由专门机关依法行使原则；人民法院、人民检察院依法独立行使职权原则；依靠群众原则；以事实为根据，以法律为准绳原则；对一切公民在适用法律上一律平等原则；分工负责、相互配合、相互制约原则；人民检察院依法对刑事诉讼实行法律监督原则；各民族公民有权使用本民族语言文字进行诉讼原则；审判公开原则；犯罪嫌疑人、被告人有权获得辩护原则；未经人民法院依法判决，不得确定有罪原则；保障诉讼参与人的诉讼权利原则；认罪认罚从宽原则；依照法定情形不予追究刑事责任原则；追究外国人刑事责任适用我国刑事诉讼法原则十五项基本原则的含义、特征、意义等内容。

第一节　概　　述

刑事诉讼基本原则是由刑事诉讼法规定的，贯穿于刑事诉讼的全过程或主要诉讼阶段，公安机关、人民检察院、人民法院和诉讼参与人进行刑事诉讼活动所必须遵循的基本准则。

刑事诉讼基本原则具有以下几个特征：

第一，法定性。刑事诉讼基本原则是由刑事诉讼法所明确规定的法律原则，刑事诉讼法尚未规定的政治、法律等方面的原理、准则等不能成为刑事诉讼的基本原则。

第二，普遍性。刑事诉讼基本原则贯穿于刑事诉讼全过程，适用于刑事诉讼的主要阶段，具有普遍的指导意义。

第三，至上性。刑事诉讼基本原则虽然比较抽象，但刑事诉讼中的各项诉讼制度和诉讼程序都应当符合基本原则的要求，而不能违背基本原则。

刑事诉讼基本原则包含了丰富的诉讼原理，体现了刑事诉讼活动的基本规律，对我国刑事诉讼立法、实践等都具有重要的指导意义：

首先，刑事诉讼基本原则可以为立法机关制定刑事诉讼制度与程序提供指导。立法机关依据这些基本原则制定具体的制度和程序，有助于使其符合民主、文明、科学等刑事诉讼原理与规律的要求。

其次，刑事诉讼基本原则可以为公安司法机关实施刑事诉讼法提供指导。公安司法机关在实施刑事诉讼法时，根据刑事诉讼基本原则理解运用具体制度与程序，有助于使其实施刑事诉讼法的活动符合立法机关原意。

最后，刑事诉讼基本原则可以为诉讼参与人以及一般公民理解刑事诉讼法的规定，维护合法权利提供指导。诉讼参与人与一般公民在理解刑事诉讼法的具体制度、程序时，以基本原则为指导，有助于其深刻领会刑事诉讼法具体制度、程序的内涵与要求，从而更好地运用刑事诉讼法维护其合法权利。

第二节　侦查权、检察权、审判权由专门机关依法行使原则

我国《刑事诉讼法》第 3 条规定：“对刑事案件的侦查、拘留、执行逮捕、预审，由公安机关负责。检察、批准逮捕、检察机关直接受理的案件的侦查、提起公诉，由人民检察院负责。审判由人民法院负责。除法律特别规定的以外，其他任何机关、团体和个人都无权行使这些权力。人民法院、人民检察院和公安机关进行刑事诉讼，必须严格遵守本法和其他法律的有关规定。”这一规定是侦查权、检察权、审判权由专门机关依法行使原则的基本法律依据。

侦查权、检察权、审判权由专门机关行使原则包括以下几方面的含义：

一是侦查权、检察权、审判权只能由公安机关、人民检察院和人民法院行使。公安机关、人民检察院和人民法院办理刑事案件的职权具有专属性和排他性，其他任何机关、团体和个人都无权行使这些权力。但是，法律也有例外的规定。比如，《刑事诉讼法》第 4 条就规定：“国家安全机关依照法律规定，办理危害国家安全的刑事案件，行使与公安机关相同的职权。”

二是公安机关、人民检察院、人民法院的职权行使各有一定的范围。根据刑事诉讼法的规定，审判权只能由人民法院行使；检察权只能由人民检察院行使；侦查权由法律规定的机关行使。公安机关、检察院、法院在行使职权过程中不能相互混淆或替代。

三是公安机关、人民检察院、人民法院必须依法行使侦查权、检察权和审判权。公安机关、检察院和人民法院在行使职权过程中必须遵守刑事诉讼法规定的各项

制度和程序,不得违反刑事诉讼法的规定。对于滥用职权的行为,行使该职权的机关及其直接责任人员应当承担相应的法律责任。

侦查权、检察权与审判权是性质、内容不同的权力,分别由具有相应职权的专门机关行使,才能最大限度地发挥其职能。公安机关、人民检察院与人民法院分别拥有能够有效行使侦查权、检察权与审判权的机构、人员,因而由其分别行使侦查权、检察权与审判权有助于查明案件事实,追究、惩罚犯罪。同时,侦查权、检察权与审判权由公安机关、人民检察院以及人民法院依法行使,为三机关之间权力的相互制约提供了前提,而权力之间的制约则有助于防止权力滥用,维护犯罪嫌疑人、被告人的合法权益。

第三节　人民法院、人民检察院依法独立行使职权原则

人民法院、人民检察院依法独立行使职权原则是我国宪法明确规定的一项诉讼原则。我国《刑事诉讼法》第5条规定:"人民法院依照法律规定独立行使审判权,人民检察院依照法律规定独立行使检察权,不受行政机关、社会团体和个人的干涉。"这是宪法确定的原则在刑事诉讼法中的具体体现。该原则的含义主要包括以下内容:

第一,独立行使审判权和检察权是指分别由人民法院和人民检察院集体独立行使审判权和检察权,而非由法官和检察官个人独立行使审判权和检察权。

第二,人民法院行使审判权、人民检察院行使检察权,必须严格遵守宪法和法律的规定。人民检察院、人民法院必须在宪法和法律规定的权限、程序和规范范围行使职权,不得超越法律的权限。

第三,独立行使审判权和检察权,不受行政机关、社会团体和个人的干涉。人民法院和人民检察院对于任何以言代法、以权压法,非法干涉办案活动的行为,都有权抵制。行政机关、社会团体和个人应当尊重和支持人民法院和人民检察院独立行使职权,执行人民法院和人民检察院发生法律效力的判决、裁定和决定。

第四,独立行使审判权和检察权,并不意味着独立于党的领导之外,也不意味着不受监督。党的领导是做好司法工作的根本保证,人民法院、人民检察院依法独立行使职权仍应当接受中国共产党的领导。但是党的领导应当是方针政策的领导,而不是包办代替办理具体案件。同时,人民法院、人民检察院还要受同级人民代表大会及其常委会的监督。

人民法院、人民检察院依法独立行使职权具有重要的意义:

一方面,人民法院、人民检察院依法独立行使职权有利于维护司法公正。司法公正是司法追求的核心价值目标,司法的灵魂和生命线。人民法院、人民检察院依法独立行使职权是程序公正的一项主要内容,对于实现程序公正具有重要意义。从实体公正的角度来看,人民法院、人民检察院依法独立行使职权是准确认定案件事实,正确适用法律的必要保证,而这也是实体公正的基本要求。

另一方面,人民法院、人民检察院依法独立行使职权有利于维护司法权威。司法权威是指司法在社会生活中所拥有的令人信服的地位和力量。司法权威是衡量一个国家法治建设程度的重要尺度。人民法院、人民检察院依法独立行使职权,不受外界的干扰和压力,从而有能力、有勇气、有信心执法如山,正确地适用法律,实现司法公正,进而维护法律的权威性。

第四节　依靠群众原则

《刑事诉讼法》第 6 条规定,人民法院、人民检察院和公安机关进行刑事诉讼必须依靠群众。这一原则是党的群众路线在刑事诉讼中的具体体现。群众路线是我们党和国家一切工作的根本路线,也是司法工作的根本路线。我们可以从以下两点来理解这一原则。

一是依靠群众,就是办理刑事案件要相信群众,尊重群众,宣传发动群众,深入群众调查研究,发动群众向公、检、法机关提供破案线索,提供证实犯罪的情况。

二是依靠群众,就是要求公、检、法机关办案,应当实行公、检、法专门机关和群众相结合的办法。一方面,专门司法机关在刑事诉讼中要注重发挥专门机关的作用,加强思想、组织、业务建设,提高公安司法机关工作人员的政治、业务素质;另一方面,要积极了解人民群众对案件的反应,切实把实现好、维护好、发展好最广大人民的根本利益作为办理刑事案件的出发点和落脚点。

依靠群众原则在刑事诉讼法中有明确的体现。例如,《刑事诉讼法》第 52 条规定:"必须保证一切与案件有关或者了解案情的公民,有客观地充分地提供证据的条件,除特殊情况外,可以吸收他们协助调查。"该法第 84 条、第 110 条分别规定了任何公民都有权扭送现行犯;有权控告、举报犯罪等。这些规定都充分体现了刑事诉讼依靠群众的原则。

第五节　以事实为根据，以法律为准绳原则

《刑事诉讼法》第 6 条规定，人民法院、人民检察院和公安机关进行刑事诉讼，必须以事实为根据，以法律为准绳。这一原则是我国长期以来刑事诉讼的重要经验总结，充分反映了我国刑事诉讼法的根本要求和社会主义法治原则的精神。

这一原则主要包含以下两方面的内容：

一是以事实为根据。以事实为根据要求人民法院、人民检察院、公安机关进行刑事诉讼，追究犯罪，必须以客观存在的、经过调查属实的、有证据证明的事实为根据，而不是靠主观想象、推测和怀疑。这就要求公安司法机关的办案人员在进行刑事诉讼时认真调查研究，在纷繁复杂的现象中对收集到的案件材料去伪存真、去粗取精，使自己的认识正确地反映案件的客观实际，准确地认定案件事实。

二是以法律为准绳。以法律为准绳要求人民法院、人民检察院、公安机关办理刑事案件既应当遵守刑法以及对刑法所作的修改补充规定和修正案，也应当遵守包括刑事诉讼法、人民法院组织法、人民检察院组织法等其他法律中的有关规定。

以事实为根据，以法律为准绳是正确处理案件不可分割的两个方面，二者互相联系，缺一不可。事实是适用法律的前提和基础，只有以事实为根据，才能对案件作出正确的处理；法律是正确处理案件的标准，只有以法律为准绳，在处理案件时才不会失去尺度。只有将两者有机结合起来，才能使案件得到准确、及时、合法处理，才能经得起实践和历史的检验。

第六节　对一切公民在适用法律上一律平等原则

我国《刑事诉讼法》第 6 条规定，人民法院、人民检察院和公安机关进行刑事诉讼，对于一切公民，在适用法律上一律平等，在法律面前，不允许有任何特权。对一切公民在适用法律上一律平等原则是我国宪法确定的法制原则在刑事诉讼中的具体体现。这一原则要求人民法院、人民检察院、公安机关在进行刑事诉讼的过程中，对于一切公民，不分民族、种族、职业、出身、性别、宗教信仰、教育程度、财产情况、职位高低和功劳大小等差异，在适用法律上一视同仁，不得有任何特权，也不得有任何歧视。任何人触犯了刑法，都应当追究并承担相应刑事责任；在刑事诉讼

中,任何人的诉讼权利和其他合法权益都同样受到国家法律的保护,而不能因人而异。

然而,应当指出的是,刑法和刑事诉讼法中存在适用法律上区别对待的情形,属于具体情况具体分析,更好地体现刑罚个别化的要求。比如对有自首情节的犯罪分子和没有自首情节的犯罪分子区别对待,对于前者应当减轻或者免除刑罚,就是考虑到行为人犯罪前后的表现的差异体现出其人身危险性的差异,区别对待可以更好地实现刑罚改造罪犯的目的。

第七节　分工负责、相互配合、相互制约原则

《刑事诉讼法》第7条规定:"人民法院、人民检察院和公安机关进行刑事诉讼,应当分工负责、相互配合、相互制约,以保证准确有效地执行法律。"这也是我国宪法所规定的刑事诉讼原则。

分工负责、相互配合、相互制约原则是刑事诉讼中各机关处理相互关系的一项基本准则,是我国长期司法实践经验的总结。这一原则主要包含以下几个方面的内容:

第一,分工负责。分工负责是指公、检、法三机关在进行刑事诉讼活动时,根据法律有职责和案件管辖上的明确分工,三机关应当在法律规定的职权范围内行使职权,各司其职,各负其责,既不能互相取代,包办代替,越权行事,也不能互相推诿,不负责任。

第二,相互配合。相互配合是指在刑事诉讼中,公、检、法三机关应当在正确履行各自职责的基础上,互相支持,通力合作,协调一致,共同完成刑事诉讼法的任务。互相配合在刑事诉讼中体现在以下几个方面:(1)公安机关的立案、侦查,应为检察院审查批捕、提起公诉做好准备;(2)检察院对于公安机关提请逮捕而又符合逮捕条件的,应及时批准逮捕;(3)检察院直接受理的自侦案件,若需要拘留、逮捕犯罪嫌疑人的,应由检察院作出决定后,由公安机关予以执行;(4)检察院需要通缉被告人时,应当通知公安机关执行;(5)检察院的起诉应当为法院审判做好准备,法院对检察院提起的公诉,只要起诉书中有明确的犯罪事实和附有相关证据材料的,就应当及时开庭审判;(6)法院审理公诉案件,检察院除特定情况外应当派员出庭支持公诉。

第三,相互制约。相互制约是指公、检、法三机关在刑事诉讼中,为防止和及时纠正可能发生的错误,通过程序上的制约,以保证正确适用法律惩罚犯罪、保障人权。我国公、检、法三机关的互相制约在刑事诉讼中主要表现为:(1)人民检察院

认为公安机关应当立案侦查的案件或者被害人认为公安机关对应当立案侦查的案件，而公安机关不立案侦查的，人民检察院应当要求公安机关说明不立案的理由。人民检察院认为公安机关不立案理由不成立的，应当通知公安机关立案，公安机关接到通知后应当立案。（2）公安机关逮捕犯罪嫌疑人，要提请检察院批准；如不批准，公安机关认为应当逮捕时，可以要求复议；如果检察院不接受，还可以向上一级检察院提请复核。（3）对于公安机关移送起诉的案件，检察院决定不起诉的应当将不起诉决定书送达公安机关。公安机关认为应当起诉的，可以要求复议，如果意见不被接受，可以向上一级检察院提请复核。（4）检察院对侦查活动实行监督，如果发现有违法情况，可通知公安机关纠正。（5）检察院对法院的判决、裁定认为有错误时，有权按第二审程序或审判监督程序提起抗诉。

分工负责、相互配合、相互制约密切相关，是一个完整、统一的整体。分工负责是我国公、检、法三机关关系的前提和基础，没有分工，配合和制约就无从谈起，而互相配合与互相制约是分工负责的落实和保障。分工负责、相互配合、相互制约最终都是为了完成刑事诉讼法的任务。

党的十八届四中全会《中共中央关于全面推进依法治国若干重大问题的决定》提出了“推进以审判为中心的诉讼制度改革”的任务。以审判为中心的内容主要包括三个方面：（1）侦查、起诉应当面向审判，服从审判的要求；（2）审判应当发挥认定事实、适用法律的决定性作用；（3）审判活动应当以庭审为中心，庭审应当贯彻直接言词原则。以审判为中心与分工负责、互相配合、互相制约原则有关但并不矛盾。确立以审判为中心有利于克服传统“诉讼阶段论”的弊端。[1]

第八节　人民检察院依法对刑事诉讼实行法律监督原则

我国宪法明确规定人民检察院是我国的法律监督机关。根据这一规定，为进一步强化人民检察院在刑事诉讼中的法律监督职能，我国《刑事诉讼法》第 8 条规定：“人民检察院依法对刑事诉讼实行法律监督。”

人民检察院对刑事诉讼的监督主要包括以下四个方面的内容：

一是立案监督。人民检察院可以对公安机关的立案活动进行监督。人民检察院认为公安机关应当立案而不立案的，或者被害人认为公安机关应当立案而不立案的，向人民检察院提出的，人民检察院应当责令公安机关说明理由。人民检察院

〔1〕 参见《刑事诉讼法学》编写组：《刑事诉讼法学》（第三版），高等教育出版社 2019 年版，第 78 页。

认为公安机关不立案的理由不能成立的,应当通知公安机关立案,公安机关接到通知后应当立案。

二是侦查监督。人民检察院对侦查活动的合法性进行监督。主要是通过讯问犯罪嫌疑人、审查侦查案卷等形式对侦查阶段的行为进行监督,对其中违反刑事诉讼法的行为提出纠正意见,如对违法取保候审行为发出纠正违法意见书,对违法侦查行为进行纠正等。

三是审判监督。人民检察院在履行公诉职能的同时也有权对一审的审判活动进行监督,如果发现违法行为,应当在庭后进行书面监督。这一职能在二审时也不例外。人民检察院还可以对认为确有错误的判决、裁定按第二审程序或审判监督程序提起抗诉。

四是执行监督。执行监督是刑事诉讼监督的重要组成部分,是人民检察院监督职能在执行环节的体现。执行监督主要是对刑罚执行以及监管场所的监管活动进行监督。刑罚执行和监管场所的监管活动直接关系被执行人的人身自由权的依法剥夺和限制,必须严格遵守法律的规定,否则极易导致执行权的随意膨胀和扩张,造成侵犯公民人身权的后果。因此,加强监督,对于保护被执行人的合法权益,维护执行场所的安全与稳定具有重要的意义。

刑事诉讼法将人民检察院对刑事诉讼实行法律监督作为刑事诉讼的一项基本原则确立下来,使刑事诉讼中专门机关权力的行使能够受到检察机关的约束,对于保证正确及时惩罚犯罪、保障无罪的人不受刑事追究,尊重和保障人权,推进司法公正等都具有重要的意义。

第九节 各民族公民有权使用本民族语言文字进行诉讼原则

我国《刑事诉讼法》第9条规定:“各民族公民都有用本民族语言文字进行诉讼的权利。人民法院、人民检察院和公安机关对于不通晓当地通用的语言文字的诉讼参与人,应当为他们翻译。在少数民族聚居或者多民族杂居的地区,应当用当地通用的语言进行审讯,用当地通用的文字发布判决书、布告和其他文件。”这即是我国的各民族公民有权使用本民族语言文字进行诉讼原则。

这一原则具体包括以下三个方面的内容:

第一,使用本民族的语言文字进行诉讼,是法律规定的各民族的诉讼参与人享有的诉讼权利。各民族公民,无论是当事人,还是证人、辩护人、其他诉讼参与人都有使用本民族的语言进行起诉、应诉,递交诉状、答辩状,提供证据,陈述意见等诉讼权利。

第二,对于不通晓当地通用的语言文字的诉讼参与人,应当为他们提供翻译。各民族公民在刑事诉讼中虽可使用本民族语言文字,但当其不通晓当地通用的语言文字时,就应当有翻译人员为他们进行口头和文字的翻译,这是公、检、法机关应尽的诉讼义务。公、检、法机关在刑事诉讼中应当为他们行使这项权利提供必要的便利和帮助。

第三,在少数民族聚居或者多民族杂居地区的特殊规定。在少数民族聚居或者多民族杂居的地区存在多种民族语言的情况下,在刑事诉讼各个阶段讯问犯罪嫌疑人、被告人应当使用当地通用的语言,发布判决书、布告和送达传票、通知等文件也应当使用当地通用的文字。

我国是统一的多民族国家,各民族在政治、经济、法律上一律平等,各民族公民使用本民族语言文字进行诉讼是民族平等原则在刑事诉讼中的重要体现。同时,各民族公民使用本民族语言文字进行刑事诉讼,有利于保障各民族诉讼参与人平等地享受和充分地行使诉讼权利,也有助于查清案件事实,正确处理案件。

第十节　审判公开原则

我国《宪法》第130条规定:“人民法院审理案件,除法律规定的特别情况外,一律公开进行。”根据宪法的规定,《刑事诉讼法》第11条规定:“人民法院审判案件,除本法另有规定的外,一律公开进行。”审判公开是我国的一项重要诉讼原则,是社会主义民主在审判制度上的体现。

刑事诉讼中的审判公开是指除法律另有规定的以外,人民法院开庭、举证、质证、宣告判决等都应当向社会公开。为保障审判公开原则的落实,人民法院在开庭前应当先期公布案由、被告人姓名、开庭的时间和地点,以便公民到法庭旁听和新闻记者采访和报道。但对庭审活动进行录音、录像、摄影,或者通过发送邮件、博客、微信等方式传播庭审情况,应当经人民法院许可,否则按扰乱法庭秩序论处。

审判公开原则具有重要意义:

一是审判公开原则有助于实现社会对审判活动的监督,维护审判公正。审判公开原则使得审判的过程允许社会公众知晓与参与,从而增强了审判过程透明性,这种“阳光司法”的效应集中体现于促使法官准确认定案件事实,正确适用法律,在审判程序与结果两方面都努力达到公正的要求。

二是审判公开原则的确立有助于发挥刑事诉讼宣传法律与教育公民守法的功能。审判公开原则的确立,通过一般公民知晓与参与刑事审判过程,扩大办案的效果和影响,帮助一般公民了解刑事法律的内容,教育广大群众积极同犯罪作斗争,预防犯罪,减少犯罪。

审判公开也存在例外情形。根据《刑事诉讼法》第188条和最高法《解释》的有关规定,案件涉及国家秘密或者个人隐私的,不公开审理;涉及商业秘密,当事人提出申请的,法庭可以决定不公开审理。不公开审理的案件,任何人不得旁听,但法律另有规定的除外。精神病人、醉酒的人、未经人民法院批准的未成年人以及其他不宜旁听的人不得旁听案件审理。此外,根据《刑事诉讼法》第285条的规定,审判的时候被告人不满18周岁的案件,不公开审理。但是,经未成年被告人及其法定代理人同意,未成年被告人所在学校和未成年人保护组织可以派代表到场。

第十一节 犯罪嫌疑人、被告人有权获得辩护原则

《宪法》第130条规定,被告人有权获得辩护。根据宪法的规定,我国《刑事诉讼法》第11条规定:"被告人有权获得辩护,人民法院有义务保障被告人获得辩护。"这是宪法规定的辩护原则在刑事诉讼中的具体体现。

这一原则的具体含义主要包括以下两个方面:

一是被告人有权获得辩护。辩护权是被告人的一项核心权利。被告人及其辩护人有权为维护被告人的合法权益,从事实和法律两方面反驳控诉方的指控,提出有利于被告人的证据和理由,从实体上证明被告人无罪、罪轻或者减轻、免除其刑事责任,以及从程序上维护被告人的诉讼权利。

二是人民法院有义务保障被告人获得辩护。被告人辩护权的行使需要得到人民法院的保障,比如被告人没有委托辩护人的,人民法院自受理案例之日起3日内,应当告知其有权委托辩护人。

辩护原则有利于办案人员在听取被告人及其辩护人的辩护意见的基础上,全面查清案件事实,有利于维护被告人的合法权益,准确惩罚犯罪,保障无辜的人不受刑事追究。

应当指出的是,随着诉讼民主、文明的发展,辩护权已经不仅仅是被告人所享有的权利,也成为犯罪嫌疑人的权利。2012年刑事诉讼法大大加强了对犯罪嫌疑人、被告人,尤其是犯罪嫌疑人辩护权的保护,比如明确规定了犯罪嫌疑人在侦查阶段可以委托律师作为辩护人,规定在侦查、审查起诉和审判阶段都应依法为有关当事人提供法律援助,等等。因此,辩护原则不仅适用于被告人,也应适用于犯罪嫌疑人。

第十二节 未经人民法院依法判决，不得确定有罪原则

《刑事诉讼法》第 12 条规定:“未经人民法院依法判决,对任何人都不得确定有罪。”这一原则借鉴和吸收了无罪推定原则的合理内涵和精神内核,是具有中国特色的无罪推定原则。

这一原则可以这样理解:

首先,只有人民法院有权确定有罪。人民法院是我国的审判机关,不经人民法院依法判决,任何机关、团体和个人都无权确定他人有罪。

其次,人民法院确定有罪必须依法作出。人民法院应当依据刑法以及有关刑法的修改补充决定、修正案,以及刑事诉讼法中法律程序的规定,作出有罪的判决。

最后,人民法院的判决应当是发生法律效力的判决。只有人民法院作出的有罪判决发生法律效力,才是对被告人在法律上作出了有罪的评价。

未经人民法院依法判决,不得确定有罪原则具有以下三方面的意义:

其一,确认未经人民法院依法判决不得有罪原则,有利于解决犯罪嫌疑人、被告人的诉讼地位问题。通过该原则可以划分嫌疑人、被告人与罪犯的界限,明确涉嫌犯罪和判决有罪的区别,从而克服先入为主和主观臆断的错误倾向,有效地保障人权。

其二,确认未经人民法院判决不得确定有罪原则,有利于保障犯罪嫌疑人、被告人的以辩护权为核心的诉讼权利,充分发挥辩护制度的作用。该原则的确立,使犯罪嫌疑人、被告人真正成为诉讼中的诉讼主体,依法享有各种诉讼权利。

其三,确认未经人民法院判决不得确定有罪原则,有利于进一步明确证明责任的合理分配和疑难案件的正确解决。该原则确立了证明责任由控方承担。控诉方指控被告人犯罪,必须提供相应的证据事实加以证明,如果控方不能证明被告人有罪,被告人就是无罪的。

第十三节 保障诉讼参与人的诉讼权利原则

《刑事诉讼法》第 14 条规定:“人民法院、人民检察院和公安机关应当保障犯罪嫌疑人、被告人和其他诉讼参与人依法享有的辩护权和其他诉讼权利。诉讼参

与人对于审判人员、检察人员和侦查人员侵犯公民诉讼权利和人身侮辱的行为,有权提出控告。"这即是我国保障诉讼参与人的诉讼权利原则的法律依据。

这一原则具体包含以下两层含义:

第一,公安机关、人民检察院、人民法院在诉讼活动过程中应当保障诉讼参与人依法享有辩护权和其他诉讼权利。在刑事诉讼的每一个阶段,公、检、法机关都应当保障犯罪嫌疑人、被告人能够及时获得辩护,保障被害人、证人、鉴定人等依法享有与其诉讼目的、地位与要求相称的诉讼权利,不得以任何借口予以剥夺或者限制。

第二,诉讼参与人享有控告权。诉讼参与人对于审判人员、检察人员和侦查人员以限制、剥夺等形式侵犯公民依法享有的诉讼权利和对其进行人身侮辱的行为,有权提出控告。如果查证属实,应当严肃处理。

依法保障诉讼参与人的诉讼权利是我国刑事诉讼民主、公正和文明的标志之一。保障诉讼参与人的诉讼权利是刑事诉讼中人权保障要求的应有之义。保障诉讼参与人的诉讼权利有助于促使其积极参与刑事诉讼活动,有助于公安司法查明案件事实,正确适用法律,从而保证刑事诉讼法的任务和目的得以实现。

第十四节　认罪认罚从宽原则

宽严相济是我国的一项基本刑事政策,对此《刑法》已有所体现,但《刑事诉讼法》一直没有明确规定。2018 年修订后的《刑事诉讼法》第 15 条规定:"犯罪嫌疑人、被告人自愿如实供述自己的罪行,承认指控的犯罪事实,愿意接受处罚的,可以依法从宽处理。"这是我国《刑事诉讼法》中首次确立了认罪认罚原则,是确保严格公正司法、推动国家治理体系和治理能力现代化的一项重要举措。

我们可以从以下几个方面来理解这一原则〔2〕:

首先,认罪认罚既是实体法上的制度,也是诉讼法上的制度。实体法上主要体现在通过量刑、刑罚执行等方面规定一系列从宽措施,比如犯罪以后自动投案,如实供述自己罪行的犯罪分子,可以从轻或者减轻处罚。在诉讼法上,体现在能够保障诉讼顺利进行的情况下,尽量对犯罪嫌疑人、被告人采取更为轻缓的强制措施和便利的程序处理措施,使刑事诉讼过程尽量对包括被告人在内的当事人的各种权利造成较小的影响,使案件能够尽快得到处理。2018 年修订后的刑事诉讼法对于

---

〔2〕 参见王爱立主编:《中华人民共和国刑事诉讼法释义》(最新修正版),法律出版社 2018 年版,第 27~28 页。

认罪认罚案件,在强制措施、量刑建议、审判程序、办案期限等方面都有具体规定。

其次,认罪认罚从宽制度包括“认罪”和“认罚”两方面内容。所谓认罪,是指犯罪嫌疑人、被告人自愿如实供述自己的罪行,承认指控的犯罪事实。所谓认罚,是指犯罪嫌疑人、被告人明确表示愿意接受司法机关给予的刑罚等处罚,具体而言,是对司法机关根据其犯罪事实、情节,认罪、悔罪,赔偿或者和解等情况所给出的刑罚表述明确接受,特别是接受人民检察院提出的包括主刑、附加刑以及是否适用缓刑等的具体量刑建议。

最后,对于认罪认罚的犯罪嫌疑人、被告人,可以依法从宽处理。所谓从宽,一方面是指实体上的从宽,对于犯罪嫌疑人、被告人认罪认罚,特别是在人民检察院提出量刑建议后,同意人民检察院的量刑建议的,由于其认罪认罚的情节更为突出,在遵循罪责刑相适应原则的基础上,对其从宽的幅度可以比一般的自首、坦白更大一些,以表示对其认罪认罚的鼓励。另一方面是指程序上的从宽,对认罪认罚的犯罪嫌疑人、被告人适用轻缓的强制措施,作出轻缓的程序性处理,或者适用更为便利的诉讼程序。比如,在程序处理上,可以依法采取撤销案件、不起诉等处理。

第十五节 依照法定情形不予追究刑事责任原则

我国《刑事诉讼法》第16条规定了依照法定情形不予追究刑事责任原则。在刑事诉讼中有时存在不应当继续追究刑事责任或者不能继续追究刑事责任的情形,因此需要确立这一原则。

依照法定情形不予追究刑事责任原则主要包括以下两方面的内容:

1. 不予追究刑事责任的法定情形

不予追究刑事责任主要包括以下六种情形:

第一,情节显著轻微、危害不大,不认为是犯罪的。根据我国刑法的规定,犯罪是刑法规定的应当受到刑罚处罚的严重危害社会的行为。如果行为人实施某种违法行为,情节显著轻微,我国刑法则不认定其犯罪,也不会存在刑事责任问题。但是有些行为虽然不构成犯罪,如果是非法行为,还是应当转移相关部门处理,比如按照治安管理处罚法移交公安机关进行行政处分等。

第二,犯罪已过追诉时效期限的。追诉时效是我国刑法规定的超过一定的期限便不再追究犯罪嫌疑人、被告人刑事责任的一种制度。我国《刑法》第87条规定:“犯罪经过下列期限不再追诉:(一)法定最高刑为不满五年有期徒刑的,经过五年;(二)法定最高刑为五年以上不满十年有期徒刑的,经过十年;(三)法定最高刑为十年以上有期徒刑的,经过十五年;(四)法定最高刑为无期徒刑、死刑的,经过二十年。如果二十年以后认为必须追诉的,须报请最高人民检察院核准。”

第三,经特赦令免除刑罚的。特赦是对犯罪分子免除刑罚的一种制度。无论犯罪分子的刑罚是正在执行还是没有开始执行,经特赦令赦免以后都不再予以追究。

第四,依照刑法告诉才处理的犯罪,没有告诉或者撤回告诉的。告诉才处理的犯罪其本身的社会危害性并不大,而且大多数涉及被害人的家庭、隐私等。为了更好地保障被害人的权利,国家将告诉才处理的犯罪交给被害人自己处理,被害人有权依照自身的情况决定是否提起诉讼或者起诉后又撤回诉讼。公安司法机关应当尊重被害人的这种自主选择的权利。但是如果被害人无法表达自己的真实意思或者表达的不是自己的真实意思时,其近亲属和相关人员、单位可以介入帮助处理。

第五,犯罪嫌疑人、被告人死亡的。犯罪嫌疑人、被告人既是刑事案件的主体又是刑事诉讼活动中被追诉的对象,如果犯罪嫌疑人、被告人死亡,刑事责任也就失去了承受的对象,追究刑事责任则无实际意义。

第六,其他法律规定免予追究刑事责任的。这是兜底条款,除上述几种情形外,有其他法律中规定免予追究刑事责任规定的,也不予追究刑事责任。

2. 不予追究责任的处理

不予追究责任主要有以下几种处理方式:(1)撤销案件。在侦查阶段发现和出现以上六种情形之一的,应当由公安机关或者人民检察院作出撤销案件的决定。(2)不起诉。在案件移送人民检察院审查起诉时,如果发现和出现以上六种情形中的任何一种情况,应当作出不起诉的决定。(3)宣告无罪或终止审理。在人民法院审判阶段发现和出现以上六种情形时,应当按照分别情形处理。对于情节显著轻微、危害不大,不认为是犯罪的,应当作出判决,宣告无罪;对于被告人死亡的,应当作出终止审理的决定。

第十六节　追究外国人刑事责任适用我国刑事诉讼法原则

《刑事诉讼法》第 17 条规定:“对于外国人犯罪应当追究刑事责任的,适用本法的规定。对于享有外交特权和豁免权的外国人应当追究刑事责任的,通过外交途径解决。”这是国家主权原则在刑事诉讼中的具体体现。

一方面,外国人犯罪应当追究刑事责任适用我国刑事诉讼法的规定。外国国籍、无国籍和国籍不明的人,在我国领域内犯我国刑法规定的各种犯罪和在我国领域外对我国和我国公民实施的而按照刑法规定的最低刑为 3 年有期徒刑的犯罪,应当追究刑事责任的，应当由我国公安司法机关受理，依照我国刑事诉讼法的规定追究其刑事责任。

另一方面，享有外交特权和豁免权的外国人犯罪应当追究刑事责任的，通过外交途径解决。外交特权和豁免权是国家为了保证和便利驻在本国的外交代表、外交代表机关以及外交人员执行职务，而给予他们的一种特殊权利和待遇。根据我国外交特权和豁免条例的规定，这种特殊权利和豁免权包括：使馆馆舍不受侵犯；免纳捐税；人身不受侵犯，不受逮捕或者拘留；没有以证人身份作证的义务；等等。享有外交特权和豁免权的外国人主要包括：(1)外国驻中国的外交代表以及与其共同生活的不是中国公民的配偶及未成年子女；(2)途经中国的外国驻第三国的外交代表和与其共同生活的配偶及未成年子女；(3)来中国访问的外国国家元首、政府首脑、外交部长及其他具有同等身份的官员；(4)来中国参加联合国及其专门机构的官员和专家、联合国及其专门机构驻中国的联合国及其专门机构的官员和专家、联合国及其专门机构驻中国的代表机构和人员等。对于这些人犯罪，一般采取宣布其为“不受欢迎的人”、限制其出境，或宣布驱逐出境，并建议派出国依照其本国法进行处理等方式予以解决。

思考问题

1. 如何理解人民法院、人民检察院依法独立行使审判权、检察权原则？
2. 如何理解未经人民法院依法判决与无罪推定原则的关系？

法条链接

《宪法》第 128、130、131、134、136、139、140 条；《刑事诉讼法》第 4、8、13、19、33、34、35、37、38、39、40、42、43、44、45、84、110、188、236、263、266、285 条；《刑法》第 6、8、10、13、17、87、246、257、260 条；最高法《解释》第 40、44、45、46、47、48、49、50、52、53、56、57、58、59、60、69、71、305 条；最高检《规则》第 2、3 条；公安部《规定》第 3 条；《人民检察院组织法》第 4、20 条；《人民法院组织法》第 4、5、6、15、20、22、37 条；《中华人民共和国民族区域自治法》第 47 条；《律师法》第 30、31、35、36、37、38 条；最高人民法院《关于严格执行公开审判制度的若干规定》(1999 年)；最高人民法院《关于人民法院执行公开的若干规定》(2006 年)；最高人民法院《关于司法公开的六项规定》(2009 年)；最高人民法院《关于加强人民法院审判公开工作的若干意见》(2010 年)；最高人民法院《司法公开示范法院标准》(2010 年)；最高人民法院《关于人民法院直播录播庭审活动的规定》(2013 年)。

扩展阅读

1. 宋英辉：《刑事诉讼原理》(第三版)，北京大学出版社 2014 年版。
2. 魏晓娜：《冲突与融合：认罪认罚从宽制度的本土化》，载《中外法学》2020 年第 5 期。

3. 左卫民:《反思庭审直播——以司法公开为视角》,载《政治与法律》2020 年第 9 期。
4. 孙长永:《认罪认罚从宽制度的基本内涵》,载《中国法学》2019 年第 3 期。
5. 张泽涛:《完善分工负责、互相配合、互相制约原则——以"推进以审判为中心的诉讼制度改革"为视角》,载《法制与社会发展》2016 年第 3 期。
6. 陈光中、张佳华、肖沛权:《论无罪推定原则及其在中国的适用》,载《法学杂志》2013 年第 10 期。
7. 孙倩:《无罪推定的外国法溯源与演进》,载《环球法律评论》2014 年第 4 期。
8. 龙宗智:《"内忧外患"中的审判公开——主要从刑事诉讼的视角分析》,载《当代法学》2013 年第 6 期。

第四编　制度论

第六章　管　　辖

本章知识要点

管辖是指国家专门机构在受理刑事案件方面的分工和权限划分。本章主要介绍了管辖、立案管辖、审判管辖、级别管辖、地区管辖、指定管辖、专门管辖、并案管辖等的相关概念，划分立案管辖的根据，人民法院、人民检察院、公安机关各自的管辖范围，级别管辖的特点，划分地区管辖所依据的原则，专门法院管辖的案件范围、管辖交叉时的处理方法和特殊情况下的管辖规定。

第一节　概　　述

一、管辖、管辖权、管辖制度的概念

刑事诉讼中的管辖，是指国家专门机关受理刑事案件的分工和权限划分。我国《刑事诉讼法》所规定的管辖，是指公安机关、人民检察院、人民法院等国家专门机关依照法律规定受理刑事案件以及人民法院系统内审理第一审刑事案件的分工和权限划分。

公安司法机关受理刑事案件以及人民法院系统内审理第一审刑事案件的分工和权限，称为管辖权。

刑事诉讼法有关公安司法机关受理刑事案件以及人民法院系统内审理第一审刑事案件分工、权限的规范称为管辖制度。

刑事诉讼法有关管辖制度的适用具有强制性，公安司法机关应当依照法律的规定行使管辖权，公安司法机关与当事人等对刑事案件的管辖都不具有选择权。

二、管辖的分类

根据我国刑事诉讼法的规定，刑事诉讼中的管辖可分为以下两类：

一是立案管辖（或称职能管辖），指人民法院、人民检察院和公安机关等各自直接受理刑事案件上的分工和权限范围。立案管辖解决的是人民法院、人民检察院、公安机关等各机关之间在直接受理刑事案件上的权限划分问题。

二是审判管辖,指人民法院审理第一审刑事案件的分工和权限范围。审判管辖解决的是各级人民法院之间、同级人民法院之间以及普通人民法院与专门法院直接审判第一审刑事案件的权限划分问题。审判管辖又分为级别管辖、地区管辖、指定管辖和专门管辖等。

三、确定管辖的原则

刑事诉讼中的管辖,通常是根据公安司法机关在刑事诉讼中所享有的权力的性质、内容,以及案件的性质、发生地点、影响大小、复杂程度、被告人情况等确定的。确定管辖应当遵循以下五项原则:

第一,依法管辖原则。我国刑事诉讼法明确规定了公、检、法三机关在刑事案件中的权限划分、三机关管辖范围、各级人民法院审理刑事案件的范围、如何行使管辖权以及管辖权争议时的处理方式等内容,这为公安司法机关依法行使管辖权提供了法律依据。管辖权依法确定,可以避免司法实务中管辖权随意确定和管辖权互相争抢、推诿的现象,保证刑事诉讼的顺利进行。

第二,准确及时原则。刑事案件的性质往往比较严重,对社会和周围群众的影响重大,如果不能及时得到处理,将严重影响司法的权威。我国刑事诉讼法关于刑事案件管辖的规定,建立在充分考虑公、检、法等专门机关办案能力与职权特点的基础之上,有利于准确、及时地查明案件事实,追究、惩罚犯罪。

第三,便于诉讼原则。我国刑事诉讼法对管辖的相关规定,应当方便公安司法机关调查核实证据,以保障办案质量;应当方便诉讼当事人及其他诉讼参与人参与诉讼,保障他们诉讼权利的实现;应当方便人民群众知晓案情、参与诉讼,实现群众对诉讼的监督。我国绝大部分刑事案件由基层司法机关立案受理,正是便于诉讼的基本体现。

第四,利益保护原则。我国刑事诉讼法对管辖的相关规定,应最大限度地实现对公民合法利益的保护。这主要体现在公、检、法三机关对任何公民的报案、控告、举报等不论是否属于本机关管辖的,都应当积极接受,然后再按刑事诉讼法的规定受理或移送管辖。

第五,原则性与灵活性相结合原则。司法实践中的刑事案件千变万化,非常复杂,而公安司法机关的办案工作也面临很多变数,因此,对管辖的规定,在坚持原则性的同时还应具备一定的灵活性。对此,我国刑事诉讼法规定了上下级法院在特定情形下的变通管辖、在管辖权争议时的指定管辖等,在依法确定管辖时,坚持原则性与灵活性的结合,有助于处理管辖争议和特殊管辖问题。

四、管辖制度的意义

刑事诉讼法对于管辖制度的明确规定,具有以下三方面的积极意义:

首先,有助于案件顺利进入刑事诉讼程序。立案是刑事诉讼的第一个阶段,而立案前首先要确定案件应当由哪个机关管辖,才能由该机关立案,因此,刑事诉讼法对于管辖制度的明确规定有助于案件顺利进入刑事诉讼程序。

其次,有助于公安司法机关办案工作的顺利开展。刑事诉讼法对于公安机关、人民检察院、人民法院等国家专门机关依照法律规定受理刑事案件以及人民法院系统内审理第一审刑事案件的分工和权限划分作出明确规定,有助于公安司法机关在刑事诉讼中各司其职、各负其责,既能够防止争抢管辖现象发生,也能防止互相推诿管辖现象发生,有助于公安司法机关办案工作的顺利开展。

最后,有助于诉讼参与人等行使权利与维护利益。刑事诉讼法所规定的管辖制度考虑到了当事人、其他诉讼参与人以及一般公民参与刑事诉讼的便利性,以及在受理案件时对报案、控告、举报者的利益保护,因此有助于诉讼参与人等行使权利与维护利益。

第二节　立案管辖

立案管辖,又称职能管辖或部门管辖,是指公安机关、人民检察院和人民法院之间在直接受理刑事案件上的权限划分。

划分立案管辖主要依据的是下列两项因素:

一是公安机关、人民检察院和人民法院的性质与职能。我国公安机关、人民检察院和人民法院是刑事诉讼中的专门机关,各自在刑事诉讼中的分工不同。公安机关是侦查机关,人民检察院是法律监督机关,人民法院是审判机关。因此,立案管辖的划分应当与它们的性质和职责相适应。为此,绝大多数的刑事案件由公安机关进行立案侦查,对于司法工作人员利用职权实施的犯罪,由人民检察院立案侦查,而自诉案件则由人民法院直接受理。

二是案件的性质和难易程度。刑事案件种类繁多,性质各异,有的不需要侦查就能做出处理,需要侦查的案件也有难易程度的差别。一般而言,案情比较重大、复杂的,由公安机关立案侦查;涉及司法工作人员的职务犯罪的,由人民检察院立案侦查;不需要侦查、尚未严重危害社会秩序和国家利益的刑事案件,则由人民法院立案。

一、公安机关立案侦查的案件

《刑事诉讼法》第19条第1款规定:“刑事案件的侦查由公安机关进行,法律另有规定的除外。”根据这一规定,除法律另有规定的,刑事案件应当一律由公安机关立案侦查。从整体上看,大多数刑事案件的立案侦查任务由公安机关承担,这是由公安机关的性质与职能决定的。一方面,公安机关是国家的治安保卫机关,负有维护社会秩序、保卫社会安全的责任,处于同犯罪作斗争的第一线;另一方面,公安机关拥有严密的组织系统,良好的侦查设备、技术装备和人员配备,这些有利条件使公安机关担负绝大多数案件的立案侦查任务具有坚实的基础。

根据公安部《规定》的要求,法律另有规定的情形主要包括:

1. 国家安全机关管辖的案件。《刑事诉讼法》第 4 条规定:"国家安全机关依照法律规定,办理危害国家安全的刑事案件,行使与公安机关相同的职权。"

2. 监察机关管辖的职务犯罪案件。根据《监察法》第 11 条的规定,对于党的十八大以来发现的比较突出的 7 类违法或犯罪行为:贪污贿赂、滥用职权、玩忽职守、权力寻租、利益输送、徇私舞弊以及浪费国家资财等职务违法和职务犯罪进行调查。2018 年 4 月 17 日,中央纪委国家监委印发的关于《国家监察委员会管辖规定(试行)》,列举了国家监委管辖的六大类共 88 个职务犯罪案件罪名:(1)贪污贿赂犯罪(17 个罪名);(2)滥用职权犯罪(15 个罪名);(3)玩忽职守犯罪(11 个罪名);(4)徇私舞弊犯罪(15 个罪名);(5)重大责任事故犯罪(11 个罪名);(6)公职人员其他犯罪(19 个罪名)。

3. 人民检察院直接受理的案件。

4. 人民法院管辖的自诉案件。

5. 军人违反职责的犯罪和军队内部发生的刑事案件。《刑事诉讼法》第 308 条规定:"军队保卫部门对军队内部发生的刑事案件行使侦查权。军队保卫部门办理刑事案件,适用本法的有关规定。"

6. 罪犯在监狱内犯罪的刑事案件。《刑事诉讼法》第 308 条规定:"对罪犯在监狱内犯罪的案件由监狱进行侦查。监狱办理刑事案件,适用本法的有关规定。"

7. 海警部门管辖的海(岛屿)岸线以外我国管辖海域内发生的刑事案件。对于发生在沿海港岙口、码头、滩涂、台轮停泊点等区域的,由公安机关管辖。

8. 其他依照法律和规定应当由其他机关管辖的刑事案件。

二、人民检察院直接受理的案件

2018 年 3 月 20 日第十三届全国人民代表大会第一次会议通过了《监察法》。根据监察法的规定,监察委员会对涉嫌贪污贿赂、失职渎职等职务违法和职务犯罪进行调查,因此 2018 年修改后的刑事诉讼法对涉及人民检察院侦查职权行使的有关规定作出了调整。

根据《刑事诉讼法》第 19 条规定,人民检察院立案侦查的案件主要包括两大类:

1. 人民检察院在对诉讼活动实行法律监督中发现的司法工作人员利用职权实施的非法拘禁、刑讯逼供、非法搜查等侵犯公民权利、损害司法公正的犯罪,可以由人民检察院立案侦查。根据《刑法》第 94 条的规定,这里的"司法工作人员"是指有侦查、检察、审判、监管职责的工作人员。这里的诉讼活动包括侦查、审判、执行的全过程。根据 2019 年 9 月 30 日最高人民检察院发布的《关于人民检察院立案侦查司法工作人员相关职务犯罪案件若干问题的规定》第1条的相关规定，人民检察院在对诉讼活动实行法律监督中，发现司法工作人员涉嫌利用职权实施的下列侵犯公民权利、损害司法公正的犯罪案件，可以立案侦查：(1)非法拘禁罪(《刑法》第238条)(非司法工作人员除外)；(2)非法搜查罪(《刑法》第245条)(非司法工作人员除外)；(3)刑讯逼供罪(《刑法》第247条)；(4)暴力取证罪(《刑法》第247条)；(5)虐待被监管人罪(《刑法》第248条)；(6)滥用职权罪(《刑法》第397条)(非司法工作人员滥用职权侵犯公民权利、损害司法公正的情形除外)；(7)玩忽职守罪(《刑法》第397条)(非司法工作人员玩忽职守侵犯公民权利、损害司法公正的情形除外)；(8)徇私枉法罪(《刑法》第399条第1款)；(9)民事、行政枉法裁判罪(《刑法》第399条第2款)；(10)执行判决、裁定失职罪(《刑法》第399条第3款)；(11)执行判决、裁定滥用职权罪(《刑法》第399条第3款)；(12)私放在押人员罪(《刑法》第400条第1款)；(13)失职致使在押人员脱逃罪(《刑法》第400条第2款)；(14)徇私舞弊减刑、假释、暂予监外执行罪(《刑法》第401条)。对上述所列犯罪案件，由设区的市级人民检察院立案侦查。基层人民检察院发现犯罪线索的，应当报设区的市级人民检察院决定立案侦查。设区的市级人民检察院也可以将案件交由基层人民检察院立案侦查，或者由基层人民检察院协助侦查。最高人民检察院、省级人民检察院发现犯罪线索的，可以自行决定立案侦查，也可以将案件线索交由指定的省级人民检察院、设区的市级人民检察院立案侦查。

2. 对于公安机关管辖的国家机关工作人员利用职权实施的重大犯罪案件，需要由人民检察院直接受理的时候，经省级以上人民检察院决定，可以由人民检察院立案侦查。这是检察机关行使对公安机关监督权的体现。

需要注意的是，对这两类案件“可以由人民检察院立案侦查”的立案侦查，不排除监察机关直接调查的可能。另外，检察机关在查办这些可能与“腐败型”犯罪有牵连的案件时，如果发现涉嫌“腐败型”职务犯罪线索的，应当及时将“腐败型”职务犯罪线索移送监察机关。[1] 根据最高检《规则》第17条的规定，人民检察院办理直接受理侦查的案件，发现犯罪嫌疑人同时涉嫌监察机关管辖的职务犯罪线索的，应当及时与同级监察机关沟通。经沟通，认为全案由监察机关管辖更为适宜的，人民检察院应当将案件和相应职务犯罪线索一并移送监察机关；认为由监察机关和人民检察院分别管辖更为适宜的，人民检察院应当将监察机关管辖的相应职务犯罪线索移送监察机关，对依法由人民检察院管辖的犯罪案件继续侦查。人民检察院应当及时将沟通情况报告上一级人民检察院。沟通期间不得停止对案件的侦查。

---

〔1〕 参见王爱立主编：《中华人民共和国刑事诉讼法释义》(最新修正版)，法律出版社2018年版，第40页。

三、人民法院直接受理的刑事案件

《刑事诉讼法》第19条第3款规定:"自诉案件,由人民法院直接受理。"人民法院直接受理的刑事案件是指刑事案件不需要经过公安机关或检察机关的立案侦查,不通过人民检察院提起公诉,而是被害人及其法定代理人、近亲属为追究被告人的刑事责任直接向人民法院提起的诉讼,人民法院直接立案和审判的案件。

根据《刑事诉讼法》第210条的规定,自诉案件包括:

1. 告诉才处理的案件。告诉才处理的案件,是指被害人及其法定代理人提出控告和起诉,人民法院才予受理的案件。如果被害人及其法定代理人没有告诉或者告诉后又撤回告诉的,人民法院就不予追究。被害人不起诉必须是他本人真实意思的体现,如果被害人因受到强制、威吓等原因无法告诉的,人民检察院或者被害人的近亲属也可以告诉。根据我国刑法规定,告诉才处理的案件共有四种:《刑法》分则第246条第1款规定的侮辱、诽谤案,第257条第1款规定的暴力干涉婚姻自由案,第260条第1款规定的虐待案(但被害人没有能力告诉或者因受到强制、威吓无法告诉的除外),第270条规定的侵占案。这类案件,犯罪情节轻微、案情比较简单,不需要侦查即可查明案件事实,所以适宜由人民法院直接受理。同时,依据《刑事诉讼法》第114条规定,告诉才处理的案件,如果被害人死亡或丧失行为能力,他的法定代理人、近亲属有权向人民法院起诉,人民法院应当受理。

2. 被害人有证据证明的轻微刑事案件。这类自诉案件必须符合两个条件:(1)必须是轻微的刑事案件;(2)被害人必须有相应的证据证明被告人实施了犯罪行为。这类案件包括:故意伤害案(轻伤);重婚案;遗弃案;妨害通信自由案;非法侵入他人住宅案;生产、销售伪劣商品案(严重危害社会秩序和国家利益的除外);侵犯知识产权案(严重危害社会秩序和国家利益的除外);属于《刑法》分则第四章、第五章规定的,对被告人可以判处3年有期徒刑以下刑罚的其他轻微刑事案件。上述所列八项案件中,被害人直接向人民法院起诉的,人民法院应当依法受理,对于其中证据不足、可由公安机关受理的,应当移送公安机关立案侦查。被害人向公安机关控告的,公安机关应当受理。

3. 被害人有证据证明对被告人侵犯自己人身、财产权利的行为应当依法追究刑事责任,而公安机关或人民检察院不予追究的案件。这类案件从性质上说属于公诉案件的范围,其转为自诉案件必须符合以下限制性条件:(1)被害人能提供证据证明被告人的行为构成犯罪。(2)对被告人的行为应当依法追究刑事责任,这是以刑事实体法对被告人行为衡量的结果。应当追究刑事责任是指不属于《刑事诉讼法》第16条规定的不追究刑事责任的情形。(3)被告人的行为侵犯的是被害人的人身权利或财产权利。(4)公安机关或者人民检察院做出了不予追究被告人刑事责任的书面决定。这类自诉案件是原本应当公诉的案件转化为自诉案件,其目的是加强对公安、检察机关立案管辖的制约,保障被害人的控告权,维护被害人的诉讼权利,解决被害人告状无门的问题。

四、交叉管辖

我国刑事诉讼法对公、检、法三机关立案管辖作了明确的规定,但是在实际执行过程中,有时仍会出现管辖交叉的问题。根据六机关《规定》与最高法《解释》等有关司法解释的规定,遇有交叉管辖的情形应作如下处理:

1. 公安机关侦查刑事案件涉及人民检察院管辖的贪污贿赂案件时,应当将贪污贿赂案件移送人民检察院;人民检察院侦查贪污贿赂案件涉及公安机关管辖的刑事案件时,应当将属于公安机关管辖的刑事案件移送公安机关。在上述情况中如果涉嫌主罪属于公安机关管辖,由公安机关为主侦查,人民检察院予以配合;如果涉嫌主罪属于人民检察院管辖,由人民检察院为主侦查,公安机关予以配合。

2. 公安机关或人民检察院在侦查过程中,如果发现被告人还犯有属于人民法院直接受理的罪行时,应分情况进行处理。对于属于告诉才处理的案件,可以告知被害人向人民法院直接提起诉讼;对于属于人民法院可以受理的其他类型自诉案件,可以立案进行侦查,然后在人民检察院提起公诉时,随同公诉案件移送人民法院,由人民法院合并审理。侦查终结后不提起公诉的,则应直接移送人民法院处理。

3. 对于自诉案件,被害人直接向人民法院起诉的,人民法院应当依法受理,对其中证据不足、可由公安机关受理的,或者认为对被告人可能判处3年有期徒刑以上刑罚的,应当将案件移送公安机关立案侦查。

4. 人民法院在审理自诉案件过程中,如果发现被告人还犯有必须由人民检察院提起公诉的罪行时,则应将新发现的罪行另案移送有管辖权的公安机关或者人民检察院处理。

第三节 审 判 管 辖

审判管辖,是指各级人民法院之间、同级人民法院之间以及普通人民法院与专门人民法院之间、各专门人民法院之间审判第一审刑事案件的权限分工。据此,审判管辖涉及级别管辖、地区管辖、指定管辖和专门管辖等内容。

一、级别管辖

级别管辖是指各级人民法院审判第一审刑事案件的权限划分,其解决的是上下级人民法院之间的权限分工问题。级别管辖的划分主要考虑以下四个因素:(1)案件的性质和影响;(2)罪行的轻重和可能判处刑罚的轻重;(3)案件涉及面的大小;(4)不同级别法院的工作重点和工作量多少。我国刑事诉讼法对基层人民

法院、中级人民法院、高级人民法院以及最高人民法院审判第一审刑事案件的权限划分如下:

(一)基层人民法院管辖的第一审刑事案件

《刑事诉讼法》第20条规定:“基层人民法院管辖第一审普通刑事案件,但是依照本法由上级人民法院管辖的除外。”从刑事诉讼法的规定看,所谓普通刑事案件,是指危害国家安全、恐怖活动案件和可能被判处无期徒刑、死刑之外的案件。法律规定基层人民法院主要管辖第一审普通刑事案件主要是考虑到,基层人民法院在人民法院组织体系中数量最多,最接近犯罪地,也最接近人民群众,而且案件的发生地都在其辖区内,由其进行审判,便于及时核查证据就地审判,便于诉讼参与人参加诉讼,有利于审判工作的顺利及时进行。同时也便于群众参加案件的旁听,充分发挥审判活动的教育作用。

(二)中级人民法院管辖的第一审刑事案件

《刑事诉讼法》第21条规定:“中级人民法院管辖下列第一审刑事案件:(一)危害国家安全、恐怖活动案件;(二)可能判处无期徒刑、死刑的刑事案件。”危害国家安全的案件,属于性质严重,对国家危害极大的案件;恐怖活动犯罪案件,往往涉及人员众多,涉及面广,且存在跨国、跨境的情形,极为复杂。可能判处无期徒刑、死刑的刑事案件都是性质比较严重,案情重大或者影响较大,处罚较重的刑事案件。处理这类案件,无论是案件事实的认定还是法律的适用上,难度都比一般刑事案件大,这就需要专业水平更高、业务能力更强的司法工作人员。由中级人民法院作一审审判,更有利于保证案件的正确处理,进而实现司法公正。

中级人民法院是基层人民法院的上一级法院,基层人民法院是普通刑事案件的一审法院,中级人民法院是普通刑事案件的二审法院,对基层人民法院的一审判决予以监督,考虑到中级人民法院既有自己的一审案件又承担对基层人民法院审判的监督任务,中级人民法院承担一审审判的工作不宜过多,以此二类刑事案件为限。

(三)高级人民法院管辖的第一审刑事案件

《刑事诉讼法》第22条规定:“高级人民法院管辖的第一审刑事案件,是全省(自治区、直辖市)性的重大刑事案件。”全省性重大刑事案件的标准,立法上没有规定,由高级人民法院认定和把握。实际上由高级人民法院审理的第一审刑事案件很少。这是与高级人民法院所处的地位和工作量负担相适应的。高级人民法院是地方各级人民法院中最高一级的法院,它的主要任务是审判中级人民法院裁判的上诉、抗诉案件,复核死刑案件,核准死刑缓期二年执行的案件,以及监督全省(自治区、直辖市)的下级人民法院的审判工作。法律规定高级人民法院只管辖为数较少的全省性的重大刑事案件,既可以保证这种重大刑事案件的正确处理,也有利于全面行使其职权,更好地监督、指导下级法院开展审判工作。

（四）最高人民法院管辖的第一审刑事案件

《刑事诉讼法》第 23 条规定：“最高人民法院管辖的第一审刑事案件，是全国性的重大刑事案件。”事实上，由最高人民法院审判的第一审刑事案件十分罕见。最高人民法院主要负责死刑核准、制定司法解释，监督地方各级人民法院和专门人民法院的审判工作，并依照法律确定的职责范围，管理全国法院的司法行政工作。

除上述级别管辖的法定情形外，为了适应审判实践中可能出现的特殊情况，级别管辖还需要有一定的灵活性，因而还应遵守下列规定：

1.《刑事诉讼法》第 24 条规定：“上级人民法院在必要的时候，可以审判下级人民法院管辖的第一审刑事案件；下级人民法院认为案情重大、复杂需要由上级人民法院审判的第一审刑事案件，可以请求移送上一级人民法院审判。”

2. 根据最高法《解释》第 14 条的规定，人民检察院认为可能判处无期徒刑、死刑而向中级人民法院提起公诉的普通刑事案件，中级人民法院受理后，认为不需要判处无期徒刑以上刑罚的，可以依法审理，不再交基层人民法院审理。

3. 根据最高法《解释》第 15 条的规定，一人犯数罪、共同犯罪和其他需要并案审理的案件，只要其中一人或者一罪属于上级人民法院管辖的，全案由上级人民法院管辖。

4. 根据最高法《解释》第 17 条的规定，基层人民法院对已经受理的公诉案件，认为可能判处死刑、无期徒刑的，应当请求移送中级人民法院。

二、地区管辖

地区管辖是指同级人民法院之间审理第一审刑事案件权限的划分。地区管辖是在明确级别管辖的基础上，确定某一刑事案件由该级人民法院中的哪一个人民法院管辖的诉讼制度。

地区管辖应当遵循以下原则：

（一）以犯罪地人民法院管辖为主，被告人居住地人民法院管辖为辅原则

《刑事诉讼法》第 25 条规定，刑事案件由犯罪地的人民法院管辖。如果由被告人居住地的人民法院审判更为适宜的，可以由被告人居住地的人民法院管辖。最高法《解释》第 2 条规定，犯罪地包括犯罪行为地和犯罪结果地。一般理解为包括犯罪预备地、犯罪行为实施地、犯罪结果地以及销赃地等。

以犯罪地为主确定地区管辖的法院，主要是考虑以下三方面的因素：一是犯罪地往往是刑事案件证据比较集中的地方，由犯罪地人民法院审判案件，方便人民法院收集、调查、核实证据；二是犯罪地往往也是当事人、证人比较集中的地方，由犯罪地人民法院审判，便于当事人、证人等参加诉讼；三是犯罪地往往也是国家利益或社会秩序受到犯罪行为侵害的地方，由犯罪地人民法院审判案件，便于当地群众旁听审判，便于发挥刑事审判的法制宣传与教育公民作用。

如果由被告人居住地的法院审判更为适宜的，可以由被告人居住地的人民法

院管辖。最高院《解释》第3条规定,被告人的户籍地为其居住地。经常居住地与户籍地不一致的,经常居住地为其居住地。经常居住地为被告人被追诉前已连续居住一年以上的地方,但住院就医的除外。其中,由被告人居住地管辖更为适宜的情况,一般包括:被告人流窜作案,主要犯罪地难以确定,而其居住地的群众更了解案件的情况;被告人在居住地民愤极大,当地群众要求在当地审判的,可能对被告人适用缓刑、管制或者单独适用剥夺政治权利等刑罚,因而需要在其居住地执行的;临时外出的组织成员之间相互进行侵犯的;等等。被告人居住地包括其户籍所在地、经常居住地、工作或学习的地点,实践中要根据具体情况确定。

需要指出的是,实践中以下几类特殊犯罪案件犯罪地的认定:

1.针对或者主要利用计算机网络实施的犯罪的地域管辖。这类犯罪的犯罪地包括用于实施犯罪行为的网络服务使用的服务器所在地,网络服务提供者所在地,被侵害的信息网络系统及其管理者所在地,犯罪过程中被告人、被害人使用的信息网络系统所在地,以及被害人被侵害时所在地和被害人财产遭受损失地等。

2.毒品犯罪案件的地域管辖。根据相关规定,毒品犯罪案件的地域管辖,应当坚持以犯罪地管辖为主,被告人居住地管辖为辅的原则。"犯罪地"包括犯罪预谋地,毒资筹集地,交易进行地,毒品生产地,毒资、毒赃和毒品的藏匿地、转移地,走私或者贩运毒品的目的地以及犯罪嫌疑人被抓获地等。"被告人居住地"包括被告人常住地、户籍地及其临时居住地。对怀孕、哺乳期妇女走私、贩卖、运输毒品案件,查获地公安机关认为移交其居住地管辖更有利于采取强制措施和查清犯罪事实的,可以报请共同的上级公安机关批准,移送犯罪嫌疑人居住地公安机关办理,查获地公安机关应继续配合。公安机关对侦办跨区域毒品犯罪案件的管辖权有争议的,应本着有利于查清犯罪事实,有利于诉讼,有利于保障案件侦查安全的原则,认真协商解决。经协商无法达成一致的,报共同的上级公安机关指定管辖。对即将侦查终结的跨省(自治区、直辖市)重大毒品案件,必要时可由公安部商最高人民法院和最高人民检察院指定管辖。为保证及时结案,避免超期羁押,人民检察院对于公安机关移送审查起诉的案件,人民法院对于已进入审判程序的案件,被告人及其辩护人提出管辖异议或者办案单位发现没有管辖权的,受案人民检察院、人民法院经审可以依法报请上级人民检察院、人民法院指定管辖,不再自行移送有管辖权的人民检察院、人民法院。

3.行驶中的交通工具上发生的刑事案件的地域管辖。根据相关规定,行驶中的交通工具上发生的刑事案件,由交通工具最初停靠地公安机关管辖;必要时,交通工具始发地、途经地、目的地公安机关也可以管辖。

(二)以最初受理的人民法院审判为主,主要犯罪地人民法院审判为辅的原则

《刑事诉讼法》第26条规定:"几个同级人民法院都有权管辖的案件,由最初

受理的人民法院审判。在必要的时候,可以移送主要犯罪地的人民法院审判。”按照前述原则,有时候并不能确定刑事案件的管辖法院,比如一个犯罪涉及几个地点,按照犯罪地原则几个人民法院都有权审判,而以被告人居住地确定也可能出现多个法院都具有管辖权的情形。遇到这种情况,原则上由最初受理的人民法院审判。因为,最初受理的人民法院对案件已有一定的了解,对处理案件有利。但是,在必要的时候,最初受理的人民法院可以把案件移送主要犯罪地人民法院审判。所谓主要犯罪地,包括案件涉及多个地点时对该犯罪的成立起主要作用的行为地,也包括一人犯数罪时,主要罪行的实行地。必要的时候,是指对查清主要犯罪事实以及及时处理案件更为有利等情况。

（三）优先管辖和移送管辖

对于流窜作案、多次作案、结伙作案,涉及地区广,同一个案件,按照地域的管辖的原则,会同时出现几个同级人民法院都有管辖权的情况。为了避免发生这些有管辖权的人民法院对案件争办或相互推诿的情况,刑事诉讼法确立了优先管辖与移送管辖制度。《刑事诉讼法》第26条规定:“几个同级人民法院都有权管辖的案件,由最初受理的人民法院审判。在必要的时候,可以移送主要犯罪地的人民法院审判。”对这种案件,法律规定由最初受理的人民法院审判,主要是因为最初受理的人民法院已经进行了一些工作,了解案情,由其进行继续审理,有利于及时结案。其中“必要的时候”,主要指最初受理的人民法院不是主要犯罪地,如果由主要犯罪地人民法院管辖,对全面查清案件事实、正确处理案件更为有利时,可以由最初受理案件的人民法院将案件移送主要犯罪地的人民法院管辖。

（四）几种特殊案件的审判管辖

在实践中,关于审判管辖存在一些特殊情况,不能完全适用上述地区管辖的法律规定,最高法《解释》规定了以下几种特殊案件的审判管辖:

1. 对罪犯在服刑期间发现漏罪及又犯新罪的:(1)发现正在服刑的罪犯在判决宣告前还有其他犯罪没有受到审判的,由原审人民法院管辖,如果罪犯服刑地或者新发现罪的主要犯罪地人民法院管辖更为适宜的,由服刑地的人民法院管辖。(2)正在服刑的罪犯在服刑期间又犯罪的,由服刑地人民法院管辖。(3)正在服刑的罪犯在脱逃期间的犯罪,如果是在犯罪地抓获并在脱逃期间犯罪的,由犯罪地人民法院管辖;如果是被缉捕押解回监狱后发现的,由罪犯服刑地的人民法院管辖。

2. 对于我国缔结或者参加的国际条约所规定的罪行,中华人民共和国在所承担条约义务的范围内行使刑事管辖权。具体包括:(1)在中华人民共和国内水、领海发生的刑事案件,由犯罪地或者被告人登陆地的人民法院管辖。由被告人居住地的人民法院审判更为适宜的,可以由被告人居住地的人民法院管辖。(2)在列车上的犯罪,被告人在列车运行途中被抓获的,由前方停靠站所在地负责审判铁路运输刑事案件的人民法院管辖。必要时,也可以由始发站或者终点站所在地负责审判铁路运输刑事案件的人民法院管辖。被告人不是在列车运行途中被抓获的,由负责该列车乘务的铁路公安机关对应的审判铁路运输刑事案件的人民法院管辖;被告人在列车运行途经车站被抓获的,也可以由该车站所在地负责审判铁路运输刑事案件的人民法院管辖。(3)在国际列车上的犯罪,按照中国与相关国家签订的协定确定管辖。没有协定的,由该列车始发或者前方停靠的中国车站所在地负责审判铁路运输刑事案件的人民法院管辖。(4)在中国领域外的中国船舶内的犯罪,由该船舶最初停泊的中国口岸所在地或者被告人登陆地、入境地的人民法院管辖。(5)在中国领域外的中国航空器内的犯罪,由犯罪发生后该航空器在中国最初降落地的人民法院管辖。(6)中国公民在中国驻外使领馆内的犯罪,由该其主管单位所在地或者原户籍地的人民法院管辖。(7)中国公民在中华人民共和国领域外的犯罪,由其登陆地、入境地、离境前居住地或者现居住地的人民法院管辖;被害人是中国公民的,也可以由被害人离境前居住地护照现居住地的人民法院管辖。(8)外国人在中华人民共和国领域外对中华人民共和国国家或者公民犯罪,根据《刑法》应当受处罚的,由该外国人登陆地、入境地或者入境后居住地的人民法院管辖,也可以由被害人离境前居住地或者现居住地的人民法院管辖。(9)对中华人民共和国缔结或者参加的国际条约所规定的罪行,中华人民共和国在所承担条约义务的范围内行使刑事管辖权的,由被告人被抓获地、登陆地或者入境地的人民法院管辖。

三、指定管辖

我国《刑事诉讼法》第 27 条规定:“上级人民法院可以指定下级人民法院审判管辖不明的案件,也可以指定下级人民法院将案件移送其他人民法院审判。”刑事诉讼法虽然对于各级人民法院管辖案件的范围作出了明确的规定,但实践中也会遇到以下情形,需要上级法院将案件指定其他法院管辖:

1. 对案件的性质和事实的认定以及适用法律有不同的认识和理解,对案件由哪个法院管辖产生分歧。

2. 由于法律规定的缺失,导致管辖不明,不宜由当地或者受理该案件的法院管辖的情况。其中“管辖不明”主要包括以下两种情况:一是该案件的管辖在法律中没有明确规定;二是对该案件应由谁管辖存在争议。根据最高法《解释》第 20 条的规定,管辖不明的案件,上级人民法院可以指定下级人民法院审判。有关案件,由犯罪地、被告人居住地以外的人民法院审判更为适宜的,上级人民法院可以指定下级人民法院管辖。

3. 由于案情或者案件当事人的特殊情况,不宜由当地或者受理该案件的法院管辖。

根据最高法《解释》的规定,上级人民法院指定管辖的,应当在开庭审判前将指定管辖决定书分别送达被指定管辖的人民法院及其他有关的人民法院。原受理案件的人民法院,在收到上级人民法院指定其他法院管辖决定书后,不再行使管辖权。对于公诉案件,应书面通知提起公诉的人民检察院,并将全部案卷材料退回,同时书面通知当事人;对于自诉案件,应当将全部案卷材料移送被指定管辖的人民法院,并书面通知当事人。上级人民法院在必要的时候,可以将下级人民法院管辖的案件指定其他下级人民法院管辖。

四、专门管辖

专门管辖是专门人民法院与普通人民法院之间、各种专门人民法院之间以及各专门人民法院系统内部在第一审刑事案件受理范围上的分工。解决的是哪些案件由专门人民法院审判以及由哪一个专门人民法院审判的问题。

根据《人民法院组织法》规定,在人民法院的组织系统中,设有若干种专门人民法院。对于有些涉及专门业务的案件,如果由普通人民法院审判,就会有诸多的不便或困难,对正确、及时处理案件不利,需交由专门人民法院审判。

我国《刑事诉讼法》第32条规定,专门人民法院案件的管辖另行规定。目前,在我国依照法律规定设立的专门人民法院有军事法院、海事法院、知识产权法院和金融法院等,其中拥有刑事案件管辖权的主要是军事法院和铁路运输法院。

军事法院管辖的刑事案件,主要是现役军人和军内在编职工涉及《刑法》分则第十章犯军人违反职责罪的犯罪案件。具体而言,军事法院管辖的案件有:违反军人职责罪案件及现役军人、在军队编制内服务的无军职人员、普通公民危害与破坏国防军事的犯罪案件。对军队与地方互涉案件,原则上实行分别管辖的制度,即现役军人(含在编职工)和非军人共同犯罪的,分别由军事法院和地方法院或者其他专门人民法院管辖。但涉及国家军事秘密的,全案由军事法院管辖。对于下列案件,由地方人民法院或者军事法院以外的其他专门法院管辖:(1)非军人、随军家属在部队营区内犯罪的;(2)军人在办理退役手续后犯罪的;(3)现役军人入伍前犯罪的(需与服役期内犯罪一并审判的除外);(4)退役军人在服役期内犯罪的(涉及军人违反职责罪的除外)。

铁路法院初建于1954年3月,主要受理涉及铁路运输、铁路安全、铁路财产的民事诉讼和刑事诉讼案件。2009年7月8日,中央下发关于铁路公、检、法管理体制改革的文件,要求铁路公、检、法整体纳入国家司法体系,铁路法院整体移交驻在地省(直辖市、自治区)党委、高级人民法院管理。截至2012年6月底,全国铁路法院完成管理体制改革,整体纳入国家司法体系。根据2012年7月17日最高人民法院公布的《关于铁路运输法院案件管辖范围的若干规定》,犯罪地的铁路运输法院管辖下列案件:(1)车站、货场、运输指挥机构等铁路工作区域发生的犯罪;(2)针对铁路线路、机车车辆、通信、电力等铁路设备、设施的犯罪;(3)铁路运输企业职工在执行职务中发生的犯罪。此外,在列车上的犯罪,由犯罪发生后该列车最初停靠的车站所在地或者目的地的铁路运输法院管辖;但在国际列车上的犯罪,按照我国与相关国家签订的有关管辖协定确定管辖,没有协定的,由犯罪发生后该列车最初停靠的中国车站所在地或者目的地的铁路运输法院管辖。

五、并案管辖

并案管辖是指公安机关、人民检察院和人民法院在受理刑事案件的时候,为方便查明案件事实,追诉、惩罚犯罪,将具有某种关联关系的数个案件合并进行管辖。根据六机关《规定》、最高检《规则》及公安部《规定》等的规定,人民法院、人民检察院、公安机关对以下情形,可以在其职责范围内并案处理:(1)一人犯数罪的;(2)共同犯罪的;(3)共同犯罪的犯罪嫌疑人、被告人还实施其他犯罪的;(4)多个犯罪嫌疑人、被告人实施的犯罪存在关联,并案处理有利于查明案件事实的。

六、管辖权异议

管辖权异议,是指当事人认为受理刑事案件的公安司法机关没有管辖权或者超越管辖权而向公安司法机关提出的不同的管辖意见或主张。我国刑事诉讼法没有管辖权异议的规定。最高法《解释》第228条规定,“召开庭前会议,审判人员可以就是否对案件管辖有异议,向控辩双方了解情况,听取意见”。管辖权异议的规定有利于当事人合法权益的保障,符合程序公正的基本要求。

案例精选

某县破获一抢劫团伙,涉嫌多次入户抢劫,该县人民法院审理后认为,该团伙只有主犯赵某可能被判处无期徒刑。关于该案的移送管辖,甲、乙、丙、丁四人分别发表看法。甲说,应当将赵某移送中级人民法院审理,其他被告人继续在县人民法院审理;乙说,团伙中的未成年被告人应当一并移送中级人民法院审理;丙说,中级人民法院审查后如果认为赵某不可能被判处无期徒刑,可以不同意移送;丁说,中级人民法院若同意移送,应当书面通知其同级的人民检察院。(源于2014年国家司法考试真题卷二第66题)

【问】试析四人的观点。

【答案与解析】甲的说法不正确,根据《刑事诉讼法》第20条以及最高法《解释》第13条的规定,主犯赵某可能判处无期徒刑,应由中级人民法院管辖,在共同犯罪案件中一人属于上级人民法院管辖的,根据管辖中“就高不就低”的原则,将赵某移送中级人民法院管辖的同时,其他被告人也应当一并移送至中级人民法院审理。乙的说法也不正确,《人民检察院办理未成年人刑事案件的规定》第51条规定:“人民检察院审查未成年人与成年人共同犯罪案件,一般应当将未成年人与成年人分案起诉。”根据这一规定,本题中未有未成年人是主犯或存在其他不宜分案起诉的情形,因而应当将未成年被告人与成年被告人分案起诉。丙和丁的说法正确,最高法《解释》第15条规定:“基层人民法院对可能判处无期徒刑、死刑的第一审刑事案件,应当移送中级人民法院审判。……不同意移送的,应当下达不同意移送决定书,由请求移送的人民法院依法审判;同意移送的,应当下达同意移送决定书,并书面通知同级人民检察院。”

思考问题

1. 如何理解地区管辖确定的应遵循的原则?
2. 如何看待管辖权异议问题?

法条链接

《刑事诉讼法》第 19 ~28 条;最高法《解释》第 1 ~26 条;六机关《规定》第 1 ~3 条。

扩展阅读

1. 田圣斌:《互联网刑事案件管辖制度研究》,载《政法论坛》2021 年第 3 期。
2. 谢小剑:《刑事职能管辖错位的程序规制》,载《中国法学》2021 年第 1 期。
3. 吴建雄:《司法人员职务犯罪双重管辖制度的多维思考》,载《中国法学》2020 年第 6 期。
4. 张曙:《刑事诉讼中的管辖错误及其处理》,载《法学家》2020 年第 3 期。
5. 龙宗智等:《刑事诉讼指定管辖若干问题研究》,载《法律适用》2013 年第 12 期。
6. 龙宗智:《刑事诉讼指定管辖制度之完善》,载《法学研究》2012 年第 4 期。
7. 石晓波:《刑事诉讼管辖权异议制度研究》,载《中国刑事法杂志》2004 年第 4 期。

第七章　回　　避

本章知识要点

回避是实现刑事诉讼公正的前提和保障,也是当事人所享有的基本诉讼权利。本章主要介绍了回避的概念、意义、种类、理由、适用人员以及适用回避时所应当遵守的程序等内容。

第一节　概　　述

一、回避的概念

刑事诉讼法中的回避,是指法律规定的与案件当事人或者案件有利害关系或者其他关系的侦查人员、检察人员、审判人员及其他人员,为了避免可能影响公正处理案件的情况发生,不得参与办理该案件的一项诉讼制度。

二、回避的意义

回避是一项重要的诉讼制度,也是一项比较古老的诉讼制度。早在古罗马时期和中世纪就已被人们所接受的"自然正义"原则中有两项基本要求,其中一项是:任何人不得做自己案件的法官。这实际上就是回避制度基本精神的体现。回避制度已为当今世界各国所普遍采用,对刑事诉讼的进行具有重要的意义。

首先,回避制度是刑事诉讼公正进行的制度保障。公正是刑事诉讼追求的基本目标,一切刑事诉讼的进行都努力实现这个目标。实行回避制度,可以有效地避免司法人员因与本案有利害关系或其他关系而可能产生的弄虚作假、徇私舞弊、故意偏袒等不公正的现象,从而使案件能够得到客观、公正的处理。

其次,回避制度有利于当事人行使诉讼权利和接受案件处理结果。申请回避是当事人的一项诉讼权利,这就使当事人能够积极参加诉讼活动,充分行使其诉讼权利,推动诉讼活动的顺利、公正进行。而且,实行回避制度,使司法人员同案件及处理结果没有利害关系,案件能够得到公正处理,这就增强了当事人对司法机关及司法人员的信任,也有利于当事人接受案件的处理结果,便于对案件处理的执行。

最后,回避制度有利于维护司法机关的权威。实行回避制度,与案件或案件当事人有利害关系及其他关系的司法人员不能参与案件的处理,这就使司法机关及司法人员在刑事诉讼中处于公正无私的中立地位,也使当事人更加信赖司法机关及司法人员。因而回避制度显然有利于维护司法机关在诉讼中的权威地位,司法机关对案件的处理更有权威性。

第二节 回避的种类、理由和适用的人员

一、回避的种类

根据《刑事诉讼法》第 29 条的规定,回避有两种:自行回避和申请回避。

自行回避是指侦查人员、检察人员、审判人员以及其他人员,在刑事诉讼的进行当中,如果遇有法律规定的应当回避的情形,认为自己不应当参与案件的处理时,自己主动提出回避。申请回避是指案件的当事人及其法定代理人,如果认为处理案件的侦查人员、检察人员、审判人员以及其他人员具有法律规定的应当回避的情形时,有权向司法机关提出申请,要求他们回避。另外,根据最高人民法院的司法解释,应当回避的人员,本人没有自行回避,当事人和他们的法定代理人也没有申请其回避的,院长或者审判委员会应当决定其回避。

二、回避的理由

回避的理由,也就是法律及司法解释规定的应当回避的具体情形。根据《刑事诉讼法》第 29 条和第 30 条、最高人民法院《关于审判人员在诉讼活动中执行回避制度若干问题的规定》、最高人民法院《关于对配偶父母子女从事律师职业的法院领导干部和审判执行人员实行任职回避的规定》以及《检察人员任职回避和公务回避暂行办法》的规定,回避的理由是:

1. 是本案的当事人或者是当事人的近亲属的。办案人员是本案的当事人,意味着办案人员同案件的处理结果有利害关系,如果其参与案件的处理,就可能影响案件的公正处理。办案人员是当事人的近亲属的,由于有亲属关系,就有可能偏袒其亲属,也会影响案件的公正处理。关于近亲属的范围,根据《刑事诉讼法》的规定,包括夫、妻、父、母、子、女、同胞兄弟姐妹。此外,根据最高人民法院《关于审判人员在诉讼活动中执行回避制度若干问题的规定》第 1 条第 2 款及《检察人员任职回避和公务回避暂行办法》第 2 条的规定,审判人员、检察人员的近亲属包括与审判人员、检察人员有夫妻、直系血亲、三代以内旁系血亲及近姻亲关系的亲属。最高人民法院及最高人民检察院的规定,实际上扩大了回避制度中“近亲属”的适用范围。

2. 本人或者他的近亲属和本案有利害关系的。办案人员本人或者他的近亲属和本案有利害关系,意味着案件的处理结果将会对办案人员本人或者其近亲属产生影响,因此在这种情况下他不宜也不应当参与案件的处理。这里的"近亲属"的范围也应当包括与审判人员、检察人员有夫妻、直系血亲、三代以内旁系血亲及近姻亲关系的亲属。

3. 担任过本案的证人、鉴定人、辩护人、诉讼代理人、翻译人员、勘验人的。《刑事诉讼法》第29条规定,担任过本案的证人、鉴定人、辩护人、诉讼代理人的,也应属于回避的范围。除此之外,最高人民法院《关于审判人员在诉讼中执行回避制度若干问题的规定》第1条第3项补充规定,担任过本案的翻译人员、勘验人的,也应回避。这是由于证人、鉴定人、辩护人、诉讼代理人、翻译人员、勘验人基于其诉讼地位和职能,已经参与了本案的诉讼活动,因而对案件事实和案件应当如何处理已经有了一定的看法。如果其再担任侦查人员、检察人员、审判人员,就可能先入为主和主观片面,难以客观公正地处理案件,因此应当回避。

4. 与本案当事人有其他关系,可能影响公正处理案件的。与本案当事人有其他关系,是指与本案当事人有上述三种情形之外的某种关系,比如办案人员与本案当事人现在或曾经是邻居、同学、同事、师生等关系,或者有个人之间的恩怨等,由于存在上述关系而可能影响案件公正处理的,也应当回避。

5. 接受当事人及其委托的人的请客送礼,或者违反规定会见当事人及其委托的人的。公安司法人员代表国家进行刑事诉讼,应当严格依照法律公正、无私地处理案件,特别是不能与一方当事人有不正当的关系。公安司法人员接受当事人及其委托的人的请客送礼,或者违反规定会见当事人及其委托的人的,可能使案件得不到公正处理,甚至出现徇私枉法、出入人罪等严重的违法现象,会给公安司法机关的威信带来极为不良的影响。因此,1996年《刑事诉讼法》修改时增加了此项规定,即公安司法人员有上述行为的,除应当依法追究法律责任外,当事人及其法定代理人有权要求他们回避。

6. 参加过本案侦查、起诉、审判的有关公安司法人员以及在一个审判程序中参加过本案审判工作的合议庭组成人员。根据最高法《解释》第29条的规定,参与过本案调查、侦查、审查起诉工作的监察、侦查、检察人员,调至人民法院工作的,不得担任本案的审判人员。在一个审判程序中参与过本案审判工作的合议庭组成人员或者独任审判员,不得再参与本案其他程序的审判。但是,发回重新审判的案件,在第一审人民法院作出裁判后又进入第二审程序、在法定刑以下判处刑罚的复核程序或者死刑复核程序的,原第二审程序、在法定刑以下判处刑罚的复核程序或者死刑复核程序中的合议庭组成人员不受本款规定的限制。在刑事诉讼中,侦查人员、检察人员、审判人员都依据其承担的诉讼职能进行相应的诉讼活动,这种职能的划分有利于客观、公正地查清案件事实,具有科学性。如果没有这种职能的划分,公安司法人员既是侦查人员,又是检察人员,还是审判人员,那么案件显然就难以客观、公正地进行处理。参加过本案侦查、起诉的侦查、检察人员如果调至法院工作,由于其对案件已经有了一定的认识,因而为了防止其先入为主和事实上的职能不分,这样的司法人员不得担任本案的审判人员;同样,在一个审判程序中参与过本案审判工作的工作人员,也不得再参与本案其他程序,如二审和再审的审判。同理,最高检《规则》第 35 条也规定,参加过同一案件侦查的人员,不得承办本案的审查逮捕、审查起诉、出庭支持公诉和诉讼监督工作,但在审查起诉阶段参加自行补充侦查的人员除外。

7. 审判人员与本案的诉讼代理人、辩护人有夫妻、父母、子女或者兄弟姐妹关系的。审判人员与案件当事人虽然没有近亲属关系,但如果与当事人委托的诉讼代理人、辩护人具有近亲属关系,很可能影响对案件的公正处理。司法实践中存在审判人员的亲属从事律师职业的现象,一些当事人据此委托其为诉讼代理人、辩护人,其目的就是希望通过这层关系获得有利的裁判。因此,最高法《解释》第 27 条第 4 项及《关于审判人员在诉讼活动中执行回避制度若干问题的规定》第 1 条第 4 项规定,审判人员与本案的诉讼代理人、辩护人有夫妻、父母、子女或者兄弟姐妹关系的,应当回避。此外,最高人民法院《关于对配偶父母子女从事律师职业的法院领导干部和审判执行人员实行任职回避的规定》第 2 条中也强调,人民法院领导干部和审判执行人员的配偶、父母、子女有下列情形之一的,法院领导干部和审判执行人员应当实行任职回避:(1)担任该领导干部和审判执行人员所任职人民法院辖区内律师事务所的合伙人或者设立人的;(2)在该领导干部和审判执行人员所任职人民法院辖区内以律师身份担任诉讼代理人、辩护人,或者为诉讼案件当事人提供其他有偿法律服务的。

除了上述回避理由,最高人民法院《关于审判人员在诉讼活动中执行回避制度若干问题的规定》第 2 条还补充规定,审判人员具有下列情形之一的,当事人及其法定代理人有权要求回避:(1)私下会见本案一方当事人及其诉讼代理人、辩护人的;(2)为本案当事人推荐、介绍辩护人、代理人,或者为律师、其他人员介绍办理该案件的;(3)索取、接受本案当事人及其受托人的财物、其他利益,或者要求当事人及其受托人报销费用的;(4)接受本案当事人及其受托人的宴请,或者参加由其支付费用的各项活动的;(5)向本案当事人及其受托人借款,借用交通工具、通信工具或者其他物品,或者索取、接受当事人及其受托人在购买商品、装修住房以及其他方面给予的好处的;(6)有其他不正当行为,可能影响公正审理的。这些情形都表明审判人员可能与一方当事人存在不正当的关系,可能影响审判的公正进行,因此需要回避。提出这些主张,不能凭当事人或者其法定代理人的想象,当事人及其法定代理人应当提供相关证据材料,表明确实存在上述情形。

三、回避适用的人员

回避适用的人员,也就是回避适用的对象。根据《刑事诉讼法》第 29 条和第 32 条的规定,在刑事诉讼中适用回避的人员包括:

1. 审判人员。这里的审判人员应当作广义的理解,不仅包括直接审理本案的审判员、助理审判员和人民陪审员,还应当包括对本案参与讨论、审查和作出处理决定的法院院长、副院长、庭长、副庭长以及审判委员会的成员。此外,最高人民法院《关于审判人员在诉讼中执行回避制度若干问题的规定》也明确指出,人民法院的执行人员也适用审判人员回避的有关规定。

2. 检察人员。这里的检察人员不仅包括直接负责案件的审查批准逮捕、审查决定起诉、出庭支持公诉或抗诉的检察人员,还应包括对本案参与讨论、审查和作出处理决定的检察长、副检察长以及检察委员会的委员。根据《检察人员任职回避和公务回避暂行办法》的规定,检察人员是指各级人民检察院检察官、书记员、司法行政人员和司法警察。

3. 侦查人员。这里的侦查人员不仅包括直接负责案件侦查的公安人员和检察人员,还应当包括参与本案讨论和作出处理决定的公安机关负责人与检察机关的检察长、副检察长以及检察委员会的委员。

4. 书记员。包括在侦查、起诉、审判阶段担任记录工作的书记员。

5. 翻译人员。包括在侦查、起诉、审判阶段担任翻译工作的人员。

6. 鉴定人。即在刑事诉讼中就某个专门问题提供鉴定意见的人员。

第三节　回避的程序

一、回避的提起

根据提起回避的主体不同,回避的提起包括回避的提出和回避的申请。

回避的提出是指在自行回避中,公安司法人员自己提出回避。侦查人员、检察人员、审判人员及其他人员,如果具有法律规定应当回避的情形,需要自行回避的,可以口头或者书面提出,并且说明理由,口头提出的,应当记录在案。

回避的申请是指当事人及其法定代理人、辩护人、诉讼代理人提出申请,要求公安司法人员回避。侦查人员、检察人员、审判人员及其他人员,如果具有法律规定应当回避的情形,当事人及其法定代理人、辩护人、诉讼代理人有权申请其回避。申请回避是当事人及其法定代理人、辩护人、诉讼代理人依法享有的重要的诉讼权利,有权依法行使,而且公安司法机关应当依法予以保障。《刑事诉讼法》第 190 条规定,人民法院开庭的时候,审判长要告知当事人有权对合议庭组成人员、书记员、公诉人、鉴定人和翻译人员申请回避。

根据上述规定的立法精神，在侦查、起诉阶段中，侦查人员、检察人员也应当告知当事人及其法定代理人有权申请回避。

当事人及其法定代理人、辩护人、诉讼代理人申请公安司法人员回避的，可以口头或者书面提出，并且说明理由，口头提出的，应当记录在案。

依照《刑事诉讼法》第30条规定提出回避申请的，即认为公安司法人员接受当事人及其委托的人的请客送礼或者违反规定会见当事人及其委托的人而提出回避申请的，申请人应当提供证明材料。

二、回避的审查决定

回避应当由法律规定的组织或者人员依法进行审查，并且作出是否回避的决定。根据刑事诉讼法的规定，侦查人员、检察人员、审判人员的回避，应当分别由公安机关负责人、检察长、院长决定；院长的回避，由本院审判委员会决定；检察长和公安机关负责人的回避，由同级人民检察院检察委员会决定；书记员、翻译人员、鉴定人的回避，应当根据其所处诉讼阶段分别由院长、检察长、公安机关负责人决定。根据有关司法解释的规定，侦查人员的回避以及侦查过程中鉴定人、记录人、翻译人员的回避，由县级以上公安机关负责人决定，县级以上公安机关负责人的回避，由同级人民检察院检察委员会决定；检察长的回避，由检察委员会讨论决定，检察委员会在讨论检察长回避的问题时，由副检察长主持，检察长不得参加；审判委员会在讨论院长回避的问题时，由副院长主持，院长不得参加。根据最高法《解释》第36条的规定，当事人及其法定代理人申请出庭的检察人员回避的，人民法院应当区分情况作出处理：属于《刑事诉讼法》第29条、第30条规定情形的回避申请，应当决定休庭，并通知人民检察院尽快作出决定；不属于《刑事诉讼法》第29条、第30条规定情形的回避申请，应当当庭驳回，并不得申请复议。

公安司法人员应当回避的，如果本人没有自行回避，当事人和其法定代理人、辩护人、诉讼代理人也没有申请其回避，公安机关负责人、检察长、院长或者检察委员会、审判委员会应当决定其回避。

般而言，需要回避的人员在有关人员或者组织作出是否回避的决定前，就应当暂停参与本案，以保证诉讼活动的公正进行。但是，根据刑事诉讼法及有关司法解释的规定，对侦查人员的回避决定作出前或者复议期间，侦查人员不能停止对案件的侦查。这是由侦查工作的性质所决定的，特别是在案件需要采取紧急措施时，侦查人员更要迅速采取必要的侦查行动，及时收集证据和抓获犯罪嫌疑人，尤其要防止犯罪嫌疑人继续犯罪。

公安司法机关对当事人及其法定代理人、辩护人、诉讼代理人的回避申请进行审查或者调查后，认为符合法律规定的回避条件的，应当作出回避决定；不符合法律规定的回避条件的，应当驳回申请。

根据公安部《规定》第39条的规定,被决定回避的公安机关负责人、侦查人员在回避决定作出以前所进行的诉讼活动是否有效,由作出决定的机关根据案件情况决定。最高检《规则》第36条也明确规定,被决定回避的检察人员在回避决定作出前所取得的证据和进行的诉讼行为是否有效,由检察委员会或者检察长根据具体情况决定。

三、对驳回申请的复议

根据刑事诉讼法及相关法律规定,对驳回申请回避的决定,当事人及其法定代理人、辩护人、诉讼代理人可以申请复议一次。这是对当事人及其法定代理人、辩护人、诉讼代理人申请回避诉讼权利的充分保障。

根据公安部《规定》,公安机关作出驳回申请回避的决定后,应当告知当事人及其法定代理人,如不服本决定,可以在收到驳回申请回避决定书后5日内向原决定机关申请复议一次;当事人及其法定代理人对驳回申请回避的决定不服申请复议的,决定机关应当在收到复议申请后5日以内作出复议决定并书面通知申请人。

根据最高人民法院的司法解释,当事人及其法定代理人申请回避被驳回的,可以在接到决定时申请复议一次。另外,不属于《刑事诉讼法》第29条、第30条所列情形的回避申请,即不属于法律规定的回避情形的,由法院当庭驳回,并不得申请复议。

案例精选

林某盗版销售著名作家黄某的小说涉嫌侵犯著作权罪,经一审和二审后,二审法院裁定撤销原判,发回原审人民法院重新审判。(源于2014年国家司法考试真题卷二第67题)

【问】一审书记员乙系林某的表弟而未回避,二审法院可以此为由裁定发回原审法院重审吗?

【答案与解析】可以。2011年最高人民法院《关于审判人员在诉讼活动中执行回避制度若干问题的规定》第7条规定,第二审人民法院认为第一审人民法院的审理有违反本规定第1条至第3条规定的,应当裁定撤销原判,发回原审人民法院重新审判。

思考问题

1. 比较回避的理由与回避的适用对象有何区别。
2. 侦查人员的回避作出决定前或者复议期间,侦查人员不能停止对案件的侦查,是否合理?

法条链接

《刑事诉讼法》第29~32条;最高法《解释》第27~39条;公安部《规定》第32~41条;最高检《规则》第35~37、682条;最高人民法院《关于审判人员在诉讼活动中执行回避制度若干问题的规定》

(2011 年)第 1 条;最高人民法院《关于对配偶父母子女从事律师职业的法院领导干部和审判执行人员实行任职回避的规定》(2020 年)第 2、11 条;《检察人员任职回避和公务回避暂行办法》(2000 年)第 2 条。

扩展阅读

1. 赵永红:《中国古代诉讼回避制度》,载《中央政法管理干部学院学报》2000 年第 5 期。
2. 张品泽:《外国刑事回避制度比较研究》,载《比较法研究》2004 年第 3 期。
3. 姜小川、汪志飞:《试论审判委员会的回避》,载《法学杂志》2009 年第 12 期。
4. 姜洪鲁:《"柔性回避"到"刚性隔离"的嬗变——论基于利益冲突回避视角下的法官单方退出机制》,载《法律适用》2010 年第 9 期。
5. 张品泽:《刑事回避对象之比较——兼评我国侦诉人员的回避》,载《政法论坛》2004 年第 4 期。
6. 杨立凡:《刑事诉讼法应健全申请回避的告知制度》,载《人民检察》2007 年第 21 期。

第八章　辩护与代理

本章知识要点

辩护是犯罪嫌疑人、被告人及其辩护人维护犯罪嫌疑人、被告人合法权益的诉讼活动。本章主要介绍了辩护、辩护权、辩护的种类、辩护人的概念与范围、诉讼地位、诉讼权利与诉讼义务、辩护人的责任等内容。代理是刑事诉讼代理人以被代理人的名义参与刑事诉讼,且代理行为的法律后果由被代理人承担的诉讼活动。本章主要介绍了代理的概念与分类、公诉案件中的代理、自诉案件中的代理以及附带民事诉讼中的代理等内容。

第一节　辩　　护

一、辩护制度概述

(一)辩护、辩护权和辩护制度

辩护是指犯罪嫌疑人、被告人及其辩护人为维护犯罪嫌疑人、被告人的合法权益,提出有利于犯罪嫌疑人、被告人的事实和理由,论证犯罪嫌疑人、被告人无罪、罪轻或者应当减轻、免除处罚,维护犯罪嫌疑人、被告人程序性权利的诉讼活动。

辩护权是法律赋予刑事诉讼中犯罪嫌疑人、被告人的一项专属性诉讼权利,它是指犯罪嫌疑人、被告人针对控方的指控进行反驳、辩解并获得辩护人帮助的诉讼权利。辩护权是犯罪嫌疑人、被告人最重要的诉讼权利,处于犯罪嫌疑人、被告人诉讼权利体系中的核心地位。从内容来看,犯罪嫌疑人、被告人的辩护权不受诉讼阶段的限制,贯穿刑事诉讼全过程;也不受案件的限制,不管犯罪嫌疑人、被告人是否构成犯罪,也不管犯罪性质和严重程度如何,犯罪嫌疑人、被告人都可行使辩护权。从辩护权行使的方式来看,犯罪嫌疑人、被告人行使辩护权,既可以由其本人行使(自行辩护),也可以由其委托的辩护人或者在必要时由法律援助机构指派的律师行使。

辩护制度,是由法律规定的关于辩护权的内容,辩护权行使的原则、方式、程序以及辩护人的范围、责任、权利与义务等一系列规则的总成。辩护制度是为了保障犯罪嫌疑人、被告人充分、正确行使辩护权而设立的,是现代国家法律制度的重要组成部分。在我国,辩护制度的相关内容主要规定在刑事诉讼法中,此外,先法、律师法以及司法解释中也有大量涉及辩护制度的规定,构成辩护制度的重要法律渊源。

(二)我国辩护制度的意义

辩护制度作为刑事诉讼的重要组成部分,是反映一个国家民主法治与人权保障程度的重要标志。贯彻落实这一制度,对于维护犯罪嫌疑人、被告人合法权益,促进公安司法机关正确处理案件,防止冤假错案发生,具有重要意义。

一是有利于维护犯罪嫌疑人、被告人的合法权益。在刑事诉讼中,犯罪嫌疑人、被告人是被追诉的对象,人身自由往往受到限制或者剥夺,加之法律知识的欠缺,其对案件缺乏全面综合的了解,且对于自己享有何种诉讼权利,如何行使这些权利等缺乏足够的认识,很难维护自己的合法权益。实行辩护制度,辩护人向犯罪嫌疑人、被告人提供专业的法律帮助,尤其是律师辩护人更是有着丰富的经验和技巧,他们帮助犯罪嫌疑人、被告人行使辩护权,这无疑有利于维护他们的合法权益。

二是有利于促进办案人员正确处理案件,防止冤假错案的发生。在刑事诉讼中,通过实行辩护制度,辩方可以针对控方的指控在实体上和程序上提出有利于犯罪嫌疑人、被告人的事实和理由,使之与控方形成平等对抗,可以促使办案人员兼听控、辩双方的意见,全面调查研究,这有助于办案人员理清错综复杂的案件情况,进而正确处理案件,防止冤假错案的发生。

二、我国辩护制度的基本内容

(一)辩护人的概念与范围

辩护人,是指接受犯罪嫌疑人、被告人委托或者法律援助机构的指派,帮助犯罪嫌疑人、被告人行使辩护权,以维护其诉讼权利和其他合法权益的人。根据《刑事诉讼法》第32条规定,辩护人的范围包括:

1. 律师。律师是指依法取得律师执业证书,接受委托或者指派,为当事人提供法律服务的执业人员。取得律师执业证书并经注册登记的人,可以律师身份接受委托或指派担任辩护人。在刑事诉讼中,律师是最重要的辩护人。律师是专门提供法律服务的执业人员,其具备的法律知识和办案经验有利于其帮助犯罪嫌疑人、被告人应付日趋专业化、复杂化的现代刑事诉讼,而且,律师作为辩护人参与刑事诉讼享有较其他辩护人更多的诉讼权利,这为律师行使辩护权提供了充分的保障。

2. 人民团体或者犯罪嫌疑人、被告人所在单位推荐的人。允许律师以外的人充当辩护人是解决律师数量不足的现实需要。在我国,虽然律师队伍在不断壮大,但仍不能满足日益增长的辩护需要,允许其他具备辩护能力和水平的人担任辩护人能在一定程度上解决这一问题。需要指出的是,这里的人民团体是指工会、妇联、共青团等群众性团体。如犯罪嫌疑人、被告人隶属某工作单位,其所在单位可推荐熟悉法律、有辩护能力的人担任其辩护人。

3. 犯罪嫌疑人、被告人的监护人、亲友。一般来说,犯罪嫌疑人、被告人的监护人、亲友与犯罪嫌疑人、被告人关系密切,且对情况较为了解,由他们担任辩护人,不仅有利于维护犯罪嫌疑人、被告人的合法权益,而且可以缓解犯罪嫌疑人、被告人的经济负担。按照法律规定,犯罪嫌疑人、被告人的监护人通常是其亲属,在没有亲属的情况下也可以是有关的机关、团体或单位。亲友则包括犯罪嫌疑人、被告人的亲戚朋友。

基于司法公正、确保辩护质量和维护辩护制度严肃性等考虑,刑事诉讼法和有关司法解释对辩护人的范围明确作了禁止性规定。根据《刑事诉讼法》第 32 条第 2 款以及最高法《解释》第 35 条的规定,下列人员不得担任辩护人:(1)正在被执行刑罚或者处于缓刑、假释考验期间的人;(2)依法被剥夺、限制人身自由的人;(3)无行为能力或者限制行为能力的人;(4)人民法院、人民检察院、公安机关、国家安全机关、监狱的现职人员;(5)人民陪审员;(6)与本案审理结果有利害关系的人;(7)外国人或者无国籍人。上述第(4)项至第(7)项规定的人员,如果是被告人的监护人、近亲属,由被告人委托担任辩护人的,可以准许。

此外,为了防止司法机关工作人员离职后因与原单位的联系导致人情案等司法不公现象的出现,有关司法解释对司法工作人员离职后担任辩护人的情形作了严格限制。根据最高法《解释》第 36 条和最高检《规则》第 39 条的规定,审判人员和人民法院其他工作人员、检察人员从人民法院、人民检察院离任后 2 年以内,不得以律师身份担任辩护人;审判人员和人民法院其他工作人员、检察人员分别从人民法院、人民检察院离任后,不得担任原任职法院、原任职检察院所审理(办理)案件的辩护人,但作为犯罪嫌疑人、被告人的监护人、近亲属进行辩护的除外。审判人员和人民法院其他工作人员的配偶、子女或者父母不得担任其任职法院所审理案件的辩护人,但作为被告人的监护人、近亲属进行辩护的除外。检察人员的配偶、子女不得担任该检察人员所任职检察院办理案件的辩护人。

(二)辩护人的诉讼地位

在我国,辩护人在刑事诉讼中具有独立的诉讼参与人地位。这种独立的诉讼参与人地位主要表现在以下两个方面:

一方面,辩护人独立于公安司法机关。在刑事诉讼中,公安司法机关行使不同的诉讼职能,其中,公安机关和检察机关行使控诉职能,主要通过收集和提供证据证明被告人的罪行并要求法院通过审判确定被告人有罪,并对被告人判处相应的刑罚;法院行使审判职能,负责客观公正地审理和裁判案件。与公安司法机关行使的诉讼职能不同,辩护人履行辩护职能,通过提出事实和理由,论证犯罪嫌疑人、被告人无罪、罪轻或者减轻、免除其刑事责任,防止犯罪嫌疑人、被告人受到错误追究，并维护犯罪嫌疑人、被告人的诉讼权利。因此，辩护人独立于公安司法机关，既不受侦查人员、公诉人的意见左右，也不是法官的辅助人员，而是犯罪嫌疑人、被告人合法权益的专门维护者。

另一方面，辩护人独立于犯罪嫌疑人、被告人。虽然辩护人是接受犯罪嫌疑人、被告人的委托或法律援助机构的指派而为犯罪嫌疑人、被告人辩护，但一旦接受委托或指派即取得独立的诉讼地位，并以自己的名义独立进行辩护。辩护人履行职责的依据是法律的规定，而不是犯罪嫌疑人、被告人的授权，因此不受其意思表示的约束，如何辩护依据的是辩护人对事实的掌握和对法律的理解。从这点上来讲，辩护人不同于诉讼代理人，辩护人不是犯罪嫌疑人、被告人的代言人，而具有独立的诉讼地位。

正确理解辩护人的诉讼地位，还应当注意律师在侦查阶段的诉讼地位问题。在2012年修改《刑事诉讼法》以前，犯罪嫌疑人在侦查阶段虽然可以聘请律师，但是律师在侦查阶段是否具有辩护人地位并没有明确规定。理论界把侦查阶段的律师称为"法律帮助者"或"受犯罪嫌疑人委托的律师"等。这导致律师在侦查阶段难以有效帮助犯罪嫌疑人。2012年修改后《刑事诉讼法》改变了这种状况，明确规定律师在侦查阶段具有辩护人地位。《刑事诉讼法》第33条规定："犯罪嫌疑人自被侦查机关第一次讯问或者采取强制措施之日起，有权委托辩护人；在侦查期间，只能委托律师作为辩护人。"这为律师进行有效法律帮助提供了重要保障。

（三）辩护人的责任

辩护人的责任就是辩护人参与刑事诉讼应当履行的法定职责。《刑事诉讼法》第35条规定："辩护人的责任是根据事实和法律，提出犯罪嫌疑人、被告人无罪、罪轻或者减轻、免除其刑事责任的材料和意见，维护犯罪嫌疑人、被告人的诉讼权利和其他合法权益。"根据这一规定，辩护人的责任包括以下三个方面：

第一，为犯罪嫌疑人、被告人进行实体性辩护。即针对控方的指控，根据事实和法律，从实体上提出辩护意见，包括提出犯罪嫌疑人、被告人无罪、罪轻或者减轻、免除其刑事责任的材料和意见，以维护犯罪嫌疑人、被告人的实体性权利。

第二，为犯罪嫌疑人、被告人进行程序性辩护。即从程序上提出辩护意见，包括帮助犯罪嫌疑人、被告人了解自己享有的诉讼权利并协助其依法正确行使诉讼权利，以及就公安司法机关侵犯或剥夺犯罪嫌疑人、被告人诉讼权利的行为及时提出意见，要求停止侵犯或剥夺，或者提出控告。

第三，为犯罪嫌疑人、被告人提供其他法律帮助。除了实体性辩护和程序性辩护，辩护人还应当为犯罪嫌疑人、被告人提供法律咨询，并为其代写有关文书等。

（四）辩护的种类

根据《刑事诉讼法》第32条、第33条和第34条的规定，我国辩护制度中的辩护种类有三种：

1. 自行辩护

自行辩护,是指犯罪嫌疑人、被告人自己就控方的指控提出反驳、辩解和解释的行为。犯罪嫌疑人、被告人是享有辩护权的本源主体,由其本人行使辩护权具有第一性,是辩护权的应有之义。任何公民一旦成为被追诉的人,就可以行使自行辩护权,且自行辩护权的行使不仅贯穿刑事诉讼全过程,而且不受案件范围的限制。

2. 委托辩护

委托辩护,是指犯罪嫌疑人、被告人按照自己的意愿,依法委托律师或其他人担任辩护人为自己的合法权益进行辩护。在刑事诉讼中,犯罪嫌疑人、被告人是否委托辩护人协助其进行辩护完全取决于他自己的意愿。

为了保障犯罪嫌疑人、被告人委托辩护权的有效行使,刑事诉讼法对委托辩护人的程序和要求作了明确规定:(1)委托人数。一名犯罪嫌疑人、被告人可以委托一至二人作为辩护人。一名辩护人不得为两名以上的同案犯罪嫌疑人、被告人,或者未同案处理但犯罪事实存在关联的犯罪嫌疑人、被告人辩护。(2)委托时间。犯罪嫌疑人、被告人委托辩护人的时间根据不同的案件而有所不同。对于自诉案件,被告人有权随时委托辩护人;对于公诉案件,犯罪嫌疑人自被侦查机关第一次讯问或者采取强制措施之日起,有权委托律师作为辩护人。在侦查期间,只能委托律师作为辩护人。(3)程序保障。侦查机关在第一次讯问犯罪嫌疑人或者对犯罪嫌疑人采取强制措施的时候,应当告知犯罪嫌疑人有权委托辩护人。人民检察院自收到移送审查起诉的案件材料之日起3日以内,应当告知犯罪嫌疑人有权委托辩护人。人民法院自受理案件之日起3日以内,应当告知被告人有权委托辩护人。犯罪嫌疑人、被告人在押期间要求委托辩护人的,人民法院、人民检察院和公安机关应当及时转达其要求。犯罪嫌疑人、被告人在押的,也可以由其监护人、近亲属代为委托辩护人。辩护人接受犯罪嫌疑人、被告人委托后,应当及时告知办理案件的机关。

3. 法律援助辩护

法律援助辩护,是指犯罪嫌疑人、被告人因经济困难或者其他法定原因没有委托辩护人,而由公安司法机关通知法律援助机构指派律师为其进行辩护。法律援助辩护作为实现社会正义和司法公正、保障公民基本权利的国家行为,在国家的司法体系中占有十分重要的地位。在2012年《刑事诉讼法》修改以前,刑事法律援助辩护只适用于审判阶段,且案件范围仅限于少数几种特殊案件。2012年修改后《刑事诉讼法》不仅延展了刑事法律援助辩护的适用阶段,而且扩大了刑事法律援助辩护的案件范围。

根据刑事诉讼法、律师法、法律援助法以及有关司法解释的规定,我国刑事法律援助辩护的主要内容包括:

首先,适用前提。刑事法律援助辩护的前提是犯罪嫌疑人、被告人没有委托辩护人,如果犯罪嫌疑人、被告人已经委托辩护人,则不适用法律援助辩护。

其次,适用阶段。根据《刑事诉讼法》第 34 条的规定,我国刑事法律援助辩护适用于侦查、审查起诉以及审判阶段。不管在侦查、审查起诉阶段还是在审判阶段,只要犯罪嫌疑人、被告人在向法律援助机构提出申请,符合法律援助条件的,或者具有法定情形之一的,法律援助机构均应指派律师为其提供辩护。

再次,适用情形。对犯罪嫌疑人、被告人的刑事法律援助辩护,分为以下三种情形:(1)申请法律援助辩护的情形。犯罪嫌疑人、被告人因经济困难或者其他原因没有委托辩护人的,本人及其近亲属可以向法律援助机构提出申请。对符合法律援助条件的,法律援助机构应当指派律师为其提供辩护。(2)法定指派法律援助辩护的情形。犯罪嫌疑人、被告人是盲、聋、哑人,或者是尚未完全丧失辨认或者控制自己行为能力的精神病人,或者是未成年人,或者可能被判处无期徒刑、死刑,没有委托辩护人的,人民法院、人民检察院和公安机关应当通知法律援助机构指派律师为其提供辩护。对于人民法院根据《刑事诉讼法》第 291 条缺席审判的案件,被告人及其近亲属没有委托辩护人的,人民法院应当通知法律援助机构指派律师为其提供辩护。需要指出的是,根据 2021 年通过的《法律援助法》第 25 条的规定,对于申请法律援助的死刑复核案件,应当通知法律援助机构指派律师担任辩护人。(3)酌定指派法律援助辩护的情形。具有下列情形之一,被告人没有委托辩护人的,人民法院可以通知法律援助机构指派律师为其提供辩护:共同犯罪案件中,其他被告人已经委托辩护人;有重大社会影响的案件;人民检察院抗诉的案件;被告人的行为可能不构成犯罪的案件;有必要指派律师提供辩护的其他情形。2021 年通过的《法律援助法》扩大了酌定指派法律援助辩护的适用范围,即第25 条第2 款规定,其他适用普通程序审理的刑事案件,被告人没有委托辩护人的,人民法院可以通知法律援助机构指派律师担任辩护人。

最后,适用程序。对于法定指派律师援助的情形,人民法院、人民检察院、公安机关应当在3 日内通知法律援助机构指派律师。法律援助机构收到通知后,应当在 3 日内指派律师并通知人民法院、人民检察院、公安机关。对可能被判处无期徒刑、死刑的人,以及死刑复核案件的被告人,法律援助机构收到人民法院、人民检察院、公安机关通知后,应当指派具有 3 年以上相关执业经历的律师担任辩护人。

公民申请刑事辩护法律援助,由申请人向办案机关所在地的法律援助机构提出申请。被羁押的犯罪嫌疑人、被告人、服刑人员,以及强制隔离戒毒人员等提出法律援助申请的,办案机关、监管场所应当在 24 小时内将申请转交法律援助机构。犯罪嫌疑人、被告人通过值班律师提出代理、刑事辩护等法律援助申请的,值班律师应当在 24 小时内将申请转交法律援助机构。因经济困难申请法律援助的,申请人应当如实说明经济困难状况。法律援助机构核查申请人的经济困难状况,可以通过信息共享查询,或者由申请人进行个人诚信承诺。法律援助机构开展核查工作,有关部门、单位、村民委员会、居民委员会和个人应当予以配合。

法律援助机构应当自收到法律援助申请之日起7日内进行审查,作出是否给予法律援助的决定。决定给予法律援助的,应当自作出决定之日起3日内指派法律援助人员为受援人提供法律援助;决定不给予法律援助的,应当书面告知申请人,并说明理由。

申请人提交的申请材料不齐全的,法律援助机构应当一次性告知申请人需要补充的材料或者要求申请人作出说明。申请人未按要求补充材料或者作出说明的,视为撤回申请。

法律援助人员接受指派后,无正当理由不得拒绝、拖延或者终止提供法律援助服务。法律援助人员应当按照规定向受援人通报法律援助事项办理情况,不得损害受援人合法权益。受援人应当向法律援助人员如实陈述与法律援助事项有关的情况,及时提供证据材料,协助、配合办理法律援助事项。

受援人有权向法律援助机构、法律援助人员了解法律援助事项办理情况;法律援助机构、法律援助人员未依法履行职责的,受援人可以向司法行政部门投诉,并可以请求法律援助机构更换法律援助人员。

有下列情形之一的,法律援助机构应当作出终止法律援助的决定:受援人以欺骗或者其他不正当手段获得法律援助;受援人故意隐瞒与案件有关的重要事实或者提供虚假证据;受援人利用法律援助从事违法活动;受援人的经济状况发生变化,不再符合法律援助条件;案件终止审理或者已经被撤销;受援人自行委托律师或者其他代理人;受援人有正当理由要求终止法律援助;法律法规规定的其他情形。法律援助人员发现有前款规定情形的,应当及时向法律援助机构报告。

申请人、受援人对法律援助机构不予法律援助、终止法律援助的决定有异议的,可以向设立该法律援助机构的司法行政部门提出。司法行政部门应当自收到异议之日起5日内进行审查,作出维持法律援助机构决定或者责令法律援助机构改正的决定。申请人、受援人对司法行政部门维持法律援助机构决定不服的,可以依法申请行政复议或者提起行政诉讼。

法律援助事项办理结束后,法律援助人员应当及时向法律援助机构报告,提交有关法律文书的副本或者复印件、办理情况报告等材料。

(五)辩护人的诉讼权利和诉讼义务

为了保证辩护人顺利开展辩护活动,刑事诉讼法和律师法赋予了辩护人一系列诉讼权利,同时也规定了一定的诉讼义务。

1.辩护人的诉讼权利

一是会见通信权。辩护律师可以同在押或被监视居住的犯罪嫌疑人、被告人会见和通信。其他辩护人经人民法院、人民检察院许可,也可以同在押或被监视居住的犯罪嫌疑人、被告人会见和通信。辩护律师持律师执业证书、律师事务所证明和委托书或者法律援助公函要求会见在押的犯罪嫌疑人、被告人的,看守所应当及时安排会见,至迟不得超过48小时。危害国家安全犯罪、恐怖活动犯罪案件,在侦查期间辩护律师会见在押或被监视居住的犯罪嫌疑人,应当经侦查机关许可。上述案件,侦查机关应当事先通知看守所。对辩护律师提出的会见申请,办案部门应当在收到申请后3日以内,报经县级以上公安机关负责人批准,作出许可或者不许可的决定,书面通知辩护律师,并及时通知看守所或者执行监视居住的部门。除有碍侦查或者可能泄露国家秘密的情形外,应当作出许可的决定。公安机关不许可会见的,应当说明理由。有碍侦查或者可能泄露国家秘密的情形消失后,公安机关应当许可会见。有下列情形之一的,属于本条规定的"有碍侦查":(1)可能毁灭、伪造证据,干扰证人作证或者串供的;(2)可能引起犯罪嫌疑人自残、自杀或者逃跑的;(3)可能引起同案犯逃避、妨碍侦查的;(4)犯罪嫌疑人的家属与犯罪有牵连的。

辩护律师会见在押的犯罪嫌疑人、被告人,可以了解案件有关情况,提供法律咨询等;自案件移送审查起诉之日起,可以向犯罪嫌疑人、被告人核实有关证据。辩护律师会见犯罪嫌疑人、被告人时不被监听。

二是阅卷权。辩护律师自人民检察院对案件审查起诉之日起,可以查阅、摘抄、复制本案的案卷材料。其他辩护人经人民法院、人民检察院许可,也可以查阅、摘抄、复制上述材料。案卷材料包括案件的诉讼文书和证据材料,但合议庭、审判委员会的讨论记录以及其他依法不公开的材料不得查阅、摘抄、复制。辩护人查阅、摘抄、复制案卷材料的,人民法院应当提供方便,并保证必要的时间。辩护律师或者经过许可的其他辩护人到人民检察院查阅、摘抄、复制本案的案卷材料,由负责案件管理的部门及时安排,由办案部门提供案卷材料。因办案部门工作等原因无法及时安排的,应当向辩护人说明,并安排辩护人自即日起3个工作日以内阅卷,办案部门应当予以配合。人民检察院应当为辩护人查阅、摘抄、复制案卷材料设置专门的场所或者电子卷宗阅卷终端设备。必要时,人民检察院可以派员在场协助。辩护人复制案卷材料可以采取复印、拍照、扫描、刻录等方式,人民检察院不收取费用。

三是调查取证权。辩护律师经证人或者其他有关单位和个人同意,可以向他们收集与本案有关的材料,也可以申请人民检察院、人民法院收集、调取证据,或者申请人民法院通知证人出庭作证。辩护律师申请人民检察院、人民法院收集、调取证据,人民检察院、人民法院认为确有收集、调取必要的,应当同意。辩护律师向证人或者有关单位、个人收集、调取与本案有关的证据材料,因证人或者有关单位、个人不同意,申请人民法院收集、调取,或者申请通知证人出庭作证,人民法院认为确有必要的,应当同意。辩护律师经人民检察院或者人民法院许可,并且经被害人或者其近亲属、被害人提供的证人同意,可以向他们收集与本案有关的材料。辩护人认为在侦查、审查起诉期间公安机关、人民检察院收集的证明犯罪嫌疑人、被告人无罪或者罪轻的证据材料未提交的,有权申请人民检察院、人民法院调取。

四是依法提出辩护意见的权利。辩护人有权在刑事诉讼各阶段依法提出辩护意见。具体表现为:辩护律师在侦查期间可以为犯罪嫌疑人提供法律帮助;代理申诉、控告;申请变更强制措施;向侦查机关了解犯罪嫌疑人涉嫌的罪名和案件有关情况,提出意见。人民检察院审查批准逮捕,可以听取辩护律师的意见;辩护律师提出要求的,应当听取辩护律师的意见。人民检察院审查批准逮捕未成年犯罪嫌疑人和人民法院决定逮捕未成年被告人,应当听取辩护律师的意见。在案件侦查终结前,辩护律师提出要求的,侦查机关应当听取辩护律师的意见,并记录在案。辩护律师提出书面意见的,应当附卷。人民检察院审查案件,应当听取辩护人的意见,并记录在案。辩护人提出书面意见的,应当附卷。开庭审理前,当事人及其辩护人、诉讼代理人有权申请排除非法证据,人民法院经审查,对证据收集的合法性有疑问的,应当召开庭前会议,就非法证据排除等问题了解情况,听取意见。在法庭调查阶段,辩护人经审判长许可,可以向被告人发问;经审判长许可,可以对证人、鉴定人发问,对出示的物证、未到庭的证人的证言笔录、鉴定人的鉴定意见、勘验笔录和其他作为证据的文书等证据发表意见;有权申请通知新的证人到庭,调取新的物证,申请重新鉴定或者勘验;可以申请法庭通知有专门知识的人出庭,就鉴定人作出的鉴定意见提出意见;在法庭辩论阶段,经审判长许可,可以对证据和案件情况发表意见并且可以与控方互相辩论。对第一审公诉案件,人民法院审理后,起诉指控的事实清楚,证据确实、充分,指控的罪名与审理认定的罪名不一致的,应当在判决前听取控辩双方的意见,保障被告人、辩护人充分行使辩护权。必要时,可以重新开庭,组织控辩双方围绕被告人的行为构成何罪进行辩论。最高人民法院复核死刑案件,应当讯问被告人,辩护律师提出要求的,应当听取辩护律师的意见。适用速裁程序审理案件,在判决宣告前应当听取辩护人的意见。对认罪认罚案件,人民检察院起诉指控的事实清楚,但指控的罪名与审理认定的罪名不一致的,人民法院应当听取人民检察院、被告人及其辩护人对审理认定罪名的意见,依法作出判决。

五是要求回避权。审判人员、检察人员、侦查人员有法定情形需要回避的,辩护人有权要求他们回避,对驳回申请回避的决定,辩护人可以申请复议一次。

六是经被告人同意提起上诉的权利。被告人的辩护人经被告人同意,可以对地方各级人民法院第一审的判决、裁定提出上诉。

七是请求变更或解除强制措施的权利。辩护人有权申请变更强制措施。人民法院、人民检察院和公安机关收到申请后,应当在 3 日以内作出决定;不同意变更强制措施的,应当告知申请人,并说明不同意的理由。辩护人对于人民法院、人民检察院或者公安机关采取强制措施法定期限届满的,有权要求解除强制措施。

八是拒绝辩护权。律师接受委托后,无正当理由的,不得拒绝辩护或者代理。但是,委托事项违法、委托人利用律师提供的服务从事违法活动或者委托人故意隐瞒与案件有关的重要事实的,律师有权拒绝辩护或者代理。

九是职务保障权。律师担任诉讼代理人或者辩护人的,其辩论或者辩护的权利依法受到保障。辩护律师在执业活动中的人身权利不受侵犯。辩护律师在法庭上发表的代理、辩护意见不受法律追究。但是,发表危害国家安全、恶意诽谤他人、严重扰乱法庭秩序的言论除外。

辩护人、诉讼代理人认为公安机关、人民检察院、人民法院及其工作人员阻碍其依法行使诉讼权利的,有权向同级或者上一级人民检察院申诉或者控告。人民检察院对申诉或者控告应当及时进行审查,情况属实的,通知有关机关予以纠正。

2. 辩护人的诉讼义务

一是依法辩护义务。辩护人或者其他任何人,不得帮助犯罪嫌疑人、被告人隐匿、毁灭、伪造证据或者串供,不得威胁、引诱证人作伪证以及进行其他干扰司法机关诉讼活动的行为。违反该义务的,应当依法追究法律责任,辩护人涉嫌犯罪的,应当由办理辩护人所承办案件的侦查机关以外的侦查机关办理。辩护人是律师的,应当及时通知其所在的律师事务所或者所属的律师协会。辩护律师在刑事诉讼中不得有下列行为:私自接受委托、收取费用,接受委托人的财物或者其他利益;利用提供法律服务的便利牟取当事人争议的权益;接受对方当事人的财物或者其他利益,与对方当事人或者第三人恶意串通,侵害委托人的权益;违反规定会见法官、检察官、仲裁员以及其他有关工作人员;向法官、检察官、仲裁员以及其他有关工作人员行贿,介绍贿赂或者指使、诱导当事人行贿,或者以其他不正当方式影响法官、检察官、仲裁员以及其他有关工作人员依法办理案件;故意提供虚假证据或者威胁、利诱他人提供虚假证据,妨碍对方当事人合法取得证据;煽动、教唆当事人采取扰乱公共秩序、危害公共安全等非法手段解决争议;扰乱法庭、仲裁庭秩序,干扰诉讼、仲裁活动的正常进行。

二是特定证据展示义务。辩护人收集的有关犯罪嫌疑人不在犯罪现场、未达到刑事责任年龄、属于依法不负刑事责任的精神病人的证据,应当及时告知公安机关、人民检察院。

三是保守秘密义务。辩护律师应当保守在执业活动中知悉的国家秘密、商业秘密,不得泄露当事人的隐私。辩护律师对在执业活动中知悉的委托人和其他人不愿泄露的情况和信息,应当予以保密。但是,辩护律师在执业活动中知悉委托人或者其他人,准备或者正在实施危害国家安全、公共安全以及严重危害他人人身安全的犯罪的,应当及时告知司法机关。

第二节 值班律师制度

一、值班律师制度概述

(一)值班律师制度的概念与内涵

值班律师,是指法律援助机构在看守所、人民检察院、人民法院等场所设立法律援助工作站,通过派驻或安排的方式,为没有辩护人的犯罪嫌疑人、被告人提供法律帮助的律师。

值班律师制度是由法律规定的关于值班律师的地位、值班律师的职责、值班律师的保障等一系列规则的总称。值班律师制度是我国2018年《刑事诉讼法》修改新增设的制度,旨在为没有辩护人的犯罪嫌疑人、被告人提供法律帮助,是对传统辩护制度的发展与补充。《刑事诉讼法》第36条规定:"法律援助机构可以在人民法院、看守所等场所派驻值班律师。犯罪嫌疑人、被告人没有委托辩护人,法律援助机构没有指派律师为其提供辩护的,由值班律师为犯罪嫌疑人、被告人提供法律咨询、程序选择建议、申请变更强制措施、对案件处理提出意见等法律帮助。人民法院、人民检察院、看守所应当告知犯罪嫌疑人、被告人有权约见值班律师,并为犯罪嫌疑人、被告人约见值班律师提供便利。"

根据《刑事诉讼法》第36条的规定,值班律师制度具有以下内涵:(1)值班律师制度是对我国辩护制度的重要补充。在我国,值班律师制度并非辩护制度的组成,值班律师在具体案件的身份不是辩护人,不提供出庭辩护的服务,但需要以其专业的法律知识为犯罪嫌疑人、被告人提供法律咨询、程序选择建议、申请变更强制措施、对案件处理提出意见等一系列法律帮助。(2)值班律师制度是我国法律援助制度的重要组成部分,值班律师的派驻由法律援助机构负责,并由法律援助机构确定人选、进行指导和管理。(3)值班律师制度的适用范围不限于认罪认罚从宽制度,而应该覆盖所有案件的所有诉讼阶段中犯罪嫌疑人、被告人没有辩护人的情形。(4)人民法院、人民检察院、看守所等办案机关需要为值班律师制度的设立和运转承担相应的责任,具体包括应当告知犯罪嫌疑人、被告人有权约见值班律师,并为其约见值班律师提供便利。

(二)我国值班律师制度的意义

辩护制度作为法律援助制度的重要组成,对于维护犯罪嫌疑人、被告人合法权益,促进公安司法机关正确处理案件具有重要意义。

一是有利于维护犯罪嫌疑人、被告人的合法权益。在刑事诉讼中,犯罪嫌疑人、被告人是被追诉的对象,如果犯罪嫌疑人、被告人没有委托辩护人,法律援助机构又没有为其指派辩护律师进行辩护，那么此时其诉讼权利就难以得到有效行使。通过实行值班律师制度，值班律师向犯罪嫌疑人、被告人提供法律帮助，有利于维护犯罪嫌疑人、被告人的合法权益。

二是有利于促进办案人员正确处理案件。在刑事诉讼中，通过实行值班律师制度，值班律师可以在诉讼过程中为犯罪嫌疑人、被告人提供法律帮助，如对案件处理提出意见等，有助于办案人员厘清案件情况，进而正确处理案件。

二、值班律师的职责与权利

值班律师的职责是指值班律师为犯罪嫌疑人、被告人提供法律帮助的内容。

根据《刑事诉讼法》第36条、《法律援助值班律师工作办法》第6条的规定，值班律师依法提供以下法律帮助：(1)提供法律咨询；(2)提供程序选择建议；(3)帮助犯罪嫌疑人、被告人申请变更强制措施；(4)对案件处理提出意见；(5)帮助犯罪嫌疑人、被告人及其近亲属申请法律援助；(6)法律法规规定的其他事项。

值班律师在认罪认罚案件中，还应当提供以下法律帮助：(1)向犯罪嫌疑人、被告人释明认罪认罚的性质和法律规定；(2)对人民检察院指控罪名、量刑建议、诉讼程序适用等事项提出意见；(3)犯罪嫌疑人签署认罪认罚具结书时在场。

为了保证值班律师顺利提供法律帮助，《刑事诉讼法》、《法律援助值班律师工作办法》及相关司法解释赋予了值班律师一些诉讼权利，主要包括：

1. 会见权。值班律师办理案件时，可以应犯罪嫌疑人、被告人的约见进行会见，也可以经办案机关允许主动会见。看守所应当告知犯罪嫌疑人、被告人有权约见值班律师，并为其约见值班律师提供便利。看守所应当将值班律师制度相关内容纳入在押人员权利义务告知书，在犯罪嫌疑人、被告人入所时告知其有权获得值班律师的法律帮助。犯罪嫌疑人、被告人要求约见值班律师的，可以书面或者口头申请。书面申请的，看守所应当将其填写的法律帮助申请表及时转交值班律师。口头申请的，看守所应当安排代为填写法律帮助申请表。值班律师持律师执业证或者律师工作证、法律帮助申请表或者法律帮助通知书到看守所办理法律帮助会见手续，看守所应当及时安排会见。危害国家安全犯罪、恐怖活动犯罪案件，侦查期间值班律师会见在押犯罪嫌疑人的，应当经侦查机关许可。值班律师会见犯罪嫌疑人、被告人时不被监听。

2. 查阅案卷权。侦查阶段，值班律师可以向侦查机关了解犯罪嫌疑人涉嫌的罪名及案件有关情况；案件进入审查起诉阶段后，值班律师可以查阅案卷材料，了解案情，人民检察院、人民法院应当及时安排，并提供便利。已经实现卷宗电子化的地方，人民检察院、人民法院可以安排在线阅卷。

三、值班律师提供法律帮助的工作程序与工作保障

（一）值班律师提供法律帮助的工作程序

1. 值班方式。司法行政机关和法律援助机构应当根据当地律师资源状况、法

律帮助需求,会同看守所、人民检察院、人民法院合理安排值班律师的值班方式、值班频次。值班方式可以采用现场值班、电话值班、网络值班相结合的方式。现场值班的,可以采取固定专人或轮流值班,也可以采取预约值班。

2. 值班律师在具结书上签名。犯罪嫌疑人签署认罪认罚具结书时,值班律师对犯罪嫌疑人认罪认罚自愿性、人民检察院量刑建议、程序适用等均无异议的,应当在具结书上签名,同时留存一份复印件归档。值班律师对人民检察院量刑建议、程序适用有异议的,在确认犯罪嫌疑人系自愿认罪认罚后,应当在具结书上签字,同时可以向人民检察院提出法律意见。犯罪嫌疑人拒绝值班律师帮助的,值班律师无须在具结书上签字,应当将犯罪嫌疑人签字拒绝法律帮助的书面材料留存一份归档。

3. 同一值班律师在不同诉讼阶段提供法律帮助。对于被羁押的犯罪嫌疑人、被告人,在不同诉讼阶段,可以由派驻看守所的同一值班律师提供法律帮助。对于未被羁押的犯罪嫌疑人、被告人,前一诉讼阶段的值班律师可以在后续诉讼阶段继续为犯罪嫌疑人、被告人提供法律帮助。依法应当通知值班律师提供法律帮助而犯罪嫌疑人、被告人明确拒绝的,公安机关、人民检察院、人民法院应当记录在案。前一诉讼程序犯罪嫌疑人、被告人明确拒绝值班律师法律帮助的,后一诉讼程序的办案机关仍需告知其有获得值班律师法律帮助的权利,有关情况应当记录在案。

(二)值班律师的工作保障

根据《法律援助值班律师工作办法》的相关规定,对值班律师应当提供以下工作保障:

1. 办公场所与设施的保障。在看守所、人民检察院、人民法院设立的法律援助工作站,由同级司法行政机关所属的法律援助机构负责派驻并管理。看守所、人民检察院、人民法院等机关办公地点临近的,法律援助机构可以设立联合法律援助工作站派驻值班律师。看守所、人民检察院、人民法院应当为法律援助工作站提供必要办公场所和设施。有条件的人民检察院、人民法院,可以设置认罪认罚等案件专门办公区域,为值班律师设立专门会见室。

2. 保密义务。值班律师提供法律帮助时,应当遵守相关法律法规、执业纪律和职业道德,依法保守国家秘密、商业秘密和个人隐私,不得向他人泄露工作中掌握的案件情况,不得向受援人收取财物或者谋取不正当利益。

3. 法律帮助补贴。司法行政机关应当会同财政部门,根据直接费用、基本劳务费等因素合理制定值班律师法律帮助补贴标准,并纳入预算予以保障。值班律师提供法律咨询、转交法律援助申请等法律帮助的补贴标准按工作日计算;为认罪认罚案件的犯罪嫌疑人、被告人提供法律帮助的补贴标准,由各地结合本地实际情况按件或按工作日计算。法律援助机构应当根据值班律师履行工作职责情况,按照规定支付值班律师法律帮助补贴。

4. 服务质量考核评估制度。法律援助机构应当建立值班律师准入和退出机制，建立值班律师服务质量考核评估制度，保障值班律师服务质量。法律援助机构应当建立值班律师培训制度，值班律师首次上岗前应当参加培训，公安机关、人民检察院、人民法院应当提供协助。

5. 对值班律师工作的监督。司法行政机关和法律援助机构应当加强本行政区域值班律师工作的监督和指导。对律师资源短缺的地区，可采取在省、市范围内统筹调配律师资源，建立政府购买值班律师服务机制等方式，保障值班律师工作有序开展。

第三节　代　　理

一、概述

（一）刑事代理的概念与分类

刑事代理是指代理人依据法律的规定参与刑事诉讼，或者接受公诉案件的被害人及其法定代理人或者近亲属、自诉案件的自诉人及其法定代理人、附带民事诉讼的当事人及其法定代理人的委托，以被代理人的名义参与刑事诉讼，且代理行为的法律后果由被代理人承担的诉讼活动。

刑事代理按照不同的标准可划分为不同的类别。根据产生的依据不同，刑事代理可分为法定代理、委托代理与法律援助代理。

法定代理是基于法律规定而产生的代理。法定代理的对象是限制行为能力和无行为能力的人，为这些人设置法定代理，有利于保护他们的人身权利、财产权利、诉讼权利以及其他合法权益。

委托代理是基于被代理人的委托授权而产生的代理。接受被代理人委托而参与刑事诉讼的人就是诉讼代理人。根据《刑事诉讼法》第 47 条的规定，被代理人可以委托一人至二人担任诉讼代理人，下列人员可以被委托为诉讼代理人：（1）律师；（2）人民团体或者犯罪嫌疑人、被告人所在单位推荐的人；（3）犯罪嫌疑人、被告人的监护人、亲友。但是，正在被执行刑罚或者依法被剥夺、限制人身自由的人，不得担任诉讼代理人。诉讼代理人以被代理人的名义参加诉讼，主要职责是维护被代理人的合法权益。

法律援助代理是指被代理人因经济困难或者其他法定原因没有委托诉讼代理人，而由法律援助机构指派律师为其提供法律援助代理。被指派的律师就是诉讼代理人。根据《刑事诉讼法》及《法律援助法》的规定，强制医疗案件的被申请人或者被告人没有委托诉讼代理人的，人民法院应当通知法律援助机构指派律师为其提供法律援助。刑事公诉案件的被害人及其法定代理人或者近亲属,刑事自诉案件的自诉人及其法定代理人,刑事附带民事诉讼案件的原告人及其法定代理人,因经济困难没有委托诉讼代理人的,可以向法律援助机构申请法律援助。

根据案件的不同,委托代理又可以分为公诉案件中的代理、自诉案件中的代理和刑事附带民事诉讼中的代理。

(二)刑事代理制度的意义

刑事代理制度是法律规定的关于刑事代理权、代理人的范围、代理人的权利与义务等一系列规则的总称。它是现代国家法律制度的重要组成部分,具有重要的意义。

一是有利于维护被代理人的合法权益。由于被代理人是限制行为能力或者无行为能力的人,或者虽然具有行为能力,但不熟悉法律知识,常常不知道自己有哪些诉讼权利,也不懂得如何充分行使自己的诉讼权利。实行刑事代理制度,可以使他们得到代理人多方面的实际帮助,有利于维护其合法权益。

二是有助于促进人民法院正确处理案件。代理人参与刑事诉讼,可以针对案件的事实与证据作出全面综合的分析,并根据自己的经验和法律知识提出自己关于案件处理的意见,有助于促使人民法院准确、及时地查明案件情况,正确处理案件。

二、公诉案件中的代理

公诉案件中的代理,是指律师或其他公民接受公诉案件的被害人及其法定代理人或近亲属的委托,或者律师接受法律援助机构的指派,以被害人的名义参加诉讼,维护被害人合法权益的诉讼活动。公诉案件的被害人是案件的当事人,人身权利、财产权利或其他合法权益遭受到犯罪行为的侵害,与案件最后处理结果有直接利害关系,允许其委托诉讼代理人是维护其合法权益的需要。

公诉案件的被害人及其法定代理人或者近亲属,自案件移送审查起诉之日起,有权委托诉讼代理人。人民检察院自收到移送审查起诉的案件材料之日起3日以内,应当告知被害人及其法定代理人或者其近亲属。告知可以采取口头或者书面方式。口头告知的,应当制作笔录,由被告知人签名;书面告知的,应当将送达回执入卷;无法告知的,应当记录在案。被害人有法定代理人的,应当告知其法定代理人;没有法定代理人的,应当告知其近亲属。此外,根据《法律援助法》第29条的规定,刑事公诉案件的被害人及其法定代理人或者近亲属,因经济困难没有委托诉讼代理人的,可以向法律援助机构申请法律援助。

公诉案件被害人的诉讼代理人在参加刑事诉讼过程中行使的是控诉职能,其有权向司法机关提出追究犯罪嫌疑人、被告人刑事责任的要求以及发表关于案件如何处理的意见,促使司法机关正确处理案件,维护被害人的合法权益。需要指出的是,我国法律没有明确规定公诉案件被害人的诉讼代理人享有哪些权利,这不利于被害人合法权益的保护。为了有效保护公诉案件被害人的合法权益,应当明确规定公诉案件被害人的诉讼权利。具体而言,公诉案件被害人的代理人应当享有如下权利:在审查起诉阶段,公诉案件被害人的诉讼代理人由律师担任的,经人民检察院许可,可以查阅、摘抄、复制本案的案卷材料,可以申请人民检察院收集、调取证据;在审判阶段,诉讼代理人经审判长同意,可以向被告人、证人发问,可以参加法庭辩论等。

三、自诉案件中的代理

自诉案件中的代理,是指在自诉案件中,律师或其他公民接受自诉人及其法定代理人的委托或者律师接受法律援助机构的指派,以自诉人的名义参加诉讼,维护自诉人合法权益的诉讼活动。

根据《刑事诉讼法》第46条的规定,自诉案件的自诉人及其法定代理人,有权随时委托诉讼代理人。人民法院自受理自诉案件之日起3日以内,应当告知自诉人及其法定代理人有权委托诉讼代理人。根据《法律援助法》第29条的规定,刑事自诉案件的自诉人及其法定代理人,因经济困难没有委托诉讼代理人的,可以向法律援助机构申请法律援助。

我国法律没有明确规定自诉案件中诉讼代理人的权利。自诉人的诉讼代理人在刑事诉讼中行使控诉职能,享有的诉讼权利原则上应当与公诉案件被害人的诉讼代理人享有的诉讼权利相同,主要包括:收集、调查证据;在法庭审理时,经审判长许可,可以向被告人发问;申请通知新的证人到庭,调取新的物证;发表代理词,并可以与辩方进行法庭辩论。

需要指出的是,由于自诉案件从性质上来看主要是对公民个人合法权益侵害的轻微刑事案件,危害性较小,因此法律赋予了自诉人自由处分自己合法权益的权利,如在判决宣告前自诉人可以与被告人自行和解或者撤回起诉;对于告诉才处理的案件和被害人有证据证明的轻微刑事案件,自诉人可以接受人民法院调解,可以放弃或者变更诉讼请求等。但是,这种处分权主要由自诉人本人行使,未经自诉人同意,自诉人的诉讼代理人不得撤回起诉,不得与被告人和解,不得接受法院的调解,也不得放弃或者变更诉讼请求。自诉人同意的,应当在委托协议书中特别注明,否则,应视为诉讼代理人没有此种处分权。

四、附带民事诉讼案件中的代理

附带民事诉讼中的代理,是指律师或其他公民接受附带民事诉讼的当事人及其法定代理人的委托或者律师接受法律援助机构的指派,以被代理人的名义参加诉讼,维护附带民事诉讼当事人合法权益的诉讼活动。

根据《刑事诉讼法》第46条的规定,附带民事诉讼的当事人及其法定代理人,自案件移送审查起诉之日起,有权委托诉讼代理人。人民检察院自收到移送审查起诉的案件材料之日起3日以内,应当告知附带民事诉讼的当事人及其法定代理人有权委托诉讼代理人。附带民事诉讼的当事人及其法定代理人委托诉讼代理人的,应当与诉讼代理人签订委托代理合同,并在合同中写明代理的权限。

此外,根据《法律援助法》第29条的规定,刑事附带民事诉讼案件的原告及其法定代理人,因经济困难没有委托诉讼代理人的,可以向法律援助机构申请法律援助。

我国刑事诉讼法没有明确规定附带民事诉讼中的诉讼代理人的权利,但是根据最高法《解释》第163条的规定,人民法院审理附带民事诉讼案件,除刑法、刑事诉讼法以及刑事司法解释已有规定的以外,适用民事法律的有关规定。也参照民事法律的有关规定,附带民事诉讼中的诉讼代理人应当享有下列诉讼权利:收集、调查证据;在法庭审理中提出代理意见,并参与附带民事诉讼部分的调查和辩护。如果当事人授权,还可以代为行使撤诉权、和解权、提起反诉的权利等。

案例精选

刘某涉嫌间谍罪被指定居所监视居住,律师洪某担任其辩护人。洪某在侦查阶段参与刑事诉讼,分别实施了下列几项行为:向当地公安机关申请会见委托人刘某;要求会见刘某不受监听;申请将监视居住的地点变更为刘某的住处;向刘某核实了有关证据。(源于2014年国家司法考试真题卷二第68题)

【问】其中洪某的哪些行为是不恰当的?

【答案与解析】洪某向公安机关申请会见和向刘某核实有关证据的做法不正确。根据《刑事诉讼法》第39条的规定,侦查阶段辩护律师有权会见犯罪嫌疑人,危害国家安全犯罪、恐怖活动犯罪案件,在侦查期间辩护律师会见在押的犯罪嫌疑人,应当经侦查机关许可。上述案件中,侦查机关应当事先通知看守所。本案的侦查机关是公安机关,辩护律师洪某会见犯罪嫌疑人刘某应当经过公安机关而非检察机关的许可。法律规定辩护人向犯罪嫌疑人核实证据的时间为案件移送审查起诉之日起,此案侦查阶段,洪某不能与犯罪嫌疑人核实证据。最高检《规则》第151条第1款、第2款分别规定:"犯罪嫌疑人及其法定代理人、近亲属或者辩护人向人民检察院提出变更强制措施申请的,人民检察院应当在收到申请后三日以内作出决定。""经审查,同意变更强制措施的,应当在作出决定的同时通知公安机关执行;不同意变更强制措施的,应当书面告知申请人,并说明不同意的理由。"辩护律师可以申请人民检察院变更强制措施,行为正确。根据《刑事诉讼法》第39第4款的规定,辩护律师会见犯罪嫌疑人、被告人时不被监听,洪某有要求会见不被监听的正当权利。

思考问题

1. 如何理解辩护人在刑事诉讼中的地位与责任?
2. 如何改革与完善我国的刑事法律援助制度?

法条链接

《刑事诉讼法》第33～49条；《律师法》第31～42条；最高法《解释》第42～65条；《办理法律援助案件程序规定》第20、26、29、32、33条；《法律援助值班律师工作办法》第2～30条；《关于刑事诉讼法律援助工作的规定》(2013年)第1～24条。

扩展阅读

1. 熊秋红：《刑事辩护论》，法律出版社1998年版。
2. 《刑事辩护的中国经验——田文昌、陈瑞华对话录》(增订本)，北京大学出版社2013年版。
3. 中国人民大学律师学院：《刑事辩护律师实务》，法律出版社2014年版。
4. 顾永忠：《刑事辩护的现代法治含义解读——兼谈我国刑事辩护制度的完善》，载《中国法学》2009年第6期。
5. 汪海燕：《律师伪证刑事责任问题研究》，载《中国法学》2011年第6期。
6. 彭海青：《律师获取证据的方式与辩护风险难题的破解》，载《比较法研究》2010年第2期。
7. 彭海青：《改革开放30年辩护律师权利的回顾与展望》，载《中国法学》(法治30年专刊)2008年。

第九章　刑事诉讼证据与证明

本章知识要点

证据是刑事诉讼中认定案件事实的依据。本章主要介绍了刑事证据的概念、基本属性、法定种类、学理分类，刑事证明的概念、证明主体、证明对象、举证责任、证明标准、证据规则等内容。

第一节　刑事诉讼证据

一、刑事诉讼证据的概述

1. 刑事诉讼证据的概念与特点

《刑事诉讼法》第50条规定："可以用于证明案件事实的材料，都是证据……证据必须经过查证属实，才能作为定案的根据。"据此，刑事诉讼证据，是指以法律规定的形式表现出来的能够证明案件真实情况的一切事实。

1996年《刑事诉讼法》第42条第1款规定，证明案件真实情况的一切事实，都是证据。根据这一定义，证据都应当是真实的。而该条第3款又规定，证据必须经过查证属实，才能作为定案的根据。这一规定又要求，对证据必须要通过查证来确定其是否属实。从实践情况看，司法机关进行刑事诉讼，主要是通过收集、审查、采信证据来认定案件事实。收集来的证据不一定都真实，也不一定都被司法采纳为定案的根据。"事实是证据"这一提法在逻辑上和实践中都存在一些问题。因此，2012年《刑事诉讼法》对证据概念进行了修改，现行《刑事诉讼法》也沿用了2012年《刑事诉讼法》的机关内容。修改后的刑事诉讼证据具有以下三个特点：

第一，证据是材料，包括物证、书证等客观性较强的材料和证言、供述等主观性较强的材料。2012年《刑事诉讼法》修改时，把"可以用于证明案件事实的材料"作为证据的定义，即将"证据"概念由"事实说"改为"材料说"，增加了"证据"内涵的科学性。[1]

第二，证据可以用于证明案件事实，即证据与案件事实有着一定程度的关联性，可以用以揭示、推断案件事实。但某一证据是否真实地反映了案件事实，需要经过司法机关的审查判断。

第三，证据既包括证明犯罪嫌疑人、被告人有罪的材料，也包括证明犯罪嫌疑人、被告人无罪的材料；既包括证明犯罪嫌疑人、被告人罪重的材料，也包括证明犯罪嫌疑人、被告人罪轻或者可以从轻、减轻、免除处罚的材料。[2]

2. 刑事诉讼证据的基本属性

刑事诉讼证据具备客观性、相关性和合法性三个基本属性。

一是客观性。客观性是指证据必须是客观上存在的事实，而不是主观想象、猜测或捏造的东西。证据的客观性是由刑事案件发生或没有发生、怎样发生或发生了什么事实的本身所决定的，它是不以侦查、检察和审判人员的意志为转移的。

二是相关性。相关性，又称关联性，是指证据事实与案件事实存在客观上的内在联系性，从而能起到证明作用。证据的关联性是由案件本源事实所决定、派生的。

三是合法性。合法性是指证据必须符合法律的要求，才能作为合格的证据在诉讼中加以运用。一般包括取证主体、程序、形式合法等。

3. 刑事诉讼证据的意义

其一，证据是诉讼活动的基本条件。从某种意义上看，诉讼过程就是运用证据查明案件事实的过程。现代诉讼中，证据是诉讼活动的基本条件。诉讼案件是已经发生且无法直接再现的客观事件，国家专门机关查明案情的唯一途径是收集与案件有关的证据，通过证据与案件事实之间存在的客观联系，进行正确的推理判断，准确认定案件事实。因此，证据是开展诉讼活动的基本条件。

其二，证据是实现司法公正的基础。一方面，在实现诉讼的实体公正中，惩罚犯罪需要依靠证据揭露、证实犯罪事实，正确适用法律定罪量刑；避免冤枉无辜、保障无罪的人不受追究也需要审查证据是否确实充分。另一方面，在实现诉讼程序公正中，有关证据立法可以起到限制国家专门机关的权力、保障诉讼权利、实现程序公正的作用。

其三，证据是维护当事人合法权益的手段。在刑事公诉中，证据是确保犯罪嫌疑人、被告人免遭不当追究的切实保障。证据不仅能够证明当事人违法犯罪，也能

---

[1] 参见法律出版社法规中心主编：《中华人民共和国刑事诉讼法（注释本）》，法律出版社 2019 年版，第 40 页。

[2] 参见王爱立主编：《中华人民共和国刑事诉讼法释义》（最新修正版），法律出版社 2018 年版，第 105 页。

证明当事人无罪、罪轻。司法工作人员只有全面收集、运用证据,把对案件的处理建立在确实可靠的证据之上,才能维护被追诉人的合法权益、避免不当追诉。另外,在刑事自诉中,自诉人通过收集确实充分的证据证明被犯罪侵害的事实,达到维护自身实体权利和诉讼权利的目的。

二、刑事诉讼证据的法定种类

刑事诉讼证据的法定种类,是指法律规定的证据内容的各种表现形式。1996年《刑事诉讼法》第42条规定证据分为七种。近年来,随着经济社会的发展,犯罪情况和侦查机关的侦查手段都发生了变化,又出现了一些新的证据形式,因此我国2012年修改后的刑事诉讼法补充和调整了证据种类的规定。为了在司法实践中便于区分,2018年《刑事诉讼法》第50条第2款根据证据的外部形式和证明方式把证据分成八大类,这八大类是证据在法律上的分类,是证据的法定形式。根据《刑事诉讼法》第50条第2款的规定:"证据包括:(一)物证;(二)书证;(三)证人证言;(四)被害人陈述;(五)犯罪嫌疑人、被告人供述和辩解;(六)鉴定意见;(七)勘验、检查、辨认、侦查实验等笔录;(八)视听资料、电子数据。"

(一)物证

物证是指与案件相关联,可以用于证明案件情况和犯罪嫌疑人、被告人情况的实物或者痕迹。作为物品的物证通常包括犯罪使用的工具、犯罪行为侵犯的客体物、犯罪现场留下的物品,如犯罪使用的匕首、被害人的尸体、犯罪现场遗留的作案人的烟头等。作为痕迹的物证通常表现为犯罪遗留下来的物质痕迹,如指纹、脚印等。

根据不同的标准可以将物证进行如下分类:一是依据物证体积的大小,将物证分为宏观物证、常态物证和微量物证。需要说明的是,常态物证是能够用人的感官发现,能够被提取、随卷进入诉讼领域的物证;必须借助科学的仪器才能发现、提取的体积微小的物证为微量物证。二是依据物证的形态,将物证分为固体物证、液体物证、气体物证和其他形态物证。三是依据人的感官对物证的各种感觉,将物证分为视觉物证、触觉物证、嗅觉物证、听觉物证、味觉物证。

物证一般具有以下三个特点:(1)客观性。指通过物质自身的属性、特征和存在状况证明案件事实,在证明过程中无任何主观因素的干扰。(2)特定性。指直接反映案件事实的原始物质本身,而决不能是替代物、同种类物或模型。(3)间接性。指对于说明被告人是不是犯罪行为的实施者这一案件的最主要的事实而言,一定是间接的;物证在证明案件事实的某个片段时,往往还要辅之以其他证据或印证手段。

(二)书证

书证是指能够以其内容证明案件事实的文字、图案等资料,如合同、账本等。1996年《刑事诉讼法》将书证和物证放在同一项中规定,考虑到书证和物证在性质和证明案件事实的方式上有明显区别,2012 年修改后的《刑事诉讼法》将物证、书证分开规定。

根据不同的标准可以将书证进行如下分类:(1)依照书证是否为国家机关等依据职权所制作,可以将书证分为公文性书证与非公文性书证。(2)依照书证内容的不同,可以将书证分为处分性书证与报道性书证。以设定、变更或消灭一定的法律关系为目的的称为处分性书证;以记录、报道、记载已经发生的或认知的具有法律意义的事实的书证称为报道性书证。(3)依照书证制作方法的不同,可以将书证分为原本、正本、副本、节录本、影印本及译本等。

书证通常具有以下特征:(1)证据内容的思想性。书证是以其记载或表达的思想内容来证明案件情况的。能够使书证发挥证明作用的是其以文字、图形、符号记载或表达的内容。(2)表现形式的多样性。用以记载、制作的工具,还是制作的方法、表达思想的方式等都有多种表现形式,不应特别限定。(3)证明效果的稳定性。已经客观地印刻在物质载体上的内容一般不会因外界因素改变。因此,书证也被归入实物证据之列。

书证与物证区别的关键就在于二者发挥证明作用的角度。物证是以其自身的特征、属性和存在状况证明案情的,而书证则是以其记载或表达的内容来证明案件情况的。

对物证和书证的审查判断主要从审查物证、书证是否与案件有关联,物证、书证是否为原物原件,物证、书证的来源及收集、保管等过程是否合法,物证、书证是否真实,物证、书证是否全面收集等角度进行。根据 2021 年最高法《解释》第 82 条的规定,对物证、书证应当着重审查以下内容:(1)物证、书证是否为原物、原件,是否经过辨认、鉴定;物证的照片、录像、复制品或者书证的副本、复制件是否与原物、原件相符,是否由二人以上制作,有无制作人关于制作过程以及原物、原件存放于何处的文字说明和签名。(2)物证、书证的收集程序、方式是否符合法律、有关规定;经勘验、检查、搜查提取、扣押的物证、书证,是否附有相关笔录、清单,笔录、清单是否经调查人员或侦查人员、物品持有人、见证人签名,没有物品持有人签名的,是否注明原因;物品的名称、特征、数量、质量等是否注明清楚。(3)物证、书证在收集、保管、鉴定过程中是否受损或者改变。(4)物证、书证与案件事实有无关联;对现场遗留与犯罪有关的具备鉴定条件的血迹、体液、毛发、指纹等生物样本、痕迹、物品,是否已作 DNA 鉴定、指纹鉴定等,并与被告人或者被害人的相应生物特征、物品等比对。(5)与案件事实有关联的物证、书证是否全面收集。另外,《关于办理死刑案件审查判断证据若干问题的规定》第 6 条对物证的审查也做了规定,主要包括:第一,物证、书证是否为原物,照片、录像或复制品与原物是否相符;第二,物证、书证收集程序、方式是否合法;第三,物证、书证的收集、保管及鉴定过程中是否受到破坏或者改变;第四,物证、书证与事实是否有关联;第五,物证、书证是否全面收集。

(三)证人证言

证人证言,是指了解案件情况的人就其了解的案件情况所作的陈述。《刑事诉讼法》第62条规定:“凡是知道案件情况的人,都有作证的义务。生理上、精神上有缺陷或者年幼,不能辨别是非、不能正确表达的人,不能作证人。”“知道案件情况”,是取得证人资格的前提条件;“生理上、精神上有缺陷或者年幼”是丧失证人资格的相对条件;“不能辨别是非、不能正确表达”是丧失证人资格的绝对条件。

证人证言具有以下三个特征:(1)生动、形象、具体。证人证言一般由证人口头提供,往往具有描述性,直观反映所目击的情况。(2)主观性甚至虚假性较强。由于受到主观因素的影响较大,容易含有虚假成分。(3)不稳定性。证人可能由于受到记忆、主客观环境等因素的影响,在诉讼不同阶段向公安司法机关提供的证言会有出入。

《刑事诉讼法》第61条对证言的审查判断作出如下规定:“证人证言必须在法庭上经过公诉人、被害人和被告人、辩护人双方质证并查证以后,才能作为定案的根据。”根据2021年最高法《解释》第87条的规定,对证人证言应当着重审查以下内容:(1)证言的内容是否为证人直接感知;(2)证人作证时的年龄,认知、记忆和表达能力,生理和精神状态是否影响作证;(3)证人与案件当事人、案件处理结果有无利害关系;(4)询问证人是否个别进行;(5)询问笔录的制作、修改是否符合法律、有关规定,是否注明询问的起止时间和地点,首次询问时是否告知证人有关权利义务和法律责任,证人对询问笔录是否核对确认;(6)询问未成年证人时,是否通知其法定代理人或者《刑事诉讼法》第281条第1款规定的合适成年人到场,有关人员是否到场;(7)证人证言有无以暴力、威胁等非法方法收集的情形;(8)证言之间以及与其他证据之间能否相互印证,有无矛盾,存在矛盾的,能否得到合理解释。

(四)被害人陈述

被害人陈述是指直接受犯罪行为侵害的人,就案件情况所作的陈述。

被害人陈述通常具有以下特征:(1)直接性。由于被害人是受犯罪行为直接侵害的人,有的还与犯罪分子有过一定的接触,因此,往往能够提供许多有关案件的具体情况,具有证明犯罪的直接性。(2)虚假性。被害人可能会有偏激情绪,在其陈述中很可能会夸大事实情节;由于受害时处于紧张或恐惧状态,加上其他客观条件的限制,被害人往往产生错觉或记忆不准的现象,陈述可能具有虚假性。

对证人证言的法律规定和理论阐述很多对被害人陈述也适用。最高法《解释》第92条规定,对被害人陈述的审查与认定,参照证人证言审查认定的规定。

(五)犯罪嫌疑人、被告人的供述和辩解

犯罪嫌疑人、被告人的供述和辩解,是指犯罪嫌疑人、被告人就案件情况所作的陈述。一般包括以下四个方面内容:第一,承认自己有罪,并对有罪事实作以供述;第二,对自己无罪或罪轻的辩解;第三,同案犯罪嫌疑人或被告人就本案事实相互间的揭发或印证,也称攀供;第四,其他对证实本案有意义的情况。

犯罪嫌疑人、被告人的供述和辩解具有以下特征:(1)直接全面性。由于犯罪嫌疑人、被告人对自己是否犯罪、如何犯罪最清楚,因此,真实的口供对于认定案件事实常常能起到直接全面的证明作用。(2)虚假性。犯罪嫌疑人、被告人是被追诉的对象,很可能是刑事责任的承担者,案件的处理结果直接关系他的名誉、自由甚至生命,所以,口供虚假的可能性很大。(3)反复易变。犯罪嫌疑人、被告人出于各种考虑,或者外在因素的影响,口供的稳定性较差。诉讼中多次讯问,口供很可能反复多变。

收集、使用犯罪嫌疑人、被告人的供述和辩解通常应遵循以下两项原则:

一是不轻信口供原则。《刑事诉讼法》第55条规定:“对一切案件的判处都要重证据,重调查研究,不轻信口供……”这是我国长期司法实践经验和教训的总结。该条还规定,“只有被告人供述,没有其他证据的,不能认定被告人有罪和处以刑罚;没有被告人供述,证据确实、充分的,可以认定被告人有罪和处以刑罚”。

二是不得强迫任何人自证其罪原则。《刑事诉讼法》第52条规定,“审判人员、检察人员、侦查人员必须依照法定程序,收集能够证实犯罪嫌疑人、被告人有罪或者无罪、犯罪情节轻重的各种证据。严禁刑讯逼供和以威胁、引诱、欺骗以及其他非法的方法收集证据,不得强迫任何人证实自己有罪”。

根据最高法《解释》第93条的规定,对犯罪嫌疑人、被告人供述和辩解的审查判断的具体内容主要包括如下几个方面:(1)讯问的时间、地点,讯问人的身份、人数以及讯问方式等是否符合法律、有关规定。(2)讯问笔录的制作、修改是否符合法律、有关规定,是否注明讯问的具体起止时间和地点,首次讯问时是否告知被告人有关权利和法律规定,被告人是否核对确认。(3)讯问未成年人的,是否通知其法定代理人或者合适成年人到场,有关人员是否到场。(4)讯问女性未成年被告人时,是否有女性工作人员在场。(5)有无以刑讯逼供等非法方法收集被告人供述的情形。(6)供述是否前后一致,有无反复以及出现反复的原因。(7)被告人供述和辩解是否全部随案移送。(8)被告人的辩解内容是否符合案情和常理,有无矛盾。(9)被告人的供述和辩解与同案被告人的供述和辩解以及其他证据能否相互印证,有无矛盾;存在矛盾的,能否得到合理解释。必要时,可以结合现场执法音视频记录、讯问录音录像、被告人进出看守所的健康检查记录、笔录等,对被告人的供述和辩解进行审查。

(六)鉴定意见

鉴定意见,是指有专门知识的鉴定人对案件中的专门性问题进行鉴定后提出的书面意见,如法医鉴定报告、指纹鉴定报告、血迹鉴定报告等。鉴定的结果不是最终结论,仍然要经过司法机关结合全案情况和其他证据进行审查判断,查证属实之后,才能作为定案的根据。因此2005年全国人大常委会作出的《关于司法鉴定管理问题的决定》将1996年《刑事诉讼法》中的"鉴定结论"改为"鉴定意见"。2012年修改后的《刑事诉讼法》也将"鉴定结论"改为"鉴定意见",以更贴合该证据的特性。

对于鉴定意见可以进行以下分类:(1)法医类鉴定,包括法医病理鉴定、法医临床鉴定、法医精神病鉴定、法医物证鉴定和法医毒物鉴定;(2)物证类鉴定,包括文书鉴定、痕迹鉴定和微量鉴定;(3)声像资料鉴定,包括对录音带、录像带、磁盘、光盘、图片等载体上记录的声音、图像信息的真实性、完整性及其所反映的情况过程进行的鉴定和对记录的声音,图像中的语言、人体、物体作出种类或者同一认定。

鉴定意见具有以下两个特征:(1)科学内容与法律形式的统一。鉴定意见既是纯粹的运用科学技术推断所得的科学结论,又是具有法律评价意义的意见。(2)客观详细的说明与必然明确的结论的统一。鉴定意见既有专业性较强的客观论证与说明,又有司法执法人员和诉讼参与人易于理解的明确结论。

根据最高法《解释》第97条的规定,对鉴定意见的审查判断可从以下几个方面进行:(1)鉴定机构和鉴定人是否具有法定资质;(2)鉴定人是否存在应当回避的情形;(3)检材的来源、取得、保管、送检是否符合法律、有关规定,与相关提取笔录、扣押清单等记载的内容是否相符,检材是否可靠;(4)鉴定意见的形式要件是否完备,是否注明提起鉴定的事由、鉴定委托人、鉴定机构、鉴定要求、鉴定过程、鉴定方法、鉴定日期等相关内容,是否由鉴定机构盖章并由鉴定人签名;(5)鉴定程序是否符合法律、有关规定;(6)鉴定的过程和方法是否符合相关专业的规范要求;(7)鉴定意见是否明确;(8)鉴定意见与案件事实有无关联;(9)鉴定意见与勘验、检查笔录及相关照片等其他证据是否矛盾,存在矛盾的,能否得到合理解释;(10)鉴定意见是否依法及时告知相关人员,当事人对鉴定意见有无异议。

(七)勘验、检查、辨认、侦查实验等笔录

勘验、检查笔录是指侦查人员对于犯罪有关的场所、物品、人身、尸体等进行现场勘验、检查所作的记录。辨认笔录是指侦查人员让被害人、犯罪嫌疑人或者证人对与犯罪有关的物品、文件、尸体、场所或者犯罪嫌疑人进行辨认所作的记录。侦查实验笔录是指侦查人员在必要的时候按照某一事件发生时的环境、条件,进行实验性重演的侦查活动形成的笔录。侦查机关依法进行其他侦查活动形成的笔录,也可以作为证据。辨认和侦查实验是侦查机关侦查案件常用的侦查手段,有关司法解释也对辨认笔录、侦查实验笔录作了规定。1996年《刑事诉讼法》未明确将这些笔录列入证据种类。2012年修改后的刑事诉讼法从实践需要出发增设了"辨认笔录"和"侦查实验笔录"为法定证据种类。

根据最高法《解释》第102~107条的规定,对勘验、检查笔录应当着重审查以下内容:(1)勘验、检查是否依法进行,笔录的制作是否符合法律、有关规定,勘验、检查人员和见证人是否签名或者盖章。(2)勘验、检查笔录是否记录了提起勘验、检查的事由,勘验、检查的时间、地点,在场人员、现场方位、周围环境等,现场的物品、人身、尸体等的位置、特征等情况,以及勘验、检查的过程;文字记录与实物或者绘图、照片、录像是否相符;现场、物品、痕迹等是否伪造、有无破坏;人身特征、伤害情况、生理状态有无伪装或者变化等。(3)补充进行勘验、检查的,是否说明了再次勘验、检查的原由,前后勘验、检查的情况是否矛盾。对辨认笔录应当着重审查辨认的过程、方法,以及辨认笔录的制作是否符合有关规定。对侦查实验笔录应当着重审查实验的过程、方法,以及笔录的制作是否符合有关规定。

(八)视听资料、电子数据

视听资料是指载有与案件相关内容的录像、录音材料等。电子数据是指在案件发生过程中形成的,以数字化形式存储、处理、传输的,能够证明案件事实的数据。随着电子技术的广泛应用,越来越多的证据以电子数据的形式表现出来。因此2012年修改后的《刑事诉讼法》将电子数据列入法定证据种类之中。

视听资料具有以下三个特征:(1)依赖性。所有的视听资料必须依靠仪器设备记录、生成、显现。(2)生动性。所有的视听资料声音和影像必须是动态连贯的、生动形象的。(3)思想性。声音和影像必须具有思想内容。

电子数据具有以下四个特征:(1)依赖性。电子数据的存在需要借助于一定的电子介质。(2)传播性。电子数据可以通过互联网络快速地在全球传播。(3)科技辅助感知。人们对电子数据的感知,必须借助电子设备,且不能脱离特定的系统环境。(4)易删改性。电子数据在生成、存储、传播、显示、被感知等环节都有被人为改变的可能,具有易删改性。

根据最高法《解释》第108条的规定,对视听资料的审查判断应当着重从以下方面进行:(1)是否附有提取过程的说明,来源是否合法。(2)是否为原件,有无复制及复制份数;是复制件的,是否附有无法调取原件的原因、复制件制作过程和原件存放地点的说明,制作人、原视听资料持有人是否签名。(3)制作过程中是否存在威胁、引诱当事人等违反法律、有关规定的情形。(4)是否写明制作人、持有人的身份,制作的时间、地点、条件和方法。(5)内容和制作过程是否真实,有无剪辑、增加、删改等情形。(6)内容与案件事实有无关联。

根据最高法《解释》第110条的规定,对电子数据是否真实,应当着重审查以下内容:(1)是否移送原始存储介质;在原始存储介质无法封存、不便移动时,有无说明原因,并注明收集、提取过程及原始存储介质的存放地点或者电子数据的来源等情况。(2)电子数据是否具有数字签名、数字证书等特殊标识。(3)电子数据的收集、提取过程是否可以重现。(4)如有增加、删除、修改等情形的,是否附有说明。(5)完整性是否可以保证。

最高法《解释》第111条规定,对电子数据是否完整,应当根据保护电子数据完整性的相应方法进行审查、验证:(1)审查原始存储介质的扣押、封存状态;(2)审查电子数据的收集、提取过程,查看录像;(3)比对电子数据完整性校验值;(4)与备份的电子数据进行比较;(5)审查冻结后的访问操作日志;(6)其他方法。

最高法《解释》第112条规定,对收集、提取电子数据是否合法,应当着重审查以下内容:(1)收集、提取电子数据是否由二名以上调查人员、侦查人员进行,取证方法是否符合相关技术标准。(2)收集、提取电子数据,是否附有笔录、清单,并经调查人员、侦查人员、电子数据持有人、提供人、见证人签名或者盖章;没有签名或者盖章的,是否注明原因;对电子数据的类别、文件格式等是否注明清楚。(3)是否依照有关规定由符合条件的人员担任见证人,是否对相关活动进行录像。(4)采用技术调查、侦查措施收集、提取电子数据的,是否依法经过严格的批准手续。(5)进行电子数据检查的,检查程序是否符合有关规定。

随着科学技术的进步,电子数据在诉讼中被应用推广的价值越发显现。电子数据的取证、质证等问题也受到重视。如为规范公安机关办理刑事案件电子数据取证工作,确保电子数据取证质量,提高电子数据取证效率,2019年公安部发布并实施《公安机关办理刑事案件电子数据取证规则》,规定公安机关办理刑事案件应当遵守法定程序,遵循有关技术标准,全面、客观、及时地收集、提取涉案电子数据,确保电子数据的真实、完整。其余相关立法也应在实践经验基础上继续完善。

三、刑事诉讼证据的分类

刑事诉讼证据的分类,是在理论上依据不同的标准,对刑事证据进行的类别划分。

(一)原始证据与传来证据

原始证据与传来证据的划分依据是是否直接来源于案件事实。凡是直接源于案件事实,未经复制、转述的证据是原始证据。凡是间接地来源于案件事实,经过复制或者转述原始证据而派生出来的证据,是传来证据。

区分原始证据和传来证据的意义在于使司法工作人员和当事人、诉讼参与人了解在收集证据之时,应当努力寻找原始证据,尽量掌握第一手资料,因为原始证据的可靠性一般比传来证据强。一般而言,证据转手和传递的次数越多,真实性和准确性就越低,中间经过的环节越多,越有可能被转手和传递的人有意或无意地改变。

(二)有罪证据与无罪证据

有罪证据与无罪证据的划分依据是证据的作用是肯定还是否定犯罪嫌疑人、被告人实施了犯罪行为。凡是能够肯定犯罪行为是犯罪嫌疑人、被告人所实施的证据,是有罪证据;凡是能够否定罪嫌疑人、被告人实施了犯罪行为的证据,是无罪证据。

区分有罪证据与无罪证据的意义在于促使公安司法机关及其办案人员全面客观地收集和运用证据，既收集有罪证据，也收集无罪证据，防止主观片面，努力查明案件的真相，保障实体公正和程序公正的实现。

（三）言词证据与实物证据

言词证据与实物证据的划分依据是证据的不同表现形式。凡是体现为人的陈述，即以言词作为表现形式的证据，是言词证据；凡是以物品的性质、外部形态、存在状况以及其内容体现证明作用的证据，是实物证据。

区分言词证据与实物证据的意义在于帮助司法工作人员和当事人把握证据各自不同的特点，有针对性地进行收集、固定和运用，据以正确判断案件事实，查明案件真相。

（四）直接证据与间接证据

直接证据与间接证据的划分依据是某个具体的证据能否直接地、单独地说明犯罪嫌疑人、被告人是不是犯罪行为的实施者。凡是能够直接地、单独地说明犯罪嫌疑人、被告人是或不是犯罪行为实施者的证据就是直接证据；凡是间接地、需要与其他证据结合起来才能说明犯罪嫌疑人、被告人是或不是犯罪行为实施者的证据就是间接证据。

在没有直接证据的情况下，若干个按照一定规则组合起来的间接证据，也可以成为定罪量刑的依据。仅凭间接证据定案时应当遵守以下规则：一是每个间接证据都应当具有客观性、关联性和合法性；二是各个间接证据之间，必须协调一致、没有矛盾；三是据以定案的间接证据必须形成完整的、封闭的证明体系；四是由间接证据证明体系所得出的结论必须是唯一的、足以排除得出其他结论的可能性。

第二节　刑事诉讼证明

一、刑事诉讼证明的概念与特点

刑事诉讼证明是指在刑事诉讼中，专门机关和诉讼参与人依照法定程序和要求，收集、审查、判断证据，运用证据确定案件事实的诉讼活动。

刑事诉讼证明具有以下几个特点：

第一，刑事诉讼证明的主体包括刑事诉讼中的公安机关、人民检察院、人民法院等专门机关，以及被害人、自诉人、附带民事诉讼的原告人和被告人、犯罪嫌疑人、被告人、证人、鉴定人等诉讼参与人。

第二，刑事诉讼证明的阶段包括立案、侦查、审查起诉以及审判等各个阶段。

第三，刑事诉讼证明应当依照刑事诉讼法所规定的方式、方法、步骤进行。

第四,刑事诉讼证明的目的是通过收集、审查、判断证据,运用证据以确定案件事实真相。

二、刑事诉讼的证明对象

刑事诉讼的证明对象,又称待证事实,是指证明主体在刑事诉讼中需要运用证据予以证明的案件事实。

刑事诉讼中的证明对象在范围上通常包括实体法事实和程序法事实两部分。

(一)实体法事实

实体法事实是指对解决刑事案件中与定罪量刑有关的实体问题具有法律意义的事实;刑事诉讼的目的之一是惩罚犯罪,任务为正确应用法律使犯罪分子罪当其罚,保障无罪的人不受刑事追究。所以,实体法事实理当作为证明对象的核心内容。

刑事诉讼法并未对证明对象作出明确规定。根据最高法《解释》第72条的规定,作为证明对象的实体法事实主要包括以下几方面的内容:(1)被告人、被害人的身份;(2)被指控的犯罪是否存在;(3)被指控的犯罪是否为被告人所实施;(4)被告人有无刑事责任能力,有无罪过,实施犯罪的动机、目的;(5)实施犯罪的时间、地点、手段、后果以及案件起因等;(6)是否系共同犯罪或者犯罪事实存在关联,以及被告人在共同犯罪中的地位、作用;(7)被告人有无从重、从轻、减轻、免除处罚情节;(8)有关涉案财物处理的事实;(9)有关附带民事诉讼的事实;(10)有关管辖、回避、延期审理等的程序事实;(11)与定罪量刑有关的其他事实。

(二)程序法事实

程序法事实是指对解决刑事案件中与诉讼程序有关的问题具有法律意义的事实。程序法事实与实体法事实性质不同,但不能因此否定程序法事实同样应该作为证明对象。考虑到司法实践中的现实情况,对需要运用证据证明的案件程序事实可以概括如下:有关管辖争议的事实;有关回避的事实;影响诉讼时效的事实;作出强制措施决定依据的有关事实;是否违反法定程序的事实;影响执行的事实等。

三、刑事诉讼的举证责任与证明责任

(一)举证责任

举证责任是诉讼当事人对自己主张的事实提出证据加以证明的责任。从理论上来讲,举证责任一般分为两个方面:一是行为责任,就是当事人提出证据对自己的主张加以证明,使诉讼向有利于自己的方向推进的责任;二是败诉责任,指因为不能提供证据或者提出的证据达不到法律规定的证明标准导致自己的主张被法院认定不能成立的结果责任。

合理分配举证责任对于规范诉讼活动,准确认定案件事实,保障当事人的诉讼权利等都具有重要意义。被告人是否有罪是刑事诉讼的核心问题,也是人民检察院和自诉人向法院提起刑事诉讼的最基本内容。因此刑事诉讼法对于被告人是否有罪问题的举证责任作了明确规定。《刑事诉讼法》第 51 条规定："公诉案件中被告人有罪的举证责任由人民检察院承担，自诉案件中被告人有罪的举证责任由自诉人承担。"

公诉案件中被告人有罪的举证责任由人民检察院承担。刑事诉讼法赋予侦查机关拘传、查封、搜查、扣押、技术侦查等侦查权力，因此在刑事诉讼中，收集证据工作主要是由公安机关、人民检察院承担的，所以公诉案件中被告人有罪的举证责任由人民检察院承担。被告人总体上不承担证明自己无罪的举证责任，但存在某些例外。比如在《刑法》第 395 条规定的"巨额财产来源不明"案件中，被告人应当提出证据证明财产差额部分的来源是合法的，否则差额部分按非法所得处理。

自诉案件中被告人有罪的举证责任由自诉人承担。自诉案件中，自诉人一般有能力收集证据以证明其主张的案件事实。根据《刑事诉讼法》第 211 条的规定，人民法院经过审理，对于缺乏罪证的自诉案件，如果自诉人提不出补充证据，应当说服自诉人撤回自诉，或者裁定驳回。

正确理解刑事诉讼中的举证责任分配的法律规定应当注意以下三个问题：

其一，规定被告人有罪的举证责任由人民检察院承担，并不是要求检察院只提供证明被告人有罪的证据。作为国家公诉机关，同时也是法律监督机关，人民检察院要遵循客观公正原则，无论是犯罪嫌疑人、被告人有罪、罪重的证据，还是无罪、罪轻的证据，都应当向人民法院提出。

其二，不能否定人民法院客观、全面审查证据的义务。为确保公正作出判决，人民法院不能只消极审查人民检察院提出的证据，在法庭审理过程中，合议庭对证据有疑问的，也可以宣布休庭对证据进行调查核实。

其三，规定被告人不负举证责任，并不是说犯罪嫌疑人、被告人不能向司法机关提出证据。提出证据是犯罪嫌疑人、被告人及其辩护人享有的诉讼的权利，同时也是辩护人的职责，他们不行使这项权利，不能导致他有罪的法律后果。[3]

（二）证明责任

刑事诉讼的证明责任是指刑事诉讼中的公安机关、人民检察院、人民法院等专门机关依据其在刑事诉讼中的职权所承担的收集、审查、判断、运用证据证明案件事实的职责和任务。

《刑事诉讼法》第 52 条规定："审判人员、检察人员、侦查人员必须依照法定程序，收集能够证实犯罪嫌疑人、被告人有罪或无罪、犯罪情节轻重的各种证据。"证明责任与公安司法机关的职权相关联，如果其没有依法履行证明责任，即是失职，

---

〔3〕 参见王爱立主编：《中华人民共和国刑事诉讼法释义》（最新修正版），法律出版社 2018 年版，第 108～109 页。

极易导致冤假错案的发生。

四、刑事诉讼的证明标准

刑事诉讼证明标准是证明主体运用证据证明案件事实所应当达到的刑事诉讼法所规定的程度。我国刑事诉讼法对于立案、侦查、审查起诉以及审判等各个阶段都规定了相应的证明标准。

1. 立案的证明标准

《刑事诉讼法》第112条规定:"人民法院、人民检察院或者公安机关对于报案、控告、举报和自首的材料,应当按照管辖范围,迅速进行审查,认为有犯罪事实需要追究刑事责任的时候,应当立案;认为没有犯罪事实,或者犯罪事实显著轻微,不需要追究刑事责任的时候,不予立案,并且将不立案的原因通知控告人。控告人如果不服,可以申请复议。""有犯罪事实发生,需要追究刑事责任"是立案的证明标准。

2. 逮捕的证明标准

根据《刑事诉讼法》第81条的规定,对有证据证明有犯罪事实,可能判处徒刑以上刑罚的犯罪嫌疑人、被告人,采取取保候审尚不足以防止发生某些社会危险性的,应当予以逮捕。根据这一规定,"有证据证明有犯罪事实,可能判处徒刑以上刑罚的犯罪嫌疑人、被告人,采取取保候审尚不足以防止发生某些社会危险性"是逮捕的证明标准。

3. 侦查终结,移送审查起诉的证明标准

根据《刑事诉讼法》第162条的规定,公安机关侦查终结的案件,应当做到犯罪事实清楚,证据确实、充分,并且写出起诉意见书,连同案卷材料、证据一并移送同级人民检察院审查决定。根据这一规定,侦查终结,移送审查起诉的证明标准是"犯罪事实清楚,证据确实、充分"。

4. 提起公诉的证明标准

根据《刑事诉讼法》第176条的规定,人民检察院认为犯罪嫌疑人的犯罪事实已经查清,证据确实、充分,依法应当追究刑事责任的,应当作出起诉决定,按照审判管辖的规定,向人民法院提起公诉。根据这一规定,"犯罪事实已经查清,证据确实、充分"是提起公诉的证明标准。

5. 有罪判决的证明标准

根据《刑事诉讼法》第200条的规定,案件事实清楚,证据确实、充分,依据法律认定被告人有罪的,应当作出有罪判决。根据这一规定,有罪判决的证明标准是"案件事实清楚,证据确实、充分,依据法律认定被告人有罪"。

应当说明的是,所谓"事实清楚",并不是要求事实裁判者将案件的一切细节查清楚,而是要求对定罪量刑具有意义的基本事实,特别是关键事实查清楚。所谓"证据确实、充分"就是要求利用确实的证据构成一个完整的证据体系,对主要犯罪事实(特别是被告人实施了犯罪行为)的证明达到唯一性(或称排他性)的程度。《刑事诉讼法》第55条明确规定的“证据确实、充分”应当符合以下三项条件:

一是定罪量刑的事实都有证据证明。作为认定犯罪嫌疑人、被告人犯罪、犯何种罪,决定是否对其判处刑罚,判处何种刑罚的依据的事实,都有证据予以证明。

二是据以定案的证据均经法定程序查证属实。作为定案根据的证据经过刑事诉讼法规定的各项程序都已经被认定属实。

三是综合全案证据,对所认定事实已排除合理怀疑。办案人员在每一证据均查证属实的基础上,经过对证据的综合审查,运用法律知识和逻辑、经验进行推理、判断,对认定的案件事实达到排除合理怀疑的程度。“排除合理怀疑”是指对于认定的事实,已没有符合常理的、有根据的怀疑,实际上达到确信的程度。只有对案件已经不存在合理的怀疑,形成内心确信,才能认定案件“确实确实、充分”。这里使用“排除合理怀疑”这一提法,并不是修改了我国刑事诉讼的证明标准,而是从另一角度进一步明确了“证据确实、充分”的含义,便于办案人员把握。[4]

五、刑事诉讼的证据规则

刑事诉讼的证据规则是指在刑事诉讼中,规范证据的收集、审查、判断以及运用证据定案的准则。由于证据的收集、审查、判断以及运用直接关系案件事实的认定,因而对其规范非常必要。

我国刑事诉讼法明确规定了非法证据排除规则,并对其适用范围、程序等作出了具体规范,而对于其他证据规则的规范尚未成熟,正处于逐步完善中。

我国的刑事诉讼的证据规则分散规定于刑事诉讼法和有关司法解释中。

(一)非法证据排除规则

非法证据排除规则是指收集证据必须依法进行,违法取得的证据通常不得作为定案根据。根据2018年修改后的刑事诉讼法及2021年最高法《解释》的规定,我国非法证据排除规则主要包括以下方面的内容:

1. 非法证据排除规则的适用范围

根据刑事诉讼法及相关司法解释的规定,我国的非法证据排除规则既适用于言词证据,也适用于实物证据。

《刑事诉讼法》第56条第1款规定:“采用刑讯逼供等非法方法收集的犯罪嫌疑人、被告人供述和采用暴力、威胁等非法方法收集的证人证言、被害人陈述,应当予以排除。”这是有关排除非法言词证据的规定。此外,最高法《解释》第123~125条对言词证据非法排除的范围作了扩大规定。采用下列非法方法收集的被告人供述,应当予以排除:(1)刑讯逼供下所作供述。最高法《解释》第123条第1款规

〔4〕 参见王爱立主编:《中华人民共和国刑事诉讼法释义》(最新修正版),法律出版社2018年版,第116~118页。

定,采用殴打、违法使用戒具等暴力方法或者变相肉刑的恶劣手段,使被告人遭受难以忍受的痛苦而违背意愿作出的供述。(2)严重威胁下所作供述。最高法《解释》第123条第2款规定,采用以暴力或者严重损害本人及其近亲属合法权益等进行威胁的方法,使犯罪嫌疑人、被告人遭受难以忍受的痛苦而违背意愿作出的供述,应当予以排除。(3)非法限制人身自由下所作供述。最高法《解释》第123条第3款规定,采用非法拘禁等非法限制人身自由的方法收集的犯罪嫌疑人、被告人供述,应当予以排除。(4)附条件的"重复性供述"。这是基于"毒树之果"理论对重复性自白的排除,最高法《解释》第124条规定,采用刑讯逼供方法使犯罪嫌疑人、被告人作出供述,之后犯罪嫌疑人、被告人受该刑讯逼供行为影响而作出的与该供述相同的重复性供述,应当一并排除,但下列情形除外:一是调查、侦查期间,监察机关、侦查机关根据控告、举报或者自己发现等,确认或者不能排除以非法方法收集证据而更换调查、侦查人员,其他调查、侦查人员再次讯问时告知诉讼权利和认罪的法律后果,被告人自愿供述的;二是审查逮捕、审查起诉和审判期间,检察人员、审判人员讯问时告知诉讼权利和认罪的法律后果,被告人自愿供述的。

最高法《解释》第125条还规定了,采用暴力、威胁以及非法限制人身自由等非法方法收集的证人证言、被害人陈述,也应当予以排除。由于利用非法方法收集言词证据,严重侵犯当事人的人身权利,破坏司法公正,极易酿成冤假错案,所以应当予以严格地排除。

《刑事诉讼法》第56条第1款规定:"收集物证、书证不符合法定程序,可能严重影响司法公正的,应当予以补正或者作出合理解释;不能补正或者作出合理解释的,对该证据应当予以排除。"这是有关排除非法实物证据的规定。我国非法实物证据的排除需要具备以下几项要求:(1)非法实物证据排除的范围仅包括物证和书证。(2)物证、书证的收集不符合法定程序,包括不符合法律对于取证主体、取证手续、取证方法的规定。(3)非法收集物证、书证可能严重影响司法公正。收集物证、书证不符合法定程序的行为明显违法或者情节严重,可能对司法机关办理案件的公正性、权威性以及司法的公信力产生严重的损害。最高法《解释》第126条第2款规定,认定"可能严重影响司法公正",应当综合考虑收集证据违反法定程序以及所造成后果的严重程度等情况。(4)不能作出补正或者合理解释。物证、书证本身是客观证据,取证程序的违法一般不影响证据的可信度,而且许多物证、书证具有唯一性,一旦被排除就不可能再次取得。所以刑事诉讼法对于违法取得的实物证据没有规定绝对排除,而是给予补正或者合理解释的机会。"补正或合理解释"的主体是收集证据的办案机关或者人员。"补正"是指对取证程序上的非实质性的瑕疵进行补救。"合理解释"是指对取证程序的瑕疵作出符合逻辑的解释。如果收集证据的机关或者人员对违法取证的情况作出了补正或者合理解释,审查证据的机关认为不影响证据使用的,该证据可以继续使用;不能补正或者作出合理解释的，对该证据应当予以排除。

2. 公安司法机关排除非法证据的义务

《刑事诉讼法》第56条第2款规定："在侦查、审查起诉、审判时发现有应当排除的证据的，应当依法予以排除，不得作为起诉意见、起诉决定和判决的依据。"法律规定刑事诉讼每个阶段的公安司法机关都有排除非法证据的义务，有利于尽早发现和排除非法证据，提高办案质量，维护司法公正。

3. 人民检察院对侦查人员非法收集证据的调查核实和处理

《刑事诉讼法》第57条规定："人民检察院接到报案、控告、举报或者发现侦查人员以非法方法收集证据的，应当进行调查核实。对于确有以非法方法收集证据情形的，应当提出纠正意见；构成犯罪的，依法追究刑事责任。"无论侦查人员非法收集证据的行为是否严重到构成犯罪的程度，人民检察院都应当采用询问有关当事人或者知情人，查阅、调取或者复制相关法律文书、案卷材料等方法进行调查核实。对于确有以非法方式收集证据情形的，人民检察院应当提出纠正意见。对于非法取证情况属实的，侦查机关应当及时纠正违法行为，将纠正情况通报人民检察院，并根据法律规定对应当排除的非法证据予以排除。对于侦查人员以非法方法收集证据，构成刑法规定的刑讯逼供、暴力取证、非法搜查、滥用职权、徇私舞弊等犯罪的，人民检察院应当依法立案侦查，追究有关人员的刑事责任。

4. 非法证据排除程序的启动

《刑事诉讼法》第58条规定："法庭审理过程中，审判人员认为可能存在本法第五十六条规定的以非法方法收集证据情形的，应当对证据收集的合法性进行法庭调查。当事人及其辩护人、诉讼代理人有权申请人民法院对以非法方法收集的证据依法予以排除。申请排除以非法方法收集的证据的，应当提供相关线索或者材料。"

根据这一规定，我国非法证据排除程序的启动应从以下四个方面进行理解：(1)对证据收集的合法性进行法庭调查的启动权属于人民法院的审判人员。(2)启动调查的时间被限定在"法庭审理过程中"，即从开庭审判到法庭辩论终结的过程中。(3)启动调查的条件是审判人员认为"可能存在本法第五十六条规定的以非法方法收集证据情形"，包括非法收集言词证据和收集实物证据不符合法定程序，可能严重影响司法公正的情形。(4)当事人及其辩护人、诉讼代理人有权申请人民法院启动证据收集的合法性调查程序。当事人等申请排除非法证据的，应当提供相关线索或者材料。这里的"线索"是指可以说明存在非法取证情形，指引调查进行的信息，如曾在何时何地被何人用何种方式刑讯逼供的回忆等。"材料"是可以用于证明非法取证行为存在的材料，如血衣、伤痕等。

5. 证据合法性的证明责任及证明方式

《刑事诉讼法》第59条规定："在对证据收集的合法性进行法庭调查的过程

中,人民检察院应当对证据收集的合法性加以证明。现有证据材料不能证明证据收集的合法性的,人民检察院可以提请人民法院通知有关侦查人员或者其他人员出庭说明情况;人民法院可以通知有关侦查人员或者其他人员出庭说明情况。有关侦查人员或者其他人员也可以要求出庭说明情况。经人民法院通知,有关人员应当出庭。"该条规定了证据合法性的证明责任及证明方式。

关于证据合法性的证明责任。在对取证合法性的法庭调查中,控方即检察院要对侦查人员收集证据的合法性承担证明责任。在刑事诉讼中由控诉方承担被告人有罪的证明责任,是现代刑事诉讼的基本原则。我国《刑事诉讼法》第51条明确规定公诉案件中被告人有罪的证明责任由人民检察院承担。人民检察院要证明被告人构成犯罪,理应证明用于证明被告人构成犯罪的证据具有合法性。

关于证据合法性的证明方式。人民检察院可以通过以下两种方式证明证据收集的合法性:一是通过"现有材料"的方式证明。"现有材料"包括讯问笔录、讯问的同步录音录像、搜查扣押的批准文件等。二是提请法院通知或法院可以直接通知有关侦查人员或其他人员出庭说明情况。在现有证据材料不能证明证据收集的合法性时,人民检察院可以提请法院通知或法院可以直接通知有关侦查人员或其他人员出庭说明情况。"有关侦查人员"主要指参与收集有关证据的侦查人员,包括讯问犯罪嫌疑人、提取物证的侦查人员等。"其他人员"指了解证据收集情况的其他人员,如看守所的民警、搜查时的见证人等。

有关侦查人员或者其他人员出于责任心和维护侦查活动的合法性以实现惩罚犯罪的目的,也可以主动要求出庭说明情况。

经过法院通知,有关侦查人员或者其他人员有义务出庭作证。

收集证据的侦查人员和了解证据收集情况的其他人员,作为取证过程的亲历者,最了解证据收集是否合法的情况。由他们出庭说明证据收集的有关情况,对证据收集的合法性不失为有力的证明。

6. 非法证据排除的证明标准

《刑事诉讼法》第60条规定:"对于经过法庭审理,确认或者不能排除存在本法第五十六条规定的以非法方法收集证据情形的,对有关证据应当予以排除。"根据该规定,可以这样理解我国非法证据排除的证明标准:

一方面,对于确认存在《刑事诉讼法》第56条规定的以非法方法收集证据情形的,包括确认存在非法收集言词证据的情形和确认存在收集实物证据不符合法定程序,可能严重影响司法公正,不能补正或者作出合理解释的情形,对有关证据应当予以排除,不得将其作为判决的依据。

另一方面,不能排除存在《刑事诉讼法》第56条规定的以非法方法收集证据情形的,即检察机关对证据收集的合法性的证明不能排除存在非法取证的可能,审判人员对是否存在《刑事诉讼法》第56条规定的以非法方法收集证据情形仍有疑问的情况，人民法院对有关证据也应当予以排除，不得作为判决的依据。

（二）其他证据规则

除非法证据排除规则外，我国刑事诉讼法与司法解释在证据收集、审查、判断以及运用证据定案等方面还确立了以下主要规则：

1. 有关证人证言的规则

第一，一般规则。《刑事诉讼法》第 61 条规定："证人证言必须在法庭上经过公诉人、被害人和被告人、辩护人双方质证并且查实以后，才能作为定案的根据。"证人作为亲身感知案件事实的人，其证言对于查明案件事实具有非常重要的作用，但由于证人本身的感受、记忆、表达能力的限制，或者受到外界压力，其证言可能并不能真实地反映案件事实，因此需要证人出庭作证，当庭接受控辩双方的质证，以确定证人证言的真实性与可靠性。

第二，对于未出庭证人的书面证言的规则。根据《刑事诉讼法》第 195 条的规定，对未到庭的证人的证言笔录、鉴定人的鉴定意见、勘验笔录和其他作为证据的文书，应当当庭宣读。审判人员应当听取公诉人、当事人和辩护人、诉讼代理人的意见。证人如果遇有某些特殊情形，比如在庭审期间身患严重疾病或者行动极为不便的、居所远离开庭地点且交通极为不便的、身处国外短期无法回国的等，确实无法出庭的，我国刑事诉讼法允许其不出庭作证，而向法庭提供书面证言。这是考虑证人特殊情况与使其证言发挥证明作用之间的权衡选择。对于死刑案件，根据"两院三部"《办理死刑案件证据规定》第 15 条的规定，在明确了证人应当出庭作证的情况下，同时规定经依法通知不出庭作证证人的书面证言经质证无法确认的，不能作为定案的根据：对未出庭作证证人的书面证言，应当听取出庭检察人员、被告人及其辩护人的意见，并结合其他证据综合判断。未出庭作证证人的书面证言出现矛盾，不能排除矛盾且无证据印证的，不能作为定案的根据。

第三，强制证人出庭制度。《刑事诉讼法》第 192 条规定了证人出庭作证的义务，即公诉人、当事人或者辩护人、诉讼代理人对证人证言有异议，且该证人证言对案件定罪量刑有重大影响，人民法院认为证人有必要出庭作证的，证人应当出庭作证。人民警察就其执行职务时目击的犯罪情况作为证人出庭作证，适用前款规定。同时，《刑事诉讼法》第 193 条还规定了强制证人出庭的方式：一是通过强制方式保障证人到庭，其第 1 款规定，经人民法院通知，证人没有正当理由不出庭作证的，人民法院可以强制其到庭，但是被告人的配偶、父母、子女除外。二是法院对应到庭作证而不到庭的证人给予处罚，其第 2 款规定，证人没有正当理由拒绝出庭或者出庭后拒绝作证的，予以训诫，情节严重的，经院长批准，处以 10 日以下的拘留。被处罚人对拘留决定不服的，可以向上一级人民法院申请复议。复议期间不停止执行。

第四，证人的意见不能作为证据使用。证人证言对于案件事实的证明作用的价值在于证人亲身感知了案件事实,证人对案件的意见对于案件事实不具有直接证明作用。"两院三部"《办理死刑案件证据规定》第12条第3款规定:"证人的猜测性、评论性、推断性的证言,不能作为证据使用,但根据一般生活经验判断符合事实的除外。"

2. 有关口供的规则

第一,一般规则。《刑事诉讼法》第55条规定:"对一切案件的判处都要重证据,重调查研究,不轻信口供。只有被告人供述,没有其他证据的,不能认定被告人有罪和处以刑罚;没有被告人供述,证据确实、充分的,可以认定被告人有罪和处以刑罚。"被告人可能是罪犯,为逃避法律制裁,其口供存在虚假的可能性。但被告人也可能是无辜者,因受到外力强制而被迫认罪。因而被告人的口供并非定案必不可少的证据。对于口供不能轻信,需要结合其他证据判断其真实性。

第二,庭前与庭审口供的取舍。司法实践中常会存在被告人庭前口供与庭审口供不一致的情形,两者的取舍对于认定案件事实、保障被告人的权利都非常重要。"两院三部"《办理死刑案件证据规定》第22条规定:"对被告人供述和辩解的审查,应当结合控辩双方提供的所有证据以及被告人本人的全部供述和辩解进行。被告人庭前供述一致,庭审中翻供,但被告人不能合理说明翻供理由或者其辩解与全案证据相矛盾,而庭前供述与其他证据能够相互印证的,可以采信被告人庭前供述。被告人庭前供述和辩解出现反复,但庭审中供认的,且庭审中的供述与其他证据能够印证的,可以采信庭审中的供述;被告人庭前供述和辩解出现反复,庭审中不供认,且无其他证据与庭前供述印证的,不能采信庭前供述。"

3. 最佳证据规则

原物或原件由于直接来源于案件事实,没有经过复制等中间环节,因而其对于案件事实的证明作用要优于复印件、复制品等。最高法《解释》第83条第1款规定:"据以定案的物证应当是原物。"该解释第84条第1款规定:"据以定案的书证应当是原件。"

此外,"两院三部"《办理死刑案件证据规定》第37条还规定,"对于有下列情形的证据应当慎重使用,有其他证据印证的,可以采信:(一)生理上、精神上有缺陷的被害人、证人和被告人,在对案件事实的认知和表达上存在一定困难,但尚未丧失正确认知、正确表达能力而作的陈述、证言和供述"。这是鉴于生理上、精神上有缺陷的人在感知与表述案件事实方面可能存在问题而作出的特别规定。

案例精选

在法庭审理过程中,被告人屠某、沈某和证人朱某提出在侦查期间遭到非法取证,要求确认其审前供述或证言不具备证据能力。法庭经调查后发现审前供述系经侦查人员通过一定"手段"取得——曾将屠某“大”字形吊铐在窗户的铁栏杆上，双脚离地；对沈某进行引诱说“讲了就可以回去”；还对沈某进行威胁说“不讲就把你老婆一起抓进来”。而对证人朱某审前询问中，曾对朱某进行威胁说“不配合我们的工作就把你关进来”。（源于 2013 年国家司法考试真题卷二第 68 题）

【问】上述哪些情形应当根据法律规定排除证据?

【答案与解析】应当排除屠某审前供述和证人朱某证言。该案例考核非法证据排除规则。《刑事诉讼法》第 52 条规定严禁刑讯逼供和以威胁、引诱、欺骗以及其他非法方法收集证据，不得强迫任何人证实自己有罪。《刑事诉讼法》第 56 条规定，采用刑讯逼供等非法方法收集的犯罪嫌疑人、被告人供述和采用暴力、威胁等非法方法收集的证人证言、被害人陈述，应当予以排除。最高法《解释》第 123 条第 1、2 款规定，采用殴打、违法使用戒具等暴力方法或者变相肉刑的恶劣手段，使被告人遭受难以忍受的痛苦而违背意愿作出的供述；采用以暴力或者严重损害本人及其近亲属合法权益等进行威胁的方法，使犯罪嫌疑人、被告人遭受难以忍受的痛苦而违背意愿作出的供述，应当予以排除。所以，对屠某采取刑讯逼供等非法取证方法和对朱某采取威胁方法所获言词证据属于非法证据，不能作为定案根据。

思考问题

1. 如何理解我国刑事证明的对象范围?
2. 试述我国的非法证据排除规则具体程序。

法条链接

《刑事诉讼法》第 50 ~65 条；最高法《解释》第 69 ~ 146 条；最高检《规则》第 61 ~77 条；“两院三部”《办理死刑案件证据规定》；“两院三部”《非法证据严格排除规定》（2017 年）。

扩展阅读

1. 樊崇义主编：《刑事证据规则研究》，中国人民公安大学出版社 2020 年版。
2. 赵长江：《刑事电子数据证据规则研究》，法律出版社 2018 年版。
3. 陈光中主编：《非法证据排除规则实施问题研究》，北京大学出版社 2014 年版。
4. 陈瑞华：《刑事证据法学》（第二版），北京大学出版社 2014 年版。
5. 陈卫东：《反思与重构：刑事证据的中国问题研究》，中国人民大学出版社 2015 年版。
6. 陈瑞华：《刑事证明标准中主客观要素的关系》，载《中国法学》2014 年第 3 期。
7. 龙宗智：《进步及其局限——由证据制度调整的观察》，载《政法论坛》2012 年第 5 期。
8. 何家弘：《刑事诉讼中证据调查的实证研究》，载《中外法学》2012 年第 1 期。
9. 陈卫东、柴煜峰：《刑事证据制度修改的亮点与难点》，载《证据科学》2012 年第 2 期。
10. 彭海青：《从两证据规定的出台看我国刑事法治的发展进路》，载《法学评论》2011 年第 3 期。

第十章 强制措施

本章知识要点

刑事诉讼中的强制措施是为了保证刑事诉讼的顺利进行,暂时限制或剥夺犯罪嫌疑人、被告人人身自由的强制方法。本章主要介绍了强制措施的概念、意义,适用强制措施应当考虑的因素,拘传、取保候审、监视居住、拘留和逮捕的适用条件和程序。

第一节 概 述

一、强制措施的概念和意义

(一)强制措施的概念

我国刑事诉讼中的强制措施,是指公安机关、人民检察院和人民法院为保障刑事诉讼的顺利进行,依法对犯罪嫌疑人、被告人所采取的在一定期限内暂时限制或剥夺其人身自由的法定强制方法。

刑事诉讼中的强制措施,按照强制力度从轻到重的顺序排列依次为:拘传、取保候审、监视居住、拘留和逮捕。这五种强制方法构成了严密完整的强制措施体系,公安司法机关在具体办案的过程中可视案情不同而选择适用。

强制措施的性质、目的立足于防范,即只是为了防止犯罪嫌疑人、被告人等逃避或妨碍侦查、起诉和审判,保证刑事诉讼活动的顺利进行,其本身并不具有惩罚或制裁性质。

刑事强制措施与刑罚、行政处罚都是对被适用对象的人身自由进行一定程度的限制或剥夺,都是以国家的强制力为后盾。但是,它们之间有较大的区别,不能混淆。

强制措施与刑罚的区别在于:(1)法律性质和适用目的不同:强制措施具有防范性质,不具有惩罚或制裁性质,适用强制措施的目的在于保障侦查、起诉和审判的顺利进行,具有程序上的保障作用和防范作用;而刑罚是对已经确定为有罪的犯罪分子的处罚,是为了惩罚和改造犯罪分子,预防犯罪。(2)适用的对象不同:强制措施适用于尚未被人民法院确定为有罪的犯罪嫌疑人、被告人等;而刑罚只能适用于经人民法院审判确定为有罪的人。(3)有权适用的机关不同:强制措施由公、检、法机关依法适用;而刑罚只能由人民法院适用。(4)法律依据不同:适用强制措施依据的是刑事诉讼法、刑法及其他相关法律规定;而适用刑罚则以刑法为依据。(5)适用的时间不同:强制措施适用于自刑事诉讼开始到判决发生法律效力交付执行前的全过程;而刑罚则在人民法院作出终审判决之后适用。(6)稳定性不同:强制措施可以根据实际情况随时变更或撤销;而刑罚一经作出,非经法定程序不得改变。

行政处罚是国家行政机关对具有行政违法行为的公民、法人或其他组织依法给予的行政制裁。其与刑事强制措施的区别主要表现在:(1)性质不同:刑事强制措施是诉讼过程中的保障性措施,具有程序作用;而行政处罚是行政制裁,是一种实体性结论。(2)适用对象不同:刑事强制措施适用于被追诉的犯罪嫌疑人、被告人等;而行政处罚适用于违反行政法律的公民、法人和其他组织。(3)有权适用的机关不同:刑事强制措施由公安司法机关依法适用;而行政处罚由国家行政机关适用。(4)法律依据不同:刑事强制措施依据的是刑事诉讼法、刑法及其他相关法律规定;而行政处罚依据的是行政处罚法及有关行政法规。(5)稳定性不同:刑事强制措施根据诉讼的实际情况可以变更或撤销;而行政处罚通常不能变更。

(二)强制措施的意义

刑事强制措施是国家权力的体现,是同犯罪行为作斗争的有力武器,正确、合法、及时地适用刑事强制措施,对于保障刑事诉讼活动的顺利进行,维护社会安定等,都具有重要意义:

一是防止犯罪嫌疑人、被告人逃避或妨碍侦查、起诉和审判。一般而言,犯罪分子实施了犯罪以后,总是千方百计逃避刑事追究,当公安司法机关对他采用了相应的强制措施后,就可能最大限度地防止上述情况的发生,从而保证刑事诉讼活动的顺利进行。

二是防止犯罪嫌疑人、被告人串供、隐匿或者伪造证据。犯罪分子在实施犯罪行为以后,为了掩盖自己的罪行,往往会制造假象、毁灭证据、伪造证据、互相订立攻守同盟等,以转移公安司法人员的视线。在这种情况下,限制或剥夺其人身自由,有利于公安司法机关调查收集证据,查明案情。

三是防止犯罪嫌疑人、被告人继续作案,再犯新罪。有的犯罪分子在实施了一次犯罪之后,有可能铤而走险,继续犯罪。对这类犯罪分子限制或剥夺其人身自由以后,可以防止上述情况的发生。

四是防止犯罪嫌疑人、被告人自杀、自残或者发生其他意外事件。有些犯罪分子由于罪行严重,为了逃避刑事追究,或者不知自己行为的性质,就有可能畏罪自杀、自残或者发生其他意外事件。为了避免这种现象的发生,就应该及时对其适用刑事强制措施。

五是震慑社会上的不稳定分子,使其不敢以身试法,起到预防犯罪的作用。对于犯罪分子适用刑事强制措施,就会警告那些企图作案的不稳定分子,他们会慑于法律的威严而停止犯罪。这样就可以较好地预防犯罪,从而有利于社会的综合治理。

二、适用强制措施应当考虑的因素

刑事强制措施是一把"双刃剑",如果适用得当,就可以保证侦查、起诉和审判活动的顺利进行。但由于任何一种强制措施都是对公民人身自由的限制或剥夺,如果适用不当,就会造成对公民基本人权的粗暴侵犯,从而产生巨大的负面影响。因此,公安司法机关在决定对犯罪嫌疑人、被告人适用强制措施时,一定要严肃谨慎,切不可滥用。一般来说,在刑事诉讼中适用强制措施时应考虑以下因素:

其一,犯罪嫌疑人、被告人等所实施的犯罪行为的性质和社会危害性大小。是否采取强制措施,以及采取何种严厉程度的强制措施,必须与犯罪行为的性质以及社会危害程度成正比,如果犯罪性质严重,社会危害性大,就必须对其适用强制措施,并且采用较为严厉的一种。反之,就不必适用或适用较轻种类的强制措施。

其二,犯罪嫌疑人、被告人的人身危险性大小。如果犯罪嫌疑人、被告人是惯犯、累犯、主犯或者严重危害社会治安的犯罪分子,由于他们的人身危险性较大,采用强制措施的可能性就较大,并且应该采用较严厉的强制措施;若是偶犯或过失犯,那么对其适用强制措施的可能性就较小。

其三,犯罪嫌疑人、被告人是否有逃避侦查、起诉和审判的可能。实施刑事强制措施的目的在于保证侦查、起诉和审判的顺利进行,如果犯罪嫌疑人、被告人有串供、毁灭证据、遗弃证据等行为,对其适用强制措施的可能性就较大。

其四,公安司法机关对案件事实的掌握以及证据的收集情况。刑事诉讼法规定了适用各种强制措施的条件,公安司法机关在具体的操作中,应该严格依照法定条件,根据已经查明的案件事实和已有的证据决定采用的强制措施种类。

在适用强制措施时,不仅要考虑上述因素,而且如果案情发生了变化,还要适时变更或撤销强制措施。

第二节 拘　　传

一、拘传的概念和意义

拘传是指公安机关、人民检察院、人民法院强制未被羁押的犯罪嫌疑人、被告人到案接受讯问的一种强制方法。拘传是刑事强制措施体系中最轻的一种,公安机关、人民检察院、人民法院在刑事诉讼过程中,根据案件情况都有权决定适用。

拘传的对象一般是经公安司法机关合法传唤,无正当理由拒不到案的犯罪嫌疑人、被告人。在刑事诉讼中,拘传和传唤虽然都是要求犯罪嫌疑人、被告人到案接受讯问,但它们是两种不同性质的诉讼行为。传唤是以传票的形式通知犯罪嫌疑人、被告人到案接受讯问,其性质等同于通知,不具有强制性质,它基于犯罪嫌疑人、被告人的自觉性而实施;但拘传具有一定的强制性,对不愿到案接受讯问的犯罪嫌疑人、被告人可以强制其到案接受讯问,在其抗拒到案的情况下可以使用械具。

传唤不是拘传的必经程序,根据刑事诉讼法的规定,公安机关、人民检察院和人民法院根据案件情况,对犯罪嫌疑人、被告人可以拘传。也就是说,公安司法机关可以不经传唤而直接进行拘传。

拘传作为刑事强制措施的一种,其目的是保证刑事诉讼活动的顺利进行,在刑事诉讼过程中适用拘传具有以下意义:

第一,保证未受羁押的犯罪嫌疑人、被告人及时到案接受讯问,有利于公安司法机关收集证据、查明案情。

第二,保证犯罪嫌疑人、被告人的一些合法权利不受限制,使其得以正常的工作和学习,维护社会稳定。

第三,拘传是强制措施中最轻的一种,适用拘传可以教育感化一些犯罪嫌疑人、被告人,以起到预防犯罪的作用。

二、拘传的程序

根据刑事诉讼法及其相关司法解释的规定,适用拘传的具体程序如下:

1. 由案件的承办人员提出申请,经部门负责人审核同意后,报县级以上公安机关负责人、检察院检察长或者法院院长决定,填写拘传证。

2. 执行拘传应当到被拘传对象所在的市、县内进行。首先应当向被拘传人出示拘传证,并责令其在拘传证上签字、捺指印,执行人员不得少于2人。对于抗拒拘传的犯罪嫌疑人、被告人,执行人员可以使用械具强制其到案接受讯问。

3. 对犯罪嫌疑人、被告人拘传后应当立即讯问。讯问完毕后应立即释放。为了防止将拘传变成变相羁押,《刑事诉讼法》第119条第2款、第3款规定,一次拘传持续的最长时间不得超过12小时;案情特别重大、复杂,需要采取拘留、逮捕措施的,传唤、拘传持续的时间不得超过24小时。不得以连续传唤、拘传的形式变相拘禁犯罪嫌疑人、被告人。传唤、拘传犯罪嫌疑人、被告人,应当保证犯罪嫌疑人、被告人的饮食和必要的休息时间。最高检《规则》第83条第2款还特别规定,两次拘传间隔的时间一般不得少于12小时。为防止连续拘传,在犯罪嫌疑人到案后,应当责令其在拘传证上填写到案时间,拘传结束后,应当由其在拘传证上填写结束时间。犯罪嫌疑人拒绝填写的,侦查人员应在拘传证上注明。

第三节 取保候审

一、取保候审的概念、种类和意义

取保候审是指公安机关、人民检察院、人民法院对未被羁押的犯罪嫌疑人、被告人依法责令其提供保证人或者交纳保证金,并出具保证书,保证不逃避或者妨碍侦查、起诉和审判,并随传随到的一种强制方法。

2012 年通过的《刑事诉讼法》对取保候审与监视居住在定位、适用对象上进行了明确的区分,并进一步明确了取保候审人的义务等,这些制度的变革在一定程度上有利于取保候审制度的完善。

公安机关、人民检察院、人民法院在刑事诉讼中适用取保候审具有以下意义:

第一,防止犯罪嫌疑人、被告人实施逃跑等妨碍刑事诉讼活动的行为。对犯罪嫌疑人、被告人适用取保候审之后,由于有经济利益上的约束或者保证人的监督,他们一般不会逃跑或实施其他妨碍刑事诉讼活动的行为。

第二,赋予其一定限度的人身自由,有利于保障犯罪嫌疑人、被告人的合法权利。取保候审只是对被适用对象的人身自由进行一定程度的限制,其仍可正常地进行工作和学习、照顾家庭生活或为社会做一些有益的事情。

第三,节约公安司法机关的办案经费,免除在押人员生活费、管理费的开支,使公安司法机关将人力、物力集中到打击严重的犯罪行为上去。

二、取保候审的条件

根据《刑事诉讼法》第 67 条的规定,公安司法机关对有下列情形之一的犯罪嫌疑人、被告人可以取保候审:

1. 可能判处管制、拘役或者独立适用附加刑的。采取强制措施的种类应该与犯罪行为的严重程度相适应,如果罪行较轻,就应该适用较轻种类的强制措施。可能被判处这些刑罚的犯罪嫌疑人、被告人涉嫌的罪行较轻,通常情况下,不羁押不会发生社会危险性。

2. 可能判处有期徒刑以上的刑罚,采取取保候审不致发生社会危险性的。这里的"社会危险性"主要是指《刑事诉讼法》第 81 条规定的可能实施新的犯罪,有危害国家安全、公共安全或者社会秩序的现实危险,可能毁灭、伪造证据,干扰证人作证或者串供,可能对被害人、举报人、控告人实施打击报复,企图自杀或者逃跑等情形。适用取保候审的目的在于防止犯罪嫌疑人、被告人逃避或妨碍刑事诉讼活动的进行,即使犯罪嫌疑人、被告人的罪行较为严重,但如果适用取保候审即可达到上述目的,就不能采取较为严厉的强制措施。

3. 患有严重疾病、生活不能自理，怀孕或者正在哺乳自己婴儿的妇女，采取取保候审不致发生社会危险性的。这里规定的情形有三类：一是患有严重疾病；二是因为年老、残疾等原因生活不能自理；三是怀孕或者正在哺乳自己婴儿的妇女。这三类犯罪嫌疑人、被告人由于身体方面的原因，其人身危险性已经有所减弱，况且从人道主义出发，也不应该对其予以关押。同时，对那些虽然患有严重疾病、生活不能自理，怀孕或者正在哺乳自己婴儿的妇女，但仍有社会危险性的犯罪嫌疑人、被告人，也不得对其取保候审。比如对以自伤、自残等方法逃避追究的犯罪嫌疑人、被告人就不得取保候审。

4. 羁押期限届满，案件尚未办结，需要采取取保候审的。"羁押期限"主要指的是侦查羁押、审查起诉、一审、二审等办案期限。法定期限对当事人和公安司法机关同样具有约束力，公安司法机关必须严格按照办案期限的规定来办理刑事案件，法定的羁押期限届满仍不能结案的，可以对犯罪嫌疑人、被告人适用取保候审。

上述第一种情形中所谓的"可能判处"某种刑罚，是指根据公安司法机关初步查明的涉嫌犯罪事实，承办案件的人员所认定的对其可能判处的刑罚。它绝不是指犯罪嫌疑人、被告人的行为所触犯的《刑法》条文某一条款的法定最高刑，更不是指该条文规定的某种罪名的法定最高刑。第二种情形中所谓的"可能判处有期徒刑以上的刑罚，采取取保候审不致发生社会危险性"，是指根据公安司法机关已经查明的涉嫌犯罪事实，尽管可以认定其所犯罪行比较严重，且根据其对应的《刑法》条款应当判处有期徒刑以上的刑罚，但是，对其适用取保候审也不会发生社会危险性。

除上述确定可以采取取保候审的范围外，最高人民检察院和公安部还分别对一些排除适用取保候审的情形予以了明确。最高检《规则》第 87 条规定，人民检察院对于严重危害社会治安的犯罪嫌疑人，以及其他犯罪性质恶劣、情节严重的犯罪嫌疑人不得取保候审。公安部《规定》第 82 条规定，对累犯、犯罪集团的主犯，以自伤、自残办法逃避侦查的犯罪嫌疑人，严重暴力犯罪以及其他严重犯罪的犯罪嫌疑人不得取保候审，但犯罪嫌疑人属于上述可以取保候审中第三、四种情形的除外。

三、取保候审的程序

1. 取保候审的申请

根据《刑事诉讼法》第 38 条和第 97 条的规定，犯罪嫌疑人、被告人及其法定代理人、近亲属或者辩护人，有权提出变更强制措施为取保候审的申请。取保候审只能以书面形式提出，而不能以口头方式提出。公安机关、人民检察院、人民法院在接到取保候审的申请书后，应当在 3 日之内作出决定，同意取保候审的，应当依法办理取保候审的手续；不同意变更为取保候审的，应当通知申请人，并说明不同意的理由。这样规定的意义在于督促决定机关及时给予申请人以答复，有利于当事人行使自己的合法权利,使取保候审制度更具有可操作性。

犯罪嫌疑人、被告人或者其法定代理人、近亲属、辩护人提出取保候审的,司法机关经审查认为符合取保候审条件,或者司法机关主动依职权决定取保候审的,应当责令犯罪嫌疑人、被告人提出保证人或交纳保证金。对同一犯罪嫌疑人或者被告人,不得同时责令其提出保证人和交纳保证金。

2. 保证人的条件

根据《刑事诉讼法》第 69 条的规定,保证人必须具备以下条件:(1)与本案无牵连。保证人不能是本案的当事人或者其他诉讼参与人,以防止保证人串供、隐匿和伪造证据,或者实施其他妨碍刑事诉讼活动的行为。(2)有能力履行保证义务。保证人必须具备完全的民事权利能力和行为能力,并且对犯罪嫌疑人、被告人有一定的影响力,能对其产生一定的心理强制,使之不敢实施妨碍刑事诉讼活动的行为。(3)享有政治权利,人身自由未受到限制。保证人必须是依法享有宪法和法律规定的各种权利的中华人民共和国公民,依法被判处刑罚或者被采取了民事、刑事、行政强制措施的,人身自由受到限制或剥夺的人,不能充当保证人。(4)有固定的收入和住处。要求保证人有固定的收入,是为了在保证人没有尽到保证义务时,司法机关可以对其处以罚款,追究其经济责任。要求保证人有固定的住处,是便于司法机关随时与保证人取得联系,了解被保证人的情况。

作为保证人,必须同时具备上述四个条件,决定机关对此必须严格审查。保证人应当履行监督被保证人遵守《刑事诉讼法》第 71 条规定的义务,并且在发现被保证人可能发生或者已经发生违反《刑事诉讼法》第 71 条规定的行为时,及时向执法机关报告,如被保证人有违反第 71 条规定的行为,保证人未履行保证义务的,对保证人处以 1000 元以上 2 万元以下罚款,保证人与犯罪嫌疑人、被告人串通,协助被保证人逃跑、隐匿,情节严重,构成犯罪的,依法追究刑事责任。

在取保候审期间,随着案情的变化以及其他方面的原因,保证人不愿意继续担保或者丧失担保条件的,应当责令犯罪嫌疑人、被告人重新提出保证人或交纳保证金。

3. 保证金数额

适用保证金担保,要注意的是如何确定保证金的具体数额。由于我国各地区的经济发展情况不平衡,各类刑事案件的具体情况又千差万别,因而刑事诉讼法对保证金的具体数额并没有规定统一的适用标准,只是原则性地在《刑事诉讼法》第 72 条中规定:取保候审的决定机关应当综合考虑保证诉讼活动正常进行的需要、被取保候审人的经济状况等情况,确定保证金的数额。

根据最高检《规则》第 92 条及公安部《规定》第 87 条的规定,保证金的起点数额为 1000 元,但并未规定上限。为了防止公、检、法三机关在收取保证金上出现混乱,根据刑事诉讼法的规定,提供保证金的人应当将保证金存入执行机关指定银行的专门账户。

4.取保候审的决定

公安机关、人民检察院、人民法院需要对犯罪嫌疑人、被告人取保候审的,应当制作呈请取保候审报告书,说明取保候审的理由,采取的保证方式及应当遵守的规定,报县级以上公安机关负责人、检察院检察长或者法院院长批准,制作取保候审决定书。取保候审的执行机关为公安机关,因此,如果是检察院或者法院决定取保候审的,那么其在签发取保候审决定书的同时,还应另行签发执行取保候审通知书,一并送达公安机关执行。

根据《刑事诉讼法》第71条第1款的规定,被取保候审的犯罪嫌疑人、被告人在取保候审期间,应当遵守以下规定:(1)未经执行机关批准不得离开所居住的市、县。这是从活动区域上对犯罪嫌疑人、被告人进行一定程度的限制,以防止其逃避刑事追究。犯罪嫌疑人、被告人有正当理由需要离开所居住的市、县的,执行机关可根据案情决定是否批准,如果取保候审的决定机关是人民检察院或者人民法院,那么执行机关还要征得原决定机关的同意。(2)住址、工作单位和联系方式发生变动的,在24小时以内向执行机关报告。取保候审并非使犯罪嫌疑人、被告人获得完全自由,而是要对其人身自由进行一定的限制,也就需要对其行踪有所掌控,以防止其脱保。应当注意的是这种住址、工作单位和联系方式的变动,不需要经过执行机关批准。但如果变动后的住址、工作单位不在其原来所居住的市、县内,就需要先经执行机关批准。(3)在传讯的时候及时到案。取保候审的目的是保证刑事诉讼活动的顺利进行,如果被取保候审对象不与司法机关配合,在接到传讯后不到案接受讯问和审判,就不得对其适用取保候审。(4)不得以任何方式干扰证人作证。这里的任何方式包括以暴力、引诱、威胁或无理纠缠等方式,既可以是本人亲自实施,也可以是指使他人实施。(5)不得毁灭、伪造证据或者串供。这些都是严重妨碍刑事诉讼活动的行为,必须严厉禁止。

此外,公安机关、人民检察院和人民法院可以根据案件情况,责令被取保候审的犯罪嫌疑人、被告人遵守以下一项或者多项规定:(1)不得进入特定的场所。“特定场所”,是指根据犯罪性质及犯罪嫌疑人、被告人的个人倾向、心理状态等,可能会对这一场所正常的生产、生活或者学习造成不利影响,如引起恐慌等,或者可能导致犯罪嫌疑人、被告人因场景刺激而再次犯罪的地点,如禁止猥亵儿童的犯罪嫌疑人、被告人进入学校等场所。(2)不得与特定的人员会见或者通信。“特定人员”一般是指案件的同案犯、被害人、证人、鉴定人等人员。(3)不得从事特定的活动。“特定活动”一般是指与被指控的犯罪有关的活动,如对涉嫌贩毒的犯罪嫌疑人、被告人禁止其从事接触精神药品和麻醉药品的活动。(4)将护照等出入境证件、驾驶证件交执行机关保存。应当注意的是,由于犯罪嫌疑人、被告人在所居住的市、县内有活动的自由,因而对其身份证不应收缴。

这些额外的义务并非所有被取保候审的犯罪嫌疑人、被告人均必须遵守,而是具有一定的选择性,由公安司法机关根据具体的案件情况决定是否对犯罪嫌疑人、被告人设定额外的义务。

5. 取保候审的执行

公安机关决定取保候审的,应当及时通知犯罪嫌疑人居住地派出所执行;人民检察院、人民法院决定取保候审的,负责执行的县级以上公安机关应当在收到有关的法律文书和材料后,及时指定犯罪嫌疑人、被告人所在地的派出所执行。

公安机关在执行取保候审时,应当向被取保候审的犯罪嫌疑人、被告人宣读取保候审决定书并令其签名或盖章,告知其在取保候审期间应当遵守的规定。

执行的公安机关发现被取保候审人违反《刑事诉讼法》第 71 条规定的,若是以保证金形式担保,已缴纳保证金的,没收部分或者全部保证金,并且区别情形,责令犯罪嫌疑人、被告人具结悔过,重新交纳保证金、提出保证人,或者监视居住、予以逮捕。对违反取保候审规定,需要予以逮捕的,可以对罪嫌疑人、被告人先行拘留。

犯罪嫌疑人、被告人在取保候审期间没有违反《刑事诉讼法》第 71 条规定的,取保候审期限届满以后,被取保候审人凭解除取保候审的通知或者有关法律文书到银行领取退还的保证金。

根据最高法《解释》第 164 条的规定,在法庭审判阶段,被取保候审的被告人有下列情形之一的,人民法院应当决定逮捕:(1)故意实施新的犯罪的;(2)企图自杀、逃跑的;(3)毁灭、伪造证据,干扰证人作证或者串供的;(4)打击报复、恐吓滋扰被害人、证人、鉴定人、举报人、控告人等的;(5)经传唤,无正当理由不到案,影响审判活动正常进行的;(6)擅自改变联系方式或者居住地,导致无法传唤,影响审判活动正常进行的;(7)未经批准,擅自离开所居住的市、县,影响审判活动正常进行,或者两次未经批准,擅自离开所居住的市、县的;(8)违反规定进入特定场所、与特定人员会见或者通信、从事特定活动,影响审判活动正常进行,或者两次违反有关规定的;(9)依法应当决定逮捕的其他情形。

最高检《规则》第 101 条则区分违反取保候审规定行为的情节,规定在侦查及审查起诉阶段,犯罪嫌疑人有下列四种违反取保候审规定的行为的,人民检察院应当对犯罪嫌疑人予以逮捕:(1)故意实施新的犯罪的;(2)企图自杀、逃跑,逃避侦查、审查起诉的;(3)实施毁灭、伪造证据,串供或者干扰证人作证,足以影响侦查、审查起诉工作正常进行的;(4)对被害人、证人、举报人、控告人及其他人员实行打击报复的。

犯罪嫌疑人有下列违反取保候审规定的行为,人民检察院可以对犯罪嫌疑人予以逮捕:(1)未经批准,擅自离开所居住的市、县,造成严重后果,或者两次未经批准,擅自离开所居住的市、县的;(2)经传讯不到案,造成严重后果,或者经两次传讯不到案的;(3)住址、工作单位和联系方式发生变动,未在24小时以内向公安机关报告,造成严重后果的;(4)违反规定进入特定场所、与特定人员会见或者通信,从事特定活动,严重妨碍诉讼程序正常进行的。

6. 取保候审期限

《刑事诉讼法》第79条规定,取保候审最长不得超过12个月,在取保候审期间不得中断对案件的侦查、起诉和审理。发现不应当追究其刑事责任或取保候审期间届满的,应当及时解除取保候审。对于公安机关、人民检察院和人民法院取保候审超过法定期限的,犯罪嫌疑人、被告人及其法定代理人、近亲属或者犯罪嫌疑人、被告人委托的律师及其他辩护人,有权向作出取保候审决定的公安机关、人民检察院或人民法院要求解除取保候审,有关机关经查证属实的,应当解除取保候审。

取保候审的期限届满,或者发现了有《刑事诉讼法》第16条规定的不应当追究刑事责任情形的,或者案件已经办结的,原决定机关应当作出撤销取保候审的决定,并通知负责执行的公安机关。

第四节　监 视 居 住

一、监视居住的概念与意义

监视居住是指公安机关、人民检察院和人民法院对符合逮捕条件,但因特定原因未被羁押的犯罪嫌疑人、被告人依法责令其不得离开住处或者指定居所,并对其活动加以监视和控制的一种强制方法。

监视居住的强制程度介于取保候审与逮捕之间,在司法实践中,公安司法机关适用监视居住这种强制措施具有一定的现实意义:

第一,在不予关押的情况下,对特殊的犯罪嫌疑人、被告人予以应有的控制,使其不得逃避或妨碍侦查、起诉和审判,有利于保证刑事诉讼活动的顺利进行。

第二,防止错捕、滥捕,以免给司法机关的工作带来被动。同时也可以少捕少关,使犯罪嫌疑人、被告人能够正常地工作和生活,有利于维护社会稳定。

第三,体现诉讼经济原则。刑事诉讼活动在保证公正地处理案件的前提下,也要兼顾效益,对没有关押必要的犯罪嫌疑人、被告人不予关押,司法机关可以用同样的经费办理更多的刑事案件,这与诉讼经济原则是一致的。

二、监视居住的条件

1. 监视居住的条件

1996年《刑事诉讼法》对监视居住和取保候审规定了完全相同的适用条件,但由于实践中监视居住执行起来较取保候审更难,因而在相同适用条件下,多选择适用取保候审,监视居住适用率非常低,不能起到其应有的作用。2012 年修改后的《刑事诉讼法》,对原监视居住的适用条件作了一些修改,将监视居住定位为逮捕的替代性措施,2018 年修正后的《刑事诉讼法》对此未作修改,规定公安机关、人民检察院和人民法院对符合逮捕条件,有下列情形之一的犯罪嫌疑人、被告人,可以监视居住:(1)患有严重疾病、生活不能自理的。此处的"严重疾病"主要指病情严重、生命垂危、在羁押场所内易导致传染、羁押场所的医疗条件无法治疗、确需家属照料等情况。"生活不能自理"则指因年老、严重疾病等导致丧失行动能力,无法自己照料自己的基本生活,需要他人照料的情形。(2)怀孕或者正在哺乳自己婴儿的妇女。此种规定主要是为了更好地对怀孕妇女及哺乳期的婴儿进行照顾,体现了人道主义精神。(3)系生活不能自理的人的唯一扶养人。具体来说:一是要求被扶养人丧失生活自理能力。二是犯罪嫌疑人、被告人必须系其唯一扶养人,即除犯罪嫌疑人、被告人外,无人对该生活不能自理的人负有法律上的扶养义务。这里的"扶养"包括父母、祖父母、外祖父母对子女、孙子女、外孙子女的抚养,子女、孙子女、外孙子女对老人的赡养以及配偶之间、兄弟姐妹之间的相互扶养。(4)因为案件的特殊情况或者办理案件的需要,采取监视居住措施更为适宜的。"案件的特殊情况"一般是指案件的性质、情节等表明虽然犯罪嫌疑人、被告人符合逮捕条件,但并不致发生社会危险性,或者采取监视居住能取得更好的社会效果的情形。如犯罪嫌疑人、被告人犯罪后悔罪赎罪,积极取得被害人谅解的个别案件。"办理案件的需要"则通常指有利于继续侦查犯罪或者诉讼活动的社会效果等情形,如为抓获潜逃的同案犯或者避免惊动其他同案犯等。(5)羁押期限届满,案件尚未办结,需要采取监视居住措施的。对符合取保候审条件,但犯罪嫌疑人、被告人不能提出保证人,也不交纳保证金的,可以监视居住。

从该条规定来看,监视居住的适用条件与逮捕条件捆绑在一起,主要适用于符合逮捕条件,但又具有一些特殊情况不能适用羁押的情形,明确地将监视居住定位为羁押的替代性措施。此外,对于符合取保候审条件,但无法提出保证人或交纳保证金的也可以监视居住,在一定程度上将监视居住作为取保候审与羁押的中间地带,避免因为无保证人或不交纳保证金就直接羁押的情形,体现出强制措施的层次性,也能增加监视居住的适用率。

2. 监视居住对象应当遵守的规定

根据《刑事诉讼法》第 77 条的规定,被监视居住的犯罪嫌疑人、被告人应当遵守以下规定:(1)未经执行机关批准不得离开执行监视居住的处所。根据《刑事诉讼法》第 75 条的规定,监视居住应当在犯罪嫌疑人、被告人的住处执行;无固定住处的,可以在指定的居所执行。对于涉嫌危害国家安全犯罪、恐怖活动犯罪,在住处执行可能有碍侦查的,经上一级公安机关批准,也可以在指定的居所执行。但是,不得在羁押场所、专门的办案场所执行。这里的"固定住处"是指犯罪嫌疑人、被告人在办案机关所在的市、县生活的合法住处;“指定的居所”是指公安机关根据案件情况,在办案所在的市、县内为犯罪嫌疑人、被告人指定的生活居所。根据规定,指定居所监视居住仅限于两种情况:一是无固定住所;二是涉嫌危害国家安全犯罪、恐怖活动犯罪,在住处执行可能有碍侦查的,经上一级公安机关批准的情形。为了防止将监视居住变成变相羁押,有关的法律规定,公安机关不得建立专门的监视居住场所,对犯罪嫌疑人、被告人不得在看守所、行政拘留所、留置室或者公安机关其他的工作场所等羁押和办案场所执行监视居住。被监视居住人如有正当理由要求离开住处或指定处所,应当经执行机关批准;如果是人民检察院、人民法院决定的监视居住,还应征得原决定机关的同意。(2)未经执行机关批准不得会见他人或者通信。这里的“他人”是指共同居住的家庭成员以及聘请的辩护人以外的其他人。即被监视居住人与聘请的辩护律师、辩护人或者共同居住的人会见或通信,是不需要征得执行机关的同意的。但是,辩护律师在侦查期间会见涉嫌危害国家安全犯罪、恐怖活动犯罪案件的犯罪嫌疑人,应当经侦查机关许可。这里的“通信”,既包括一般的信件往来,也包括其他的通信方式,如电话、传真、电子邮件、手机短信等。(3)在传讯的时候及时到案。即被监视居住人应随传随到,以保证刑事诉讼活动的顺利进行。(4)不得以任何方式干扰证人作证。(5)不得毁灭、伪造证据或者串供。(6)将护照等出入境证件、身份证件、驾驶证件交执行机关保存。相较于取保候审应当遵守的规定,将护照等出入境证件、身份证件、驾驶证件交执行机关保存是被监视居住人必须遵守的规定,考虑到监视居住是将犯罪嫌疑人、被告人的活动限制在其居所,将身份证件交执行机关保存不会对其生活、学习造成影响,因而要求身份证件也应交执行机关保存。

被监视居住的犯罪嫌疑人、被告人违反相关规定,情节严重的,可以予以逮捕;需要予以逮捕的,可以对犯罪嫌疑人、被告人先行拘留。对于哪些具体情形需要逮捕,最高法《解释》第165条规定,被监视居住的被告人具有下列情形之一的,人民法院应当决定逮捕:(1)故意实施新的犯罪的;(2)企图自杀、逃跑的;(3)毁灭、伪造证据,干扰证人作证或者串供的;(4)打击报复、恐吓滋扰被害人、证人、鉴定人、举报人、控告人等的;(5)经传唤,无正当理由不到案,影响审判活动正常进行的;(6)未经批准,擅自离开执行监视居住的处所,影响审判活动正常进行,或者两次未经批准,擅自离开执行监视居住的处所的;(7)未经批准,擅自会见他人或者通信,影响审判活动正常进行,或者两次未经批准,擅自会见他人或者通信的;(8)对因患有严重疾病、生活不能自理,或者因怀孕、正在哺乳自己的婴儿而未予逮捕的被告人,疾病痊愈或者哺乳期已满的;(9)依法应当决定逮捕的其他情形。最高检《规则》规定在侦查与审查起诉阶段,犯罪嫌疑人有下列违反监视居住规定的行为的,人民检察院应当对犯罪嫌疑人予以逮捕:(1)故意实施新的犯罪行为的;(2)企图自杀、逃跑,逃避侦查、审查起诉的;(3)实施毁灭、伪造证据或者串供、干扰证人作证行为,足以影响侦查、审查起诉工作正常进行的;(4)对被害人、证人、举报人、控告人及其他人员实施打击报复的。犯罪嫌疑人有下列违反监视居住规定的行为的,人民检察院可以对犯罪嫌疑人予以逮捕:(1)未经批准,擅自离开执行监视居住的处所,造成严重后果,或者两次未经批准,擅自离开执行监视居住的处所的;(2)未经批准,擅自会见他人或者通信,造成严重后果,或者两次未经批准,擅自会见他人或者通信的;(3)经传讯不到案,造成严重后果,或者经两次传讯不到案的。可见,最高人民检察院对监视居住违反规定的情形在处罚上进行了区分。

从以上规定可以看出,由于监视居住是比取保候审更为严厉的强制措施,因而被监视居住的对象除了应该遵守与被取保候审人应当遵守的规定相同的规定以外,其人身自由还应受到进一步的限制。

三、监视居住的程序

公安机关、人民检察院或人民法院对犯罪嫌疑人、被告人监视居住的,应当制作呈请监视居住报告书,说明监视居住的理由、采取的方式及应当遵守的规定,由公安机关负责人、检察院检察长或法院院长负责决定,并签发监视居住决定书。如果被监视居住人因涉嫌危害国家安全犯罪、恐怖活动犯罪,在住处执行可能有碍侦查,需要指定居所监视居住的,还需报上一级公安机关审查批准。由于监视居住的执行机关为公安机关,所以人民检察院或人民法院决定监视居住的,还应当另行填写执行监视居住通知书,及时送达公安机关执行。

公安机关决定监视居住的,由犯罪嫌疑人住处或者指定的居所所在地的派出所执行,办案机关可以协助执行。

人民检察院或人民法院决定监视居住的,负责执行的县级公安机关应当在收到法律文书和有关材料,核实被监视居住对象后,及时指定被监视居住人住所或者指定的居所所在地派出所执行。

公安机关对犯罪嫌疑人、被告人执行监视居住的,应当向被执行人宣读监视居住决定书,并由其签名(盖章)或捺指印,同时告知其在监视居住期间应当遵守的规定。指定居所监视居住的,除无法通知的以外,应当在执行监视居住后24小时以内,通知被监视居住人的家属,"无法通知"一般是指犯罪嫌疑人不讲真实姓名、住址,身份不明,没有家属,或者根据其提供的家属联系方式无法取得联系,以及因自然灾害等不可抗拒的事由阻碍等无法通知的情形。无法通知家属的,应当在监视居住通知书注明原因。被监视居住的犯罪嫌疑人、被告人可以委托辩护人。人民检察院对指定居所监视居住的决定和执行是否合法实行监督。

执行机关对被监视居住的犯罪嫌疑人、被告人,可以采取电子监控、不定期检查等监视方法对其遵守监视居住规定的情况进行监督;在侦查期间,可以对被监视居住的犯罪嫌疑人的通信进行监控。但应当注意,这些监控措施只能针对被监视居住人本人,不宜对其家人监控。同时,这里对通信的监控有别于技术侦查措施,仅仅是对被监视居住人进行监督管理的方式,如果需采取监控通信的方式侦查犯罪,还需要按照技术侦查措施的程序报请批准。

《刑事诉讼法》第 97 条还规定,犯罪嫌疑人、被告人及其法定代理人、近亲属或者辩护人有权申请变更强制措施。人民法院、人民检察院和公安机关收到申请后,应当在 3 日以内作出决定;不同意变更强制措施的,应当告知申请人,并说明不同意的理由。

执行机关发现犯罪嫌疑人、被告人违反《刑事诉讼法》第 77 条规定的行为,应当区分情形责令被监视居住人具结悔过或者给予治安管理处罚。情节严重的,可以予以逮捕;需要予以逮捕的,可以对犯罪嫌疑人、被告人先行拘留。

监视居住的最长期限为 6 个月。在监视居住期间不得中断对案件的侦查、起诉和审判。监视居住期限届满或者发现有符合《刑事诉讼法》第 16 条规定的不应该追究刑事责任情形的,原决定监视居住的机关应当立即解除监视居住,并通知执行机关、被监视居住人和有关单位。

犯罪嫌疑人、被告人及其法定代理人、近亲属或者犯罪嫌疑人、被告人委托的辩护人,对监视居住超过法定期限的,有权要求解除监视居住。经审查情况属实的,应当作出解除的决定,并通知执行机关。

由于指定居所监视居住已经与羁押措施较为接近,因而指定居所监视居住的期限应当折抵刑期。被判处管制的,监视居住 1 日折抵 1 日;被判处拘役、有期徒刑的,监视居住 2 日折抵刑期 1 日。

第五节　拘　留

一、拘留的概念和意义

(一)拘留的概念和意义

刑事诉讼中的拘留是指公安机关、人民检察院在法定的紧急情况下,对犯罪嫌疑人、被告人采取的临时剥夺其人身自由的一种强制方法,也称刑事拘留。

刑事拘留是公安机关、人民检察院在侦查过程中的一种紧急处置措施,是同犯罪分子作斗争的有力武器。公安机关、人民检察院在刑事诉讼中正确采用拘留具有重要意义:

第一,在这些法定紧急情况下都是有一定的证据证明犯罪嫌疑人、被告人实施了较为严重的犯罪,对其采取拘留措施以后,就可以防止其逃跑、自杀、自残或者继续犯罪。

第二,有利于公安机关、人民检察院及时收集证据、查明案情,防止犯罪嫌疑人、被告人串供、伪造证据或者毁灭证据。

第三,法律对适用拘留的条件、期限等作了严格的规定,有利于防止"乱拘滥捕"的现象发生,保障公民的人身自由不受侵犯。

(二)刑事拘留与行政拘留、司法拘留之间的区别

刑事拘留与行政拘留都是暂时剥夺被适用对象的人身自由并且都由公安机关执行。但二者之间是有重大区别的:(1)法律性质不同。刑事拘留是一种预防性措施,不具有惩罚功能,不是一种制裁手段;行政拘留则是对违反行政法规者的一种制裁手段,具有惩罚性。(2)适用对象不同。刑事拘留的适用对象是具有触犯刑律、需要追究刑事责任情形的犯罪嫌疑人、被告人;行政拘留的适用对象则是违反治安管理处罚法、依法应当受到行政处罚的人。(3)适用的目的不同。刑事拘留的目的在于保证刑事诉讼活动的顺利进行,防止犯罪嫌疑人、被告人实施妨碍侦查、起诉和审判顺利进行的行为;而行政拘留的目的是教育和惩罚行政违法人员。(4)羁押的期限不同。一般刑事案件的拘留期限为10日,最长不得超过14日,对流窜作案、结伙作案和多次作案的重大嫌疑分子的拘留期限不超过37日;而行政拘留的期限一般为15日,数行为并罚不超过20日。

刑事拘留与司法拘留的区别。司法拘留包括民事诉讼、行政诉讼中的司法拘留和《刑事诉讼法》第199条规定的司法拘留,民事诉讼、行政诉讼中的司法拘留是诉讼中的强制措施,刑事诉讼中的司法拘留则是一种司法处罚措施。司法拘留实质上都是对已经妨碍了诉讼活动的人所施加的惩罚和制裁。虽然刑事拘留和司法拘留都是在诉讼过程中实施的保障性措施,都是暂时剥夺有关人员的人身自由,并且都由公安机关执行,但它们之间是有很大区别的:(1)决定适用的机关不同。刑事拘留由公安机关和人民检察院决定适用;而司法拘留的决定权在人民法院。(2)适用的对象不同。刑事拘留的适用对象是法定情形下的犯罪嫌疑人、被告人;司法拘留的适用对象是已经严重妨碍了民事、行政和刑事诉讼活动顺利进行的人,既可以是诉讼参与人,也可以是案外人。(3)羁押的期限不同。刑事拘留的羁押期限如前所述;司法拘留的期限为15日,被拘留人在拘留期间承认并改正错误的,人民法院可以提前予以解除。(4)与判决结果的关系不同。刑事拘留的对象被法院判处管制以上刑罚的,其羁押期限可以折抵刑期;而司法拘留与判决结果不发生关系,不得因为被司法拘留而要求减免判决应当承担的义务。

(三)公民的扭送

《刑事诉讼法》第84条规定:对有下列情形的人,任何公民都可以立即扭送公安机关、人民检察院或者人民法院处理:(1)正在实行犯罪或者在犯罪后即时被发觉的;(2)通缉在案的;(3)越狱逃跑的;(4)正在被追捕的。

扭送是公民将有法定紧急情形的现行犯强制送交公安司法机关处理的行为,它是法律赋予公民同犯罪行为作斗争的一种权利和手段,可以调动广大人民群众

同犯罪行为作斗争的积极性,有利于司法机关及时制止和查获犯罪分子,同时体现了我国刑事诉讼中专门机关与群众相结合的原则。

从扭送的法律性质来看,虽然它带有一定的强制性,但不是刑事诉讼中的强制措施,公民在抓获现行犯之后,应立即送交公安司法机关处理。现行犯抗拒扭送的,可以对其施以适度的人身强制,但不能伤害被扭送人的身体或侮辱其人格。

公安机关、人民检察院或者人民法院对于扭送来的现行犯,都应当接受并立即讯问。发现现行犯已经构成犯罪、依法应当追究刑事责任,对于不属于自己管辖的,应当按照职能管辖的规定移送有管辖权的机关处理,需要采取强制措施的,应当先采取强制措施。如果被扭送人不构成犯罪或不应当追究刑事责任,或者虽然构成犯罪,但不够逮捕、拘留条件,应当立即将被扭送人送回,并做好双方的思想工作,以免出现打击报复的现象。

二、拘留的条件和程序

(一)拘留的条件

根据《刑事诉讼法》第 82 条的规定,公安机关对于现行犯或重大嫌疑分子,有下列情形之一的,可以先行拘留:(1)正在预备犯罪、实行犯罪或者在犯罪后即时被发觉的;(2)被害人或者在场亲眼看见的人指认他犯罪的;(3)在身边或者住处发现有犯罪证据的;(4)犯罪后企图自杀、逃跑或者在逃的;(5)有毁灭、伪造证据或者串供可能的;(6)不讲真实姓名、住址,身份不明的;(7)有流窜作案、多次作案、结伙作案重大嫌疑的。

《刑事诉讼法》第 165 条规定,人民检察院对直接受理的案件,符合《刑事诉讼法》第 82 条第 4 项、第 5 项规定的情形,即“犯罪后企图自杀、逃跑或者在逃的”和“有毁灭、伪造证据或者串供可能的”犯罪嫌疑人,需要拘留的,由人民检察院作出决定,并交由公安机关执行。这是由于人民检察院所受理的案件都是国家工作人员犯罪,这些主体都有自己的职业、住处和收入,并且人身危险性较小,所以现行的刑事诉讼法并没有赋予人民检察院同公安机关一样广泛的决定拘留权限。

(二)拘留的程序

公安机关如果需要拘留现行犯或者重大嫌疑分子,应当由承办部门填写《呈请拘留报告书》,经县级以上公安机关负责人批准,签发拘留证,然后交由承办单位执行。

人民检察院依法需要拘留犯罪嫌疑人的,应当由办案人员提出意见,部门负责人审核,检察长决定,然后送达公安机关签发拘留证并负责执行。必要时人民检察院可以协助公安机关执行。

各级人大代表的人身自由,依法受到特别保护。根据《全国人民代表大会和地方各级人民代表大会代表法》第 32 条的规定,担任县级以上各级人民代表大会代表的犯罪嫌疑人因为是现行犯被拘留的,执行拘留的机关应当立即向该代表所属的人民代表大会主席团或者常务委员会报告。

公安机关在执行拘留的时候,首先必须向被拘留人出示拘留证,并责令其在拘留证上签名(盖章)、捺指印,拒绝签字的,执行人员应该注明。对于符合《刑事诉讼法》第82条规定的情形之一,因情况紧急,来不及办理拘留手续的,也可以先将犯罪嫌疑人带至公安机关,但必须立即补办拘留手续。

被拘留人抗拒拘留的,执行人员可对其采取适度的人身强制措施,在必要的情况下可以使用武器、械具等。

犯罪嫌疑人被拘留后,决定机关应当在24小时内进行讯问。发现不应当拘留的,应当立即释放,并发给释放证明。

拘留后,应当立即将被拘留人送看守所羁押,至迟不得超过24小时。除无法通知或者涉嫌危害国家安全犯罪、恐怖活动犯罪,通知可能有碍侦查的情形以外,应当在拘留后24小时以内,通知被拘留人的家属。有碍侦查的情形消失以后,应当立即通知被拘留人的家属。这里的"有碍侦查"包括以下情形:可能毁灭、伪造证据,干扰证人作证或者串供的;可能引起同案犯逃跑、妨碍侦查的;犯罪嫌疑人的家属与犯罪有牵连的。"无法通知"是指犯罪嫌疑人不讲真实姓名、住址,身份不明,被拘留人无家属,或者通过提供的家属联系方式无法取得联系,以及因自然灾害等不可抗拒的事由阻碍等无法通知的情形。

公安机关在异地执行拘留的,应当通知被拘留人所在地的公安机关,该地公安机关应当在人力、物力上给予配合与支持。

公安机关对被拘留的人,认为需要逮捕的,应当在拘留后的3日内提请人民检察院审查批准。在特殊情况下,经县级以上公安机关负责人批准,可延长1日至4日。对于流窜作案、结伙作案和多次作案的重大嫌疑分子,提请审查批捕的时间可延长至30日。这里的"流窜作案",是指跨市、县管辖范围连续作案,或在居住地作案后逃跑到外市、县继续作案;"结伙作案",是指二人以上共同作案;"多次作案",是指三次以上作案。犯罪嫌疑人不讲真实姓名、住址,身份不明的,应当对其身份进行调查。对符合逮捕条件的犯罪嫌疑人,也可以按其自报的姓名提请批准逮捕。

人民检察院对直接受理的案件中被拘留的人,认为应当逮捕的,应当在14日以内作出决定,特殊情况下可延长1日至3日。

公安机关、人民检察院拘留犯罪嫌疑人超过法定期限的,犯罪嫌疑人及其法定代理人、近亲属或者被拘留人委托的律师,有权要求释放或者变更强制措施,有关机关经查证属实以后,应该予以释放或者依法变更强制措施。

第六节 逮 捕

一、逮捕的概念和意义

(一)逮捕的概念

逮捕是指公安机关、人民检察院和人民法院为了防止犯罪嫌疑人、被告人逃避侦查、起诉和审判,防止其发生社会危险性,依法采取的在一段时间内剥夺其人身自由,予以羁押的强制方法。

逮捕是刑事诉讼强制措施中最为严厉的一种,它不仅剥夺了犯罪嫌疑人、被告人的人身自由,而且一般都要羁押到法院的判决生效为止。拘留也是剥夺犯罪嫌疑人、被告人的人身自由,而且被拘留的人往往会被逮捕。但是,逮捕和拘留是两种不同性质的强制措施,二者之间还是有较大区别的:(1)决定或者批准的机关不同。有权决定拘留的机关为公安机关和人民检察院;逮捕则是由人民检察院批准或决定,或由人民法院决定。(2)依据的条件和适用的对象不同。逮捕对象是有证据证明存在犯罪事实,并有可能被判处有期徒刑以上刑罚,采取取保候审措施不足以防止发生社会危害性的犯罪嫌疑人或被告人;而拘留的对象是具有《刑事诉讼法》第82条规定的情形之一的现行犯、重大嫌疑分子。(3)羁押的期限不同。公安机关决定的拘留羁押期限一般为10日,特殊情况下可延长到14日,对流窜作案、结伙作案和多次作案的犯罪嫌疑人可以延长到37日;逮捕后羁押的期限,根据侦查、起诉和审判的需要,相对较长,一般依附于办案期限,要羁押到案件审判终结。

(二)逮捕的意义

逮捕较长时间地剥夺犯罪嫌疑人、被告人的人身自由。准确、及时地适用逮捕措施,可以有效地防止犯罪嫌疑人、被告人逃跑、自杀、毁灭罪证和继续犯罪,有助于司法机关收集证据、证明犯罪和查明案情,从而保证侦查、起诉和审判活动的顺利进行。所以,逮捕是同犯罪作斗争的有力武器,能够达到其他强制措施无法实现的效果。

但是,司法机关滥用逮捕权,会伤害无辜,从而侵犯公民的人身权利和民主权利,破坏社会主义法制的尊严,损害司法机关的威信。所以,在具体的操作中,司法机关必须认真贯彻"严肃与谨慎相结合"的原则,做到不枉不纵、不错不漏,既不能任意扩大逮捕的对象,也不能对该捕的不捕。同时,对查明不存在犯罪事实而错捕的,应该按照国家赔偿法的规定予以赔偿。

二、逮捕的条件

2018 年修改后的《刑事诉讼法》第 81 条对逮捕的条件进行了细化规定,将逮捕分为以下两种情形:

第一种情形为:有证据证明存在犯罪事实,可能被判处有期徒刑以上刑罚的犯罪嫌疑人、被告人,采取取保候审尚不足以防止发生《刑事诉讼法》第 81 条第 1 款列举的社会危险性的。(1)"有证据证明有犯罪事实"是逮捕的证据条件,要求逮捕的证据应同时具备三个条件:一是有证据证明发生了犯罪事实;二是有证据证明是犯罪嫌疑人、被告人实施的;三是证明犯罪嫌疑人、被告人实施犯罪行为的证据已被查证属实。犯罪事实可以是犯罪嫌疑人、被告人实施的数个犯罪行为中的一个,并不要求查清全部犯罪事实。(2)逮捕作为一种最为严厉的强制措施,只能对性质较为严重的犯罪嫌疑人、被告人适用,可能判处管制、拘役的犯罪嫌疑人、被告人由于其罪行较轻,一般不会逃避刑事追究,因而对其不适用逮捕。当然,这里的"可能判处徒刑以上刑罚"只是根据已有的证据,比照刑法的规定所作出的初步判断,而不是人民法院最终判决适用的刑罚。将逮捕的实体条件限定为"可能判处徒刑以上刑罚",体现了羁押的比例性原则,将较轻的犯罪排除在逮捕的适用范围之外,有利于限制逮捕的过多适用。(3)在适用逮捕时还必须具备采取取保候审尚不足以防止发生社会危险性,而有逮捕必要这一要件。这是从被逮捕对象的人身危险性而言的,逮捕的目的也只是保证刑事诉讼活动的顺利进行,即使犯罪嫌疑人、被告人具备了上述两个条件,但人身危险性不大,采取取保候审即可防止发生社会危险性的,也不应该对其适用逮捕。

对于何种情况属于有社会危险性,《刑事诉讼法》第 81 条作了明确的列举,最高检《规则》在此基础上又进一步作出以下详尽的阐释:一是可能实施新的犯罪的,情形有:案发前或者案发后正在策划、组织或者预备实施新的犯罪的;扬言实施新的犯罪的;多次作案、连续作案、流窜作案的;一年内曾因故意实施同类违法行为受到行政处罚的;以犯罪所得为主要生活来源的;有吸毒、赌博等恶习的;其他可能实施新的犯罪的情形。二是有危害国家安全、公共安全或者社会秩序的现实危险的,情形有:案发前或者案发后正在积极策划、组织或者预备实施危害国家安全、公共安全或者社会秩序的重大违法犯罪行为的;曾因危害国家安全、公共安全或者社会秩序受到刑事处罚或者行政处罚的;在危害国家安全、黑恶势力、恐怖活动、毒品犯罪中起组织、策划、指挥作用或者积极参加的;其他有危害国家安全、公共安全或者社会秩序的现实危险的情形。三是可能毁灭、伪造证据,干扰证人作证或者串供的,情形有:曾经或者企图毁灭、伪造、隐匿、转移证据的;曾经或者企图威逼、恐吓、利诱、收买证人,干扰证人作证的;有同案犯罪嫌疑人或者与其在事实上存在密切关联犯罪的犯罪嫌疑人在逃,重要证据尚未收集到位的;其他可能毁灭、伪造证据,干扰证人作证或者串供的情形。四是可能对被害人、举报人、控告人实施打击报复的情形有:扬言或者准备、策划对被害人、举报人、控告人实施打击报复的;曾经对被害人、举报人、控告人实施打击、要挟、迫害等行为的;采取其他方式滋扰被害人、举报人、控告人的正常生活、工作的;其他可能对被害人、举报人、控告人实施打击报复的情形。五是企图自杀或者逃跑的,情形有:着手准备自杀、自残或者逃跑的;曾经自杀、自残或者逃跑的;有自杀、自残或者逃跑的意思表示的;曾经以暴力、威胁手段抗拒抓捕的;其他企图自杀或者逃跑的情形。

这些规定都较为具体,具有一定的可操作性,能够弥补原来对逮捕条件规定得过于粗疏和抽象的缺陷。

第二种情形为:对有证据证明有犯罪事实,可能判处10年有期徒刑以上刑罚的,或者有证据证明有犯罪事实,可能判处徒刑以上刑罚,曾经故意犯罪或者身份不明的,应当予以逮捕。这一规定针对的是可以逮捕的情形,这几类人要么罪行严重,要么有前科,改造不彻底,要么难以查清其身份,这三类情况均属于犯罪嫌疑人、被告人具有较强的反社会心理和较大的社会危险性的情形,因而有必要针对这三类犯罪嫌疑人、被告人直接予以逮捕。

值得注意的是,2018年修订的《刑事诉讼法》在第81条增加了第2款:批准或者决定逮捕,应当将犯罪嫌疑人、被告人涉嫌犯罪的性质、情节,认罪认罚等情况,作为是否可能发生社会危险性的考虑因素。此规定表明逮捕需要说明理由,严格适用逮捕的条件和情形,避免出现滥用逮捕措施,导致羁押常态化的现象。

三、逮捕的批准、决定和执行权限与程序

(一)逮捕的批准程序

根据刑事诉讼法的规定,公安机关没有决定逮捕的权力,公安机关在侦查过程中,需要逮捕犯罪嫌疑人的,应当经县级以上的公安机关负责人批准,制作提请批准逮捕书,连同案卷材料、证据一并移送同级人民检察院审查批准。必要时,人民检察院可以派人参加公安机关对重大案件的讨论。

人民检察院根据刑事诉讼法规定的逮捕条件,对公安机关提请审查批准逮捕的材料进行审查,审查的中心内容是案卷材料是否齐全、是否符合逮捕条件,人民检察院一般是采取个人阅卷、集体讨论、检察长决定,重大案件提交检察委员会讨论决定的办法。

根据刑事诉讼法和最高检《规则》的规定,人民检察院审查批准逮捕,可以讯问犯罪嫌疑人,有下列情形之一的,应当讯问犯罪嫌疑人:(1)对是否符合逮捕条件有疑问的;(2)犯罪嫌疑人要求向检察院人员当面陈述的;(3)侦查活动可能有重大违法行为的;(4)案情重大、疑难、复杂的;(5)犯罪嫌疑人认罪认罚的;(6)犯罪嫌疑人系未成年人的;(7)犯罪嫌疑人是盲、聋、哑人或者是尚未完全丧失辨认或者控制自己行为能力的精神病人的。

人民检察院审查批准逮捕,可以询问证人、被害人、鉴定人等诉讼参与人,听取

辩护律师的意见;辩护律师提出要求的,应当听取辩护律师的意见。

公安机关提请批准逮捕时,犯罪嫌疑人已被拘留的,人民检察院应该在7日之内作出是否批准逮捕的决定;未被拘留的,应当在接到提请批准逮捕书后15日内作出是否批准逮捕的决定,重大、复杂的案件,不得超过20日。

人民检察院经过审查后,对符合《刑事诉讼法》第81条规定的逮捕条件的犯罪嫌疑人,应当作出批准逮捕的决定,连同案卷材料送达公安机关执行,并可以对收集证据、适用法律提出意见;对不符合《刑事诉讼法》规定的逮捕条件的,人民检察院应当作出不批准逮捕的决定,并说明理由。需要补充侦查的,应当同时通知公安机关。人民检察院不得自行补充侦查,也不得直接提出采取取保候审的意见。

对于人民检察院批准逮捕的决定,公安机关应当立即执行,并将执行回执及时送达作出批准决定的人民检察院;如果未能执行,也应当将回执送达人民检察院,并写明未能执行的原因。对于人民检察院决定不批准逮捕的,公安机关在收到不批准逮捕决定书后,应当立即释放在押的犯罪嫌疑人或者变更强制措施,并将执行回执在收到不批准逮捕决定书后的3日以内送达作出不批准逮捕决定的人民检察院。

公安机关对人民检察院不批准逮捕的决定,如果认为有错误,可以要求人民检察院复议。如果复议意见不被接受,可以向上一级人民检察院提请复核。但是,在复议、复核期间,犯罪嫌疑人已被拘留的,应当立即释放。

人民检察院是国家专门的法律监督机关,人民检察院在审查批准逮捕工作中,如果发现公安机关的侦查活动有违法情况,应当通知公安机关予以纠正,公安机关应当将纠正情况通知人民检察院。人民检察院在审查批准逮捕工作中,发现公安机关讯问时可能存在刑讯逼供等非法行为的,应当调取公安机关讯问犯罪嫌疑人的录音、录像并审查相关的录音、录像,对于重大、疑难、复杂的案件,必要时可以审查全部的录音、录像。经审查讯问犯罪嫌疑人的录音、录像,发现侦查机关讯问不规范,讯问过程存在违法行为,录音、录像内容与讯问笔录不一致等情形的,应当逐一列明并向侦查机关书面提出,要求侦查机关予以纠正、补正或者书面作出合理解释。发现讯问笔录与讯问犯罪嫌疑人的录音、录像内容有重大实质性差异的,或者侦查机关不能补正或者书面作出合理解释的,该讯问笔录不能作为批准逮捕或者决定逮捕的依据。

(二)逮捕的决定程序

根据刑事诉讼法的规定,人民检察院在自侦案件中或者人民法院在审理案件的过程中,认为犯罪嫌疑人、被告人应该逮捕的,有权决定逮捕。

1.人民检察院决定逮捕的程序

人民检察院决定逮捕的程序主要有自侦案件中的决定逮捕以及审查起诉中的决定逮捕两种情形,其中,自侦案件中的决定逮捕根据最高检《规则》第296条的规定，由负责侦查的部门制作逮捕犯罪嫌疑人意见书，连同案卷材料、讯问犯罪嫌疑人录音、录像一并移送本院负责捕诉的部门审查。犯罪嫌疑人已被拘留的，负责侦查的部门应当在拘留后7日以内将案件移送本院负责捕诉的部门审查。

除自侦案件侦查过程中，人民检察院可以自行决定逮捕外，人民检察院对于公安机关移送起诉的案件认为需要逮捕的，应当由负责捕诉的部门审查。

2. 人民法院决定逮捕的程序

人民法院决定逮捕被告人的有两种情形：(1)对于直接受理的自诉案件，人民法院认为应当逮捕被告人的，由院长或审判委员会作出逮捕的决定，签发逮捕决定书，送交公安机关执行。(2)对于人民检察院提起公诉的案件，被告人未被羁押，人民法院认为符合逮捕条件的，也可以决定逮捕。

为了保证各级人大代表依法履行职务，根据《全国人民代表大会和地方各级人民代表大会代表法》的规定，如果被逮捕的对象是县级以上各级人民代表大会的代表，那么人民法院或人民检察院应当经同级人民代表大会主席团或常务委员会许可，才能决定逮捕。

（三）逮捕的执行程序

根据刑事诉讼法的规定，人民法院、人民检察院各自决定逮捕的犯罪嫌疑人、被告人，以及公安机关提请人民检察院批准逮捕的犯罪嫌疑人，一律由公安机关执行。公安机关执行逮捕的程序是：

1. 公安机关接到检察院的批准逮捕决定书、决定逮捕通知书或者法院的逮捕决定书以后，由县级以上公安机关负责人签发逮捕证，立即指派两个以上的执行人员具体执行。必要时，可以请人民法院、人民检察院协助执行。执行逮捕后，应当及时通知决定机关。

2. 公安机关执行逮捕时，必须向被逮捕人出示逮捕证，宣布逮捕，并责令被逮捕人在逮捕证上签名、捺指印，拒绝签名、捺指印的，应该记录在案。

被逮捕人抗拒逮捕的，执行人员可以使用武器或械具。对于人民检察院批准逮捕的决定，公安机关执行完毕以后，应当及时将执行回执送达人民检察院，因犯罪嫌疑人在逃或者其他原因而未能执行的，也应当将回执送达人民检察院，并写明未能执行的原因。

3. 人民法院、人民检察院对于各自决定逮捕的人，公安机关对于经人民检察院批准逮捕的人，都必须在逮捕后的24小时以内进行讯问。在发现不应当逮捕的时候，必须立即释放，发给释放证明。

4. 逮捕后，应当立即将被逮捕人送看守所羁押。除无法通知的以外，应当在逮捕后24小时以内，通知被逮捕人家属。“无法通知”的情形消除后，应当立即通知被逮捕人的家属。此处“无法通知”的情形与拘留中“无法通知”的情形一致。

5. 公安机关在异地执行逮捕，应当携带批准逮捕决定书、逮捕证、办案协作函件和工作证件等法律文书,与协作地县级以上公安机关联系,协作地公安机关应当派员协助执行。这体现了公安系统内的互相配合。

6. 被逮捕的犯罪嫌疑人、被告人及其法定代理人、近亲属或者辩护人,有权申请变更强制措施。批准或决定机关经过审查,认为符合采取取保候审或监视居住条件的,可以决定取保候审或监视居住。

7. 犯罪嫌疑人、被告人被逮捕后,人民检察院仍应当对羁押的必要性进行审查,对不需要继续羁押的,应当建议予以释放或者变更强制措施。有关机关应当在10日以内将处理情况通知人民检察院。

犯罪嫌疑人、被告人被羁押的案件,不能在刑事诉讼法规定的侦查羁押、审查起诉或者一审、二审期限内办结的,对犯罪嫌疑人、被告人应当予以释放;需要继续查证、审理的,对犯罪嫌疑人、被告人可以取保候审或监视居住。

案例精选

李某于2019年7月毕业后到某国有企业从事财务工作。因无钱买房,单位又不分房,在同学、朋友和亲戚家里四处借住,如何弄钱买一套住房成了他的心结。2020年4月,单位有一笔80万元现金未来得及送银行,存放于单位保险柜,李某借职务之便侵吞了全部现金并伪造外人盗窃的现场,李某用该款购买了一套公寓。李某的反常行为被单位举报到检察机关,检察机关反贪技术侦查部门当即实施技术侦查措施,查明系李某作案并予以立案。刑事拘留期间李某供认了全部犯罪事实。鉴于本人最终认罪并将赃物全部退回,根据本案特殊情况和办案需要,检察机关决定对其采取指定居所监视居住(源于2013年国家司法考试真题卷四第3题,本题时间作了调整)。

【问】检察机关对李某采取指定居所监视居住,是否正确?为什么?

【答案与解析】正确。《刑事诉讼法》第74条第1款规定:"人民法院、人民检察院和公安机关对符合逮捕条件,有下列情形之一的犯罪嫌疑人、被告人,可以监视居住:……(四)因为案件的特殊情况或者办理案件的需要,采取监视居住措施更为适宜的……"本案中,检察机关根据本案特殊情况和办案需要有权根据这一法条规定对李某监视居住。指定居所监视居住适用于无固定住处的,以及涉嫌危害国家安全罪等三类案件,本案李某虽然不符合三类案件,但他没有固定住处,符合指定居所监视居住的规定。

思考问题

1. 刑事强制措施与刑罚有何区别?
2. 强制措施依法变更的法律意义何在?

法条链接

《刑事诉讼法》第15、38、62、66~67、71、75、77、79、81~82、84、97、119、165、199条;最高法《解释》第164、165条;最高检《规则》第83、87、92、101条;公安部《规定》第82、87条;《全国人民代表大

会和地方各级人民代表大会代表法》第32条。

扩展阅读

1. 张栋:《我国拘留和逮捕的定位与完善》,载《政法论坛》2020年第6期。
2. 左卫民:《一种新程序:审思检监衔接中的强制措施决定机制》,载《当代法学》2019年第3期。
3. 刘计划:《我国逮捕制度改革研讨》,载《中国法学》2019年第5期。
4. 程雷:《指定居所监视居住实施问题的解释论分析》,载《中国法学》2016年第3期。
5. 郭烁:《新刑事诉讼背景下的强制措施体系》,载《政法论坛》2014年第3期。

第十一章　刑事附带民事诉讼

本章知识要点

刑事附带民事诉讼是为节约诉讼成本、提高诉讼效率而设置的一种依附于刑事诉讼的特殊民事诉讼。本章主要介绍了附带民事诉讼的概念、特点、成立条件、意义、当事人以及诉讼程序问题。

第一节　概　　述

一、刑事附带民事诉讼的概念及特点

刑事附带民事诉讼是指公安机关、人民检察院、人民法院在刑事诉讼过程中，依法追究犯罪嫌疑人、被告人刑事责任的同时，为附带解决犯罪嫌疑人、被告人的犯罪行为所造成的物质损失的赔偿问题而进行的诉讼活动。

刑事附带民事诉讼作为一项诉讼制度，是有关附带民事诉讼中的当事人、赔偿范围、提起和审理程序等问题的法律规范的总称。我国《刑事诉讼法》第 101 条规定："被害人由于被告人的犯罪行为而遭受物质损失的，在刑事诉讼过程中，有权提起附带民事诉讼。被害人死亡或者丧失行为能力的，被害人的法定代理人、近亲属有权提起附带民事诉讼。如果是国家财产、集体财产遭受损失的，人民检察院在提起公诉的时候，可以提起附带民事诉讼。"这一规定是进行附带民事诉讼的主要法律依据。《刑事诉讼法》第 104 条还对附带民事诉讼的审理原则进行了规定。此外，最高院《解释》以及其他司法解释中关于附带民事诉讼的规定也是司法实践中的重要执法依据。

刑事附带民事诉讼具有以下特点：

第一，附带民事诉讼就其解决的问题的性质而言，是经济赔偿问题，与民事诉讼中的损害赔偿并无不同，属于民事诉讼性质。但是同一般的民事诉讼相比，附带民事诉讼又有所不同，因为这种赔偿是由犯罪行为引起的，并且是在刑事诉讼的过程中提起的，由审判刑事案件的审判组织进行审理，所以它是刑事诉讼中的一部

分,是一种特殊的民事诉讼。

第二,从附带民事诉讼适用的法律来看,它具有复合性。由于附带民事诉讼所解决的是刑事犯罪行为所引起的民事赔偿责任的问题,所以从实体法上看,对损害事实的认定,既要遵循刑法关于具体案件犯罪构成的规定,也要受民事法律规范的调整;从程序法上看,除刑事诉讼法有特殊规定的以外,应当适用民事诉讼法的规定。因此,最高法《解释》第201条规定:“人民法院审理附带民事诉讼案件,除刑法、刑事诉讼法以及刑事司法解释已有规定的以外,适用民事法律的有关规定。”

第三,从附带民事诉讼的处理程序上来看,它具有依附性。附带民事诉讼以刑事案件的成立为前提,必须在刑事诉讼的过程中提起,附带民事诉讼的判决不得同刑事部分的判决相抵触,附带民事诉讼的起诉时效、上诉时效、管辖法院等都取决于刑事案件。因此,附带民事诉讼在处理程序上是依附于刑事诉讼的,如果刑事诉讼不存在,附带民事诉讼就无法提起。

二、刑事附带民事诉讼的成立条件

1. 刑事诉讼成立。附带民事诉讼是由刑事诉讼派生的,因此,附带民事诉讼必须以刑事诉讼的成立为前提。在实践中应当注意以下两种情况:一是虽然有物质损害存在,但是犯罪嫌疑人、被告人的行为属于合法行为,如犯罪嫌疑人、被告人的行为属于正当防卫,因这些行为而导致的损害,不能提起附带民事赔偿请求。二是犯罪嫌疑人、被告人的行为虽然不构成犯罪,但是有违法情形存在,这种情形应如何处理?在侦查或审查起诉阶段,即使侦查机关或公诉机关决定不追究行为人的刑事责任,被害人仍然可以独立提起民事诉讼,也可以在依法提起自诉时附带提起民事诉讼;如果刑事诉讼已经进入审判阶段,被害人当然可以提出赔偿请求,由法院根据事实进行裁判。

2. 必须是犯罪行为给被害人造成了物质损失。这一条件包含两个互相联系的内容:一是被害人遭受了物质损失。最高法《解释》第175条第1款明确规定:“被害人因人身权利受到犯罪侵犯或者财物被犯罪分子毁坏而遭受物质损失的,有权在刑事诉讼过程中提起附带民事诉讼。”这里的物质损失是指被害人因犯罪行为已经遭受的实际损失和必然遭受的损失。所谓实际损失是指犯罪行为已经给被害人造成的损失,如纵火案中烧毁的房屋;所谓必然遭受的损失是指犯罪行为使被害人将来必然要遭受的物质损失,如伤害案件中的被害人今后需要继续治疗的费用。对于被害人的精神损失能否提起附带民事诉讼,理论界争议很大,最高法《解释》第175条第2款明确规定:“因受到犯罪侵犯,提起附带民事诉讼或者单独提起民事诉讼要求赔偿精神损失的,人民法院不予受理。”可见,目前我国刑事附带民事诉讼不支持精神损害赔偿的诉讼请求。二是被害人所遭受的物质损失是由被告人的犯罪行为直接造成的。被害人提起附带民事诉讼要求赔偿的损失,必须是被告人的犯罪行为直接造成的,即被告人的犯罪行为与被害人所遭受的物质损失之间存在直接的因果关系。如果被害人的物质损失不是被告人的犯罪行为造成的,而是他人的行为造成的,那么其就不能提起附带民事诉讼要求赔偿损失。

3. 必须符合提起民事诉讼的条件。根据民事诉讼的一般理论,任何人只有同时具备诉讼权利能力和诉讼行为能力,才有资格提起诉讼,也才有能力享有原告的诉讼权利、履行其诉讼义务。因此,附带民事诉讼的原告人必须是具有诉讼权利能力的人。同时,原告人提起附带民事诉讼,必须要有明确的被告人和具体的诉讼请求,即提出应当赔偿的具体数额,同时对被告人的加害事实所造成的物质损失,要提出证据予以证明。

4. 必须在刑事诉讼的过程中提起。附带民事诉讼必须在刑事诉讼的过程中提起,即从刑事案件立案开始,到刑事案件审结之前,在刑事诉讼中的任何阶段都可以提起附带民事诉讼。而在刑事诉讼开始之前或刑事诉讼结束之后,就不能提起附带民事诉讼;被害人坚持要求赔偿的,只能通过一般的民事诉讼解决。另外,由于只有通过法庭调查和法庭辩论才能对案件事实予以认定,因而一般应在一审法院法庭辩论结束之前提起附带民事诉讼,否则就要另行进行法庭调查和法庭辩论,造成诉讼的拖延。

三、刑事附带民事诉讼的意义

刑事附带民事诉讼作为一项重要的诉讼制度,在刑事诉讼中具有重要意义,主要体现在以下几个方面:

一是有利于维护被害人的经济利益。刑事犯罪往往给被害人造成经济损失,有的还是严重的经济损失,附带民事诉讼制度的设立,可以使被害人通过附带民事诉讼程序,得到物质损害赔偿。

二是有利于打击和制裁犯罪。附带民事诉讼制度,使给他人造成物质损害的犯罪分子不仅要承担刑事责任,还要承担民事责任,这对于有效打击和制裁犯罪活动,教育改造犯罪分子具有重要意义。

三是有利于公、检、法三机关全面、正确地处理案件。附带民事诉讼制度的设立,要求公、检、法三机关在刑事诉讼的过程中,查明犯罪嫌疑人、被告人的犯罪活动所造成的物质损害情况以及被告人对待其犯罪行为造成危害后果的态度,这些情况对于正确认定案件事实,判断被告人的认罪态度和悔罪表现,对于审判机关正确定罪量刑,具有重要的参考价值。

四是有利于保证人民法院审判工作的统一性和严肃性。由于附带民事诉讼是由审理刑事案件的同一审判组织负责审理的,因而有利于保证对案件事实认识的统一性,避免因不同审判组织分别进行审判可能导致的对同一违法行为或者同一案件事实得出不同的结论,从而维护法院审判工作的严肃性。

五是有利于节约诉讼成本、提高诉讼效率。在刑事诉讼的过程中附带解决被害人由于被告人的犯罪行为而遭受的物质损失的赔偿问题,对于司法机关来讲,避免了重复审理活动，节省了办案时间，节约了人力、物力和财力等诉讼资源；对当事人来说，在刑事诉讼中解决附带民事诉讼问题，可以避免重复出庭、重复举证等活动，减轻了讼累。因此，附带民事诉讼制度有利于提高诉讼效率。

第二节 刑事附带民事诉讼的当事人

一、刑事附带民事诉讼的原告人

刑事附带民事诉讼的原告人是指在刑事诉讼进行过程中，向人民法院提起附带民事诉讼，要求被告人赔偿因其犯罪行为而遭受的物质损失的人，是附带民事诉讼的一方当事人。根据刑事诉讼法以及最高法《解释》的规定，附带民事诉讼的原告人包括以下几类：

1. 因犯罪行为而遭受物质损失的被害公民和被害单位。任何公民由于被告人的犯罪行为而遭受物质损失的，在刑事诉讼进行过程中，都有权向人民法院提起附带民事诉讼，要求得到经济赔偿。这也是刑事附带民事诉讼中最常见的原告人。此外，由于被告人的犯罪行为而遭受物质损失的单位，在刑事诉讼进行过程中，也有权向人民法院起诉，要求得到经济赔偿。因此，刑事诉讼中的被害人应当包括自然人、法人及企事业单位、机关、团体等其他组织。

2. 已死亡的被害人的法定代理人、近亲属。在刑事案件被害人已经死亡的情况下，被害人的法定代理人、近亲属可以代为提起附带民事诉讼。被害人的法定代理人对于被害人的权利有维护的职责，在被害人遭受犯罪行为侵害而死亡时，有权为被害人的权利而提起附带民事诉讼。被害人的近亲属与被害人之间具有血缘关系或者婚姻关系，而且是被害人的法定继承人，依法享有继承被害人财产的权利。被害人因被告人的犯罪行为而遭受物质损失，作为继承人的近亲属也间接地成为犯罪行为的受害人。因此，已死亡的被害人的法定代理人、近亲属为了挽回所受到的经济损失，有权向人民法院提起附带民事诉讼，请求得到赔偿。还需要说明的是，在被害人是未成年人、精神病患者等丧失行为能力者的情况下，由于其个人缺乏诉讼行为能力，仅靠自己的力量难以维护其合法权益，因而法律规定，他们的法定代理人或者近亲属可以代为提起附带民事诉讼。在这种情况下，附带民事诉讼的原告人仍然是被害人，其法定代理人或近亲属是诉讼代理人。

3. 人民检察院。在国家、集体的财产因被告人的犯罪行为而遭受物质损失的情况下，如果受损失的单位没有提起附带民事诉讼，则人民检察院在提起公诉的同时可以提起附带民事诉讼，人民法院应当受理。此时，人民检察院既是公诉机关，也是附带民事诉讼的原告人，享有原告人的诉讼权利，但是就赔偿问题无权同被告人通过调解达成协议或者自行和解。

二、刑事附带民事诉讼的被告人

刑事附带民事诉讼的被告人是附带民事诉讼中被起诉的一方当事人,根据刑事诉讼法以及最高法《解释》的规定,附带民事诉讼的被告人包括以下几类:

1. 刑事被告人以及没有被追究刑事责任的其他共同侵害人。附带民事诉讼的被告人通常就是刑事诉讼中的被告人,但是在有些情况下,附带民事诉讼的被告人不仅仅指被依法追究刑事责任的被告人,还包括没有被追究刑事责任的其他共同致害人,这些共同致害人由于情节轻微或者其他原因,依法没有被追究刑事责任,但是对于其加害行为而造成的物质损失,仍负有赔偿责任,应当成为附带民事诉讼的被告人。

2. 未成年人、精神病人的法定代理人或者监护人。未成年人、精神病人实施危害社会的行为给被害人造成物质损失的,因为该未成年人、精神病人的法定代理人或者监护人未能尽到监护职责,所以其应当成为附带民事诉讼的被告人。

3. 死刑罪犯的遗产继承人。死刑罪犯的遗产继承人事实上是死刑罪犯生前债务的继承人,对刑事被害人的赔偿应当属于其遗产的清偿范围。但如果该继承人已声明放弃对死刑罪犯遗产的继承权的,则不得继续以其为被告人。

4. 共同犯罪案件中,案件审结前死亡的被告人的遗产继承人。共同犯罪案件中,如果案件审结前部分被告人死亡的,在刑事诉讼中可以终止对其追究刑事责任,但其民事责任不能免除,如果有遗产继承人的,应以继承人所继承的遗产为限对被害人清偿。但如果继承人已声明放弃继承权的,则不得将其列为被告人。

5. 对被害人的物质损失依法应当承担赔偿责任的其他单位和个人。除上述几种应当承担赔偿责任的人以外,其他对被害人的物质损失依法应当承担赔偿责任的单位和个人也是附带民事诉讼的被告人。例如,某些企业的工作人员在执行职务中犯罪因而造成物质损失的,有关企业可以成为附带民事诉讼的共同被告人。

另外,如果附带民事诉讼被告人的亲友自愿代为赔偿的,应当准许,但在此时,不能将其列为被告人。

第三节　刑事附带民事诉讼的程序

一、刑事附带民事诉讼的提起

(一)提起附带民事诉讼的条件

刑事附带民事诉讼的提起条件与民事诉讼的提起条件有很多相同之处,包括以下几个方面:

第一，提起附带民事诉讼的原告人、法定代理人必须符合法定条件。有权提起附带民事诉讼的原告人必须是因为犯罪行为而遭受物质损失的被害人(包括被害公民、法人及其他组织)，被害人死亡或者丧失行为能力的，其法定代理人、近亲属有权提起附带民事诉讼。

第二，有明确的被告人。提起附带民事诉讼，必须有明确的被告人，即向法院起诉时必须明确指出侵犯自己合法利益或依法负有赔偿责任的对方当事人。只有明确对方当事人，诉讼才能形成，否则诉讼根本无法进行。

第三，有请求赔偿的具体要求和事实依据。提起附带民事诉讼，必须有请求赔偿的具体要求，即要求人民法院予以保护的具体内容。如果起诉时没有具体的诉讼请求，没有要求保护的具体的合法权益，那么起诉就难以成立。事实依据是指提出诉讼请求所依据的事实和理由，即有关案件事实情况以及必要的证据，以便在诉讼中证明其诉讼请求是正当的。

第四，属于人民法院受理附带民事诉讼案件的范围。属于人民法院受理附带民事诉讼案件的范围是当事人提起附带民事诉讼所必须具备的条件，即案件必须属于人民法院主管和管辖，如果案件属于法院以外的其他机关主管，则不能提起附带民事诉讼，而只能通过其他途径解决。

(二)提起附带民事诉讼的时间

关于提起附带民事诉讼的时间，最高法《解释》第184条中有明确规定，主要内容如下：

1. 提起附带民事诉讼的起始时间，应当是刑事案件立案以后，具体分为以下情形：(1)被害人是公民个人的，可以直接向人民法院提起附带民事诉讼；(2)国家、集体财产遭受损失的，遭受损失的法人或者其他组织既可以直接向人民法院提起附带民事诉讼，也可以在侦查、审查起诉阶段通过侦查、审查起诉机关提起；遭受损失的单位未提起诉讼的，人民检察院在提起公诉时可以提起附带民事诉讼。其中，在侦查、审查起诉阶段提起附带民事诉讼的，人民检察院应当记录在案，并将原告人的诉讼请求和有关材料，在提起公诉的同时，一并移送人民法院。

2. 提起附带民事诉讼的终止时间，应当是一审判决宣告前。即只有在一审判决宣告以前才能提起附带民事诉讼，一旦一审刑事判决已经宣告，就不能再提起附带民事诉讼，原告人只能在刑事判决生效以后另行提起民事诉讼，而这不属于附带民事诉讼的情形。

(三)提起附带民事诉讼的方式

我国刑事诉讼法对于提起附带民事诉讼的方式没有作出明确的规定。根据最高法《解释》第184条的规定，提起附带民事诉讼应当提交附带民事起诉状。但最高法《解释》第187条中又规定："人民法院受理附带民事诉讼后，应当在五日内将附带民事起诉状副本送达附带民事诉讼被告人及其法定代理人，或者将口头起诉的内容及时通知附带民事诉讼被告人及其法定代理人,并制作笔录。”因此,提起附带民事诉讼的方式并不限于书面形式,口头形式提起附带民事诉讼也为人民法院所允许。如果以口头形式提起的附带民事诉讼,审判人员应当对原告人的口头诉讼请求详细询问,并制作笔录,向原告人宣读;原告人确认无误后,应当签名或者盖章。无论是以书面方式还是以口头方式提起,都应当说明附带民事诉讼原告人、被告人的基本情况、控告的犯罪事实、由于犯罪行为而遭受的物质损失及相关证据、具体赔偿请求等。

人民检察院在提起公诉时一并提起附带民事诉讼的,只能以书面方式进行,起诉书中应当写明:被告人的基本情况、被告人的犯罪行为给国家或集体财产造成损失的情况;代表国家、集体要求被告人赔偿损失的诉讼请求和适用的法律依据。

(四)对起诉的审查和受理

人民法院收到附带民事诉讼起诉状后,应当进行审查,并在7日内决定是否立案,对于符合立案条件的,应当受理;不符合条件的,应当裁定不予受理。

二、刑事附带民事诉讼的财产保全和先予执行

(一)附带民事诉讼的财产保全

附带民事诉讼的财产保全是指人民法院在受理附带民事诉讼之后,为了保证将来发生法律效力的附带民事诉讼判决能够得到执行,而对被告人的财产采取一定的强制措施。我国《刑事诉讼法》第102条规定:“人民法院在必要的时候,可以采取保全措施,查封、扣押或者冻结被告人的财产。附带民事诉讼原告人或者人民检察院可以申请人民法院采取保全措施。人民法院采取保全措施,适用民事诉讼法的有关规定。”可见,附带民事诉讼中的财产保全可以由原告人提出申请,也可由人民法院在必要时主动采取。这里的“查封、扣押或者冻结”,就是附带民事诉讼的保全措施。

附带民事诉讼的财产保全应当注意:(1)确实存在因被告人的行为或其他原因使将来的附带民事诉讼判决不能执行或难以执行的可能性。(2)有权提起附带民事诉讼的人因情况紧急,不立即申请保全将会使其合法权益受到难以弥补的损害的,可以向被保全财产所在地、被申请人居住地或者对案件有管辖权的人民法院申请采取诉前财产保全措施;但申请后,在人民法院受理刑事案件后15日内未提起附带民事诉讼的,人民法院应当解除保全措施。(3)关于附带民事诉讼的保全措施,刑事诉讼法规定了查封、扣押及冻结三项。(4)查封、扣押或冻结的财产,只能以被告人的个人财产为限,不得查封、扣押或冻结他人包括被告人近亲属的财产。(5)查封、扣押或冻结的财产应以足够支付赔偿为限,赔偿的数额暂时难以确定的,可以请求数额确定,不得任意扩大查封、扣押或冻结范围。(6)对于查封、扣押或冻结的财产,应当妥善保存,在不宜长期保存的情况下,可以变卖,保存价款。

（二）附带民事诉讼的先予执行

附带民事诉讼的先予执行是指人民法院受理附带民事诉讼之后、作出判决之前，根据附带民事诉讼原告人的请求决定附带民事诉讼被告人先给付附带民事诉讼原告人一定款项或特定物并立即执行的措施。附带民事诉讼的先予执行必须具有法定的理由，即由于被告人的犯罪行为给被害人造成了极大的经济困难。例如，在伤害案件中，不先予执行医疗费则被害人就无法住院治疗这一情形。采取先予执行措施时，既要考虑被害人的需要，又要兼顾被告人的实际支付能力，先予执行的数额应当折抵附带民事判决中所确定的赔偿数额。

三、刑事附带民事诉讼的审判程序

我国《刑事诉讼法》第104条对附带民事诉讼的审判原则作了规定："附带民事诉讼应当同刑事案件一并审判，只有为了防止刑事案件审判的过分迟延，才可以在刑事案件审判后，由同一审判组织继续审理附带民事诉讼。"根据这一原则，在一般情况下，附带民事诉讼应当同刑事案件一并审理并作出判决，这样便于全面查明案件事实，也节省了人力、物力和时间。但刑事案件的审判是有时间限制的，如果附带民事诉讼部分同刑事案件一并审理，会影响刑事部分在法定期限内结案，那么也可以先审判刑事案件，后审判民事案件。但是在分别审判时要注意：其一，只能先审刑事部分，后审民事部分，而不能相反；其二，必须由审理刑事案件的同一审判组织继续审理附带民事诉讼部分，不得另行组成合议庭进行审理，但如果同一审判组织的成员确实不能继续参加审判的，可以更换；其三，附带民事诉讼判决部分对案件事实的认定不得同刑事判决相抵触；其四，附带民事诉讼部分的延期审理，一般不影响刑事判决的生效。

（一）审理前的准备工作

人民法院在受理案件后，开庭审理之前，为开庭审理应当进行一些必要的准备工作，包括以下内容：

1. 人民法院在受理案件后，应当在5日内向附带民事诉讼的被告人送达附带民事诉讼起诉状的副本。或者将口头起诉的内容及时通知附带民事诉讼的被告人，并制作笔录。被告人是未成年人的，应当将附带民事诉状副本送达其法定代理人，或者将口头起诉的内容及时通知其法定代理人。同时应根据刑事案件审理的期限，确定被告人或者其法定代理人提交民事答辩状的时间。

2. 人民法院开庭审理案件前，要向附带民事诉讼的当事人送达传票，传唤他们出庭。原告人无正当理由拒不出庭的，或者未经许可中途退庭，应按撤诉处理。

（二）审理中的调解

审理附带民事诉讼案件，可以进行调解或者根据物质损失情况作出判决、裁定。调解应当在当事人双方自愿的基础上进行。经调解达成协议的，审判人员应当及时制作调解书。调解书经双方当事人签收后即发生法律效力。调解不能达成协议的,人民法院应当根据犯罪行为所造成的物质损失情况作出判决或者裁定。

调解达成协议并即时履行完毕的,可以不制作调解书,但应当记入调解笔录,经双方当事人、审判人员、书记员签名或盖章即发生法律效力。

经调解无法达成协议或者调解书签收前当事人反悔的,附带民事诉讼应当同刑事案件一并开庭审理。开庭审理时,一般应当分阶段进行,先审理刑事部分,然后审理民事部分,附带民事部分的审理程序参照民事审判程序进行。

人民法院认定公诉案件被告人的行为不构成犯罪,对已经提起的附带民事诉讼,经调解不能达成协议的,应当一并作出刑事附带民事诉讼判决。

人民法院准许人民检察院撤回起诉的公诉案件,对已经提起的附带民事诉讼,可以进行调解;不宜调解或者经调解不能达成协议的,应当裁定驳回起诉,并告知附带民事诉讼原告人可以另行提起民事诉讼。

(三)刑事附带民事诉讼审理中应注意的问题

1. 被告人非法占有、处置被害人财产的,应当依法予以追缴或者责令退赔。被害人提起附带民事诉讼的,人民法院不予受理。追缴、退赔的情况,可以作为量刑情节考虑。

2. 国家机关工作人员在行使职权时,侵犯他人人身、财产权利构成犯罪,被害人或者其法定代理人、近亲属提起附带民事诉讼的,人民法院不予受理,但应当告知其可以依法申请国家赔偿。

3. 被害人或者其法定代理人、近亲属仅对部分共同侵害人提起附带民事诉讼的,人民法院应当告知其可以对其他共同侵害人,包括没有被追究刑事责任的共同侵害人,一并提起附带民事诉讼,但共同犯罪中同案犯在逃的除外。被害人或者其法定代理人、近亲属放弃对其他共同侵害人的诉讼权利的,人民法院应当告知其相应的法律后果,并在裁判文书中说明其放弃诉讼请求的情况。共同犯罪案件,同案犯在逃的,不应列为附带民事诉讼被告人。逃跑的同案犯到案后,被害人或者其法定代理人、近亲属可以对其提起附带民事诉讼,但已经从其他共同犯罪人处获得足额赔偿的除外。

4. 附带民事诉讼的赔偿原则,应以被告人本人的财产为限。被告人没有经济赔偿能力的,不能让被告人的近亲属代为赔偿。当然,如果他的近亲属自愿代为承担,人民法院应当许可。

5. 人民检察院提起附带民事诉讼的,人民法院经审理,认为附带民事诉讼被告人依法应当承担赔偿责任的,应当判令附带民事诉讼被告人直接向遭受损失的单位作出赔偿;遭受损失的单位已经终止,有权利义务继受人的,应当判令其向继受人作出赔偿;没有权利义务继受人的,应当判令其向人民检察院交付赔偿款,由人民检察院上缴国库。

6. 处理附带民事诉讼的情况，可以作为人民法院量刑时予以考虑的情节。最高法《解释》第194条规定："审理刑事附带民事诉讼案件，人民法院应当结合被告人赔偿被害人物质损失的情况认定其悔罪表现，并在量刑时予以考虑。"

（四）附带民事诉讼的上诉

根据《刑事诉讼法》第227条第2款、第228条的规定，第一审判决作出后，附带民事诉讼的当事人和他们的法定代理人以及人民检察院如果对判决不服，可以对地方各级人民法院第一审的判决、裁定中的附带民事诉讼部分，提出上诉或抗诉。对附带民事诉讼部分的上诉不影响刑事判决部分的生效，即一审刑事部分的判决在上诉期满后即发生法律效力。但是第二审人民法院应当对第一审判决中的刑事部分和民事部分全面审查，审查后认为，一审判决的刑事部分并无不当的，二审法院只需就附带民事诉讼部分作出处理，一审判决的附带民事诉讼部分事实清楚，适用法律正确的，应以刑事附带民事裁定维持原判，驳回上诉。

一审期间未提起附带民事诉讼，在二审期间提起的，二审人民法院可以依法进行调解；调解不成的，告知当事人可以在刑事判决、裁定生效后另行提起民事诉讼。

案例精选

韩某和苏某共同殴打他人，致被害人李某死亡、吴某轻伤，韩某还抢走吴某的手机。后韩某被抓获，苏某在逃（源于2014年司法考试真题卷二第32题）。

【问】吴某是否可以通过附带民事诉讼要求韩某赔偿手机？

【答案与解析】不可以。根据最高法《解释》第176条的规定，被告人非法占有、处置被害人财产的，应当依法予以追缴或者责令退赔。被害人提起附带民事诉讼的，人民法院不予受理。追缴、退赔的情况，可以作为量刑情节考虑。据此可知，对手机应当依法予以追缴或者责令退赔，不可以就手机提起附带民事诉讼。

思考问题

1. 附带民事诉讼与刑事诉讼之间是什么关系？
2. 如何确定附带民事诉讼的"物质损失"范围？

法条链接

《刑事诉讼法》第101、102、104、227～228条；最高法《解释》第175～201条。

扩展阅读

1. 邵世星:《刑事附带民事诉讼疑难问题研究》,中国检察出版社 2002 年版。
2. 陈卫东、柴煜峰:《刑事附带民事诉讼制度的新发展》,载《华东政法大学学报》2012 年第 5 期。
3. 田源:《刑事附带民事诉讼"两金"赔偿问题研究》,载《法学论坛》2017 年第 2 期。
4. 刘少军:《中国刑事附带民事诉讼的局限性及其完善》,载《华南师范大学学报》2019 年第 5 期。

第十二章　期间与送达

本章知识要点

刑事诉讼的期间是指公安司法机关以及诉讼参与人进行刑事诉讼活动所应当遵守的期限,本章主要介绍了刑事诉讼期间的概念界定、计算方法、恢复条件以及法定期间。刑事诉讼的送达是指人民法院、人民检察院、公安机关等专门机关按照法定的方式和程序将有关诉讼文书送交收件人的诉讼活动,本章主要介绍了刑事诉讼送达的特点、方式以及程序。

第一节　期　　间

一、期间概述

刑事诉讼中的期间,是指公安司法机关以及诉讼参与人进行刑事诉讼活动所应当遵守的期限。期间可分法定期间和指定期间。前者由法律明文规定,后者则由公安司法机关指定。法定期间又可以分为公安司法机关应当遵守的期间和诉讼参与人应当遵守的期间。

期间与期日既有联系又有区别。期日是指公安司法机关和诉讼参与人共同进行刑事诉讼活动的特定时间。刑事诉讼法对期日未作具体规定,在诉讼实践中,由公安机关、人民检察院、人民法院根据法律规定的期间和案件的具体情况予以指定。期间与期日的区别有:(1)期间是指公安司法机关和诉讼参与人各自单独进行某项诉讼活动的时间要求;而期日是指公安司法机关和诉讼参与人共同进行某项诉讼活动的时间要求。如侦查阶段拘传期限一般不超过12小时,这12小时是对侦查机关的要求;而法院指定12月12日对某个案件进行开庭审判,这一时间是对法院、检察机关以及诉讼参与人共同进行审判活动的时间要求。(2)期间原则上由法律规定,一般不能变更;而期日由公安司法机关指定,遇有特殊情形时,可以另行指定。(3)期间为一个时间段,即从一个期日起至另一个期日止的一段时间;而期日是一个特定的时间单位,如某日。

二、期间的计算

(一)计算单位和方法

《刑事诉讼法》第105条第1款规定:“期间以时、日、月计算。”可见,我国刑事诉讼期间的计算单位有时、日、月三种。此外,在刑事诉讼中也存在以“年”为计算单位的期间,如追诉时效。

以时、日为计算单位的,从下一时、日起算,开始的时、日不计算在内。例如,犯罪嫌疑人是某日10时30分被拘留的,那么有关机关通知其家属的时间应从该日11时起开始起算。如被告人在8月10日收到判决书,其上诉期限从8月11日起开始起算,上诉期限截至8月20日。

以月计算的,自本月某日至下月同日为一个月,开始月和开始月的开始日均计算在内。例如,7月15日收案至8月15日为一个月的审理期限。期限起算日为本月最后一日的,至下月最后一日为一个月。如果下月同日不存在的,自本月某日至下月最后一日为一个月。例如,期满之日本应为2月30日,但是由于2月没有30日,所以,此时的期满之日应是当年2月的最后一日,即28日或者29日。遇有以半月为期的,不分大、小月,均以15日计,不受当月实际天数的影响。

以年计算的刑期,自本年本月某日至次年同月同日的前一日为一年,如2016年3月31日至2017年3月30日为一年;次年同月同日不存在的,自本年本月某日至次年同月最后一日的前一日为一年,如2016年2月29日至2017年2月27日为一年。以月计算的刑期,自本月某日至下月同日的前一日为一个月,如4月15日至5月14日为一个月(30日),5月15日至6月14日也为一个月(31日);刑期起算日为本月最后一日的,至下月最后一日的前一日为一个月,如4月30日至5月29日为一个月(30日);下月同日不存在的,自本月某日至下月最后一日的前一日为一个月;半个月一律按15日计算,如5月31日至6月29日为一个月(30日),平年的1月31日至2月27日为一个月(28日),闰年的1月31日至2月28日为一个月(29日)。

(二)期间计算中的特殊规定

1. 期间最后一日为法定节假日的,以节假日后的第一个工作日为期间届满日。例如,被告人上诉的期间届满之日为5月1日,则应顺延至劳动节后的第一个工作日。但是,对于犯罪嫌疑人、被告人或者罪犯在押期间,应当至期间届满之日为止,不得因节假日而延长在押期间至节假日后的第一个工作日。例如,对犯罪嫌疑人侦查羁押期限届满,应当释放在押犯罪嫌疑人的日期是5月1日,则应当天释放,而不能顺延至节后的第一个工作日。

2. 法定期间不包括路途上的时间。上诉状或者其他文件在期满前已经交邮的,不算过期。这一规定同样适用于公安司法机关。例如,缉捕犯罪嫌疑人,如果从外地押解至侦查机关所在地需要3日,则24小时内讯问犯罪嫌疑人的法定期间应当扣除3日。此外，有关诉讼文书材料在公安司法机关之间传递过程中的时间，也应当在法定期间内予以扣除。

3. 重新计算期间的法定情形。根据刑事诉讼法及相关司法解释的规定，下列情形重新计算期间：(1)在侦查期间，发现犯罪嫌疑人另有重要罪行的，重新计算侦查羁押期限。由侦查机关决定，不再经人民检察院批准，但须报人民检察院备案，人民检察院可以进行监督。(2)公安机关或者人民检察院补充侦查完毕后移送人民检察院或者人民法院的，人民检察院或者人民法院重新计算审查起诉或者审理期限。(3)人民检察院和人民法院改变管辖的公诉案件，从改变后的办案机关收到案件之日起计算办案期限。(4)由简易程序转为普通程序的第一审刑事案件的期限，自案件决定转为普通程序次日起重新计算等。

4. 不计入法定期间的法定情形。根据刑事诉讼法及相关司法解释的规定，下列情形不计入法定期间：(1)犯罪嫌疑人不讲真实姓名、住址，身份不明的，侦查羁押期限自查清其身份之日起计算，但是不得停止对其犯罪行为的侦查取证。(2)犯罪嫌疑人、被告人在押的案件，对他们做精神病鉴定的期间，不计入办案期限。除此以外的其他鉴定时间都应当计入办案期限。对于因鉴定时间较长，办案期限届满仍不能终结的案件，自期限届满之日起，应当依法释放被羁押的犯罪嫌疑人或者变更强制措施。(3)中止审理的期限不计入审理期限。(4)因另行委托、指定辩护人，法院决定延期审理的，自案件决定延期审理之日起至第10日止，辩护人准备辩护的时间不计入审理期限。(5)因当事人、诉讼代理人、辩护人申请通知新的证人到庭、提取新的证据、申请重新鉴定或者勘验，法院决定延期审理1个月之内的期间不计入审理期限。(6)决定开庭审理的第二审公诉案件，自通知人民检察院查阅案卷后的第二日起，人民检察院查阅案卷的时间不计入审理期限。(7)对于公安机关移送的没收违法所得案件，人民检察院经审查认为需要补充证据的，公安机关补充证据的时间不计入人民检察院办案期限。(8)审理申请没收违法所得案件，公告期间和请求刑事司法协助的时间不计入审理期限。(9)对于监察机关移送起诉的已采取留置措施的案件，人民检察院决定采取强制措施的期间不计入审查起诉期限等。

三、期间的恢复

期间的恢复是指当事人由于不能抗拒的原因或者有其他正当理由而耽误期限的，在障碍消除后一定期限内，申请法院准许其继续进行应当在期满以前完成的诉讼活动的一种补救措施。由于当事人耽误期限的原因是不可抗力或者其他正当理由，为了充分保护当事人的合法权利，恢复期限的做法是合理的，而且也是必要的。按照《刑事诉讼法》第106条规定，期间恢复必须具备以下条件：

1. 申请主体只能是当事人。其他诉讼参与人无权提出该申请。

2. 当事人的申请应当在障碍消除后的5日内提出。这是对当事人申请恢复期间的时间要求。如超出此期限,当事人就丧失了恢复期限的权利。

3. 期间的耽误必须是由于不能抗拒的原因或有其他正当理由。不能抗拒的原因是指在诉讼活动中,发生了当事人不可预见、依靠自身力量又无法避免和无法克服的客观困难。例如,发生地震、洪水、台风、泥石流、战争、大火等当事人本身无法抗拒的自然现象和社会现象,或者是当事人发生车祸、突患严重疾病等情况,使当事人无法实施诉讼行为。其他正当理由,指上述情况以外的来自当事人主观方面的障碍。例如,当事人家中发生了重大变故等。

4. 须经人民法院裁定。恢复期间的申请,必须向人民法院提出。人民法院在接到当事人的申请后,经过审查,认为当事人所述情况确实属于不能抗拒的原因或者其他正当理由的,应当裁定准许其继续进行未完成的诉讼活动。

四、法定期间

刑事诉讼法以及相关司法解释对于诉讼活动的期限有明确规定,主要包括:

(一)强制措施期间

传唤、拘传持续的时间不得超过 12 小时;案情特别重大、复杂,需要采取拘留、逮捕措施的,传唤、拘传持续的时间不得超过 24 小时。不得以连续传唤、拘传的形式变相拘禁犯罪嫌疑人、被告人。

取保候审最长不得超过 12 个月,监视居住最长不得超过 6 个月。

公安机关对被拘留的人,认为需要逮捕的,应当在拘留后的 3 日以内,提请人民检察院审查批准。在特殊情况下,提请审查批准的时间可以延长 1 日至 4 日。对于流窜作案、多次作案、结伙作案的重大嫌疑分子,提请审查批准的时间可以延长至 30 日。人民检察院应当自收到公安机关提请批准逮捕书后的 7 日以内,作出批准逮捕或者不批准逮捕的决定。

人民检察院对直接受理的案件中被拘留的人,认为需要逮捕的,下级人民检察院侦查部门应当在拘留后 7 日以内报上一级人民检察院审查逮捕。上一级人民检察院应当在收到报请逮捕书后 7 日以内作出是否逮捕的决定。在特殊情况下,决定逮捕的时间可以延长 1 日至 3 日。

对于监察机关移送起诉的已采取留置措施的案件,人民检察院应当对犯罪嫌疑人先行拘留,留置措施自动解除。人民检察院应当在拘留后的 10 日以内作出是否逮捕、取保候审或者监视居住的决定。在特殊情况下,决定的时间可以延长 1 日至 4 日。

(二)侦查羁押期间

对犯罪嫌疑人逮捕后的侦查羁押期限不得超过 2 个月。案情复杂、期限届满不能终结的案件,可以经上一级人民检察院批准延长 1 个月。对于符合《刑事诉讼法》第 158 条规定的四种情形,包括交通十分不便的边远地区的重大复杂案件,重大的犯罪集团案件,流窜作案的重大复杂案件以及犯罪涉及面广、取证困难的重大复杂案件(以下简称“四类案件”),在上述的3个月侦查羁押期限内不能办结的,经省、自治区、直辖市人民检察院批准或者决定,可以延长2个月。对于犯罪嫌疑人可能判处10年有期徒刑以上刑罚,在上述的期限内仍不能侦查终结的,经省、自治区、直辖市人民检察院批准或者决定,可以再延长2个月。因为特殊原因,在较长时间内不宜交付审判的特别重大复杂的案件,由最高人民检察院报请全国人民代表大会常务委员会批准延期审理。

(三)审查起诉期间

人民检察院对于公安机关移送起诉的案件,应当在1个月以内作出决定,重大、复杂的案件,经检察长批准可以延长半个月。

退回监察机关补充调查、退回公安机关补充侦查的案件,均应当在1个月以内补充调查、补充侦查完毕。补充调查、补充侦查以两次为期限。

被害人对于人民检察院作出的不起诉决定不服的,可以在收到决定书后7日内向上一级检察院提出申诉。被不起诉人对于人民检察院因“犯罪情节轻微,依照《刑法》规定不需要判处刑罚或者免除刑罚”而作出的不起诉决定不服,可以在收到决定书后7日内向作出决定的人民检察院申诉。

(四)一审程序期间

人民法院对于按照普通程序审理的公诉案件,决定是否受理,应当在7日内审查完毕。人民法院应当在开庭10日前将人民检察院的起诉书副本送达被告人;应当在开庭3日前将开庭的时间、地点通知人民检察院;至迟应当在开庭3日前将传票送达当事人,将通知书送达辩护人、诉讼代理人、证人、鉴定人和翻译人员;公开审判的案件,在开庭3日前先期公布案由、被告人姓名、开庭时间和地点。检察人员在庭审中发现提起诉讼的案件需要补充侦查并提出建议的,人民检察院应当在1个月内补充侦查完毕。在法庭审判过程中,检察机关建议补充侦查,法院决定延期审理的,延期审理时间不得超过1个月。人民法院当庭宣告判决的,应当在5日内将判决书送达当事人和提起公诉的人民检察院;定期宣告判决的,应当在宣告后立即将判决书送达当事人和提起公诉的人民检察院。

人民法院审理公诉案件,应当在受理后2个月以内宣判,至迟不得超过3个月。对于可能判处死刑的案件或者附带民事诉讼的案件,以及《刑事诉讼法》第158条规定“四类案件”情形之一的,经上一级人民法院批准,可以延长3个月。申请上级人民法院批准延长审理期限的,应当在期限届满15日以前层报。有权决定的人民法院不同意延长的,应当在审理期限届满5日以前作出决定;因特殊情况还需要延长的,报请最高人民法院批准,最高人民法院经审查予以批准的,可以延长审理期限1至3个月。期限届满案件仍然不能审结的,可以再次提出申请。

人民法院审理自诉案件的期限,被告人被羁押的,适用上述规定;未被羁押的,应当在受理后6个月以内宣判。

适用简易程序审理案件,人民法院应当在受理后20日以内审结;对可能判处的有期徒刑超过3年的,可以延长至1个半月。

适用速裁程序审理案件,人民法院应当在受理后10日以内审结;对可能判处的有期徒刑超过1年的,可以延长至15日。

(五)二审程序期间

不服判决的上诉、抗诉期间为10日;不服裁定的上诉、抗诉期间为5日。被害人及其法定代理人不服地方各级人民法院一审判决,有权自收到判决书之日起5日内请求人民检察院提出抗诉;人民检察院应在收到请求后5日内作出是否抗诉的决定。上诉、抗诉的期限,从接到判决书、裁定书的第二日起计算。对附带民事判决、裁定的上诉、抗诉期限,应当按照刑事部分的上诉、抗诉期限确定。附带民事部分另行审判的,上诉期限也应当按照刑事诉讼法规定的期限确定。

上诉人通过原审人民法院提出上诉的,原审人民法院应当在3日内将上诉状连同案卷、证据移送上一级人民法院,同时将上诉状副本送交同级人民检察院和对方当事人;直接向第二审人民法院提出上诉的,第二审人民法院应当在3日内将上诉状交原审人民法院送交同级人民检察院和对方当事人。

第二审人民法院应当在决定开庭审理后及时通知人民检察院查阅案卷。人民检察院应当在1个月以内查阅完毕。人民检察院查阅案卷的时间不计入审理期限。

第二审人民法院受理上诉、抗诉案件,应当在2个月以内审结。对于可能判处死刑的案件或者附带民事诉讼的案件,以及有《刑事诉讼法》第158条规定"四类案件"情形之一的,经省、自治区、直辖市高级人民法院批准或者决定,可以延长2个月;因特殊情况还需要延长的,报请最高人民法院批准。最高人民法院受理上诉、抗诉案件的审理期限,由最高人民法院决定。

(六)再审程序期间

人民法院按照审判监督程序重新审判的案件,应当在作出提审、再审决定之日起3个月内审结;需要延长期限的,不得超过6个月。接受抗诉的人民法院按照审判监督程序审判抗诉的案件,审理期限适用前述规定;对需要指令下级人民法院再审的,应当自接受抗诉之日起1个月内作出决定,下级人民法院审理案件的期限适用前述规定。

(七)执行期间

下级人民法院接到最高人民法院执行死刑的命令后,应当在7日内交付执行。第一审人民法院在执行死刑3日前,应当通知同级人民检察院派员临场监督。负责执行的人民法院应当在执行死刑后15日内将执行情况,包括罪犯被执行死刑前后的照片,上报最高人民法院。人民检察院认为暂予监外执行不当的,报经检察长批准,应当自接到通知之日起1个月内将书面意见送交批准暂予监外执行的机关。批准暂予监外执行的机关接到人民检察院的书面意见后,应当立即对该决定进行重新核查。如在交付执行以前,人民法院应当在1个月内作出决定。

对被判处无期徒刑、有期徒刑和被减为有期徒刑的罪犯的减刑、假释,罪犯服刑地的高级、中级人民法院应当自收到减刑、假释建议书之日起1个月内依法裁定;案情复杂或者情况特殊的,可以延长1个月。对被判处拘役、管制的罪犯的减刑,罪犯服刑地中级人民法院应当在收到减刑、假释建议书之日起1个月内作出裁定。人民检察院认为人民法院减刑、假释的裁定不当,报经检察长批准,应当在收到裁定书副本后20日内,向人民法院提出书面纠正意见,人民法院应当在收到纠正意见后1个月内重新组成合议庭进行审理,作出最终裁定。

(八)辩护人、诉讼代理人参与刑事诉讼的期间

犯罪嫌疑人自被侦查机关第一次讯问或者采取强制措施之日起,有权委托辩护人;在侦查期间,只能委托律师作为辩护人。被告人有权随时委托辩护人。侦查机关在第一次讯问犯罪嫌疑人或者对犯罪嫌疑人采取强制措施的时候,应当告知犯罪嫌疑人有权委托辩护人。人民检察院自收到移送审查起诉的案件材料之日起3日以内,应当告知犯罪嫌疑人有权委托辩护人。人民法院自受理案件之日起3日以内,应当告知被告人有权委托辩护人。犯罪嫌疑人、被告人在押期间要求委托辩护人的,人民法院、人民检察院和公安机关应当及时转达其要求。辩护律师可以同在押的犯罪嫌疑人、被告人会见和通信。其他辩护人经人民法院、人民检察院许可,也可以同在押的犯罪嫌疑人、被告人会见和通信。辩护律师持律师执业证书、律师事务所证明和委托书或者法律援助公函要求会见在押的犯罪嫌疑人、被告人的,看守所应当及时安排会见,至迟不得超过48小时。危害国家安全犯罪、恐怖活动犯罪案件,在侦查期间辩护律师会见在押的犯罪嫌疑人,应当经侦查机关许可。上述案件,侦查机关应当事先通知看守所。

公诉案件的被害人及其法定代理人或者近亲属,附带民事诉讼的当事人及其法定代理人,自案件移送审查起诉之日起,有权委托诉讼代理人。人民检察院自收到移送审查起诉的案件材料之日起3日以内,应当告知被害人及其法定代理人或者其近亲属、附带民事诉讼的当事人及其法定代理人有权委托诉讼代理人。

自诉案件的自诉人及其法定代理人,附带民事诉讼的当事人及其法定代理人,有权随时委托诉讼代理人。人民法院自受理自诉案件之日起3日以内,应当告知自诉人及其法定代理人、附带民事诉讼的当事人及其法定代理人有权委托诉讼代理人。

第二节　送　　达

一、送达概述

刑事诉讼中的送达,是指人民法院、人民检察院、公安机关等专门机关按照法定的方式和程序将有关诉讼文书送交收件人的诉讼活动。

我国的送达制度具有以下特点:

第一,送达的主体是公安司法机关。在我国刑事诉讼中,送达仅限于公安机关、人民检察院、人民法院向收件人送交诉讼文件的行为。

第二,送达的内容是有关的诉讼文书。如传票、通知书、不起诉决定书、起诉书、判决书、裁定书等,以及诉讼参与人制作的自诉状副本、附带民事诉讼诉状及答辩状副本、上诉状副本等诉讼文书。

第三,送达必须依照法定的程序和方式进行。送达是具有法律意义的行为,因此立法对送达的程序和方式进行了严格的规定。公安司法机关只有经依法送达,诉讼文件才会发生法律效力。

送达是刑事诉讼中不可或缺的一项诉讼活动,具有非常重要的意义。主要表现在以下三个方面:

其一,送达有利于保障刑事诉讼活动顺利进行。只有公安司法机关依法向收件人送达了相关的诉讼文书,收件人才有可能及时了解其中的内容,依法参加诉讼活动,保障刑事诉讼顺利、有序地进行。

其二,送达有利于保障诉讼参与人的合法权利。诉讼参与人通过诉讼文书,能够及时了解依法享有的诉讼权利,便于其为后续的诉讼活动做好充分准备,以更好地维护其合法权益。

其三,送达有利于促进国家专门机关依法履行法定职责。国家专门机关通过向其送达的诉讼文书,也可以及时了解程序的进程,做好参加诉讼活动的准备,以更好地履行法定的职责。

二、送达的方式和程序

按照《刑事诉讼法》以及相关司法解释的规定,刑事诉讼中的送达主要有以下五种方式和程序:

(一)直接送达

直接送达是指公安司法机关将诉讼文书直接送交收件人的送达方式。因直接送达可靠性强、效率高,一般以直接送达为原则。直接送达的程序是,由公安司法人员将诉讼文书交给收件人本人,由收件人本人在送达回证上记明收到的日期,并且签名或者盖章。如果本人不在,可以将诉讼文书交给他的成年家属或者所在单位的负责人员代收,由代收人在送达回证上记明收到的日期,并且签名或者盖章。此处"所在单位的负责人员",是指所在单位负责收件的人员。收件人或者代收人在送达回证上签收的日期为送达日期。

(二)留置送达

留置送达是指收件人本人或者代收人拒绝签收诉讼文件时,送达人依法将诉讼文件留在收件人住处的送达方式。留置送达的前提是收件人本人或者代收人拒绝接收向其送达的诉讼文件或者拒绝签名、盖章。留置送达的程序是,收件人本人或者代收人拒绝接收或者拒绝签名、盖章的时候,送达人可以邀请他的邻居或者其他见证人到场,说明情况,在送达回证上注明拒绝的事由、送达的日期,由送达人、见证人签名或者盖章,并把诉讼文书留在收件人或者代收人住处或者单位后,即视为送达;也可以把诉讼文书留在受送达人的住处,并采用拍照、录像等方式记录送达过程,即视为送达。

需要指出的是,并非所有的诉讼文书都可以适用留置送达,如调解书就不适用此送达方式。

(三)委托送达

委托送达是指公安司法机关直接送达诉讼文书有困难的,委托收件人所在地的公安司法机关代为交给收件人的送达方式。委托送达的前提是,收件人所在地并非送达主体的所在地,后者对前者直接送达有困难。根据相关规定,委托送达的,应当将委托函、委托送达的诉讼文书及送达回证,寄送收件人所在地的公安司法机关。受委托的机关收到委托送达的诉讼文书,应当登记,并由专人在10日以内送达收件人,然后将送达回证及时退回委托送达的机关。受委托的机关无法送达时,应当将不能送达的原因及时告知委托机关,并将诉讼文书和送达回证退回。

(四)邮寄送达

邮寄送达是指公安司法机关将诉讼文书通过邮局用挂号方式邮寄给收件人的送达方式。邮寄送达的前提通常也是在直接送达有困难的情况下采用。邮寄送达的,应当将诉讼文书、送达回证挂号邮寄给收件人。签收日期为送达日期。

(五)转交送达

转交送达是指公安司法机关将诉讼文书交收件人所在机关、单位代收后再转交给收件人的送达方式。转交送达仅适用于收件人较为特殊的情形,具体包括以下三种:第一,收件人是军人的,可以通过所在部队团级以上单位的政治部门转交;第二,收件人正在服刑的,可以通过所在监狱或者其他执行机关转交;第三,收件人正在接受专门矫治教育等的,可以通过相关机构转交。代为转交的部门、单位收到诉讼文书后,应当立即交收件人签收,并将送达回证及时交给送达的公安司法机关。

案例精选

甲被判处拘役6个月,其被指定居所监视居住154天的期间折抵刑期154天;乙通过贿赂手段被暂予监外执行,其在监外执行的267天不计入执行刑期;丙在暂予监外执行期间脱逃,脱逃的78天不计入执行刑期;丁被判处管制,其判决生效前被逮捕羁押208天的期间折抵刑期416天(源于2013年国家司法考试真题卷二第33题)。

【问】对甲、乙、丙、丁四人关于刑期的计算是否正确?

【答案与解析】对甲的期间计算错误,对乙、丙、丁的期间计算正确。《刑事诉讼法》第257条第3款规定:"不符合暂予监外执行条件的罪犯通过贿赂等非法手段被暂予监外执行的,在监外执行的期间不计入执行刑期。罪犯在暂予监外执行期间脱逃的,脱逃的期间不计入执行刑期。"对乙、丙的期间计算正确。《刑事诉讼法》第74条规定:"指定居所监视居住的期限应当折抵刑期。被判处管制的,监视居住一日折抵刑期一日;被判处拘役、有期徒刑的,监视居住二日折抵刑期一日。"根据该规定,监视居住二日折抵拘役一日,所以对甲的刑期计算错误。《刑法》第41条规定:"管制的刑期,从判决执行之日起计算,判决执行以前先行羁押的,羁押一日折抵刑期二日",所以对丁的期间计算正确。

思考问题

1. 试述期间与期日的区别。
2. 试述送达的方式。

法条链接

《刑事诉讼法》第105~107条;最高法《解释》第202~211条。

扩展阅读

1. 王雄飞、胡波、沈冲:《刑事诉讼期间配置问题研究》,载《河南社会科学》2014年第12期。
2. 刘玫:《刑事诉讼法定期间问题研究》,载《诉讼法论丛》(第9卷)2004年版。
3. 谢佑平、万毅:《法理视野中的刑事诉讼效率和期间》,载《法律科学》2003年第2期。
4. 彭海青:《刑事诉讼的期间设置》,载《中国诉讼法判解》(第2卷),中国检察出版社2004年版。

第十三章　刑事诉讼的中止和终止

本章知识要点

刑事诉讼中止是将诉讼活动暂时停止，而刑事诉讼终止是终结诉讼活动。本章主要介绍了刑事诉讼中止的概念、条件和程序，以及刑事诉讼终止的概念、条件和程序。

第一节　刑事诉讼的中止

一、刑事诉讼中止概述

刑事诉讼的中止，是指在刑事诉讼中，由于发生某种情况或出现某种障碍影响诉讼的正常进行而将诉讼暂时停止，待有关情况或障碍消失后，再恢复诉讼的制度。

刑事诉讼中止可以发生在诉讼的任何阶段，既可以发生在侦查阶段，也可以发生在起诉阶段，还可以发生在审判阶段。刑事诉讼中止后，既不能撤销案件，也不能终止诉讼，而只是将诉讼程序暂时地、不定期地停止，直到引起诉讼中止的原因消失以后，诉讼才恢复进行。刑事诉讼中止前所进行的诉讼活动仍然有效，有关专门机关和诉讼参与人有权利也有义务继续完成法定的诉讼行为。刑事诉讼中止的期间不计入专门机关的办案期限，也不影响当事人行使其依法享有的诉讼权利。

刑事诉讼中止可以促使公安司法机关采取措施努力消除引起诉讼中止的原因，尽快恢复诉讼的进行，及时惩罚犯罪，保护人民。也可以保证公安司法机关集中力量办理其他的刑事案件，提高诉讼效率。还可以保证当事人特别是犯罪嫌疑人、被告人到案参加诉讼，从而保障其诉讼权利的行使，提高办案质量。

二、刑事诉讼中止的条件和程序

刑事诉讼的中止包括中止侦查、中止审查起诉和中止审理三种，其条件和程序有较大的差别。具体如下：

1. 中止侦查

在侦查过程中,犯罪嫌疑人长期潜逃,采取有效追捕措施仍不能缉拿归案的,或者犯罪嫌疑人患有精神病及其他严重疾病不能接受讯问,丧失诉讼行为能力的,或者有其他不能抗拒的原因的,经侦查机关负责人决定,可以中止侦查。但是,根据《刑事诉讼法》第298条的规定,对于恐怖活动犯罪等重大犯罪案件,犯罪嫌疑人逃匿,在通缉一年后不能到案,依照刑法规定应当追缴其违法所得及其他涉案财产的,侦查机关应当写出没收违法所得意见书,移送人民检察院,而不得中止侦查。

中止侦查的理由和条件消失后,经侦查机关负责人决定,应当恢复侦查。中止侦查期间,如果犯罪嫌疑人在押,对符合延长侦查羁押期限条件的,应当依法延长侦查羁押期限;对侦查羁押期限届满的,应当依法变更为取保候审或者监视居住措施。

2. 中止审查起诉

在审查起诉过程中,犯罪嫌疑人潜逃或者患有精神病及其他严重疾病不能接受讯问,丧失诉讼行为能力的,人民检察院可以中止审查。共同犯罪案件中的部分犯罪嫌疑人潜逃的,对该犯罪嫌疑人可以中止审查起诉。但是,根据《刑事诉讼法》第298条的规定,对于贪污贿赂犯罪、恐怖活动犯罪等重大犯罪案件,犯罪嫌疑人逃匿,在通缉一年后不能到案,依照刑法规定应当追缴其违法所得及其他涉案财产的,人民检察院可以向人民法院提出没收违法所得的申请,而不宜中止审查。

中止审查应当由办案人员提出意见,公诉部门负责人审核,报请检察长决定。撤销中止审查的,亦应当由办案人员提出意见,公诉部门负责人审核,报请检察长决定。

3. 中止审理

《刑事诉讼法》第206条第1款规定:“在审判过程中,有下列情形之一,致使案件在较长时间内无法继续审理的,可以中止审理:(一)被告人患有严重疾病,无法出庭的;(二)被告人脱逃的;(三)自诉人患有严重疾病,无法出庭,未委托诉讼代理人出庭的;(四)由于不能抗拒的原因。”出现上述情形,人民法院决定中止审理的,应当使用裁定。

需要注意的是,中止审理的裁定应当通知同级人民检察院或者自诉案件的对方当事人;中止审理的原因消失后,应当恢复审理;中止审理的期间不计入审理期限。

第二节 刑事诉讼的终止

一、刑事诉讼终止概述

刑事诉讼的终止,是指在刑事诉讼过程中,因出现某种法定情形,致使诉讼不必要或者不应当继续进行,从而结束诉讼的制度。

刑事诉讼终止和刑事诉讼中止都具有停止诉讼进行的效力,但两者有明显的区别。主要表现在:

一是条件不同。刑事诉讼终止适用于不必要或者不应当进行诉讼的各种法定情形;刑事诉讼中止则适用于出现了致使诉讼无法继续进行的特殊情况或客观障碍。

二是结果不同。刑事诉讼终止是终结案件,不再追诉,即依法不必要或不应当追究犯罪嫌疑人、被告人的刑事责任;刑事诉讼中止则只是暂停诉讼,待特殊情况或客观障碍消除后再恢复诉讼,继续对犯罪嫌疑人、被告人进行追诉活动。

三是程序不同。出现刑事诉讼终止的法定情形时,由公安机关、人民检察院、人民法院分别作出撤销案件的决定、不起诉的决定、宣告无罪的判决或者终止审理的裁定,并应制作法律文书,送达犯罪嫌疑人、被告人及其所在单位和家属,如果犯罪嫌疑人、被告人在押,应当立即释放,并且发给释放证明;出现刑事诉讼中止的特殊情况或客观障碍时,则由公安机关、人民检察院和人民法院分别作出中止侦查的决定、中止审查的决定或者中止审理的裁定,除中止审理的裁定需制作法律文书并送达人民检察院或者自诉案件的对方当事人外,中止侦查、中止审查的决定一般只需记录在案即可。

二、刑事诉讼终止的条件和程序

《刑事诉讼法》第16条规定:“有下列情形之一的,不追究刑事责任,已经追究的,应当撤销案件,或者不起诉,或者终止审理,或者宣告无罪:(一)情节显著轻微、危害不大,不认为是犯罪的;(二)犯罪已过追诉时效期限的;(三)经特赦令免除刑罚的;(四)依照刑法告诉才处理的犯罪,没有告诉或者撤回告诉的;(五)犯罪嫌疑人、被告人死亡的;(六)其他法律规定免予追究刑事责任的。”据此,出现以上六种法定情形的,应当终止刑事诉讼程序。

需要指出的是,对于贪污贿赂犯罪、恐怖活动犯罪等重大犯罪案件,被告人死亡,依照刑法规定应当追缴其违法所得及其他涉案财产的,公安司法机关应当适用该程序继续进行诉讼活动,而不得终止诉讼。

案例精选

A市原副市长马某,涉嫌收受贿赂2000余万元。为保证公正审判,上级法院指令与本案无关的B市中级法院一审。B市中级法院受理此案后,马某突发心脏病不治身亡(源于2014年国家司法考试真题卷二第41题)。

【问】B市中级法院的同一审判组织对没收违法所得继续进行审理是否合法?

【答案与解析】根据最高法《解释》第181条第1款第6项的规定,人民法院对提起公诉的案件审查后,符合《刑事诉讼法》第15条第2项至第6项规定情形的,应当裁定终止审理或者退回人民检察院。最高法《解释》第520条规定,在审理案件过程中,被告人死亡或者脱逃,符合《刑事诉讼法》第280条第1款规定的,人民检察院可以向人民法院提出没收违法所得的申请。人民检察院向原受理案件的人民法院提出申请的,可以由同一审判组织依照本章规定的程序审理。据此可知,应首先由人民检察院提出没收违法所得的申请后,才可以由同一审判组织进行审理。

思考问题

刑事诉讼的中止与终止的区别。

法条链接

《刑事诉讼法》第18、206条。

扩展阅读

1. 李哲:《论澳门检察机关的司法机关地位及其自由裁量权——以"诉讼程序暂时中止"制度改革为例》,载《广西大学学报(哲学社会科学版)》2012年第4期。
2. 王龙飞、李奋飞:《终止审理制度之质疑》,载《政治与法律》2009年第12期。
3. 李玉萍:《程序滥用与诉讼终止制度及其给我国的启示》,载《法商研究》2006年第2期。
4. 单民:《检察机关终止刑事诉讼及其制约的比较》,载《国家检察官学院学报》2001年第1期。

第五编　程序论

第十四章 立　案

本章知识要点

立案是我国刑事诉讼的启动程序，也是刑事诉讼的必经程序。本章主要介绍了立案的概念、意义、材料来源、条件以及立案材料的接收、审查与处理、救济与监督等内容。

第一节 概　述

一、立案的概念

立案是指公安司法机关对公安机关、人民检察院发现或公安机关、人民检察院、人民法院接受的报案、控告、举报、自首及自诉人起诉等形式的材料，按照其管辖范围进行审查，认为有犯罪事实确实、依法应追究刑事责任的，决定作为刑事案件进行侦查或审判的一种诉讼活动。

立案作为我国刑事诉讼的第一项程序，具有以下四个特点：

第一，立案是公安司法机关职权行为。根据宪法和刑事诉讼法的规定，立案是公安司法机关的专属权力，其他任何机关、团体、个人都无权立案。

第二，立案应当按照管辖范围进行。刑事诉讼法规定了立案管辖的范围，公安司法机关应当遵照这些规定立案。

第三，立案依据的是公安司法机关发现或当事人等提供的材料。公安机关、人民检察院发现或公安机关、人民检察院、人民法院接受的报案、控告、举报、自首及自诉人起诉等形式的材料都是立案的依据。

第四，立案需要具备一定的条件。立案需要具备事实条件和法律条件，即犯罪事实确实存在、依法应追究刑事责任。

二、立案的意义

立案作为我国刑事诉讼的第一项程序，具有重大意义：

首先，立案有利于刑事诉讼惩罚犯罪目的的实现。公安司法机关对于有犯罪事实,依法应当追究刑事责任的案件,通过立案将其作为刑事案件确立下来,为进入以后的侦查、起诉、审判程序,查获犯罪嫌疑人、查明犯罪事实,确定刑事责任,实现惩罚犯罪与保障人权的诉讼目的奠定了基础。

其次,严格遵照立案的有关规定有利于保护公民的合法权益不受侵犯。立案标志着刑事诉讼程序的开始,一旦进入刑事诉讼程序则意味着普通公民可能被确定为犯罪嫌疑人,进而面临基本权利的剥夺与限制,因而,严格遵照立案的有关规定有利于保护公民的合法权益不受侵犯。

最后,立案的有效进行有利于掌握社会治安状况,为制定预防犯罪的法律和政策提供统计学意义上的依据。公安司法机关通过对立案材料的审查,能够发现各种违法和犯罪情况,分析研究犯罪的动向、特点和规律,从总体上掌握社会治安状况,从而部署防范范围和打击重点,达到维护社会治安稳定的目的。

第二节 立案的材料来源和条件

一、立案的材料来源

立案材料,是指相关单位或个人向公安司法机关提供的或者公安司法机关在工作中主动发现的有关犯罪和犯罪嫌疑人情况或事实的材料。这些材料是公安司法机关立案的依据,根据刑事诉讼法和有关司法解释的规定,立案的材料来源主要包括以下几种:

1. 公安机关或人民检察院主动发现的犯罪。《刑事诉讼法》第 109 条规定:"公安机关或者人民检察院发现犯罪事实或者犯罪嫌疑人,应当按照管辖范围,立案侦查。"因此公安机关或人民检察院主动发现的犯罪事实或犯罪嫌疑人情况是立案的材料来源。

2. 有关单位和个人的举报或报案。《刑事诉讼法》第 110 条第 1 款规定:"任何单位和个人发现有犯罪事实或者犯罪嫌疑人,有权利也有义务向公安机关、人民检察院或者人民法院报案或者举报。"因此有关单位和个人的举报或报案是立案的材料来源。举报或报案,对于震慑和打击犯罪有着极其重要的作用。

3. 被害人的报案或控告。《刑事诉讼法》第 110 条第 2 款规定:"被害人对侵犯其人身、财产权利的犯罪事实或者犯罪嫌疑人,有权向公安机关、人民检察院或者人民法院报案或者控告。"被害人的报案或控告,既是立案的材料来源,也是被害人在受到犯罪侵害后维护自身合法权利的有效途径。

值得注意的是,"报案"、"举报"和"控告"这三个词的含义有所不同,具体而言主要体现在行为的主体和内容两个方面存在差异。就行为主体而言,"报案"的主体为包括受害人在内的一切单位或个人，其主体范围最广；“举报”的主体为被害人之外的单位或个人；“控告”的主体仅限于被害人。因此被害人只能进行“报案”或“控告”，不能“举报”。就行为内容而言，“报案”的内容可以较为简单模糊，只要发生了刑事犯罪案件，就可以报案，未必需要指明具体的犯罪嫌疑人；而“举报”和“控告”则要求不但要有较为详细的犯罪事实描述，而且必须指明具体的犯罪嫌疑人。

4. 犯罪嫌疑人的自首。根据《刑事诉讼法》第 110 条第 4 款的规定，自首也是立案的重要材料来源，自首能够减少公安司法机关的工作负担、提高司法效率。

5. 自诉人的起诉。对于自诉案件，自诉人有权直接向人民法院起诉，这是人民法院重要的立案材料来源，必须认真对待、依法处理。

6. 其他途径获得的立案材料来源。根据法律规定和司法实践的情况，其他途径获得的立案材料来源主要包括上级机关交办的案件、群众的扭送、行政执法机关移送的案件以及中国共产党纪律检查部门查处后移送的案件。

二、立案的条件

公安司法机关在收到立案的材料来源后，并非立即立案，而是依法经过审查后，对于符合法定条件的案件才予以立案。刑事诉讼法分别规定了公诉案件、自诉案件和附带民事诉讼案件的立案条件。

（一）公诉案件的立案条件

1. 公安机关或人民检察院认为有犯罪事实。《刑事诉讼法》第 112 条规定，公诉案件中，人民检察院或者公安机关对于报案、控告、举报和自首的材料，认为有犯罪事实需要追究刑事责任的时候，应当立案。具体而言，包括两方面的要求：（1）有犯罪的事实或行为。犯罪需要具备法益侵害性、主观可责性和相当程度的社会危害性。只有具备构成犯罪的事实和行为才能立案，因为立案涉及刑事诉讼程序的启动和刑事责任追究的开始，对于公民的自由、财产等重大法益有巨大影响，必须谨慎。因此，必须弄清事实和行为的性质，区分罪与非罪，行政违法、党政违纪与刑事犯罪的界限，正确行使立案职能。（2）犯罪事实或行为有相应的证据证明。《刑事诉讼法》第 112 条的要求是公安机关或人民检察院“认为”有犯罪事实，即此种对有犯罪事实发生的认定具有一定的主观性，但是这种主观认识并非毫无依据的认定，而是必须有证据支撑的符合法律规定的认定。对于这一问题有两方面的认识：第一，犯罪事实必须有相应证据证明其客观发生了，而非基于公安司法机关的主观猜测或臆断；第二，立案阶段的证明只需满足较低的证明标准即可，只需证明有犯罪事实发生即可，不能以过高的证明标准苛求公安司法机关，否则会导致立案难的问题。

2. 有追究刑事责任的必要。有犯罪事实或行为未必必然导致立案，因为立案的目的在于追究犯罪嫌疑人的刑事责任，倘若没有追究其刑事责任的必要，则没有立案的必要。

3. 符合管辖规定。依据《刑事诉讼法》第109条、第110条的规定,公安机关或者人民检察院发现犯罪事实或者犯罪嫌疑人,应当按照管辖范围,立案侦查。公安机关、人民检察院或者人民法院对于报案、控告、举报,都应当接受。对于不属于自己管辖的,应当移送主管机关处理,并且通知报案人、控告人、举报人;对于不属于自己管辖而又必须采取紧急措施的,应当先采取紧急措施,然后移送主管机关。

(二)自诉案件的立案条件

自诉案件的立案,除了需符合有犯罪的事实或行为、有追究刑事责任之必要、适用管辖规定这三方面的要件之外,还有一些特殊的要求:

1. 案件属于自诉的范围。即根据《刑事诉讼法》第210条属于告诉才处理的案件、被害人有证据证明的轻微刑事案件或公诉转自诉案件。

2. 自诉人具有合法主体资格。自诉人一般是被害人,如果被害人死亡、丧失行为能力或者因受强制、威吓等无法告诉,或者是限制行为能力人以及因年老、患病、盲、聋、哑等不能亲自告诉,其法定代理人、近亲属告诉或者代为告诉的,人民法院应当依法受理。

3. 有明确的被告人、具体的诉讼请求和证明被告人犯罪事实的证据。缺乏证明被告人犯罪的证据的自诉案件,应当说服自诉人撤回起诉;自诉人不撤回起诉的,裁定不予受理。

(三)附带民事诉讼的立案条件

附带民事诉讼的立案应当符合以下条件:

1. 必须以刑事诉讼的成立为前提。因此附带民事诉讼应在刑事立案至第一审判决宣告之前提起。第一审期间未提起附带民事诉讼,在第二审期间提起的,第二审人民法院可以依法进行调解;调解不成的,告知当事人可以在刑事判决、裁定生效后另行提起民事诉讼。

2. 附带民事诉讼的原告要适格且有提起附带民事诉讼的能力。

3. 有明确的被告和诉讼请求。

4. 附带民事诉讼所针对的必须是犯罪行为给其造成的直接物质损失。

第三节　立案的程序

一、立案材料的接受

根据刑事诉讼法和有关司法解释的规定,立案材料的接受应当遵守下列规范:

1. 收到口头或书面的立案材料后立即接受并依法处理,不得推诿拒绝。《刑事诉讼法》第110条第3款规定:“公安机关、人民检察院或者人民法院对于报案、控告、举报,都应当接受。对于不属于自己管辖的,应当移送主管机关处理,并且通知报案人、控告人、举报人;对于不属于自己管辖而又必须采取紧急措施的,应当先采取紧急措施,然后移送主管机关。”该法第111条第1款规定:“报案、控告、举报可以用书面或者口头提出。接受口头报案、控告、举报的工作人员,应当写成笔录,经宣读无误后,由报案人、控告人、举报人签名或者盖章。”这些规定主要是为了防止公安司法机关之间相互推诿,致使报案人、控告人、举报人、投案人等告诉无门,伤害群众参与刑事诉讼的热情,损害群众对公安司法机关的信任,不利于打击犯罪。

2. 应告知报案人、控告人、举报人诬告的法律责任,但要区别诬告与错告。诬告,是以伪造证据、捏造事实等方式陷害他人的行为。诬告行为情节严重的要承担刑事责任。但是要区别有意诬告和无意错告、告诉有误的区别,以免打击群众揭发犯罪的热情和被害人向公安司法机关求助的信心。《刑事诉讼法》第111条第2款规定:“接受控告、举报的工作人员,应当向控告人、举报人说明诬告应负的法律责任。但是,只要不是捏造事实,伪造证据,即使控告、举报的事实有出入,甚至是错告的,也要和诬告严格加以区别。”最高检《规则》第174条规定:“错告对被控告人、被举报人造成不良影响的,人民检察院应当自作出不立案决定之日起一个月以内向其所在单位或者有关部门通报调查核实的结论,澄清事实。属于诬告陷害的,应当移送有关机关处理。”

3. 应保障报案人、控告人、举报人及其近亲属的安全。在司法实践中,报案人、控告人、举报人及其近亲属受到打击报复,甚至受到人身伤害的案件屡见不鲜,这极大地挫伤了群众揭发犯罪、与犯罪作斗争的积极性。为此,《刑事诉讼法》第111条第3款规定:“公安机关、人民检察院或者人民法院应当保障报案人、控告人、举报人及其近亲属的安全。报案人、控告人、举报人如果不愿公开自己的姓名和报案、控告、举报的行为,应当为他保守秘密。”

4. 公安司法机关应制作相应的法律文书,并按规定进行管理。公安部《规定》第171条规定:“公安机关接受案件时,应当制作要素登记表和受案回执,并将受案回执交扭送人、报案人、控告人、举报人。”据此,在接受扭送、报案、控告、举报、投案时,公安机关应制作接受刑事案件登记表,并出具回执,作为受案材料妥善保管、存档备查。

5. 人民法院对刑事自诉案件的材料接收。根据最高人民法院《关于人民法院登记立案若干问题的规定》,人民法院对依法应该受理的一审刑事自诉,实行立案登记制。对刑事自诉,人民法院应当一律接收诉状,出具书面凭证并注明收到日期。对符合法律规定的起诉、自诉,人民法院应当当场予以登记立案。对不符合法律规定的起诉、自诉,人民法院应当予以释明。当事人书写诉状确有困难的,可以口头提出,由人民法院记入笔录;符合法律规定的,予以登记立案。

刑事自诉状应当载明以下事项:(1)自诉人或者代为告诉人、被告人的姓名、性别、年龄、民族、文化程度、职业、工作单位、住址、联系方式;(2)被告人实施犯罪的时间、地点、手段、情节和危害后果等;(3)具体的诉讼请求;(4)致送的人民法院和具状时间;(5)证据的名称、来源等;(6)有证人的,载明证人的姓名、住所、联系方式等。

当事人提出自诉的,应当提交以下材料:(1)起诉人、自诉人是自然人的,提交身份证明复印件;起诉人、自诉人是法人或者其他组织的,提交营业执照或者组织机构代码证复印件、法定代表人或者主要负责人身份证明书;法人或者其他组织不能提供组织机构代码的,应当提供组织机构被注销的情况说明。(2)委托起诉或者代为告诉的,应当提交授权委托书、代理人身份证明、代为告诉人身份证明等相关材料。(3)具体明确的足以使被告或者被告人与他人相区别的姓名或者名称、住所等信息。(4)起诉状原本和与被告或者被告人及其他当事人人数相符的副本。(5)与诉请相关的证据或者证明材料。

二、立案材料的审查与处理

《刑事诉讼法》第112条规定:"人民法院、人民检察院或者公安机关对于报案、控告、举报和自首的材料,应当按照管辖范围,迅速进行审查,认为有犯罪事实需要追究刑事责任的时候,应当立案;认为没有犯罪事实,或者犯罪事实显著轻微,不需要追究刑事责任的时候,不予立案,并且将不立案的原因通知控告人。"由于人民法院、人民检察院或者公安机关在刑事诉讼中的职能与分工不同,其对立案材料的审查处理也有所不同。

(一)公安机关对立案材料的审查与处理

根据公安部《规定》的相关要求,公安机关对立案材料应迅速进行审查,然后作出以下处理:

1. 立案。认为有犯罪事实、需要追究刑事责任,且属于自己管辖的,经县级以上公安机关负责人批准,予以立案。

2. 不予立案。认为没有犯罪事实,或者犯罪事实显著轻微不需要追究刑事责任,或者具有其他依法不追究刑事责任情形的,经县级以上公安机关负责人批准,不予立案。对有控告人的案件,决定不予立案的,公安机关应当制作不予立案通知书,并在3日以内送达控告人。

3. 移送人民检察院或人民法院。经过审查,认为有犯罪事实,但不属于自己管辖的案件,应当立即报经县级以上公安机关负责人批准,制作移送案件通知书,移送有管辖权的机关处理。对于不属于自己管辖而又必须采取紧急措施的,应当先采取紧急措施,然后办理手续,移送主管机关。

4. 告知起诉或受理。经过审查,对告诉才处理的案件,公安机关应当告知当事人向人民法院起诉。对被害人有证据证明的轻微刑事案件,公安机关应当告知被害人可以向人民法院起诉;被害人要求公安机关处理的,公安机关应当依法受理。

5. 移送其他有关部门。经过审查,对于不够刑事处罚需要给予行政处理的,依法予以处理或者移送有关部门。

(二)人民检察院对立案材料的审查与处理

人民检察院对立案材料的审查与处理应当遵守下列规范:

1. 受理案件。人民检察院负责控告申诉检察的部门统一接受报案、控告、举报、申诉和犯罪嫌疑人投案自首,并依法审查,在7日以内作出以下处理:(1)属于本院管辖且符合受理条件的,应当予以受理。(2)不属于本院管辖的报案、控告、举报、自首,应当移送主管机关处理。必须采取紧急措施的,应当先采取紧急措施,然后移送主管机关。不属于本院管辖的申诉,应当告知其向有管辖权的机关提出。(3)案件情况不明的,应当进行必要的调查核实,查明情况后依法作出处理。

2. 初查。初查由侦查部门负责,在刑罚执行和监管活动中发现的应当由人民检察院直接立案侦查的案件线索,由监所检察部门负责初查。对于重大、复杂的案件线索,监所检察部门可以商请侦查部门协助初查;必要时也可以报检察长批准后,移送侦查部门初查,监所检察部门予以配合。

3. 立案。人民检察院对于直接受理的案件,经审查认为有犯罪事实需要追究刑事责任的,应当制作立案报告书,经检察长批准后予以立案。符合立案条件,但犯罪嫌疑人尚未确定的,可以依据已查明的犯罪事实作出立案决定。

4. 不立案。对具有下列情形之一的,报请检察长决定不予立案:(1)具有《刑事诉讼法》第16条规定情形之一的;(2)认为没有犯罪事实的;(3)事实或者证据尚不符合立案条件的。

(三)人民法院对立案材料的审查与处理

人民法院直接受理自诉案件,应根据不同情况作出以下处理:

1. 移送。经审查不属于人民法院管辖的,应当移送主管机关处理;对于不属于自己管辖而又必须采取紧急措施的,应当先采取紧急措施,然后移送主管机关。

2. 说服撤诉或不予受理。具有下列情形之一的,应当说服自诉人撤回起诉;自诉人不撤回起诉的,裁定不予受理:(1)不属于最高法《解释》第1条规定的案件的;(2)缺乏罪证的;(3)犯罪已过追诉时效期限的;(4)被告人死亡的;(5)被告人下落不明的;(6)除因证据不足而撤诉的以外,自诉人撤诉后,就同一事实又告诉的;(7)经人民法院调解结案后,自诉人反悔,就同一事实再行告诉的;(8)属于最高法《解释》第1条第2项规定的案件,公安机关正在立案侦查或者人民检察院正在审查起诉的;(9)不服人民检察院对未成年犯罪嫌疑人作出的附条件不起诉决定或者附条件不起诉考验期满后作出的不起诉决定,向人民法院起诉的。

3. 立案。符合下列条件的,应当立案受理:(1)符合《刑事诉讼法》第211条、最高法《解释》第 1 条的规定;(2)属于本院管辖;(3)被害人告诉;(4)有明确的被告人、具体的诉讼请求和证明被告人犯罪事实的证据。如果被害人死亡、丧失行为能力或者因受强制、威吓等无法告诉,或者是限制行为能力人以及因年老、患病、盲、聋、哑等不能亲自告诉,其法定代理人、近亲属告诉或者代为告诉的,人民法院应当依法受理。被害人的法定代理人、近亲属告诉或者代为告诉,应当提供与被害人关系的证明和被害人不能亲自告诉的原因的证明。

4. 登记。根据最高人民法院《关于人民法院登记立案若干问题的规定》,当事人提起刑事自诉时,提交的诉状和材料不符合要求的,人民法院应当一次性书面告知在指定期限内补正。当事人在指定期限内补正的,人民法院决定是否立案的期间,自收到补正材料之日起计算。当事人在指定期限内没有补正的,退回诉状并记录在册;坚持起诉、自诉的,裁定或者决定不予受理、不予立案。经补正仍不符合要求的,裁定或者决定不予受理、不予立案。对刑事自诉,应当在收到自诉状次日起 15 日内决定是否立案。

三、立案的救济与监督

(一)申请复议

《刑事诉讼法》第 112 条规定:"人民法院、人民检察院或者公安机关对于报案、控告、举报和自首的材料,应当按照管辖范围,迅速进行审查,认为有犯罪事实需要追究刑事责任的时候,应当立案;认为没有犯罪事实,或者犯罪事实显著轻微,不需要追究刑事责任的时候,不予立案,并且将不立案的原因通知控告人。控告人如果不服,可以申请复议。"据此,对于不立案决定,控告人有权申请复议。

对于公安机关不予立案的决定,公安部《规定》第 178 条、第 179 条规定了复议、复核的救济途径。对有控告人的案件,决定不予立案的,公安机关应当制作不予立案通知书,并在 3 日以内送达控告人。控告人对不予立案决定不服的,可以在收到不予立案通知书后 7 日以内向作出决定的公安机关申请复议;公安机关应当在收到复议申请后 7 日以内作出决定,并将决定书送达控告人。控告人对不予立案的复议决定不服的,可以在收到复议决定书后 7 日以内向上一级公安机关申请复核;上一级公安机关应当在收到复核申请后 30 日以内作出决定。对上级公安机关撤销不予立案决定的,下级公安机关应当执行。

对于检察机关的不立案决定,最高检《规则》第 173 条也规定了复议途径。对于控告和实名举报,决定不予立案的,应当制作不立案通知书,写明案由和案件来源、决定不立案的原因和法律依据,由负责侦查的部门在 15 日以内送达控告人、举报人,同时告知本院负责控告申诉检察的部门。控告人如果不服,可以在收到不立案通知书后 10 日以内向上一级人民检察院申请复议。不立案的复议,由上一级人民检察院负责侦查的部门审查办理。人民检察院认为被控告人、被举报人的行为未构成犯罪,决定不予立案,但需要追究其党纪、政纪、违法责任的,应当移送有管辖权的主管机关处理。

（二）提起自诉

《刑事诉讼法》第210条规定："自诉案件包括下列案件：……（三）被害人有证据证明对被告人侵犯自己人身、财产权利的行为应当依法追究刑事责任，而公安机关或者人民检察院不予追究被告人刑事责任的案件。"这是有关立案自诉救济途径的规范依据。

（三）立案监督

《刑事诉讼法》第113条规定："人民检察院认为公安机关对应当立案侦查的案件而不立案侦查的，或者被害人认为公安机关对应当立案侦查的案件而不立案侦查，向人民检察院提出的，人民检察院应当要求公安机关说明不立案的理由。人民检察院认为公安机关不立案理由不能成立的，应当通知公安机关立案，公安机关接到通知后应当立案。"刑事诉讼法的规定明确了检察机关可以对公安机关应当立案而不立案的决定进行监督，但是对于不应立案却立案的决定却无明确规定，最高检《规则》第十三章第二节的规定对此进行了补充。

1. 立案监督的启动

被害人及其法定代理人、近亲属或者行政执法机关，认为公安机关对其控告或者移送的案件应当立案侦查而不立案侦查，或者当事人认为公安机关不应当立案而立案，向人民检察院提出的，人民检察院应当受理并进行审查。人民检察院发现公安机关可能存在应当立案侦查而不立案侦查情形的，应当依法进行审查。

人民检察院负责控告申诉检察的部门受理对公安机关应当立案而不立案或者不应当立案而立案的控告、申诉，应当根据事实、法律进行审查。认为需要公安机关说明不立案或者立案理由的，应当及时将案件移送负责捕诉的部门办理；认为公安机关立案或者不立案决定正确的，应当制作相关法律文书，答复控告人、申诉人。

2. 审查调查程序

人民检察院经审查，认为需要公安机关说明不立案理由的，应当要求公安机关书面说明不立案的理由。对于有证据证明公安机关可能存在违法动用刑事手段插手民事、经济纠纷，或者利用立案实施报复陷害、敲诈勒索以及谋取其他非法利益等违法立案情形，尚未提请批准逮捕或者移送起诉的，人民检察院应当要求公安机关书面说明立案理由。

3. 对公安机关说明理由的审查

人民检察院要求公安机关说明不立案或者立案理由；应当书面通知公安机关，并且告知公安机关在收到通知后7日以内，书面说明不立案或者立案的情况、依据和理由，连同有关证据材料回复人民检察院。

公安机关说明不立案或者立案的理由后，人民检察院应当进行审查。认为公安机关不立案或者立案理由不能成立的，经检察长决定，应当通知公安机关立案或者撤销案件。

人民检察院认为公安机关不立案或者立案理由成立的,应当在10日以内将不立案或者立案的依据和理由告知被害人及其法定代理人、近亲属或者行政执法机关。

4. 通知立案或撤销案件的程序

人民检察院通知公安机关立案或者撤销案件,应当制作通知立案书或者通知撤销案件书,说明依据和理由,连同证据材料送达公安机关,并且告知公安机关应当在收到通知立案书后15日以内立案,对通知撤销案件书没有异议的应当立即撤销案件,并将立案决定书或者撤销案件决定书及时送达人民检察院。

公安机关在收到通知立案书或者通知撤销案件书后超过15日不予立案或者既不提出复议、提请复核也不撤销案件的,人民检察院应当发出纠正违法通知书予以纠正。公安机关仍不纠正的,报上一级人民检察院协商同级公安机关处理。

公安机关立案后3个月以内未侦查终结的,人民检察院可以向公安机关发出立案监督案件催办函,要求公安机关及时向人民检察院反馈侦查工作进展情况。

对于公安机关认为人民检察院撤销案件通知有错误要求同级人民检察院复议的,人民检察院应当重新审查,在收到要求复议意见书和案卷材料后7日以内作出是否变更的决定,并通知公安机关。对于公安机关不接受人民检察院复议决定提请上一级人民检察院复核的,上级人民检察院应当在收到提请复核意见书和案卷材料后15日以内作出是否变更的决定,通知下级人民检察院和公安机关执行。上级人民检察院复核认为撤销案件通知有错误的,下级人民检察院应当立即纠正;上级人民检察院复核认为撤销案件通知正确的,应当作出复核决定并送达下级公安机关。

5. 自侦案件的立案监督

人民检察院负责捕诉的部门发现本院负责侦查的部门对应当立案侦查的案件不立案侦查或者对不应当立案侦查的案件立案侦查的,应当建议负责侦查的部门立案侦查或者撤销案件。建议不被采纳的,应当报请检察长决定。

6. 自诉案件的立案监督

根据最高人民法院《关于人民法院登记立案若干问题的规定》,对人民法院自诉立案工作中存在的不接收诉状、接收诉状后不出具书面凭证,不一次性告知当事人补正诉状内容,以及有案不立、拖延立案、干扰立案、既不立案又不作出裁定或者决定等违法违纪情形,当事人可以向受诉人民法院或者上级人民法院投诉。人民法院应当在受理投诉之日起15日内,查明事实,并将情况反馈当事人。发现违法违纪行为的,依法依纪追究相关人员责任;构成犯罪的,依法追究刑事责任。

案例精选

辛某到县公安机关报案称其被陈某强奸，公安机关传讯了陈某，陈某称他与辛某是恋爱关系。公安机关遂作出不立案决定，并向辛某送达了不立案通知书（源于 2007 年国家司法考试真题卷二第 35 题）。

【问】辛某对不立案决定不服可以采取什么措施？

【答案与解析】向该公安机关申请复议、请求该县检察院进行立案监督，或者向该县法院提起自诉。《刑事诉讼法》第 112 条规定："人民法院、人民检察院或者公安机关对于报案、控告、举报和自首的材料，应当按照管辖范围，迅速进行审查，认为有犯罪事实需要追究刑事责任的时候，应当立案；认为没有犯罪事实，或者犯罪事实显著轻微，不需要追究刑事责任的时候，不予立案，并且将不立案的原因通知控告人。控告人如果不服，可以申请复议。"《刑事诉讼法》第 113 条规定："人民检察院认为公安机关对应当立案侦查的案件而不立案侦查的，或者被害人认为公安机关对应当立案侦查的案件而不立案侦查，向人民检察院提出的，人民检察院应当要求公安机关说明不立案的理由。人民检察院认为公安机关不立案理由不能成立的，应当通知公安机关立案，公安机关接到通知后应当立案。"这里所说的检察院应当是同级人民检察院。《刑事诉讼法》第 210 条规定："自诉案件包括下列案件：（一）告诉才处理的案件；（二）被害人有证据证明的轻微刑事案件；（三）被害人有证据证明对被告人侵犯自己人身、财产权利的行为应当依法追究刑事责任，而公安机关或者人民检察院不予追究被告人刑事责任的案件。"

思考问题

1. 立案是否有必要作为独立的程序？
2. 如何有效发挥检察机关对立案程序的监督？

法条链接

《刑事诉讼法》第 109～114、210～211 条；六机关《规定》第 18 条；最高法《解释》第 316～320 条；最高检《规则》第 166～175 条；公安部《规定》第 169～190 条。

扩展阅读

1. 陈琦华：《回应型法理念：立案庭制度的实践与创新》，法律出版社 2012 年版。
2. 张泽涛：《规范对民营企业家刑事立案的制度设置》，载《法学》2020 年第 9 期。
3. 姚莉：《监察案件的立案转化与"法法衔接"》，载《法商研究》2019 年第 1 期。
4. 孙谦：《刑事立案与法律监督》，载《中国刑事法杂志》2019 年第 3 期。
5. 马婷婷：《公诉案件立案功能论——以公安机关为视角》，载《法学评论》2018 年第 2 期。

第十五章 侦　　查

本章知识要点

侦查是侦查机关在刑事诉讼中进行的专门调查工作和有关的强制性措施。本章主要介绍了侦查的概念、任务、意义；讯问犯罪嫌疑人，询问证人、被害人，勘验、检查，搜查，查封、扣押，查询、冻结，鉴定，特殊侦查，辨认，通缉等侦查行为；侦查终结的概念、意义、条件；撤销案件的条件；侦查羁押期限；补充侦查的概念、意义、类型和方式；人民检察院对直接受理案件的侦查权及对侦查终结案件的处理和程序。

第一节 概　　述

一、侦查的概念

根据《刑事诉讼法》第106条的规定，侦查是指公安机关、人民检察院等机关对于刑事案件，依照法律进行的收集证据、查明案情的工作和有关的强制性措施。据此，我们应当从以下几个方面理解侦查的概念：

1.侦查的主体是特定的。我国《刑事诉讼法》第3条规定："对刑事案件的侦查、拘留、执行逮捕、预审，由公安机关负责。检察、批准逮捕、检察机关直接受理的案件的侦查、提起公诉，由人民检察院负责。"根据这一规定，公安机关是法律明确规定的负责侦查的主要机关，但其对侦查权并不具有独占性。人民检察院对于贪污贿赂犯罪，国家工作人员的渎职犯罪，国家机关工作人员利用职权实施的非法拘禁、刑讯逼供、报复陷害、非法搜查的侵犯公民人身权利的犯罪以及侵犯公民民主权利的犯罪，直接立案侦查。

除公安机关和人民检察院之外，国家安全机关、军队保卫部门、中国海警局监狱、海关走私犯罪侦查部门等都享有一定的侦查权。

2.侦查的内容包括进行专门调查工作和采取强制性措施两个方面。专门调查工作的目的在于查清案件事实、收集相关证据，是侦查的核心内容。根据刑事诉讼法的规定，专门调查工作具体包括以下几种：讯问犯罪嫌疑人，询问证人、被害人，勘验、检查,侦查实验,搜查,查封、扣押物证、书证,鉴定,特殊侦查等。这些专门调查工作完成的质量如何、是否依法进行,直接关系到收集到后续程序中的证据运用和案件的最终处理结果。

强制性措施是为了查清案件事实、收集相关证据而采取的保障措施。一般而言,传统的强制性措施可以分为两大类:一是对人的强制,即对于人身自由的限制或剥夺,主要是《刑事诉讼法》第一编第六章规定的拘传、取保候审、监视居住、拘留、逮捕五种强制措施;二是对物的强制,如强制搜查、强制检查、查封扣押、查询冻结等侦查行为。但随着时代的发展,又出现了另一种强制性措施,即对隐私权的强制,如监听、监视、定位追踪等。

3. 侦查必须严格依法进行。侦查具有相对封闭性、秘密性和强制性的特征,一旦侦查权力运用不当,极有可能对公民的合法人身、财产权利造成侵害。因此,为了保障公民权利、防止侦查行为殃及无辜,刑事诉讼法及相关法律对侦查进行了严格而明确的规定,要求侦查机关和侦查人员在实施侦查的过程中,严格依照法律的规定进行专门调查工作和采取强制性措施。

二、侦查的任务和意义

(一)侦查的任务

根据《刑事诉讼法》第2条的规定,侦查的任务具体包括以下三个方面:

第一,收集证据,并依靠证据查明案件真相。根据证据裁判原则,案件事实尤其是有罪事实的查明必须以证据为根据,而侦查的核心任务即在于收集证据,为认定事实打下基础。因此在侦查中,收集证据必须严格依法进行,严禁刑讯逼供和以威胁、引诱、欺骗以及其他非法方法收集证据,不得强迫任何人证实自己有罪。此外,侦查人员既要依法收集能够证实犯罪嫌疑人有罪或者罪重的各种证据,也要依法收集能够证实犯罪嫌疑人无罪或者罪轻的各种证据。

第二,查获犯罪嫌疑人,保障无罪之人不受刑事追究。使有罪之人受到法律的惩罚和保障无罪之人不受刑事追究,是刑事诉讼的两方面目标。侦查中也是如此,虽要努力查获犯罪嫌疑人,但更重要的是避免使无辜者受追究。因此在侦查中,侦查机关既要积极收集证据、及时采取强制措施、有效追捕在逃嫌疑人,避免其逃避法律惩罚,又要严格依照法律规定保障犯罪嫌疑人以辩护权为核心的各项诉讼权利,一旦发现不应对其追究刑事责任的,应当撤销案件并及时释放在押的犯罪嫌疑人。

第三,教育公民守法。侦查的过程也是法律宣传的过程,通过侦查机关追诉犯罪的活动,能够增强公民的守法意识,并教育和鼓励公民积极与犯罪作斗争,从而有效预防和惩治犯罪。

(二)侦查的意义

侦查活动的意义主要体现在以下两个方面:

第一,侦查是提起公诉和审判的基本前提。由于侦查中主要进行专门调查和采取强制性措施两方面工作,因此对于公诉案件而言,侦查是提起公诉和审判的前提。侦查在很大程度上决定了后续程序的质量,甚至在一定程度上决定了案件的最终结果。只有侦查阶段有效完成工作,后续的起诉和审判的工作才能顺利进行;倘若侦查中出现了违法侦查或发生偏差和疏漏,不但可能导致后续起诉和审判工作难以进行,甚至可能导致错案的发生。

第二,侦查是进行社会治安综合治理的有力措施。通过侦查,查获犯罪嫌疑人,进而通过后续程序加以定罪量刑,能够有效地震慑犯罪,维护社会治安。通过侦查,发现社会治安中存在的漏洞和隐患,及时采取措施查缺补漏,可以达到预防犯罪的功效。

第二节 侦 查 行 为

一、讯问犯罪嫌疑人

(一)讯问犯罪嫌疑人的概念、内容和意义

讯问犯罪嫌疑人,是指侦查机关及其人员按照法律规定,以查明案件真相为目标,对被追诉人进行提问以期获得其回答,并由此决定对该案件的后续处理的侦查程序和行为。

讯问犯罪嫌疑人的内容是与刑事案件相关的具体事实,包括以下三个方面:第一,犯罪嫌疑人的个人情况,如姓名、性别、年龄、精神状况、认知能力和表达能力等,这些因素有的直接决定犯罪嫌疑人的刑事责任能力,有的则会影响犯罪嫌疑人在讯问中所作出的陈述的可信度,还有的则决定究竟涉嫌何种罪名的法律认定问题,如根据我国现行的法律规定,女性一般情况下不构成强奸罪的主体。第二,案件的经过情况,具体而言包括犯罪是否确实发生、何人实施犯罪、准备犯罪的情况、犯罪于何时何地发生、犯罪如何实施、犯罪导致什么样的结果、犯罪结束后的情况等。第三,有何证据佐证其所作的陈述,包括能够证明被追诉人有罪或罪重的和能够证明其无罪或罪轻的证人与实物证据,从讯问中发现其他证据是讯问的重要内容之一,须得引起讯问者的充分重视,以保证案件事实的认定与客观事实尽可能一致。

讯问犯罪嫌疑人的意义:一方面,体现在有利于查清案件事实。针对被追诉人的问答是人类自有追究犯罪的刑事诉讼制度以来即有的诉讼行为,由于被追诉人通常对案件的情况最为了解,因此对其的讯问常被认为是发现案件实体真实的最有效途径。另一方面,讯问犯罪嫌疑人体现了犯罪嫌疑人对刑事诉讼程序的参与,是诉讼民主的体现。

(二)讯问犯罪嫌疑人的程序

1. 讯问犯罪嫌疑人的程序规则

第一,有权讯问的主体。根据刑事诉讼法的规定,公安机关、人民检察院、国家安全机关、军队保卫部门和监狱等在侦查过程中都有权讯问犯罪嫌疑人。

第二,被追诉人处于监禁状态下进行讯问的时间要求。公安机关对于受到刑事拘留和经人民检察院批准逮捕的犯罪嫌疑人、人民检察院对于直接受理的案件中被拘留的人和其自行决定逮捕的犯罪嫌疑人,均应当在该人被执行拘留或逮捕强制措施后24小时内进行讯问,倘若发现不应对其采取上述强制措施的,应立即释放。

第三,人民检察院审查批捕程序中讯问的专门规定。通常情况下,审查批捕时,人民检察院可以决定是否讯问犯罪嫌疑人,但倘有以下三种情形的必须讯问犯罪嫌疑人:(1)对是否符合逮捕条件有疑问的;(2)犯罪嫌疑人要求向检察人员当面陈述的;(3)侦查活动可能有重大违法行为的。

第四,讯问犯罪嫌疑人的时空条件限制。讯问需有至少两名侦查人员在场进行;倘若被讯问人已因被执行强制措施而被送交看守所羁押,则讯问必须在看守所内进行;对于未受羁押的犯罪嫌疑人执行的讯问,可以以传唤的方式在指定地点或其住处进行;而对于现场立即发现的犯罪嫌疑人得以口头传唤方式直接进行讯问。由于修改后的《刑事诉讼法》第119条第2款规定传唤或拘传的持续时间一般以12小时为限,故而传唤或拘传后的讯问通常也不得超过12小时,除非特殊情况下可以随传唤或拘传期限的延长而扩至24小时,而且其间需保证被讯问人的饮食和休息。

第五,讯问犯罪嫌疑人的具体流程。侦查人员在讯问犯罪嫌疑人的时候,应当首先讯问犯罪嫌疑人是否有犯罪行为,让其陈述有罪的情节或者无罪的辩解,然后向其提出问题。讯问结束后,讯问笔录应交被讯问人核对,或向其宣读,被讯问人对讯问笔录有异议的,可以要求补充或改正;侦查人员得依职权或依被讯问人的要求令其自行书写供述。

2. 保障被讯问人在讯问中的权利规则

第一,公、检、法三机关均不得强迫任何人自证有罪。《刑事诉讼法》第14条即要求侦查机关保障被追诉人的辩护权和其他诉讼权利,否则被追诉人有权提出控告。更为重要的是,《刑事诉讼法》第52条吸收了反对强迫自证其罪这一国际刑事司法原则的精神,规定公、检、法三机关均不得强迫任何人自证有罪。

第二,赋予侦查阶段获得律师帮助的权利。《刑事诉讼法》第34条规定:"犯罪嫌疑人自被侦查机关第一次讯问或者采取强制措施之日起,有权委托辩护人;在侦查期间,只能委托律师作为辩护人。被告人有权随时委托辩护人。侦查机关在第一次讯问犯罪嫌疑人或者对犯罪嫌疑人采取强制措施的时候,应当告知犯罪嫌疑人有权委托辩护人。”为保障这项权利的实现,法律与有关司法解释还规定了犯罪嫌疑人获得律师辩护的途径。侦查中受到羁押的犯罪嫌疑人主张其律师辩护权的,人民检察院或公安机关应当及时转达此项要求,由其监护人或近亲属代为委托律师作为其辩护人,或在犯罪嫌疑人因经济或其他原因无力聘请辩护人的情况下由法律援助机构依其申请为其指派法律援助律师进行辩护,或在其是盲、聋、哑人或精神病人或可能被判处无期徒刑、死刑的情况下由法律援助机构根据侦查机关的通知为其指派法律援助律师进行辩护。

此外,刑事诉讼法还确立了非法证据排除规则、讯问时录音录像制度等。

二、询问证人、被害人

(一)询问证人的概念和程序

1. 概念

询问证人,是指侦查人员依照法定程序,以言辞提问的方式,就案件有关情况向证人进行了解调查的侦查活动。询问证人最主要的意义在于了解案件情况,除此之外,通过询问证人还可能有助于查获证据、追捕犯罪嫌疑人等工作的完成。

2. 程序

根据刑事诉讼法和有关司法解释的规定,询问证人需要遵循下列法定的程序规范:

第一,询问证人的地点。侦查人员询问证人,可以在现场进行,也可以到证人所在单位、住处或者证人提出的地点进行,在必要的时候,可以通知证人到人民检察院或者公安机关提供证言。在现场询问证人,应当出示工作证件,到证人所在单位、住处或者证人提出的地点询问证人,应当出示人民检察院或者公安机关的证明文件。

第二,询问证人的人数和方式。询问证人时的侦查人员不得少于二人。询问证人应当个别进行。应当问明证人的基本情况以及与当事人的关系,并且告知证人应当如实提供证据、证言和故意作伪证或者隐匿罪证应当承担的法律责任,但是不得向证人泄露案情,不得采用羁押、暴力、威胁、引诱、欺骗以及其他非法方法获取证言。

第三,询问笔录的规范。询问笔录应当交证人核对,对于没有阅读能力的,应当向他宣读。如果记载有遗漏或者差错,证人可以提出补充或者改正。证人承认询问笔录没有错误后,应当签名或者盖章。侦查人员也应当在询问笔录上签名。证人请求自行书写询问笔录的,应当准许。必要的时候,侦查人员也可以要求证人亲笔书写证言。

(二)询问被害人

根据我国刑事诉讼法的规定,询问被害人适用询问证人的相关规定。但是值得注意的是,被害人是遭受犯罪侵害的人,在我国法律上具有当事人的地位,应当重视对其隐私和尊严的保护,避免对其造成“二次伤害”。

三、勘验、检查

(一)勘验、检查的概念和意义

作为侦查行为的勘验、检查,是指侦查人员对于与犯罪有关的场所、物品、人身、尸体进行的勘验或者检查。勘验和检查在行为性质上是相同的,但其适用对象有所区别。一般而言,勘验的对象是场所、物品、尸体等,但检查的对象是人身。

根据刑事诉讼法和相关司法解释的规定,勘验、检查一般应由侦查人员实施,但在必要的时候,侦查机关可以指派或者聘请具有专门知识的人,在侦查人员的主持下进行勘验、检查。

勘验、检查是一种极其重要的侦查行为,在发现证据、查明犯罪方面发挥着重要的作用。许多证据尤其是一些不那么显而易见的证据,如血迹、指纹、尸斑等,只有通过勘验、检查才能够取得。侦查人员通过勘验、检查,能够及时发现和提取涉及犯罪的相关物品、痕迹等证据,从而为认定案情打下基础。

(二)勘验、检查的种类和具体程序

根据刑事诉讼法及相关解释性文件的规定,勘验、检查可具体分为现场勘验、物品检验、尸体检验、人身检查和侦查实验五种。

1. 现场勘验

现场勘验,是侦查人员对实施犯罪的地点及留有犯罪痕迹和物品的场所进行的勘查。现场勘验,应注意以下几点:

第一,现场保护。任何单位和个人,都有义务保护犯罪现场,并且立即通知公安机关派员勘验。发案地派出所、巡警等部门应当妥善保护犯罪现场和证据,控制犯罪嫌疑人,并立即报告公安机关主管部门;执行勘查的侦查人员接到通知后,应当立即赶赴现场。

第二,现场勘验的指挥和执行人员。现场勘验,由县级以上公安机关的侦查部门负责,其中一般案件由该侦查部门负责人指定的人员负责现场指挥,重大、特别重大的案件由该侦查部门负责人现场指挥,必要时该公安机关的负责人应亲自到场指挥。现场勘验,通常应由侦查人员执行,但必要时侦查机关可以指派或者聘请具有专门知识的人,在侦查人员的主持下进行勘验、检查。根据公安部的规定,公安机关对案件现场进行勘查不得少于二人。

第三,现场勘验的具体程序。侦查人员执行现场勘验时,必须持有人民检察院或者公安机关的证明文件。现场勘验时,可以及时向现场周围的群众和其他相关人员了解情况。勘查现场时,应当邀请与案件无关的公民作为见证人。勘查现场,应当拍摄现场照片、绘制现场图,制作笔录,由参加勘查的人和见证人签名。对重大案件的现场,应当录像。

2. 物品检验

物品检验,是侦查人员对收集的物品或犯罪留下的痕迹进行的勘查、检验,其目的在于确定该物品或痕迹与案件有无联系以及有何种联系。

对物品或痕迹进行勘验时,要注意几方面的问题:第一,要根据物品或痕迹的自身特性选择合适的勘验方法,如检验砒霜当前最可靠的勘验方法为电感耦合等离子体质谱法(ICP - MS)。第二,通过勘验发现物品或痕迹的特征后,应当仔细分析其与案件的联系以及在何种程度上存在联系。第三,侦查人员在因知识能力、设备条件等因素无法判断物品的特征及其与案件的联系时,应当及时指派或者聘请具有专门知识的人进行鉴定。

进行物品检验时,应当制作笔录。笔录应当详细记录检验的参与人员、检验过程、检验结果等相关内容。侦查人员、被指派或者聘请的具有专门知识的人、见证人等应当在笔录上签名或盖章。

3. 尸体检验

尸体检验,是在侦查人员的主持下,由法医或医生对非正常死亡者的尸体进行检验或者解剖的一种侦查活动。《刑事诉讼法》第 131 条规定:"对于死因不明的尸体,公安机关有权决定解剖。"尸体检验的目的在于确定死因、死亡时间等与该死亡案件有关的情况,从而了解案情,为侦查提供线索或证据。

根据刑事诉讼法及相关法律的规定,进行尸体解剖时,侦查机关应当通知死者家属到场,并让其在解剖通知书上签名或者盖章。死者家属无正当理由拒不到场或者拒绝签名的,不影响解剖的进行,但是侦查人员应当在解剖尸体通知书上注明。对身份不明的尸体,无法通知死者家属的,应当在尸体检验笔录中注明。

4. 人身检查

人身检查,是侦查人员对被害人或犯罪嫌疑人实施的身体检查,其主要内容在于确定其身体的某些特征或因犯罪导致的身体伤害情况,以及提取生物样本,包括指纹、血样、唾液、尿液、毛发、精液等。比如,对于涉嫌醉酒驾驶的犯罪嫌疑人进行的呼气式或采血式血液酒精含量检测即是典型的人身检查措施。

人身检查具有一定的侵入性,涉及公民的人身和自由等重大法益,因此必须严格依法进行。根据法律的规定,进行人身检查时,应当注意以下几个方面的问题:第一,人身检查的对象只能是被害人和犯罪嫌疑人,不得对证人等其他诉讼参与人进行人身检查。第二,犯罪嫌疑人如果拒绝检查,侦查人员认为必要的时候,经批准可以强制检查,但对被害人不得进行强制检查。第三,检查妇女的身体,应当由女性工作人员或医师进行,即工作人员限于女性,但医师不限于女性。第四,不得采用损害被检查人生命、健康或贬低其名誉或人格的方法进行人身检查,在人身检查过程中知悉的被检查人的个人隐私,侦查人员应当保密。第五,人身检查的过程应当制成笔录,由侦查人员、其他检查人员、被检查人、见证人等签字盖章,被检查人员拒绝签名的,应在笔录中注明。

5. 侦查实验

侦查实验,是对某涉案事件的重演或试验,其目的在于确定在特定的条件下某种事实能否发生以及将如何发生。在某些特定案件中,实施侦查实验对于查明案件情况有着极其重要的作用。但为确保侦查实验的真实性和可靠性,最重要的要求即在于确保实施侦查实验时的各方面条件尽量符合案件当时的情况,否则侦查实验得出的结论可能与案件真实的情况南辕北辙,以致误导侦查。例如,实际案件中犯罪嫌疑人驾驶满载货车从 A 地到 B 地,但侦查实验中侦查人员驾驶空载货车因而花费时间较少,就得出犯罪嫌疑人有足够时间实施犯罪的结论,则这一结论显然是不可靠的。

进行侦查实验时,应当注意以下几方面的问题:第一,侦查实验禁止一切足以造成危险、侮辱人格或者有伤风化的行为。第二,侦查实验需遵循严格的审批程序,在必要的时候经公安机关负责人或检察长批准,方可以进行。第三,侦查实验,在必要的时候可以聘请有关专业人员参加,也可以要求犯罪嫌疑人、被害人、证人参加。第四,侦查实验的情况应当写成笔录,由参加实验的人签名或者盖章,必要时可以对侦查实验录音、录像。

四、搜查

(一)搜查的概念和性质

搜查,是指侦查人员对犯罪嫌疑人以及可能隐藏罪犯或者犯罪证据的人的身体、物品、住处和其他有关的地方进行搜索检查的一种侦查活动。对人身的搜查一般是对人的体表以及附着在体表之上的物品进行的搜查,例如拍身搜查时可搜查身体外部和衣服口袋以查证是否携带武器。对住宅的搜查范围广泛,不仅包括人的固定住处,也包括人的临时居所,还包括住房的附属物,例如房屋周围的草坪、杂物堆等地点。对于物品的搜查包括对文件、行李、箱包等除人身和住宅之外的事物的搜查。

搜查是一种重要的侦查行为,对于及时查明案件、发现和收集证据、查获犯罪嫌疑人具有重大意义。但搜查往往涉及公民的隐私权、财产权和人身自由权,是一种“侵入性”较强的侦查行为,其可能影响的法益十分重大,一旦权力滥用,可能对公民的权利造成严重的侵害,因此我国宪法禁止非法搜查公民的身体,禁止非法搜查或者非法侵入公民的住宅。

(二)搜查的程序

1. 搜查的启动

根据法律规定,搜查的目的在于收集犯罪证据、查获犯罪人。为此刑事诉讼法规定,任何单位和个人,有义务按照人民检察院和公安机关的要求,交出可以证明犯罪嫌疑人有罪或者无罪的物证、书证、视听资料等证据,否则侦查机关就可以进行搜查。

搜查须经检察长或公安机关负责人批准并签发搜查证,由二名以上侦查人员执行,其他任何机关、团体或个人均无权实施搜查。在搜查前,应当了解被搜查对象的基本情况、搜查现场及周围环境,确定搜查的范围和重点,明确搜查人员的分工和责任,以便有效实施搜查。

2. 搜查的进行

侦查人员实施搜查时,应当向被搜查人出示搜查证。但在执行拘留、逮捕时遭遇紧急情况,可以不另用搜查证进行搜查,但需在搜查结束后及时补办手续,如可能随身携带凶器的,可能隐藏爆炸、剧毒等危险物品的,可能隐匿、毁弃、转移犯罪证据的,可能隐匿其他犯罪嫌疑人的等。

检察机关实施搜查时,应当在检察人员的主持下进行,可以有司法警察参加。必要的时候,可以指派检察技术人员参加或者邀请当地公安机关、有关单位协助进行。

进行搜查时,应当有被搜查人或者他的家属、邻居或者其他见证人在场,并且对被搜查人或者其家属说明阻碍搜查、妨碍公务应负的法律责任。搜查时,如果遇到阻碍,可以强制进行搜查。搜查妇女的身体,应当由女性工作人员进行。

搜查应当全面、细致、及时,并且指派专人严密注视搜查现场的动向。进行搜查的人员,应当遵守纪律,服从指挥,文明执法,不得无故损坏搜查现场的物品,不得擅自扩大搜查对象和范围。对于查获的重要书证、物证、视听资料、电子数据及其放置、存储地点应当拍照,并且用文字说明有关情况,必要的时候可以录像。

搜查情况应当制作笔录,由侦查人员和被搜查人或者其家属、邻居或者其他见证人签名或者盖章。如果被搜查人拒绝签名,或者被搜查人在逃,他的家属拒绝签名或者不在场的,侦查人员应当在笔录中注明。

3. 搜查的监督

《刑事诉讼法》第56条规定:“收集物证、书证不符合法定程序,可能严重影响司法公正的,应当予以补正或者作出合理解释;不能补正或者作出合理解释的,对该证据应当予以排除。”因此如果搜查程序不符合法定程序,可能严重影响司法公正的,应当予以补正或者作出合理解释,不能补正或者作出合理解释的,由此而收集的证据应当予以排除。

五、查封、扣押

(一)查封、扣押的概念和意义

查封、扣押,是指侦查机关强制封存、扣留与案件有关的物品和文件(包括物证、书证、视听资料、电子数据等)的侦查行为。一般而言,查封通常针对的是不便搬运、保存的物品及附着在其上的物品，如不动产；扣押往往针对的是便于移动的物品。

根据刑事诉讼法的规定，在侦查活动中发现的可用以证明犯罪嫌疑人有罪或者无罪的各种财物、文件，应当查封、扣押；与案件无关的财物、文件，不得查封、扣押。因此查封、扣押的对象只限于与案件有关的财物和文件，不得随意查封、扣押无关物品。

侦查机关通过查封、扣押与案件有关的财物和文件，能够有效保全证据，防止其遭受损毁或被隐藏，对于有效收集证据、依据证据认定案情和查获犯罪嫌疑人，具有重要的意义。

（二）查封、扣押的程序

侦查机关执行查封、扣押，必须依法进行，严格遵守法律规定的程序。具体而言，应注意以下几点：

第一，执行查封、扣押，必须经过审批。最高检《规则》要求人民检察院查封、扣押财物和文件，应当经检察长批准。公安部《规定》要求在侦查过程中需要扣押财物、文件的，应当经办案部门负责人批准，制作扣押决定书；在现场勘查或者搜查中需要扣押财物、文件的，由现场指挥人员决定，但扣押财物、文件价值较高或者可能严重影响正常生产经营的，应当经县级以上公安机关负责人批准，制作扣押决定书；在侦查过程中需要查封土地、房屋等不动产，或者船舶、航空器以及其他不宜移动的大型机器、设备等特定动产的，应当经县级以上公安机关负责人批准并制作查封决定书。

第二，执行过程需符合法律规定。执行查封、扣押的侦查人员不得少于二人，并出示有关法律文书。对查封、扣押的财物、文件，应当会同在场见证人和被查封、扣押财物、文件持有人查点清楚，当场开列清单一式二份，由侦查人员、见证人和持有人签名或者盖章，一份交给持有人，另一份附卷备查。对查封、扣押的财物、文件，要妥善保管或者封存，不得使用、调换或者损毁。

第三，不宜提取的物品的查封、扣押规定。对作为犯罪证据但不便提取的财物、文件，经登记、拍照或者录像、估价后，可以交财物、文件持有人保管或者封存。财物、文件持有人应当妥善保管，不得转移、变卖、毁损。查封、扣押易损毁、灭失、变质以及其他不宜长期保存的物品，应当用笔录、绘图、拍照、录像等方法加以保全后进行封存，或者经检察长批准后委托有关部门变卖、拍卖；变卖、拍卖的价款暂予保存，待诉讼终结后一并处理。

第四，扣押邮件的特殊规定。侦查人员认为需要扣押犯罪嫌疑人的邮件、电报的时候，经公安机关或者人民检察院批准，即可通知邮电机关将有关的邮件、电报检交扣押。不需要继续扣押的时候，应即通知邮电机关。

第五，查封、扣押的解除。对查封、扣押的财物、文件、邮件、电报，经查明确实与案件无关的,应当在3日以内解除查封、扣押,予以退还。原主不明确的,应当采取公告方式告知原主认领,在通知原主或者公告后6个月以内,无人认领的,按照无主财物处理,登记后上缴国库。有关犯罪事实查证属实后,对于有证据证明权属明确且无争议的被害人合法财产及其孳息,且返还不损害其他被害人或者利害关系人的利益,不影响案件正常办理的,应当在登记、拍照或者录音录像和估价后,报经县级以上公安机关负责人批准,开具发还清单返还,并在案卷材料中注明返还的理由,将原物照片、发还清单和被害人的领取手续存卷备查。

六、查询、冻结

(一)查询、冻结的概念和意义

查询、冻结,是指侦查机关出于侦查案件的需要,依照法律规定向金融机构、证券公司等单位查询犯罪嫌疑人的存款、汇款、债券、股票、基金份额等财产,并在必要时加以冻结的侦查行为。

查询、冻结主要有两方面的意义:一方面,帮助侦查机关了解犯罪嫌疑人的经济情况,尤其是了解其犯罪收益等情况,为查明案件提供依据;另一方面,有利于挽回国家、集体和个人因犯罪而遭受的经济损失,为维护国家、集体的利益和个人的合法权利提供保障。

(二)查询、冻结的程序

1.查询、冻结犯罪嫌疑人的存款、汇款、债券、股票、基金份额等财产,应当经县级以上公安机关负责人或检察长批准,制作协助查询财产通知书,通知金融机构等单位执行。

2.犯罪嫌疑人的存款、汇款、债券、股票、基金份额等财产已被冻结的,不得重复冻结,但可以轮候冻结。侦查机关可以要求有关银行或者其他金融机构、邮电部门在解除冻结或者作出处理前通知侦查机关,以便采取相应措施。

3.冻结存款、汇款等财产的期限为6个月。冻结债券、股票、基金份额等证券的期限为2年。有特殊原因需要延长期限的,侦查机关应当在冻结期限届满前办理继续冻结手续。每次续冻存款、汇款等财产的期限最长不得超过6个月;每次续冻债券、股票、基金份额等证券的期限最长不得超过2年。继续冻结的,应当重新办理冻结手续。逾期不办理继续冻结手续的,视为自动解除冻结。

4.扣押、冻结债券、股票、基金份额等财产,应当书面告知当事人或者其法定代理人、委托代理人有权申请出售。权利人书面申请出售被冻结的债券、股票、基金份额等财产,不损害国家利益、被害人、其他权利人利益,不影响诉讼正常进行的,以及冻结的汇票、本票、支票的有效期即将届满的,经县级以上公安机关负责人或检察长批准,可以依法出售或者变现,所得价款应当继续冻结在其对应的银行账户中;没有对应的银行账户的,所得价款由公安机关或检察机关在银行指定专门账户保管,并及时告知当事人或者其近亲属。

5. 对冻结的财产，经查明确实与案件无关的，应当在 3 日以内通知金融机构等单位解除冻结，并通知被冻结财产的所有人。

七、鉴定

（一）鉴定的概念和意义

鉴定，是指侦查人员指派、聘请有专门知识的人就案件中某些专门性问题进行鉴别实验判断等工作并作出鉴定意见的侦查行为。侦查活动中在必要时运用鉴定技术，可以有效地对证据的存在与否、真伪情况等作出科学的判断，对于查清案件事实、避免错误裁判具有极其重要的作用，例如 DNA 鉴定就常在性犯罪、故意杀人等案件中发挥着关键作用。

（二）鉴定人的条件和鉴定对象

根据《刑事诉讼法》第 146 条的规定，鉴定人需具备以下三方面的条件：第一，必须是具有专门的知识的人。司法鉴定人应当经省级司法行政机关审核登记，取得司法鉴定人执业证，按照登记的司法鉴定执业类别，从事司法鉴定业务。第二，必须经侦查机关的指派或聘请。第三，必须是与案件无利害关系之人，且必须能够客观公正地作出鉴定意见。

《刑事诉讼法》第 146 条所指的“专门性问题”在实践中范围极其广泛，常见的包括：法医类鉴定、法医病理鉴定、法医临床鉴定、法医精神病鉴定、法医物证鉴定、法医毒物鉴定、物证类鉴定、文书鉴定、痕迹鉴定、微量鉴定、声像资料鉴定、计算机司法鉴定、环境监测司法鉴定、工程造价司法鉴定、产品质量司法鉴定、司法会计鉴定、知识产权司法鉴定、税务司法鉴定、农业司法鉴定、资产评估司法鉴定、建筑工程司法鉴定、枪弹痕迹司法鉴定等。

（三）鉴定的程序

1. 检察机关办理自侦案件，鉴定由检察长批准，由人民检察院技术部门有鉴定资格的人员进行；必要的时候，也可以聘请其他有鉴定资格的人员进行，但是应当征得鉴定人所在单位的同意。

2. 侦查机关应当为鉴定人进行鉴定提供必要的条件，及时向鉴定人送交有关检材和对比样本等原始材料，介绍与鉴定有关的情况，并且明确提出要求鉴定解决的问题。禁止暗示或者强迫鉴定人作出某种鉴定意见。

3. 侦查人员应当做好检材的保管和送检工作，并注明检材送检环节的责任人，确保检材在流转环节中的同一性和不被污染。

4. 鉴定人应当按照鉴定规则，运用科学方法独立进行鉴定。鉴定后，应当出具鉴定意见，并在鉴定意见书上签名，同时附上鉴定机构和鉴定人的资质证明或者其他证明文件。多人参加鉴定，鉴定人有不同意见的，应当注明。鉴定人故意作虚假鉴定的，应当承担法律责任。

5. 对鉴定意见，侦查人员应当进行审查。对经审查作为证据使用的鉴定意见，侦查机关应当及时告知犯罪嫌疑人、被害人或者其法定代理人。

6. 犯罪嫌疑人、被害人或被害人的法定代理人、近亲属、诉讼代理人对鉴定意见有异议提出申请,以及办案部门或者侦查人员对鉴定意见有疑义的,经检察长或县级以上公安机关负责人批准,可以补充鉴定或者重新鉴定。

八、特殊侦查措施

为打击严重犯罪,采取特殊侦查措施,是各国通行的做法,也是在工业化、信息化社会发展过程中追究犯罪所必要的。2012 年修改后的《刑事诉讼法》在“侦查”一章新增加一节“技术侦查”,实际上该节涉及技术侦查、秘密侦查和控制下交付等特殊侦查手段,因此应当称其为“特殊侦查”。

(一)技术侦查

所谓技术侦查,是指公安机关、人民检察院根据侦查犯罪的需要,在经过严格的批准手续后,运用技术设备收集证据或查获犯罪分子的一种特殊侦查措施。根据公安部《规定》第 264 条的规定,技术侦查措施是指由设区的市一级以上公安机关负责技术侦查的部门实施的记录监控、行踪监控、通信监控、场所监控等措施。

1. 技术侦查的主体。根据刑事诉讼法的规定,有权采取技术侦查的主体仅限于公安机关和人民检察院,但由于国家安全机关办理危害国家安全的刑事案件时行使与公安机关相同的职权,且《反间谍法》第 12 条对其采取技术侦查有明确规定,因此其也有采取技术侦查的权力。除此之外,其他任何机关和个人都不能采取技术侦查措施。(监察机关依法采取技术调查措施除外)

2. 技术侦查的适用对象。技术侦查措施的适用对象是犯罪嫌疑人、被告人以及与犯罪活动直接关联的人员。对其他人员不得适用技术侦查措施。

3. 技术侦查的案件范围。刑事诉讼法规定可适用技术侦查的案件包括以下几种类型:危害国家安全犯罪案件、恐怖活动犯罪案件、黑社会性质的组织犯罪案件、重大毒品犯罪案件或者其他严重危害社会的犯罪案件、利用职权实施的严重侵犯公民人身权利的重大犯罪案件。此外,追捕被通缉或者批准、决定逮捕的在逃的犯罪嫌疑人、被告人,经过批准,可以采取追捕所必需的技术侦查措施。公安部《规定》扩大了公安机关适用技术侦查的案件范围。公安部《规定》第 263 条规定,公安机关在立案后,根据侦查犯罪的需要,可以对下列严重危害社会的犯罪案件采取技术侦查措施:(1)危害国家安全犯罪、恐怖活动犯罪、黑社会性质的组织犯罪、重大毒品犯罪案件;(2)故意杀人、故意伤害致人重伤或者死亡、强奸、抢劫、绑架、放火、爆炸、投放危险物质等严重暴力犯罪案件;(3)集团性、系列性、跨区域性重大犯罪案件;(4)利用电信、计算机网络、寄递渠道等实施的重大犯罪案件,以及针对计算机网络实施的重大犯罪案件;(5)其他严重危害社会的犯罪案件,依法可能判处 7 年以上有期徒刑的。这样的规定,突破了《刑事诉讼法》的边界,其合法性值得质疑。

4. 技术侦查的程序规定。采取技术侦查措施,必须严格按照批准的措施种类、适用对象和期限执行。批准决定应当根据侦查犯罪的需要,确定采取技术侦查措施的种类和适用对象。批准决定自签发之日起3个月以内有效。对于不需要继续采取技术侦查措施的,应当及时解除;对于复杂、疑难案件,期限届满仍有必要继续采取技术侦查措施的,经过批准,有效期可以延长,每次不得超过3个月。公安机关依法采取技术侦查措施,有关单位和个人应当配合,并对有关情况予以保密。

5. 技术侦查获得材料的处理。侦查人员对采取技术侦查措施过程中知悉的国家秘密、商业秘密和个人隐私,应当保密;对采取技术侦查措施获取的与案件无关的材料,必须及时销毁。采取技术侦查措施获取的材料,只能用于对犯罪的侦查、起诉和审判,不得用于其他用途。公安机关依法采取技术侦查措施,有关单位和个人应当配合,并对有关情况予以保密。采取技术侦查措施收集的材料作为证据使用的,批准采取技术侦查措施的法律文书应当附卷,辩护律师可以依法查阅、摘抄、复制。

(二)秘密侦查

秘密侦查,是指公安机关指派特定人员隐匿其身份秘密进行的侦查活动,通常有卧底侦查、化装侦查和诱惑侦查等形式。实施秘密侦查,需注意以下几个问题:

第一,秘密侦查的目的必须是查明案件情况,只能在必要时方可采取。既不能为其他目的而采取秘密侦查,也不应在有其他能够查明案情的方法的情况下而使用秘密侦查措施。

第二,秘密侦查必须严格依法进行。刑事诉讼法要求秘密侦查必须经过公安机关负责人决定,指派有关人员隐匿其身份实施侦查。公安部《规定》进一步明确,秘密侦查必须经县级以上公安机关负责人决定方可实施。

第三,实施秘密侦查,尤其是实施诱惑侦查时,不得诱使他人犯罪,不得采用可能危害公共安全或者发生重大人身危险的方法。诱惑侦查可以分为两种类型:一是犯意诱发型的诱惑侦查;二是机会提供型的诱惑侦查。犯意诱发型诱惑侦查,是指在对方无犯罪意图的情况下,侦查机关故意引发其犯罪意图促使其犯罪。这种诱惑侦查形式,实际上是侦查机关以主动行为“制造”出犯罪,而后再对犯罪进行追诉的行为,无论是在贪腐犯罪还是其他类型犯罪的侦查中,均不具有合法性,不应当被允许使用。而机会提供型诱惑侦查,是指在对方已有犯罪意图的情况下,侦查机关仅仅为其犯罪提供客观机会或条件,令其犯罪行为暴露。机会提供型诱惑侦查在贪腐案件中典型地表现为在官员主动索贿的情况下采取的贿赂财物给付行动。这种诱惑侦查中,侦查机关的行为不是犯罪的主导性因素,对犯罪行为的发生不起支配性作用,因而可以有条件地允许其在贪腐案件的侦查中使用。

(三)控制下交付

我国《刑事诉讼法》第153条也规定:“对涉及给付毒品等违禁品或者财物的

犯罪活动,公安机关根据侦查犯罪的需要,可以依照规定实施控制下交付。”我国刑事诉讼法规定的控制下交付,是指侦查机关根据有关线索,对毒品等违禁品或者财物在严密的秘密监控的条件下,任由犯罪嫌疑人将该违禁品或财物交付给接收人,以便使侦查机关能最终将所有犯罪者一网打尽的侦查方式。

运用控制下交付这一侦查手段,必须注意几个问题:第一,控制下交付只能运用于涉及给付毒品等违禁品或者财物的犯罪活动的侦查中。第二,控制下交付只有在根据侦查需要,为查明参与该项犯罪的人员和犯罪事实时方可使用。第三,经县级以上公安机关负责人决定,才可以实施控制下交付。第四,公安机关依照规定实施控制下交付收集的材料在刑事诉讼中可以作为证据使用;使用控制下交付收集的材料作为证据时,可能危及隐匿身份人员的人身安全,或者可能产生其他严重后果的,应当采取不暴露有关人员身份等保护措施。

九、辨认

(一)辨认的概念和意义

辨认,是指在侦查人员的主持下,侦查机关安排证人或被害人对犯罪嫌疑人,或证人、被害人、犯罪嫌疑人对与案件相关的物品、文件、场所等进行确认和辨别的侦查行为。

侦查机关能够通过辨认,迅速确定犯罪嫌疑人的身份和与案件相关的物品、文件、场所等的情况,为侦查提供相应的线索和证据,对于查明案件事实、查获犯罪嫌疑人有重大意义,从而有助于案件的侦破和处理。

(二)辨认的程序

1. 辨认应当在侦查人员的主持下进行。主持辨认的侦查人员不得少于2人。在辨认前,应当向辨认人详细询问被辨认对象的具体特征,避免辨认人见到被辨认对象,并应当告知辨认人有意作虚假辨认应负的法律责任。几名辨认人对同一辨认对象进行辨认时,应当由辨认人个别进行。

2. 辨认时,应当将辨认对象混杂在特征相类似的其他对象中,不得给辨认人任何暗示。最高人民检察院的相关文件规定,辨认犯罪嫌疑人、被害人时,被辨认的人数为5到10人,照片5到10张。辨认物品时,同类物品不得少于5件,照片不得少于5张。公安部的相关文件规定,辨认犯罪嫌疑人时,被辨认的人数不得少于7人;对犯罪嫌疑人照片进行辨认的,不得少于10人的照片;辨认物品时,混杂的同类物品不得少于5件。对场所、尸体等特定辨认对象进行辨认,或者辨认人能够准确描述物品独有特征的,陪衬物不受数量的限制。

3. 对犯罪嫌疑人的辨认,辨认人不愿意公开进行时,可以在不暴露辨认人的情况下进行,并应当为其保守秘密。

4. 对辨认经过和结果,应当制作辨认笔录,由侦查人员、辨认人、见证人签名。必要时,应当对辨认过程进行录音或者录像。人民检察院主持进行辨认,可以商请公安机关参加或者协助。

十、通缉

(一)通缉的概念和意义

通缉,是指公安机关通过发布通缉令的方式,采取有关措施,将应当逮捕而在逃的犯罪嫌疑人抓捕归案的侦查行为。

侦查机关通过运用通缉这一侦查措施,能够统筹公安系统内的力量并有效发动群众,将在逃的犯罪嫌疑人抓捕归案,这对于抓获犯罪嫌疑人、查明案件事实、打击和震慑犯罪,均有重要的意义。

(二)通缉的对象和条件

通缉的对象限于应当逮捕而在逃的犯罪嫌疑人。具体而言包括以下几类:(1)已批准或决定逮捕而在逃和在采取取保候审、监视居住期间逃跑的犯罪嫌疑人;(2)已决定拘留而在逃的重大嫌疑分子;(3)从被羁押场所逃跑的犯罪嫌疑人;(4)在讯问或者在押解期间逃跑的犯罪嫌疑人。此外,对越狱逃跑的被告人或者罪犯,也可以通缉。

通缉的条件有两个方面:其一,该犯罪嫌疑人依法应当逮捕,即其已被批准或决定逮捕;其二,有相关证据证明该犯罪嫌疑人确实在逃。

(三)通缉的程序

1. 县级以上公安机关在自己管辖的地区内,可以直接发布通缉令;超出自己管辖的地区,应当报请有权决定的上级公安机关发布。通缉令的发送范围,由签发通缉令的公安机关负责人决定。

2. 人民检察院办理直接受理立案侦查的案件,应当逮捕的犯罪嫌疑人如果在逃,或者已被逮捕的犯罪嫌疑人脱逃的,经检察长批准,可以通缉。人民检察院应当将通缉通知书和通缉对象的照片、身份、特征、案情简况送达公安机关,由公安机关发布通缉令。

3. 通缉令中应当尽可能写明被通缉人的姓名、别名、曾用名、绰号、性别、年龄、民族、籍贯、出生地、户籍所在地、居住地、职业、身份证号码、衣着和体貌特征、口音、行为习惯,并附被通缉人近期照片,可以附指纹及其他物证的照片。除必须保密的事项以外,应当写明发案的时间、地点和简要案情。

4. 通缉令发出后,如果发现新的重要情况可以补发通报。通报必须注明原通缉令的编号和日期。

5. 公安机关接到通缉令后,应当及时布置查缉。抓获犯罪嫌疑人后,报经县级以上公安机关负责人批准,凭通缉令或者相关法律文书羁押,并通知通缉令发布机关进行核实,办理交接手续。

6. 需要对犯罪嫌疑人在口岸采取边控措施的,应当按照有关规定制作边控对象通知书,并附有关法律文书,经县级以上公安机关负责人审核后,层报省级公安机关批准,办理全国范围内的边控措施。需要限制犯罪嫌疑人人身自由的,应当附有关限制人身自由的法律文书。紧急情况下,需要采取边控措施的,县级以上公安机关可以出具公函,先向有关口岸所在地出入境边防检查机关交控,但应当在7日以内按照规定程序办理全国范围内的边控措施。

7. 为发现重大犯罪线索,追缴涉案财物、证据,查获犯罪嫌疑人,必要时,经县级以上公安机关负责人批准,可以发布悬赏通告。悬赏通告应当写明悬赏对象的基本情况和赏金的具体数额。

8. 通缉令、悬赏通告应当广泛张贴,并可以通过广播、电视、报刊、计算机网络等方式发布。

9. 经核实,犯罪嫌疑人已经自动投案、被击毙或者被抓获,以及发现有其他不需要采取通缉、边控、悬赏通告的情形的,发布机关应当在原通缉、通知、通告范围内,撤销通缉令、边控通知、悬赏通告。

第三节 侦查终结

一、侦查终结的概念和意义

侦查终结,是指经过一段时间的侦查和采取一系列的侦查行为,侦查机关认为案件事实已经查明,证据确实充分,可以认定犯罪嫌疑人是否犯罪以及应否对其追究刑事责任,因而决定依法结束侦查工作,并就案件提出处理意见或作出处理决定的诉讼活动。

侦查终结是刑事诉讼侦查阶段的完结性工作,需要侦查机关在对收集到的证据进行审查判断的基础上,确定犯罪嫌疑人是否犯罪和应否对其追究刑事责任,并向检察机关提出起诉意见或者作出撤销案件的决定,因此是侦查的必经阶段。完成侦查终结的相关工作,对于查清案件事实,避免案件最终的错误裁判,有效打击犯罪并保护无辜,具有无可替代的作用。

二、侦查终结的条件

根据《刑事诉讼法》第162条和公安部《规定》第283条的规定,侦查终结应同时符合以下几方面的条件,缺一不可。

1. 案件事实清楚。案件事实清楚,是指对有关定罪和量刑的主要事实均已查清,尤其是:(1)犯罪事实是否已经发生;(2)实施犯罪的主体是谁;(3)加重量刑的情节,特别是足以判处死刑的从重情节。这三方面的问题必须查清,否则即可能造成错案。此外,犯罪客体和犯罪客观方面的行为对象、危害结果等,犯罪主观方面的犯罪主体的心理态度如罪过(故意或过失)、动机和目的等也应当查清。

2. 证据确实、充分。所谓证据确实、充分,《刑事诉讼法》第 53 条有明确要求:(1)定罪量刑的事实都有证据证明;(2)据以定案的证据均经法定程序查证属实;(3)综合全案证据,对所认定事实已排除合理怀疑。因此,在证据方面既有量的要求,也有质的要求。

3. 犯罪性质和罪名认定正确。犯罪性质和罪名认定正确,即通过事实的查明和证据的审查,对于犯罪嫌疑人所犯之罪的数量、性质和名称均已有正确认定。

4. 法律手续完备。法律手续完备,要求侦查机关在侦查阶段的各项侦查行为都符合法律的规定具有相应的法律手续。例如,讯问犯罪嫌疑人或询问被害人、证人时要有相应的讯问或询问笔录,并由相关人员签名盖章;拘留、逮捕、搜查要有相关的法律文书,扣押物证要开列扣押清单等。

5. 依法应当追究刑事责任。依法应当追究刑事责任,要求根据查明的事实和刑法的规定,对该犯罪嫌疑人应追究刑事责任。如果该犯罪嫌疑人因年龄、精神状况等原因不具备刑事责任能力,或其行为不构成犯罪,或本案中根本不存在犯罪事实,或符合《刑事诉讼法》第 15 条规定的 6 种情形,则依法不应当对其追究刑事责任。

三、侦查终结的工作

侦查终结,需完成以下几方面的工作:

1. 制作结案报告。侦查终结的案件,侦查人员应当制作结案报告。结案报告应当包括以下内容:(1)犯罪嫌疑人的基本情况,犯罪嫌疑人不讲真实姓名、住址,身份不明的,应当对其身份进行调查,确实无法查明其身份的,也可以按其自报的姓名制作结案报告;(2)是否采取了强制措施及其理由;(3)案件的事实和证据;(4)法律依据和处理意见。

2. 侦查终结的批准和处理。侦查终结案件的处理,由县级以上公安机关负责人批准;重大、复杂、疑难的案件应当经过集体讨论。

3. 立卷。侦查终结后,应当将全部案卷材料按照要求装订立卷。向人民检察院移送案件时,只移送诉讼卷,侦查卷由公安机关存档备查。

4. 相关财物的处理。对查封、扣押的犯罪嫌疑人的财物及其孳息、文件或者冻结的财产,作为证据使用的,应当随案移送,并制作随案移送清单一式两份,一份留存,一份交人民检察院。制作清单时,应当根据已经查明的案情,写明对涉案财物的处理建议。对于实物不宜移送的,应当将其清单、照片或者其他证明文件随案移送。待人民法院作出生效判决后,按照人民法院送达的生效判决书、裁定书依法作出处理,并向人民法院送交回执。人民法院在判决、裁定中未对涉案财物作出处理的,公安机关应当征求人民法院意见,并根据人民法院的决定依法作出处理。

5. 制作起诉意见书。对侦查终结的案件,应当制作起诉意见书,经县级以上公安机关负责人批准后,连同全部案卷材料、证据,以及辩护律师提出的意见,一并移送同级人民检察院审查决定;同时将案件移送情况告知犯罪嫌疑人及其辩护律师。犯罪嫌疑人自愿认罪的,应当记录在案,随案移送,并在起诉意见书中写明有关情况;认为案件符合速裁程序适用条件的,可以向人民检察院提出适用速裁程序的建议。

6. 附带民事诉讼的处理。被害人提出附带民事诉讼的,应当记录在案;移送审查起诉时,应当在起诉意见书末页注明。

四、撤销案件的条件

侦查机关在符合以下情形之一的,应作出撤销案件的决定:(1)犯罪嫌疑人的行为缺乏犯罪构成要件,不构成犯罪。(2)本案中根本不存在犯罪事实。(3)情节显著轻微、危害不大,不认为是犯罪的。(4)犯罪已过追诉时效期限的。(5)经特赦令免除刑罚的。(6)依照刑法告诉才处理的犯罪,没有告诉或者撤回告诉的。(7)犯罪嫌疑人、被告人死亡的。(8)其他法律规定免予追究刑事责任的。

五、侦查羁押期限

我国法律对侦查阶段未做期限要求,但在犯罪嫌疑人被羁押的情况下,侦查受到侦查羁押期限的制约。

侦查羁押期限,是指犯罪嫌疑人在侦查阶段被逮捕后能够羁押的最长期限。如果侦查机关不能在侦查羁押期限内侦查终结,就应依法变更强制措施或立即释放犯罪嫌疑人。侦查羁押期限应注意以下几个问题:

1. 侦查羁押期限的起算点。侦查羁押期限,自犯罪嫌疑人被逮捕之日起计算。

2. 侦查羁押期限的具体规定。根据《刑事诉讼法》第156、158、159条的规定,侦查羁押期限规定如下:(1)对犯罪嫌疑人逮捕后的侦查羁押期限不得超过2个月。(2)案情复杂、期限届满不能终结的案件,可以经上一级人民检察院批准延长1个月。(3)下列案件在本法第156条规定的期限届满不能侦查终结的,经省、自治区、直辖市人民检察院批准或者决定,可以延长2个月:交通十分不便的边远地区的重大复杂案件;重大的犯罪集团案件;流窜作案的重大复杂案件;犯罪涉及面广,取证困难的重大复杂案件。(4)对犯罪嫌疑人可能判处10年有期徒刑以上刑罚,依照本法第158条规定延长期限届满,仍不能侦查终结的,经省、自治区、直辖市人民检察院批准或者决定,可以再延长2个月。

3. 侦查羁押期限的特殊规定:(1)在侦查期间,发现犯罪嫌疑人另有重要罪行的,自发现之日起依照本法第156条的规定重新计算侦查羁押期限。(2)犯罪嫌疑人不讲真实姓名、住址,身份不明的,应当对其身份进行调查,侦查羁押期限自查清其身份之日起计算,但是不得停止对其犯罪行为的侦查取证。(3)对犯罪嫌疑人作精神病鉴定期间不计入侦查羁押期限。(4)因为特殊原因,在较长时间内不宜交付审判的特别重大复杂的案件,由最高人民检察院报请全国人民代表大会常务委员会批准延期审理。此种情况下,法律未对侦查羁押期限作出具体规定。

第四节 补 充 侦 查

一、补充侦查的概念和意义

补充侦查,是指侦查机关在原有侦查工作和成果的基础上,根据法律规定、依照法定程序,对案件的部分事实继续进行侦查、补充收集证据的诉讼活动。补充侦查并非侦查的必经程序,而是在原侦查工作完成后事实仍然不清、证据仍然不足或者遗漏罪行、遗漏同案犯罪嫌疑人的情况下才能适用。补充侦查只能由公安机关或人民检察院实施。

补充侦查,其本质是对原有侦查工作的补充和继续,因此实际上是一项查缺补漏的工作,是在原有侦查工作未能完成侦查任务的情况下对案件部分事实、情节进行的补充性侦查和收集证据的行为。补充侦查虽然不是每个案件的必经程序,但作为一项弥补性的工作,对于查清案件全部事实、全面收集证据,从而完成侦查任务、保证办案质量,仍然具有非常重要的意义。

二、补充侦查的类型

根据《刑事诉讼法》第 90、175、204、205 条的规定,补充侦查主要有以下三种类型。

1. 审查批捕阶段的补充侦查

《刑事诉讼法》第 90 条规定:"人民检察院对于公安机关提请批准逮捕的案件进行审查后,应当根据情况分别作出批准逮捕或者不批准逮捕的决定。对于批准逮捕的决定,公安机关应当立即执行,并且将执行情况及时通知人民检察院。对于不批准逮捕的,人民检察院应当说明理由,需要补充侦查的,应当同时通知公安机关。"

据此,在审查批捕阶段,人民检察院作出不批准逮捕决定的,如果认为需要补充审查的,应当通知公安机关补充侦查,该补充侦查的通知和不批准逮捕决定书同时作出并送达公安机关。公安机关收到补充侦查的通知和不批准逮捕决定书后,应当实施补充侦查,并依照法律规定释放犯罪嫌疑人或者变更强制措施为取保候审或监视居住。

2. 审查起诉阶段的补充侦查

《刑事诉讼法》第 175 条第 2 ~ 4 款规定:"人民检察院审查案件,对于需要补充侦查的,可以退回公安机关补充侦查,也可以自行侦查。对于补充侦查的案件,应当在一个月以内补充侦查完毕。补充侦查以二次为限。补充侦查完毕移送人民检察院后,人民检察院重新计算审查起诉期限。对于二次补充侦查的案件,人民检察院仍然认为证据不足,不符合起诉条件的,应当作出不起诉的决定。”

由此可见,审查起诉阶段的补充侦查有以下特点:第一,审查起诉阶段人民检察院有权决定是否进行补充侦查;第二,既可以由人民检察院自行补充侦查,也可以退回公安机关补充侦查;第三,审查起诉阶段的补充侦查以二次为限,每次最多一个月;第四,第一次补充侦查后人民检察院仍认为证据不足不符合起诉条件的,可以作出不起诉决定或者再决定补充侦查,但第二次补充侦查后人民检察院仍认为证据不足不符合起诉条件的,必须作出不起诉的决定。

3. 审判阶段的补充侦查

《刑事诉讼法》第 204 条规定:“在法庭审判过程中,遇有下列情形之一,影响审判进行的,可以延期审理:……(二)检察人员发现提起公诉的案件需要补充侦查,提出建议的……”第 205 条规定:“依照本法第二百零四条第二项的规定延期审理的案件,人民检察院应当在一个月以内补充侦查完毕。”根据这些规定与有关司法解释,审判阶段的补充侦查要注意以下事项:第一,公诉案件审判期间,补充侦查的建议一般应由检察人员提出,检察人员发现案件需要补充侦查,建议延期审理的,合议庭应当同意;但是如果发现被告人新的立功线索,人民法院也可以建议人民检察院补充侦查。第二,审判阶段的补充侦查以二次为限,每次最多 1 个月,补充侦查期限届满后,人民检察院未将补充的证据材料移送人民法院的,人民法院可以根据在案证据作出判决、裁定。第三,补充侦查后人民检察院将补充收集的证据移送法院的,法院应通知辩护人、诉讼代理人查阅、摘抄、复制,以便其了解情况,进行辩护和代理。

三、补充侦查的方式

根据刑事诉讼法和相关法律的规定,补充侦查共有两种方式,即退回补充侦查和自行补充侦查。

1. 退回补充侦查

退回补充侦查,是指人民检察院将案件退回到公安机关,由公安机关进行的补充侦查。但值得注意的是,退回侦查的案件限于公安机关立案侦查的案件,人民检察院不得将法律规定由人民检察院立案侦查的案件退给公安机关补充侦查。

根据公安部《规定》第 296 条的规定,对人民检察院退回补充侦查的案件,根据不同情况,报县级以上公安机关负责人批准,分别作如下处理:(1)原认定犯罪事实不清或者证据不够充分的,应当在查清事实、补充证据后,制作补充侦查报告书,移送人民检察院审查;对确实无法查明的事项或者无法补充的证据,应当书面向人民检察院说明情况;(2)在补充侦查过程中,发现新的同案犯或者新的罪行,需要追究刑事责任的,应当重新制作起诉意见书,移送人民检察院审查;(3)发现原认定的犯罪事实有重大变化,不应当追究刑事责任的,应当撤销案件或者对犯罪嫌疑人终止侦查,并将有关情况通知退查的人民检察院;(4)原认定犯罪事实清楚，证据确实、充分，人民检察院退回补充侦查不当的，应当说明理由，移送人民检察院审查。

2. 自行补充侦查

自行补充侦查，是指人民检察院自行对案件进行的补充侦查。自行补充侦查的案件，可以是公安机关立案侦查的案件，也可以是人民检察院立案侦查的案件。

在审查批捕阶段，如果案件需要补充侦查，只能由人民检察院退回公安机关进行，人民检察院不得自行补充侦查。在审查起诉阶段，如果案件需要补充侦查，人民检察院既可以退回公安机关补充侦查，也可以由人民检察院自行补充侦查，具体取决于补充侦查事实的内容和性质，如果主要事实不清、证据不足或者遗漏罪行、遗漏同案犯罪嫌疑人，一般退回公安机关补充侦查，如果次要事实不清、证据不足，则应尽量自行补充侦查，以便提高诉讼效率。在审判阶段，如果案件需要补充侦查，只能由人民检察院自行补充侦查，而不能再退回公安机关，但必要时可以要求公安机关提供协助。

第五节　人民检察院对直接受理案件的侦查

一、人民检察院对直接受理案件的侦查权

《刑事诉讼法》第 164 条规定："人民检察院对直接受理的案件的侦查适用本章规定。"因此《刑事诉讼法》第二编第二章"侦查"部分的规定同样适用于人民检察院对直接受理案件的侦查。即对直接受理的案件，人民检察院享有与公安机关基本相同的侦查权限，有权实施讯问犯罪嫌疑人、询问证人或被害人、勘验检查、搜查、查封、扣押、查询、冻结、鉴定、辨认、侦查实验、特殊侦查等侦查行为。但是由于人民检察院对直接受理案件的侦查具有特殊性，刑事诉讼法及相关法律对其作出了一些特殊规定。

（一）拘留

根据《刑事诉讼法》第 165 条和第 82 条的规定，人民检察院直接受理的案件中，对于犯罪后企图自杀、逃跑或者在逃的或有毁灭、伪造证据或者串供可能的犯罪嫌疑人，可以决定拘留，并由公安机关执行。相较于公安机关的拘留，有两点不同：第一，人民检察院可以决定拘留的情形较少，在《刑事诉讼法》第 82 条规定的公安机关可以决定拘留的 7 种情形中，人民检察院只能决定第 4 种和第 5 种情形下对犯罪嫌疑人的拘留。第二，人民检察院对于这两种情形下的拘留，只有决定权没有执行权，其决定的拘留仍需交由公安机关执行。人民检察院对直接受理的案件中被拘留的人，应当在拘留后的 24 小时以内进行讯问。发现不应当拘留的，必

须立即释放,发给释放证明。

(二)逮捕

人民检察院在直接受理的案件的侦查中,对于符合《刑事诉讼法》第 81 条情形的犯罪嫌疑人,可以决定逮捕。即只要符合逮捕的证据、罪责和社会危险性条件,人民检察院就可以决定逮捕。但人民检察院直接决定的逮捕有两个特点:第一,此种逮捕虽由人民检察院决定,但仍由公安机关执行。第二,人民检察院对直接受理的案件中被拘留的人,认为需要逮捕的,应当在 14 日以内作出决定;在特殊情况下,决定逮捕的时间可以延长 1 日至 3 日;对不需要逮捕的,应当立即释放;对需要继续侦查,并且符合取保候审、监视居住条件的,依法取保候审或者监视居住。

二、人民检察院对侦查终结案件的处理和程序

《刑事诉讼法》第 168 条规定:"人民检察院侦查终结的案件,应当作出提起公诉、不起诉或者撤销案件的决定。"对此,最高检《规则》有更为细化的规定。

(一)提出起诉意见

根据最高检《规则》第 237、238 条的规定,人民检察院经过侦查,认为犯罪事实清楚,证据确实、充分,依法应当追究刑事责任的案件,应当写出侦查终结报告,并且制作起诉意见书。侦查终结报告和起诉意见书由侦查部门负责人审核,检察长批准。负责侦查的部门应当将起诉意见书或者不起诉意见书,查封、扣押、冻结的犯罪嫌疑人的财物及其孳息、文件清单以及对查封、扣押、冻结的涉案财物的处理意见和其他案卷材料,一并移送本院负责捕诉的部门审查。国家或者集体财产遭受损失的,在提出提起公诉意见的同时,可以提出提起附带民事诉讼的意见。

(二)提出不起诉意见

根据最高检《规则》第 237、238 条的规定,人民检察院经过侦查,对于犯罪情节轻微,依照刑法规定不需要判处刑罚或者免除刑罚的案件,应当写出侦查终结报告,并且制作不起诉意见书。侦查终结报告和不起诉意见书应当报检察长批准。负责侦查的部门应当将起诉意见书或者不起诉意见书,查封、扣押、冻结的犯罪嫌疑人的财物及其孳息、文件清单以及对查封、扣押、冻结的涉案财物的处理意见和其他案卷材料,一并移送本院负责捕诉的部门审查。国家或者集体财产遭受损失的,在提出提起公诉意见的同时,可以提出提起附带民事诉讼的意见。

(三)提出撤销案件意见

1. 人民检察院撤销案件的决定。根据最高检《规则》第 242 条的规定,人民检察院在侦查过程中或者侦查终结后,发现具有下列情形之一的,侦查部门应当制作拟撤销案件意见书,报请检察长或者检察委员会决定:(1)具有《刑事诉讼法》第 15 条规定情形之一的;(2)没有犯罪事实的,或者依照刑法规定不负刑事责任或者不是犯罪的;(3)虽有犯罪事实,但不是犯罪嫌疑人所为的。对于共同犯罪的案件,

如有符合本条规定情形的犯罪嫌疑人，应当撤销对该犯罪嫌疑人的立案。

2. 上一级人民检察院的监督。根据最高检《规则》第293～295条的规定，地方各级人民检察院决定撤销案件的，负责侦查的部门应当将撤销案件意见书连同本案全部案卷材料，在法定期限届满7日前报上一级人民检察院审查；重大、复杂案件在法定期限届满10日前报上一级人民检察院审查。对于共同犯罪案件，应当将处理同案犯罪嫌疑人的有关法律文书以及案件事实、证据材料复印件等，一并报送上一级人民检察院。上一级人民检察院负责侦查的部门应当对案件事实、证据和适用法律进行全面审查，必要时，可以讯问犯罪嫌疑人。上一级人民检察院负责侦查的部门经审查后，应当提出是否同意撤销案件的意见，报请检察长决定。人民检察院决定撤销案件的，应当告知控告人、举报人，听取其意见并记明笔录。

3. 撤销案件的处理。撤销案件的决定，应当分别送达犯罪嫌疑人所在单位和犯罪嫌疑人。犯罪嫌疑人死亡的，应当送达犯罪嫌疑人原所在单位。如果犯罪嫌疑人在押，应当制作决定释放通知书，通知公安机关依法释放。人民检察院撤销案件时，对犯罪嫌疑人的违法所得及其他涉案财产应当区分不同情形，作出相应处理。对查封、扣押、冻结的犯罪嫌疑人的涉案财产需要返还犯罪嫌疑人的，应当解除查封、扣押或者书面通知有关金融机构、邮政部门解除冻结，返还犯罪嫌疑人或者其合法继承人。

案例精选

李某于2012年7月毕业后到某国有企业从事财务工作。因无钱买房，单位又不分房，在同学、朋友及亲戚家里四处借住，如何弄钱买一套住房成为他的心结。2013年4月，单位有一笔80万元现金未来得及送到银行，存放于单位保险柜，李某借职务之便侵吞了全部现金并伪造外人盗窃现场。李某用该款购买了一套公寓。李某的反常行为被单位举报到检察机关，检察机关反贪技术侦查部门当即实施技术侦查措施，查明系李某作案并予以立案。在刑事拘留期间，李某供认了全部犯罪事实。鉴于本人最终认罪并将赃物全部追回，根据本案特殊情况和办案需要，检察机关决定对其采取指定居所监视居住。2013年7月该案提起公诉。李某及其辩护律师向法院提出李某在拘留期间遭受了严重的刑讯逼供，要求排除非法证据（源于2013年国家司法考试真题卷四第3题）。

【问】检察机关对李某贪污行为采取技术侦查措施是否正确？为什么？

【答案与解析】不正确。根据《刑事诉讼法》第150条第2款的规定，技术侦查措施只能在立案后采取，采取技术侦查措施必须履行严格的批准手续，检察机关不能实施技术侦查措施，必须交有关机关执行。

思考问题

1. 如何有效遏制侦查讯问中的刑讯逼供或其他违法讯问现象？

2. 检察院如何在侦查中发挥法律监督作用？

法条链接

《刑事诉讼法》第115~168条;《反间谍法》第8~18条;六机关《规定》第19~22条;最高检《规则》第176~354条;公安部《规定》第191~297条。

扩展阅读

1. 何家弘:《从相似到同一——犯罪侦查研究》,中国法制出版社2008年版。
2. 郭华:《技术侦查的诉讼化控制》,中国人民公安大学出版社2013年版。
3. 郑曦:《侦查讯问程序研究》,北京大学出版社2015年版。
4. 龙宗智:《强制侦查司法审查制度的完善》,载《中国法学》2011年第6期。
5. 兰跃军:《比较法视野中的技术侦查措施》,载《中国刑事法杂志》2013年第1期。
6. 刘忠:《读解双规——侦查技术视域内的反贪非正式程序》,载《中外法学》2014年第1期。
7. 谢登科:《论侦查机关电子数据调取权及其程序控制——以〈数据安全法(草案)〉第32条为视角》,载《环球法律评论》2021年第1期。
8. 王天民:《毒品犯罪案件中特情侦查的程序控制——以4322件案例为样本的分析》,载《政法论坛》2021年第2期。
9. 卞建林:《检察机关侦查权的部分保留及其规范运行——以国家监察体制改革与〈刑事诉讼法〉修改为背景》,载《现代法学》2020年第2期。

第十六章　提 起 公 诉

本章知识要点

提起公诉是连接公诉案件中侦查和审判的中间程序。本章主要介绍了提起公诉及其程序的概念，审查起诉的内容、步骤、方法，提起公诉的条件，不起诉的概念、种类等内容。

第一节　概　　述

一、提起公诉的概念

提起公诉，是指行使国家公诉权的人民检察院对公安机关侦查终结移送起诉的案件，或自行侦查终结的案件，或监察机关调查终结移送起诉的案件，经全面审查确认，认为证据已经确实充分，犯罪嫌疑人的行为已经构成犯罪，依法应当追究刑事责任时，作出起诉决定，代表国家提请人民法院对犯罪嫌疑人进行审判的诉讼活动。提起公诉是刑事诉讼中人民检察院行使公诉权的一个独立阶段。

二、提起公诉的任务

人民检察院提起公诉是刑事诉讼中的一个独立阶段。它与其他阶段相比具有以下特定任务：(1)对公安机关侦查终结移送起诉的案件、人民检察院自行侦查终结的案件，或监督机关调查终结移送起诉的案件进行全面审查。(2)根据事实和法律，对案件分别作出提起公诉、不起诉或者撤销案件的决定，并制作相应法律文书。(3)对公安机关的侦查工作进行监督，发现有违法情况时，及时通知其纠正。(4)若存在由于犯罪嫌疑人的犯罪行为直接使国家财产、集体财产遭受损失的情况，在提起公诉的同时提起附带民事诉讼。(5)对于决定提起公诉交付审判的案件，做好出庭支持公诉的准备工作；对于决定不起诉或者撤销的案件，从综合治理的角度做好善后工作。

三、提起公诉的意义

在刑事诉讼中,提起公诉的意义主要体现在以下三个方面:

一是启动审判程序。控审分离原则是现代刑事诉讼中的重要原则,其重要内容之一即是“不告不理”,这意味着没有起诉就没有审判。公诉作为审判的前提和基础,能够启动审判程序。公诉前连侦查,后接审判,既是侦查的总结,又是审判的基础,是承前启后的一个重要阶段。

二是限制法院审判范围。由于“不告不理”要求审判的对象只限于公诉书中载明的犯罪嫌疑人和犯罪事实,这实际上是对审判权的作用范围规定了界限。对于虽然在庭审过程中发现,但未被指控的犯罪嫌疑人或犯罪事实。只要检察机关未追加,审判机关不得自动将其归于审判权作用范围内。审判机关可以建议检察机关变更指控,但这种建议不同于具有强制性的决定,否则就是对控诉权的分割,扭曲了合理的诉讼结构。

三是规范侦查行为,实现追诉犯罪、保障权利等任务。在公诉案件中,通过检察机关审查起诉,可以全面审查案件事实和证据,查明侦查活动是否合法,法律手续是否完备,对侦查工作实行有效监督;并且在这一阶段,检察机关通过全面审查可以作出不起诉、提起公诉或撤销案件的不同决定,对于实现保障无罪的人不再受到追诉,依法不应追究刑事责任的人不受审判等有关犯罪嫌疑人合法权益,保证刑法正确实施以及惩罚犯罪,保护人民,保障国家安全和社会公共安全等刑事诉讼的基本任务,具有重要作用。

第二节 提起公诉的程序

一、审查起诉

(一)审查起诉的概念

《刑事诉讼法》第169条规定:“凡需要提起公诉的案件,一律由人民检察院审查决定。”这是检察机关审查起诉权行使的法律依据。所谓审查起诉,是指人民检察院对公安机关、自侦部门侦查终结以及监察机关调查终结移送起诉的刑事案件的犯罪事实、证据、罪名等全面审查,以决定是否向人民法院提起公诉或作出不起诉、撤销案件等处理决定的诉讼活动。审查起诉是人民检察院实现其公诉职能所作的准备工作,也是人民检察院实现侦查监督职能的重要手段。因此,审查起诉对于检察机关公诉职能和侦查监督职能的正确行使都具有十分重要的意义。

(二)移送审查起诉案件的管辖

各级人民检察院提起公诉,应当与人民法院审判管辖相适应。负责捕诉的部门收到移送审查起诉的案件后，经审查认为不属于本院管辖的，应当在发现之日起5日以内经由负责案件管理的部门移送有管辖权的人民检察院。

属于上级人民法院管辖的第一审案件，应当报送上一级人民检察院，同时通知移送审查起诉的公安机关；属于同级其他人民法院管辖的第一审案件，应当移送有管辖权的人民检察院或者报送共同的上级人民检察院指定管辖，同时通知移送审查起诉的公安机关。

上级人民检察院受理同级公安机关移送审查起诉案件，认为属于下级人民法院管辖的，可以交下级人民检察院审查，由下级人民检察院向同级人民法院提起公诉，同时通知移送审查起诉的公安机关。

一人犯数罪、共同犯罪和其他需要并案审理的案件，只要其中一人或者一罪属于上级人民检察院管辖的，全案由上级人民检察院审查起诉。

公安机关移送起诉的案件，需要依照刑事诉讼法的规定指定审判管辖的，人民检察院应当在公安机关移送审查起诉前协商同级人民法院办理指定管辖有关事宜。

监察机关移送起诉的案件，需要依照刑事诉讼法的规定指定审判管辖的，人民检察院应当在监督机关移送起诉20日前协商同级人民法院办理指定管辖有关事宜。

（三）审查起诉的内容

根据《刑事诉讼法》第171条和最高检《规则》的规定，人民检察院审查案件的时候，必须查明以下内容：

1. 犯罪嫌疑人身份状况是否清楚，包括姓名、性别、国籍、出生年月日、职业和单位等；单位犯罪的，单位的相关情况是否清楚。

2. 犯罪事实、情节是否清楚；实施犯罪的时间、地点、手段、犯罪事实、危害后果是否明确。

3. 认定犯罪性质和罪名的意见是否正确；有无法定的从重、从轻、减轻或者免除处罚的情节及酌定从重、从轻情节；共同犯罪案件的犯罪嫌疑人在犯罪活动中的责任的认定是否恰当。

4. 犯罪嫌疑人是否认罪认罚。

5. 证明犯罪事实的证据材料包括采取技术侦查措施的决定书及证据材料是否随案移送；证明相关财产系违法所得的证据材料是否随案移送；不宜移送的证据的清单、复制件、照片或者其他证明文件是否随案移送。

6. 证据是否确实、充分，是否依法收集，有无应当排除非法证据的情形。

7. 采取侦查措施包括技术侦查措施的法律手续和诉讼文书是否完备。

8. 有无遗漏罪行和其他应当追究刑事责任的人。人民检察院应当全面、客观地追诉犯罪。做到不枉不纵。所以，在审查起诉时，必须认真审查被移送起诉的犯罪嫌疑人是否有遗漏罪行，认真审查有无其他应当追究刑事责任人的情况。具体来说，需要查明：(1)共同犯罪中，每个犯罪嫌疑人所处的地位、作用，所负的主要责任,以及所涉及的其他人和事。(2)对于青少年犯罪案件,注意审查有无教唆他们犯罪的教唆犯或者传授犯罪方法的罪犯。(3)对于经济犯罪案件,注意追查赃款赃物的去向。深挖窝赃、销赃犯,认真追缴赃款赃物。不能让犯罪分子在经济上捞到好处,等等。

9. 是否属于不应追究刑事责任的情形。人民检察院审查起诉时,对于符合《刑事诉讼法》第16条所规定情形之一的,对犯罪嫌疑人就不予追究刑事责任,以保障无罪的人不受刑事追究。

10. 有无附带民事诉讼。对于国家财产、集体财产遭受损失的,是否需要由人民检察院提起附带民事诉讼;对于破坏生态环境和资源保护,食品药品安全领域侵害众多消费者合法权益,侵害英雄烈士的姓名、肖像、名誉、荣誉等损害社会公共利益的行为,是否需要由人民检察院提起附带民事公益诉讼。

11. 采取的强制措施是否适当,对于已经逮捕的犯罪嫌疑人,有无继续羁押的必要。刑事诉讼法规定了拘传、取保候审、监视居住、拘留和逮捕五种强制措施,每一种强制措施都有包括适用条件、对象、期限等方面的程序规范,并且强制措施具有暂时性特点,其适用条件会随着诉讼的发展而有撤销、变更、解除等变化。因而,人民检察院在审查起诉时还应就这方面内容进行审查。

12. 侦查活动是否合法。人民检察院审查起诉时,应该审查侦查人员的侦查活动是否符合法律规定,手续是否完备,有无隐匿罪证、徇私舞弊以及刑讯逼供等方法违法收集证据等情形。如果存在上述情形,应当及时提出纠正意见并追究相关人员的责任。

13. 涉案款物是否查封、扣押、冻结并妥善保管,清单是否齐备;对被害人合法财产的返还和对违禁品或者不宜长期保存的物品的处理是否妥当,移送的证明文件是否完备。

(四)审查起诉的步骤、方法

根据刑事诉讼法和最高检《规则》的规定,审查起诉应当遵循下列步骤、方法:

1. 全面阅卷。审查起诉人员应当全面审阅案卷材料,必要时制作阅卷笔录。

2. 讯问犯罪嫌疑人,听取辩护人或者值班律师、被害人及其诉讼代理人的意见。人民检察院审查案件,应当讯问犯罪嫌疑人,听取辩护人或者值班律师、被害人及其诉讼代理人的意见,并记录在案。辩护人或者值班律师、被害人及其诉讼代理人提出书面意见的,应当附卷。"讯问犯罪嫌疑人"应当参照侦查中讯问犯罪嫌疑人的规定,讯问犯罪嫌疑人是否有犯罪行为,让其陈述有罪的情节或无罪的辩解,讯问时,检察人员不得少于2人,讯问应当按照法定程序制成笔录。"听取辩护人或者值班律师、被害人及其诉讼代理人的意见",一方面是听取他们对案件处理情况的意见,另一方面是听取对侦查活动是否合法等程序性的意见。对有关情况记录在案,对有书面意见的应当附卷。这样规定有利于统一司法实践,为保护犯罪嫌疑人、被害人的合法权益提供切实的程序保障。犯罪嫌疑人认罪认罚的,人民检察院应当:首先,告知其享有的诉讼权利,比如如有权委托辩护人、符合条件的可以向法律援助机构申请提供辩护、约见值班律师为其提供法律咨询、申请变更强制措施等。其次,还应当告知其刑法与刑事诉讼法有关认罪认罚从宽处理及其他实体性和程序性的法律规定,如对有关犯罪的刑罚,从轻、减轻、免除刑罚,自首和立功等;认罪认罚的要签署具结书;适用简易程序或速裁程序等。再次,听取犯罪嫌疑人、辩护人或者值班律师、被害人及其诉讼代理人对下列事项的意见,并记录在案:(1)涉嫌的犯罪事实、罪名及适用的法律规定;(2)从轻、减轻或者免除处罚等从宽处罚的建议;(3)认罪认罚后案件审理适用的程序;(4)其他需要听取意见的事项。最后,人民检察院听取值班律师意见,应当提前为值班律师了解案件有关情况提供必要的便利。因为值班律师并非犯罪嫌疑人委托或受法律援助机构指派为犯罪嫌疑人提供辩护的律师,在担任值班律师时,可能并不了解特定案件的情况,难以提出意见。因此,为了便于值班律师有效维护犯罪嫌疑人的合法权益,人民检察院有必要提前为值班律师了解案件情况提供必要的便利,包括允许值班律师阅卷、会见犯罪嫌疑人、向值班律师介绍案件有关情况及证据材料等。

3. 鉴定。人民检察院认为需要对案件中某些专门性问题进行鉴定而监察机关或者公安机关没有鉴定的,应当要求监察机关或者公安机关进行鉴定;必要时也可以由人民检察院进行鉴定或者由人民检察院聘请有鉴定资格的人进行鉴定。人民检察院自行进行鉴定的,可以商请监察机关或者公安机关派员参加,必要时可以聘请有鉴定资格或者有专门知识的人参加。在审查起诉中,发现犯罪嫌疑人可能患有精神病的,人民检察院应当依照本规则的有关规定对犯罪嫌疑人进行鉴定。犯罪嫌疑人的辩护人或者近亲属以犯罪嫌疑人可能患有精神病而申请对犯罪嫌疑人进行鉴定的,人民检察院也可以依照本规则的有关规定对犯罪嫌疑人进行鉴定,鉴定费用由申请方承担。人民检察院对鉴定意见有疑问的,可以询问鉴定人或者有专门知识的人并制作笔录附卷,也可以指派有鉴定资格的检察技术人员或者聘请其他有鉴定资格的人进行补充鉴定或者重新鉴定。人民检察院对鉴定意见等技术性证据材料需要进行专门审查的,按照有关规定交检察技术人员或者其他有专门知识的人进行审查并出具审查意见。

4. 复验复查。人民检察院审查案件时,对监察机关或者公安机关的勘验、检查,认为需要复验、复查的,应当要求其复验、复查,人民检察院可以派员参加;也可以自行复验、复查,商请监察机关或者公安机关派员参加,必要时也可以指派检察技术人员或者聘请其他有专门知识的人参加。

5. 对物证、书证、视听资料、电子数据及勘验、检查、辨认、侦查实验等笔录的审查。人民检察院对物证、书证、视听资料、电子数据及勘验、检查、辨认、侦查实验等笔录存在疑问的,可以要求调查人员或者侦查人员提供获取、制作的有关情况。必要时也可以询问提供相关证据材料的人员和见证人并制作笔录附卷,对物证、书证、视听资料、电子数据进行鉴定。

6. 非法证据的处理。人民检察院在审查起诉中,可以要求公安机关提供法庭审判所必需的证据材料;发现可能存在《刑事诉讼法》第 56 条规定的以非法方法收集证据情形的,可以要求其对证据收集的合法性作出说明。人民检察院在审查起诉中发现有应当排除的非法证据,应当依法排除,同时可以要求监察机关或者公安机关另行指派调查人员或者侦查人员重新调查取证,必要时人民检察院也可以自行调查取证。

7. 补充调查或者补充侦查。人民检察院对监察机关或者公安机关移送的案件进行审查后,在人民法院作出生效判决之前,认为需要补充提供证据材料的,可以书面要求监察机关或者公安机关提供。人民检察院认为犯罪事实不清、证据不足或者遗漏罪行、遗漏同案犯罪嫌疑人等情形需要补充侦查的,应当制作补充侦查提纲,连同案卷材料一并退回公安机关补充侦查;人民检察院也可以自行侦查,必要时可以要求公安机关提供协助。需要退回补充调查的案件,人民检察院应当出具补充调查决定书、补充调查提纲,写明补充调查的事项、理由、调查方向、需补充收集的证据及其证明作用等,连同案卷材料一并送交监察机关。人民检察院决定退回补充调查的案件,犯罪嫌疑人已被采取强制措施的,应当将退回补充调查情况书面通知强制措施执行机关。监察机关需要讯问的,人民检察院应当予以配合。对于监察机关移送起诉的案件,具有下列情形之一的,人民检察院可以自行补充侦查:(1)证人证言、犯罪嫌疑人供述和辩解、被害人陈述的内容主要情节一致,个别情节不一致的;(2)物证、书证等证据材料需要补充鉴定的;(3)其他由人民检察院查证更为便利、更有效率、更有利于查清案件事实的情形。自行补充侦查完毕后,应当将相关证据材料入卷,同时抄送监察机关。人民检察院自行补充侦查的,可以商请监察机关提供协助。人民检察院负责捕诉的部门对本院负责侦查的部门移送起诉的案件进行审查后,认为犯罪事实不清、证据不足或者存在遗漏罪行、遗漏同案犯罪嫌疑人等情形需要补充侦查的,应当制作补充侦查提纲,连同案卷材料一并退回负责侦查的部门补充侦查。必要时,也可以自行侦查,可以要求负责侦查的部门予以协助。退回监察机关补充调查、退回公安机关补充侦查的案件,均应当在 1 个月以内补充调查、补充侦查完毕。补充调查、补充侦查以二次为限。补充调查、补充侦查完毕移送起诉后,人民检察院重新计算审查起诉期限。人民检察院负责捕诉的部门退回本院负责侦查的部门补充侦查的期限、次数按照本条第 1 款至第 3 款的规定执行。补充侦查期限届满,公安机关未将案件重新移送起诉的,人民检察院应当要求公安机关说明理由。人民检察院发现公安机关违反法律规定撤销案件的,应当提出纠正意见。人民检察院在审查起诉中决定自行侦查的,应当在审查起诉期限内侦查完毕。人民检察院对已经退回监察机关二次补充调查或者退回公安机关二次补充侦查的案件,在审查起诉中又发现新的犯罪事实,应当将线索移送监察机关或者公安机关。对已经查清的犯罪事实,应当依法提起公诉。对于在审查起诉期间改变管辖的案件,改变后的人民检察院对于符合《刑事诉讼法》第 175 条第 2 款规定的案件,可以经原受理案件的人民检察院协助,直接退回原侦查案件的公安机关补充侦查,也可以自行侦查。改变管辖前后退回补充侦查的次数总共不得超过二次。

8. 追缴财物的处理。追缴的财物中,属于被害人的合法财产,不需要在法庭出示的,应当及时返还被害人,并由被害人在发还款物清单上签名或者盖章,注明返还的理由,并将清单、照片附卷。追缴的财物中,属于违禁品或者不宜长期保存的物品,应当依照国家有关规定处理,并将清单、照片、处理结果附卷。

9. 审查后的处理。人民检察院对案件进行审查后,应当依法作出起诉或者不起诉以及是否提起附带民事诉讼、附带民事公益诉讼的决定。人民检察院对于移送起诉的案件,应当在 1 个月以内作出决定;重大、复杂的案件,1 个月内不能作出决定的,可以延长 15 日。人民检察院审查起诉的案件,改变管辖的,从改变后的人民检察院收到案件之日起计算审查起诉的期限。

二、提起公诉

《刑事诉讼法》第 176 条规定:"人民检察院认为犯罪嫌疑人的犯罪事实已经查清,证据确实、充分,依法应当追究刑事责任的,应当作出起诉决定,按照审判管辖的规定,向人民法院提起公诉,并将案卷材料、证据移送人民法院。犯罪嫌疑人认罪认罚的,人民检察院应当就主刑、附加刑、是否适用缓刑等提出量刑建议,并随案移送认罪认罚具结书等材料。"这是人民检察院提起公诉的法律依据。

(一)提起公诉的条件

人民检察院提起公诉应当具备以下三项要件:

1. 犯罪事实已经查清。犯罪事实清楚是提起公诉的首要条件,是指犯罪的主要事实已经查清,但一些个别细节无法查清或没有必要查清,不影响定罪量刑的,也应当视为犯罪事实已查清。其中,对一人犯有数罪的,如果有一罪已经查清,而其他罪一时难以查清的,也可以就已经查清的罪提起公诉。根据最高检《规则》的规定,具有下列情形之一的,可以确认犯罪事实已经查清:"(一)属于单一罪行的案件,查清的事实足以定罪量刑或者与定罪量刑有关的事实已经查清,不影响定罪量刑的事实无法查清的;(二)属于数个罪行的案件,部分罪行已经查清并符合起诉条件,其他罪行无法查清的;(三)无法查清作案工具、赃物去向,但有其他证据足以对被告人定罪量刑的;(四)证人证言、犯罪嫌疑人供述和辩解、被害人陈述的内容中主要情节一致,只有个别情节不一致,但不影响定罪的。"对于符合上述第 2 项情形的,应当以已经查清的罪行起诉。

2. 证据确实、充分。用以证明案件事实的证据真实可靠,能反映案件的真实情况,取得的证据足以证实人民检察院认定的犯罪事实和情节。《刑事诉讼法》第55条明确规定了“证据确实、充分的”条件:“证据确实、充分,应当符合以下条件:(一)定罪量刑的事实都有证据证明;(二)据以定案的证据均经法定程序查证属实;(三)综合全案证据,对所认定事实已排除合理怀疑。”

3. 依法应当追究刑事责任。根据刑法的规定,犯罪嫌疑人有刑事责任能力,应当对犯罪嫌疑人判处刑罚,不存在《刑事诉讼法》第16条规定的情形。

对于同时符合上述三方面条件的,人民检察院应当作出起诉决定。

(二)起诉书的主要内容和移送

人民检察院提起公诉的案件,应当制作起诉书。起诉书是对侦查工作的概括总结,又是人民法院对被告人审判的依据之一,也是宣传法制、教育群众的生动教材,同时它体现着刑事诉讼的公诉性质以及法律文书的强制性和严肃性。因此,应严格依照刑事诉讼法和最高人民检察院发布的《刑事检察文书格式》的规定制作。

起诉书的主要内容包括:

1. 被告人的基本情况,包括姓名、性别、出生年月日、出生地和户籍地、身份证号码、民族、文化程度、职业、工作单位及职务、住址,是否受过刑事处分及处分的种类和时间、采取强制措施的情况等;如果是单位犯罪,应当写明犯罪单位的名称和组织机构代码、所在地址、联系方式,法定代表人和诉讼代表人的姓名、职务、联系方式;如果还有应当负刑事责任的直接负责的主管人员或其他直接责任人员,应当按上述被告人基本情况的内容叙写。被告人真实姓名、住址无法查清的,应当按其绰号或者自报的姓名、住址制作起诉书,并在起诉书中注明。被告人自报的姓名可能造成损害他人名誉、败坏道德风俗等不良影响的,可以对被告人编号并按编号制作起诉书,并附具被告人的照片,记明足以确定被告人面貌、体格、指纹以及其他反映被告人特征的事项。

2. 案由和案件来源。

3. 案件事实,包括犯罪的时间、地点、经过、手段、动机、目的、危害后果等与定罪量刑有关的事实要素。起诉书叙述的指控犯罪事实的必备要素应当明晰、准确。被告人被控有多项犯罪事实的,应当逐一列举,对于犯罪手段相同的同一犯罪可以概括叙写。

4. 起诉的根据和理由,包括被告人触犯的刑法条款、犯罪的性质及认定的罪名、处罚条款、法定从轻、减轻或者从重处罚的情节,共同犯罪各被告人应负的罪责等。

5. 被告人认罪认罚情况,包括认罪认罚的内容、具结书签署情况等。

起诉书应当附有被告人现在处所,证人、鉴定人、需要出庭的有专门知识的人的名单,需要保护的被害人、证人、鉴定人的化名名单,查封、扣押、冻结的财物及孳息的清单,附带民事诉讼、附带民事公益诉讼情况以及其他需要附注的情况。证人、鉴定人、有专门知识的人的名单应当列明姓名、性别、年龄、职业、住址、联系方式，并注明证人、鉴定人是否出庭。

关于被害人姓名、住址、联系方式、被告人被采取强制措施的种类、是否在案及羁押处所等问题，人民检察院应当在起诉书中列明，不再单独移送材料；对于涉及被害人隐私或者为保护证人、鉴定人、被害人人身安全，而不宜公开证人、鉴定人、被害人姓名、住址、工作单位和联系方式等个人信息的，可以在起诉书中使用化名。但是应当另行书面说明使用化名的情况并标明密级，单独成卷。

起诉书应当一式八份，每增加一名被告人，增加起诉书五份。

（三）案卷材料和证据

人民检察院提起公诉的案件，除应当向人民法院移送起诉书外，还应当移送案卷材料和证据。有关提起公诉时，应“将案卷材料、证据移送人民法院”的规定是2012年修改刑事诉讼法时新增加的内容。这一规定和《刑事诉讼法》第180条的规定共同构成了对1996年《刑事诉讼法》规定的案卷移送制度的重大修改。1996年《刑事诉讼法》第150条规定，人民法院对提起公诉的案件进行审查后，对于起诉书中有明确的指控犯罪事实并且附有证据目录、证人名单和主要证据复印件或者照片的，应当决定开庭审判。这样修改是为了解决当时审判实践中比较突出的“先定后审”“先入为主”的问题，庭审前审查由实体性审查改为主要是程序性审查。但这一改革在司法实践中的效果并不好，主要是法官在庭前对大部分案卷材料并不熟悉，不了解案卷主要争议的问题，难以更好地主持、把握庭审活动，而且由于检察机关不在庭前移送全部案卷材料，辩护律师也无法通过到法院阅卷了解全案证据，特别是对被告人有利的证据。因而2012年修改刑事诉讼法时明确规定，人民检察院提起公诉，应当将案卷材料和证据移送人民法院，并在原第181条中对人民法院决定开庭的规定也作出相应修改。这里规定的“案卷材料、证据”应是全案的证据材料，既包括指控犯罪事实以及表明罪行严重等对犯罪嫌疑人不利的证据，也包括有从轻、减轻处罚情节等对犯罪嫌疑人有利的证据。对共同犯罪的犯罪嫌疑人，原则上应当同案一并提起公诉，对有特殊情况不能同案起诉的，必须在起诉书中有关部分加以说明或注明处理情况。

（四）量刑建议

量刑建议是人民检察院在刑事诉讼中根据犯罪嫌疑人的犯罪事实、情节和社会危害程度，就犯罪嫌疑人应当判处的刑罚拟向法院提出的意见和建议。

根据最高检《规则》和2020年11月5日最高人民法院、最高人民检察院、公安部、国家安全部和司法部联合发布的《关于规范量刑程序若干问题的意见》的规定，符合下列条件的案件，人民检察院提起公诉时可以提出量刑建议；被告人认罪认罚的，人民检察院应当提出量刑建议：（1）犯罪事实清楚，证据确实、充分；（2）提出量刑建议所依据的法定从重、从轻、减轻或者免除处罚等量刑情节已查清；（3）提出量刑建议所依据的酌定从重、从轻处罚等量刑情节已查清。

量刑建议包括主刑、附加刑、是否适用缓刑等。主刑可以具有一定的幅度,也可以根据案件具体情况,提出确定刑期的量刑建议。建议判处财产刑的,可以提出确定的数额。

对常见犯罪案件,人民检察院应当按照量刑指导意见提出量刑建议。对新类型、不常见犯罪案件,可以参照相关量刑规范提出量刑建议。提出量刑建议,应当说明理由和依据。

人民检察院指控被告人犯有数罪的,应当对指控的个罪分别提出量刑建议,并依法提出数罪并罚后决定执行的刑罚的量刑建议。对于共同犯罪案件,人民检察院应当根据各被告人在共同犯罪中的地位、作用以及应当承担的刑事责任分别提出量刑建议。

人民检察院提出量刑建议,可以制作量刑建议书,与起诉书一并移送人民法院;对于案情简单、量刑情节简单的适用速裁程序的案件,也可以在起诉书中写明量刑建议。量刑建议书中应当写明人民检察院建议对被告人处以的主刑、附加刑、是否适用缓刑等及其理由和依据。人民检察院以量刑建议书方式提出量刑建议的,人民法院在送达起诉书副本时,应当将量刑建议书一并送达被告人。

在刑事诉讼中,自诉人、被告人及其辩护人、被害人及其诉讼代理人可以提出量刑意见,并说明理由,人民检察院、人民法院应当记录在案并附卷。

认罪认罚案件,人民检察院向人民法院提起公诉的,应当提出量刑建议,在起诉书中写明被告人认罪认罚情况,并移送认罪认罚具结书等材料。量刑建议可以另行制作文书,也可以在起诉书中写明。人民检察院应当就主刑、附加刑、是否适用缓刑等提出量刑建议。量刑建议一般应当为确定刑。对新类型、不常见犯罪案件,量刑情节复杂的重罪案件等,也可以提出幅度刑量刑建议。人民检察院应当将犯罪嫌疑人是否与被害方达成和解或者调解协议,或者赔偿被害方损失,取得被害方谅解,或者自愿承担公益损害修复、赔偿责任,作为提出量刑建议的重要考虑因素。犯罪嫌疑人认罪认罚,人民检察院拟提出适用缓刑或者判处管制的量刑建议,可以委托犯罪嫌疑人居住地的社区矫正机构进行调查评估,也可以自行调查评估。

第三节　不　起　诉

一、不起诉的概念和种类

(一)不起诉的概念

不起诉,是指人民检察院对于公安机关侦查终结移送起诉的案件或者自行侦查终结的案件,或监察机关调查终结移送起诉的案件,进行审查后,认为犯罪嫌疑人的行为不符合起诉条件或者没有必要起诉的，依法作出不将犯罪嫌疑人提交人民法院进行审判、追究刑事责任的一种处理决定。

(二)不起诉的种类

根据《刑事诉讼法》第175、177条的规定，不起诉分为法定不起诉、酌定不起诉和存疑不起诉三种类型。

1. 法定不起诉

法定不起诉，又称绝对不起诉，是指《刑事诉讼法》第177条第1款规定的不起诉。《刑事诉讼法》第177条第1款规定："犯罪嫌疑人没有犯罪事实，或者有本法第十五条规定的情形之一的，人民检察院应当作出不起诉决定。"根据这一规定，法定不起诉是指人民检察院对案件审查后，对于犯罪嫌疑人没有犯罪事实，或者有本法第16条规定的情形之一的案件，应当作出不起诉决定。

法定不起诉包括两种情形：一是犯罪嫌疑人没有犯罪事实，包括犯罪行为并非本犯罪嫌疑人所为，以及该案所涉行为依法不构成犯罪。二是犯罪嫌疑人有《刑事诉讼法》第16条规定的情形之一的，即犯罪嫌疑人实施的行为情节显著轻微，危害不大，不认为是犯罪的；犯罪嫌疑人的犯罪已过追诉时效期限的；犯罪嫌疑人的犯罪经特赦令免除刑罚的；依照刑法告诉才处理的犯罪，没有告诉或者撤回告诉的；犯罪嫌疑人、被告人死亡的；其他法律规定免予刑事责任的。

2. 酌定不起诉

酌定不起诉，又称相对不起诉，是指《刑事诉讼法》第177条第2款规定的不起诉。《刑事诉讼法》第177条第2款规定："对于犯罪情节轻微，依照刑法规定不需要判处刑罚或者免除刑罚的，人民检察院可以作出不起诉决定。"根据这一规定，酌定不起诉是指人民检察院对案件审查后，认为犯罪嫌疑人的行为虽已构成犯罪，但情节轻微，依照刑法规定不需要判处刑罚或免除刑罚的案件，可以作出不起诉的决定。

酌定不起诉可以分为两种情形：一是犯罪情节轻微，依照刑法规定不需要判处刑罚的，是指《刑法》第37条规定的情形，即对于犯罪情节轻微不需要判处刑法的，可以免予刑事处罚。这里所说的"犯罪情节轻微"中关于犯罪的认定，只是检察机关在审查起诉工作中的认识，而不是确定犯罪嫌疑人有罪，一旦依照本款作出不起诉的决定，从法律意义上讲，被决定不起诉的人是作无罪处理的。二是免除刑罚的，是指刑法各种法定免除刑罚的规定的情形，如自首、立功、未成年人犯罪、中止犯、正当防卫、紧急避险等规定中关于免除处罚的规定。

根据2018年修订后的《刑事诉讼法》第182条的规定，犯罪嫌疑人自愿如实供述涉嫌犯罪的事实，有重大立功或者案件涉及国家重大利益的，经最高人民检察院核准，公安机关可以撤销案件，人民检察院可以作出不起诉决定，也可以对涉嫌数罪中的一项或者多项不起诉。这是对于特殊案件认罪认罚的，人民检察院可以作出不起诉或者可以对涉嫌数罪中的一项或者多项不起诉,是与认罪认罚从宽制度相适应的一种酌定不起诉制度。

此外,还应注意的是,《监察法》第47条第4款的规定,人民检察院对于有《刑事诉讼法》规定的不起诉的情形的,经上一级人民检察院批准,依法作出不起诉的决定。根据《〈中华人民共和国监察法〉释义》[1]的解释,这也是酌定不起诉的一种类型。

3. 存疑不起诉

存疑不起诉,又称证据不足不起诉,是《刑事诉讼法》第175条第4款规定的不起诉。《刑事诉讼法》第175条第4款规定:"对于二次补充侦查的案件,人民检察院仍然认为证据不足,不符合起诉条件的,应当作出不起诉的决定。"根据这一规定,存疑不起诉是指人民检察院对于经过两次补充侦查的案件,仍然认为证据不足,不符合起诉条件的,应当作出不起诉决定。根据最高检《规则》的规定,"具有下列情形之一,不能确定犯罪嫌疑人构成犯罪和需要追究刑事责任的,属于证据不足,不符合起诉条件:(一)犯罪构成要件事实缺乏必要的证据予以证明的;(二)据以定罪的证据存在疑问,无法查证属实的;(三)据以定罪的证据之间、证据与案件事实之间的矛盾不能合理排除的;(四)根据证据得出的结论具有其他可能性,不能排除合理怀疑的;(五)根据证据认定案件事实不符合逻辑和经验法则,得出的结论明显不符合常理的"。

二、不起诉的程序

根据刑事诉讼法和最高检《规则》的有关规定,不起诉应遵循以下程序:

1. 不起诉决定书的主要内容。不起诉决定书的主要内容包括:(1)被不起诉人的基本情况,包括姓名、性别、出生年月日、出生地和户籍地、民族、文化程度、职业、工作单位及职务、住址、身份证号码,是否受过刑事处分、采取强制措施的情况以及羁押处所等;如果是单位犯罪,应当写明犯罪单位的名称和组织机构代码、所在地址、联系方式,法定代表人和诉讼代表人的姓名、职务、联系方式。(2)案由和案件来源。(3)案件事实,包括否定或者指控被不起诉人构成犯罪的事实以及作为不起诉决定根据的事实。(4)不起诉的法律根据和理由,写明作出不起诉决定适用的法律条款。(5)查封、扣押、冻结的涉案款物的处理情况。(6)有关告知事项。

2. 不起诉决定的宣布与生效。不起诉的决定,由人民检察院公开宣布。公开宣布不起诉决定的活动应当记录在案。不起诉决定书自公开宣布之日起生效。

---

[1] "第四款规定了作出不起诉决定。对监察机关移送的案件,检察机关经审查认为有刑事诉讼法规定的不起诉情形的,经上一级检察机关批准,可以作出不起诉的决定。"参见中共中央纪律检察委员会、中华人民共和国国家监察委员会法规室编:《〈中华人民共和国监察法〉释义》,中国方正出版社2018年版,第215页。

3. 不起诉案件的有关处理。被不起诉人在押的,应当立即释放;被采取其他强制措施的,应当通知执行机关解除。人民检察院决定不起诉的案件,可以根据案件的不同情况,对被不起诉人予以训诫或者责令具结悔过、赔礼道歉、赔偿损失。对被不起诉人需要给予行政处罚、行政处分的,人民检察院应当提出检察意见,连同不起诉决定书一并移送有关主管机关处理,并要求有关主管机关及时通报处理情况。人民检察院决定不起诉的案件,需要对侦查中查封、扣押、冻结的财物解除查封、扣押、冻结的,应当书面通知作出查封、扣押、冻结决定的机关或者执行查封、扣押、冻结决定的机关解除查封、扣押、冻结。

4. 不起诉决定书的送达与救济事项告知。不起诉决定书应当送达被害人或者其近亲属及其诉讼代理人、被不起诉人及其辩护人以及被不起诉人的所在单位。送达时,应当告知被害人或者其近亲属及其诉讼代理人,如果对不起诉决定不服,可以自收到不起诉决定书后 7 日以内向上一级人民检察院申诉,也可以不经申诉,直接向人民法院起诉;告知被不起诉人,如果对不起诉决定不服,可以自收到不起诉决定书后 7 日以内向人民检察院申诉。对于公安机关移送起诉的案件,人民检察院决定不起诉的,应当将不起诉决定书送达公安机关。对于监察机关移送起诉的案件,人民检察院决定不起诉的,应当将不起诉决定书送达监察机关。

5. 不起诉的救济。(1)公安机关的复议复核。公安机关认为不起诉决定有错误,要求复议的,人民检察院公诉部门应当另行指定检察人员进行审查并提出审查意见,经公诉部门负责人审核,报请检察长或者检察委员会决定。人民检察院应当在收到要求复议意见书后的 30 日以内作出复议决定,并通知公安机关。上一级人民检察院收到公安机关对不起诉决定提请复核的意见书后,应当交由公诉部门办理。公诉部门指定检察人员进行审查并提出审查意见,经公诉部门负责人审核,报请检察长或者检察委员会决定。上一级人民检察院应当在收到提请复核意见书后的 30 日以内作出决定,制作复核决定书送交提请复核的公安机关和下级人民检察院。经复核改变下级人民检察院不起诉决定的,应当撤销或者变更下级人民检察院作出的不起诉决定,交由下级人民检察院执行。(2)监察机关的复议。监察机关认为不起诉的决定有错误的,可以向上一级人民检察院提请复议。上一级人民检察院应当在收到提请复议意见书后 30 日以内,经检察长批准,作出复议决定,通知监察机关。(3)被害人的申诉与起诉。被害人不服不起诉决定,在收到不起诉决定书后 7 日以内申诉的,由作出不起诉决定的人民检察院的上一级人民检察院刑事申诉检察部门立案复查。被害人向作出不起诉决定的人民检察院提出申诉的,作出决定的人民检察院应当将申诉材料连同案卷一并报送上一级人民检察院。被害人不服不起诉决定,在收到不起诉决定书 7 日后提出申诉的,由作出不起诉决定的人民检察院刑事申诉检察部门审查后决定是否立案复查。刑事申诉检察部门复查后应当提出复查意见,报请检察长作出复查决定。复查决定书应当送达被害人、被不起诉人和作出不起诉决定的人民检察院。上级人民检察院经复查作出起诉决定的,应当撤销下级人民检察院的不起诉决定,交由下级人民检察院提起公诉,并将复查决定抄送移送审查起诉的公安机关。出庭支持公诉由公诉部门办理。被害人对人民检察院维持不起诉决定的,可以向人民法院起诉。被害人也可以不经申诉,直接向人民法院起诉。人民检察院收到人民法院受理被害人对被不起诉人起诉的通知后,人民检察院应当终止复查,将作出不起诉决定所依据的有关案件材料移送人民法院。(4)被不起诉人的申诉。被不起诉人对不起诉决定不服,在收到不起诉决定书后7日以内提出申诉的,应当由作出决定的人民检察院刑事申诉检察部门立案复查。被不起诉人在收到不起诉决定书7日后提出申诉的,由刑事申诉检察部门审查后决定是否立案复查。人民检察院刑事申诉检察部门复查后应当提出复查意见,认为应当维持不起诉决定的,报请检察长作出复查决定;认为应当变更不起诉决定的,报请检察长或者检察委员会决定;认为应当撤销不起诉决定提起公诉的,报请检察长或者检察委员会决定。复查决定书中应当写明复查认定的事实,说明作出决定的理由。复查决定书应当送达被不起诉人、被害人,撤销不起诉决定或者变更不起诉的事实或者法律根据的,应当同时将复查决定书抄送移送审查起诉的公安机关和本院有关部门。

6. 人民检察院对错误不起诉决定的纠正。人民检察院发现不起诉决定确有错误,符合起诉条件的,应当撤销不起诉决定,提起公诉。最高人民检察院对地方各级人民检察院的起诉、不起诉决定,上级人民检察院对下级人民检察院的起诉、不起诉决定,发现确有错误的,应当予以撤销或者指令下级人民检察院纠正。

案例精选

法院审理郑某涉嫌滥用职权犯罪案件,在宣告判决前,检察院发现郑某和张某接受秦某巨款,涉嫌贿赂犯罪(源于2013年国家司法考试真题试卷二第66题)。

【问】检察院对此应该如何处理?

【答案与解析】人民检察院可以补充起诉郑某、张某和秦某的贿赂犯罪,并将张某、秦某追加为被告人,要求法院一并审理郑某涉嫌滥用职权犯罪和郑某、张某、秦某的贿赂犯罪。根据最高检《规则》第458条的规定,在人民法院宣告判决前,人民检察院发现被告人的真实身份或者犯罪事实与起诉书中叙述的身份或者指控犯罪事实不符的,或者事实、证据没有变化,但罪名、适用法律与起诉书不一致的,可以变更起诉;发现遗漏的同案犯罪嫌疑人或者罪行可以一并起诉和审理的,可以追加、补充起诉。

思考问题

1. 提起公诉需具备哪些条件?
2. 被害人对于不起诉决定有哪些救济途径?

法条链接

《刑事诉讼法》第 169 ~181 条；最高检《规则》第 382 ~389 条；六机关《规定》第 23 ~24 条。

扩展阅读

1. 谭一鸣：《不起诉制度功能研究》，中国政法大学出版社 2006 年版。
2. 鹿素勋：《不起诉裁量权之比较研究》，中国政法大学出版社 2005 年版。
3. 陈瑞华：《企业合规不起诉制度研究》，载《中国刑事法杂志》2021 年第 1 期。
4. 熊秋红：《论公诉与自诉的关系》，载《中国刑事法杂志》2021 年第 1 期。
5. 陈瑞华：《企业合规视野下的暂缓起诉协议制度》，载《比较法研究》2020 年第 1 期。
6. 周新：《顺应以审判为中心的检察制度改革研究——论检察机关公诉模式转型》，载《政治与法律》2020 年第 1 期。
7. 何挺：《附条件不起诉制度实施状况研究》，载《法学研究》2019 年第 6 期。
8. 董坤：《认罪认罚从宽中的特殊不起诉》，载《法学研究》2019 年第 6 期。
9. 郭烁：《酌定不起诉制度的再考察》，载《中国法学》2018 年第 3 期。
10. 孙谦：《全面依法治国背景下的刑事公诉》，载《法学研究》2017 年第 3 期。
11. 周长军：《刑事诉讼中变更公诉的限度》，载《法学研究》2017 年第 2 期。

第十七章　第一审程序

本章知识要点

第一审程序是刑事审判程序的基本程序，它在整个审判程序乃至整个刑事诉讼中处于基础和关键的地位。本章主要介绍了公诉案件第一审程序的庭前程序、庭审程序和与法庭审判有关的几个问题；自诉案件第一审程序的特点、简易程序的适用范围和特点、速裁程序的适用范围和特点；刑事诉讼中的判决、裁定和决定；等等。

第一节　概　　述

一、刑事审判的概念

审判是指人民法院在控辩双方或当事人及其他诉讼参与人参加下，依照法定程序对案件进行审理和裁判的诉讼活动。在法治社会中，审判是解决社会纠纷的最后一道防线，纠纷一旦被诉诸法院，包括被控告犯罪的人被起诉到法院，法官对案件进行审理，其所作的裁判就作为最后一道屏障出现，具有最终的法律效力。根据审判所解决的纠纷的性质不同，审判的类型可分为三种：刑事审判、民事审判和行政审判。

刑事审判作为审判的一种，是指人民法院在控辩双方及其他诉讼参与人参加下，依照法定程序对被提交审判的刑事案件进行审理和裁判的诉讼活动。审判包括审理和裁判两方面的内容，其中，审理是裁判的前提和基础，裁判是审理的目的和结果。所谓审理，是指人民法院在控辩双方及其他诉讼参与人的参加下，就案件的有关事实进行调查、举证、辩论，查清案件事实的活动；裁判则是指依据查清的案件事实，依法对案件的实体问题或某些程序问题作出处理决定的活动。

根据刑事诉讼法的规定，刑事审判程序可分为第一审程序、第二审程序、死刑复核程序和审判监督程序。其中，第一审程序是人民法院对刑事案件进行审判的基本程序，人民法院受理检察机关提起公诉或自诉人提起自诉以后，便进入第一审程序。第二审程序是人民法院根据上诉人的上诉或者人民检察院的抗诉,就第一审人民法院尚未发生法律效力的判决或裁定所认定的事实和适用的法律进行审理和裁判的程序。死刑复核程序是人民法院对判处死刑的案件进行复审核准所进行的特别审判程序。审判监督程序则是人民法院就已经发生法律效力而在认定事实或适用法律上确有错误的判决和裁定进行再审的特别审判程序。虽然不同的刑事审判程序具有各自的特点,但是所有刑事审判程序的任务是一致的,即通过行使国家刑罚权,震慑犯罪分子,维护社会秩序,保障公民的合法权益,并教育公民自觉遵守法律。

二、第一审程序的概念与意义

在刑事诉讼中,第一审程序是指人民法院受理检察机关提起公诉或自诉人提起自诉以后,对案件进行初次审判应当遵循的程序。根据审判内容的不同,第一审程序可分为公诉案件的第一审程序和自诉案件的第一审程序。此外,我国刑事诉讼法还根据案件本身的特点不同而把第一审程序划分为普通程序、简易程序和速裁程序。其中,简易程序是就那些案情较为简单,证据确实、充分的案件,在第一审普通程序基础上对审判的某些步骤、程序作进一步简化的审判程序,旨在提高诉讼效率。而速裁程序是比简易程序更简化的审判程序,适用于那些案件较为简单,证据确实、充分,且判处三年有期徒刑以下刑罚的案件中,旨在提高诉讼效率。

第一审程序是人民法院审判活动的基本程序,人民法院从第一审程序开始对案件进行处理,不仅认定案件事实,而且依法对被告人的罪责问题作出裁判。如果控辩双方没有就第一审人民法院作出的判决、裁定提起抗诉、上诉,或者虽然提起抗诉、上诉,但第二审法院维持原裁判的,那么第一审人民法院所作出的判决、裁定即生效,应当依法予以执行。此外,第二审程序、死刑复核程序或者审判监督程序的启动必须以第一审程序存在为前提,如果没有经过第一审程序作出判决、裁定,那么也就不会经过第二审程序、死刑复核程序或者审判监督程序。当然,即使经过第一审程序,也不一定会经过第二审程序、死刑复核程序或者审判监督程序。

第二节　公诉案件的第一审程序

公诉案件的第一审程序是指人民法院对人民检察院提起公诉的案件进行初次审判应当遵循的程序,包括庭前程序和庭审程序两部分。

一、庭前程序

庭前程序有广义与狭义之分。广义的庭前程序是指人民法院开庭审判案件前的程序,既包括侦查程序、审查起诉程序,也包括案件起诉到人民法院后,人民法院在开庭审判前为庭审作准备的程序。狭义的庭前程序仅指后一种情形。本节的庭前程序是指狭义的庭前程序。根据刑事诉讼法的规定,庭前程序包括对公诉案件的审查和开庭审判前的准备两个部分。

(一)对公诉案件的审查

1. 审查的概念与内容

对公诉案件的审查,是指人民法院收到人民检察院提起公诉的案件后,对有关证据材料进行审查,以决定是否开庭审判的诉讼活动。对公诉案件的审查是公诉案件第一审程序的必经阶段,只有经审查具备法律规定的开庭审判条件,人民法院才能对公诉案件进行开庭审判。

对公诉案件进行审查,旨在确定人民检察院提起公诉的案件是否具备开庭审判的条件,并不涉及被告人是否有罪及刑事责任大小等实体问题的审查,因而这种审查不能等同于法庭审判。从本质上来说,对公诉案件的审查属于一种程序性审查。《刑事诉讼法》第 186 条规定:"人民法院对提起公诉的案件进行审查后,对于起诉书中有明确的指控犯罪事实的,应当决定开庭审判。"据此,人民法院对公诉案件进行审查并不要求起诉事实清楚,证据确实、充分,只要查明起诉书中是否有明确的指控犯罪事实即可做出是否开庭审判的决定。

人民法院在收到人民检察院的起诉书后,即应指定审判人员对案件进行审查。由于审查只是为了确定案件是否具备开庭审判的条件,因而审判人员的审查方式应为书面审查,即应当通过审阅起诉书及所附案卷、证据等材料,判断案件是否具备了开庭审判的条件。

根据最高法《解释》第 218 条的规定,对提起公诉的案件,人民法院应当在收到起诉书(一式 8 份,每增加一名被告人,增加起诉书 5 份)和案卷、证据后,审查以下内容:(1)是否属于本院管辖。(2)起诉书是否写明被告人的身份,是否受过或者正在接受刑事处罚、行政处罚、处分,被采取留置措施的情况,被采取强制措施的时间、种类、羁押地点,犯罪的时间、地点、手段、后果以及其他可能影响定罪量刑的情节,有多起犯罪事实的,是否在起诉书中将事实分别列明。(3)是否移送证明指控犯罪事实及影响量刑的证据材料,包括采取技术调查、侦查措施的法律文书和所收集的证据材料。(4)是否查封、扣押、冻结被告人的违法所得或者其他涉案财物,查封、扣押、冻结是否逾期;是否随案移送涉案财物、附涉案财物清单;是否列明涉案财物权属情况;是否就涉案财物处理提供相关证据材料。(5)是否列明被害人的姓名、住址、联系方式;是否附有证人、鉴定人名单;是否申请法庭通知证人、鉴定人、有专门知识的人出庭,并列明有关人员的姓名、性别、年龄、职业、住址、联系方式;是否附有需要保护的证人、鉴定人、被害人名单。(6)当事人已委托辩护人、诉讼代理人或者已接受法律援助的,是否列明辩护人、诉讼代理人的姓名、住址、联系方式。(7)是否提起附带民事诉讼;提起附带民事诉讼的,是否列明附带民事诉讼当事人的姓名、住址、联系方式等,是否附有相关证据材料。(8)监察调查、侦查、审查起诉程序的各种法律手续和诉讼文书是否齐全。(9)被告人认罪认罚的,是否提出量刑建议、移送认罪认罚具结书等材料。(10)有无《刑事诉讼法》第16条第2项至第6项规定的不追究刑事责任的情形。

2. 审查后的处理

根据最高法《解释》第219条的规定,人民法院对提起公诉的案件审查后,应当按照下列情形分别处理:(1)不属于本院管辖的,应当退回人民检察院。(2)属于《刑事诉讼法》第16条第2项至第6项规定情形的,应当退回人民检察院;属于告诉才处理的案件,应当同时告知被害人有权提起自诉。(3)被告人不在案的,应当退回人民检察院;但是,对人民检察院按照缺席审判程序提起公诉的,应当依照本解释第24章的规定作出处理。(4)不符合最高法《解释》第218条第2项至第9项规定之一,需要补充材料的,应当通知人民检察院在3日以内补送。(5)依照《刑事诉讼法》第200条第3项规定宣告被告人无罪后,人民检察院根据新的事实、证据重新起诉的,应当依法受理。(6)依照最高法《解释》第296条规定裁定准许撤诉的案件,没有新的影响定罪量刑的事实、证据,重新起诉的,应当退回人民检察院。(7)被告人真实身份不明,但符合《刑事诉讼法》第160条第2款规定的,应当依法受理。

对公诉案件是否受理,应当在7日以内审查完毕。

根据最高法《解释》第220条规定,对一案起诉的共同犯罪或者关联犯罪案件,被告人人数众多、案情复杂,人民法院经审查认为,分案审理更有利于保障庭审质量和效率的,可以分案审理。分案审理不得影响当事人质证权等诉讼权利的行使。对分案起诉的共同犯罪或者关联犯罪案件,人民法院经审查认为,合并审理更有利于查明案件事实、保障诉讼权利、准确定罪量刑的,可以并案审理。

对公诉案件是否受理,应当在7日内审查完毕。

(二)开庭审判前的准备

人民法院对起诉书中有明确指控犯罪事实,具备开庭审判条件的公诉案件决定开庭审判后,在正式开庭审判前还必须做好各项必要的准备工作,以保证法庭审判顺利进行。

根据《刑事诉讼法》第187条及最高法《解释》第221条的有关规定,人民法院在开庭审判前应当进行以下各项准备工作:

1. 确定审判长及合议庭组成人员或独任庭的审判员。人民法院决定开庭审判后,对于适用普通程序审理的案件,由院长或者庭长指定审判长并确定合议庭组成人员;对于适用独任庭审理的案件,由庭长指定审判员一人独任审理。

2. 将起诉书副本送达被告人,并保障其辩护权的行使。人民法院应当开庭10日前将起诉书副本送达被告人、辩护人。对于未委托辩护人的被告人,告知其可以委托辩护人,或者在符合法律规定条件的情况下通知法律援助机构指派律师为其提供辩护。

3. 通知当事人、法定代理人、辩护人、诉讼代理人在开庭5日以前提供证人、鉴定人名单,以及拟当庭出示的证据;申请证人、鉴定人、有专门知识的人出庭的,应当列明有关人员的姓名、性别、年龄、职业、住址、联系方式。

4. 开庭3日以前将开庭的时间、地点通知人民检察院。《刑事诉讼法》第189条规定:"人民法院审判公诉案件,人民检察院应当派员出席法庭支持公诉。"为了公诉人能做好出庭准备工作,应当将开庭的时间、地点在开庭3日以前通知人民检察院。

5. 开庭3日以前将传唤当事人的传票和通知辩护人、诉讼代理人、法定代理人、证人、鉴定人等出庭的通知书送达;通知有关人员出庭,也可以采取电话、短信、传真、电子邮件等能够确认对方收悉的方式;对被害人人数众多的涉众型犯罪案件,可以通过互联网公布相关文书,通知有关人员出庭。

6. 公开审理的案件,在开庭3日以前公布案由、被告人姓名、开庭时间和地点。

此外,为了有效防止审判拖延或中断,提高庭审质量和诉讼效率,我国刑事诉讼法还规定了庭前会议制度。根据最高法《解释》第226条至第229条的规定,案件具有下列情形之一的,人民法院可以决定召开庭前会议:证据材料较多、案情重大复杂的;控辩双方对事实、证据存在较大争议的;社会影响重大的;需要召开庭前会议的其他情形。控辩双方可以申请人民法院召开庭前会议,提出申请应当说明理由。人民法院经审查认为有必要的,应当召开庭前会议;决定不召开的,应当告知申请人。庭前会议可以就下列事项向控辩双方了解情况,听取意见:(1)是否对案件管辖有异议;(2)是否申请有关人员回避;(3)是否申请不公开审理;(4)是否申请排除非法证据;(5)是否提供新的证据材料;(6)是否申请重新鉴定或者勘验;(7)是否申请收集、调取证明被告人无罪或者罪轻的证据材料;(8)是否申请证人、鉴定人、有专门知识的人、调查人员、侦查人员或者其他人员出庭,是否对出庭人员名单有异议;(9)是否对涉案财物的权属情况和人民检察院的处理建议有异议;(10)与审判相关的其他问题。庭前会议中,人民法院可以开展附带民事调解。对上述规定中可能导致庭审中断的程序性事项,人民法院可以在庭前会议后依法作出处理,并在庭审中说明处理决定和理由。控辩双方没有新的理由,在庭审中再次提出有关申请或者异议的,法庭可以在说明庭前会议情况和处理决定理由后,依法予以驳回。庭前会议情况应当制作笔录,由参会人员核对后签名。庭前会议中,审判人员可以询问控辩双方对证据材料有无异议,对有异议的证据,应当在庭审时重点调查;无异议的,庭审时举证、质证可以简化。

根据最高法《解释》第230条至第233条的规定,庭前会议由审判长主持,合议庭其他审判员也可以主持庭前会议。召开庭前会议应当通知公诉人、辩护人到场。

庭前会议准备就非法证据排除了解情况、听取意见，或者准备询问控辩双方对证据材料的意见的，应当通知被告人到场。有多名被告人的案件，可以根据情况确定参加庭前会议的被告人。庭前会议一般不公开进行。根据案件情况，庭前会议可以采用视频等方式进行。人民法院在庭前会议中听取控辩双方对案件事实、证据材料的意见后，对明显事实不清、证据不足的案件，可以建议人民检察院补充材料或者撤回起诉。建议撤回起诉的案件，人民检察院不同意的，开庭审理后，没有新的事实和理由，一般不准许撤回起诉。对召开庭前会议的案件，可以在开庭时告知庭前会议情况。对庭前会议中达成一致意见的事项，法庭在向控辩双方核实后，可以当庭予以确认；未达成一致意见的事项，法庭可以归纳控辩双方争议焦点，听取控辩双方意见，依法作出处理。控辩双方在庭前会议中就有关事项达成一致意见，在庭审中反悔的，除有正当理由外，法庭一般不再进行处理。

二、庭审程序

庭审程序又称法庭审判程序，是指人民法院以开庭的方式，在公诉人、当事人和其他诉讼参与人的参加下，对案件进行审理，经过调查核实证据，充分听取控辩双方对证据、案件事实和法律适用的意见，依法确定被告人是否有罪，应否受到刑事处罚并作出裁判的诉讼活动。根据刑事诉讼法的规定，法庭审判程序大致可分为开庭、法庭调查、法庭辩论、被告人最后陈述、评议和宣判五个环节。

（一）开庭

开庭是法庭审判程序的开始，其任务是为正式进行庭审做好准备。根据《刑事诉讼法》第190条及最高法《解释》的相关规定，人民法院在开庭环节应当完成下列工作：

开庭审理前，书记员应当依次进行下列工作：(1)受审判长委托，查明公诉人、当事人、辩护人、诉讼代理人、证人及其他诉讼参与人是否到庭；(2)核实旁听人员中是否有证人、鉴定人、有专门知识的人；(3)请公诉人、辩护人、诉讼代理人及其他诉讼参与人入庭；(4)宣读法庭规则；(5)请审判长、审判员、人民陪审员入庭；(6)审判人员就座后，向审判长报告开庭前的准备工作已经就绪。

开庭的时候，审判长应当进行下列工作：

1. 宣布开庭，传被告人到庭后，应当查明被告人的下列情况：姓名、出生日期、民族、出生地、文化程度、职业、住址，或者被告单位的名称、住所地、法定代表人、实际控制人以及诉讼代表人的姓名、职务；是否受过刑事处罚、行政处罚、处分及其种类、时间；是否被采取留置措施及留置的时间，是否被采取强制措施及强制措施的种类、时间；收到起诉书副本的日期；有附带民事诉讼的，附带民事诉讼被告人收到附带民事起诉状的日期。被告人较多的，可以在开庭前查明上述情况，但开庭时审判长应当作出说明。

2. 宣布案件的来源、起诉的案由、附带民事诉讼当事人的姓名及是否公开审理;不公开审理的,应当宣布理由。

3. 宣布合议庭组成人员、法官助理、书记员、公诉人名单以及辩护人、诉讼代理人、鉴定人、翻译人员等诉讼参与人名单。

4. 应当告知当事人及其法定代理人、辩护人、诉讼代理人在法庭审理过程中依法享有下列诉讼权利:(1)可以申请合议庭组成人员、法官助理、书记员、公诉人、鉴定人和翻译人员回避;(2)可以提出证据,申请通知新的证人到庭、调取新的证据,申请重新鉴定或者勘验、检查;(3)被告人可以自行辩护;(4)被告人可以在法庭辩论终结后作最后陈述。

5. 应当询问当事人及其法定代理人、辩护人、诉讼代理人是否申请回避、申请何人回避和申请回避的理由。当事人及其法定代理人、辩护人、诉讼代理人申请回避的,依照刑事诉讼法及相关司法解释的有关规定处理。同意或者驳回回避申请的决定及复议决定,由审判长宣布,并说明理由。必要时,也可以由院长到庭宣布。

(二)法庭调查

法庭调查是法庭审判的关键环节,所有证据必须经法庭调查核实后才能作为定案根据。在法庭调查环节中,审判人员在控辩双方、被害人与其他诉讼参与人的参加下,审查核实指控事实、证据,旨在查明案件事实。

根据我国《刑事诉讼法》第 191 ~ 198 条以及最高法《解释》的有关规定,法庭调查应当按照下列顺序依次进行:

1. 公诉人宣读起诉书。审判长宣布法庭调查开始后,应当先由公诉人宣读起诉书;公诉人宣读起诉书后,审判长应当询问被告人对起诉书指控的犯罪事实和罪名有无异议。有附带民事诉讼的,公诉人宣读起诉书后,由附带民事诉讼原告人或者其法定代理人、诉讼代理人宣读附带民事起诉状。

2. 被告人、被害人就被指控的犯罪事实陈述。在审判长主持下,被告人、被害人可以就起诉书指控的犯罪事实分别陈述。

3. 讯问被告人。在审判长主持下,公诉人可以就起诉书指控的犯罪事实讯问被告人。

4. 向被告人发问。公诉人讯问被告人后,被害人及其法定代理人、诉讼代理人经审判长准许,可以就公诉人讯问的犯罪事实补充发问;附带民事诉讼原告人及其法定代理人、诉讼代理人可以就附带民事部分的事实向被告人发问;被告人的法定代理人、辩护人,附带民事诉讼被告人及其法定代理人、诉讼代理人可以在控诉一方就某一问题讯问完毕后向被告人发问。根据案件情况,就证据问题对被告人的讯问、发问可以在举证、质证环节进行。讯问同案审理的被告人,应当分别进行。

5. 向被害人、附带民事诉讼原告人发问。经审判长准许,控辩双方可以向被害人、附带民事诉讼原告人发问。必要时,审判人员可以讯问被告人,也可以向被害人、附带民事诉讼当事人发问。

6. 询问证人、鉴定人、有专门知识的人、调查人员、侦查人员或者其他人员。公诉人可以提请法庭通知证人、鉴定人、有专门知识的人、调查人员、侦查人员或者其他人员出庭,或者出示证据。被害人及其法定代理人、诉讼代理人,附带民事诉讼原告人及其诉讼代理人也可以提出申请。在控诉方举证后,被告人及其法定代理人、辩护人可以提请法庭通知证人、鉴定人、有专门知识的人、调查人员、侦查人员或者其他人员出庭,或者出示证据。控辩双方申请证人出庭作证,出示证据,应当说明证据的名称、来源和拟证明的事实。法庭认为有必要的,应当准许;对方提出异议,认为有关证据与案件无关或者明显重复、不必要,法庭经审查异议成立的,可以不予准许。公诉人、当事人及其辩护人、诉讼代理人申请法庭通知有专门知识的人出庭,就鉴定意见提出意见的,应当说明理由。法庭认为有必要的,应当通知有专门知识的人出庭。申请有专门知识的人出庭,不得超过二人。有多种鉴定意见的,可以相应增加人数。为查明案件事实、调查核实证据,人民法院可以依职权通知证人、鉴定人、有专门知识的人、调查人员、侦查人员或者其他人员出庭。人民法院通知有关人员出庭的,可以要求控辩双方予以协助。

为确保证人、鉴定人出庭作证,刑事诉讼法对证人应当出庭作证的情形作了明确规定,且规定了强制出庭制度。《刑事诉讼法》第 192 条规定:"公诉人、当事人或者辩护人、诉讼代理人对证人证言有异议,且该证人证言对案件定罪量刑有重大影响,人民法院认为证人有必要出庭作证的,证人应当出庭作证。人民警察就其执行职务时目击的犯罪情况作为证人出庭作证,适用前款规定。公诉人、当事人或者辩护人、诉讼代理人对鉴定意见有异议,人民法院认为鉴定人有必要出庭的,鉴定人应当出庭作证。经人民法院通知,鉴定人拒不出庭作证的,鉴定意见不得作为定案的根据。"第 193 条规定:"经人民法院通知,证人没有正当理由不出庭作证的,人民法院可以强制其到庭,但是被告人的配偶、父母、子女除外。证人没有正当理由拒绝出庭或者出庭后拒绝作证的,予以训诫,情节严重的,经院长批准,处以十日以下的拘留。被处罚人对拘留决定不服的,可以向上一级人民法院申请复议。复议期间不停止执行。"另外,证人出庭作证所支出的交通、住宿、就餐等费用,人民法院应当给予补助。当然,对于证人具有某种客观原因导致难以出庭的情形,相关司法解释进一步规定其可以不出庭作证。最高法《解释》第 253 条规定:"证人具有下列情形之一,无法出庭作证的,人民法院可以准许其不出庭:(1)在庭审期间身患严重疾病或者行动极为不便的;(2)居所远离开庭地点且交通极为不便的;(3)身处国外短期无法回国的;(4)有其他客观原因,确实无法出庭的。具有前款规定情形的,可以通过视频等方式作证。"

证人出庭后,一般先向法庭陈述证言;其后,经审判长许可,由申请通知证人出庭的一方发问,发问完毕后,对方也可以发问。法庭依职权通知证人出庭的,发问顺序由审判长根据案件情况确定。鉴定人、有专门知识的人、调查人员、侦查人员或者其他人员出庭的,参照适用上述规定。向证人发问应当遵循以下规则:(1)发问的内容应当与本案事实有关;(2)不得以诱导方式发问;(3)不得威胁证人;(4)不得损害证人的人格尊严。对被告人、被害人、附带民事诉讼当事人、鉴定人、有专门知识的人、调查人员、侦查人员或者其他人员的讯问、发问,适用上述规定。控辩双方的讯问、发问方式不当或者内容与本案无关的,对方可以提出异议,申请审判长制止,审判长应当判明情况予以支持或者驳回;对方未提出异议的,审判长也可以根据情况予以制止。审判人员认为必要时,可以询问证人、鉴定人、有专门知识的人、调查人员、侦查人员或者其他人员。向证人、调查人员、侦查人员发问应当分别进行。证人、鉴定人、有专门知识的人、调查人员、侦查人员或者其他人员不得旁听对本案的审理。有关人员作证或者发表意见后,审判长应当告知其退庭。

7. 出示物证、宣读鉴定意见和有关笔录。根据《刑事诉讼法》第 195 条和相关司法解释的规定,公诉人、辩护人应当向法庭出示物证,让当事人辨认,对未到庭的证人的证言笔录、鉴定人的鉴定意见、勘验笔录和其他作为证据的文书,应当当庭宣读。审判人员应当听取公诉人、当事人和辩护人、诉讼代理人的意见。举证方当庭出示证据后,由对方发表质证意见。对可能影响定罪量刑的关键证据和控辩双方存在争议的证据,一般应当单独举证、质证,充分听取质证意见。对控辩双方无异议的非关键证据,举证方可以仅就证据的名称及拟证明的事实作出说明。召开庭前会议的案件,举证、质证可以按照庭前会议确定的方式进行。根据案件和庭审情况,法庭可以对控辩双方的举证、质证方式进行必要的指引。当庭出示的证据,尚未移送人民法院的,应当在质证后当庭移交。法庭对证据有疑问的,可以告知公诉人、当事人及其法定代理人、辩护人、诉讼代理人补充证据或者作出说明;必要时,可以宣布休庭,对证据进行调查核实。对公诉人、当事人及其法定代理人、辩护人、诉讼代理人补充的和审判人员庭外调查核实取得的证据,应当经过当庭质证才能作为定案的根据。但是,对不影响定罪量刑的非关键证据、有利于被告人的量刑证据以及认定被告人有犯罪前科的裁判文书等证据,经庭外征求意见,控辩双方没有异议的除外。有关情况,应当记录在案。公诉人申请出示开庭前未移送或者提交人民法院的证据,辩护方提出异议的,审判长应当要求公诉人说明理由;理由成立并确有出示必要的,应当准许。辩护方提出需要对新的证据作辩护准备的,法庭可以宣布休庭,并确定准备辩护的时间。辩护方申请出示开庭前未提交的证据,参照适用上述规定。

8. 调取新的证据。法庭审理过程中,控辩双方申请通知新的证人到庭,调取新的证据,申请重新鉴定或者勘验的,应当提供证人的基本信息、证据的存放地点,说明拟证明的事项,申请重新鉴定或者勘验的理由。法庭认为有必要的,应当同意,并宣布休庭;根据案件情况,可以决定延期审理。人民法院决定重新鉴定的,应当及时委托鉴定,并将鉴定意见告知人民检察院、当事人及其辩护人、诉讼代理人。

人民法院向人民检察院调取需要调查核实的证据材料，或者根据被告人、辩护人的申请，向人民检察院调取在调查、侦查、审查起诉期间收集的有关被告人无罪或者罪轻的证据材料，应当通知人民检察院在收到调取证据材料决定书后3日以内移交。

9.法庭调查核实证据。法庭审理过程中，合议庭对证据有疑问的，可以宣布休庭，对证据进行调查核实。人民法院调查核实证据，可以进行勘验、检查、查封、扣押、鉴定和查询、冻结。

（三）法庭辩论

法庭辩论是指在审判长的主持下，控辩双方在法庭调查基础上，就被告人是否有罪、所犯何罪、罪责轻重、如何适用刑罚等问题，提出自己的意见和理由，并在法庭上互相论证和反驳的诉讼活动。在我国，法庭辩论不仅包括法庭调查后专门的法庭辩论阶段，也包括在法庭调查阶段中对案件事实是否清楚、证据是否确实充分等问题所进行的辩论。法庭辩论的内容包括案件事实、证据、定罪和量刑等各种与案件有关的问题。《刑事诉讼法》第198条第1、2款规定："法庭审理过程中，对与定罪、量刑有关的事实、证据都应当进行调查、辩论。经审判长许可，公诉人、当事人和辩护人、诉讼代理人可以对证据和案件情况发表意见并且可以互相辩论。"

根据最高法《解释》第280条至第286条的规定，合议庭认为案件事实已经调查清楚的，应当由审判长宣布法庭调查结束，开始就定罪、量刑、涉案财物处理的事实、证据、适用法律等问题进行法庭辩论。

法庭辩论应当在审判长的主持下，按照下列顺序进行：(1)公诉人发言。(2)被害人及其诉讼代理人发言。(3)被告人自行辩护。(4)辩护人辩护。(5)控辩双方进行辩论。其中，公诉人的首次发言被称为发表公诉词，辩护人的首次发言通常被称为发表辩护词。公诉词是公诉人总结法庭调查的事实、证据的基础上，依照法律规定集中阐明人民检察院有关追究被告人刑事责任的意见。辩护词是指辩护人以法庭调查情况为基础，综合全案，从维护被告人合法权益的角度提出综合性辩护意见。需要指出的是，上述法庭辩论的次序中，前四项活动构成第一轮法庭辩论，第五项可进行多轮，控辩双方可进行反复辩论，直至控辩双方意见阐述完毕。经过一轮或多轮辩论，如果案情已经查明、罪责已经分清或者控辩双方的意见已经充分发表，审判长应及时宣布辩论终结。

在法庭辩论中，人民检察院可以提出量刑建议并说明理由；建议判处管制、宣告缓刑的，一般应当附有调查评估报告，或者附有委托调查函。当事人及其辩护人、诉讼代理人可以对量刑提出意见并说明理由。对被告人认罪的案件，法庭辩论时，应当指引控辩双方主要围绕量刑和其他有争议的问题进行。对被告人不认罪或者辩护人作无罪辩护的案件，法庭辩论时，可以指引控辩双方先辩论定罪问题，后辩论量刑和其他问题。附带民事部分的辩论应当在刑事部分的辩论结束后进行,先由附带民事诉讼原告人及其诉讼代理人发言,后由附带民事诉讼被告人及其诉讼代理人答辩。法庭辩论过程中,审判长应当充分听取控辩双方的意见,对控辩双方与案件无关、重复或者指责对方的发言应当提醒、制止。法庭辩论过程中,合议庭发现与定罪、量刑有关的新的事实,有必要调查的,审判长可以宣布恢复法庭调查,在对新的事实调查后,继续法庭辩论。

(四)被告人最后陈述

被告人最后陈述是指被告人在法庭辩论结束后就案情、案件处理、是否认罪、悔罪等内容向法庭口头表达自己想法的诉讼活动。这是法庭审判的一个独立环节,也是法律赋予被告人的一项重要诉讼权利。《刑事诉讼法》第198条第3款规定:"审判长在宣布辩论终结后,被告人有最后陈述的权利。"需要指出的是,最后陈述权是属于被告人专属的诉讼权利,只能由被告人本人行使,任何人不得代为行使。但是,在未成年人犯罪案件中,法定代理人在被告人本人作最后陈述后,可补充陈述。

为了保障被告人有效行使此项诉讼权利,相关司法解释明确规定了合议庭对被告人最后陈述权的保证义务。根据最高法《解释》第287条规定,审判长宣布法庭辩论终结后,合议庭应当保证被告人充分行使最后陈述的权利。被告人在最后陈述中多次重复自己的意见的,审判长可以制止。陈述内容蔑视法庭、公诉人,损害他人及社会公共利益,或者与本案无关的,应当制止。在公开审理的案件中,被告人最后陈述的内容涉及国家秘密、个人隐私或者商业秘密的,应当制止。

被告人在最后陈述中提出新的事实、证据,合议庭认为可能影响正确裁判的,应当恢复法庭调查;被告人提出新的辩解理由,合议庭认为可能影响正确裁判的,应当恢复法庭辩论。

(五)评议和宣判

被告人最后陈述后,审判长应当宣布休庭,由合议庭进行评议,法庭审判进入评议和宣判环节。

1. 评议

评议是合议庭全体成员共同对案件事实、证据和法律适用进行全面讨论、分析并对案件作出处理决定的诉讼活动。评议的任务是确定被告人是否有罪、构成何罪,有无从重、从轻、减轻或者免除处罚情节,应否处以刑罚、判处何种刑罚,附带民事诉讼如何解决,查封、扣押、冻结的财物及其孳息如何处理等,并依法作出判决、裁定。

合议庭评议应当遵循以下规则:(1)评议由审判长主持。(2)评议一律秘密进行,除了合议庭组成人员外,任何人不得进入评议室,且评议笔录也不对外公开。(3)评议实行少数服从多数原则。评议时,如果意见分歧,应当按多数人的意见作出决定,但是少数人的意见应当写入笔录,评议笔录由合议庭组成人员签名。(4)除特殊情形外,合议庭评议后应当作出判决。一般情况下,合议庭经过开庭审理并且评议后,应当作出判决,但对于疑难、复杂、重大的案件,合议庭成员意见分歧较大,难以对案件作出决定的,由合议庭提请院长决定提交审判委员会讨论决定,审判委员会的决定,合议庭应当执行。

根据我国《刑事诉讼法》第 200 条规定,一审判决包括有罪判决和无罪判决两种,最高法《解释》第 295 条第 6 项、第 7 项在此基础上增加了一种不负刑事责任的判决。具体而言,有罪判决可分为两种情形:(1)案件事实清楚,证据确实、充分,依据法律认定被告人有罪的,应当作出有罪判决;(2)起诉指控的事实清楚,证据确实、充分,指控的罪名与审理认定的罪名不一致的,应当按照审理认定的罪名作出有罪判决。

无罪判决也可分为两种情形:(1)事实表明被告人无罪的情形。案件事实清楚,证据确实、充分,依据法律认定被告人无罪的,应当判决宣告被告人无罪。(2)证据不足的无罪判决。证据不足,不能认定被告人有罪的,应当以证据不足、指控的犯罪不能成立,判决宣告被告人无罪。

不负刑事责任的判决包括:(1)被告人因不满 16 周岁,不予刑事处罚的,应当判决宣告被告人不负刑事责任。(2)被告人是精神病人,在不能辨认或者不能控制自己行为时造成危害结果,不予刑事处罚的,应当判决宣告被告人不负刑事责任。

另外,对于具有特殊情形的案件,合议庭应当作出以下裁判:(1)案件部分事实清楚,证据确实、充分的,应当作出有罪或者无罪的判决;对事实不清、证据不足部分,不予认定。(2)犯罪已过追诉时效期限且不是必须追诉,或者经特赦令免除刑罚的,应当裁定终止审理。(3)被告人死亡的,应当裁定终止审理;但有证据证明被告人无罪,经缺席审理确认无罪的,应当判决宣告被告人无罪。

需要指出的是,对涉案财物,人民法院应当根据审理查明的情况,依照最高法《解释》第十八章的规定作出处理。

合议庭成员、法官助理、书记员应当在评议笔录上签名,在判决书、裁定书等法律文书上署名。裁判文书应当写明裁判依据,阐释裁判理由,反映控辩双方的意见并说明采纳或者不予采纳的理由。适用普通程序审理的被告人认罪的案件,裁判文书可以适当简化。

庭审结束后、评议前,部分合议庭成员不能继续履行审判职责的,人民法院应当依法更换合议庭组成人员,重新开庭审理。评议后、宣判前,部分合议庭成员因调动、退休等正常原因不能参加宣判,在不改变原评议结论的情况下,可以由审判本案的其他审判员宣判,裁判文书上仍署审判本案的合议庭成员的姓名。

2. 宣判

合议庭经过评议作出裁判后,进入法庭宣判环节。宣判是指人民法院将判决书的内容向当事人和社会公开宣告的诉讼活动。不论案件是否公开审理,宣告判决一律公开进行。

宣判具有两种形式:当庭宣判和定期宣判。当庭宣判是指合议庭经过评议作出裁判后,立即复庭由审判长宣告裁判结果。定期宣判是指合议庭经评议作出裁判后,或因案情疑难、复杂、重大,难以作出决定而提请院长决定提交审判委员会讨论决定,并另行确定日期宣告裁判结果的诉讼活动。其中,当庭宣告判决的,应当在5日内送达判决书。定期宣告判决的,应当在宣判前,先期公告宣判的时间和地点,传唤当事人并通知公诉人、法定代理人、辩护人和诉讼代理人。判决宣告后,应当立即送达判决书。判决书应当送达人民检察院、当事人、法定代理人、辩护人、诉讼代理人,并可以送达被告人的近亲属。被害人死亡,其近亲属申请领取判决书的,人民法院应当及时提供。判决生效后,还应当送达被告人所在单位或者原户籍地的公安派出所,或者被告单位的注册登记机关。被告人系外国人,且在境内有居住地的,应当送达居住地的公安派出所。宣告判决,一律公开进行。宣告判决结果时,法庭内全体人员应当起立。公诉人、辩护人、诉讼代理人、被害人、自诉人或者附带民事诉讼原告人未到庭的,不影响宣判的进行。

三、与法庭审判有关的几个问题

(一)法庭审判笔录

法庭审判笔录是记载法庭审判全部活动的诉讼文书。作为一种重要的案卷材料,法庭审判笔录不仅是合议庭评议的重要依据,而且是第二审人民法院、死刑复核法院和再审人民法院对一审法庭审判活动进行审查和监督的重要依据。

根据《刑事诉讼法》第207条及相关司法解释的规定,法庭审判笔录应由人民法院书记员制作,且应符合下列要求:法庭审判的全部活动,应当由书记员写成笔录,经审判长审阅后,由审判长和书记员签名。法庭笔录中的证人证言部分,应当当庭宣读或者交给证人阅读。证人在承认没有错误后,应当签名或者盖章。法庭笔录应当交给当事人阅读或者向他宣读。当事人认为记载有遗漏或者差错的,可以请求补充或者改正。当事人承认没有错误后,应当签名或者盖章。

(二)法庭秩序

法庭是人民法院代表国家行使审判权的场所,法庭审判活动的有序进行,既是国家审判活动严肃性、权威性的体现,也是准确认定案件事实和适用法律的前提。因此,任何诉讼参与人、旁听人员等必须遵守法庭秩序,不得有妨碍法庭秩序的行为。

根据《刑事诉讼法》第199条和相关司法解释的规定,法庭审理过程中,如果诉讼参与人或者旁听人员扰乱法庭秩序的,审判长应当按照下列情形分别处理:(1)对于违反法庭秩序情节较轻的,应当警告制止;根据具体情况,也可以进行训诫。(2)训诫无效的,责令退出法庭;拒不退出的,指令法警强行带出法庭。(3)情节严重的，报经院长批准后，可以对行为人处1000元以下的罚款或者15日以下的拘留。未经许可对庭审活动进行录音、录像、拍照或者使用即时通信工具等传播庭审活动的，可以暂扣相关设备及存储介质，删除相关内容。有关人员对罚款、拘留的决定不服的，可以直接向上一级人民法院申请复议，也可以通过决定罚款、拘留的人民法院向上一级人民法院申请复议。通过决定罚款、拘留的人民法院申请复议的，该人民法院应当自收到复议申请之日起3日以内，将复议申请、罚款或者拘留决定书和有关事实、证据材料一并报上一级人民法院复议。复议期间，不停止决定的执行。

担任辩护人、诉讼代理人的律师严重扰乱法庭秩序，被强行带出法庭或者被处以罚款、拘留的，人民法院应当通报司法行政机关，并可以建议依法给予相应处罚。实施下列行为之一，危害法庭安全或者扰乱法庭秩序，构成犯罪的，依法追究刑事责任：(1)非法携带枪支、弹药、管制刀具或者爆炸性、易燃性、毒害性、放射性以及传染病病原体等危险物质进入法庭；(2)哄闹、冲击法庭；(3)侮辱、诽谤、威胁、殴打司法工作人员或者诉讼参与人；(4)毁坏法庭设施，抢夺、损毁诉讼文书、证据；(5)其他危害法庭安全或者扰乱法庭秩序的行为。

需要指出的是，辩护人严重扰乱法庭秩序，被责令退出法庭、强行带出法庭或者被处以罚款、拘留，被告人自行辩护的，庭审继续进行；被告人要求另行委托辩护人，或者被告人属于应当提供法律援助情形的，应当宣布休庭。辩护人、诉讼代理人被责令退出法庭、强行带出法庭或者被处以罚款后，具结保证书，保证服从法庭指挥、不再扰乱法庭秩序的，经法庭许可，可以继续担任辩护人、诉讼代理人。辩护人、诉讼代理人具有下列情形之一的，不得继续担任同一案件的辩护人、诉讼代理人：(1)擅自退庭的；(2)无正当理由不出庭或者不按时出庭，严重影响审判顺利进行的；(3)被拘留或者具结保证书后再次被责令退出法庭、强行带出法庭的。

(三)法庭审判中特殊问题的处理

1. 人民法院在审判期间发现新事实的处理。审判期间，人民法院发现新的事实，可能影响定罪量刑的，或者需要补查补证的，应当通知人民检察院，由其决定是否补充、变更、追加起诉或者补充侦查。人民检察院不同意或者在指定时间内未回复书面意见的，人民法院应当就起诉指控的事实，依照最高法《解释》第295条的规定作出判决、裁定。

2. 人民检察院特殊情况下变更、追加、补充起诉问题。在人民法院宣告判决前，人民检察院发现被告人的真实身份或者犯罪事实与起诉书中叙述的身份或者指控犯罪事实不符的，或者事实、证据没有变化，但罪名、适用法律与起诉书不一致的，可以变更起诉。发现遗漏的同案犯罪嫌疑人或者罪行的，应当要求公安机关补充移送起诉或者补充侦查，对于犯罪事实清楚，证据确实、充分的，可以直接追加、补充起诉。

3. 人民检察院在宣告判决前的撤诉问题。在开庭后,宣告判决前,人民检察院要求撤回起诉的,人民法院应当审查撤回起诉的理由,作出是否准许的裁定。

4. 出现足以影响审判进行的情形时的延期审理问题。在法庭审判过程中,遇有下列情形之一,影响审判进行的,可以延期审理:(1)需要通知新的证人到庭,调取新的物证,重新鉴定或者勘验的;(2)检察人员发现提起公诉的案件需要补充侦查,提出建议的;(3)由于申请回避而不能进行审判的。

5. 出现特殊情形致使在较长时间内无法继续审理的中止审理问题。在审判过程中,有下列情形之一,致使案件在较长时间内无法继续审理的,可以中止审理:(1)被告人患有严重疾病,无法出庭的;(2)被告人脱逃的;(3)自诉人患有严重疾病,无法出庭,未委托诉讼代理人出庭的;(4)由于不能抗拒的原因。中止审理的原因消失后,应当恢复审理。中止审理的期间不计入审理期限。

(四)公诉案件第一审程序的期限

根据《刑事诉讼法》第208条的规定,人民法院审理公诉案件,应当在受理后2个月以内宣判,至迟不得超过3个月。对于可能判处死刑的案件或者附带民事诉讼的案件,以及有本法第158条规定情形之一的,经上一级人民法院批准,可以延长3个月;因特殊情况还需要延长的,报请最高人民法院批准。人民法院改变管辖的案件,从改变后的人民法院收到案件之日起计算审理期限。人民检察院补充侦查的案件,补充侦查完毕移送人民法院后,人民法院重新计算审理期限。

第三节 自诉案件的第一审程序

自诉案件的第一审程序,是指人民法院对自诉案件进行第一次审判时应当遵循的程序。由于自诉案件从性质上来讲属于侵害公民个人合法权益的轻微刑事案件,其第一审程序应有一些区别于公诉案件第一审程序的特殊之处,为此,刑事诉讼法对自诉案件第一审程序作了专节规定,法律没有规定的部分,则适用公诉案件第一审程序的有关规定。

根据《刑事诉讼法》第210条的规定,自诉案件包括下列案件:(1)告诉才处理的案件;(2)被害人有证据证明的轻微刑事案件;(3)被害人有证据证明对被告人侵犯自己人身、财产权利的行为应当依法追究刑事责任,而公安机关或者人民检察院不予追究被告人刑事责任的案件。

人民法院受理自诉案件必须符合下列条件:(1)符合《刑事诉讼法》第210条的规定;(2)属于本院管辖;(3)被害人告诉;(4)有明确的被告人、具体的诉讼请求和证明被告人犯罪事实的证据。对于《刑事诉讼法》第 210 条规定的案件，如果被害人死亡、丧失行为能力或者因受强制、威吓等无法告诉，或者是限制行为能力人以及因年老、患病、盲、聋、哑等不能亲自告诉，其法定代理人、近亲属告诉或者代为告诉的，人民法院应当依法受理。被害人的法定代理人、近亲属告诉或者代为告诉的，应当提供与被害人关系的证明和被害人不能亲自告诉的原因的证明。

自诉人提起自诉应当提交刑事自诉状；同时提起附带民事诉讼的，应当提交刑事附带民事自诉状。自诉状一般应当包括以下内容：(1)自诉人(代为告诉人)、被告人的姓名、性别、年龄、民族、出生地、文化程度、职业、工作单位、住址、联系方式；(2)被告人实施犯罪的时间、地点、手段、情节和危害后果等；(3)具体的诉讼请求；(4)致送的人民法院和具状时间；(5)证据的名称、来源等；(6)证人的姓名、住址、联系方式等。对两名以上被告人提出告诉的，应当按照被告人的人数提供自诉状副本。

对自诉案件，人民法院应当在 15 日以内审查完毕。经审查，符合受理条件的，应当决定立案，并书面通知自诉人或者代为告诉人。具有下列情形之一的，应当说服自诉人撤回起诉；自诉人不撤回起诉的，裁定不予受理：(1)不属于《刑事诉讼法》第 210 条规定的案件的；(2)缺乏罪证的；(3)犯罪已过追诉时效期限的；(4)被告人死亡的；(5)被告人下落不明的；(6)除因证据不足而撤诉的以外，自诉人撤诉后，就同一事实又告诉的；(7)经人民法院调解结案后，自诉人反悔，就同一事实再行告诉的；(8)属于《刑事诉讼法》第 210 条第 2 项规定的案件，公安机关正在立案侦查或者人民检察院正在审查起诉的；(9)不服人民检察院对未成年犯罪嫌疑人作出的附条件不起诉决定或者附条件不起诉考验期满后作出的不起诉决定，向人民法院起诉的。

自诉案件当事人因客观原因不能取得的证据，申请人民法院调取的，应当说明理由，并提供相关线索或者材料。人民法院认为有必要的，应当及时调取。对通过信息网络实施的侮辱、诽谤行为，被害人向人民法院告诉，但提供证据确有困难的，人民法院可以要求公安机关提供协助。

自诉案件具有自身的特殊性，其审理程序也有一些不同公诉案件第一审普通程序的特点。根据《刑事诉讼法》第 210～213 条以及相关司法解释的规定，自诉案件第一审的审理程序具有以下特点：

第一，可以调解。人民法院审理告诉才处理的案件和被害人有证据证明的轻微刑事案件等自诉案件，可以在查明事实、分清是非的基础上，根据自愿、合法的原则进行调解。调解达成协议的，应当制作刑事调解书，由审判人员、法官助理和书记员署名，并加盖人民法院印章。调解书经双方当事人签收后，即具有法律效力。调解没有达成协议，或者调解书签收前当事人反悔的，应当及时作出判决。需要指出的是，被害人有证据证明对被告人侵犯自己人身、财产权利的行为应当依法追究刑事责任,而公安机关、人民检察院不予追究被告人刑事责任的案件不适用调解。

第二,可以提起反诉。反诉是指在自诉案件审理过程中,自诉案件的被告人作为被害人向受理自诉案件的人民法院起诉自诉人犯有与本案相关的罪行,要求人民法院追究其刑事责任的诉讼活动。根据最高法《解释》第334条规定,告诉才处理和被害人有证据证明的轻微刑事案件的被告人或者其法定代理人在诉讼过程中,可以对自诉人提起反诉。反诉必须符合下列条件:(1)反诉的对象必须是本案自诉人;(2)反诉的内容必须是与本案有关的行为;(3)反诉的案件必须是告诉才处理的案件和人民检察院没有提起公诉,被害人有证据证明的轻微刑事案件。反诉案件适用自诉案件的规定,反诉人在反诉案件中的诉讼地位、诉讼权利与义务与自诉人在自诉案件中的地位、诉讼权利与义务完全相同。反诉案件应当与自诉案件一并审理。由于反诉是一个独立的诉讼,自诉人撤诉的,不影响反诉案件的继续审理。

第三,可以和解、撤诉。在判决宣告前自行和解或者撤诉是自诉人的一项重要诉讼权利。根据《刑事诉讼法》第212条规定,自诉人在宣告判决前,可以同被告人自行和解或者撤回自诉。自诉人自行和解或者撤诉应当遵循下列规定:(1)人民法院经审查,认为和解、撤回自诉确属自愿的,应当裁定准许;认为系被强迫、威吓等,并非出于自愿的,不予准许。(2)自诉人经两次传唤,无正当理由拒不到庭,或者未经法庭准许中途退庭的,人民法院应当裁定按撤诉处理。(3)自诉人是2人以上,其中部分自诉人撤诉或被裁定按撤诉处理的,不影响案件的继续审理。

第四,自诉案件具有可分性。自诉案件的可分性是指自诉案件在一定条件下可以分化为几个案件进行审理。自诉案件的可分性包括两种情况:一是被告人的可分性。自诉人明知有其他共同侵害人,但只对部分侵害人提起自诉的,人民法院应当受理,并告知其放弃告诉的法律后果;自诉人放弃告诉,判决宣告后又对其他共同侵害人就同一事实提起自诉的,人民法院不予受理。二是自诉人的可分性。共同被害人中只有部分人告诉的,人民法院应当通知其他被害人参加诉讼,并告知其不参加诉讼的法律后果。被通知人接到通知后表示不参加诉讼或者不出庭的,视为放弃告诉。第一审宣判后,被通知人就同一事实又提起自诉的,人民法院不予受理。但是,当事人另行提起民事诉讼的,不受限制。

第五,审理期限比较特殊。为了提高诉讼效率,保护当事人合法权益,刑事诉讼法对自诉案件第一审的审理期限作了有别于公诉案件第一审审理期限的规定。根据《刑事诉讼法》第212条的规定,适用普通程序审理的被告人未被羁押的自诉案件,应当在立案后6个月内宣判。如果被告人被羁押的,适用本法第208条第1款、第2款的规定。

第四节　认罪认罚案件的审理

认罪认罚案件的审理，是指人民法院对认罪认罚案件进行的审判。2018 年《刑事诉讼法》修改将认罪认罚从宽作为一项基本原则和具体制度写入法典。为了进一步落实认罪认罚从宽制度，使其在司法实践中真正发挥作用，最高法《解释》对认罪认罚案件的审理作了专节规定，法律没有规定的部分，则适用第一审程序的有关规定。

根据最高法《解释》的相关规定，对认罪认罚案件审理，应当遵循以下程序进行：

1. 应当根据案件情况，依法适用速裁程序、简易程序或者普通程序审理。

2. 对人民检察院提起公诉的认罪认罚案件，人民法院应当重点审查以下内容：(1)人民检察院讯问犯罪嫌疑人时，是否告知其诉讼权利和认罪认罚的法律规定；(2)是否随案移送听取犯罪嫌疑人、辩护人或者值班律师、被害人及其诉讼代理人意见的笔录；(3)被告人与被害人达成调解、和解协议或者取得被害人谅解的，是否随案移送调解、和解协议、被害人谅解书等相关材料；(4)需要签署认罪认罚具结书的，是否随案移送具结书。未随案移送前款规定的材料的，应当要求人民检察院补充。

3. 人民法院应当将被告人认罪认罚作为其是否具有社会危险性的重要考虑因素。被告人罪行较轻，采用非羁押性强制措施足以防止发生社会危险性的，应当依法适用非羁押性强制措施。

4. 对认罪认罚案件，法庭审理时应当告知被告人享有的诉讼权利和认罪认罚的法律规定，审查认罪认罚的自愿性和认罪认罚具结书内容的真实性、合法性。

5. 人民法院对认罪认罚案件的判决。对认罪认罚案件，人民检察院起诉指控的事实清楚，但指控的罪名与审理认定的罪名不一致的，人民法院应当听取人民检察院、被告人及其辩护人对审理认定罪名的意见，依法作出判决。认罪认罚案件，人民法院经审理认为量刑建议明显不当，或者被告人、辩护人对量刑建议提出异议的，人民检察院可以调整量刑建议。人民检察院不调整或者调整后仍然明显不当的，人民法院应当依法作出判决。适用速裁程序审理认罪认罚案件，需要调整量刑建议的，应当在庭前或者当庭作出调整；调整量刑建议后，仍然符合速裁程序适用条件的，继续适用速裁程序审理。对量刑建议是否明显不当，应当根据审理认定的犯罪事实、认罪认罚的具体情况，结合相关犯罪的法定刑、类似案件的刑罚适用等作出审查判断。对认罪认罚案件，人民法院一般应当对被告人从轻处罚；符合非监禁刑适用条件的,应当适用非监禁刑;具有法定减轻处罚情节的,可以减轻处罚。对认罪认罚案件,应当根据被告人认罪认罚的阶段早晚以及认罪认罚的主动性、稳定性、彻底性等,在从宽幅度上体现差异。共同犯罪案件,部分被告人认罪认罚的,可以依法对该部分被告人从宽处罚,但应当注意全案的量刑平衡。被告人在人民检察院提起公诉前未认罪认罚,在审判阶段认罪认罚的,人民法院可以不再通知人民检察院提出或者调整量刑建议。对上述规定的案件,人民法院应当就定罪量刑听取控辩双方意见,根据《刑事诉讼法》第15条和最高法《解释》第355条的规定作出判决。

需要指出的是,对被告人在第一审程序中未认罪认罚,在第二审程序中认罪认罚的案件,应当根据其认罪认罚的具体情况决定是否从宽,并依法作出裁判。确定从宽幅度时应当与第一审程序认罪认罚有所区别。案件审理过程中,被告人不再认罪认罚的,人民法院应当根据审理查明的事实,依法作出裁判。需要转换程序的,依照最高法《解释》的相关规定处理。

第五节 简易程序

一、简易程序的概念和意义

简易程序又称简易审判程序,是指基层人民法院在审理特定刑事案件时所采取的相对简化的程序。我国1979年《刑事诉讼法》没有规定简易程序,1996年修改刑事诉讼法时,针对改革开放以后市场经济条件下刑事案件迅猛增加的情况,为了提高诉讼效率,有效、充分地利用有限的诉讼资源,减轻当事人的诉讼负担,在第一审程序中规定了"简易程序"一节。2012年修改刑事诉讼法时,总结了1996年修改的刑事诉讼法实施十几年的经验和司法实践的需要,区别案件的不同情况,对案件进一步繁简分流,适当扩大了简易程序的适用范围,将简易程序审判的案件范围修改为基层人民法院管辖的认罪的案件,同时对简易程序的条件作了修改。

简易程序在我国刑事审判中具有重要意义,主要表现在以下三个方面:

一是有利于提高审判效率。当前,我国刑事司法面临的一个突出问题是刑事案件数量的日益增长与司法机关资源(包括人力、物力及财力等)严重不足的矛盾。这一矛盾的解决要求对有限的司法资源进行优化配置。对刑事案件进行繁简、难易分流无疑是一个重要的途径。以简易程序审理那些事实清楚、证据确实充分,控辩双方无争议的刑事案件,可以实现繁简分流,减轻审判的负担,及时结案,使人民法院可集中更多的力量放在重大复杂的刑事案件处理上,既有利于保障审判质量，又提高了诉讼效率。

二是有利于保护当事人的合法权益。西方法谚云："迟来的正义非正义。"对于那些事实清楚，证据确实、充分，争议不大的刑事案件，如果迟迟不作出裁判，那么诉讼当事人的利益与命运势必长期处于不确定的状态，当事人将无法根据司法裁判所确立的各自的权利义务去重新安排生活而陷入缠讼之苦，这在某种程度上也是一种不正义。采用简易程序处理这些案件可以迅速结案，使当事人早日摆脱讼累，及时保护当事人的合法权益。

三是有利于完善我国刑事诉讼程序体系。由于刑事案件存在诸多不同之处，如犯罪性质轻重不同、犯罪行为不同等，这意味着不同的案件应当投入不同的司法资源，只有这样，才能真正实现刑事审判程序的科学化。因此，对那些案件事实清楚、证据确实充分、争议不大的刑事案件适用简易程序，能够促进我国刑事诉讼程序体系设置更为科学。

二、简易程序的适用范围

根据《刑事诉讼法》第 214 条的规定，基层人民法院管辖的案件，符合下列条件的，可以适用简易程序审判：(1)案件事实清楚、证据充分的；(2)被告人承认自己所犯罪行，对指控的犯罪事实没有异议的；(3)被告人对适用简易程序没有异议的。上述条件必须同时具备，缺一不可，欠缺其中任何一个条件，案件都不能适用简易程序。

对符合简易程序适用条件的，法院可以决定适用简易程序。人民检察院在提起公诉的时候，可以建议人民法院适用简易程序，被告人及其辩护人也可以申请适用简易程序审理。对人民检察院建议或者被告人及其辩护人申请适用简易程序审理的案件，人民法院依照《刑事诉讼法》第 214 条和最高法《解释》第 359 条第 1 款的规定处理；不符合简易程序适用条件的，应当通知人民检察院或者被告人及其辩护人。

需要指出的是，并非所有案件都适用简易程序。根据我国《刑事诉讼法》第 215 条以及最高法《解释》第 360 条的规定，有下列情形之一的，不适用简易程序：(1)被告人是盲、聋、哑人的；(2)被告人是尚未完全丧失辨认或者控制自己行为能力的精神病人的；(3)有重大社会影响的；(4)共同犯罪案件中部分被告人不认罪或者对适用简易程序有异议的；(5)辩护人作无罪辩护的；(6)被告人认罪但经审查认为可能不构成犯罪的；(7)不宜适用简易程序审理的其他情形。

三、简易程序的特点

根据我国刑事诉讼法的有关规定，简易程序与第一审普通程序相比，具有以下特点：

第一，简易程序只适用于第一审程序。简易程序设置在刑事诉讼法第一审程序中，因此只适用于第一审程序，第二审程序、死刑复核程序和审判监督程序均不适用。

第二,简易程序只适用于基层人民法院。由于中级以上人民法院审理的第一审案件均是性质比较严重或有重大社会影响的刑事案件,从充分保障被告人权益出发,这些案件不宜适用简易程序,因此《刑事诉讼法》第 214 条明确规定简易程序只适用于基层人民法院,中级以上人民法院不能适用简易程序。

第三,简易程序中的审判组织比较特殊。《刑事诉讼法》第 216 条规定,适用简易程序审理案件,对可能判处 3 年有期徒刑以下刑罚的,可以组成合议庭进行审判,也可以由审判员 1 人独任审判;对可能判处的有期徒刑超过 3 年的,应当组成合议庭进行审判。

第四,法庭审理程序大为简化。简化法庭审理程序是简易程序的主要特征。适用简易程序审理案件,可以对庭审作如下简化:(1)公诉人可以摘要宣读起诉书。(2)公诉人、辩护人、审判人员对被告人的讯问、发问可以简化或者省略。(3)对控辩双方无异议的证据,可以仅就证据的名称及所证明的事项作出说明;对控辩双方有异议,或者法庭认为有必要调查核实的证据,应当出示,并进行质证。(4)控辩双方对与定罪量刑有关的事实、证据没有异议的,法庭审理可以直接围绕罪名确定和量刑问题进行。但是,从保障被告人权益出发,无论如何简化,均不能省略被告人最后陈述这一庭审环节,在判决宣告前应当听取被告人的最后陈述意见。

第五,适用简易程序审理案件,裁判文书可以简化。适用简易程序审理案件,一般应当当庭宣判。

第六,审理期限较短。适用简易程序审理案件,人民法院应当在受理后 20 日以内审结;对可能判处 3 年以上有期徒刑的,可以延长至 1 个半月。

四、简易程序转为普通程序审理

适用简易程序审理案件,在审理过程中,发现不宜适用简易程序的应当按照第一审普通程序的规定重新审理。

根据《刑事诉讼法》第 221 条以及最高法《解释》第 368 条的规定,适用简易程序审理案件,在法庭审理过程中,有下列情形之一的,应当转为普通程序审理:(1)被告人的行为可能不构成犯罪的;(2)被告人可能不负刑事责任的;(3)被告人当庭对起诉指控的犯罪事实予以否认的;(4)案件事实不清、证据不足的;(5)不应当或者不宜适用简易程序的其他情形。

转为普通程序审理的案件,审理期限应当从作出决定之日起计算。

第六节　速 裁 程 序

一、速裁程序的概念和意义

速裁程序，是指基层人民法院在审理特定刑事案件时所采取的快速裁判的程序。为了提高诉讼效率，有效、充分地利用有限的诉讼资源，减轻当事人的诉讼负担，我国 2018 年修改刑事诉讼法时在第一审程序中规定了“速裁程序”一节。

速裁程序在我国刑事审判中具有重要意义，主要表现在以下两个方面：

1. 有利于提高诉讼效率。面对日益增长的刑事案件数量，如何在简易程序基础上进一步提高诉讼效率是我国刑事司法面临的重要问题。在简易程序基础上进一步对案件进行繁简分流是重要的途径。以速裁程序审理那些事实清楚、证据确实充分，且被告人认罪认罚的案件，可以实现繁简分流，提高诉讼效率。

2. 有利于完善我国刑事诉讼程序体系。由于刑事案件存在诸多不同之处，如犯罪性质轻重不同、犯罪行为不同等，对不同的案件进行繁简分流体现了刑事审判的科学化。适用速裁程序能够对那些事实清楚、证据确实充分且被告人认罪认罚的案件进行快速裁判，使我国刑事审判程序形成普通程序、简易程序、速裁程序等多元的审判程序，促进我国刑事诉讼程序体系设置更为科学。

二、速裁程序的适用范围

根据《刑事诉讼法》第 222 条第 1 款的规定，基层人民法院管辖的可能判处 3 年有期徒刑以下刑罚的案件，案件事实清楚，证据确实、充分，被告人认罪认罚并同意适用速裁程序的，可以适用速裁程序。

人民检察院在提起公诉的时候，可以建议人民法院适用速裁程序。对人民检察院未建议适用速裁程序的案件，人民法院经审查认为符合速裁程序适用条件的，可以决定适用速裁程序，并在开庭前通知人民检察院和辩护人。被告人及其辩护人可以向人民法院提出适用速裁程序的申请。

需要指出的是，并非所有案件都适宜用速裁程序。根据我国《刑事诉讼法》第 223 条以及最高法《解释》第 370 条的规定，具有下列情形之一的，不适用速裁程序：(1)被告人是盲、聋、哑人的；(2)被告人是尚未完全丧失辨认或者控制自己行为能力的精神病人的；(3)被告人是未成年人的；(4)案件有重大社会影响的；(5)共同犯罪案件中部分被告人对指控的犯罪事实、罪名、量刑建议或者适用速裁程序有异议的；(6)被告人与被害人或者其法定代理人没有就附带民事诉讼赔偿等事项达成调解、和解协议的；(7)辩护人作无罪辩护的；(8)其他不宜适用速裁程序的情形。

三、速裁程序的特点

根据我国《刑事诉讼法》的有关规定,速裁程序与第一审普通程序、简易程序相比,具有以下特点:

1. 速裁程序只适用于第一审程序。速裁程序设置在刑事诉讼法第一审程序中,因此只适用于第一审程序,第二审程序、死刑复核程序和审判监督程序均不适用。

2. 速裁程序只适用于基层人民法院可能判处3年有期徒刑以下刑罚的案件中。由于速裁程序较之简易程序更为简化,对于判处3年有期徒刑以上的案件,从保障被告人的权益出发,这些案件不宜适用速裁程序,因此《刑事诉讼法》第222条明确规定速裁程序只适用于基层人民法院可能判处3年有期徒刑以下刑罚的案件。

3. 适用速裁程序,由审判员一人独任审判。

4. 适用速裁程序审理案件,一般不进行法庭调查、法庭辩论,但在判决宣告前应当听取辩护人的意见和被告人的最后陈述意见。

5. 适用速裁程序审理的案件,人民检察院应当派员出席法庭。

6. 适用速裁程序审理案件,可以集中开庭,逐案审理。公诉人简要宣读起诉书后,审判人员应当当庭询问被告人对指控事实、证据、量刑建议以及适用速裁程序的意见,核实具结书签署的自愿性、真实性、合法性,并核实附带民事诉讼赔偿等情况。

7. 适用速裁程序审理案件,裁判文书可以简化。适用速裁程序审理案件,应当当庭宣判。

8. 适用速裁程序审理案件,人民法院应当在受理后10日以内审结;对可能判处的有期徒刑超过1年的,可以延长至15日。

四、速裁程序转为简易程序或普通程序审理

适用速裁程序审理案件,在审理过程中,发现不宜适用速裁程序审理的,应当转为普通程序或者简易程序审理。

根据《刑事诉讼法》第226条以及最高法《解释》第375条的规定,适用速裁程序审理案件,在法庭审理过程中,具有下列情形之一的,应当转为普通程序或者简易程序审理:(1)被告人的行为可能不构成犯罪或者不应当追究刑事责任的;(2)被告人违背意愿认罪认罚的;(3)被告人否认指控的犯罪事实的;(4)案件疑难、复杂或者对适用法律有重大争议的;(5)其他不宜适用速裁程序的情形。

决定转为普通程序或者简易程序审理的案件,审理期限应当从作出决定之日起计算。

第七节　判决、裁定和决定

判决、裁定和决定是公安司法机关在刑事诉讼中依法对案件的实体问题和程序问题作出的三种不同的处理决定。这些处理决定对诉讼参与人和其他机构或个人均有约束力。

一、判决

（一）判决的概念和种类

判决是人民法院经过审理对案件的实体问题所作的处理决定。一般而言，刑事判决所针对的实体问题主要是犯罪事实的认定、罪名的确定以及量刑等。判决是人民法院代表国家行使审判权的结果，是国家意志在个案中的体现，因此具有稳定性和权威性。发生法律效力的判决非经严格的法定程序不能变更或撤销，且以国家强制力保证执行。

根据我国《刑事诉讼法》第200条的规定和司法解释的相关规定，人民法院所作的刑事判决分为有罪判决、无罪判决和不负刑事责任的判决三种。

有罪判决是人民法院在对案件进行审理后，根据已经查明的事实、证据和相关法律规定，对被告人行为构成犯罪的认识已经达到案件事实清楚，证据确实充分时所作出的判决。有罪判决又可进一步分为定罪科刑判决和定罪免刑判决两种。定罪科刑判决是指人民法院作出的认定被告人有罪，且对被告人科以适当刑罚的判决。定罪免刑判决是指人民法院作出的认定被告人有罪，但因被告人具有法定免除刑罚情节而免除被告人刑事处罚的判决。

无罪判决是人民法院作出的确认被告人的行为不构成犯罪或者因证据不足，不能认定被告人有罪的判决。无罪判决有两种：一是案件事实清楚，证据确实、充分，依据法律认定被告人无罪的无罪判决；二是因证据不足，不能认定被告人有罪时作出的证据不足，指控的犯罪不能成立的无罪判决。

不负刑事责任的判决是指人民法院在对案件进行审理后，因被告人未达到刑事责任年龄或是精神病人，在不能辨认或者不能控制自己行为时造成危害结果，不予刑事处罚时所作出的判决。由于不负刑事责任的判决所涉及的主体不符合刑法犯罪构成理论中的主体要件，因此从本质上而言不负刑事责任的判决应当属于无罪判决。

（二）判决书的制作要求和内容

判决书是判决的法定表现形式，是执行判决的唯一依据。它关系到刑法、刑事诉讼法的正确实施，关系到当事人诉讼权利和合法权益的保护，因此必须严格按照法定的格式和要求制作。根据最高人民法院审判委员会通过的《法院刑事诉讼文书样式》(样本)的规定,判决书的制作要求和内容有以下几个方面:

1. 首部。首部包括:(1)人民法院名称、判决书类别、案号;(2)公诉机关和公诉人、当事人、辩护人、诉讼代理人基本情况;(3)案由和案件来源;(4)开庭审理、审判组织的情况等。

2. 事实部分。在事实部分应写明公诉机关指控被告人犯罪的事实和证据;被告人的供述、辩护和辩护人的辩护意见;经法庭审理查明的事实和据以定案的证据。对于有罪的判决,人民法院查明的事实应当详细写明犯罪的时间、地点、动机、目的、手段、行为过程、结果等有关情况;共同犯罪案件中要写明每个被告人参与的犯罪事实和情节,明确主犯、从犯。叙述事实应当以法庭审理中查证属实的证据为根据。如果事实涉及国家秘密的,还应当注意保守国家秘密;涉及当事人隐私的,应当注意保护当事人的隐私。对于无罪判决,事实部分可与理由部分合并写。

3. 理由部分。理由部分的核心内容是运用法律、犯罪构成和刑事诉讼理论等阐明控方的指控是否成立,被告人是否犯罪,如果有罪,所犯何罪,判处刑罚或者免除刑罚以及从重、从轻、减轻处罚的理由和根据。如果无罪,则应当写明判决无罪的具体理由或者有关的证据。书写判决理由时,应当力求透彻,使理由具有说服力。

4. 结果部分。判决结果是依照有关法律的规定对被告人作出的定性处理的结论。认定被告人有罪的,应写明判处的罪名、刑种、刑期或者免除刑罚;数罪并罚的应分别写明各罪判处的刑罚和决定执行的刑罚;被告人已被羁押的,应写明刑期折抵情况和实际执行刑期的起止时间;缓刑的应写明缓刑考验期限;附带民事诉讼案件,应写明附带民事诉讼的处理情况;有赃款赃物的,应写明处理情况。认定被告人无罪的,应当写明认定被告人无罪以及所根据的事实和法律依据;对证据不足,不能认定被告人有罪的应写明证据不足、指控的犯罪不能成立,并宣告无罪。

5. 尾部。这部分写明被告人享有上诉权利、上诉期限、上诉法院、上诉方式和途径;合议庭组成人员或独任审判员和书记员姓名;判决书制作、宣判日期;最后要加盖人民法院印章。

二、裁定

(一)裁定的概念

裁定是指人民法院在案件审理过程中和判决执行过程中,对某些重大程序性问题和部分实体问题所作的处理决定。判决和裁定都以国家强制力为后盾,任何人不得抗拒执行已经发生法律效力的判决和裁定。但是二者也有区别,主要表现在:(1)适用的对象不同。判决只解决案件的实体性问题,而裁定除了解决部分实体性问题外,主要解决程序性问题。(2)适用的阶段不同。判决只适用于审判程序终结时(包括第一审程序、第二审程序和审判监督程序),而裁定则适用于整个审判程序（包括第一审程序、第二审程序、死刑复核程序和审判监督程序）和执行程序。(3)适用的方式不同。判决必须采用书面形式作出，而裁定则可采用书面和口头两种形式。(4)是否具有排他性不同。同一个刑事案件中只能有一项生效判决，但同一个刑事案件可以有多个生效裁定。(5)上诉、抗诉的期限不同。不服判决的上诉、抗诉期限为10日，而不服裁定的上诉、抗诉期限为5日。

（二）裁定的分类

根据不同的标准，裁定有不同的分类：

一是根据性质不同，裁定可分为实体性裁定和程序性裁定。根据我国刑事诉讼法的相关规定，实体性裁定包括减刑、假释、撤销缓刑、减免罚金以及对犯罪嫌疑人、被告人逃匿、死亡案件违法所得的没收的裁定等。程序性裁定则包括：自诉案件驳回起诉的裁定；撤销原判、发回重审的裁定；维持原判的裁定；有关是否恢复诉讼期限的裁定；终止审理的裁定。

二是根据诉讼阶段的不同，裁定可分为一审裁定、二审裁定、核准死刑裁定和再审裁定等。

三是根据适用方式的不同，裁定可分为书面裁定和口头裁定。

三、决定

（一）决定的概念和分类

决定是公安司法机关在诉讼过程中依法对某些程序性问题所作的一种处理。决定与判决、裁定的不同主要在于法律效力上。判决、裁定作出后，并不是立即生效的，当事人或有关机关可在法定期限内提起上诉、抗诉，而决定则是一经作出，立即发生法律效力，不能上诉或者抗诉。当然，为了保护当事人的合法权益，纠正错误，允许当事人或有关机关对某些决定（如回避的决定、不起诉决定、罚款等）申请复议、复核。但复议、复核期间并不影响决定的执行。

决定既可以采用书面形式作出，也可以采用口头形式作出。采用口头形式作出的，应当记入笔录，且其与采用书面形式作出的决定具有同等效力。

（二）决定的适用范围

根据我国刑事诉讼法的规定，决定的适用范围主要包括以下方面：(1)是否回避的决定；(2)是否立案、撤销案件的决定；(3)实施各种侦查行为的决定；(4)对犯罪嫌疑人、被告人采取各种强制措施或变更强制措施的决定；(5)延长侦查中羁押犯罪嫌疑人的期限的决定；(6)是否起诉的决定；(7)开庭审判的决定；(8)庭审中解决当事人和辩护人、诉讼代理人申请通知新的证人到庭、调取新的物证、申请重新鉴定或勘验的决定；(9)延期审理的决定；(10)抗诉的决定；(11)提起审判监督程序的决定；(12)未成年人附条件不起诉的决定；(13)对依法不负刑事责任的精神病人进行强制医疗的决定等。

第八节　在法定刑以下判处刑罚的特别程序

在法定刑以下判处刑罚的特别程序,又称特殊减轻处罚的特别程序,是指在不具备法定减轻处罚情节但因具有某种特殊情形的案件中,对犯罪分子在法定刑以下判处刑罚时所应遵循的特别诉讼程序。

一、在法定刑以下判处刑罚的特别程序适用的条件

我国《刑法》第 63 条第 2 款规定:"犯罪分子虽然不具有本法规定的减轻处罚情节,但是根据案件的特殊情况,经最高人民法院核准,也可以在法定刑以下判处刑罚。"根据这一规定,适用在法定刑以下判处刑罚的特别程序,应当符合以下条件:

1. 犯罪人不具有法定减轻处罚的情节,这是适用法定刑以下判处刑罚的特别程序的前提条件。

2. 根据案件的特殊情况,需要对犯罪人在法定刑以下判处刑罚。

3. 核准程序应当在对判决的法定上诉、抗诉期限届满后进行。

4. 核准权由最高人民法院统一行使。

二、在法定刑以下判处刑罚案件的核准程序

根据最高法《解释》第十六章"在法定刑以下判处刑罚和特殊假释的核准规定",报请最高人民法院核准在法定刑以下判处刑罚的案件,应当按照下列情形分别处理:

1. 被告人未上诉、人民检察院未抗诉的,在上诉、抗诉期满后 3 日以内报请上一级人民法院复核。上一级人民法院同意原判的,应当书面层报最高人民法院核准;不同意的,应当裁定发回重新审判,或者按第二审程序提审。

2. 被告人上诉或者人民检察院抗诉的,上一级人民法院维持原判,或者改判后仍在法定刑以下判处刑罚的,应当依照前项规定层报最高人民法院核准。

对符合《刑法》第63 条第2 款规定的案件,第一审人民法院未在法定刑以下判处刑罚的,第二审人民法院可以在法定刑以下判处刑罚,并层报最高人民法院核准。报请最高人民法院核准在法定刑以下判处刑罚的案件,应当报送判决书、报请核准的报告各五份,以及全部案卷、证据。

对在法定刑以下判处刑罚的案件,最高人民法院予以核准的,应当作出核准裁定书;不予核准的,应当作出不核准裁定书,并撤销原判决、裁定,发回原审人民法院重新审判或者指定其他下级人民法院重新审判。

发回第二审人民法院重新审判的案件,第二审人民法院可以直接改判;必须通

过开庭查清事实、核实证据或者纠正原审程序违法的，应当开庭审理。

最高人民法院和上级人民法院复核在法定刑以下判处刑罚案件的审理期限，参照适用《刑事诉讼法》第243条有关二审程序的审理期限。

案例精选

被告人甲、乙共同将被害人丙杀害。一审程序中，在公诉人对被告人甲、乙同时进行讯问后，经审判长许可，丙的父亲丁以附带民事诉讼原告的身份，就犯罪及财产损失事实向甲、乙发问。丙所居住社区的物业管理人员戊旁听了案件审理，并应控方要求就丙的被害情况向法庭作证，先后回答了辩护人、公诉人及审判长的发问。庭审中合议庭对戊的证言及其他证据发现疑问，遂宣布休庭，就被害人死亡时间及原因进一步调查核实。法庭调查中，公诉人发现被告人乙尚有遗漏的犯罪事实，当庭提出要求撤回起诉，法庭审查后作出同意撤回起诉的决定。重新起诉后，甲、乙分别被判处死刑并赔偿原告损失10万元（源于2007年国家司法考试真题卷四第3题）。

【问】在本案中存在哪些程序方面的问题？

【答案与解析】本案中存在以下程序方面的问题：(1)公诉人对被告人甲、乙同时讯问违反了分别进行讯问的原则。(2)附带民事诉讼原告不能就有关犯罪事实向被告人发问。(3)戊作为证人不能旁听案件的审理。(4)戊作为控方证人，控辩双方向其发问的顺序错误，证人出庭后，一般先向法庭陈述证言；其后，经审判长许可，由申请通知证人出庭的一方发问，发问完毕后，对方也可以发问。(5)公诉人在庭审中发现有漏罪的只能追加起诉，不能撤回起诉。变更、追加、撤回起诉应当报经检察长或检察委员会决定，并以书面方式向人民法院提出，公诉人不能当庭径行决定。(6)法院对检察机关撤回起诉的要求应以裁定而不能以决定的方式作出。

思考问题

1. 第一审程序开庭前对公诉案件的审查属何种性质的审查？
2. 如何评价我国的刑事简易程序？

法条链接

《刑事诉讼法》第186～226条；《刑法》第63条；最高法《解释》第218～377条。

扩展阅读

1. 左卫民等：《简易刑事程序研究》，法律出版社2005年版。
2. 刘计划：《刑事公诉案件第一审程序》，中国人民公安大学出版社2012年版。
3. 彭海青：《刑事裁判权研究》，中国人民公安大学出版社2007年版。
4. 樊崇义、何东青：《刑事诉讼转型模式下的速裁程序》，载《国家检察官学院学报》2020年第3期。
5. 龚珊要、王禄生：《内外定位冲突下刑事简易程序的实践困境及其再改革——基于判决书的大数据挖掘》，载《山东大学学报（哲学社会科学版）》2020年第3期。

6. 贾志强:《刑事庭前会议制度实施状况研究》,载《中国刑事法杂志》2020 年第 6 期。
7. 陈瑞华:《论彻底的事实审:重构我国刑事第一审程序的一种理论思路》,载《中外法学》2013 年第 3 期。

第十八章　第二审程序

本章知识要点

第二审程序是我国的上诉审程序，也是终审程序，直接影响法院裁判的权威性与终局性。本章主要介绍了第二审程序的概念、特点，两审终审制，第二审程序的意义，上诉或抗诉的主体、理由、形式、程序，第二审程序的审判方式、程序规范，上诉不加刑原则的概念、适用，以及对查封、扣押、冻结财物的处理等内容。

第一节　概　　述

一、第二审程序的概念与特点

第二审程序又称上诉审程序，是第二审人民法院根据上诉人的上诉或者人民检察院的抗诉，就第一审人民法院尚未发生法律效力的判决或裁定所认定的事实和适用的法律进行审理时所应当遵循的步骤和方式、方法。

我国的第二审程序具有以下三个特点：

第一，第二审程序启动的根据是上诉人的上诉或者人民检察院的抗诉。第二审程序并非所有刑事案件的必经审判程序，只有存在上诉人的上诉或者人民检察院的抗诉才能启动第二审程序。

第二，第二审程序的审理对象是第一审人民法院尚未发生法律效力的判决或裁定所认定的事实和适用的法律。

第三，第二审程序的审理法院是除基层人民法院以外的各级人民法院。中级人民法院、高级人民法院和最高人民法院等都可以作为上级法院而适用二审程序审理案件。

二、两审终审制

我国《刑事诉讼法》第 10 条规定："人民法院审判案件，实行两审终审制。"所谓两审终审制，是指一个案件经过两级人民法院审判即告审判终结，判决和裁定即发生法律效力。两审终审制是我国法院审判案件的一项重要制度，是我国长期司法实践经验的重要总结。

需要说明的是,两审终审制的适用具有以下两个例外情形:

一是对于死刑案件的判决,不论经过一审还是两审,都需要由最高人民法院经过死刑复核程序予以核准才能发生法律效力。

二是两审终审制只适用于地方各级人民法院审判第一审案件,最高人民法院审理案件实行一审终审。

三、第二审程序的意义

第二审程序具有以下重要意义:

首先,维护被告人的合法权益。实践表明,第二审程序多数是由被告人上诉而引发的,而第二审程序中由于实行上诉不加刑原则,所以第二审程序的首要意义是维护被告人的合法权益。

其次,维护诉讼公正。第二审程序是第二审人民法院对第一审人民法院尚未发生法律效力的判决或裁定所认定的事实和适用的法律的审理,而且实行全面审查原则,通过维持对于第一审人民法院的正确的裁判,纠正其错误的裁判,从而维护诉讼公正。

最后,保障法律适用的统一。第二审人民法院在第二审程序的审理中,通过对第一审人民法院适用实体法与程序法的情况进行审查,对于适用法律错误或者不当的情形依法予以纠正,从而保障法律适用的统一。

第二节　第二审程序的提起

一、上诉或抗诉的主体

根据《刑事诉讼法》第 227 条的规定,我国有权提出上诉的主体包括:

1. 被告人、自诉人和他们的法定代理人。如果被告人、自诉人在案件发生时是未成年人或者精神上有缺陷而不能正常进行诉讼活动的人,其法定代理人享有独立的上诉权。

2. 被告人的辩护人和近亲属。被告人的辩护人和近亲属经被告人同意,才取得上诉的主体资格。

3. 附带民事诉讼的当事人和他们的法定代理人。附带民事诉讼的原告人和被告人可以对地方各级人民法院第一审的判决、裁定中的附带民事诉讼部分,提出上诉,对刑事部分无权上诉。

根据《刑事诉讼法》第 228 条的规定,抗诉的主体是地方各级人民检察院。抗诉是人民检察院对人民法院行使审判监督权的重要方式。地方各级人民检察院认为本级人民法院第一审的判决、裁定确有错误的,有权向上一级人民法院提出抗诉。

二、被害人向人民检察院申请抗诉

被害人是犯罪的直接受害者,但考虑到我国已经建立了公诉制度,如果赋予被害人上诉权,在理论和实际操作上都存在障碍,尤其是可能使上诉不加刑原则名存实亡。因此,我国刑事诉讼法没有赋予被害人上诉权,而是赋予其申请人民检察抗诉权,即《刑事诉讼法》第229条规定:“被害人及其法定代理人不服地方各级人民法院第一审的判决的,自收到判决书后五日以内,有权请求人民检察院提出抗诉。人民检察院自收到被害人及其法定代理人的请求后五日以内,应当作出是否抗诉的决定并且答复请求人。”这里需要注意的是,被害人请求人民检察院抗诉仅限于“判决”而不包括裁定,就是说对于程序方面的问题不属于被害人请求人民检察院抗诉的范围。

三、上诉、抗诉的理由

根据《刑事诉讼法》第227条的规定,只要对于一审判决、裁定“不服”即可以提出上诉,没有理由限制。

根据《刑事诉讼法》第228条的规定,抗诉的理由是地方各级人民检察院认为本级人民法院第一审的判决、裁定“确有错误”,主要包括以下几种情形:(1)认定事实不清楚或者有错误;(2)定案的证据不确实、不充分;(3)适用法律不当,定罪有错误;(4)处刑不当,量刑过轻或者过重;(5)审判程序严重违法;(6)原判决、裁定是审判人员徇私舞弊、枉法裁判的结果。

四、上诉、抗诉的形式和程序

根据我国《刑事诉讼法》第227条的规定,上诉人“有权用书状或者口头向上一级人民法院上诉”。据此,上诉可以是书面形式,向法院提交上诉状,也可以是口头形式。对于口头上诉,人民法院应当接受,并且制作笔录。

根据我国《刑事诉讼法》第231条及相关司法解释的规定,上诉人上诉可以通过原审人民法院提出,也可以直接向第二审人民法院提出。通过原审人民法院提出上诉的,第一审人民法院应当审查上诉是否符合法律规定。符合法律规定的,应当在上诉期满后3日以内将上诉状连同案卷、证据移送上一级人民法院,同时将上诉状副本送交同级人民检察院和对方当事人。上诉人直接向第二审人民法院提出上诉的,第二审人民法院应当在收到上诉状后3日以内将上诉状交第一审人民法院。第一审人民法院应当审查上诉是否符合法律规定。符合法律规定的,应当在接到上诉状后3日以内将上诉状连同案卷、证据移送上一级人民法院,同时将上诉状副本送交同级人民检察院和对方当事人。

根据我国《刑事诉讼法》第232条的规定,地方各级人民检察院认为同级人民法院第一审判决、裁定确有错误而决定抗诉时,必须制作抗诉书。抗诉书应通过原审人民法院提交,同时还应抄送上一级人民检察院。原审人民法院接到抗诉书后,应将抗诉书连同案卷、证据移送上一级人民法院,并将抗诉书副本送交当事人。上级人民检察院接到下级人民检察院抄送的抗诉书后,应就抗诉的理由和根据进行认真审核。如果认为抗诉不当,可以直接向同级人民法院撤回下级人民检察院这一抗诉,并且将撤回抗诉的情况通知下级人民检察院。对于人民检察院在抗诉期限内撤回抗诉的,第一审人民法院不再移送案件;如果是在抗诉期满后撤回抗诉的,第二审人民法院可以裁定准许,并通知第一审人民法院和当事人。

五、上诉、抗诉的期限

根据《刑事诉讼法》第230条的规定,不服判决的上诉和抗诉的期限为10日,不服裁定的上诉和抗诉的期限为5日,从接到判决书、裁定书的第二日起算。

第三节 第二审程序的审判

一、对上诉、抗诉案件的审查

《刑事诉讼法》第233条规定:"第二审人民法院应当就第一审判决认定的事实和适用法律进行全面审查,不受上诉或者抗诉范围的限制。共同犯罪的案件只有部分被告人上诉的,应当对全案进行审查,一并处理。"这即是我国第二审程序的全面审查原则。全面审查原则有利于最大限度地发现第一审判决存在的错误,维护司法公正。

根据最高法《解释》的规定,全面审查应着重审查以下方面的内容:(1)第一审判决认定的事实是否清楚,证据是否确实充分,证据之间有无矛盾,有无遗漏罪行和犯罪分子;(2)第一审判决适用法律是否正确,量刑是否适当;(3)在调查、侦查、审查起诉、第一审程序中,有无严重违反法定程序的情形;(4)上诉、抗诉是否提出新的事实、证据;(5)被告人的供述和辩解情况;(6)辩护人的辩护意见及采纳情况;(7)附带民事部分的判决、裁定是否合法、适当;(8)对涉案财物的处理是否正确;(9)第一审人民法院合议庭、审判委员会讨论的意见。

对于共同犯罪案件的全案审查是指不仅要对提出上诉的被告人的判决部分所认定的事实和运用的法律进行全面审查,对未提出上诉的被告人的判决部分也要进行全面审查。

二、第二审程序的审判方式和程序规范

我国《刑事诉讼法》第223条第1款、第2款规定:"第二审人民法院对于下列案件,应当组成合议庭,开庭审理:(一)被告人、自诉人及其法定代理人对第一审判决认定的事实、证据提出异议,可能影响定罪量刑的上诉案件;(二)被告人被判处死刑的上诉案件；（三）人民检察院抗诉的案件；（四）其他应当开庭审理的案件。第二审人民法院决定不开庭审理的，应当讯问被告人，听取其他当事人、辩护人、诉讼代理人的意见。"该条款表明，我国第二审案件的审判方式有开庭审理与不开庭审理两种方式。

（一）开庭审理

开庭审理，是指第二审人民法院由合议庭主持，在检察人员和诉讼参与人参加下，通过法庭调查和辩论、评议、宣判的方式审理案件。开庭审理是人民法院依法审理刑事案件的一般形式。需要开庭审理的案件主要包括以下四类：(1)被告人、自诉人及其法定代理人对第一审判决认定的事实、证据提出异议，可能影响定罪量刑的上诉案件；(2)被告人被判处死刑的上诉案件；(3)人民检察院抗诉的案件；(4)其他应当开庭审理的案件。被判处死刑立即执行的被告人没有上诉，同案的其他被告人上诉的案件，第二审人民法院应当开庭审理。根据最高法《解释》的规定，被告人被判处死刑的上诉案件，包括死刑缓期二年执行的案件，第二审人民法院一律应当开庭审理；被判处死刑立即执行、死刑缓期二年执行的被告人没有上诉，同案的其他被告人上诉的案件，第二审人民法院也应当开庭审理。

根据《刑事诉讼法》第231条的规定，除第二审程序已有专门规定的以外，参照第一审程序的规定进行。根据最高法《解释》的规定，开庭审理上诉、抗诉案件，除参照适用第一审程序的有关规定外，应当按照下列规定进行：(1)法庭调查阶段，审判人员宣读第一审判决书、裁定书后，上诉案件由上诉人或者辩护人先宣读上诉状或者陈述上诉理由，抗诉案件由检察员先宣读抗诉书；既有上诉又有抗诉的案件，先由检察员宣读抗诉书，再由上诉人或者辩护人宣读上诉状或者陈述上诉理由。(2)法庭辩论阶段，上诉案件，先由上诉人、辩护人发言，后由检察员、诉讼代理人发言；抗诉案件，先由检察员、诉讼代理人发言，后由被告人、辩护人发言；既有上诉又有抗诉的案件，先由检察员、诉讼代理人发言，后由上诉人、辩护人发言。

开庭审理上诉、抗诉案件，可以重点围绕对第一审判决、裁定有争议的问题或者有疑问的部分进行。根据案件情况，可以按照下列方式审理：(1)宣读第一审判决书，可以只宣读案由、主要事实、证据名称和判决主文等；(2)法庭调查应当重点围绕对第一审判决提出异议的事实、证据以及提交的新的证据等进行；对没有异议的事实、证据和情节，可以直接确认；(3)对同案审理案件中未上诉的被告人，未被申请出庭或者人民法院认为没有必要到庭的，可以不再传唤到庭；(4)被告人犯有数罪的案件，对其中事实清楚且无异议的犯罪，可以不在庭审时审理。

同案审理的案件，未提出上诉、人民检察院也未对其判决提出抗诉的被告人要求出庭的，应当准许。出庭的被告人可以参加法庭调查和辩论。

（二）不开庭审理

不开庭审理，是指第二审人民法院在讯问被告人，听取其他当事人、辩护人、诉讼代理人的意见后作出判决或裁定的审理方式。对于犯罪事实清楚,定罪证据充分,上诉人对第一审认定的事实、证据没有异议的决定不开庭审理,有助于简化诉讼,提高审判效率。

第二审案件依法不开庭审理的,应当讯问被告人,听取其他当事人、辩护人、诉讼代理人的意见。合议庭全体成员应当阅卷,必要时应当提交书面阅卷意见。

三、对第二审案件的处理

(一)对公诉案件的处理

根据我国《刑事诉讼法》第236条至第238条及有关司法解释的规定,第二审法院对不服第一审判决的上诉、抗诉案件进行审理后,应按下列情形分别作出处理:

1. 原判决认定事实正确,证据确实、充分,适用法律正确,量刑适当的,应当裁定驳回上诉或抗诉,维持原判。

2. 原判决认定事实没有错误,但适用法律有错误或者量刑不当的,应当撤销原判,重新判决,并在判决中阐明改判的根据和理由。

3. 原判决事实不清楚或者证据不足的,可由二审法院查清事实后改判,也可以裁定撤销原判,发回原审人民法院重新审判。

4. 发现一审法院有下列违反法律规定的诉讼程序的情形之一的,应当裁定撤销原判,发回原审人民法院重新审判:违反法律有关公开审判的规定的;违反回避制度的;剥夺或者限制了当事人的法定诉讼权利,可能影响公正审判的;审判组织的组成不合法的;其他违反法律规定的诉讼程序,可能影响公正审判的。

5. 对于人民检察院抗诉的案件,经第二审人民法院审查后,认为应当判处被告人死刑的,按照《刑事诉讼法》第236条的规定处理,即第二审人民法院认为原判决认定事实没有错误,但适用法律有错误,或者量刑不当的,应当改判;认为原判决事实不清或者证据不足的,可以在查清事实后改判或者发回重审。其中,对于第二审人民法院直接改判死刑的案件,无论该案件的死刑核准权是否下放,都应当报请最高人民法院核准。

发回原审人民法院重新审判的案件,按第一审程序进行审理,对其判决、裁定仍可上诉或抗诉;发回重审的案件,应当另行组成合议庭审理。第二审人民法院因原判决事实不清、证据不足将案件发回重审的,原则上只能发回重审一次。

(二)对附带民事诉讼案件的处理

第二审人民法院审理对刑事部分提出上诉、抗诉,附带民事部分已经发生法律效力的案件,发现第一审判决、裁定中的附带民事部分确有错误的,应当依照审判监督程序对附带民事部分予以纠正。

刑事附带民事诉讼案件,只有附带民事诉讼当事人及其法定代理人上诉的,第一审刑事部分的判决在上诉期满后即发生法律效力。应当送监执行的第一审刑事被告人是第二审附带民事诉讼被告人的，在第二审附带民事诉讼案件审结前，可以暂缓送监执行。

第二审人民法院审理对附带民事部分提出上诉，刑事部分已经发生法律效力的案件，应当对全案进行审查，如果第一审判决的刑事部分并无不当，只需就附带民事部分作出处理；如果第一审判决的刑事部分确有错误的，依照审判监督程序对刑事部分进行再审，并将附带民事部分与刑事部分一并审理。

第二审期间，第一审附带民事诉讼原告人增加独立的诉讼请求或者第一审附带民事诉讼被告人提出反诉的，第二审人民法院可以根据自愿、合法的原则进行调解；调解不成的，告知当事人另行起诉。

(三)对自诉案件的处理

对第二审自诉案件，必要时可以调解，当事人也可以自行和解。调解结案的，应当制作调解书，第一审判决、裁定视为自动撤销；当事人自行和解的，应当裁定准许撤回自诉，并撤销第一审判决、裁定。

第二审期间，自诉案件的当事人提出反诉的，应当告知其另行起诉。

四、第二审程序的期限

根据《刑事诉讼法》第 243 条的规定，第二审人民法院受理上诉、抗诉案件，应当在 2 个月以内审结。对于可能判处死刑的案件或者附带民事诉讼的案件；交通十分不便的边远地区的重大复杂案件；重大的犯罪集团案件；流窜作案的重大复杂案件；犯罪涉及面广，取证困难的重大复杂案件，经省、自治区、直辖市高级人民法院批准或决定，可以延长 2 个月；因特殊情况还需要延长的，报请最高人民法院批准。最高人民法院受理上诉、抗诉案件的审理期限，由最高人民法院决定。

第四节 上诉不加刑原则

一、上诉不加刑原则的概念和意义

我国《刑事诉讼法》第 237 条第 1 款规定："第二审人民法院审判被告人或者他的法定代理人、辩护人、近亲属上诉的案件，不得加重被告人的刑罚。第二审人民法院发回原审人民法院重新审判的案件，除有新的犯罪事实，人民检察院补充起诉的以外，原审人民法院也不得加重被告人的刑罚。"这是我国上诉不加刑原则的法律依据。

上诉不加刑原则的意义主要体现在以下两个方面：

一是保护被告人的合法权益。上诉不加刑消除被告人因害怕上诉后被加重刑罚而不敢上诉的顾虑，能够有效地保障被告人的上诉权，进而维护被告人的合法权益。

二是维护两审终审制的实施。司法实践中二审程序多数是由于被告人的上诉而引发的,上诉不加刑原则通过有效保障被告人的上诉权而维护了两审终审制的实施。

二、上诉不加刑原则的适用

根据最高法《解释》的规定,审理被告人或者其法定代理人、辩护人、近亲属提出上诉的案件,不得对被告人的刑罚作出实质不利的改判,并应当执行下列规定:

1. 同案审理的案件,只有部分被告人上诉的,既不得加重上诉人的刑罚,也不得加重其他同案被告人的刑罚;

2. 原判认定的罪名不当的,可以改变罪名,但不得加重刑罚或者对刑罚执行产生不利影响;

3. 原判认定的罪数不当的,可以改变罪数,并调整刑罚,但不得加重决定执行的刑罚或者对刑罚执行产生不利影响;

4. 原判对被告人宣告缓刑的,不得撤销缓刑或者延长缓刑考验期;

5. 原判没有宣告职业禁止、禁止令的,不得增加宣告;原判宣告职业禁止、禁止令的,不得增加内容、延长期限;

6. 原判对被告人判处死刑缓期执行没有限制减刑、决定终身监禁的,不得限制减刑、决定终身监禁;

7. 原判判处的刑罚不当、应当适用附加刑而没有适用的,不得直接加重刑罚、适用附加刑。原判判处的刑罚畸轻,必须依法改判的,应当在第二审判决、裁定生效后,依照审判监督程序重新审判。但人民检察院抗诉或者自诉人上诉的案件,不受这一规定的限制。

人民检察院只对部分被告人的判决提出抗诉,或者自诉人只对部分被告人的判决提出上诉的,第二审人民法院不得对其他同案被告人加重刑罚。

被告人或者其法定代理人、辩护人、近亲属提出上诉,人民检察院未提出抗诉的案件,第二审人民法院发回重新审判后,除有新的犯罪事实,人民检察院补充起诉的以外,原审人民法院不得加重被告人的刑罚。按照这一规定,原审人民法院对上诉发回重新审判的案件依法作出判决后,人民检察院抗诉的,第二审人民法院不得改判为重于原审人民法院第一次判处的刑罚。

第五节　对查封、扣押、冻结财物的处理

查封、扣押、冻结犯罪嫌疑人、被告人的财物及其孳息的处理对于司法机关正

确执法、打击犯罪、保护被害人的合法权益具有重要意义，因此《刑事诉讼法》第245条以及有关司法解释对查封、扣押、冻结财物的处理作出了规定。

一、对查封、扣押、冻结的财物及孳息的处理

公安机关、人民检察院和人民法院对查封、扣押、冻结的犯罪嫌疑人、被告人的财物及其孳息，应当妥善保管，以供核查，并制作清单，将清单明细附卷随案移送。

查封不动产、车辆、船舶、航空器等财物，应当扣押其权利证书，经拍照或者录像后原地封存，或者交持有人、被告人的近亲属保管，登记并写明财物的名称、型号、权属、地址等详细情况，并通知有关财物的登记、管理部门办理查封登记手续。

扣押物品，应当登记并写明物品名称、型号、规格、数量、重量、质量、成色、纯度、颜色、新旧程度、缺损特征和来源等。扣押货币、有价证券，应当登记并写明货币、有价证券的名称、数额、面额等，货币应当存入银行专门账户，并登记银行存款凭证的名称、内容。扣押文物、金银、珠宝、名贵字画等贵重物品以及违禁品，应当拍照，需要鉴定的，应当及时鉴定。对扣押的物品应当根据有关规定及时估价。

冻结存款、汇款、债券、股票、基金份额等财产，应当登记并写明编号、种类、面值、张数、金额等。

对于对查封、扣押、冻结的财物，任何单位和个人不得挪用或者自行处理。

二、对被害人合法财产的处理

对于查封、扣押、冻结的财物及孳息，如果有证据证明是被害人的合法财产，且不是必须在法庭上作为证据出示的，应当及时返还给被害人，但须经拍照、鉴定、估价，并在案卷中注明返还的理由，将原物照片、清单和被害人的领取手续附卷备查；权属不明的，应当在人民法院判决、裁定生效后，按比例返还被害人，但已获退赔的部分应予扣除。

三、对违禁品或者不宜长期保存的物品的处理

对于国家禁止持有、经营、流通的违禁品，如枪支弹药、易燃易爆物品、毒品、淫秽物品等，应当依照国家有关规定处理。

对不宜长期保存、易贬值或者市场价格波动大的财产，或者有效期即将届满的票据等，经权利人申请或者同意，并经院长批准，可以依法先行处置，所得款项由人民法院保管。涉案财物先行处置应当依法、公开、公平。

四、对查封、扣押、冻结的财物作为证据使用的处理

对作为证据使用的实物应当随案移送，第一审判决、裁定宣告后，被告人上诉或者人民检察院抗诉的，第一审人民法院应当将上述证据移送第二审人民法院。对不宜移送的，应当将其清单、照片或者其他证明文件随案移送。对未随案移送的实物，应当根据情况，分别审查以下内容：(1)大宗的、不便搬运的物品，查封、扣押机关是否随案移送查封、扣押清单，并附原物照片和封存手续，注明存放地点等；(2)易腐烂、霉变和不易保管的物品，查封、扣押机关变卖处理后，是否随案移送原物照片、清单、变价处理的凭证(复印件)等;(3)枪支弹药、剧毒物品、易燃易爆物品以及其他违禁品、危险物品,查封、扣押机关根据有关规定处理后,是否随案移送原物照片和清单等。上述未随案移送的实物,应当依法鉴定、估价的,还应当审查是否附有鉴定、估价意见。对查封、扣押的货币、有价证券等,未移送实物的,应当审查是否附有原物照片、清单或者其他证明文件。

五、对查封、扣押、冻结的财物及孳息在判决中的处理

人民法院作出的判决,应当对查封、扣押、冻结的财物及其孳息进行处理。判决生效以后,有关机关应当根据判决对查封、扣押、冻结的财物及其孳息进行处理。对查封、扣押、冻结的赃款赃物及其孳息,除依法返还被害人的以外,一律上缴国库。

六、有关司法工作人员的法律责任

有侦查、检察、审判、监管职责的工作人员在办案过程中,如果贪污、挪用或者私自处理查封、扣押、冻结的财物及其孳息,构成犯罪的,应当依照刑法关于贪污罪、挪用公款罪等规定依法追究刑事责任;不构成犯罪的,依照公务员法等有关法律规定给予处分。

案例精选

某法院判决赵某犯诈骗罪处有期徒刑四年,犯盗窃罪处有期徒刑九年,合并执行有期徒刑十一年。赵某提出上诉。中级人民法院经审理认为,判处刑罚不当,犯诈骗罪应处有期徒刑五年,犯盗窃罪应处有期徒刑八年(源于2010年国家司法考试真题卷二第36题)。

【问】根据上诉不加刑原则,二审法院应当如何处理?

【答案与解析】二审法院应当维持一审判决。法律依据为《刑事诉讼法》第226条及相关司法解释。本案中,对赵某的诈骗罪量刑稍轻,对盗窃罪的量刑稍重,但合并执行时并没有多大影响。根据上诉不加刑原则,只有赵某提出上诉时,二审法院不能直接加重处罚,因此只能维持一审的判决。

思考问题

1. 试述第二审程序中的全面审查原则。
2. 试述上诉不加刑原则的适用。

法条链接

《刑事诉讼法》第227~245条;最高法《解释》第378~450、651条;最高检《规则》第445~451、583~588条;公安部《规定》第234、235条;六机关《规定》第36、39条;最高人民检察院《人民检察院扣押、冻结涉案款物工作规定》(2010年)第23~47条;公安部《公安机关涉案财物管理若干规定》(2010年)第2~27条;最高人民法院《关于规范上下级人民法院审判业务关系的若干意见》(2010年)第7条。

扩展阅读

1. 陈光中主编:《中国刑事二审程序改革之研究》,北京大学出版社 2011 年版。
2. 北京市人民检察院第一分院等主编:《刑事二审程序深度研讨》,法律出版社 2012 年版。
3. 陈心歌:《中国刑事二审程序问题研究》,中国政法大学出版社 2013 年版。
4. 郭烁:《二审上诉问题重述:以认罪认罚案件为例》,载《中国法学》2020 年第 3 期。
5. 梅传强、武晋:《基于 122 份死刑判决书的实证研究》,载《现代法学》2019 年第 5 期。
6. 张青:《认罪认罚案件二审实践的逻辑与反思——以 4799 份二审裁判文书为样本》,载《环球法律评论》2020 年第 6 期。
7. 彭海青:《论有效复审》,载《湖北社会科学》2011 年第 3 期。

第十九章　死刑复核程序

本章知识要点

死刑复核是人民法院对判处死刑的案件进行复核所遵循的一种特殊审判程序。本章主要介绍了死刑复核程序的概念、特点、意义，死刑核准权限，判处死刑立即执行案件的复核程序，判处死刑缓期二年执行案件的复核程序等内容。

第一节　概　　述

一、死刑复核程序的概念与特点

死刑复核程序是指享有死刑核准权的人民法院对判处死刑的案件进行审查核准的特殊审判程序。死刑是剥夺罪犯生命的刑罚，是刑法所规定的刑种中最为严厉的，也称极刑。我国一方面规定了死刑，将死刑作为惩治犯罪的有力武器，另一方面也强调对于死刑的严格控制。因此，在刑事诉讼法中规定了死刑复核程序。

作为特殊审判程序，我国的死刑复核程序具有不同于一审、二审、审判监督程序的特点：

第一，适用对象的特定性。死刑复核程序只适用于判处死刑的案件，包括判处死刑立即执行和判处死刑缓期二年执行的案件，而不适用于其他案件。

第二，对于死刑案件的必要性。对于死刑案件必须经过核准程序，只有经过复核程序并被核准的死刑判决才发生法律效力。

第三，程序启动的自动性。死刑复核程序由人民法院逐级上报复核，无须附加任何条件。即使没有上诉或者抗诉，也要报请复核、核准。

第四，核准权的专属性。最高人民法院对死刑案件、高级人民法院对死缓案件有核准权，而不是所有的人民法院均有核准权。

二、死刑复核程序的意义

死刑是最严厉的刑罚，一旦执行就无法改变。为了保证正确地适用死刑，同时严格控制死刑，贯彻少杀、慎杀原则，统一死刑标准，防止错杀，我国刑事诉讼法规

定了死刑复核程序。具体而言,我国死刑复核程序的意义体现在以下四个方面:

第一,有利于保证正确地适用死刑,保障公民生命权。死刑是剥夺人生命的最严厉的刑罚,对死刑的适用必须慎之又慎。立法将死刑案件的最终裁判权集中到水平更高的审判主体行使,以求最大限度地保证案件审判质量,并能在一定程度上保证正确适用死刑,保障公民生命权。

第二,有利于正确贯彻少杀、慎杀的死刑政策。少杀、慎杀是我们党和国家的一贯方针。在刑事诉讼法中特别设立死刑复核程序,正是贯彻这一方针的具体体现。死刑复核程序是坚持少杀、慎杀和防止滥杀的可靠保证。

第三,有利于统一死刑标准。我国幅员辽阔,司法辖区众多。而将死刑案件的最终裁决权交由统一的司法机关行使有利于规范死刑适用的标准。而且还有利于从诉讼程序上保证死刑执法尺度的统一,防止地区之间宽严不一,确保死刑在全国和全省级范围内统一适用。

第四,有利于防止错杀。最高人民法院或高级人民法院在复核死刑立即执行或缓期二年执行中会及时发现死刑适用中可能出现的偏差和错误,及时纠正错误的死刑裁判,并在此基础上总结审判工作的经验和教训,指导和督促下级人民法院提高死刑案件的审判质量,有利于防止错杀。

总之,死刑复核程序是中国特色社会主义司法制度的重要组成部分,特色鲜明,我们应当加以坚持,并对其缺陷予以改革完善,使之在中国社会主义法治建设道路上迈出新的步伐,登上新的台阶。[1]

三、死刑核准权的变迁

自中华人民共和国成立以来,死刑核准权历经数次收放变化。1954 年的《人民法院组织法》第 11 条规定,中级人民法院和高级人民法院对于死刑案件的终审判决和裁定,如果当事人不服,可以申请上一级人民法院复核。基层人民法院对于死刑案件的判决和中级人民法院对于死刑案件的判决和裁定,如果当事人不上诉、不申请复核,应当报请高级人民法院核准后执行。1957 年第一届全国人民代表大会第四次会议决定,今后一切死刑案件,都由最高人民法院判决或核准。1958 年,死刑缓期执行的核准权又由最高人民法院交给高级人民法院行使。1979 年《刑法》明确规定:“死刑除依法由最高人民法院判决的以外,都应当报请最高人民法院核准。死刑缓期执行的,可以由高级人民法院核准。”1979 年《刑事诉讼法》规定:“死刑由最高人民法院核准。”1979 年《人民法院组织法》也规定,死刑案件由最高人民法院判决或核准。至此,死刑立即执行案件的核准权一直归属于最高人民法院。

我国死刑核准权的部分下放始于 1980 年 2 月,当时第五届全国人民代表大会

[1] 参见陈光中、唐露露:《我国死刑复核程序之完善刍议》,载《法学杂志》2020 年第 2 期。

常务委员会第十三次会议决定,在1980年以内对现行的杀人、强奸、抢劫、爆炸、放火等犯有严重罪行应当判处死刑的案件,最高人民法院可以授权高级人民法院核准。1981年6月第五届全国人民代表大会常务委员会第十九次会议通过了《关于死刑核准权问题的决定》规定,在1981年至1983年内,对犯有杀人、抢劫、强奸、爆炸、放火、投毒、决水和破坏交通、电力等设备的罪行,由省高级人民法院终审判处死刑的或者中级人民法院判处死刑的,被告人不上诉,经高级人民法院核准的,以及高级人民法院一审判处死刑,被告人不上诉的,都不必报最高人民法院核准。1983年9月2日,第六届全国人民代表大会常务委员会第二次会议通过决定,修改人民法院组织法。其中第13条规定:"杀人、强奸、抢劫、爆炸以及其他严重危害公共安全和社会治安判处死刑的案件的核准权,最高人民法院在必要的时候,得授权省、自治区、直辖市的高级人民法院行使。"随后,最高人民法院于1983年9月7日根据修改后的《人民法院组织法》,发布了《关于授权高级人民法院核准部分死刑案件的通知》,该通知规定:"对杀人、强奸、抢劫、爆炸以及其他严重危害公共安全和社会治安判处死刑的案件的核准权,最高人民法院授权各省、自治区、直辖市高级人民法院、解放军军事法院行使。"最高人民法院还于1991年至1997年分别以通知的形式授权云南、广东、广西、甘肃和四川5省高级人民法院行使部分毒品犯罪案件的死刑核准权。

根据1996年刑事诉讼法和1997年刑法的规定,死刑除依法由最高人民法院判决的以外,都应当报请最高人民法院核准。

1997年9月最高人民法院发出《关于授权高级人民法院和解放军军事法院核准部分死刑案件的通知》,该通知规定:"自1997年10月1日修订后的刑法正式实施之日起……对刑法分则第二章、第四章、第五章、第六章(毒品犯罪除外)、第七章、第十章规定的犯罪,判处死刑的案件(本院判决的和涉外的除外)的核准权,本院依据《中华人民共和国人民法院组织法》第13条的规定,仍授权由各省、自治区、直辖市高级人民法院和解放军军事法院行使。但涉港澳台死刑案件在一审宣判前仍须报本院内核。"这造成最高人民法院死刑核准权下放的局面,实践中,由各高级人民法院复核的死刑案件占全部复核案件的近90%,导致死刑案件适用法律的不统一。

2006年12月13日,最高人民法院审判委员会第1409次会议通过最高人民法院《关于统一行使死刑案件核准权有关问题的决定》,第十届全国人民代表大会常务委员会第二十四次会议通过了《关于修改〈中华人民共和国人民法院组织法〉的决定》,将《人民法院组织法》第13条修改为第12条:"死刑除依法由最高人民法院判决的以外,应当报请最高人民法院核准。"修改人民法院组织法的决定自2007年1月1日起施行,从而结束了我国部分死刑案件核准权下放26年的历史。2012年《刑事诉讼法》第235条规定:"死刑由最高人民法院核准。"从而进一步确认了死刑案件的核准权由最高人民法院行使。

中华人民共和国成立后，我国死刑核准权经历了集权→放权→收权→再放权→再收权的变化过程，收放之间显示了依据社会治安形势的变化及我国法律在公正与效率之间的摇摆。最高人民法院对死刑核准权的下放是因为工作量太大难以应付，将部分案件死刑核准权下放给高级人民法院，能够有效减轻最高人民法院死刑核准的负担，缩短复核时间，保证死刑复核案件迅速审结，从重从快地打击严重危害国家安全和社会治安的犯罪分子，实现社会治安形势的尽快优化。可见，在死刑核准权问题上我国的政策是打击和效率优先。[2]

最高人民法院收回死刑复核权除了带来防止错杀、冤杀，贯彻少杀、慎杀，以及统一死刑案件法律适用标准等直接效用外，还产生了更为深远的影响。这意味着，最高人民法院收回死刑核准权不仅是一项重要的司法改革成果，其本身也是进一步深化司法改革的催化剂，直接推动了证据规则的完善、程序正义的彰显，并为推动以审判为中心的诉讼制度改革奠定了基础，做好了铺垫。[3]

最高人民法院统一行使死刑核准权具有以下三个方面的意义：

第一，符合法治原则的要求，维护法律权威。司法解释不得违背法治原则，否则将极大损害立法权威和司法权威。而将死刑核准权收归最高人民法院，就能够理顺法律间的位阶关系与新旧法律的更替关系，这符合法治原则，也有利于维护法律权威。

第二，有利于统一死刑案件适用标准，严格控制死刑。由于我国法官素质及各省死刑适用标准的差异等问题的存在，使死刑核准权下放导致死刑适用标准不统一，违背了“对相同的情况予以相同的对待”的形式正义原则，客观上导致死刑适用过多。而将死刑核准权收归最高人民法院，由于最高人民法院法官素质较高，并且仅由最高人民法院掌握死刑核准权，也便于在全国范围内统一死刑适用标准，严格控制死刑适用。

第三，真正发挥死刑复核程序的核准作用，确保司法公正。最高人民法院曾经将部分死刑案件的核准权授予高级人民法院行使，导致二审程序与死刑复核程序由同一法院操作。实践中，高级人民法院对于其有核准权的死刑案件普遍实行二审程序与死刑复核程序合二为一的做法。高级人民法院作出的维持原判的裁定，既是二审裁定，也是死刑核准裁定。而将死刑核准权收归最高人民法院后，死刑案件二审程序与死刑复核程序彻底分离，死刑核准程序独立，有利于其过滤作用的真正有效发挥，在正当程序中，案件质量也有了保证，从而实现程序公正与实体公正

〔2〕 参见陈光中、彭海青：《死刑案件审判程序改革刍议》，载《中国司法》2004年第10期。

〔3〕 参见卞建林：《统一行使死刑案件核准权：十年回顾与展望》，载《甘肃政法学院学报》2017年第3期。

的双重获得。

第二节 判处死刑立即执行案件的复核程序

一、判处死刑立即执行案件的报请复核

《刑事诉讼法》第 247 条规定:“中级人民法院判处死刑的第一审案件,被告人不上诉的,应当由高级人民法院复核后,报请最高人民法院核准。高级人民法院不同意判处死刑的,可以提审或者发回重新审判。高级人民法院判处死刑的第一审案件被告人不上诉的,和判处死刑的第二审案件,都应当报请最高人民法院核准。”所谓“报请最高人民法院核准”,是逐级上报,而不能由中级人民法院直接报送最高人民法院核准。根据这一规定和最高法《解释》第 423 条的规定,对判处死刑立即执行的案件,应当依照下列情形报请:

1. 中级人民法院判处死刑的第一审案件,被告人未上诉、人民检察院未抗诉的,在上诉、抗诉期满后 10 日以内报请高级人民法院复核。高级人民法院同意判处死刑的,应当在依法作出裁定后 10 日以内报请最高人民法院核准;认定原判认定的某一具体事实或者引用的法律条款等存在瑕疵,但判处被告人死刑并无不当的,可以在纠正后作出核准的判决、裁定;不同意判处死刑的,应当依照第二审程序提审或者发回重新审判。

2. 中级人民法院判处死刑的第一审案件,被告人提出上诉或者人民检察院提出抗诉,高级人民法院作为第二审法院对案件进行审理后,高级人民法院终审裁定维持死刑判决的,应当在作出裁定后 10 日以内报请最高人民法院核准;如果高级人民法院经第二审程序不同意判处死刑的而改为死刑缓期执行的,既为终审程序,也为核准程序,不再报请最高人民法院复核。

3. 高级人民法院判处死刑的第一审案件,被告未上诉、人民检察院未抗诉的,应当在上诉、抗诉期满后 10 日以内报请最高人民法院核准。

4. 依法应当由最高人民法院核准的死刑案件,判处死刑缓期两年执行的罪犯,在死刑缓期执行期间,如果故意犯罪,查证属实,应当执行死刑的,由高级人民法院报请最高人民法院核准。

二、报请复核的案卷材料和法律文书

报请死刑复核案件,必须做到犯罪事实清楚,证据确实、充分,适用法律正确,诉讼文件齐备。中级人民法院或高级人民法院报请复核死刑(死缓)案件,根据最高法《解释》第 425 条和第 426 条的规定,应当一案一报。报送的材料应当包括:报请复核报告、第一审和第二审裁判文书、死刑(死缓)案件综合报告和判决书各五

份，以及全部诉讼案卷和证据；共同犯罪的案件，也应当报送全案的诉讼案卷和证据。曾经发回重审的案件，原第一审、二审的案卷应当一并报送，具体内容如下：

1. 报请复核报告。报请复核报告包括下列内容：（1）案由；（2）简要案情（时间、地点、手段、情节、后果等）；（3）审理过程；（4）判决结果。

2. 案件综合报告。案件综合报告包括下列内容：（1）被告人的姓名、性别、出生年月日、民族、文化程度、职业、住址、简历以及拘留、逮捕、起诉的时间和现在被羁押的处所；（2）被告人的犯罪事实，包括犯罪时间、地点、动机、目的、手段、危害后果以及从轻、从重处罚等情节，认定犯罪的证据和定罪量刑的法律依据；（3）需要说明的其他问题，如被告人虽无前科但有劣迹等。

3. 诉讼案卷和证据。根据案件具体情况，诉讼案卷和证据应当包括下列内容：（1）拘留证、逮捕证、搜查证的复印件；（2）扣押赃款、赃物和其他在案物证的清单；（3）公安机关、国家安全机关的起诉意见书或者人民检察院的侦查终结报告；（4）人民检察院的起诉书；（5）案件审查报告、法庭审理笔录、合议庭评议笔录和审判委员会讨论决定笔录；（6）上诉状、抗诉书；（7）人民法院的判决书、裁定书和宣判笔录、送达回证；（8）能够证明案件具体情况并经过查证属实的各种肯定的和否定的证据，包括物证或者物证照片、书证、证人证言、被害人陈述、犯罪嫌疑人、被告人供述和辩解、鉴定意见、勘验、检查、辨认、侦查实验笔录、视听资料、电子数据以及辩护词及辩护律师所提出的证据等。

三、复核的方式

根据《刑事诉讼法》第 249 条的规定，最高人民法院复核死刑案件，高级人民法院复核死刑缓期二年执行的案件，应当由审判员三人组成合议庭进行。合议庭复核案件时，可以采取以下方式：

1. 对案卷进行全面审查，必要时可以调查。阅卷是重要的复核方式，通过全面审查案卷，可以发现原判认定犯罪事实是否清楚，证据是否确实、充分，定性是否准确，法律手续是否完备，对被告人判处死刑是否正确，以便结合讯问被告人等方式对案件作出正确的处理。审查案卷应当全面进行，根据最高法《解释》第 427 条的规定，一般包括下列内容：（1）被告人的年龄，被告人有无刑事责任能力，是否是正在怀孕的妇女，是否属于未成年及已满 75 周岁的人；（2）原审判决认定的主要事实、犯罪情节、后果及危害程度是否清楚，证据是否确实、充分；（3）犯罪情节、后果及危害程度；（4）原审判决适用法律是否正确，是否必须判处死刑，是否必须立即执行；（5）有无法定、酌定从轻或者减轻处罚的情节；（6）诉讼程序是否合法；（7）应当审查的其他情况。复核死刑案件，应当重视审查被告人及其辩护人的辩解、辩护意见。

2. 讯问被告人。《刑事诉讼法》第 251 条规定，最高人民法院复核死刑案件，应当讯问被告人。在死刑复核程序中，被告人面临被剥夺生命的境况，其知晓案情,对一审、二审人民法院审理情况,对原判认定的犯罪事实、适用法律及判处的死刑是否正确了解得最清楚。同时,讯问被告人也是赋予其最后辩解的机会,对于查明案件事实、正确适用死刑、切实保障被告人的实体权利和程序权利均有重要作用。

3. 听取辩护律师的意见。《刑事诉讼法》第 251 条规定:"最高人民法院复核死刑案件,应当讯问被告人,辩护律师提出要求的,应当听取辩护律师的意见。"对此,最高法《解释》规定了三项内容:(1)第 47 条规定:"高级人民法院复核死刑案件,被告人没有委托辩护人的,应当通知法律援助机构指派律师为其提供辩护。"(2)第 434 条规定:"死刑复核期间,辩护律师要求当面反映意见的,最高人民法院有关合议庭应当在办公场所听取其意见,并制作笔录;辩护律师提出书面意见的,应当附卷。"(3)第 427 条规定:"复核死刑案件,应当重视审查被告人及其辩护人的辩解、辩护意见。"这些规定,都是对被告人及其辩护律师行使诉讼权利的保障,以实现司法公正。

4. 制作复核审理报告。最高人民法院复核死刑案件进行全面审查后,合议庭应当进行评议并制作复核审理报告。审核报告应当包括下列内容:(1)案件的由来和审理经过;(2)被告人和被害人简况;(3)案件的侦破情况;(4)原审判决要点和控辩双方意见;(5)对事实和证据复核后的分析与认定;(6)合议庭评议意见和审判委员会讨论决定意见;(7)其他需要说明的问题。

5. 审查检察院意见。在复核死刑案件过程中,最高人民检察院可以向最高人民法院提出意见。该意见最高人民法院应当接受,作为复核案件的重要参考,但非必须按其意见执行。最高人民法院应当将死刑复核的结果通报最高人民检察院。

四、复核的内容

复核死刑案件,应当对案件事实认定、法律适用、诉讼程序进行全面审查,具体包括:

1. 原审认定的主要事实是否清楚,证据是否确实、充分。

2. 犯罪情节、后果和危害程度。综合考虑该犯罪是否达到了"罪行极其严重"的程度。

3. 原审判决、裁定定性是否准确,罪名的认定是否与案件事实、证据及有关法律规定相吻合,是否必须判处死刑立即执行。

4. 被告人犯罪时的年龄和其他个人情况。应特别注意:犯罪的时候是否已满 18 周岁,不满 18 周岁的人,不适用死刑;如果是女犯,审判的时候是否怀孕,对于怀孕的妇女不适用死刑;被告人有无刑事责任能力。

5. 有无法定、酌定从轻或者减轻处罚的情节,以及其他应当审查的情况。

6. 审查审判期间有无违反法定程序和影响审判公正的情形。

五、死刑立即执行案件复核后的处理

对报请复核的死刑案件全面审查后，合议庭应当进行评议并制作书面复核审理报告。报告内容如前所述。而根据《刑事诉讼法》第 250 条规定："最高人民法院复核死刑案件，应当作出核准或者不核准死刑的裁定。对于不核准死刑的，最高人民法院可以发回重新审判或者予以改判。"根据这一规定及有关司法解释，死刑立即执行案件复核后应当按照下列情形分别处理：

1. 核准。(1)原判认定事实和适用法律正确、量刑适当、诉讼程序合法的，应当裁定核准。(2)原判认定的某一具体事实或者引用的法律条款等存在瑕疵，但判处被告人死刑并无不当的，可以在纠正后作出核准的判决、裁定。

2. 不予核准，撤销原判，发回重审。(1)原判事实不清、证据不足的，应当裁定不予核准，并撤销原判，发回重新审判。(2)复核期间出现新的影响定罪量刑的事实、证据的，应当裁定不予核准，并撤销原判，发回重新审判。(3)原判认定事实正确，证据充分，但依法不应当判处死刑的，应当裁定不予核准，并撤销原判，发回重新审判；根据案件情况，必要时，也可以依法改判。(4)原审违反法定诉讼程序，可能影响公正审判的，应当裁定不予核准，并撤销原判，发回重新审判。

最高人民法院裁定不予核准死刑的，根据案件情况，可以发回第二审人民法院或者第一审人民法院重新审判。对最高人民法院发回第二审人民法院重新审判的案件，第二审人民法院一般不得发回第一审人民法院重新审判。

第一审人民法院重新审判的，应当开庭审理。第二审人民法院重新审判的，可以直接改判；必须通过开庭查清事实、核实证据或者纠正原审程序违法的，应当开庭审理。

高级人民法院依照复核程序审理后报请最高人民法院核准死刑，最高人民法院裁定不予核准，发回高级人民法院重新审判的，高级人民法院可以依照第二审程序提审或者发回重新审判。

最高人民法院裁定不予核准死刑，发回重新审判的案件，原审人民法院应当另行组成合议庭审理，但复核期间出现新的影响定罪量刑的事实、证据的，原判认定事实正确、证据充分，但依法不应当判处死刑的除外。

根据最高法《解释》第 430 条、第 431 条发回重新审判的案件，第一审人民法院判处死刑的，上一级人民法院依照第二审程序或者复核程序审理后，应当依法作出判决或者裁定，不得再发回重新审判。但是，第一审人民法院有《刑事诉讼法》第 238 条规定的情形或者违反《刑事诉讼法》第 239 条规定的除外。

六、最高人民检察院对于死刑复核程序的监督

根据《刑事诉讼法》第 251 条第 2 款的规定，在复核死刑案件过程中，最高人民检察院可以向最高人民法院提出意见。最高人民法院应当将死刑复核结果通报最高人民检察院。为了发挥最高人民检察院在死刑复核程序中的监督作用，保障死

刑复核程序中被告人的合法权利,保证死刑复核案件的质量,2012 年刑事诉讼法修改时增加了最高人民检察院对于死刑复核程序的法律监督。

根据最高检《规则》和最高法《解释》的规定,最高人民检察院发现在死刑复核期间的案件具有下列情形之一,经审查认为确有必要的,应当向最高人民法院提出意见:(1)认为死刑二审裁判确有错误,依法不应当核准死刑的;(2)发现新情况、新证据,可能影响被告人定罪量刑的;(3)严重违反法律规定的诉讼程序,可能影响公正审判的;(4)司法工作人员在办理案件时,有贪污受贿,徇私舞弊,枉法裁判等行为的;(5)其他需要提出意见的。最高人民检察院对于最高人民法院通报的死刑复核案件,认为确有必要的,应当在最高人民法院裁判文书下发前经报请检察长或者检察委员会批准或决定,以死刑复核案件意见书的形式向最高人民法院提出意见。

最高人民检察院对于受理的死刑复核监督案件,应当在 1 个月以内作出决定;因案件重大、疑难、复杂,需要延长审查期限的,应当报请检察长批准,适当延长办理期限。最高人民检察院对于死刑复核监督案件,经审查认为确有必要向最高人民法院提出意见的,应当以死刑复核案件意见书的形式提出。死刑复核案件意见书应当提出明确的意见或者建议,并说明理由和法律依据。对于最高人民检察院提出意见的,最高人民法院应当审查,并将采纳情况及理由反馈最高人民检察院。对于最高人民检察院提出应当核准死刑意见的案件,最高人民法院经审查仍拟不核准死刑,决定将案件提交审判委员会会议讨论并通知最高人民检察院派员列席的,最高人民检察院检察长或者受检察长委托的副检察长应当列席审判委员会会议。

第三节　判处死刑缓期二年执行案件的复核程序

一、死刑缓期二年执行案件的报请核准

死刑缓期二年执行不是单独的刑罚种类,而是死刑的一种执行方式。依照刑法规定,对于应当判处死刑的罪犯,如果不是必须立即执行的罪犯,可以判处死刑同时宣告缓期二年执行。由于判处死刑缓期二年执行的案件,不像死刑立即执行那样一经执行即不可挽回,并且死缓司法实践表明,被判处死刑缓期二年执行的罪犯,缓刑期满后一般被减为无期徒刑或者有期徒刑。因此,其程序无须像判处死刑立即执行那样必须经过最高人民法院核准。但是死刑缓期二年执行毕竟是死刑的一种执行方式,因此有必要规定严格的程序。

《刑事诉讼法》第 248 条规定:“中级人民法院判处死刑缓期二年执行的案件,

由高级人民法院核准。”据此及最高法《解释》第424条和第428条的规定表明，判处死刑缓期二年执行案件的核准权在高级人民法院，对于这类案件应当报请高级人民法院复核、核准，并应当按照下列情形分别办理：

1. 中级人民法院判处死刑缓期二年执行的第一审案件，被告人未上诉，人民检察院未抗诉的，应当报请高级人民法院核准。高级人民法院同意判处死刑缓期二年执行的，应当裁定予以核准；如果认为事实不清、证据不足的，应当裁定发回原审法院重新审判，重新审判所作的判决、裁定，被告人可以提出上诉，人民检察院可以提出抗诉；如果认为原判量刑过重的，高级人民法院应当依法改判。

2. 中级人民法院一审判处死刑缓期二年执行的案件，如果被告人上诉或者人民检察院抗诉，则应当按照第二审程序的规定将案件移送高级人民法院审理。高级人民法院同意判处死刑缓期二年执行的，作出维持原判并核准死刑缓期二年执行的裁定；如果认为原判决有错误而不同意判处死刑缓期执行，应当撤销原判，发回原审中级人民法院重新审判，或者由高级人民法院提审，予以改判。高级人民法院核准死刑缓期二年执行的案件，认为原判刑罚过重的，可以直接提审改判，也可以发还原审人民法院重审，但是，认为原判刑罚过轻的，不得直接提审改判，应当发回原审人民法院重审，以保障被告人的上诉权。中级人民法院在报请复核时，应当写出报请复核报告、死刑缓期执行案件综合报告，连同各种诉讼文书及全部证据等材料，一并送交高级人民法院。报请复核时，也要坚持一案一报的原则，不能等积累了若干案件一起报送。

3. 高级人民法院一审判处的死刑缓期二年执行案件的报请复核。高级人民法院一审判处死刑缓期二年执行的案件，如果被告人未上诉、人民检察院未抗诉，在上诉、抗诉期满后，高级人民法院再按照死刑复核程序对死刑缓期二年执行案件进行复核；如果被告人上诉、人民检察院抗诉，则按照第二审程序的规定将案件移送最高人民法院进行审理，最高人民法院的二审裁判为终审裁判，不能上诉和抗诉。

二、判处死刑缓期二年执行案件复核的审理程序

高级人民法院复核“死缓”案件的内容和方式与复核死刑立即执行相同。根据最高法《解释》，高级人民法院复核死刑缓期二年执行案件，应当按照下列情形分别处理：

1. 原判认定事实和适用法律正确、量刑适当、诉讼程序合法的，应当裁定核准。

2. 原判认定的某一具体事实或者引用的法律条款等存在瑕疵，但判处被告人死刑缓期二年执行并无不当的，可以在纠正后作出核准的判决、裁定。

3. 原判认定事实正确，但适用法律有错误，或者量刑过重的，应当改判。

4. 原判事实不清、证据不足的，可以裁定不予核准，并撤销原判，发回重新审判，或者依法改判。

5. 复核期间出现新的影响定罪量刑的事实、证据的，可以裁定不予核准，并撤销原判,发回重新审判,或者依照最高法《解释》第271条规定审理后依法改判。

6. 原审违反法定诉讼程序,可能影响公正审判的,应当裁定不予核准,并撤销原判,发回重新审判。

7. 根据最高法《解释》第430条、第431条发回重新审判的案件,第一审人民法院判处死刑缓期二年执行的,上一级人民法院依照第二审程序或者复核程序审理后,应当依法作出判决或者裁定,不得再发回重新审判。但是,第一审人民法院有《刑事诉讼法》第238条规定的情形或者违反《刑事诉讼法》第239条规定的除外。

8. 复核死刑缓期二年执行案件,不得加重被告人的刑罚。

9. 复核死刑缓期二年执行案件,应当重视被告人及其辩护人的辩解、辩护意见。

案例精选

鲁某与关某涉嫌贩卖冰毒500余克,B省A市中级人民法院开庭审理后,以鲁某犯贩卖毒品罪,判处死刑立即执行,关某犯贩卖毒品罪,判处死刑缓期二年执行。一审宣判后,关某以量刑过重为由向B省高级法院提起上诉,鲁某未上诉,检察院也未提起抗诉。

根据上述材料,请回答下列问题:

如B省高级法院审理后认为,一审判决认定事实和适用法律正确、量刑适当,裁定驳回关某的上诉,维持原判,则对本案进行死刑复核的正确程序是:(源于2015年国家司法考试真题卷二第96题)

A. 对关某的死刑缓期二年执行判决,B省高级法院不再另行复核

B. 最高法院复核鲁某的死刑立即执行判决,应由审判员三人组成合议庭进行

C. 如鲁某在死刑复核阶段委托律师担任辩护人的,死刑复核合议庭应在办公场所当面听取律师意见

D. 最高法院裁定不予核准鲁某死刑的,可发回A市中级人民法院或B省高级法院重新审理

【答案与解析】ABD。根据最高法《解释》第424条规定,中级人民法院判处死刑缓期执行的第一审案件,被告人未上诉、人民检察院未抗诉的,应当报请高级人民法院核准。对于已经由于上诉或抗诉由高级人民法院进行二审的案件,高级人民法院不再另行组织专门的复核程序。本题中,对于关某的死刑缓期执行判决,高级人民法院已经经过二审程序,不再另行复核。A项说法正确,当选。

《刑事诉讼法》第249条规定,"最高人民法院复核死刑案件,高级人民法院复核死刑缓期执行的案件,应当由审判员三人组成合议庭进行"。B项说法正确,当选。

最高法《解释》第434条规定,"死刑复核期间,辩护律师要求当面反映意见的,最高人民法院有关合议庭应当在办公场所听取其意见,并制作笔录;辩护律师提出书面意见的,应当附卷"。只有辩护律师要求当面反映意见的,合议庭才应该在办公场所当面听取律师意见,并制作笔录。C项说法错误,不当选。

最高法《解释》第430条第1款规定,"最高人民法院裁定不予核准死刑的,根据案件情况,可以发回第二审人民法院或者第一审人民法院重新审判"。本题中最高法院裁定不予核准鲁某死刑的,可发回A市中级人民法院或B省高级人民法院重新审理的。D项说法正确,当选。

故本题选ABD。

思考问题

1. 我国死刑案件的核准权是如何规定的?
2. 判处死刑缓期二年执行案件的复核程序是什么?

法条链接

《刑事诉讼法》第 246 ~251 条;最高法《解释》第 423 ~436 条;最高检《规则》第 602 ~613 条;最高人民法院《关于死刑复核及执行程序中保障当事人合法权益的若干规定》(2019 年)。

扩展阅读

1. 陈光中、唐露露:《我国死刑复核程序之完善刍议》,载《法学杂志》2020 年第 2 期。
2. 陈光中、彭海青:《死刑案件审判程序改革刍议》,载《中国司法》2004 年第 10 期。
3. 卞建林:《统一行使死刑案件核准权:十年回顾与展望》,载《甘肃政法学院学报》2017 年第 3 期。
4. 王敏远:《如何看待新刑诉法完善死刑复核程序的规定》,载《检察日报》2012 年 4 月 12 日。
5. 李奋飞:《最高人民法院死刑复核程序新探》,载《国家检察官学院学报》2014 年第 5 期。
6. 陈学权:《死刑复核程序中的辩护权保障》,载《法商研究》2015 年第 2 期。
7. 胡铭:《大区巡回法院:一个现实主义的进路——以死刑复核程序为例的分析》,载《浙江社会科学》2012 年第 9 期。

第二十章　审判监督程序

本章知识要点

审判监督程序是刑事诉讼中对已生效裁判确有错误的案件进行重新审理的一种特殊审判程序。本章主要介绍了审判监督程序的概念与特点，审判监督程序与第二审程序，死刑复核程序的关系，审判监督程序的意义，再审程序的立案材料来源，提起再审的机关、程序、理由，对不符合审理条件的抗诉的审查处理以及再审案件的审理程序等内容。

第一节　概　　述

一、审判监督程序的概念与特点

审判监督程序，是指有关机关发现或者依当事人及其法定代理人、近亲属的申诉等发现人民法院已经发生法律效力的判决、裁定确有错误，由人民法院对案件进行重新审理的程序。审判监督程序是刑事诉讼中的一种特殊审判程序，具有以下四个特点：

第一，审判监督程序是对已具有法律效力的判决、裁定的刑事案件的审判。审判监督程序是刑事诉讼中的一种特殊审判程序，有其适用案件的范围，即只适用于经过人民法院审判，已经具有法律效力的判决、裁定的刑事案件。

第二，人民法院、人民检察院有权提起审判监督程序。由于审判监督程序是对已具有发生法律效力的判决、裁定的刑事案件的审判，而已经发生法律效力的裁判代表人民法院审判权的权威性，因而为维护人民法院的司法权威，应当限定有权提起审判监督程序的主体，即人民法院和人民检察院，刑事诉讼中的其他专门机关和诉讼参与人无权提起审判监督程序。

第三，人民法院、人民检察院发现生效裁判确有错误才可以提起审判监督程序。为维护审判权的权威性与生效裁判的稳定性，人民法院和人民检察院也不能随意提起审判监督程序，而只有在发现生效裁判确有错误的情形下才可以提起审判监督程序。

第四,审判监督程序是一种重新审判程序。审判监督程序是对具有生效裁判的刑事案件的重新审判,因而需要重新立案,对原判决、裁定认定的事实、证据和适用法律进行全面审查,而不能局限于对申诉、抗诉和决定再审的理由进行审理。

二、审判监督程序与第二审程序、死刑复核程序

审判监督程序与第二审程序、死刑复核程序都是针对已经审判的案件的一种救济程序,但审判监督程序与第二审程序、死刑复核程序存在明显的差异:

1. 审理的对象不同。按照审判监督程序审理的是已经具有法律效力的判决、裁定的刑事案件;按照第二审程序审理的只限于尚未具有生效的判决、裁定的刑事案件;死刑复核程序适用于法定期限内未上诉、抗诉的第一审死刑案件和第二审死刑案件。

2. 提起的主体不同。审判监督程序应当由各级人民法院院长提交审判委员会讨论决定、通过最高人民法院、上级人民法院提审或指令再审的方式提起,或者由最高人民检察院、上级人民检察院通过抗诉提起;第二审程序是由当事人(被害人除外)及其法定代理人或经其同意的辩护人、近亲属的上诉引起,或者因同级人民检察院的抗诉而引起;死刑复核程序是由判处死刑的中级人民法院报请高级人民复核与最高人民核准而引起;或者由判处死刑的高级人民法院报请最高人民法院核准而引起。

3. 提起的条件不同。审判监督程序的提起要求原生效裁判确有错误;第二审程序的提起对于上诉的理由没有限制规定,对于抗诉要求人民检察院认为第一审法院的裁判确有错误;死刑复核程序是法律规定的对死刑案件的强制复核程序,是死刑案件的必经程序,没有其他限制条件。

4. 提起的期限不同。法律对于提起审判监督程序没有规定期限,只在发现新罪或者需要将无罪改为有罪时,才受追诉时效期限的限制;引发第二审程序的上诉、抗诉必须分别在接到判决后的10日和接到裁定书后的5日内提出,逾期而又无正当理由提出上诉、抗诉的,第二审人民法院不予受理;死刑复核程序由第一审人民法院在上诉期满后3日以内移送上级人民法院报请高级人民法院、最高人民法院复核而启动。

5. 审理的法院不同。按照审判监督程序审判案件的法院,既可以是原来的审法院或二审法院,也可以是提审的任何上级法院,还可以是由上级法院依法指令与原审同级的任何法院;按照第二审程序审理案件的法院,只能是原审法院的上一级人民法院;在死刑复核程序中,死刑由最高人民法院核准,中级人民法院判处死刑缓期二年执行的案件,由高级人民法院核准。

6. 加刑的限制不同。依照审判监督程序重新审理的案件,除人民检察院抗诉的以外,一般不得加重原审被告人(原审上诉人)的刑罚;按照第二审程序审理的案件应当严格遵守上诉不加刑原则,在只有被告人一方提出上诉的情况下,第二审人民法院不得加重被告人的刑罚。对于最高人民法院按照死刑复核程序复核的死刑案件,应当作出核准或者不核准死刑的裁定,不涉及加刑问题;高级人民法院复核死刑缓期执行案件,不得加重被告人的刑罚。

三、审判监督程序的意义

已经发生法律效力的人民法院的判决、裁定,由于各种原因仍然可能存在错误。审判监督程序对于最大限度地纠正确有错误的已生效判决、裁定,维护司法公正,维护当事人的合法权益,维护国家法律的尊严和法律的正确统一适用等都具有重要意义。

一是有助于通过纠正错案,维护司法公正。人民法院适用审判监督程序对已发生法律效力的判决中的事实认定、定罪、量刑中错误的纠正,有助于维护实体公正;而对于违反法律规定的诉讼程序,可能影响公正裁判的程序错误的纠正则有助于维护程序公正。因而审判监督程序通过纠正错案,有助于从实体与程序两方面维护司法公正。

二是有助于通过纠正错案,维护当事人的合法权益。刑事裁判涉及刑事诉讼中的犯罪嫌疑人、被告人、被害人、自诉人等当事人的人身权利、财产权利、诉讼权利等合法权益,错案的裁判无疑导致对当事人上述权利的侵害,而审判监督程序通过对错案的纠正,维护当事人的合法权益。

三是有助于通过纠正错案维护法律的尊严和法律的正确、统一适用。法院裁判是在认定事实基础上适用法律的结果。有些错案是错误适用刑法或刑事诉讼法的结果,而错误适用刑法或刑事诉讼法是对法律尊严的亵渎,也影响了法律的统一适用,审判监督程序通过纠正裁判中适用法律的错误,维护法律的尊严和法律的正确、统一适用。

第二节 再审立案的材料来源

一、申诉

申诉是当事人及其法定代理人、近亲属认为人民法院已经生效的判决、裁定有错误,要求人民法院或者人民检察院进行审查处理的一种诉讼请求。这种申诉是专门针对人民法院作出的已经发生法律效力的判决、裁定所提起的,称为“再审申诉”。再审申诉是再审立案材料的重要来源。

(一)有权申诉的主体

根据《刑事诉讼法》第252条的规定,当事人及其法定代理人、近亲属,对已经发生法律效力的判决、裁定,可以向人民法院或者人民检察院提出申诉。据此,有权申诉的主体主要包括下列人员:(1)当事人,指被害人、自诉人、犯罪嫌疑人、被告人、附带民事诉讼的原告人和被告人。(2)法定代理人,指当事人的父母、养父母、监护人和负有保护责任的机关、团体的代表。(3)近亲属,指夫、妻、父、母、子、女、同胞兄弟姐妹。

然而,实践中存在这种情况,某些人不是当事人或者当事人的法定代理人、近亲属,但案件的处理结果也与其存在一定的利害关系,即已经发生法律效力的判决、裁定侵害了其合法权益的情形,如果不允许其申诉,显然是不公平的。为了弥补法律规定的不足,从保护公民及社会主体的权利出发,最高法《解释》第451条第2款规定:"案外人认为已经发生法律效力的判决、裁定侵害其合法权益,提出申诉的,人民法院应当审查处理。"

(二)申诉的对象

申诉的对象是发生法律效力的判决、裁定,包括《刑事诉讼法》第259条所规定的三种判决裁定,即已过法定期限没有上诉、抗诉的判决和裁定;终审的判决和裁定;最高人民法院核准的死刑的判决和高级人民法院核准的死刑缓期二年执行的判决。

(三)申诉应提交的材料

根据最高法《解释》、最高检《规则》以及2020年9月最高人民检察院印发的《人民检察院办理刑事申诉案件规定》,当事人等提出申诉,应当提交以下材料:

1. 申诉状。应当写明当事人的基本情况、联系方式以及申诉的事实与理由。

2. 身份证明。自然人的居民身份证、军官证、士兵证、护照等能够证明本人身份的有效证件;法人或者其他组织的营业执照副本、组织机构代码证和法定代表人或者主要负责人的身份证明等有效证件。对身份证明,人民检察院经核对无误留存复印件。

3. 相关法律文书。原一审、二审判决书、裁定书、人民检察院作出的决定书、刑事申诉复查决定书、刑事申诉复查通知书、刑事申诉审查结果通知书或者人民法院作出的判决书、裁定书等法律文书。经过人民法院复查或者再审的,应当附有驳回通知书、再审决定书、再审判决书、裁定书。

4. 其他相关材料。以有新的证据证明原判决、裁定认定的事实确有错误为由申诉的,应当同时附有相关证据材料;申请人民法院调查取证的,应当附有相关线索或者材料。

申诉不符合上述规定的,应当告知申诉人补充材料;申诉人对必要材料拒绝补充且无正当理由的,不予审查。

(四)申诉的效力

申诉不能停止判决、裁定的执行。这是因为,生效的裁判已经获得了执行力,这种执行力体现了人民法院审判权的权威与国家法律的强制性,而申诉只是再审立案的材料来源之一,只有当申诉经过人民法院、人民检察院审查,符合法律规定对案件重新进行审理,并作出不同于原判决、裁定的新判决、裁定,或者根据《刑事诉讼法》第257条的规定,人民法院按照审判监督程序审判案件,作出中止执行原判决、裁定的决定时,才能停止原判决、裁定的执行。

(五)申诉的审查处理

最高法《解释》、最高检《规则》以及2020年9月最高人民检察院印发的《人民检察院办理刑事申诉案件规定》,分别对人民法院与人民检察院对申诉的审查处理作出了具体规定。

1. 审查处理申诉的机关

◆人民法院

申诉由终审人民法院审查处理。但是,第二审人民法院裁定准许撤回上诉的案件,申诉人对第一审判决提出申诉的,可以由第一审人民法院审查处理。

上一级人民法院对未经终审人民法院审查处理的申诉,可以告知申诉人向终审人民法院提出申诉,或者直接交终审人民法院审查处理,并告知申诉人;案件疑难、复杂、重大的,也可以直接审查处理。

对未经终审人民法院及其上一级人民法院审查处理,直接向上级人民法院申诉的,上级人民法院可以告知申诉人向下级人民法院提出。

对死刑案件的申诉,可以由原核准的人民法院直接审查处理,也可以交由原审人民法院审查。原审人民法院应当写出审查报告,提出处理意见,层报原核准的人民法院审查处理。

最高人民法院或者上级人民法院可以指定终审人民法院以外的人民法院对申诉进行审查。被指定的人民法院审查后,应当制作审查报告,提出处理意见,层报最高人民法院或者上级人民法院审查处理。

对立案审查的申诉案件,人民法院可以听取当事人和原办案单位的意见,也可以对原判据以定罪量刑的证据和新的证据进行核实。必要时,可以进行听证。

人民法院审理人民检察院抗诉的再审案件,人民检察院在开庭审理前撤回抗诉的,应当裁定准许;人民检察院接到出庭通知后不派员出庭,且未说明原因的,可以裁定按撤回抗诉处理,并通知诉讼参与人。

人民法院审理申诉人申诉的再审案件,申诉人在再审期间撤回申诉的,可以裁定准许;但认为原判确有错误的,应当不予准许,继续按照再审案件审理。申诉人经依法通知无正当理由拒不到庭,或者未经法庭许可中途退庭的,可以裁定按撤回申诉处理,但申诉人不是原审当事人的除外。

◆人民检察院

当事人及其法定代理人、近亲属认为人民法院已经发生法律效力的刑事判决、裁定确有错误,向人民检察院申诉的,由作出生效判决、裁定的人民法院的同级人民检察院刑事申诉检察部门依法办理。

当事人及其法定代理人、近亲属直接向上级人民检察院申诉的,上级人民检察院可以交由作出生效判决、裁定的人民法院的同级人民检察院受理;案情重大、疑难、复杂的,上级人民检察院可以直接受理。

当事人及其法定代理人、近亲属对人民法院已经发生法律效力的判决、裁定提出申诉,经人民检察院复查决定不予抗诉后继续提出申诉的,上一级人民检察院应当受理。

对不服人民法院已经发生法律效力的判决、裁定的申诉,经两级人民检察院办理且省级人民检察院已经复查的,如果没有新的证据,人民检察院不再复查,但原审被告人可能被宣告无罪或者判决、裁定有其他重大错误可能的除外。

人民检察院对已经发生法律效力的判决、裁定的申诉复查后,认为需要提请或者提出抗诉的,报请检察长决定。

上级人民检察院在必要时,可以将本院管辖的刑事申诉案件交下级人民检察院办理,也可以直接办理由下级人民检察院管辖的刑事申诉案件。

地方各级人民检察院对不服同级人民法院已经发生法律效力的判决、裁定的申诉复查后,认为需要提出抗诉的,应当提请上一级人民检察院抗诉。

上级人民检察院对下一级人民检察院提请抗诉的申诉案件进行审查后,认为需要提出抗诉的,应当向同级人民法院提出抗诉。人民法院开庭审理时,同级人民检察院应当派员出席法庭。

对已经两级人民检察院审查或者复查,作出的结论正确,且已对申诉人提出的申诉理由作出合法合理答复,申诉人未提出新的理由的刑事申诉案件,可以审查结案。

2. 重新审判的条件

根据《刑事诉讼法》第253条的规定,当事人及其法定代理人、近亲属的申诉符合下列情形之一的,人民法院应当重新审判:

第一,有新的证据证明原判决、裁定认定的事实确有错误,可能影响定罪量刑的。"新的证据"是指能够证明该案件真实情况,符合《刑事诉讼法》第50条规定的,在一审、二审或者死刑复核程序中没有发现或者没有使用的证据。根据最高法《解释》第458条规定,具有下列情形之一,可能改变原判决、裁定据以定罪量刑的事实的证据,应当认定为《刑事诉讼法》第253条第1项规定的"新的证据":"(一)原判决、裁定生效后新发现的证据;(二)原判决、裁定生效前已经发现,但未予收集的证据;(三)原判决、裁定生效前已经收集,但未经质证的证据;(四)原判决、裁定所依据的鉴定意见,勘验、检查等笔录或者其他证据被改变或者否定的;(五)原判决、裁定所依据的被告人供述、证人证言等证据发生变化,影响定罪量刑,且有合理理由的。""可能影响定罪量刑"是指原来的判决、裁定认定错误的事实会影响对被告人适用的罪名、刑罚等。

第二,据以定罪量刑的证据不确实、不充分,依法应当予以排除,或者证明案件事实的主要证据之间存在矛盾的。"不确实"是指原来据以定罪量刑的证据是虚假或者部分虚假的;"不充分"是指根据现有证据不足以证明案件事实的存在或者不能排除其他的合理怀疑;"依法应当予以排除"是指依照《刑事诉讼法》第 56 条的规定,采用刑讯逼供等非法方法收集的犯罪嫌疑人、被告人供述和采用暴力、威胁等非法方法收集的证人证言、被害人陈述,或者是收集物证、书证不符合法定程序,可能严重影响司法公正,而不能补正或者作出合理解释的,对上述证据不能在刑事诉讼中作为起诉意见、起诉决定和判决的依据。"主要证据之间存在矛盾"是指据以证明案件事实的主要证据之间互相排斥,存在矛盾。

第三,原判决、裁定适用法律确有错误的。据以定罪量刑所适用的法律确有错误,包括确定罪名错误、确定量刑档次错误和具体量刑畸轻畸重等情况。

第四,违反法律规定的诉讼程序,可能影响公正审判的。这是指已经发生法律效力的判决、裁定在审判过程中违反了刑事诉讼法有关公开审判的规定、违反了回避制度、剥夺或者限制了当事人的法定诉讼权利、审判组织的组成不合法以及其他违反法律规定的诉讼程序的情形,可能影响对案件事实的认定,影响对被告人的定罪量刑。

第五,审判人员在审理该案件的时候,有贪污受贿,徇私舞弊,枉法裁判行为的。"贪污"是指利用职务上便利,侵吞、窃取、骗取或者以其他手段非法占有公共财物;"受贿"是指利用职务上的便利索取他人财物或者非法收受他人财物,为他人谋取利益;"徇私舞弊"是指为了私情,贪利收受贿赂等而故意歪曲事实真相,违反法律,使无罪的人受追诉或者对明知有罪的人而不使他受追诉;"枉法裁判"是指明知违法而故意作出违反法律的判决或者裁定。[1]

最高法《解释》还增加了以下四项条件:(1)主要事实依据被依法变更或者撤销的;(2)认定罪名错误的;(3)量刑明显不当的;(4)违反法律关于溯及力规定的。《人民检察院复查刑事申诉案件规定》则增加了以下三项条件:(1)据以定案的证据是否存在矛盾或者可能是非法证据;(2)处理是否适当;(3)原处理决定、判决、裁定是否存在其他错误。

3. 受理申诉的期限

根据最高人民法院《关于规范人民法院再审立案的若干意见(试行)》第 10 条规定:"人民法院对刑事案件的申诉人在刑罚执行完毕后两年内提出的申诉,应当受理;超过两年提出申诉,具有下列情形之一的,应当受理:(1)可能对原审被告人

〔1〕 参见郎胜主编:《中华人民共和国刑事诉讼法释义》(最新版),法律出版社 2012 年版,第 525 ~ 529 条。

宣告无罪的;(2)原审被告人在本条规定的期限内向人民法院提出申诉,人民法院未受理的;(3)属于疑难、复杂、重大案件的。不符合前款规定的,人民法院不予受理。"虽然受理申诉期限的规定具有合理性,但是,刑事案件涉及公民的人身、财产甚至生命等权利,基于尊重和保障人权理念,对有利于被判刑人的再审申诉,一般不应作期限限制,尤其是对那些应改为无罪的案件。

4. 对不具有重新审判情形的申诉的处理方式

对申诉不具有上述重新审判的情形的,应当说服申诉人撤回申诉;对仍然坚持申诉的,应当书面通知驳回。申诉人对驳回申诉不服的,可以向上一级人民法院申诉。上一级人民法院经审查认为申诉不符合《刑事诉讼法》第 253 条和最高法《解释》第 457 条第 2 款规定的,应当说服申诉人撤回申诉;对仍然坚持申诉的,应当驳回或者通知不予重新审判。至于申诉人的申诉经终审法院的上级法院驳回后是否还可以申诉的问题,为了避免无理由申诉的无休无止,过多占用司法资源,2002 年《再审立案意见》第 15 条规定,除非常特殊的情形外,"上级人民法院对经终审法院的上一级人民法院依照审判监督程序审理后维持原判或者经两级人民法院依照审判监督程序复查均驳回的申请再审或申诉案件,一般不予受理"。

对不服人民法院已经发生法律效力的刑事判决、裁定的申诉,经两级人民检察院办理且省级人民检察院已经复查的,如果没有新的事实、证据和理由,不再立案复查,但是原审被告人可能被宣告无罪或者判决、裁定有其他重大错误可能的除外。对不符合立案复查条件的刑事申诉,经部门负责人或者检察长批准,可以审查结案。审查结案的案件,应当将审查结果告知申诉人。对调卷审查的,可以制作《刑事申诉审查结果通知书》,并在 10 日以内送达申诉人。

5. 申诉审查处理的期间

根据最高法《解释》第 457 条规定,对立案审查的申诉案件,人民法院应当在 3 个月内作出决定,至迟不得超过 6 个月。因案件疑难、复杂、重大或者其他特殊原因需要延长审查期限的,参照最高法《解释》第 210 条的规定处理。

根据《人民检察院复查刑事申诉案件规定》第 24 条的规定,人民检察院审查刑事申诉,应当在受理后 2 个月以内作出审查结案或者立案复查的决定。

二、其他材料来源

除申诉以外,再审立案的材料来源还包括以下几项:一是各级人民代表大会代表提出的纠正错案议案。各级人民代表大会在会议期间所提出的议案中,有些涉及具体错案的纠正,是再审立案的重要材料来源。各级人民法院对人民代表大会代表提出的这些议案,应当及时审查处理。

二是人民群众的来信来访。人民群众通过旁听审判或者通过报纸、电视、网络等了解到某些案件的生效裁判,认为有错误而提出的材料和意见,也是提起审判监督程序的重要材料来源,这是人民群众监督司法工作的重要方式,人民法院和人民检察院对此应当重视,并及时审查处理。

三是司法机关通过办案或者复查案件对错案的发现。公安司法机关在办案、复查过程中会发现某些错案,经人民法院、人民检察院审查后提起审判监督程序。

四是机关、团体、企业、事业单位等对生效裁判反映的意见。各级国家机关、社会团体、各种事业单位、各类企业等在履行职责或社会调查过程中,发现生效裁判可能有错误,向人民法院、人民检察院提出意见、材料的,人民法院、人民检察院也应将其作为提起审判监督程序的材料来源进行审查处理。

第三节 提起再审

一、提起再审的机关与程序

(一)各级人民法院院长和审判委员会决定再审

各级人民法院院长对本院已经发生法律效力的判决和裁定,如果发现在认定事实或者在适用法律上确有错误,必须提交审判委员会处理。

(二)最高人民法院或上级人民法院提审或指令再审

1. 提审

最高人民法院对各级人民法院已经发生法律效力的判决和裁定,上级人民法院对下级人民法院已经发生法律效力的判决和裁定,如果发现确有错误,有权提审。

2. 指令再审

最高人民法院对各级人民法院已经发生法律效力的判决和裁定,上级人民法院对下级人民法院已经发生法律效力的判决和裁定,如果发现确有错误,有权指令下级人民法院再审。

上级人民法院指令下级人民法院再审的,应当指令原审人民法院以外的下级人民法院审理;由原审人民法院审理更为适宜的,也可以指令原审人民法院审理。

人民检察院抗诉的案件,人民法院对于原判决事实不清楚或者证据不足的,可以指令下级人民法院再审。涉及新证据需要指令下级人民法院再审的,接受抗诉的人民法院应当在接受抗诉之日起1个月以内作出决定,并将指令再审决定书送达提出抗诉的人民检察院。根据2011年最高人民法院《关于审理人民检察院按照审判监督程序提出的刑事抗诉案件若干问题的规定》,这里所指的“新证据”,是具有下列情形之一,指向原起诉事实并可能改变原判决、裁定据以定罪量刑的事实的证据:“(一)原判决、裁定生效后新发现的证据;(二)原判决、裁定生效前已经发现,但由于客观原因未予收集的证据;(三)原判决、裁定生效前已经收集,但庭审中未予质证、认证的证据；(四)原生效判决、裁定所依据的鉴定结论，勘验、检查笔录或其他证据被改变或者否定的。”

3. 最高人民检察院或上级人民检察院的再审抗诉

最高人民检察院对各级人民法院已经发生法律效力的判决和裁定，上级人民检察院对下级人民法院已经发生法律效力的判决和裁定，如果发现确有错误，有权按照审判监督程序向同级人民法院提出抗诉。

二、提起再审的理由

我国《刑事诉讼法》第254条明确规定了提起再审的理由是“已经发生法律效力的判决和裁定，如果发现在认定事实上和适用法律上确有错误”或者“确有错误”，这里所说的“在认定事实上和适用法律上确有错误”或者“确有错误”是指对于是否有犯罪行为，犯罪情节轻重，是否属于应追究刑事责任以及适用刑法条款定罪量刑上确实存在错误。

三、对不符合审理条件的抗诉的审查处理

1. 退回人民检察院。2011年最高人民法院《关于审理人民检察院按照审判监督程序提出的刑事抗诉案件若干问题的规定》，人民法院收到人民检察院的抗诉书后，应在1个月内立案。经审查，具有下列情形之一的，应当决定退回人民检察院：(1)不属于本院管辖的；(2)按照抗诉书提供的住址无法向被提出抗诉的原审被告人送达抗诉书的；(3)以有新证据为由提出抗诉，抗诉书未附有新的证据目录、证人名单和主要证据复印件或者照片的；(4)以有新证据为由提出抗诉，但该证据并不是指向原起诉事实的。人民法院决定退回的刑事抗诉案件，人民检察院经补充相关材料后再次提出抗诉，经审查符合受理条件的，人民法院应当予以受理。

2. 准许撤回抗诉。在开庭审理前，人民检察院撤回抗诉的，人民法院应裁定准许；人民检察院接到出庭通知后不派员出庭，且未说明原因的，可以裁定按撤回抗诉处理，并通知诉讼参与人。

第四节 再审程序

一、重新审理程序

人民法院按照审判监督程序重新审判的案件，由原审人民法院审理的，应当另行组成合议庭进行。

依照审判监督程序重新审判的案件，人民法院应当重点针对申诉、抗诉和决定再审的理由进行审理。必要时，应当对原判决、裁定认定的事实、证据和适用法律进行全面审查。

对依照审判监督程序重新审判的案件,人民法院在依照第一审程序进行审判的过程中,发现原审被告人还有其他犯罪的,一般应当并案审理,但分案审理更为适宜的,可以分案审理。

重新审理的程序可以分为开庭审理和不开庭审理两种方式。刑事诉讼法未对开庭审理和不开庭审理的具体程序作出规定,根据有关司法解释,重新审理应当遵守以下程序规则:

(一)开庭审理

1. 开庭审理的案件范围

人民法院审理下列再审案件,应当依法开庭审理:(1)依照第一审程序审理的;(2)依照第二审程序需要对事实或者证据进行审理的;(3)人民检察院按照审判监督程序提出抗诉的;(4)可能对原审被告人(原审上诉人)加重刑罚的;(5)有其他应当开庭审理情形的。

2. 开庭审理前的准备

人民法院在开庭审理前,应当进行下列工作:(1)确定合议庭的组成人员;(2)将再审决定书、申诉书副本至迟在开庭30日前,重大、疑难案件至迟在开庭60日前送达同级人民检察院,并通知其查阅案卷和准备出庭;(3)将再审决定书或抗诉书副本至迟在开庭30日以前送达原审被告人(原审上诉人),告知其可以委托辩护人,或者依法为其指定承担法律援助义务的律师担任辩护人;(4)至迟在开庭15日前,重大、疑难案件至迟在开庭60日前,通知辩护人查阅案卷和准备出庭;(5)将开庭的时间、地点在开庭7日以前通知人民检察院;(6)传唤当事人,通知辩护人、诉讼代理人、证人、鉴定人和翻译人员,传票和通知书至迟在开庭7日以前送达;(7)公开审判的案件,在开庭7日以前先期公布案由、原审被告人(原审上诉人)姓名、开庭时间和地点。

控辩双方收到再审决定书或抗诉书后,人民法院通知开庭之日前,可以提交新的证据。开庭后,除对原审被告人(原审上诉人)有利的外,人民法院不再接纳新证据。

开庭审理前,合议庭应当核实原审被告人(原审上诉人)何时因何案被人民法院依法裁判,在服刑中有无重新犯罪,有无减刑、假释,何时刑满释放等情形。

开庭审理前,原审被告人(原审上诉人)到达开庭地点后,合议庭应当查明原审被告人(原审上诉人)基本情况,告知原审被告人(原审上诉人)享有辩护权和最后陈述权,制作笔录后,分别由该合议庭成员和书记员签名。

3. 开庭审理程序

人民法院开庭审理的再审案件,同级人民检察院应当派员出席法庭。

人民法院审理共同犯罪再审案件,如果人民法院再审决定书或者人民检察院抗诉书只对部分同案原审被告人(同案原审上诉人)提起再审,其他未涉及的同案原审被告人(同案原审上诉人)不出庭不影响案件审理的,可以不出庭参与诉讼。

开庭审理时,审判长宣布合议庭组成人员及书记员,公诉人、辩护人、鉴定人和翻译人员的名单,并告知当事人、法定代理人享有申请回避的权利。

开庭审理的再审案件,系人民法院决定再审的,由合议庭组成人员宣读再审决定书;系人民检察院抗诉的,由检察人员宣读抗诉书;系申诉人申诉的,由申诉人或者其辩护人、诉讼代理人陈述申诉理由。

控辩双方在审判长主持下,应就案件的事实、证据和适用法律等问题分别进行陈述。合议庭对控辩双方无争议和有争议的事实、证据及适用法律问题进行归纳,予以确认。控辩双方对有争议的问题,进行法庭调查和辩论,对提出的新证据或者有异议的原审据以定罪量刑的证据进行质证。

进入辩论阶段,原审被告人(原审上诉人)及其法定代理人、近亲属提出申诉的,先由原审被告人(原审上诉人)及其辩护人发表辩护意见,然后由公诉人发言,被害人及其代理人发言。被害人及其法定代理人、近亲属提出申诉的,先由被害人及其代理人发言,公诉人发言,然后由原审被告人(原审上诉人)及其辩护人发表辩护意见。人民检察院提出抗诉的,先由公诉人发言,被害人及其代理人发言,然后由原审被告人(原审上诉人)及其辩护人发表辩护意见。既有申诉又有抗诉的,先由公诉人发言,后由申诉方当事人及其代理人或者辩护人发言或者发表辩护意见,然后由对方当事人及其代理人或辩护人发言或者发表辩护意见。公诉人、当事人和辩护人、诉讼代理人经审判长许可,可以互相辩论。

合议庭根据控辩双方举证、质证和辩论情况,可以当庭宣布认证结果。

(二)不开庭审理

下列再审案件可以不开庭审理:(1)原判决、裁定认定事实清楚,证据确实、充分,但适用法律错误,量刑畸重的。(2)1979年《刑事诉讼法》施行以前裁判的。(3)原审被告人(原审上诉人)、原审自诉人已经死亡或者丧失刑事责任能力的。(4)原审被告人(原审上诉人)在交通十分不便的边远地区监狱服刑,提押到庭确有困难的;但人民检察院提出抗诉的,人民法院决定不开庭审理应征得人民检察院的同意。(5)人民法院按照审判监督程序决定再审,按本规定第9条第(四)项规定,经两次通知,人民检察院不派员出庭的。

二、重新审理后的裁判

(一)一般情形

再审案件经过重新审理后,应当按照下列情形分别处理:(1)原判决、裁定认定事实和适用法律正确、量刑适当的,应当裁定驳回申诉或者抗诉,维持原判决、裁定;(2)原判决、裁定定罪准确、量刑适当,但在认定事实、适用法律等方面有瑕疵的,应当裁定纠正并维持原判决、裁定;(3)原判决、裁定认定事实没有错误,但适用法律错误,或者量刑不当的,应当撤销原判决、裁定,依法改判;(4)依照第二审程序审理的案件,原判决、裁定事实不清或者证据不足的,可以在查清事实后改判,也可以裁定撤销原判,发回原审人民法院重新审判。

原判决、裁定事实不清或者证据不足,经审理事实已经查清的,应当根据查清的事实依法裁判;事实仍无法查清,证据不足,不能认定被告人有罪的,应当撤销原判决、裁定,判决宣告被告人无罪。

原判决、裁定认定被告人姓名等身份信息有误,但认定事实和适用法律正确、量刑适当的,作出生效判决、裁定的人民法院可以通过裁定对有关信息予以更正。

对再审改判宣告无罪并依法享有申请国家赔偿权利的当事人,人民法院宣判时,应当告知其在判决发生法律效力后可以依法申请国家赔偿。

除人民检察院抗诉的以外,再审一般不得加重原审被告人的刑罚。再审决定书或者抗诉书只针对部分原审被告人的,不得加重其他同案原审被告人的刑罚。

根据最高人民法院《关于刑事再审案件开庭审理程序的具体规定(试行)》第6条第2~6项、第7条的规定,不具备开庭条件可以不开庭审理的,或者可以不出庭参加诉讼的,不得加重未出庭原审被告人(原审上诉人)、同案原审被告人(同案原审上诉人)的刑罚。

(二)特殊情形

人民法院审理人民检察院提出抗诉的再审案件,对人民检察院接到出庭通知后未出庭的,应当裁定按人民检察院撤回抗诉处理,并通知诉讼参与人。

在送达抗诉书后被提出抗诉的原审被告人未到案的,人民法院应当裁定中止审理;原审被告人到案后,恢复审理。如果超过2年仍查无下落的,应当裁定终止审理。根据2021年最高法《解释》第466条的规定,符合《刑事诉讼法》第296条、第297条规定的,可以缺席审判。

被提出抗诉的原审被告人已经死亡或者在审理过程中死亡的,人民法院应当裁定终止审理,但对能够查清事实,确认原审被告人无罪的案件,应当予以改判。

(三)裁判文书的送达

人民法院作出裁判后,当庭宣告判决的,应当在5日内将裁判文书送达当事人、法定代理人、诉讼代理人、提出抗诉的人民检察院、辩护人和原审被告人的近亲属;定期宣告判决的,应当在判决宣告后立即将裁判文书送达当事人、法定代理人、诉讼代理人、提出抗诉的人民检察院、辩护人和原审被告人的近亲属。

(四)重新审判后的救济

如果原来是第一审案件,应当依照第一审程序进行审判,所作的判决、裁定,可以上诉、抗诉;如果原来是第二审案件,或者是上级人民法院提审的案件,应当依照第二审程序进行审判,所作的判决、裁定,是终审的判决、裁定。

三、重新审判的期限

人民法院按照审判监督程序重新审判的案件,应当在作出提审、再审决定之日起3个月以内审结,需要延长期限的,不得超过6个月。接受抗诉的人民法院按照审判监督程序审判抗诉的案件,审理期限也适用这一规定;对需要指令下级人民法院再审的,应当自接受抗诉之日起1个月以内作出决定。

案例精选

法院就被告人"钱某"盗窃案作出一审判决,判决生效后检察院发现"钱某"并不姓钱,于是在确认其真实身份后向法院提出其冒用他人身份,但该案认定事实和适用法律正确(源于2013年国家司法考试真题卷二第40题)。

【问】对此法院应当如何处理?

【答案与解析】作出生效判决、裁定的人民法院可以通过裁定对有关信息予以更正。最高法《解释》第390条规定:"原判决、裁定认定被告人姓名等身份信息有误,但认定事实和适用法律正确、量刑适当的,作出生效判决、裁定的人民法院可以通过裁定对有关信息予以更正。"

思考问题

1. 审判监督程序与二审程序的区别有哪些?
2. 申诉后重新审判的条件有哪些?

法条链接

《刑事诉讼法》第252～258条;最高法《解释》第451～474条;最高检《规则》第454～456、583、591～600条;最高人民法院《关于刑事再审案件开庭审理程序的具体规定(试行)》(2001年)第2～26条;最高人民法院《关于规范人民法院再审立案的若干意见(试行)》(2002年)第2～16条;最高人民法院《关于审理人民检察院按照审判监督程序提出的刑事抗诉案件若干问题的规定》(2011年)第1～3条;最高人民检察院《关于办理不服人民法院生效刑事裁判申诉案件若干问题的规定》(2012年)第1～7条;最高人民法院《关于审理人民检察院按照审判监督程序提出的刑事抗诉案件若干问题的规定》(2012年)第1～3条;最高人民检察院《人民检察院复查刑事申诉案件规定》(2014年)第2～57条;最高人民检察院《人民检察院刑事申诉案件异地审查规定(试行)》(2017年);最高人民检察院《人民检察院刑事抗诉工作指引》(2017年);最高人民法院、最高人民检察院、司法部《关于逐步实行律师代理申诉制度的意见》(2017年)。

扩展阅读

1. 陈光中:《刑事再审程序与人权保障》,北京大学出版社2005年版。
2. 邓颖:《刑事申诉制度研究》,中国人民公安大学出版社2008年版。
3. 陈光中、郑未媚:《论我国刑事审判监督程序之改革》,载《中国法学》2005年第2期。
4. 陈卫东、杜磊:《再审程序的理解与适用——兼评〈刑事诉讼法〉关于再审程序的修改》,载《法学杂志》2012年第5期。

5. 顾永忠:《特殊程序应当特别安排——关于完善审判监督程序的几个问题》,载《中国刑事法杂志》2011 年第 2 期。

6. 万毅:《论刑事审判监督程序的现代转型》,载《上海交通大学学报(哲学社会科学版)》2005 年第 6 期。

7. 彭海青:《完善刑事申诉制度管见》,载《人民检察》2002 年第 2 期。

第二十一章　执行程序

本章知识要点

执行程序是刑事诉讼活动的最后一个程序环节，是侦查、起诉、审判等程序的结果和实际体现。本章主要介绍了执行程序的概念、特点、意义；死刑立即执行判决、死刑缓期二年执行、无期徒刑、有期徒刑、拘役、缓刑、管制、剥夺政治权利以及罚金、没收财产、无罪判决和免除刑罚判决、裁定的执行的程序；死刑立即执行、死刑缓期两年执行的变更、暂予监外执行、减刑和假释等执行的变更程序以及人民检察院对执行的监督等内容。

第一节　概　述

一、执行的概念、特点和意义

（一）执行的概念与特点

刑事诉讼中的执行，是指司法机关依法实现已经发生法律效力的裁判所确定的内容进行的活动。它主要包括两项内容：一是人民法院将已发生法律效力的判决和裁定交付执行机关执行的活动。二是解决发生在执行过程中的裁判变更等诉讼问题进行的活动，如减刑、假释等。

刑事诉讼中的执行具有以下四个特点：

第一，合法性。执行的合法性可以从执行依据的合法性和执行程序的合法性两方面理解。执行依据的合法性是指执行机关必须严格依照生效判决和裁定所确定的内容执行。任何机关、团体和公民个人非经法定程序不得任意改变生效裁判的内容。执行程序的合法性是指执行机关在执行过程中必须严格依照刑事诉讼法及有关司法解释中规定的操作程序进行，而不能按执行主体的自由意志行事，以防止滥用职权。

第二，强制性。人民法院代表国家行使审判权，它作出的生效裁判带有国家意志的强制性，对于当事人、其他诉讼参与人及社会成员具有普遍约束力，必须强制执行。当事人及有协助执行义务的某些个人有能力执行而拒不执行人民法院生效裁判,情节严重的,按拒不执行判决、裁定定罪处罚。

第三,主动性。刑事执行不同于民事执行,刑事执行程序的开启不需要当事人申请,执行机关依职权即可发动执行程序,体现了刑事执行的主动性特点。

第四,及时性。通过刑事诉讼程序的正确运行作出的裁判文书,核心内容是在查清案件事实基础上,对犯罪分子刑事责任的确定,凝缩了惩罚犯罪与保障人权的刑事诉讼目的。在裁判生效后,必须立即执行才能将纸面上的公正活化为现实中的公正,否则没有效率支撑的诉讼公正之于刑事诉讼的意义将大打折扣。

(二)执行的意义

执行是整个刑事诉讼程序运行中的最后一个阶段,其诉讼任务是将生效裁判确定的内容付诸实施,与立案、侦查、起诉、审判前四个阶段相比,更直观地体现了惩罚犯罪、保障人权刑事诉讼目的之实现。因而,在刑事诉讼中占有重要地位,具有重要意义。

一是惩罚犯罪、预防犯罪。通过刑罚的执行使犯罪分子承担相应的刑事责任,受到相应的刑事制裁,使其对刑罚产生畏惧感,不敢再以身试法,从而达到预防其再犯罪的刑罚特殊预防目的。同时,通过刑事执行,也对社会上的危险分子、不稳定分子等起到了警戒和抑制作用,使他们及早消除犯罪意图,达到刑罚一般预防的目的。这样,在刑事执行过程中,国家通过刑罚所希望达到的结果得以全面实现。

二是保护人权。刑事执行在惩罚犯罪分子的同时,使无辜的犯罪嫌疑人、被告人尽早脱离诉讼,免受刑事追究。对被害人由于犯罪行为造成的损害予以补救,使其精神上受到抚慰。从更广泛意义上讲,也保证了其他社会公民的人权免受犯罪侵害。

三是维护国家法制的严肃性、权威性。刑事执行的顺利实现,体现了产生执行依据的刑事实体法与程序法的权威性与严肃性,是法治思想在刑事执行活动中的体现。

二、已生效的判决和裁定的种类

根据《刑事诉讼法》第 259 条的规定,已生效的判决和裁定,具体包括以下几种:

1. 已过法定期限没有上诉、抗诉的判决和裁定。刑事诉讼法明确规定不服一审判决、裁定的上诉和抗诉期限分别为 10 日和 5 日。该类判决和裁定虽然是一审法院作出的,但在法定期限内没有上诉或抗诉的,依法律规定,期限届满后,该类案件的一审裁判就发生法律效力,交付执行。

2. 终审的判决和裁定。终审的判决和裁定包括第二审人民法院和最高人民法院的判决和裁定。我国刑事诉讼实行两审终审制,案件经第二审人民法院审理后作出的裁判就是发生法律效力的裁判。最高人民法院是国家最高审判机关,它所作出的判决和裁定即使是一审的裁判,也不得上诉或抗诉,终审的判决和裁定自宣告之日起发生法律效力。

3. 最高人民法院核准的死刑判决、裁定和高级人民法院核准的死刑缓期二年执行的判决、裁定。我国刑事诉讼法明确规定了死刑核准程序,包括对判处死刑立即执行案件的核准程序和对判处死刑缓期二年执行案件的核准程序。死刑案件经两级法院的普通程序审理后,并不发生法律效力,必须经过有权机关的复核才能生效。死刑复核程序是死刑案件的终审程序。最高人民法院核准的死刑立即执行的判决以及高级人民法院核准的死刑缓期二年执行的判决,均属生效判决。

三、执行机关

依法享有执行权的机关是执行的主体。根据刑事诉讼法的规定,依其在执行中所具有的职能,可把执行机关划分为交付执行机关、执行机关、执行的指挥机关和执行的监督机关。

1. 交付执行机关。交付执行机关是依法将生效裁判交付执行的机关。只有人民法院才是交付执行机关。根据《刑事诉讼法》第 264 条的规定,罪犯被交付执行刑罚的时候,应当由交付执行的人民法院在判决生效后 10 日以内将有关的法律文书送达公安机关、监狱或者其他执行机关。

2. 执行机关。执行机关是指依法实现生效裁判所确定内容的机关。其具体包括:(1)人民法院。无罪判决、免除刑事处罚判决、罚金判决、没收财产和死刑立即执行判决由人民法院执行。(2)公安机关。拘役、剥夺政治权利判决以及缓刑由公安机关执行。对于判处有期徒刑的罪犯,在被交付执行前,剩余刑期在 1 年以下的,也由公安机关执行。看守所虽然不是刑罚执行机关,但是为了减少押解负担、节省资源,对于被判处有期徒刑余刑在 3 个月以下的罪犯可由其代为执行。(3)监狱。监狱是主要的刑事执行场所,负责对有期徒刑、无期徒刑、死刑缓期二年执行判决的执行。(4)社区矫正机构。被判处管制、宣告缓刑、假释或者暂予监外执行的罪犯由社区矫正机构负责执行。

3. 执行的指挥机关。死刑判决执行中必须设置指挥机关。死刑判决执行由人民法院担任指挥机关。

4. 执行的监督机关。执行的监督机关是指对执行活动依法进行监督的机关。人民检察院是我国刑事执行的监督机关,人民检察院发现执行活动中的违法情形,应当通知执行机关纠正。

第二节 各种判决、裁定的执行程序

一、死刑立即执行判决的执行

死刑又称极刑,是剥夺犯罪分子生命的刑罚方法,是刑罚体系中最严厉的惩罚手段。我国刑事诉讼法规定了严格的死刑执行程序。

根据我国刑事诉讼法及相关司法解释的规定,死刑立即执行应当依照以下程序进行:

1. 签发执行死刑命令。最高人民法院判处和核准的死刑立即执行的判决和裁定,应当由最高人民法院院长签发执行死刑命令。

2. 死刑执行的准备。最高人民法院的执行死刑命令,由高级人民法院交付原审人民法院执行,原审人民法院接到执行死刑命令后,应当在7日内执行。在7日内,执行机关应做好以下准备工作:(1)确定死刑执行的具体日期和刑场或羁押场所;执行的指挥人员、参与人员和具体执行人员;通知公安机关派员进行刑场警戒;通知同级人民检察院派员临场监督。(2)执行死刑前,罪犯提出会见其近亲属或者其近亲属提出会见罪犯申请的,人民法院应当准许。(3)执行死刑前,指挥执行的审判人员对罪犯应当验明正身,询问有无遗言、信札,并制作笔录,然后交付执行人员执行死刑。

3. 执行死刑。执行死刑可以在刑场或指定的羁押场所内执行,应当公布,布告一般应贴在专门的布告栏或在机关、团体、企事业单位的内部粘贴,不应示众,禁止游街示众或者其他有辱被执行人人格的行为。死刑采用枪决或者注射等方法执行。采用注射方法执行死刑的,应当在指定的刑场或者羁押场所内执行。采用枪决、注射以外的其他方法执行死刑的,应当事先报请最高人民法院批准。

4. 死刑执行完毕后的相关事宜。执行死刑完毕,应当由法医验明罪犯确实死亡之后,在场书记员制作笔录。交付执行的人民法院应当将执行死刑情况(包括执行死刑前后照片)及时逐级上报最高人民法院。执行死刑后,负责执行的人民法院应当办理以下事项:(1)对于死刑罪犯的遗书、遗言笔录,应当及时进行审查,涉及财产继承、债务清偿、家事嘱托等内容的,将遗书、遗言笔录交给家属,同时复制存卷备查;涉及案件线索等问题的,应当抄送有关机关。(2)通知罪犯家属在限期内领取罪犯尸体;有火化条件的,通知领取骨灰。过期不领取的,由人民法院通知有关单位处理。对于死刑罪犯的尸体或者骨灰的处理情况,应当记录在卷。(3)对外国籍罪犯执行死刑后,通知外国驻华使、领馆的程序和时限,依照有关规定办理。

二、死刑缓期二年执行、无期徒刑、有期徒刑、拘役的执行

对被判处死刑缓期二年执行、无期徒刑、有期徒刑的罪犯，由公安机关依法将该罪犯送交监狱执行刑罚。被判处死刑缓期执行、无期徒刑、有期徒刑的罪犯，交付执行时在押的，第一审人民法院应当在判决、裁定生效后10日内，将判决书、裁定书、起诉书副本、自诉状复印件、执行通知书、结案登记表送达看守所，由公安机关将罪犯交付执行。罪犯需要收押执行刑罚，而判决、裁定生效前未被羁押的，人民法院应当根据生效的判决书、裁定书将罪犯送交看守所羁押，并依照前款的规定办理执行手续。

同案审理的案件中，部分被告人被判处死刑，对未被判处死刑的同案被告人需要羁押执行刑罚的，应当在其判决、裁定生效后10日内交付执行。但是，该同案被告人参与实施有关死刑之罪的，应当在最高人民法院复核讯问被判处死刑的被告人后交付执行。

对被判处有期徒刑的罪犯，在被交付执行刑罚前，剩余刑期在3个月以下的，由看守所代为执行。

对被判处拘役的罪犯，由公安机关执行。

对未成年犯应当在未成年犯管教所执行刑罚。

执行机关应当将罪犯及时收押，并且通知罪犯家属。

判处有期徒刑、拘役的罪犯，执行期满，应当由执行机关发给释放证明书。

三、管制、缓刑、剥夺政治权利的执行

管制是主刑的一种，是对罪犯不予关押，强制其履行一定义务，对其进行监督管理改造的刑罚。缓刑是对符合一定条件的罪犯先不予关押，而在一定期限内予以考察的刑罚执行方式。

对被判处管制、宣告缓刑的罪犯，人民法院应当依法确定社区矫正执行地。社区矫正执行地为罪犯的居住地；罪犯在多个地方居住的，可以确定其经常居住地为执行地；罪犯的居住地、经常居住地无法确定或者不适宜执行社区矫正的，应当根据有利于罪犯接受矫正、更好地融入社会的原则，确定执行地。宣判时，应当告知罪犯自判决、裁定生效之日起10日以内到执行地社区矫正机构报到，以及不按期报到的后果。人民法院应当自判决、裁定生效之日起5日以内通知执行地社区矫正机构，并在10日以内将判决书、裁定书、执行通知书等法律文书送达执行地社区矫正机构，同时抄送人民检察院和执行地公安机关。人民法院与社区矫正执行地不在同一地方的，由执行地社区矫正机构将法律文书转送所在地的人民检察院和公安机关。

剥夺政治权利是我国刑法规定的附加刑的一种，可以附加于主刑适用，也可以单独适用，是依法剥夺罪犯参加国家管理和政治活动等权利，对其进行监督管理改造的刑罚。对被剥夺政治权利的罪犯，由公安机关执行。执行期满，应当由执行机

关书面通知本人及其所在单位、居住地基层组织。对单处剥夺政治权利的罪犯,人民法院应当在判决、裁定生效后10日内,将判决书、裁定书、执行通知书等法律文书送达罪犯居住地的县级公安机关,并抄送罪犯居住地的县级人民检察院。

四、刑事裁判涉财产部分和附带民事裁判的执行

根据最高法《解释》第521条的规定,刑事裁判涉财产部分的执行,是指发生法律效力的刑事裁判中下列判项的执行:(1)罚金、没收财产;(2)追缴、责令退赔违法所得;(3)处置随案移送的赃款赃物;(4)没收随案移送的供犯罪所用本人财物;(5)其他应当由人民法院执行的相关涉财产的判项。

刑事裁判涉财产部分和附带民事裁判应当由人民法院执行的,由第一审人民法院负责裁判执行的机构执行。

罚金,是我国刑法规定的附加刑的一种,属于财产刑。罚金在判决规定的期限内一次或者分期缴纳。期满无故不缴纳或者未足额缴纳的,人民法院应当强制缴纳。经强制缴纳仍不能全部缴纳的,在任何时候,包括主刑执行完毕后,发现被执行人有可供执行的财产的,应当追缴。行政机关对被告人就同一事实已经处以罚款的,人民法院判处罚金时应当折抵,扣除行政处罚已执行的部分。

没收财产是我国刑法规定的附加刑的一种,属于财产刑。判处没收财产的,判决生效后,应当立即执行。考虑到执行没收财产时,有时可能会遇到干涉、阻挠、妨碍判决的执行的情况,因此需要强制力保障,为了保证刑罚的顺利执行和司法的严肃性,人民法院可以会同公安机关执行。没收财产的范围只限于罪犯本人所有的财产的部分或全部,不得没收其亲属所有的财产。

执行财产刑和附带民事裁判过程中,案外人对被执行财产提出权属异议的,人民法院应当参照民事诉讼有关执行异议的规定进行审查并作出处理。被判处财产刑,同时又承担附带民事赔偿责任的被执行人,应当先履行民事赔偿责任。

被执行人或者被执行财产在外地的,可以委托当地人民法院执行。受托法院在执行财产刑后,应当及时将执行的财产上缴国库。

执行刑事裁判涉财产部分、附带民事裁判过程中,具有下列情形之一的,人民法院应当裁定终结执行:(1)据以执行的判决、裁定被撤销的;(2)被执行人死亡或者被执行死刑,且无财产可供执行的;(3)被判处罚金的单位终止,且无财产可供执行的;(4)依照《刑法》第53条规定免除罚金的;(5)应当终结执行的其他情形。裁定终结执行后,发现被执行人的财产有被隐匿、转移等情形的,应当追缴。

执行财产刑,应当参照被扶养人住所地政府公布的上年度当地居民最低生活费标准,保留被执行人及其所扶养人的生活必需费用。

财产刑全部或者部分被撤销的,已经执行的财产应当全部或者部分返还被执行人;无法返还的,应当依法赔偿。

被执行财产在外地的,第一审人民法院可以委托财产所在地的同级人民法院执行。

因遭遇不能抗拒的灾祸等原因缴纳罚金确有困难，被执行人申请延期缴纳、酌情减少或者免除罚金的，应当提交相关证明材料。人民法院应当在收到申请后1个月内作出裁定。符合法定条件的，应当准许；不符合条件的，驳回申请。

执行刑事裁判涉财产部分、附带民事裁判过程中，当事人、利害关系人认为执行行为违反法律规定，或者案外人对被执行标的书面提出异议的，人民法院应当参照民事诉讼法的有关规定处理。

五、无罪判决和免除刑罚判决的执行

无罪判决是指人民法院依法确认被告人的行为不构成犯罪或者依法不追究和不能追究其刑事责任的一种判决，包括被告人行为不构成犯罪、具有法定不应追究刑事责任的和证据不足、指控的犯罪不能成立的无罪判决。免除刑事处罚判决是人民法院依法作出的确认被告人有罪但因具有法定免除刑罚情形而免予刑事处罚的判决。

我国《刑事诉讼法》第260条规定："第一审人民法院判决被告人无罪、免除刑事处罚的，如果被告人在押，在宣判后应当立即释放。"据此，如果人民法院作出无罪和免除刑罚判决，在其未发生法律效力以前，就应当立即释放已被羁押的被告人，即使在判决宣告后当事人提出上诉或者人民检察院提出抗诉，人民法院也应当将判决书立即送达公安机关，由公安机关通知看守所填写释放证明并立即发给被告人，不能对其继续关押。

第三节　执行的变更与其他处理

执行的变更是指在生效判决和裁定的执行过程中，执行机关根据执行中出现的法定情形，依一定的法律程序，对生效裁判确定的内容所作的更改。执行的变更是在原裁判正确的情况下，在法定情形发生时，对原判刑罚内容和执行方法上的变更。作为对执行合法性原则在司法实践中的变通，有利于灵活适应司法实践中的各种具体情况，实现对罪犯的惩罚、教育和改造。

在生效判决、裁定交付执行或者执行过程中，如果发生了不应按判决执行的情况或者有碍判决、裁定继续执行的情形，由人民法院依照刑事诉讼法规定的程序加以解决。

一、死刑执行的变更

死刑案件不同于一般案件，人死不能复生，所以法律对之持特别慎重的态度。为了防止错杀，我国刑事诉讼法规定了死刑执行的变更程序，包括停止执行死刑和暂停执行死刑两种变更方式。

(一)停止执行死刑

根据《刑事诉讼法》第262条的规定,下级人民法院在接到执行死刑命令后,发现存在下列情形之一的,应当停止执行,并立即报告核准死刑的人民法院,由核准死刑的人民法院作出裁定:

1. 在执行前发现判决可能有错误的。判决可能有错误的情形主要包括:(1)发现罪犯可能有其他犯罪的;(2)共同犯罪的其他犯罪嫌疑人到案,可能影响罪犯量刑的;(3)共同犯罪的其他罪犯被暂停或者停止执行死刑,可能影响罪犯量刑的;(4)判决可能有其他错误的。执行机关在执行前发现判决、裁定存在错误的可能性,在未经查对核实、消除怀疑之前,应当停止执行。这是刑事诉讼客观真实的证明标准在执行程序中的体现。

2. 在执行前罪犯揭发重大犯罪事实或者有其他重大立功表现,可能需要改判的。根据《刑法》第68条规定,犯罪分子有重大立功表现的,可以减轻或者免除处罚。停止执行死刑的规定,可以以法律的形式鼓励被判处死刑的罪犯检举揭发犯罪,以利于进一步查清其他犯罪事实,或者鼓励其为国家和社会做有益的事情。"揭发重大犯罪事实"是指检举揭发司法机关尚未掌握或尚未完全掌握的重大犯罪的嫌疑人、重大线索或者主要证据等。"其他重大立功表现"是指除揭发重大犯罪事实以外的重大立功表现,包括涉及国家安全、公共安全、经济、科技等各方面的重大立功表现。

3. 罪犯正在怀孕。对怀孕罪犯不适用死刑,是刑罚人道观的必然要求。根据刑法规定,对审判时正在怀孕的被告人不适用死刑。审判时被告正在怀孕,不仅包括被告人在法院受理案件阶段是怀孕妇女,而且被告人在法院审判前的关押期间内正在怀孕也属于这个法定情节。对于被告人是怀孕妇女而对她进行人工流产的,仍应视同正在怀孕的妇女。如果被判处死刑立即执行的罪犯,在执行时发现这个情节,执行也应立即停止。

在停止执行期间,经过人民法院查证属实后,如果确实具有上述前两项法定情形之一的,应当由原审法院按照审判监督程序重新审判,也可以由核准死刑的人民法院提审,依法改判,前两项所规定的停止执行的原因消失后,必须报请核准死刑的人民法院院长再签发执行死刑命令才能执行。

执行死刑时发现罪犯正在怀孕,不仅要停止执行死刑,还应当报请核准死刑的人民法院依法改判。核准死刑的人民法院依法改判的,不得再判处死刑或死刑缓期二年执行。

(二)暂停执行死刑

《刑事诉讼法》第263条第4款规定:"在执行前,如果发现可能有错误,应当暂停执行,报请最高人民法院裁定。"根据最高法《解释》第500条的规定,"可能有错误”主要包括以下几种情形:(1)罪犯可能有其他犯罪的;(2)共同犯罪的其他犯罪嫌疑人到案,可能影响罪犯量刑的;(3)共同犯罪的其他罪犯被暂停或者停止执行死刑,可能影响罪犯量刑的;(4)罪犯揭发重大犯罪事实或者有其他重大立功表现,可能需要改判的;(5)罪犯怀孕的;(6)判决、裁定可能有影响定罪量刑的其他错误的。

最高人民法院经审查,认为可能影响罪犯定罪量刑的,应当裁定停止执行死刑;认为不影响的,应当决定继续执行死刑。

二、死刑缓期二年执行的变更

根据《刑事诉讼法》第 261 条第 2 款和《刑法》第 50 条的规定,对被判处死刑缓期二年执行的犯罪分子,在死缓期满后有以下几种变更方法:

(一)死缓改为无期徒刑或者有期徒刑

死刑缓期执行期间如果没有故意犯罪,2 年期满后,减为无期徒刑。这里的“故意犯罪”是指《刑法》第 14 条的规定,即明知自己的行为会发生危害社会的结果,并且希望或者放任这种结果发生,因而构成犯罪的。

在死刑缓期执行期间如果确有重大立功表现,2 年期满后,减为 15 年以上 20 年以下有期徒刑,附加剥夺政治权利的期限改为 3 年以上 10 年以下。这里的“重大立功表现”是指在接受教育、改造过程中,犯罪分子揭发他人重大罪行,查证属实的;提供侦破重大案件的重要线索,经查证属实的;阻止他人的重大犯罪活动;协助司法机关缉捕其他重大犯罪嫌疑人的;或者钻研技术,有发明创造等其他对国家和社会有重大贡献等突出表现的。立功必须达到“重大”的程度,才可以减为 15 年以上 20 年以下有期徒刑,以保持量刑上的平衡,避免死缓罪犯减刑后比判处无期徒刑者还要轻的不合理现象。

被判处死刑缓期二年执行的罪犯,如果死刑缓期二年执行期满后尚未裁定减刑前又犯新罪的,应当依法减刑后,对其所犯新罪另行审判。

对判处死刑缓期执行的累犯及因故意杀人、强奸、抢劫、绑架、放火、爆炸、投放危险物质或者有组织的暴力性犯罪被判处死刑缓期执行的犯罪分子,人民法院根据犯罪情节等情况可以同时决定对其限制减刑。

(二)对死缓犯执行死刑

在死刑缓期执行期间,如果故意犯罪,情节恶劣,查证属实的,由最高人民法院核准,执行死刑。这即是死缓变更为死刑立即执行的规定。

罪犯在死刑缓期执行期间故意犯罪的,由罪犯服刑的监狱进行侦查,侦查终结后移送人民检察院审查起诉并向服刑地的中级人民法院提起公诉,人民法院经审理所作的判决,可以上诉、抗诉;待裁判生效后,应当执行死刑的,由高级人民法院报请最高人民法院核准。最高人民法院核准死刑后,由院长签发执行死刑命令,交罪犯服刑地的中级人民法院依照法定程序和方式执行死刑。

三、暂予监外执行

暂予监外执行,是指对依照法律规定不适宜在监狱或者其他执行机关执行刑罚的罪犯,暂时采用不予关押的方式执行原判刑罚的变通方法。暂予监外执行不是法定刑种,而是对判处有期徒刑或者拘役的罪犯,由于符合某些法定情形,而将其暂时放在羁押场所以外执行刑罚的一种变通执行方法。《刑事诉讼法》第 265 ~ 269 条规定了暂予监外执行的法定情形及相关执行程序,最高法《解释》和 2014 年最高人民法院、最高人民检察院、公安部、司法部、国家卫生计生委《暂予监外执行规定》对此作了详细规范。

(一)暂予监外执行的对象

对于被判处有期徒刑或者拘役的罪犯,有下列情形之一的,可以暂予监外执行:

第一,有严重疾病需要保外就医的。患有属于 2014 年最高人民法院、最高人民检察院、公安部、司法部、国家卫生计生委《暂予监外执行规定》所附《保外就医严重疾病范围》规定中的严重疾病。对于罪犯确有严重疾病,必须保外就医的,由省级人民政府指定的医院开具证明文件,并应严格按照保外就医的规定由罪犯的保证人填写保证书,办好保外就医的一切手续。

第二,怀孕或者正在哺乳自己婴儿的妇女。对于正在哺乳自己婴儿的妇女,司法实践中,一般把哺乳期定为 1 年,从分娩之日起计算。正在哺乳自己婴儿的女犯,应经乡镇派出所证明。怀孕的妇女应由县级以上医院出具证明。对被判处无期徒刑的罪犯系怀孕或者正在哺乳自己婴儿的妇女的,可以暂予监外执行。

第三,生活不能自理,适用监外执行不致危害社会的。生活不能自理,是指罪犯因患病、身体残疾或者年老体弱,日常生活行为需要他人协助才能完成的情形。生活不能自理的鉴别参照《劳动能力鉴定 职工工伤与职业病致残等级》(GB/T 16180 - 2006)(已失效)执行。进食、翻身、大小便、穿衣洗漱、自主行动五项日常生活行为中有三项需要他人协助才能完成,且经过 6 个月以上治疗、护理和观察,自理能力不能恢复的,可以认定为生活不能自理。65 周岁以上的罪犯,上述五项日常生活行为有一项需要他人协助才能完成即可视为生活不能自理。

具有下列情形之一的,不适用暂予监外执行:(1)对需要保外就医或者属于生活不能自理,但适用暂予监外执行可能有社会危险性,或者自伤自残,或者不配合治疗的罪犯,不得暂予监外执行。(2)对职务犯罪、破坏金融管理秩序和金融诈骗犯罪、组织(领导、参加、包庇、纵容)黑社会性质组织犯罪的罪犯适用保外就医应当从严审批,对患有高血压、糖尿病、心脏病等严重疾病,但经诊断短期内没有生命危险的,不得暂予监外执行。

此外,适用暂予监外执行还有以下情形需要注意:(1)对在暂予监外执行期间因违法违规被收监执行或者因重新犯罪被判刑的罪犯,需要再次适用暂予监外执行的，应当从严审批。(2)对需要保外就医或者属于生活不能自理的累犯以及故意杀人、强奸、抢劫、绑架、放火、爆炸、投放危险物质或者有组织的暴力性犯罪的罪犯，原被判处死刑缓期二年执行或者无期徒刑的，应当在减为有期徒刑后执行有期徒刑 7 年以上方可适用暂予监外执行；原被判处 10 年以上有期徒刑的，应当执行原判刑期 1/3 以上方可适用暂予监外执行。(3)对未成年罪犯、65 周岁以上的罪犯、残疾人罪犯，可以适度从宽。(4)对患有《暂予监外执行规定》所附《保外就医严重疾病范围》中的严重疾病，短期内有生命危险的罪犯，可以不受关于执行刑期的限制。

（二）暂予监外执行的决定与批准机关

对罪犯适用暂予监外执行，分别由下列机关决定或者批准：(1)在交付执行前，由人民法院决定；(2)在监狱服刑的，由监狱审查同意后提请省级以上监狱管理机关批准；(3)在看守所服刑的，由看守所审查同意后提请设区的市一级以上公安机关批准。

对有关职务犯罪罪犯适用暂予监外执行，还应当依照有关规定逐案报请备案审查。

（三）暂予监外执行的程序

1. 监狱、看守所暂予监外执行程序

对在监狱、看守所服刑的罪犯需要暂予监外执行的，监狱、看守所应当组织对罪犯进行病情诊断、妊娠检查或者生活不能自理的鉴别。罪犯本人或者其亲属、监护人也可以向监狱、看守所提出书面申请。

监狱、看守所对拟提请暂予监外执行的罪犯，应当核实其居住地。需要调查其对所居住社区影响的，可以委托居住地县级司法行政机关进行调查。

对罪犯的病情诊断或者妊娠检查，应当委托省级人民政府指定的医院进行。医院出具的病情诊断或者检查证明文件，应当由两名具有副高以上专业技术职称的医师共同作出，经主管业务院长审核签名，加盖公章，并附化验单、影像学资料和病历等有关医疗文书复印件。

对罪犯生活不能自理情况的鉴别，由监狱、看守所组织有医疗专业人员参加的鉴别小组进行。鉴别意见由组织鉴别的监狱、看守所出具，参与鉴别的人员应当签名，监狱、看守所的负责人应当签名并加盖公章。

对罪犯进行病情诊断、妊娠检查或者生活不能自理的鉴别，与罪犯有亲属关系或者其他利害关系的医师、人员应当回避。

监狱、看守所应当就是否对罪犯提请暂予监外执行进行审议。经审议决定对罪犯提请暂予监外执行的，应当在监狱、看守所内进行公示。对病情严重必须立即保外就医的，可以不公示，但应当在保外就医后 3 个工作日以内在监狱、看守所内公示。公示无异议或者经审查异议不成立的，监狱、看守所应当填写暂予监外执行审批表,连同有关诊断、检查、鉴别材料及保证人的保证书,提请省级以上监狱管理机关或者设区的市一级以上公安机关批准。已委托进行核实、调查的,还应当附县级司法行政机关出具的调查评估意见书。

批准机关应当自收到监狱、看守所提请暂予监外执行材料之日起15个工作日以内作出决定。批准暂予监外执行的,应当在5个工作日以内将暂予监外执行决定书送达监狱、看守所,同时抄送同级人民检察院、原判人民法院和罪犯居住地社区矫正机构。暂予监外执行决定书应当上网公开。不予批准暂予监外执行的,应当在5个工作日以内将不予批准暂予监外执行决定书送达监狱、看守所。

监狱、看守所应当向罪犯发放暂予监外执行决定书,及时为罪犯办理出监、出所相关手续。

在罪犯离开监狱、看守所之前,监狱、看守所应当核实其居住地,书面通知其居住地社区矫正机构,并对其进行出监、出所教育,书面告知其在暂予监外执行期间应当遵守的法律和有关监督管理规定。罪犯应当在告知书上签名。

监狱、看守所应当派员持暂予监外执行决定书及有关文书材料,将罪犯押送至居住地,与社区矫正机构办理交接手续。监狱、看守所应当及时将罪犯交接情况通报人民检察院。

2. 人民法院暂予监外执行程序

对符合暂予监外执行条件的,被告人及其辩护人有权向人民法院提出暂予监外执行的申请,看守所可以将有关情况通报人民法院。

对被告人、罪犯的病情诊断、妊娠检查或者生活不能自理的鉴别,由人民法院依照《暂予监外执行规定》的程序组织进行。

人民法院应当在执行刑罚的有关法律文书依法送达前,作出是否暂予监外执行的决定。

人民法院决定暂予监外执行的,应当制作暂予监外执行决定书,写明罪犯基本情况,判决确定的罪名和刑罚,决定暂予监外执行的原因、依据等,在判决生效后7日以内将暂予监外执行决定书送达看守所或者执行取保候审、监视居住的公安机关和罪犯居住地社区矫正机构,并抄送同级人民检察院。

人民法院决定不予暂予监外执行的,应当在执行刑罚的有关法律文书依法送达前,通知看守所或者执行取保候审、监视居住的公安机关,并告知同级人民检察院。监狱、看守所应当依法接收罪犯,执行刑罚。

人民法院在作出暂予监外执行决定前,应当征求人民检察院的意见。

3. 保外就医的保证制度

罪犯需要保外就医的,应当由罪犯本人或者其亲属、监护人提出保证人,保证人由监狱、看守所审查确定。罪犯没有亲属、监护人的,可以由其居住地的村(居)民委员会、原所在单位或者社区矫正机构推荐保证人。保证人应当向监狱、看守所提交保证书。

保证人应当同时具备下列条件:(1)具有完全民事行为能力,愿意承担保证人义务;(2)人身自由未受到限制;(3)有固定的住处和收入;(4)能够与被保证人共同居住或者居住在同一市、县。

罪犯在暂予监外执行期间,保证人应当履行下列义务:(1)协助社区矫正机构监督被保证人遵守法律和有关规定;(2)发现被保证人擅自离开居住的市、县或者变更居住地,或者有违法犯罪行为,或者需要保外就医情形消失,或者被保证人死亡的,立即向社区矫正机构报告;(3)为被保证人的治疗、护理、复查以及正常生活提供帮助;(4)督促和协助被保证人按照规定履行定期复查病情和向社区矫正机构报告的义务。

4. 社区矫正

社区矫正是指将符合法定条件的罪犯置于社区内,由专门的国家机关在相关社会团体、民间组织和社会志愿者的协助下,在判决、裁定或决定确定的期限内,矫正其犯罪心理和行为习惯,促进其顺利回归社会的非监禁刑罚执行活动。原来法律规定对判处管制、宣告缓刑、假释的罪犯,由公安机关执行或考察监督,但多年来的实践表明,这种制度存在一些问题:一是随着经济社会情况的变化,人口流动性增大,基层管理工作任务更重,难度更大,管制、缓刑、假释等在实际执行中难以落到实处,往往流于形式,对罪犯疏于监管;二是公安机关本身肩负着维护社会治安、打击违法犯罪的重要任务,再对这些罪犯进行日常监管,难以承担;三是由于实际执行不到位,限制了司法机关适用管制刑以及缓刑、假释,使之没有充分发挥应有的积极作用;四是公安机关执行或考察监督,侧重于管理和违规的处罚,难以对这些罪犯进行有针对性的帮教,不利于他们早日回归社会、融入社会。考虑到这些情况,从2003年起有关部门在一些地方开展社区矫正试点工作,2009年在全国试行,取得了积极效果。2011年《刑法修正案(八)》考虑到上述因素,规定对被判处管制、宣告缓刑、假释的犯罪分子,依法由社区矫正机构执行。为与刑法规定相一致,2012年《刑事诉讼法》增加规定了对暂予监外执行的罪犯也实行社区矫正。

根据刑事诉讼法和最高法《解释》的规定,对于暂予监外执行的罪犯实行社区矫正应当遵守以下程序:

人民法院决定暂予监外执行,罪犯被羁押的,应当通知罪犯居住地社区矫正机构,社区矫正机构应当派员持暂予监外执行决定书及时与看守所办理交接手续,接收罪犯档案;罪犯被取保候审、监视居住的,由社区矫正机构与执行取保候审、监视居住的公安机关办理交接手续。

罪犯原服刑地与居住地不在同一省、自治区、直辖市,需要回居住地暂予监外执行的,原服刑地的省级以上监狱管理机关或者设区的市一级以上公安机关监所管理部门应当书面通知罪犯居住地的监狱管理机关、公安机关监所管理部门,由其指定一所监狱、看守所接收罪犯档案,负责办理罪犯收监、刑满释放等手续,并及时书面通知罪犯居住地社区矫正机构。

社区矫正机构应当及时掌握暂予监外执行罪犯的身体状况以及疾病治疗等情况,每3个月审查保外就医罪犯的病情复查情况,并根据需要向批准、决定机关或者有关监狱、看守所反馈情况。

罪犯在暂予监外执行期间死亡的,社区矫正机构应当自发现之日起5日以内,书面通知决定或者批准机关,并将有关死亡证明材料送达罪犯原服刑或者接收其档案的监狱、看守所,同时抄送罪犯居住地同级人民检察院。

对实行社区矫正罪犯的监督、管理和教育矫正,依照2012年1月10日最高人民法院、最高人民检察院、公安部、司法部联合制定的《社区矫正实施办法》(已失效)执行。

5. 收监执行

根据《刑事诉讼法》第268条的规定,暂予监外执行的罪犯具有下列情形之一的,应当及时收监:发现不符合暂予监外执行条件的;严重违反有关暂予监外执行监督管理规定的;暂予监外执行的情形消失后,罪犯刑期未满的。

最高法《解释》对此作了细化规定,规定原作出暂予监外执行决定的人民法院,应当在收到执行机关的收监执行建议书后15日内,作出收监执行的决定:不符合暂予监外执行条件的;未经批准离开所居住的市、县,经警告拒不改正,或者拒不报告行踪,脱离监管的;因违反监督管理规定受到治安管理处罚,仍不改正的;受到执行机关两次警告,仍不改正的;保外就医期间不按规定提交病情复查情况,经警告拒不改正的;暂予监外执行的情形消失后,刑期未满的;保证人丧失保证条件或者因不履行义务被取消保证人资格,不能在规定期限内提出新的保证人的;违反法律、行政法规和监督管理规定,情节严重的其他情形。

罪犯在暂予监外执行期间因犯新罪或者发现判决宣告以前还有其他罪没有判决的,侦查机关应当在对罪犯采取强制措施后24小时以内,将有关情况通知罪犯居住地社区矫正机构;人民法院应当在判决、裁定生效后,及时将判决、裁定的结果通知罪犯居住地社区矫正机构和罪犯原服刑或者接收其档案的监狱、看守所。罪犯按前款规定被判处监禁刑罚后,应当由原服刑的监狱、看守所收监执行;原服刑的监狱、看守所与接收其档案的监狱、看守所不一致的,应当由接收其档案的监狱、看守所收监执行。

社区矫正机构发现暂予监外执行罪犯依法应予收监执行的,应当提出收监执行的建议,经县级司法行政机关审核同意后,报决定或者批准机关。决定或者批准机关应当进行审查,作出收监执行决定的,将有关的法律文书送达罪犯居住地县级司法行政机关和原服刑或者接收其档案的监狱、看守所,并抄送同级人民检察院、公安机关和原判人民法院。

人民检察院发现暂予监外执行罪犯依法应予收监执行而未收监执行的，由决定或者批准机关同级的人民检察院向决定或者批准机关提出收监执行的检察建议。

人民法院对暂予监外执行罪犯决定收监执行的，决定暂予监外执行时剩余刑期在3个月以下的，由居住地公安机关送交看守所收监执行；决定暂予监外执行时剩余刑期在3个月以上的，由居住地公安机关送交监狱收监执行。

监狱管理机关对暂予监外执行罪犯决定收监执行的，原服刑或者接收其档案的监狱应当立即赴羁押地将罪犯收监执行。

公安机关对暂予监外执行罪犯决定收监执行的，由罪犯居住地看守所将罪犯收监执行。

监狱、看守所将罪犯收监执行后，应当将收监执行的情况报告决定或者批准机关，并告知罪犯居住地县级人民检察院和原判人民法院。

被决定收监执行的罪犯在逃的，由罪犯居住地县级公安机关负责追捕。公安机关将罪犯抓捕后，依法送交监狱、看守所执行刑罚。

被收监执行的罪犯有法律规定的不计入执行刑期情形的，社区矫正机构应当在收监执行建议书中说明情况，并附有关证明材料。批准机关进行审核后，应当及时通知监狱、看守所向所在地的中级人民法院提出不计入执行刑期的建议书。人民法院应当自收到建议书之日起1个月以内依法对罪犯的刑期重新计算并作出裁定。

人民法院决定暂予监外执行的，在决定收监执行的同时应当确定不计入刑期的期间。人民法院应当将有关的法律文书送达监狱、看守所，同时抄送同级人民检察院。

6. 释放与解除社区矫正

罪犯暂予监外执行后，刑期即将届满的，社区矫正机构应当在罪犯刑期届满前1个月以内，书面通知罪犯原服刑或者接收其档案的监狱、看守所按期办理刑满释放手续。

人民法院决定暂予监外执行罪犯刑期届满的，社区矫正机构应当及时解除社区矫正，向其发放解除社区矫正证明书，并将有关情况通报原判人民法院。

（四）责任承担

在暂予监外执行执法工作中，司法工作人员或者从事诊断、检查、鉴别等工作的相关人员有玩忽职守、徇私舞弊、滥用职权等违法违纪行为的，依法给予相应的处分；构成犯罪的，依法追究刑事责任。

四、减刑和假释

减刑是指对于被判处管制、拘役、有期徒刑和无期徒刑的犯罪分子，在刑罚执行期间，由于确有悔改或者立功表现，因而适当减轻原判刑罚的一种刑罚执行制度。假释是对被判处有期徒刑、无期徒刑的犯罪分子,在执行一定刑期之后,确有悔改表现,不致再危害社会,而将其有条件地提前释放的制度。与减刑不同的是,假释只适用于被判处有期徒刑和无期徒刑的罪犯。

根据刑事诉讼法及有关司法解释的规定,减刑与假释需要遵守以下程序:

(一)对不同刑种减刑、假释案件裁定减刑、假释的机关与期限

1. 对被判处死刑缓期执行的罪犯的减刑,由罪犯服刑地的高级人民法院在收到同级监狱管理机关审核同意的减刑建议书后1个月内作出裁定。

2. 对被判处无期徒刑的罪犯的减刑、假释,由罪犯服刑地的高级人民法院在收到同级监狱管理机关审核同意的减刑、假释建议书后1个月内作出裁定,案情复杂或者情况特殊的,可以延长1个月。

3. 对被判处有期徒刑和被减为有期徒刑的罪犯的减刑、假释,由罪犯服刑地的中级人民法院在收到执行机关提出的减刑、假释建议书后1个月内作出裁定,案情复杂或者情况特殊的,可以延长1个月。

4. 对被判处管制、拘役的罪犯的减刑,由罪犯服刑地中级人民法院在收到同级执行机关审核同意的减刑、假释建议书后1个月内作出裁定。

对社区矫正对象的减刑,由社区矫正执行地的中级人民法院在收到社会矫正机构减刑建议书后30日以内作出裁定。

(二)减刑假释案件的立案

人民法院受理减刑、假释案件,应当审查执行机关移送的下列材料:(1)减刑或者假释建议书;(2)原审法院裁判文书、执行通知书、历次减刑裁定书的复印件;(3)罪犯确有悔改或者立功、重大立功表现的具体事实的书面证明材料;(4)罪犯评审鉴定表、奖惩审批表等;(5)罪犯假释后对所居住社区影响的调查评估报告;(6)刑事裁判涉财产部分、附带民事裁判的执行、履行情况;(7)根据案件情况需要移送的其他材料。

报请假释的,应当附有社区矫正机构或者基层组织关于罪犯假释后对所居住社区影响的调查评估报告。

人民检察院对报请减刑、假释案件提出意见的,执行机关应当一并移送受理减刑、假释案件的人民法院。

经审查,材料齐备的,应当立案;材料不全的,应当通知提请减刑、假释的执行机关在3日内补送,逾期未补送的,不予立案。

审理减刑、假释案件,对罪犯积极履行刑事裁判涉财产部分、附带民事裁判确定的义务的,可以认定有悔改表现,在减刑、假释时从宽掌握;对确有履行能力而不履行或者不全部履行的,在减刑、假释时从严掌握。

人民法院审理减刑、假释案件,应当在立案后5日内将执行机关报请减刑、假释的建议书等材料依法向社会公示。公示内容应当包括罪犯的个人情况、原判认

定的罪名和刑期、罪犯历次减刑情况、执行机关的建议及依据。公示应当写明公示期限和提出意见的方式。公示期限为5日。

(三)审理程序

人民法院审理减刑、假释案件,应当依法由审判员或者由审判员和人民陪审员组成合议庭进行。

人民法院审理减刑、假释案件,可以采取开庭审理或者书面审理的方式。但下列减刑、假释案件,应当开庭审理:(1)因罪犯有重大立功表现报请减刑的;(2)报请减刑的起始时间、间隔时间或者减刑幅度不符合司法解释一般规定的;(3)被提请减刑、假释罪犯系职务犯罪罪犯,组织、领导、参加、包庇、纵容黑社会性质组织罪犯,破坏金融管理秩序犯罪或者金融诈骗罪犯的;(4)社会影响重大或者社会关注度高的;(5)公示期间收到不同意见的;(6)人民检察院提出异议的;(7)有必要开庭审理的其他案件。

人民法院对于决定开庭审理的减刑、假释案件,应当在开庭3日前将开庭的时间、地点通知人民检察院、执行机关及被报请减刑、假释罪犯和有必要参加庭审的其他人员,并于开庭3日前进行公告。开庭审理应当在罪犯刑罚执行场所或者人民法院确定的场所进行。有条件的人民法院可以采取视频开庭的方式进行。在社区执行刑罚的罪犯因重大立功被报请减刑的,可以在罪犯服刑地或者居住地开庭审理。

减刑、假释案件的开庭审理由审判长主持,应当按照以下程序进行:(1)审判长宣布开庭,核实被报请减刑、假释罪犯的基本情况;(2)审判长宣布合议庭组成人员、检察人员、执行机关代表及其他庭审参加人;(3)执行机关代表宣读减刑、假释建议书,并说明主要理由;(4)检察人员发表检察意见;(5)法庭对被报请减刑、假释罪犯确有悔改表现或立功表现、重大立功表现的事实以及其他影响减刑、假释的情况进行调查核实;(6)被报请减刑、假释罪犯作最后陈述;(7)审判长对庭审情况进行总结并宣布休庭评议。

庭审过程中,合议庭人员对报请理由有疑问的,可以向被报请减刑、假释罪犯及证人、执行机关代表、检察人员提问。庭审过程中,检察人员对报请理由有疑问的,在经审判长许可后,可以出示证据,申请证人到庭,向被报请减刑、假释罪犯及证人提问并发表意见。被报请减刑、假释罪犯对报请理由有疑问的,在经审判长许可后,可以出示证据,申请证人到庭,向证人提问并发表意见。

庭审过程中,合议庭对证据有疑问需要进行调查核实,或者检察人员、执行机关代表提出申请的,可以宣布休庭。

人民法院开庭审理减刑、假释案件,应当通知人民检察院、执行机关及被报请减刑、假释罪犯参加庭审。

人民法院根据需要,可以通知证明罪犯确有悔改表现或者立功、重大立功表现的证人,公示期间提出不同意见的人,以及鉴定人、翻译人员等其他人员参加庭审。

人民法院开庭审理减刑、假释案件,能够当庭宣判的应当当庭宣判;不能当庭宣判的,可以择期宣判。

人民法院书面审理减刑、假释案件,可以就被报请减刑、假释罪犯是否符合减刑、假释条件进行调查核实或听取有关方面意见。

人民法院书面审理减刑案件,可以提讯被报请减刑罪犯;书面审理假释案件,应当提讯被报请假释罪犯。

人民法院审理减刑、假释案件,除应当审查罪犯在执行期间的一贯表现外,还应当综合考虑犯罪的具体情节、原判刑罚情况、财产刑执行情况、附带民事裁判履行情况、罪犯退赃退赔等情况;审理减刑、假释案件,还应当综合考虑罪犯的年龄、身体状况、性格特征、假释后生活来源以及监管条件等影响再犯罪的因素。

执行机关以罪犯有立功表现或重大立功表现为由提出减刑的,应当审查立功或重大立功表现是否属实。涉及发明创造、技术革新或者其他贡献的,应当审查该成果是否系罪犯在执行期间独立完成,并经有关主管机关确认。

(四)审理后的处理

人民法院审理减刑、假释案件,应当按照下列情形分别处理:(1)被报请减刑、假释罪犯符合法律规定的减刑、假释条件的,作出予以减刑、假释的裁定;(2)被报请减刑的罪犯符合法律规定的减刑条件,但执行机关报请的减刑幅度不适当的,对减刑幅度作出相应调整后作出予以减刑的裁定;(3)被报请减刑、假释罪犯不符合法律规定的减刑、假释条件的,作出不予减刑、假释的裁定。

在人民法院作出减刑、假释裁定前,执行机关书面申请撤回减刑、假释建议的,是否准许,由人民法院决定。

减刑、假释裁定书应当写明罪犯原判和历次减刑情况,确有悔改表现或者立功、重大立功表现的事实和理由,以及减刑、假释的法律依据。裁定减刑的,应当注明刑期的起止时间;裁定假释的,应当注明假释考验期的起止时间。裁定调整减刑幅度或者不予减刑、假释的,应当在裁定书中说明理由。人民法院作出减刑、假释裁定后,应当在7日内送达报请减刑、假释的执行机关、同级人民检察院以及罪犯本人。作出假释裁定的,还应当送达社区矫正机构或者基层组织。减刑、假释裁定书应当通过互联网依法向社会公布。

人民检察院认为人民法院减刑、假释裁定不当,在法定期限内提出书面纠正意见的,人民法院应当在收到纠正意见后另行组成合议庭审理,并在1个月内作出裁定。

人民法院发现本院已经生效的减刑、假释裁定确有错误的,应当依法重新组成合议庭进行审理并作出裁定;上级人民法院发现下级人民法院已经生效的减刑、假释裁定确有错误的,应当指令下级人民法院另行组成合议庭审理,也可以自行依法组成合议庭进行审理并作出裁定。

(五)缓刑、假释的撤销

人民法院收到社区矫正机构的撤销缓刑建议书后,经审查,确认罪犯在缓刑考验期限内具有下列情形之一的,应当作出撤销缓刑的裁定:(1)违反禁止令,情节严重的;(2)无正当理由不按规定时间报到或者接受社区矫正期间脱离监管,超过1个月的;(3)因违反监督管理规定受到治安管理处罚,仍不改正的;(4)受到执行机关二次警告,仍不改正的;(5)违反法律、行政法规和监督管理规定,情节严重的其他情形。

人民法院收到社区矫正机构的撤销假释建议书后,经审查,确认罪犯在假释考验期限内具有上述第二项、第四项规定情形之一,或者有其他违反监督管理规定的行为,尚未构成新的犯罪的,应当作出撤销假释的裁定。

被提请撤销缓刑、假释的罪犯可能逃跑或者可能发生社会危险,社区矫正机构在提出撤销缓刑、假释建议的同时,提请人民法院决定对其予以逮捕的,人民法院应当在48小时以内作出是否逮捕的决定。决定逮捕的,由公安机关执行。逮捕后的羁押期限不得超过30日。

人民法院应当在收到社区矫正机构的撤销缓刑、假释建议书后30日以内作出裁定。撤销缓刑、假释的裁定一经作出,立即生效。

人民法院应当将撤销缓刑、假释裁定书送达社区矫正机构和公安机关,并抄送人民检察院,由公安机关将罪犯送交执行。执行以前被逮捕的,羁押1日折抵刑期1日。

五、发现错判和对申诉的处理

《刑事诉讼法》第275条规定:"监狱和其他执行机关在刑罚执行中,如果认为判决有错误或者罪犯提出申诉,就当转请人民检察院或者原判人民法院处理。"监狱和劳改机关认为判决有错误,包括定罪、量刑不当,应提出具体意见并附调查材料转送原起诉人民检察院或者原判人民法院处理,而不能自行撤销或者变更。

对于罪犯在执行过程中提出申诉,监狱和其他执行机关不能认为是"抗拒改造""不认罪服法"而随意予以扣押,剥夺其权利,而应按罪犯的申诉书明确的要求,转送人民检察院或者人民法院。如果申诉书中并没有明确具体要求,执行机关可自行决定转送的机关。

人民检察院或者原判人民法院收到执行机关认为裁判错误要求重新处理案件的材料或者罪犯的申诉书后,应当本着对事实和法律负责的精神认真进行审查。审查后,如果原判决和裁定在认定事实或者适用法律上确有错误的,反映的意见属实,罪犯的申诉有理的,应依法提起审判监督程序,对案件进行重新审理,但在裁判作出前,原裁判不得停止执行。如果认为在认定事实或适用法律上没有错误,只是刑期折抵等具体问题有错误时,通知原判人民法院予以更正即可。

根据《监狱法》第24条的规定,监狱在执行刑罚过程中,根据罪犯的申诉,认为判决可能有错误,而提请人民检察院或者人民法院处理的,人民检察院或者人民法院应当自收到监狱提请处理意见书之日起6个月以内将处理结果通知监狱。

第四节 人民检察院对执行的监督

《刑事诉讼法》第8条规定:"人民检察院依法对刑事诉讼实行法律监督。"这即是刑事诉讼法规定的人民检察院法律监督原则。人民检察院对刑事诉讼实行法律监督,包括立案监督、侦查监督、审判监督和执行监督。执行监督是人民检察院对刑事诉讼监督的重要组成部分。根据《刑事诉讼法》第276条的规定,执行监督是指人民检察院对执行机关执行刑罚的活动是否合法实行监督。监督的对象既包括监狱、劳改队,也包括负责执行刑罚的其他机关场所。监督的具体内容包括开始执行是否符合法定条件,有无非法拖延执行的情况,执行刑罚的场合、方法、手续是否合法,执行机关执行中对刑罚的变更或对刑罚执行方法的变更、对新罪漏罪及申诉的处理有无违法之处,是否有贪污受贿、徇私舞弊、私放罪犯、虐待罪犯等渎职行为。具体来说,可从以下四个方面理解人民检察院对执行的监督。

一、人民检察院对执行死刑的监督

《刑事诉讼法》第263条规定:"人民法院在交付执行死刑前,应当通知同级人民检察院派员临场监督。"人民检察院接到通知后,应派出检察员亲临现场执行监督任务。最高检《规则》对死刑执行的监督作了详细的程序规定。

死刑执行临场监督由人民检察院监所检察部门负责;必要时,监所检察部门应当在执行前向公诉部门了解案件有关情况,公诉部门应当提供有关情况。

执行死刑临场监督,由检察人员担任,并配备书记员担任记录。

人民检察院收到同级人民法院执行死刑临场监督通知后,应当查明同级人民法院是否收到最高人民法院核准死刑的裁定或者作出的死刑判决、裁定和执行死刑的命令。

临场监督执行死刑的检察人员应当依法监督执行死刑的场所、方法和执行死刑的活动是否合法。在执行死刑前,发现有下列情形之一的,应当建议人民法院立即停止执行:(1)被执行人并非应当执行死刑的罪犯的;(2)罪犯犯罪时不满18周岁,或者审判的时候已满75周岁,依法不应当适用死刑的;(3)判决可能有错误的;(4)在执行前罪犯有检举揭发他人重大犯罪行为等重大立功表现,可能需要改判的;(5)罪犯正在怀孕的。

在执行死刑过程中,人民检察院临场监督人员根据需要可以进行拍照、录像;

执行死刑后,人民检察院临场监督人员应当检查罪犯是否确已死亡,并填写死刑执行临场监督笔录,签名后入卷归档。

人民检察院发现人民法院在执行死刑活动中有侵犯被执行死刑罪犯的人身权、财产权或者其近亲属、继承人合法权利等违法情形的,应当依法向人民法院提出纠正意见。

判处被告人死刑缓期二年执行的判决、裁定在执行过程中,人民检察院监督的内容主要包括:(1)死刑缓期执行期满,符合法律规定应当减为无期徒刑、有期徒刑条件的,监狱是否及时提出减刑建议提请人民法院裁定,人民法院是否依法裁定;(2)罪犯在缓期执行期间故意犯罪,监狱是否依法侦查和移送起诉;罪犯确系故意犯罪的,人民法院是否依法核准或者裁定执行死刑。

被判处死刑缓期二年执行的罪犯在死刑缓期执行期间故意犯罪,执行机关移送人民检察院受理的,由罪犯服刑所在地的州、市人民检察院审查决定是否提起公诉。经人民检察院起诉后,人民法院仍然予以减刑的,人民检察院应当依法向人民法院提出抗诉。

二、人民检察院对社区矫正的监督

人民检察院依法对社区矫正执法活动进行监督,发现有下列情形之一的,应当依法向社区矫正机构提出纠正意见:

1. 没有依法接收交付执行的社区矫正人员的;

2. 违反法律规定批准社区矫正人员离开所居住的市、县,或者违反人民法院禁止令的内容批准社区矫正人员进入特定区域或者场所的;

3. 没有依法监督管理而导致社区矫正人员脱管的;

4. 社区矫正人员违反监督管理规定或者人民法院的禁止令,依法应予治安管理处罚,没有及时提请公安机关依法给予处罚的;

5. 缓刑、假释罪犯在考验期内违反法律、行政法规或者有关缓刑、假释的监督管理规定,或者违反人民法院的禁止令,依法应当撤销缓刑、假释,没有及时向人民法院提出撤销缓刑、假释建议的;

6. 对具有《刑事诉讼法》第 257 条第 1 款规定情形之一的暂予监外执行的罪犯,没有及时向决定或者批准暂予监外执行的机关提出收监执行建议的;

7. 对符合法定减刑条件的社区矫正人员,没有依法及时向人民法院提出减刑建议的;

8. 对社区矫正人员有殴打、体罚、虐待、侮辱人格、强迫其参加超时间或者超体力社区服务等侵犯其合法权利行为的;

9. 其他违法情形。

三、人民检察院对暂予监外执行的监督

监狱、看守所审议暂予监外执行前,应当将相关材料抄送人民检察院。决定提请暂予监外执行的,监狱、看守所应当将提请暂予监外执行书面意见的副本和相关材料抄送人民检察院。人民法院在作出暂予监外执行决定前,应当征求人民检察院的意见。人民检察院可以向决定或者批准暂予监外执行的机关提出书面意见。

人民检察院可以派员监督有关诊断、检查和鉴别活动。

人民检察院发现暂予监外执行的决定或者批准机关、监狱、看守所、社区矫正机构有违法情形的,应当依法提出纠正意见:(1)将不符合法定条件的罪犯提请暂予监外执行的;(2)提请暂予监外执行的程序违反法律规定或者没有完备的合法手续,或者对于需要保外就医的罪犯没有省级人民政府指定医院的诊断证明和开具的证明文件的;(3)监狱、看守所提出暂予监外执行书面意见,没有同时将书面意见副本抄送人民检察院的;(4)罪犯被决定或者批准暂予监外执行后,未依法交付罪犯居住地社区矫正机构实行社区矫正的;(5)对符合暂予监外执行条件的罪犯没有依法提请暂予监外执行的;(6)发现罪犯不符合暂予监外执行条件,或者在暂予监外执行期间严重违反暂予监外执行监督管理规定,或者暂予监外执行的条件消失且刑期未满,应当收监执行而未及时收监执行或者未提出收监执行建议的;(7)人民法院决定将暂予监外执行的罪犯收监执行,并将有关法律文书送达公安机关、监狱、看守所后,监狱、看守所未及时收监执行的;(8)对不符合暂予监外执行条件的罪犯通过贿赂等非法手段被暂予监外执行以及在暂予监外执行期间脱逃的罪犯,监狱、看守所未建议人民法院将其监外执行期间、脱逃期间不计入执行刑期或者对罪犯执行刑期计算的建议违法、不当的;(9)暂予监外执行的罪犯刑期届满,未及时办理释放手续的;(10)其他违法情形。

人民检察院认为暂予监外执行不当的,应当自接到决定书之日起1个月以内将书面意见送交决定或者批准暂予监外执行的机关,决定或者批准暂予监外执行的机关接到人民检察院的书面意见后,应当立即对该决定进行重新核查。人民检察院可以向有关机关、单位调阅有关材料、档案,可以调查、核实有关情况,有关机关、单位和人员应当予以配合。人民检察院认为必要时,可以自行组织或者要求人民法院、监狱、看守所对罪犯重新组织进行诊断、检查或者鉴别。

下级人民检察院认为暂予监外执行不当的,应当立即层报决定或者批准暂予监外执行的机关的同级人民检察院,由其决定是否向决定或者批准暂予监外执行的机关提出书面纠正意见。

人民检察院向决定或者批准暂予监外执行的机关提出不同意暂予监外执行的书面意见后,应当监督其对决定或者批准暂予监外执行的结果进行重新核查,并监督重新核查的结果是否符合法律规定。对核查不符合法律规定的,应当依法提出纠正意见,并向上一级人民检察院报告。

对于暂予监外执行的罪犯,人民检察院发现罪犯不符合暂予监外执行条件、严重违反有关暂予监外执行的监督管理规定或者暂予监外执行的情形消失而罪犯刑期未满的，应当通知执行机关收监执行，或者建议决定或者批准暂予监外执行的机关作出收监执行决定。

人民检察院收到执行机关抄送的减刑、假释建议书副本后，应当逐案进行审查，发现减刑、假释建议不当或者提请减刑、假释违反法定程序的，应当在10日以内向审理减刑、假释案件的人民法院提出书面检察意见，同时也可以向执行机关提出书面纠正意见。

四、人民检察院对减刑、假释的监督

我国《刑事诉讼法》第274条规定："人民检察院认为人民法院减刑、假释的裁定不当，应当在收到裁定书副本后二十日以内，向人民法院提出书面纠正意见。人民法院应当在收到纠正意见后一个月以内重新组成合议庭进行审理，作出最终裁定。"

人民检察院收到执行机关抄送的减刑、假释建议书副本后，应当逐案进行审查，发现减刑、假释建议不当或者提请减刑、假释违反法定程序的，应当在10日以内向审理减刑、假释案件的人民法院提出书面检察意见，同时也可以向执行机关提出书面纠正意见。

人民检察院发现监狱等执行机关提请人民法院裁定减刑、假释的活动有下列情形之一的，应当依法提出纠正意见：(1)将不符合减刑、假释法定条件的罪犯，提请人民法院裁定减刑、假释的；(2)对依法应当减刑、假释的罪犯，不提请人民法院裁定减刑、假释的；(3)提请对罪犯减刑、假释违反法定程序，或者没有完备的合法手续的；(4)提请对罪犯减刑的减刑幅度、起始时间、间隔时间或者减刑后又假释的间隔时间不符合有关规定的；(5)被提请减刑、假释的罪犯被减刑后实际执行的刑期或者假释考验期不符合有关法律规定的；(6)其他违法情形。

人民法院开庭审理减刑、假释案件，人民检察院应当指派检察人员出席法庭，发表意见。

人民检察院收到人民法院减刑、假释的裁定书副本后，应当及时进行审查。审查的内容包括：(1)被减刑、假释的罪犯是否符合法定条件，对罪犯减刑的减刑幅度、起始时间、间隔时间或者减刑后又假释的间隔时间、罪犯被减刑后实际执行的刑期或者假释考验期是否符合有关规定；(2)执行机关提请减刑、假释的程序是否合法；(3)人民法院审理、裁定减刑、假释的程序是否合法；(4)按照有关规定应当开庭审理的减刑、假释案件，人民法院是否开庭审理。检察人员审查人民法院减刑、假释裁定，可以向罪犯所在单位和有关人员进行调查，可以向有关机关调阅有关材料。

人民检察院经审查认为人民法院减刑、假释的裁定不当，应当在收到裁定书副本后20日以内，报经检察长批准，向作出减刑、假释裁定的人民法院提出书面纠正意见。

对人民法院减刑、假释裁定的纠正意见,由作出减刑、假释裁定的人民法院的同级人民检察院书面提出。

下级人民检察院发现人民法院减刑、假释裁定不当的,应当向作出减刑、假释裁定的人民法院的同级人民检察院报告。

人民检察院对人民法院减刑、假释的裁定提出纠正意见后,应当监督人民法院是否在收到纠正意见后1个月以内重新组成合议庭进行审理,并监督重新作出的裁定是否符合法律规定。对最终裁定不符合法律规定的,应当向同级人民法院提出纠正意见。

五、人民检察院对执行机关执行刑罚活动的监督

《刑事诉讼法》第276条规定:"人民检察院对执行机关执行刑罚的活动是否合法实行监督。如果发现有违法的情况,应当通知执行机关纠正。"对执行机关执行刑罚活动的监督是指人民检察院对监狱、看守所、劳改机关的日常管理活动的监督。一般称为劳改检察,严格来讲,它属于司法管理监督的范畴。

(一)对交付执行的裁判的监督

人民检察院发现人民法院、公安机关、看守所的交付执行活动有下列违法情形之一的,应当依法提出纠正意见:

1. 交付执行的第一审人民法院没有在判决、裁定生效10日以内将判决书、裁定书、人民检察院的起诉书副本、自诉状复印件、执行通知书、结案登记表等法律文书送达公安机关、监狱或者其他执行机关的。

2. 对被判处死刑缓期二年执行、无期徒刑或者有期徒刑余刑在3个月以上的罪犯,公安机关、看守所自接到人民法院执行通知书等法律文书后30日以内,没有将成年罪犯送交监狱执行刑罚,或者没有将未成年罪犯送交未成年犯管教所执行刑罚的。

3. 对需要收押执行刑罚而判决、裁定生效前未被羁押的罪犯,第一审人民法院没有及时将罪犯收押送交公安机关,并将判决书、裁定书、执行通知书等法律文书送达公安机关的。

4. 公安机关对需要收押执行刑罚但下落不明的罪犯,在收到人民法院的判决书、裁定书、执行通知书等法律文书后,没有及时抓捕、通缉的。

5. 对被判处管制、宣告缓刑或者人民法院决定暂予监外执行的罪犯,在判决、裁定生效后或者收到人民法院暂予监外执行决定后,未依法交付罪犯居住地社区矫正机构执行,或者对被单处剥夺政治权利的罪犯,在判决、裁定生效后,未依法交付罪犯居住地公安机关执行的。

6. 其他违法情形。

(二)对剥夺政治权利和财产刑的监督

人民检察院依法对公安机关执行剥夺政治权利的活动实行监督,发现公安机关未依法执行或者剥夺政治权利执行期满未书面通知本人及其所在单位、居住地基层组织等违法情形的，应当依法提出纠正意见。

人民检察院依法对人民法院执行罚金刑、没收财产刑以及执行生效判决、裁定中没收违法所得及其他涉案财产的活动实行监督，发现人民法院有依法应当执行而不执行，执行不当，罚没的财物未及时上缴国库，或者执行活动中其他违法情形的，应当依法提出纠正意见。

（三）对执行机关的收押活动的监督

人民检察院发现监狱在收押罪犯活动中有下列情形之一的，应当依法提出纠正意见：(1)对公安机关、看守所依照《刑事诉讼法》第264条的规定送交监狱执行刑罚的罪犯，应当收押而拒绝收押的；(2)没有已经发生法律效力的刑事判决书或者裁定书、执行通知书等有关法律文书而收押的；(3)收押罪犯与收押凭证不符的；(4)收押依法不应当关押的罪犯的；(5)其他违反收押规定的情形。

对监狱依法应当收监执行而拒绝收押罪犯的，送交执行的公安机关、看守所所在地的人民检察院应当及时建议承担监督该监狱职责的人民检察院向监狱提出书面纠正意见。

人民检察院发现监狱、看守所等执行机关在管理、教育改造罪犯等活动中有违法行为的，应当依法提出纠正意见。

案例精选

赵某因绑架罪被甲省A市中级人民法院判处死刑缓期二年执行，后交付甲省B市监狱执行。死刑缓期执行期间，赵某脱逃至乙省C市实施抢劫被抓获，C市中级人民法院一审以抢劫罪判处无期徒刑。赵某不服判决，向乙省高级人民法院上诉。乙省高级人民法院二审维持一审判决。此案最终经最高人民法院核准死刑立即执行（源于2013年国家司法考试真题卷二第24题）。

【问】应当由哪个机关执行死刑?

【答案与解析】应当由B市中级人民法院执行死刑。最高法《解释》第417条规定："最高人民法院的执行死刑命令，由高级人民法院交付第一审人民法院执行。第一审人民法院接到执行死刑命令后，应当在七日内执行。在死刑缓期执行期间故意犯罪，最高人民法院核准执行死刑的，由罪犯服刑地的中级人民法院执行。"根据这一规定：(1)死刑命令由高级人民法院交付第一审人民法院执行；(2)第一审人民法院接到执行死刑命令后，应当在7日内执行；(3)在死刑缓期执行期间故意犯罪，最高人民法院核准死刑的，由罪犯服刑地的中级人民法院执行。

思考问题

1. 试述社区矫正的界定及程序。
2. 试述减刑、假释的审理程序。

法条链接

《刑事诉讼法》第259~276条;最高法《解释》第311、314、519、520~532、534~541、542、545、497、498、499、504~518、597~586条;最高检《规则》第621~625条;公安部《规定》第291~305条;最高人民法院《关于死刑缓期执行限制减刑案件审理程序若干问题的规定》(2011年)第1~8条;全国人民代表大会常务委员会《关于〈中华人民共和国刑事诉讼法〉第二百五十四条第五款、第二百五十七条第二款的解释》(2014年);六机关《规定》第33~35条;《关于对判处管制、宣告缓刑的犯罪分子适用禁止令有关问题的规定(试行)》(2011年)第9、11、12条;最高人民法院《关于刑事裁判涉财产部分执行的若干规定》(2014年)第1~16条;最高人民法院《关于假释案件审理程序的规定》(2014年)第1~21条;《关于对判处管制、宣告缓刑的犯罪分子适用禁止令有关问题的规定(试行)》(2011年)第10条;《中华人民共和国社区矫正法》(2019年);最高人民法院、最高人民检察院、公安部《关于刑事案件涉扶贫领域财物依法快速返还的若干规定》(2020年)。

扩展阅读

1. 王复春:《故意杀人罪死缓限制减刑的适用状况实证研究》,载《法学家》2020年第6期。
2. 郑丽萍:《互构关系中社区矫正对象与性质定位研究》,载《中国法学》2020年第1期。
3. 梁根林、马永强:《中国民众的死刑观念:观察、猜想与解析》,载《清华法学》2020年第6期。
4. 张亚平:《我国减刑、假释制度的适用:积分制的缺陷及其完善》,载《政法论坛》2017年第2期。
5. 林喜芬:《中国减刑程序公平性的实证研究》,载《中国法学》2016年第6期。
6. 张亚平:《法国减刑、假释程序司法化之演进及其启示》,载《法商研究》2014年第5期。
7. 樊崇义:《社区矫正哲理之思》,载《中国检察官》2012年第5期。
8. 陈兴良:《死刑适用的司法控制——以首批刑事指导案例为视角》,载《法学》2013年第2期。
9. 彭海青:《我国减刑程序的诉讼化回归路径初探》,载《中国司法》2007年第3期。

第六编　特别程序论

第二十二章　未成年人刑事案件诉讼程序

本章知识要点

未成年人刑事案件诉讼程序是针对未成年犯罪嫌疑人、被告人的心理、生理特点，为维护其合法权益而专设的刑事诉讼程序。本章主要介绍了未成年人刑事案件诉讼程序的概念、我国未成年人刑事案件诉讼程序的立法与实践、办理未成年人刑事案件的方针、原则和重要制度以及未成年人刑事案件在立案、侦查、起诉、审判、执行过程中的特殊诉讼程序等内容。

第一节　概　述

一、未成年人刑事案件诉讼程序的概念

未成年人，是指依照法律规定尚未成年的人。根据我国未成年人保护法的规定，未成年人指的是年龄未满 18 周岁的公民。未成年人刑事案件是指犯罪嫌疑人、被告人实施涉嫌犯罪行为时不满 18 周岁的刑事案件。未成年人刑事案件诉讼程序，是法律针对未成年人身心特征而规定的专门用于办理未成年人刑事案件的特别诉讼程序。犯罪嫌疑人、被告人实施涉嫌犯罪行为时未满 18 周岁，在诉讼过程中已满 18 周岁的，可以根据案件具体情况适用未成年人刑事案件诉讼程序相关规定。

此外，基于双向保护的考虑，我国刑事诉讼法及相关司法解释在未成年人刑事案件诉讼程序中，对涉及未成年被害人、证人的相关制度内容也一并作出了规定。

二、设立未成年人刑事案件诉讼程序的意义

2012 年修改的《刑事诉讼法》在新增的第五编“特殊程序”中增加了“未成年人刑事案件诉讼程序”一章。

未成年人正值青春发育期，生理和心理均在经历显著变化，在此过程中，未成年人具有不同于成年人的生理和心理特点：一是未成年人对外界反应敏感，有着比较强烈的模仿欲、好奇心、自尊心以及要求独立的意识；二是未成年人是非辨别能

力差,感情易于冲动,控制自己行为的能力相对较弱;三是未成年人的思想尚未定型,可塑性强;四是未成年人不具备完全的行为能力,在正确认识问题、准确表达意见、充分行使权利等方面可能存在一定局限。未成年人的这些生理和心理的特点导致未成年人犯罪具有突发性和盲动性,其犯罪的主要诱因往往是外界环境因素的影响和刺激,未成年犯罪人的主观恶性通常不是很大。根据未成人犯罪的特点设立未成年人刑事案件诉讼程序有利于未成年人在刑事诉讼中的权利保障,有利于结合未成年人的特点,对未成年犯罪人进行教育改造,促使其回归社会,也有利于维护社会稳定。

第二节 未成年人刑事案件诉讼程序的方针、原则和重要制度

一、未成年人刑事案件诉讼程序的方针:教育、感化、挽救

教育、感化、挽救方针,是指在依法追究未成年人刑事责任时,必须立足于教育、感化、挽救,通过教育、感化、增加法制观念,使其认识错误改过自新,重新回归社会。1979 年中央首次提出对违法犯罪的未成年人要实行"教育、感化、挽救"的方针,并在随后的立法中以法律形式予以确立,比如《未成年人保护法》第 113 条第 1 款、《预防未成年人犯罪法》第 50 条的相关规定。《刑事诉讼法》第 277 条第 1 款也明确规定了这一方针,并通过一系列具体制度确保其得以贯彻落实。

"教育、感化、挽救"是办理未成年人刑事案件的基本方针,贯彻于刑事诉讼的始终,影响并决定着未成年人刑事案件诉讼程序的诸多原则和制度。在刑事诉讼各个阶段,公安司法人员都应当针对涉案未成年人的特点,对其晓之以理、动之以情,以唤起其良知和悔罪意识,此外还要对其进行文化、法治及生产技能教育,为其以后的健康成长创造条件。

二、未成年人刑事案件诉讼程序的原则及相关制度

(一)教育为主,惩罚为辅原则

"教育为主,惩罚为辅"是贯穿未成年人刑事案件诉讼全程的基本原则,指对于未成年犯罪嫌疑人、被告人,要坚持以教育和矫治为主,使其早日健康复归社会,只有在确有必要时才对其施以刑罚。坚持这一原则必须处理好教育与惩罚的关系。一方面,在未成年人刑事案件中,教育是主要目的,惩罚只是辅助性手段。在查清事实的基础上,要注意挖掘未成年人犯罪的深层次原因,进而有针对性地展开教育,使其能够真正认罪服法。另一方面,对未成年犯罪人进行教育、感化和挽救,并不意味着对其犯罪行为的纵容和不处罚。既要与成年人犯罪区别对待,尽可能

多地给予未成年犯罪人改过自新的机会,同时也要防止盲目减轻处罚甚至不处罚的错误做法。对那些社会危害严重、主观恶性大的未成年犯罪人应当依法处以刑罚,发挥刑罚的教育功能。最高法《解释》第546条、第547条、第555条第2款、第557条第1款、第561条、第576条、第585条,最高检《规则》第474条、第476条、第488条等,对法治教育、安置帮教等内容作出了规定。

(二)分案处理原则

分案处理原则,是指在刑事诉讼过程中,对未成年人犯罪案件与成年人犯罪案件应当分开处理,具体体现于将未成年人与成年人分别羁押,分案起诉、审判,分别执行等制度之中。分案处理原则是大多数国家处理未成年人刑事案件所遵循的一项基本原则,其目的在于尽量避免未成年人与成年人在刑事诉讼过程中接触,一方面防止发生对未成年人的不法侵害,另一方面也防止未成年人受到成年人不良思想和行为的影响。

分别关押制度,指对于被采取拘留、逮捕等羁押性强制措施的未成年人,必须与成年犯罪嫌疑人、被告人分开看管,并根据其生理和心理特点在生活和学习方面给予照顾。该制度的法律依据体现于《刑事诉讼法》第280条第2款、《预防未成年人犯罪法》第53条以及相关司法解释中。

分案起诉、审判制度,指在处理未成年人与成年人共同犯罪或者牵连的案件时,只要不是必须合并的情形,一般应当分案起诉、审判。未成年人刑事案件通常由专门的未成年人法庭审理。对分案起诉至同一人民法院的未成年人与成年人共同犯罪案件,可以由同一个审判组织审理;不宜由同一个审判组织审理的,可以分别由少年法庭、刑事审判庭审理。未成年人与成年人共同犯罪案件,由不同人民法院或者不同审判组织分别审理的,有关人民法院或者审判组织应当互相了解共同犯罪被告人的审判情况,注意全案的量刑平衡。

分别执行制度,指未成年人刑事案件处理完毕交付执行阶段,不得将未成年犯罪人与成年犯罪人置于同一监所。《刑事诉讼法》第280条第2款、《预防未成年人犯罪法》第53条规定,对被执行刑罚的未成年人与成年人应当分别关押、分别管理、分别教育。根据《刑事诉讼法》第264条第3款和《监狱法》第74条,对未成年犯应当在未成年犯管教所执行刑罚。此外,《监狱法》还作了更为详细的规定:对未成年犯执行刑罚应当以教育改造为主;未成年犯年满18周岁时,剩余刑期不超过2年的,仍可以留在未成年犯管教所执行剩余刑期。

(三)充分保障未成年人诉讼权利原则

充分保障犯罪嫌疑人、被告人的各项诉讼权利,是我国《刑事诉讼法》第14条确立的一项基本原则。充分保障未成年犯罪嫌疑人、被告人诉讼权利是这一原则在未成年人刑事案件中的体现。在未成年人刑事案件的诉讼过程中,未成年犯罪嫌疑人、被告人不仅享有成年犯罪嫌疑人、被告人的各项诉讼权利,而且还享有刑事诉讼法赋予其的一些特殊诉讼权利。在制度层面主要体现为法定代理人或其他人员到场制度和对未成年人的法律援助辩护制度。

法定代理人或其他人员到场制度,指对于未成年人刑事案件,在讯问和审判的时候,应当通知未成年犯罪嫌疑人、被告人的法定代理人到场。无法通知、法定代理人不能到场或者法定代理人是共犯的,也可以通知未成年犯罪嫌疑人、被告人的其他成年亲属,所在学校、单位、居住地基层组织或者未成年人保护组织的代表等合适成年人到场,并将有关情况记录在案。到场的法定代理人可以代为行使未成年犯罪嫌疑人、被告人的诉讼权利。到场的法定代理人或者其他人员认为办案人员在讯问、审判中侵犯未成年人合法权益的,可以提出意见。讯问笔录、法庭笔录应当交给到场的法定代理人或者其他人员阅读或者向他宣读。询问未成年被害人、证人,也适用上述规定。

对未成年人的法律援助辩护制度,指未成年犯罪嫌疑人、被告人没有委托辩护人的,人民法院、人民检察院、公安机关应当通知法律援助机构指派律师为其提供辩护。

未成年人在认知能力、表达能力等方面可能存在一定局限,在诉讼中难以充分行使诉讼权利。法定代理人或其他人员到场制度和对未成年人的法律援助辩护制度有助于弥补其诉讼能力的不足,进而落实充分保障未成年犯罪嫌疑人、被告人诉讼权利原则,切实维护未成年犯罪嫌疑人、被告人的合法权益。

(四)少捕慎诉原则

对未成年犯罪嫌疑人、被告人应当严格限制适用逮捕措施。人民检察院审查批准逮捕和人民法院决定逮捕,应当讯问未成年犯罪嫌疑人、被告人,听取辩护律师的意见。

人民检察院审查逮捕,应当根据未成年犯罪嫌疑人涉嫌犯罪的性质、情节、主观恶性、有无监护与社会帮教条件、认罪认罚等情况,综合衡量其社会危险性,严格限制适用逮捕措施。对于罪行较轻,具备有效监护条件或者社会帮教措施,没有社会危险性或者社会危险性较小,不逮捕不致妨害诉讼正常进行的未成年犯罪嫌疑人,应当不批准逮捕。对于罪行比较严重,但主观恶性不大,有悔罪表现,具备有效监护条件或者社会帮教措施,具有下列情形之一,不逮捕不致妨害诉讼正常进行的未成年犯罪嫌疑人,可以不批准逮捕:(1)初次犯罪、过失犯罪的;(2)犯罪预备、中止、未遂的;(3)防卫过当、避险过当的;(4)有自首或者立功表现的;(5)犯罪后如实交代罪行,真诚悔罪,积极退赃,尽力减少和赔偿损失,被害人谅解的;(6)不属于共同犯罪的主犯或者集团犯罪中的首要分子的;(7)属于已满14周岁不满16周岁的未成年人或者系在校学生的;(8)其他可以不批准逮捕的情形。最高检《规则》第464条规定,审查逮捕未成年犯罪嫌疑人,应当重点查清其是否已满14、16、18周岁。对犯罪嫌疑人实际年龄难以判断,影响对该犯罪嫌疑人是否应当负刑事责任认定的，应当不批准逮捕。需要补充侦查的，同时通知公安机关。

公安机关、人民检察院、人民法院对于无固定住所、无法提供保证人的未成年人适用取保候审的，应当指定合适成年人作为保证人，必要时可以安排取保候审的未成年人接受社会观护。

必须采用羁押性强制措施的，执行时原则上不得对未成年人使用械具。对确有行凶、逃跑、自杀、自伤、自残等现实危险，必须使用械具的，以避免和防止危害结果的发生为限度，现实危险消除后，应当立即停止使用。未成年犯罪嫌疑人被拘留、逮捕后服从管理、依法变更强制措施不致发生社会危险性，能够保证诉讼正常进行的，公安机关应当依法及时变更强制措施。

慎诉原则主要体现于 2012 年确立的附条件不起诉制度，本章第三节将对附条件不起诉制度具体展开。此外，根据 2017 年最高人民检察院《关于建立未成年人检察工作评价机制的意见（试行）》，相对不起诉制度在未成年人刑事案件中的适用情况也是评价慎诉原则落实的具体考察方面。

（五）隐私特别保护原则

隐私特别保护原则，指在办理未成年人刑事案件时，要注意保护未成年人的名誉，对于其隐私应当给予特殊保护，尽可能减小其回归社会的难度。相关制度包括未成年人刑事案件不公开审理、资料保密、犯罪记录封存等。

审理不公开制度，要求人民法院审理被告人在审判时不满 18 周岁的刑事案件时，不允许群众旁听，不允许媒体报道的制度。根据《刑事诉讼法》第 285 条的规定，审判的时候被告人不满 18 周岁的案件，不公开审理；但是，经未成年被告人及其法定代理人同意，未成年被告人所在学校和未成年人保护组织可以派代表到场。规定这些人员可以到场，主要是为了便于他们了解案件有关情况，在审判结束后对未成年犯罪人进行教育。近年来的实践探索表明，这一规定有利于对未成年犯罪人相关教育的开展，有助于“教育、感化、挽救”方针的贯彻落实。应当注意的是，如果被告人及其法定代理人基于保护隐私等原因，不同意其他人员到场的，法院应当尊重其意见。

资料保密制度，指对未成年人犯罪案件，应当对涉案未成年人的资料予以保密，办案机关不得公开或传播涉案未成年人的姓名、住所、照片、图像及可能推断出该未成年人的其他资料。该制度的法律依据集中体现于我国《未成年人保护法》第 103 条、最高法《解释》第 559 条、最高检《规则》第 481 条、《人民检察院办理未成年人刑事案件的规定》第 5 条等相关规定之中。此外，2010 年中央综治委预防青少年违法犯罪工作领导小组、最高人民法院、最高人民检察院、公安部、司法部、共青团中央《关于进一步建立和完善办理未成年人刑事案件配套工作体系的若干意见》中还规定，新闻报道、影视节目、公开出版物、网络等也不得披露上述信息或资料。

犯罪记录封存制度,指犯罪时不满18周岁且被判处5年有期徒刑以下刑罚的案件的犯罪记录应当予以密封保存,除法律特别规定外,任何单位和个人不得查询。《刑事诉讼法》第286条规定,犯罪时不满18周岁、被判处5年有期徒刑以下刑罚的,应当对相关犯罪记录予以封存;犯罪记录被封存的,不得向任何单位和个人提供,但司法机关为办案需要或者有关单位根据国家规定进行查询的除外;依法进行查询的单位,应当对被封存的犯罪记录的情况予以保密。被封存的犯罪记录包括在侦查、审查起诉和审理过程中形成的与未成年人犯罪相关的各种材料。此外,这一制度只适用于未成年人被判处5年有期徒刑以下刑罚的情况,如果刑罚超过5年,说明其行为的社会危害性较大,其个人的人身危险性也较大,将其犯罪记录予以封存不利于刑法发挥社会防卫功能。

根据相关司法解释,犯罪记录封存制度的具体内容包括:

1. 启动。未成年人犯罪时不满18周岁、被判处5年有期徒刑以下刑罚以及免除刑事处罚的,人民法院判决生效后,公安机关、人民检察院应当依法对犯罪记录予以封存。人民检察院对未成年犯罪嫌疑人作出不起诉决定后,也应当对相关记录予以封存。对依法公开审理,但可能需要封存犯罪记录的案件,不得组织人员旁听。对依法应当封存犯罪记录的案件,宣判时,不得组织人员旁听;有旁听人员的,应当告知其不得传播案件信息。

2. 保管制度。(1)拟封存的未成年人犯罪记录、卷宗等相关材料应当装订成册,加密保存,不予公开,并建立专门的未成年人犯罪档案库,执行严格的保管制度。(2)司法机关为办案需要或者有关单位根据国家规定进行查询的,应当向封存犯罪记录的办案机关提出书面申请以及查询的理由和依据,办案机关应当及时作出是否同意的决定。

3. 解除。如果发现漏罪,且漏罪与封存记录之罪数罪并罚后被决定执行5年有期徒刑以上刑罚的,或实施新的犯罪,且新罪与封存记录之罪数罪并罚后被决定执行5年有期徒刑以上刑罚的,应当对犯罪记录解除封存。

(六)全面调查原则

全面调查原则,是指公安司法机关在办理未成年人刑事案件的过程中,不仅需要对案件事实和证据进行调查,还要对未成年人的性格特点、家庭情况、社会交往、成长经历、监护教育条件、社会帮教措施以及涉嫌犯罪前后表现等情况进行调查,必要时还可以进行医学、心理学及精神病学等方面的鉴定。全面调查有助于办案机关查清未成年人犯罪的主、客观因素及其形成、发展、演变过程,了解对未成年人特殊性格的形成产生过重要影响的人和事件,从而能够有针对性地确定对未成年犯罪人的教育改造方案,以期取得最佳的教育改造效果。

社会调查制度的确立是全面调查原则的重要体现。早在2001年,最高人民法院《关于审理未成年人刑事案件的若干规定》第21条就规定,开庭审理前,控辩双方可以分别就未成年被告人性格特点、家庭情况、社会交往、成长经历以及实施被指控的犯罪前后的表现等情况进行调查，并制作书面材料提交合议庭。必要时，人民法院也可以委托有关社会团体组织就上述情况进行调查或者自行进行调查。2010 年《关于进一步建立和完善办理未成年人刑事案件配套工作体系的若干意见》对公、检、法、司在社会调查中的相互协调与配合提出了详细要求。在此基础上，2012 年《刑事诉讼法》正式纳入社会调查制度，规定"公安机关、人民检察院、人民法院办理未成年人刑事案件，根据情况可以对未成年犯罪嫌疑人、被告人的成长经历、犯罪原因、监护教育等情况进行调查"。公安部《规定》第 322 条规定，公安机关办理未成年人刑事案件，根据情况可以对未成年犯罪嫌疑人的成长经历、犯罪原因、监护教育等情况进行调查并制作调查报告。作出调查报告的，在提请批准逮捕、移送审查起诉时，应当结合案情综合考虑，并将调查报告与案卷材料一并移送人民检察院。最高检《规则》第 461 条规定，人民检察院根据情况可以对未成年犯罪嫌疑人的成长经历、犯罪原因、监护教育等情况进行调查，并制作社会调查报告，作为办案和教育的参考。人民检察院开展社会调查，可以委托有关组织和机构进行。开展社会调查应当尊重和保护未成年人隐私，不得向不知情人员泄露未成年犯罪嫌疑人的涉案信息。人民检察院应当对公安机关移送的社会调查报告进行审查。必要时，可以进行补充调查。人民检察院制作的社会调查报告应当随案移送人民法院。最高法《解释》第 568 条规定，对人民检察院移送的关于未成年被告人性格特点、家庭情况、社会交往、成长经历、犯罪原因、犯罪前后的表现、监护教育等情况的调查报告，以及辩护人提交的反映未成年被告人上述情况的书面材料，法庭应当接受。必要时，人民法院可以委托社区矫正机构、共产主义青年团、社会组织等对未成年被告人的上述情况进行调查，或者自行调查。最高法《解释》第 575 条规定，对未成年被告人情况的调查报告，以及辩护人提交的有关未成年被告人情况的书面材料，法庭应当审查并听取控辩双方意见。上述报告和材料可以作为办理案件和教育未成年人的参考。人民法院可以通知作出调查报告的人员出庭说明情况，接受控辩双方和法庭的询问。此外，最高法《解释》第 569 条还对心理测评报告作出了规定，人民法院根据情况，可以对未成年被告人、被害人、证人进行心理疏导，根据实际需要并经未成年被告人及其法定代理人同意，可以对未成年被告人进行心理测评。心理疏导、心理测评可以委托专门机构、专业人员进行。心理测评报告可以作为办理案件和教育未成年人的参考。

（七）迅速简约原则

迅速简约原则，是指在办理未成年人刑事案件的各个环节，办案人员应当在遵循法定程序和保证办案质量的前提下，尽量迅速办理，不拖拉、不延误，尽可能地减少刑事诉讼对未成年人的不利影响；对于案情简单、事实清楚、证据确实充分、被追诉人认罪的案件，在遵循法定程序和保证办案质量的前提下，可以简化工作流程，缩短办案时间。

2010 年《关于进一步建立和完善办理未成年人刑事案件配套工作体系的若干意见》在"加强对涉案未成年人合法权益的保护"的相关要求中、2013 年《人民检察院办理未成年人刑事案件的规定》第 4 条中均强调"办理未成年人刑事案件,应当在依照法定程序和保证办案质量的前提下,快速办理,减少刑事诉讼对未成年人的不利影响"。漫长的诉讼过程,会对未成年人造成过重的心理压力,从而使其产生抵触诉讼的情绪。对未成年人犯罪案件实行迅速简约原则,能够缩短未成年人在刑事诉讼活动中停留的时间,以利于以后的教育和改造。值得注意的是,在贯彻迅速简约原则时,应该注意把握好"诉讼公正"与"迅速简约"之间的"度",不能为了追求迅速简约而草率办案。

第三节　未成年人刑事案件的特殊诉讼程序

未成年人刑事案件诉讼程序是根据未成年人心理、生理以及犯罪特点所规定的程序,在立案、侦查、起诉、审判与执行的各个环节都体现出与成年人刑事案件诉讼程序的特殊性。刑事诉讼法和有关司法解释对办理未成年人刑事案件程序所应遵守的特殊诉讼程序作了规定。

一、立案程序

1. 未成年人刑事案件的立案对象,必须是犯罪时已满刑事责任年龄、不满 18 周岁的未成年人。在进行立案审查时,应当查明犯罪嫌疑人确切的出生时间及其作案时的实际年龄,注意农历年龄、户籍登记年龄与实际年龄等情况,特别是应当将犯罪嫌疑人实施犯罪行为时是否已满 12、14、16、18 周岁的临界年龄,作为重要案件事实予以查清。

2. 未成年人刑事案件立案审查的内容,除查明是否具备立案的条件外,还需进一步查明有无教唆犯罪的人以及未成年人犯罪前的生活环境和成长经历等情况,必要时还需对未成年人进行心理上或精神上的医疗鉴定。

3. 经审查符合立案条件的,应当制作立案报告书。除须写明立案材料的来源,发案的时间、地点,犯罪事实,现有的证据材料,立案的法律依据和初步意见外,还应着重写明未成年犯罪嫌疑人确切的出生时间以及生活居住环境、心理性格特征、走上犯罪道路的原因等情况。对不符合立案条件的,如属于情节显著轻微、危害不大,不认为是犯罪的,可将案件材料转交有关部门作出适当处理,或通知其监护人严加监护、教育。

二、侦查程序

1. 公安机关应当设置专门机构或者配备专职人员办理未成年人刑事案件。未成年人刑事案件应当由熟悉未成年人身心特点，善于做未成年人思想工作，具有一定办案经验的人员办理。

2. 传唤时可以采用比较和缓的方式，比如通过其父母、监护人进行，可以由其父母、监护人陪同到场。可以选择未成年人较为熟悉的地点、场所。

3. 讯问前，除掌握案件情况和证据材料外，还应当了解其生活、学习环境、成长经历、性格特点、心理状态及社会交往等情况，根据该未成年人的特点和案件情况，有针对性地制作详细的讯问提纲，采取适宜该未成年人的方式进行，讯问用语应当准确易懂，采取适合未成年人的方式，耐心细致地听取其供述或者辩解，认真审核、查证与案件有关的证据和线索，并针对其思想顾虑、恐惧心理、抵触情绪进行疏导和教育。

4. 讯问时，应当通知未成年犯罪嫌疑人的法定代理人到场。无法通知、法定代理人不能到场或者法定代理人是共犯的，也可以通知未成年犯罪嫌疑人的其他成年亲属，所在学校、单位、居住地基层组织或者未成年人保护组织的代表等合适成年人到场，并将有关情况记录在案。到场的法定代理人可以代为行使未成年犯罪嫌疑人的诉讼权利。讯问笔录应当交给到场的法定代理人或者其他人员阅读或者向他宣读；对笔录内容有异议的，侦查机关应当核实清楚，准予更正或者补充。询问未成年证人、被害人适用合适成年人在场制度。

5. 讯问女性未成年犯罪嫌疑人、询问女性被害人、证人，应当有女工作人员在场。

6. 讯问未成年犯罪嫌疑人、被告人一般不得使用械具，对于确有人身危险性，必须使用械具的，在现实危险消除后，应当立即停止使用。

7. 未成年犯罪嫌疑人没有委托辩护人的，公安机关应当通知法律援助机构指派律师为其提供辩护。

三、起诉程序

（一）办案机构与人员

检察院应当指定熟悉未成年人身心特点的检察人员办理未成年人刑事案件。最高人民检察院和省级人民检察院应当设立指导办理未成年人刑事案件的专门机构。地市级人民检察院和区县级人民检察院一般应当设立办理未成年人刑事案件的专门机构或专门小组，条件不具备的，应当指定专人办理。

应当选任政治、业务素质好，熟悉未成年人特点，具有犯罪学、社会学、心理学、教育学等方面知识的人员办理未成年人刑事案件，并注意通过加强培训、指导，提高相关人员的专业水平。对办理未成年人刑事案件的专门人员应当根据具体工作内容采用不同于办理成年人刑事案件的工作绩效指标进行考核。

(二)依法保障未成年犯罪嫌疑人获得律师辩护的权利

检察院受理案件后,应当向未成年犯罪嫌疑人及其法定代理人了解其委托辩护人的情况,并告知其有权委托辩护人。未成年犯罪嫌疑人没有委托辩护人的,检察院应当书面通知法律援助机构指派律师为其提供辩护。

(三)讯问与认罪认罚的特别规定

在审查起诉过程中,检察院应当讯问未成年犯罪嫌疑人,听取辩护人的意见,并制作笔录附卷。讯问未成年犯罪嫌疑人,应当由两名熟悉未成年人身心特点的检察人员进行。讯问女性未成年犯罪嫌疑人,应当有女性检察人员参加。讯问时法定代理人或其他人员到场等要求与侦查阶段相同。

讯问未被羁押的未成年犯罪嫌疑人,一般应当在检察机关专设的未成年人检察工作室进行。未成年犯罪嫌疑人及其法定代理人的住所、学校或者其他场所更为适宜的,也可以在上述地点进行讯问。讯问被羁押的未成年犯罪嫌疑人,羁押场所设有专门讯问室的,应当在专门讯问室进行;没有设立的,应当协调公安机关设立适合未成年犯罪嫌疑人身心特点的专门讯问室。

检察机关询问未成年证人、被害人以一次询问为原则,避免多次询问造成伤害。

未成年犯罪嫌疑人认罪认罚的,人民检察院应当告知本人及其法定代理人享有的诉讼权利和认罪认罚的法律规定,并听取、记录未成年犯罪嫌疑人及其法定代理人、辩护人、被害人及其诉讼代理人的意见。

未成年犯罪嫌疑人认罪认罚的,应当在法定代理人、辩护人在场的情况下签署认罪认罚具结书。法定代理人、辩护人对认罪认罚有异议的,不需要签署具结书。因未成年犯罪嫌疑人的法定代理人、辩护人对其认罪认罚有异议而不签署具结书的,人民检察院应当对未成年人认罪认罚情况,法定代理人、辩护人的异议情况如实记录。提起公诉的,应当将该材料与其他案卷材料一并移送人民法院。未成年犯罪嫌疑人的法定代理人、辩护人对认罪认罚有异议而不签署具结书的,不影响从宽处理。

法定代理人无法到场的,合适成年人可以代为行使到场权、知情权、异议权等。法定代理人未到场的原因以及听取合适成年人意见等情况应当记录在案。

(四)亲情会见

具备以下条件之一,且其法定代理人、近亲属等与本案无牵连的,经公安机关同意,人民检察院可以安排在押的未成年犯罪嫌疑人与其法定代理人、近亲属等进行会见:(1)案件事实已基本查清,主要证据确实、充分,安排会见、通话不会影响诉讼活动正常进行;(2)未成年犯罪嫌疑人有认罪、悔罪表现,或者虽尚未认罪、悔罪,但通过会见有可能促使其转化,或者通过会见有利于社会、家庭稳定;(3)未成年犯罪嫌疑人的法定代理人、近亲属对其犯罪原因、社会危害性以及后果有一定的认识,并能配合公安司法机关进行教育;(4)其他可以安排会见的情形。

会见前,应当同未成年犯罪嫌疑人的法定代理人、近亲属等就会见的内容进行沟通交流,告知其会见不得有串供、谈论案情或者其他妨碍诉讼行为,了解其能否使用普通话或者办案当地通俗易懂的方言。对于不能通晓普通话或办案当地通俗易懂方言的,人民检察院可以安排翻译人员在场,以便更好地对未成年犯罪嫌疑人进行教育、感化和挽救。会见时,应当有检察人员在场进行引导、监督。确定使用电话方式进行亲情会见的,一般应当采用免提通话形式。会见人员违反法律或者会见场所规定、影响案件办理的,在场检察人员有权提出劝阻或警告;对不听劝阻或警告的,应当终止会见。会见结束后,检察人员应当将有关内容及时整理并记录在案。

(五)不起诉

除了依法适用一般程序中的不起诉制度之外,根据刑事诉讼法和相关司法解释的规定,未成年人刑事案件的不起诉制度还具有如下特别之处:

1. 相对不起诉

对于犯罪情节轻微,并具有下列情形之一,依照刑法规定不需要判处刑罚或者免除刑罚的未成年犯罪嫌疑人,一般应当依法作出不起诉决定:被胁迫参与犯罪的;犯罪预备、中止的;在共同犯罪中起次要或者辅助作用的;是又聋又哑的人或者盲人的;因防卫过当或者紧急避险过当构成犯罪的;有自首或者重大立功表现的;其他依照刑法规定不需要判处刑罚或者免除刑罚的情形。

对于未成年人实施的轻伤害案件、初次犯罪、过失犯罪、犯罪未遂的案件以及被诱骗或者被教唆实施的犯罪案件等,情节轻微,犯罪嫌疑人确有悔罪表现,当事人双方自愿就民事赔偿达成协议并切实履行,符合《刑法》第37条规定的,人民检察院可以依照《刑事诉讼法》第173条第2款规定作出不起诉的决定,并可以根据案件的不同情况,予以训诫或者责令具结悔过、赔礼道歉。

2. 附条件不起诉

附条件不起诉,又称暂缓起诉、缓予起诉、暂缓不起诉。我国的附条件不起诉是专门适用于未成年人犯罪案件的制度,指检察机关在审查起诉时,根据犯罪嫌疑人的年龄、性格、情况、犯罪性质和情节、犯罪原因以及犯罪后的悔过表现等,对较轻罪行的犯罪嫌疑人设定一定的条件,如果在法定的期限内,犯罪嫌疑人履行了相关的义务,检察机关就应作出不起诉的决定。附条件不起诉是起诉便宜主义的体现,有助于促使未成年犯罪嫌疑人尽快回归社会,维护家庭和睦与社会稳定,同时也符合诉讼经济、程序分流的目的。

附条件不起诉的具体制度包括以下内容:(1)适用条件。对于未成年人涉嫌《刑法》分则第四章、第五章、第六章规定的犯罪,可能判处1年有期徒刑以下刑罚,符合起诉条件,但有悔罪表现的,人民检察院可以作出附条件不起诉的决定。

人民检察院在作出附条件不起诉的决定以前,应当听取公安机关、被害人的意见。但未成年犯罪嫌疑人及其法定代理人对人民检察院决定附条件不起诉有异议的,人民检察院应当作出起诉的决定。(2)被附条件不起诉人应遵守的规定。遵守法律、行政法规,服从监督;按照考察机关的规定报告自己的活动情况;离开所居住的市、县或者迁居,应当报经考察机关批准;按照考察机关的要求接受矫治和教育。(3)考验期、考察机关。附条件不起诉的考验期为6个月以上1年以下,从检察院作出附条件不起诉的决定之日起计算。在附条件不起诉的考验期内,由作出附条件不起诉决定的人民检察院对被附条件不起诉的犯罪嫌疑人进行监督考察。犯罪嫌疑人的监护人,应当对犯罪嫌疑人加强管教,配合人民检察院做好监督考察工作。(4)帮教。人民检察院可以会同未成年犯罪嫌疑人的监护人、所在学校、单位、居住地的村民委员会和居民委员会、未成年人保护组织等的有关人员,定期对未成年犯罪嫌疑人进行考察、教育,实施跟踪帮教。人民检察院可以要求被附条件不起诉的未成年犯罪嫌疑人接受下列矫治和教育:完成戒瘾治疗、心理辅导或者其他适当的处遇措施;向社区或者公益团体提供公益劳动;不得进入特定场所,与特定的人员会见或者通信,从事特定的活动;向被害人赔偿损失、赔礼道歉等;接受相关教育;遵守其他保护被害人安全以及预防再犯的禁止性规定。(5)考验结果。考验期届满,办案人员应当制作附条件不起诉考察意见书,提出起诉或者不起诉的意见,经部门负责人审核,报请检察长决定。

被附条件不起诉的犯罪嫌疑人,在考验期内发现有下列情形之一的,人民检察院应当撤销附条件不起诉的决定,提起公诉:实施新的犯罪的;发现决定附条件不起诉以前还有其他犯罪需要追诉的;违反治安管理规定,造成严重后果,或者多次违反治安管理规定的;违反考察机关有关附条件不起诉的监督管理规定,造成严重后果,或者多次违反考察机关有关附条件不起诉的监督管理规定的。

在考验期内没有上述情形,考验期满的,人民检察院应当作出不起诉的决定。

被害人对人民检察院就未成年犯罪嫌疑人作出的附条件不起诉的决定和不起诉的决定,可以向上一级人民检察院申诉,但不适用《刑事诉讼法》第210条被害人可以向人民法院起诉的规定。

(六)起诉的特别规定

对于必须起诉的未成年人刑事案件,应当遵循以下规定:

1.查明未成年被告人具有法定从轻、减轻情节及悔罪表现的,应当提出从轻或者减轻处罚的建议;符合法律规定的缓刑条件的,应当明确提出适用缓刑的量刑建议。

2.审查未成年人与成年人共同犯罪案件,一般应当将未成年人与成年人分案起诉。但是具有下列情形之一的,可以不分案起诉:(1)未成年人系犯罪集团的组织者或者其他共同犯罪中的主犯的;(2)案件重大、疑难、复杂,分案起诉可能妨碍案件审理的;(3)涉及刑事附带民事诉讼,分案起诉妨碍附带民事诉讼部分审理的;(4)具有其他不宜分案起诉情形的。对于分案起诉的未成年人与成年人共同犯罪案件,一般应当同时移送人民法院。对于需要补充侦查的,如果补充侦查事项不涉及未成年犯罪嫌疑人所参与的犯罪事实,不影响对未成年犯罪嫌疑人提起公诉的,应当对未成年犯罪嫌疑人先予提起公诉。对于分案起诉的未成年人与成年人共同犯罪案件,在审查起诉过程中可以根据全案情况制作一个审查报告,起诉书以及量刑建议书等应当分别制作。对未成年人与成年人共同犯罪案件分别提起公诉后,在诉讼过程中出现不宜分案起诉情形的,可以及时建议人民法院并案审理。

(七)其他

人民检察院可以应犯罪嫌疑人家属、被害人及其家属的要求,告知其审查起诉的进展情况,并对有关情况予以说明和解释。

四、审判程序

(一)审判组织和审判人员

人民法院应当确定专门机构或者指定专门人员,负责审理未成年人刑事案件。审理未成年人刑事案件的人员应当经过专门培训,熟悉未成年人身心特点、善于做未成年人思想教育工作。参加审理未成年人刑事案件的人民陪审员,可以从熟悉未成年人身心特点、关心未成年人保护工作的人民陪审员名单中随机抽取确定。

被告人实施被指控的犯罪时不满18周岁、人民法院立案时不满20周岁的案件,由未成年人案件审判组织审理。下列案件可以由未成年人案件审判组织审理:(1)人民法院立案时不满22周岁的在校学生犯罪案件;(2)强奸、猥亵、虐待、遗弃未成年人等侵害未成年人人身权利的犯罪案件;(3)由未成年人案件审判组织审理更为适宜的其他案件。

(二)开庭准备

1. 向未成年被告人送达起诉书副本时,应当向其讲明被指控的罪行和有关法律规定;并告知审判程序和诉讼权利、义务;向未成年被告人的法定代理人送达起诉书副本时,应当告知其诉讼权利、义务和在开庭审判中应当注意的有关事项。

2. 开庭审理前,应当通知未成年被告人的法定代理人出庭。法定代理人无法通知、不能到场或者是共犯的,也可以通知合适成年人到场,并将有关情况记录在案。被告人实施被指控的犯罪时不满18周岁,开庭时已满18周岁、不满20周岁的,人民法院开庭时,一般应当通知其近亲属到庭。经法庭同意,近亲属可以发表意见。近亲属无法通知、不能到场或者是共犯的,应当记录在案。

3. 开庭前,法庭根据情况,可以安排未成年被告人与其法定代理人或者合适成年人会见。

4. 审判时不满18周岁的未成年被告人没有委托辩护人的,人民法院应当通知法律援助机构指派熟悉未成年人身心特点的律师为其提供辩护。

5. 人民法院决定适用简易程序审理的,应当征求未成年被告人及其法定代理人、辩护人的意见。上述人员提出异议的,不适用简易程序。

(三)法庭审理与宣判

1. 应当在辩护台靠近旁听区一侧为未成年被告人的法定代理人或者合适成年人设置席位。审理可能判处5年有期徒刑以下刑罚或者过失犯罪的未成年人刑事案件,可以采取适合未成年人特点的方式设置法庭席位。

2. 在法庭上不得对未成年被告人使用械具,但被告人人身危险性大,可能妨碍庭审活动的除外。必须使用械具的,在现实危险消除后,应当立即停止使用。

3. 法庭审理过程中,审判人员应当根据未成年被告人的智力发育程度和心理状态,使用适合未成年人的语言表达方式。发现有对未成年被告人诱供、训斥、讽刺或者威胁等情形的,审判长应当制止。

4. 审理未成年人刑事案件,应当查明被告人实施被指控的犯罪时的年龄。对于没有充分证据证明被告人实施被指控的犯罪时已经达到法定刑事责任年龄且确实无法查明的,应当推定其没有达到相应法定刑事责任年龄。

5. 控辩双方提出对未成年被告人判处管制、宣告缓刑等量刑建议的,应当向法庭提供有关未成年被告人能够获得监护、帮教以及对所居住社区无重大不良影响的书面材料。

6. 被告人最后陈述后,法庭应当询问其法定代理人是否补充陈述。

7. 休庭时,法庭根据情况,可以安排未成年被告人与其法定代理人或者合适成年人会见。

8. 法庭辩论结束后,法庭可以根据未成年人的生理、心理特点和案件情况,对未成年被告人进行法治教育;判决未成年被告人有罪的,宣判后,应当对未成年被告人进行法治教育。对未成年被告人进行教育,其法定代理人以外的成年亲属或者教师、辅导员等参与有利于感化、挽救未成年人的,人民法院应当邀请其参加有关活动。

9. 对犯罪时不满18周岁的人不适用死刑。未成年人犯罪只有罪行极其严重的,才可以适用无期徒刑。对已满14周岁不满16周岁的人犯罪,一般不判处无期徒刑。对于被判处拘役、3年以下有期徒刑的未成年罪犯,符合下列条件的,可以宣告缓刑:(1)犯罪情节较轻;(2)有悔罪表现;(3)没有再犯罪的危险;(4)宣告缓刑对所居住社区没有重大不良影响。同时具有下列情形之一的,应当宣告缓刑:(1)初次犯罪;(2)积极退赃或赔偿被害人经济损失;(3)具备监护、帮教条件。

10. 对于未成年人刑事案件,宣告判决应当公开进行。对依法应当封存犯罪记录的案件,宣判时,不得组织人员旁听;有旁听人员的,应当告知其不得传播案件信息。定期宣告判决的未成年人刑事案件,未成年被告人的法定代理人无法通知、不能到场或者是共犯的,法庭可以通知合适成年人到庭,并在宣判后向未成年被告人的成年亲属送达判决书。

五、执行程序

（一）材料送达

将未成年罪犯送监执行刑罚或者送交社区矫正时，人民法院应当将有关未成年罪犯的调查报告及其在案件审理中的表现材料，连同有关法律文书，一并送达执行机关。执行机关在执行刑罚时应当根据社会调查报告、办案期间表现等材料，对未成年罪犯进行个别化教育矫治。人民法院没有随案移送上述材料的，执行机关可以要求人民法院移送，人民法院应当移送。

对于判决、裁定已经发生法律效力并应当收监服刑的未成年罪犯，应当填写结案登记表并附有关未成年罪犯的调查材料及其在案件审理中的表现材料，连同起诉书副本、判决书或者裁定书副本、执行通知书，一并送达执行机关。对于判处非监禁刑的未成年人，人民法院应当在判决生效后及时将有关法律文书送达未成年人户籍所在地或居住地的社区矫正机构。

（二）分管分押

对被执行刑罚的未成年人与成年人应当分别关押、分别管理、分别教育。未成年罪犯在被执行刑罚期间，执行机关应当加强对未成年罪犯的法制教育，并对未成年罪犯进行职业技术教育。对没有完成义务教育的未成年罪犯，执行机关应当保证其继续接受义务教育。

（三）减刑、假释

对未成年罪犯的减刑、假释，在掌握标准上可以比照成年罪犯依法适度放宽。执行机关依法提出给未成年罪犯减刑或者假释的书面意见的，人民法院应当及时予以审核、裁定。对决定假释的未成年罪犯，未成年犯管教所应当将社会调查报告、服刑期间表现等材料及时送达未成年人户籍所在地或居住地的社区矫正机构。

对于被撤销假释、缓刑的未成年社区服刑人员，社区矫正机构应当及时将未成年人社会调查报告、社区服刑期间表现等材料送达当地负责的公安机关和人民检察院。

（四）社区矫正

社区矫正机构应当根据未成年社区矫正对象的年龄、心理特点、发育需要、成长经历、犯罪原因、家庭监护教育条件等情况，采取针对性的矫正措施。人民法院可以协助社区矫正机构制定帮教措施。对未成年人的社区矫正，应当与成年人分别进行。共产主义青年团、妇女联合会、未成年人保护组织应当依法协助社区矫正机构做好未成年人社区矫正工作。人民检察院依法对社区矫正活动实行监督。社区矫正机构应当告知未成年社区矫正对象安置帮教的有关规定，并配合安置帮教工作部门落实或者解决未成年社区矫正对象的就学、就业等问题。

(五)帮教与回访

判处非监禁刑、免予刑事处罚的未成年人,公安机关、人民检察院、人民法院应当配合有关部门落实社会帮教、就学就业和生活保障等事宜,并适时进行回访考察。

人民法院可以与未成年犯管教所等服刑场所建立联系,了解未成年罪犯的改造情况,协助做好帮教、改造工作;并可以对正在服刑的未成年罪犯进行回访考察。必要时,人民法院可以督促被收监服刑的未成年罪犯的父母或者其他监护人及时探视,以使未成年罪犯获得家庭和社会的关怀,增强改造的信心。

对于判处管制、拘役宣告缓刑或者有期徒刑宣告缓刑、免予刑事处罚、裁定假释、决定暂予监外执行等的未成年罪犯,人民法院可以协助公安机关、社区矫正机构同其所在学校、单位、街道、居民委员会、村民委员会、监护人等制定帮教措施;并可以适时走访未成年罪犯及其家庭,了解对未成年罪犯的管理和教育情况,以引导未成年罪犯的家庭正确地承担管教责任,为未成年罪犯改过自新创造良好的环境;对于未成年罪犯具备就学、就业条件的,人民法院可以就其安置问题向有关部门提出司法建议,并且附送必要的材料。

未成年人的父母或者其他监护人和学校、城市居民委员会、农村村民委员会,对因不满16周岁而不予刑事处罚、免予刑事处罚的未成年人,或者被判处非监禁刑罚、被判处刑罚宣告缓刑、被假释的未成年人,应当采取有效的帮教措施,协助司法机关做好对未成年人的教育、挽救工作。

各级司法行政机关应当加大安置帮教工作力度,加强与社区、劳动和社会保障、教育、民政、共青团等部门、组织的联系与协作,切实做好刑满释放、解除劳动教养未成年人的教育、培训、就业、戒除恶习、适应社会生活及生活保障等工作。

案例精选

黄某(17周岁,某汽车修理店职工)与吴某(16周岁,高中学生)在餐馆就餐时因琐事与赵某(16周岁,高中学生)发生争吵,并殴打赵某致其轻伤。检察院审查后,综合案件情况,拟对黄某作出附条件不起诉决定,对吴某作出不起诉决定(源于2014年国家司法考试真题卷二第94题)。

【问】请分析本案例中检察院是否应当对未成年犯罪嫌疑人开展社会调查。

【答案与解析】根据最高检《规则》第461条第1款、《人民检察院办理未成年人刑事案件的规定》第9条第1款,人民检察院根据情况可以对未成年犯罪嫌疑人的成长经历、犯罪原因、监护教育等情况进行调查,并制作社会调查报告,作为办案和教育的参考。这里规定的是"可以",而非"应当"。在办理未成年人案件的过程中,检察机关对是否开展社会调查有裁量权。如果进行了社会调查,根据《人民检察院办理未成年人刑事案件的规定》第50条第1款,对检察院作出酌定不起诉决定和经附条件不起诉考验期满不起诉的,在宣布不起诉决定书时,除了应当充分阐明不起诉的理由和法律依据外,还需要结合社会调查,围绕犯罪行为对被害人、对本人及家庭、对社会等造成的危害,导致犯罪行为发生的原因及应当吸取的教训等,对被不起诉的未成年人开展必要的教育。

思考问题

1. 试述犯罪记录封存制度与前科消灭制度的不同。
2. 试述附条件不起诉制度的理论基础。

法条链接

《刑事诉讼法》第277~287条；《未成年人保护法》第100~116条；全国人民代表大会常务委员会《关于〈中华人民共和国刑事诉讼法〉第二百七十一条第二款的解释》；最高法《解释》第546~586条；最高检《规则》第457~491条；公安部《规定》第317~332条；最高人民法院《关于审理未成年人刑事案件具体应用法律若干问题的解释》（2006年）；最高人民检察院《人民检察院办理未成年人刑事案件规定》（2013年）；最高人民检察院《关于建立未成年人检察工作评价机制的意见（试行）》（2017年）；最高人民检察院《未成年人刑事检察工作指引（试行）》（2017年）。

扩展阅读

1. 万春、黄建波主编：《未成年人刑事检察论纲》，中国检察出版社2013年版。
2. 周军等：《未成年人刑事检察制度研究》，中国检察出版社2014年版。
3. 陈光中：《刑事诉讼法修改与未成年人刑事案件诉讼程序的创建》，载《预防青少年犯罪研究》2012年第5期。
4. 宋英辉等：《未成年人刑事司法改革研究》，北京大学出版社2013年版。
5. 王敏远：《论未成年人刑事诉讼程序》，载《中国法学》2011年第6期。
6. 陈卫东：《未成年人犯罪案件诉讼程序的立法完善》，载《法律适用》2012年第3期。
7. 汪建成：《论未成年人犯罪诉讼程序的建立和完善》，载《法学》2012年第1期。
8. 何挺：《“合适成年人”参与未成年人刑事诉讼程序实证研究》，载《中国法学》2012年第6期。
9. 宋英辉等：《涉罪未成年人审前非羁押支持体系实证研究》，载《政法论坛》2014年第1期。
10. 田宏杰、庄乾龙：《未成年人刑事案件社会调查报告之法律属性新探》，载《法商研究》2014年第3期。
11. 姚莉：《未成年人司法模式转型下的制度变革与措施优化》，载《法学评论》2016年第1期。
12. 宋英辉、苑宁宁：《完善我国未成年人法律体系研究》，载《国家检察官学院学报》2017年第4期。

第二十三章　当事人和解的公诉案件诉讼程序

本章知识要点

当事人和解的公诉案件诉讼程序是我国刑事诉讼中的特别程序之一，是在法定的公诉案件范围中，犯罪嫌疑人、被告人与被害人自愿达成和解协议，公安机关、人民检察院、人民法院可以据此对犯罪嫌疑人、被告人从宽处理的程序。本章主要介绍了当事人和解的公诉案件诉讼程序的概念、特点、意义、适用范围、诉讼程序、各个诉讼阶段达成和解协议后的处理方式等内容。

第一节　概　　述

一、当事人和解的公诉案件诉讼程序的概念与特点

当事人和解的公诉案件诉讼程序是2012年《刑事诉讼法》增设的特别程序之一，指在法定的公诉案件范围中，犯罪嫌疑人、被告人真诚悔罪，通过向被害人赔偿损失、赔礼道歉等方式获得被害人谅解，双方自愿达成和解协议，公安机关、人民检察院、人民法院可以据此对犯罪嫌疑人、被告人从宽处理或提出从宽处理建议的程序。

当事人和解的公诉案件程序具有以下特点：

第一，以当事人之间自愿商谈为前提。加害人与被害人双方商谈和解的自愿性是启动和推进当事人和解程序的必须要素，和解过程中任何一方都可以单方面退出而终止和解程序。

第二，以加害人真心悔过、被害人表示谅解为基础。在当事人和解程序中，加害人真诚悔罪，通过赔偿损失、赔礼道歉等方式取得被害人谅解和宽恕，双方之间沟通想法、化解矛盾，进而修复被损坏的社会关系，而不是简单地以经济赔偿换取宽缓处理。

第三，在公安司法机关的监督和审查下进行。尽管公安司法机关不是和解主

体，但会在一定程度上介入和解程序，主要体现在告知当事人和解的权利、对和解程序进行监督指导，对和解的自愿性、合法性进行审查，主持制作和解协议书，以及根据和解情况来处理案件等方面。

第四，和解情况可能对案件刑事部分的处理产生影响。司法机关在当事人和解基础上，综合全案情况，可以对犯罪嫌疑人、被告人作出相对宽缓的处理。

二、当事人和解的公诉案件程序的意义

当事人和解的公诉案件程序具有以下四个方面的重要意义：

一是促进社会和谐安定。传统办案方式在化解矛盾方面存在诸多不足，当事人和解程序充分尊重双方当事人主体地位的案件处理方式不仅能补偿被害人的物质损害和心理创伤，增加被害人的满意感，还有助于犯罪嫌疑人、被告人顺利回归社会，进而恢复因犯罪而受到损害的社会关系。当事人和解程序在许多方面能够弥补或缓解传统办案方式的不足，进而促进社会的和谐安定。

二是贯彻宽严相济刑事政策。宽严相济刑事政策是我国的基本刑事政策，要求对不同的犯罪和犯罪分子区别对待。而当事人和解通过犯罪嫌疑人、被告人与被害人的自主协商，有利于犯罪嫌疑人、被告人真诚悔罪，并获得从轻处理。这为贯彻宽严相济刑事政策提供了重要路径，也有助于犯罪嫌疑人、被告人更好地回归社会。

三是强化被害人的诉讼主体地位和权利保障。公诉案件强调对犯罪的国家追诉主义，国家与被告人之间的关系被视为需要解决的核心问题，而被害人的诉讼主体地位和权利保障没有受到充分重视。当事人和解程序强化了被害人对程序进程以及案件结果的影响力，并且有助于被害人及时有效地获得经济赔偿。此外，犯罪嫌疑人、被告人在和解过程中的真诚悔罪，在一定程度上有助于减轻被害人的精神痛苦。

四是提高诉讼效率。司法资源不足是当前各国都面临的问题，对案件合理分流是各国刑事司法改革的共同趋势。当事人和解程序使公诉案件的办案机关能够快速处理一些较轻的案件，可以节约大量司法资源。此外，当事人和解中双方当事人自愿协商达成协议解决纠纷，可以减少上访和缠讼的发生。

第二节　当事人和解的公诉案件程序的适用范围和诉讼程序

一、适用案件范围

根据《刑事诉讼法》第 288 条，满足下列要求的公诉案件，可以适用当事人和

解程序:

(一)因民间纠纷引起,涉嫌《刑法》分则第四章、第五章规定的犯罪案件,可能判处3年有期徒刑以下刑罚的

这类案件应当同时具备以下三个条件:

1. 因民间纠纷引起。这是指犯罪的起因是公民之间因财产、人身等问题引发的纠纷,既包括因婚姻家庭、邻里纠纷等民间矛盾激化引发的案件,也包括因口角、泄愤等偶发矛盾引发的案件。根据公安部《规定》第334条,有下列情形之一的,不属于因民间纠纷引起的犯罪案件:(1)雇凶伤害他人的;(2)涉及黑社会性质组织犯罪的;(3)涉及寻衅滋事的;(4)涉及聚众斗殴的;(5)多次故意伤害他人身体的;(6)其他不宜和解的。

2. 涉嫌《刑法》分则第四章、第五章规定的犯罪。《刑法》分则第四章、第五章分别规定的是"侵犯公民人身权利、民主权利罪"和"侵犯财产罪",其侵犯的客体是公民的人身权利、民主权利、财产权利,通常不涉及国家利益、公共利益,因而允许公民有一定处分权以修复社会关系。

3. 可能判处3年有期徒刑以下刑罚。通常认为,3年有期徒刑以下刑罚属于轻罪。这一适用限制是为了充分发挥当事人和解程序的积极作用,尽可能规避其负面影响。

(二)除渎职犯罪以外的可能判处7年有期徒刑以下刑罚的过失犯罪案件

这类案件应当同时具备以下三个条件:

1. 过失犯罪。过失犯罪是指应当预见自己的行为可能发生危害社会的结果,因为疏忽大意而没有预见,或者已经预见而轻信能够避免,以致发生这种结果的犯罪。过失犯罪的行为人主观恶性比较小,可以给予其悔过自新、从宽处理的机会。

2. 渎职犯罪除外。渎职罪中的过失表现为国家机关工作人员滥用职权、玩忽职守、严重不负责任等行为,这些行为违背了公务职责的公正性、廉洁性、勤勉性,是严重损害国家和人民利益的行为,因而不属于当事人和解的范围。

3. 可能判处7年有期徒刑以下刑罚。

(三)除外规定:犯罪嫌疑人、被告人在5年以内曾经故意犯罪的,不得适用当事人和解程序

在这类案中,犯罪嫌疑人、被告人的社会危害性、人身危险性以及主观恶性较大,属于从重处罚的情节,因此不得适用对犯罪嫌疑人、被告人从轻处罚的当事人和解制度。"5年以内"指的是犯前罪的时间距离犯后罪的时间不超过5年。前罪是故意犯罪的,无论后罪是故意犯罪还是过失犯罪,都不能适用当事人和解程序。

二、和解的主体

和解的主体包括:犯罪嫌疑人、被告人;被害人;死亡被害人的近亲属。近亲属有多人的,达成和解协议,应当经处于最先继承顺序的所有近亲属同意。存在下列

特殊情况的，可以由法定代理人或近亲属代为和解：(1)被害人是无行为能力人或限制行为能力人的，其法定代理人、近亲属可以代为和解；(2)犯罪嫌疑人、被告人的近亲属经犯罪嫌疑人、被告人同意，可以代为和解；(3)犯罪嫌疑人、被告人是限制行为能力人的，其法定代理人可以代为和解。

公安机关、人民检察院、人民法院对于符合当事人和解程序适用条件的公诉案件，可以建议当事人进行和解，并告知相应的权利义务，必要时可以提供法律咨询，但公安机关、人民检察院、人民法院本身并不是和解的主体。

此外，根据案件情况，其他人也可以应邀参与当事人和解过程。最高法《解释》第587条第2款规定，人民法院可以邀请人民调解员、辩护人、诉讼代理人、当事人亲友等参与促成双方当事人和解。最高检《规则》第496条规定，双方当事人可以自行达成和解，也可以经人民调解委员会、村民委员会、居民委员会、当事人所在单位或者同事、亲友等组织或者个人调解后达成和解。

三、诉讼程序

(一)和解的条件

1. 犯罪嫌疑人、被告人真诚悔罪。这里的“真诚悔罪”是指犯罪嫌疑人、被告人出于自己的真实意愿，发自内心地意识到自己的行为给被害人带来了伤害，进而对自己的犯罪行为真心悔过，诚恳地希望得到被害人的谅解。真诚悔罪是当事人和解制度的基本前提，因为从宽处理的结果并不仅仅是对犯罪嫌疑人、被告人修复损害的肯定，还要通过对犯罪行为的个别化处理达到特殊预防和一般预防的效果。如果犯罪嫌疑人、被告人并非真诚悔罪，这种预防效果就难以实现。

2. 获得被害人谅解。这里的“谅解”是指被告人通过各种方式真诚悔罪，使被害人体察其处境、原谅其错误。由于遭受犯罪行为伤害，被害人往往有强烈的追究犯罪的愿望，因此，被害人谅解是和解成功的关键因素，也是不可或缺的条件。

3. 被害人自愿和解。这里的“自愿和解”是指被害人不受外力干扰，在谅解犯罪嫌疑人、被告人的基础上，出于自己意愿，与对方和解。这一条件是为了防止被害人在受到暴力、胁迫等情况下违背自己意志而同意和解，影响和解的公正性。

4. 案件事实清楚，证据确实、充分。刑事诉讼法本身没有对这一条件作出规定，但考虑到当事人和解的案件需要由人民检察院或人民法院作出最终处理，基于“以事实为依据，以法律为准绳”的基本原则，人民检察院和人民法院的处理结果必须建立在案件事实查清的基础之上，因此，适用当事人和解程序也应对案件事实与证据情况作出要求。鉴于此，相关司法解释中对这一条件作出了规定，比如最高法《解释》第587条、最高检《规则》第492条都要求适用当事人和解程序的公诉案件应当“案件事实清楚，证据确实、充分”。公安部《规定》第335条也有关于“案件事实清楚”的审查要求。

(二)和解的方式

和解方式包括赔偿损失、赔礼道歉等。赔偿损失包括赔偿物质损失和精神损失,赔礼道歉可以通过书面或口头的方式进行。司法实务中比较常见的是上述两种方式,但不限于此,还可以包括提供劳务等其他方式。犯罪嫌疑人、被告人的法定代理人、近亲属依法代为和解的,和解协议约定的赔礼道歉等事项,应当由犯罪嫌疑人、被告人本人履行。此外,在使用赔偿损失的和解方式时应当注意,当事人和解不是"以钱赎刑",不是简单地以经济赔偿换取宽缓处理。

(三)审查的主体、程序与内容

当事人双方是和解的主体,但其和解内容并不直接生效,还需经过公安司法机关的审查和确认,以此保证和解活动的自愿性和合法性。审查的主体是公安机关、人民检察院和人民法院。刑事诉讼活动具有阶段性,公安机关、人民检察院、人民法院分别是侦查阶段、审查起诉阶段和审判阶段的审查主体。

审查时,应当听取当事人和其他有关人员的意见,告知刑事案件可能从宽处理的法律后果和双方的权利义务,并制作笔录附卷。审查的内容是和解的自愿性和合法性,包括双方当事人是否自愿和解;犯罪嫌疑人、被告人是否真诚悔罪,是否向被害人赔礼道歉,经济赔偿数额与其所造成的损害和赔偿能力是否相适应;被害人及其法定代理人或者近亲属是否明确表示对犯罪嫌疑人予以谅解;是否符合法律规定;是否损害国家、集体和社会公共利益或者他人的合法权益;是否符合社会公德;等等。这里,"自愿性"是指当事人和解的内容反映了双方当事人的真实意愿,而非对方或第三方的各种强迫方法所致。"合法性"是指和解必须符合法律规定,包括实体上的合法性和程序上的合法性。

双方当事人可以就赔偿损失、赔礼道歉等民事责任事项进行和解,并且可以就被害人及其法定代理人或者近亲属是否要求或者同意公安机关、人民检察院、人民法院对犯罪嫌疑人依法从宽处理或提出从宽处理建议进行协商,但不得对案件的事实认定、证据采信、法律适用和定罪量刑等依法属于公安机关、人民检察院、人民法院职权范围的事宜进行协商。经审查认为双方自愿和解,内容合法,且符合当事人和解程序法定案件范围和适用条件的,办案机关应当主持制作和解协议书。

和解协议书的主要内容包括:(1)双方当事人的基本情况。(2)案件的基本事实和主要证据。(3)犯罪嫌疑人真诚悔罪,承认自己所犯罪行,对指控的犯罪没有异议,向被害人赔偿损失、赔礼道歉等;赔偿损失的,应当写明赔偿的数额,履行的方式、期限等。(4)被害人及其法定代理人或者近亲属对犯罪嫌疑人予以谅解,并请求或者同意公安机关、人民检察院、人民法院对犯罪嫌疑人依法从宽处理。最高法《解释》第592条第4款规定,对和解协议中的赔偿损失内容,双方当事人要求保密的,人民法院应当准许,并采取相应的保密措施。

和解协议书应当由双方当事人签字。审查起诉阶段达成和解协议的,可以写明和解协议书系在人民检察院主持下制作，但检察人员不在当事人和解协议书上签字，也不加盖人民检察院印章；审判阶段达成和解协议的，审判人员在和解协议书上签名，但不加盖人民法院印章。和解协议书一式三份，双方当事人各持一份，另一份交办案机关附卷备查。

和解协议约定的赔偿损失内容，犯罪嫌疑人、被告人应在协议签署后即时履行。

四、各个诉讼阶段达成和解协议后的处理方式

（一）侦查阶段

根据《刑事诉讼法》第290条的规定，对于在侦查阶段达成和解协议的案件，公安机关可以向人民检察院提出从宽处理的建议，而不得作出撤销案件或者采用其他的直接处理方式。人民检察院在审查逮捕和审查起诉时应当充分考虑公安机关的建议，可以对案件从宽处理。具体来讲：

1. 人民检察院对于公安机关提请批准逮捕的案件，双方当事人已达成和解协议的，可以作为有无社会危险性或者社会危险性大小的因素予以考虑，经审查认为不需要逮捕的，可以作出不批准逮捕的决定。

2. 人民检察院对于公安机关移送审查起诉的案件，双方当事人已达成和解协议的，可以作为是否需要判处刑罚或者免除刑罚的因素予以考虑，符合法律规定的不起诉条件的，可以决定不起诉。对于依法应当提起公诉的，人民检察院可以向人民法院提出从宽处罚的量刑建议。

犯罪嫌疑人或者其亲友等以暴力、威胁、欺骗或者其他非法方法强迫、引诱被害人和解，或者在协议履行完毕之后威胁、报复被害人的，应当认定和解协议无效。已经作出不批准逮捕或者不起诉决定的，人民检察院根据案件情况可以撤销原决定，对犯罪嫌疑人批准逮捕或者提起公诉。

（二）审查起诉阶段

审查起诉阶段涉及的当事人和解案件包括两种情况：一是在侦查阶段就已达成和解，公安机关在移送审查起诉时提出从宽处理建议的；二是在审查起诉阶段才进行和解的。

对于在审查起诉阶段达成和解协议的，人民检察院有两种处理方法：（1）对于犯罪情节轻微，不需要判处刑罚或者免除刑罚的，可以依法作出不起诉的决定。这里，当事人达成和解协议的情况，可以作为是否需要判处刑罚或者免除刑罚的因素予以考虑。（2）对于依法应当提起公诉的，可以向人民法院提出从宽处罚的建议。

无论在侦查阶段还是审查起诉阶段达成和解协议的案件，和解协议书约定的赔偿损失内容，应当在双方签署协议后立即履行，至迟在人民检察院作出从宽处理决定前履行。确实难以一次性履行的，在被害人同意并提供有效担保的情况下，也可以分期履行。人民检察院拟作出不起诉决定的，应当听取双方当事人对和解的

意见,并且查明犯罪嫌疑人是否已经切实履行和解协议、不能即时履行的是否已经提供有效担保,将其作为是否决定不起诉的因素予以考虑。当事人反悔的,如果在不起诉决定作出之前,可以另行达成和解,不能另行达成和解的,人民检察院应当依法作出起诉或者不起诉决定;如果在不起诉决定作出之后反悔,人民检察院不撤销原决定,但有证据证明和解违反自愿、合法原则的除外。

犯罪嫌疑人或者其亲友等以暴力、威胁、欺骗或者其他非法方法强迫、引诱被害人和解,或者在协议履行完毕之后威胁、报复被害人的,应当认定和解协议无效。已经作出不起诉决定的,人民检察院根据案件情况可以撤销原决定,对犯罪嫌疑人提起公诉。

(三)审判阶段

审判阶段涉及的当事人和解案件包括两种情况:一是在侦查阶段或审查起诉阶段已达成和解,但依法仍然应当提起公诉,人民检察院在起诉时向人民法院提出从宽处罚建议的;二是当事人在审判阶段才进行和解的。对于这两种情况,人民法院都可以依法对被告人从宽处理,并应在裁判文书中对达成和解协议的情况作出叙述。具体来讲,对达成和解协议的案件,人民法院应当对被告人从轻处罚;符合非监禁刑适用条件的,应当适用非监禁刑;判处法定最低刑仍然过重的,可以减轻处罚;综合全案认为犯罪情节轻微不需要判处刑罚的,可以免除刑事处罚。共同犯罪案件,部分被告人与被害人达成和解协议的,可以依法对该部分被告人从宽处罚,但应当注意全案的量刑平衡。

对公安机关、人民检察院主持制作的和解协议书,当事人在审判阶段提出异议的,人民法院应当审查。经审查,和解自愿、合法的,予以确认,无须重新制作和解协议书;和解不具有自愿性、合法性的,应当认定无效。和解协议被认定无效后,双方当事人重新达成和解的,人民法院应当主持制作新的和解协议书。

和解协议已经全部履行,当事人反悔的,人民法院不予支持,但有证据证明和解违反自愿、合法原则的除外。

案例精选

甲因邻里纠纷失手致乙死亡,甲被批准逮捕。案件起诉后,双方拟通过协商达成和解。于是,甲的辩护人和乙近亲属的诉讼代理人参与和解协商(源于2014年国家司法考试真题卷二第40题)。

【问】甲的辩护人和乙近亲属的诉讼代理人的行为是否正确?

【答案与解析】正确。最高法《解释》第587条规定,对符合《刑事诉讼法》第288条规定的公诉案件,事实清楚、证据充分的,人民法院应当告知当事人可以自行和解;当事人提出申请的,人民法院可以主持双方当事人协商以达成和解。根据案件情况,人民法院可以邀请人民调解员、辩护人、诉讼代理人、当事人亲友等参与促成双方当事人和解。最高法《解释》第588条规定,符合《刑事诉讼法》第288条规定的公诉案件,被害人死亡的,其近亲属可以与被告人和解。近亲属有多人的,达成和解协议,应当经处于同一继承顺序的所有近亲属同意。被害人系无行为能力或者限制行为能力人的，其法定代理人、近亲属可以代为和解。因此，甲的辩护人可参与和解协商。乙已死亡，其近亲属可以与被告人和解，则近亲属的诉讼代理人可以参与和解协商。

思考问题

1. 如何理解当事人和解的公诉案件的适用条件？
2. 试述当事人和解的公诉案件诉讼程序中和解协议书的效力及其认定。

法条链接

《刑事诉讼法》第288～290条；最高法《解释》第587～597条；最高检《规则》第492～504条；公安部《规定》第333～338条。

扩展阅读

1. 卞建林、王立主编：《刑事和解与程序分流》，中国人民公安大学出版社2010年版。
2. 宋英辉主编：《刑事和解制度研究》，北京大学出版社2011年版。
3. 马静华：《刑事和解理论基础与中国模式》，中国政法大学出版社2011年版。
4. 杜宇：《传统刑事责任理论的反思与重构：以刑事和解为切入点的展开》，中国政法大学出版社2012年版。
5. 陈光中、葛琳：《刑事和解初探》，载《中国法学》2006年第5期。
6. 陈光中：《刑事和解再探》，载《中国刑事法杂志》2010年第2期。
7. 黄京平：《刑事和解的政策性运行到法制化运行——以当事人和解的轻伤害案件为样本的分析》，载《中国法学》2013年第3期。
8. 赵恒：《认罪认罚与刑事和解的衔接适用研究》，载《环球法律评论》2019年第3期。

第二十四章　缺席审判程序

本章知识要点

为加强反腐败和国家追逃追赃的工作力度，丰富反腐败和国家追逃追赃的手段，保障被告人因病不能出庭的刑事案件的顺利审理和判决，维护被告人死亡案件被告人的合法权益，2018 年《刑事诉讼法》修改时增加了缺席审判程序。本章主要介绍了缺席审判程序的概念、意义，以及缺席审判程序的三种类型（被告人在境外的刑事案件的缺席审判程序、被告人因病不能参与审判的刑事案件的缺席审判程序、被告人死亡刑事案件的缺席审判程序）。

第一节　概　　述

一、缺席审判程序的概念

缺席审判程序是与对席审判相对而言的，是指法官在被告人不出席法庭审判的情形下，开庭审理，依法作出判决的程序。多数国家都规定了一定条件下的刑事缺席审判制度，国际公约也不排除在严格保障被告人权利的前提下进行缺席审判。近年来，我国不断加大国际追逃追赃工作力度，缉捕外逃人员人数逐年上升，为加强国际追逃追赃工作力度，丰富国际追逃追赃工作手段，通过“以审促返”加大劝返力度，以及为了打击危害国家安全、恐怖主义犯罪、保证被告人因病不能参与审判的刑事案件的顺利审理、维护死亡被告人的合法权益等，我国 2018 年修改后的《刑事诉讼法》，在第五编特别程序中专门增设了“缺席审判程序”一章。

二、缺席审判的意义

在我国建立刑事缺席审判程序，具有以下四个方面的重大意义。

首先，对于惩治腐败犯罪的意义。我国刑事缺席审判程序建立的主要目的是加大国际追逃追赃力度，惩治腐败犯罪。在这方面的意义具体体现在以下三个方面：一是缺席审判程序的建立有助于帮助司法机关尽快查明潜逃境外的犯罪嫌疑人的犯罪事实，及时挽回相关损失，从而顺利推进反腐败国际追逃追赃工作。二是缺席审判程序的确立,为我国在国际上追逃追赃提供了法律依据。目前,追逃主要依据的是国际公约和与部分国家签署的引渡条约,但在某些情况下,既没有相关的国际公约可遵循,也缺乏国家间的引渡条约,对于这类犯罪嫌疑人的追捕,如果事先能够获得国内司法机关的司法文书,那么相关国家给予配合也就有了法律依据。三是通过缺席审判给外逃犯罪分子定罪处刑,有助于彰显法律权威。有些腐败犯罪分子进行贪污、贿赂犯罪以后,携款到国外企图逃避法律惩罚,缺席审判程序的建立,改变了以往司法实践中由于犯罪嫌疑人没有到案而产生的无法定罪量刑、无法处置赃款赃物、无法及时补偿被害人损失等问题,使其即使不回国,不出庭,也能够被定罪处刑,从而彰显了法律的权威。

其次,为了惩治严重危害国家安全犯罪和恐怖主义犯罪。严重危害国家安全犯罪和恐怖主义犯罪涉及国家利益和社会公共利益,对于被告人在境外的,如果不及时审判,有可能损害国家和社会公共利益,因此对其进行缺席审判,无疑有助于及时惩治这些犯罪,维护国家和社会公共利益。

再次,为了保障被告人因病不能出庭的刑事案件的顺利审理和判决。被告人因病无法出庭的案件,若长时间中止审理不利于固定证据、查明案情,可能会导致之后的审判遇到困难,也不利于法律关系的稳定,若被告人及其法定代理人、近亲属愿意恢复审理,进行缺席审判,有利于尽快审结案件,结束法律关系的不稳定状态。

最后,为了维护被告人死亡案件中被告人的合法权益。追究犯罪人的刑事责任是刑事诉讼的目的之一,在刑事审判过程中,如果被告人死亡,刑事责任也就无法追究,因此,在这种情形下,人民法院原则上应当裁定终止审理。如果根据已查明的案件事实和认定的证据,能够确认无罪的,应当继续审理,判决宣告无罪,即对于无罪者应还以清白。这种缺席审判,无疑有助于维护死亡被告人的合法权益。

第二节 缺席审判程序的类型

在刑事诉讼中,一般情况下是进行对席审判的。缺席审判在保障当事人权利方面可能会存在缺陷,所以从有利于保障犯罪嫌疑人、被告人权利的角度来说,缺席审判的范围应当受到严格控制。为了确保缺席审判得以正确公正实施,依据2018年修改后的刑事诉讼法规定,我国的缺席审判程序共包括被告人在境外的刑事案件的缺席审判程序、被告人因病不能参与审判的刑事案件的缺席审判程序、被告人死亡刑事案件的缺席审判等三种程序类型,其适用案件范围、程序内容都有所不同。

一、被告人在境外的刑事案件的缺席审判程序

(一)适用案件范围

一是贪污贿赂犯罪案件。这是我国2018年确立缺席审判程序最初的考虑。贪污贿赂犯罪是指由监察机关调查的《刑法》分则第八章规定的国家工作人员犯罪,以及其他章节中明确规定按照《刑法》分则第八章贪污贿赂罪的规定定罪处罚的犯罪。

二是严重危害国家安全犯罪、恐怖活动犯罪案件。维护国家安全犯罪、恐怖活动犯罪涉及国家利益和社会公共利益,对于这类案件需要及时进行审判,经最高人民检察院核准可以适用缺席审判程序。危害国家安全犯罪主要是指《刑法》分则第一章规定的危害国家安全罪。根据《反恐怖主义法》第3条的规定,恐怖活动犯罪是指通过暴力、破坏、恐吓等手段,制造社会恐慌、危害公共安全、侵犯人身财产,或者胁迫国家机关、国际组织,以实现其政治、意识形态等目的,构成犯罪的行为。

(二)适用条件

1. 被告人在境外。在境外是指犯罪后潜逃境外,或者因其他原因出境后在境外滞留不归等情况。这是被告人缺席的原因,也是缺席审判需证明的条件,人民检察院在提起公诉时应当有证据确认犯罪嫌疑人、被告人"在境外"。

2. 人民检察院提起公诉并且起诉书中具有明确的指控犯罪事实。对于监察机关、公安机关移送起诉的案件,人民检察院经审查认为犯罪事实已经查清,证据确实、充分,应当依法追究刑事责任,提起公诉,人民法院进行审查后,认为起诉书中有明确的指控犯罪事实的。

3. 对于严重危害国家安全犯罪、恐怖活动犯罪案件,为保证缺席审判的严格适用,应当经最高人民检察院核准,才能提起公诉。

(三)管辖

对于刑事缺席审判的案件,由犯罪地、被告人离境前居住地或者最高人民法院指定的中级人民法院管辖,组成合议庭进行审理。

根据最高法《解释》的规定,对人民检察院提起公诉的缺席审判案件,人民法院应当重点审查以下内容:

1. 是否属于可以适用缺席审判程序的案件范围;

2. 是否属于本院管辖;

3. 是否写明被告人的基本情况,包括明确的境外居住地、联系方式等;

4. 是否写明被告人涉嫌有关犯罪的主要事实,并附证据材料;

5. 是否写明被告人有无近亲属以及近亲属的姓名、身份、住址、联系方式等情况;

6. 是否列明违法所得及其他涉案财产的种类、数量、价值、所在地等,并附证据材料;

7. 是否附有查封、扣押、冻结违法所得及其他涉案财产的清单和相关法律手续。

上述材料需要翻译件的，人民法院应当要求人民检察院一并移送。

人民法院审查后，应当按照下列情形分别处理：

1. 符合缺席审判程序适用条件，属于本院管辖，且材料齐全的，应当受理；

2. 不属于可以适用缺席审判程序的案件范围、不属于本院管辖或者不符合缺席审判程序的其他适用条件的，应当退回人民检察院；

3. 材料不全的，应当通知人民检察院在 30 日以内补送；30 日以内不能补送的，应当退回人民检察院。

（四）适用程序

1. 刑事诉讼文书的送达。人民法院应当通过有关国际条约规定的或者外交途径提出的司法协助方式，或者被告人所在地法律允许的其他方式，将传票和人民检察院的起诉书副本送达被告人。国际条约包括双边条约、多边条约以及国际公约，这里的国际条约主要指双边条约，目前我国已经批准了 54 件有关刑事司法协助的双边条约。国际刑事司法协助条约中一般都对送达文书作了专门规定。在双方国家尚未签订国际刑事司法协助条约，需要进行国际刑事司法合作的情况，就采用外交途径。由于送达文书属于一国的司法主权事务，一般来说，需要请求被告人所在地国家协助送达，所以也可以采用被告人所在地法律允许的其他方式，比如，通过领事送达。

2. 缺席审理。传票和起诉书副本送达后，被告人未按要求到案的，人民法院应当开庭审理，依法作出判决，并对违法所得及其他涉案财产作出处理。

3. 委托辩护人。人民法院缺席审判案件，被告人有权委托辩护人，被告人的近亲属可以代为委托辩护人。被告人及其近亲属没有委托辩护人的，人民法院应当通知法律援助机构指派律师为其提供辩护。

4. 上诉与抗诉。人民法院应当将判决书送达被告人及其近亲属、辩护人。被告人或者其近亲属不服判决的，有权向上一级人民法院上诉。辩护人经被告人或者其近亲属同意，可以提出上诉。人民检察院认为人民法院的判决确有错误的，应当向上一级人民法院提出抗诉。

5. 重新审理。在审理过程中，被告人自动投案或者被抓获的，人民法院应当重新审理。罪犯在判决、裁定发生法律效力后到案的，人民法院应当将罪犯交付执行刑罚。交付执行刑罚前，人民法院应当告知罪犯有权对判决、裁定提出异议。罪犯对判决、裁定提出异议的，人民法院应当重新审理。

6. 财产返还与赔偿。依照生效判决、裁定对罪犯的财产进行的处理确有错误的，应当予以返还、赔偿。

二、被告人因病不能参与审判的刑事案件的缺席审判程序

根据《刑事诉讼法》第296条的规定,“因被告人患有严重疾病无法出庭,中止审理超过六个月,被告人仍无法出庭,被告人及其法定代理人、近亲属申请或者同意恢复审理的,人民法院可以在被告人不出庭的情况下缺席审理,依法作出判决。”据此,我们可以这样理解这种缺席审判程序:

1. 被告人患有严重疾病无法出庭。这种情形是指被告人患有严重疾病无法辨认、控制自己的行为,无法表达自己的真实意思,也包括出庭可能影响其生命健康等。

2. 中止审理并超过6个月。根据《刑事诉讼法》第206条的规定,中止审理的原因消失后,应当恢复审理,但如果中止审理超过6个月,中止审理的原因还未消除。

3. 被告人及其法定代理人、近亲属申请或者同意恢复审理。被告人及其法定代理人、近亲属由于希望尽早结案、尽早处理财产等特定原因愿意恢复审理。

4. 人民法院可以缺席审理并作出判决。人民法院可以根据证据情况、被告人不出庭对查明案情的影响、被害人等其他当事人对缺席审理的意见等案件的具体情况,决定是否缺席审理,而非必须要缺席审理。

三、被告人死亡刑事案件的缺席审判程序

根据《刑事诉讼法》第297条的规定,“被告人死亡的,人民法院应当裁定终止审理,但有证据证明被告人无罪,人民法院经缺席审理确认无罪的,应当依法作出判决。人民法院按照审判监督程序重新审判的案件,被告人死亡的,人民法院可以缺席审理,依法作出判决。”据此,我们可以这样理解这种缺席审判程序:

1. 被告人在审判阶段死亡的,人民法院原则上应当裁定终止审理。被告人在审判阶段死亡的就无法追究其刑事责任,因而人民法院应当裁定终止审理,这是刑事诉讼法对于被告人死亡情形的原则性处理规定。

2. 被告人在审判阶段死亡的,但有证据证明被告人无罪,人民法院经缺席审理确认无罪的,应当继续审理,依法作出无罪判决。根据最高法《解释》第606条的规定,“有证据证明被告人无罪,经缺席审理确认无罪”,包括案件事实清楚,证据确实、充分,依据法律认定被告人无罪的情形,以及证据不足,不能认定被告人有罪的情形。

3. 人民法院按照审判监督程序重新审判的案件,被告人死亡的,人民法院可以缺席审理,依法作出有罪或者无罪判决。如果是因为已经生效的裁判确有错误等原因提起再审的案件,人民法院在缺席审理以后,应当根据实际情况作出有罪或者无罪判决。

思考问题

被告人在境外的刑事案件的缺席审判程序的主要内容。

法条链接

《刑事诉讼法》第 291 ~297 条;最高检《规则》第 505 ~510 条;最高法《解释》第 598、599、600 ~608 条。

扩展阅读

1. 杨宇冠:《刑事缺席审判被告人权利保障问题研究》,载《当代法学》2020 年第 6 期。
2. 董坤:《被告人死亡案件缺席审判程序研究》,载《法学》2020 年第 10 期。
3. 步洋洋:《论我国缺席审判制度的类型化》,载《政法论坛》2020 年第 4 期。

第二十五章　犯罪嫌疑人、被告人逃匿、死亡案件违法所得的没收程序

本章知识要点

为了惩治和预防腐败犯罪和恐怖犯罪，刑事诉讼法规定了"犯罪嫌疑人、被告人逃匿、死亡案件违法所得的没收程序"。本章主要介绍了违法所得的没收程序的含义、特点、适用范围、对象，以及程序的启动、管辖、具体审理程序等内容。

第一节　概　　述

一、犯罪嫌疑人、被告人逃匿、死亡案件违法所得的没收程序的概念及特点

为严厉打击贪污贿赂犯罪、恐怖活动犯罪等重大犯罪，对犯罪所得及时采取追缴措施，并与我国已经加入的联合国反腐败公约以及反恐怖问题的决议的要求相衔接，2012 年刑事诉讼法修改时，增加了犯罪嫌疑人、被告人逃匿、死亡案件违法所得没收程序。2018 年刑事诉讼法的修订未涉及该内容，但最高法《解释》和最高检《规则》均做了较大改动。违法所得没收程序是指对于贪污贿赂犯罪、恐怖活动犯罪等重大犯罪案件，犯罪嫌疑人、被告人潜逃，在通缉 1 年后不能到案，或者犯罪嫌疑人、被告人死亡，依照刑法规定应当追缴其违法所得及其他涉案财产的，人民检察院可以向人民法院提出没收违法所得的申请，人民法院依据特别诉讼程序对该违法所得的追缴进行审理，并依法作出没收裁定的诉讼活动。

犯罪嫌疑人、被告人逃匿、死亡案件违法所得没收程序是在犯罪嫌疑人逃匿或者死亡的情形下，对违法所得及其他涉案财物进行处理的特别诉讼程序，它具有以下三个特点：

第一，犯罪嫌疑人、被告人逃匿、死亡案件违法所得的没收程序适用的案件范围具有特定性。犯罪嫌疑人、被告人逃匿、死亡案件违法所得的没收程序只能针对贪污贿赂，失职渎职等职务犯罪、恐怖活动以及恐怖活动组织、恐怖活动人员实施的杀人、爆炸、绑架等重大的犯罪案件。此外，还包括危害国家安全、走私、洗钱、金

融诈骗、黑社会性质组织、毒品犯罪案件、电信诈骗、网络诈骗犯罪重大犯罪案件，而对于其他案件并不适用。重大犯罪案件通常是指在省、自治区、直辖市或者全国范围内具有较大影响的犯罪案件，或者犯罪嫌疑人、被告人逃匿境外的犯罪案件应当认定为重大犯罪案件。

第二，犯罪嫌疑人、被告人逃匿、死亡案件违法所得的没收程序适用的对象具有特定性。我国的没收程序仅仅针对“财物”，而不涉及对被告人的定罪量刑。即违法所得案件的审理仅仅围绕有关财物的来源和用途是否合法，即使审查犯罪事实也不涉及犯罪嫌疑人、被告人定罪及刑事责任问题。

第三，犯罪嫌疑人、被告人逃匿、死亡案件违法所得的没收程序强调保障利害关系人的诉讼权利。犯罪嫌疑人、被告人逃匿、死亡案件违法所得的没收程序涉及利害关系人的财产权的处分，因此，其有权参与该程序，所以应当特别保障其质证、辩论、救济等各项诉讼权利。

二、犯罪嫌疑人、被告人逃匿、死亡案件违法所得的没收程序的意义

犯罪嫌疑人、被告人逃匿、死亡案件违法所得的没收程序具有以下四个方面的重要意义：

一是有利于惩治和预防腐败犯罪和恐怖犯罪。当前，我国反腐败和反恐怖斗争形势日益严峻，以贪污贿赂等犯罪为例，犯罪嫌疑人犯罪后，必定想方设法隐匿或转移，尤其是向境外转移赃款赃物。目前，转移境外的犯罪资产数目巨大，对于潜逃境外的犯罪嫌疑人无法转移（如房产）或还不来及转移或隐匿的赃款赃物，数量也十分庞大。这给国家造成了巨大的损失。因此，我国法律规定了违法所得没收程序对犯罪分子的非法所得的财产予以没收，一方面实现对犯罪分子的惩治，另一方面也可以威慑犯罪分子，起到预防犯罪的作用。

二是增设违法所得特别没收程序也是我国反恐怖工作的客观需要。这是因为恐怖主义已成为影响当今国际稳定与和平发展的重要因素，我国当前面临恐怖活动的现实威胁，反恐怖斗争的长期性、复杂性和尖锐性日益突出，进一步推进反恐怖立法、解决反恐怖斗争中遇到的法律问题和实际困难，对于维护国家安全和社会稳定具有十分重要的意义。违法所得没收程序的制定顺应了国家反腐反恐斗争的需要，使我国向缔约国请求追缴外逃资产有了法律上的依据，因此，该程序的增加彰显了国家惩治腐败的决心，可以从根本上震慑贪污、恐怖活动分子，减少贪污腐败现象。违法所得没收程序的设立有利于中国与世界各国开展国际刑事司法合作，有力打击贪污贿赂犯罪和恐怖活动犯罪。

三是有助于完善我国的刑事诉讼程序。我国刑事诉讼法在特别程序一章，增加了违法所得特别没收程序，这不仅在具体内容上完善了刑事诉讼法律制度，而且更好地满足了司法实践的需要。新增加的违法所得没收程序的设立，对于我国刑事诉讼法律制度渐趋科学完备具有重要的意义。该程序在普通程序外创设了新的特别刑事审判程序,丰富了程序种类,使刑事审判由"一元化"走向"多元化"。

四是履行国际公约义务的需要。为了在世界范围内有效打击恐怖主义犯罪、跨国有组织犯罪和腐败犯罪,切断犯罪分子的资金链条,相关国际公约中一般都规定了财产没收的国际合作。例如,2000年《联合国打击跨国有组织犯罪公约》也要求采取财产没收措施。又如,2003年《联合国反腐败公约》特别规定了各缔约国之间如何通过没收合作追回腐败资产,并对缔约国国内法提出了明确的要求。这两项国际公约均已被全国人大常委会批准,我国刑事诉讼法增设特别没收程序,是履行国际公约义务的需要。

第二节　犯罪嫌疑人、被告人逃匿、死亡案件违法所得的没收程序的适用条件

根据我国《刑事诉讼法》第298条的规定,犯罪嫌疑人、被告人逃匿、死亡案件违法所得的诉讼程序在适用案件范围、对象、没收的财产范围等需要具备一定的条件。

一、犯罪嫌疑人、被告人逃匿、死亡案件违法所得的没收程序适用的案件范围

根据我国《刑事诉讼法》和最高检《规则》的规定,违法所得没收程序适用的案件类型包括四种:(1)贪污贿赂、失职渎职等职务犯罪案件,即《刑法》分则第八章所规定的犯罪;(2)恐怖活动犯罪,指《刑法》分则第二章规定的相关恐怖活动犯罪案件,以及恐怖活动组织、恐怖活动人员实施的杀人、爆炸、绑架等犯罪案件;(3)危害国家安全、走私、洗钱、金融诈骗、黑社会性质组织、毒品犯罪案件;(4)电信诈骗、网络诈骗犯罪案件。从世界其他国家的立法经验来看,违法所得没收程序的适用范围有一个逐渐扩大的趋势,因此,借鉴其他国家的立法经验对案件的范围不应限于两类案件,应当有所扩大。

此外,根据相关的法律规定可以看出,对于贪污贿赂犯罪、恐怖活动犯罪等重大犯罪案件,才能适用没收程序。所谓重大案件主要包括以下两种:一是案件在本省、自治区、直辖市或者全国范围内有较大影响的;二是犯罪嫌疑人、被告人逃匿境外的犯罪案件。这表明并非对任何贪污贿赂犯罪、恐怖活动犯罪,无论情节轻重、需要没收的财产多少,均可启动没收程序,而是还有一定"度"的要求。这也是由没收程序的特殊性决定的,同时有功利方面的考虑,如行为人受贿数额只有几万元,便轻易启动没收程序,无疑是得不偿失的。

二、犯罪嫌疑人、被告人逃匿、死亡案件违法所得的没收程序的适用对象

根据我国《刑事诉讼法》第 298 条以及最高法《解释》第 611 条规定，违法所得程序的适用对象包括以下两类：（1）犯罪嫌疑人、被告人在通缉 1 年后不能到案的；（2）犯罪嫌疑人、被告人死亡的。这里的“通缉”应是指发布通缉令进行通缉，包括网上发布通缉令。关于“1 年”的起止时间，应是指从发布通缉令通缉的第 2 日起，至人民检察院向人民法院提出没收违法所得的申请之日止。犯罪嫌疑人、被告人潜逃一定时间或者死亡是适用这一特别程序的基本条件，如果犯罪嫌疑人、被告人不存在潜逃和死亡的特殊情形，就不能适用这一特别的程序。此外，除死亡情形发生外，并不是一切潜逃情形的出现都可以适用这一程序，潜逃时间的长短是能否适用这一特别程序的关键。只有在潜逃时间届满一定期间，才符合适用该程序的条件。如果潜逃时间太短，如在侦查过程中或较短时间内犯罪嫌疑人、被告人就归案了，适用该程序的基本条件已不存在，适用特别诉讼程序进行审理就失去了存在的价值。根据我国的司法实践，潜逃并通缉时间届满 1 年后，如按普通诉讼程序的时限计算，属于时间较长，如果犯罪嫌疑人、被告人仍然没有归案的，才可以启动这一特别程序。

三、犯罪嫌疑人、被告人逃匿、死亡案件违法所得的没收程序应予以没收的财产范围

根据我国《刑事诉讼法》第 298 条第 1 款的规定，没收的财产是特定犯罪和特定情形的“违法所得”及其他涉案财产。根据最高检《规则》第 515 条和第 516 条的规定，“违法所得”主要包括：犯罪嫌疑人、被告人通过实施犯罪直接或者间接产生、获得的任何财产；违法所得已经部分或者全部转变、转化为其他财产的，转变、转化后的财产；来自违法所得转变、转化后的财产收益，或者来自已经与违法所得相混合财产中违法所得相应部分的收益。“其他涉案财产”是指犯罪嫌疑人、被告人非法持有的违禁品、供犯罪所用的本人财物。据此，我国刑事诉讼法规定的违法所得没收程序中刑事涉案财产的范围主要包括以下内容：一是犯罪分子的违法所得；二是犯罪分子非法持有的违禁品；三是供犯罪所用的本人财物。

第三节　犯罪嫌疑人、被告人逃匿、死亡案件违法所得的没收程序的审理

一、犯罪嫌疑人、被告人逃匿、死亡案件违法所得的没收程序的启动及管辖

（一）违法所得没收程序的启动

我国《刑事诉讼法》第 298 条规定：“对于贪污贿赂犯罪、恐怖活动犯罪等重大

犯罪案件,犯罪嫌疑人、被告人逃匿,在通缉一年后不能到案,或者犯罪嫌疑人、被告人死亡,依照刑法规定应当追缴其违法所得及其他涉案财产的,人民检察院可以向人民法院提出没收违法所得的申请。公安机关认为有前款规定情形的,应当写出没收违法所得意见书,移送人民检察院。没收违法所得的申请应当提供与犯罪事实、违法所得相关的证据材料,并列明财产的种类、数量、所在地及查封、扣押、冻结的情况。人民法院在必要的时候,可以查封、扣押、冻结申请没收的财产。”

最高法《解释》第611条规定,犯罪嫌疑人、被告人死亡,依照刑法规定应当追缴其违法所得及其他涉案财产,人民检察院提出没收违法所得申请的,人民法院应当受理。根据该规定可以看出,没收违法所得必须由人民检察院提出申请。人民检察院向人民法院提出没收违法所得的申请应当制作没收违法所得申请书。同时,公安部《规定》第339条规定:“有下列情形之一,依照刑法规定应当追缴其违法所得及其他涉案财产的,经县级以上公安机关负责人批准,公安机关应当写出没收违法所得意见书,连同相关证据材料一并移送同级人民检察院:(一)恐怖活动犯罪等重大犯罪案件,犯罪嫌疑人逃匿,在通缉一年后不能到案的;(二)犯罪嫌疑人死亡的……”根据这一规定,公安机关认为应当没收违法所得的,可以提出没收违法所得意见书,连同相关证据材料一并移送同级人民检察院。这里的公安机关应当是由有管辖权的人民检察院的同级公安机关。这种做法与国际上通行的做法一致,在国际上,一般情况下,独立的没收或民事没收程序由负有追诉犯罪职能的公诉机关提出,虽然有的国家同时规定了其他行政机关也可以提出没收请求,但由于受到举证责任的限制,多数国家采取了由公诉机关向审判机关提出没收请求的做法。

(二)管辖

根据我国《刑事诉讼法》第299条的规定,没收违法所得的申请,由犯罪地或者犯罪嫌疑人、被告人居住地的中级人民法院组成合议庭进行审理。对没收违法所得的申请,人民法院应当在7日以内审查完毕,对不属于本院管辖的,应当退回人民检察院。

(三)审查程序

根据最高检《规则》第612、613条的规定,对人民检察院提出的没收违法所得申请,人民法院应当审查以下内容:(1)是否属于可以适用违法所得没收程序的案件范围;(2)是否属于本院管辖;(3)是否写明犯罪嫌疑人、被告人基本情况,以及涉嫌有关犯罪的情况,并附证据材料;(4)是否写明犯罪嫌疑人、被告人逃匿、被通缉、脱逃、下落不明、死亡等情况,并附证据材料;(5)是否列明违法所得及其他涉案财产的种类、数量、价值、所在地等,并附证据材料;(6)是否附有查封、扣押、冻结违法所得及其他涉案财产的清单和法律手续;(7)是否写明犯罪嫌疑人、被告人有无利害关系人,利害关系人的姓名、身份、住址、联系方式及其要求等情况;(8)是否写明申请没收的理由和法律依据；(9)其他依法需要审查的内容和材料。

前款规定的材料需要翻译件的，人民法院应当要求人民检察院一并移送。

对没收违法所得的申请，人民法院应当在30日以内审查完毕，并按照下列情形分别处理：(1)属于没收违法所得申请受案范围和本院管辖，且材料齐全、有证据证明有犯罪事实的，应当受理；(2)不属于没收违法所得申请受案范围或者本院管辖的，应当退回人民检察院；(3)没收违法所得申请不符合"有证据证明有犯罪事实"标准要求的，应当通知人民检察院撤回申请；(4)材料不全的，应当通知人民检察院在7日以内补送，7日以内不能补送的，应当退回人民检察院。

人民检察院尚未查封、扣押、冻结申请没收的财产或者查封、扣押、冻结期限即将届满，涉案财产有被隐匿、转移或者毁损、灭失危险的，人民法院可以查封、扣押、冻结申请没收的财产。

二、犯罪嫌疑人、被告人逃匿、死亡案件违法所得的没收程序的审理程序

(一)公告程序

根据《刑事诉讼法》第299条第2款的规定，人民法院受理没收违法所得的申请后，应当发出公告。公告期间为6个月。

根据最高法《解释》第614条的规定，公告主要包括以下几方面的内容：(1)案由、案件来源；(2)犯罪嫌疑人、被告人通缉在逃或者死亡等基本情况；(3)犯罪嫌疑人、被告人涉嫌的事实；(4)申请没收财产的种类、数量、价值、所在地等以及已查封、扣押、冻结财产的清单和法律手续；(5)申请没收的财产属于违法所得及其他涉案财产的相关事实；(6)犯罪嫌疑人、被告人逃匿、被通缉、脱逃、下落不明、死亡情况；(7)申请没收的财产属于违法所得及其他涉案财产的相关事实；(8)申请没收的理由和法律依据；(9)利害关系人申请参加诉讼的期限、方式以及未按照该期限、方式申请参加诉讼可能的不利法律后果；(10)其他应公告的情况。最高法《解释》同时也规定了公告应当在全国公开发行的报纸、信息网络媒体、最高人民法院的官方网站发布，并在人民法院公告栏发布。必要时，公告可以在犯罪地、犯罪嫌疑人、被告人居住地或者被申请没收财产所在地发布。最后发布的公告的日期为公告日期。发布公告的，应当采取拍照、录像等方式记录发布过程。

人民法院已经掌握境内利害关系人联系方式的，应当直接送达含有公告内容的通知；直接送达有困难的，可以委托代为送达、邮寄送达。经受送达人同意的，可以采用传真、电子邮件等能够确认其收悉的方式告知公告内容，并记录在案。

人民法院已经掌握境外犯罪嫌疑人、被告人、利害关系人联系方式，经受送达人同意的，可以采用传真、电子邮件等能够确认其收悉的方式告知公告内容，并记录在案；受送达人未表示同意，或者人民法院未掌握境外犯罪嫌疑人、被告人、利害关系人联系方式，其所在国、地区的主管机关明确提出应当向受送达人送达含有公告内容的通知的，人民法院可以决定是否送达。决定送达的，应当依照最高法《解

释》第493条的规定请求所在国、地区提供司法协助。

公告程序设立的意义在于:一方面,便于犯罪嫌疑人、被告人及其近亲属和利害关系人知悉财产的基本情况;另一方面,公告也起到了权利告知的效果,有督促犯罪嫌疑人和被告人及时归案、参与诉讼的作用。

(二)审理程序

《刑事诉讼法》第299条第3款明确规定:"人民法院在公告期满后对没收违法所得的申请进行审理。利害关系人参加诉讼的,人民法院应当开庭审理。"一方面,利害关系人委托诉讼代理人参加诉讼的,人民法院仍应开庭审理。另一方面,没有利害关系人参加诉讼的,可以不开庭审理。因为这种情形下,由于缺少讼争、对抗的一方,开庭并无实质意义。当然,不开庭审理的,合议庭成员必须认真阅卷、审查全部证据材料,必要时,还应对相关疑点问题进行调查核实,然后依法作出裁定。

根据最高院《解释》第619条的规定,利害关系人申请参加诉讼的,人民法院应当开庭审理。没有利害关系人申请参加诉讼的或者利害关系人及其诉讼代理人无正当理由拒不到庭的,可以不开庭审理。

开庭审理申请没收违法所得的案件,按照下列程序进行:

1. 审判长宣布法庭调查开始后,先由检察员宣读申请书,后由利害关系人、诉讼代理人发表意见。

2. 法庭应当依次就犯罪嫌疑人、被告人是否实施了贪污贿赂犯罪、恐怖活动犯罪等重大犯罪并已经通缉1年不能到案,或者是否已经死亡,以及申请没收的财产是否依法应当追缴进行调查;调查时,先由检察员出示有关证据,后由利害关系人发表意见、出示有关证据,并进行质证。

3. 法庭辩论阶段,先由检察员发言,后由利害关系人及其诉讼代理人发言,并进行辩论。利害关系人接到通知后无正当理由拒不到庭,或者未经法庭许可中途退庭的,可以转为不开庭审理,但还有其他利害关系人参加诉讼的除外。

(三)审理结果

我国《刑事诉讼法》第300条第1款规定:"人民法院经过审理,对经查证属于违法所得及其他涉案财产的,除依法返还被害人以外,应当裁定予以没收;对于不属于应当追缴的财产的,应当裁定驳回申请,解除查封、扣押、冻结措施。"根据这一规定,人民法院经过审理之后,有以下三种处理结果:

1. 认定涉案财产属于违法所得,返还被害人。对于有充分证据证明涉案财产属于违法所得的财产,并且有充分证据证明该财产为被害人所有,法院应当裁定将其返还被害人。

2. 涉案财产属于违法所得,予以没收。如果有充分的证据证明涉案财产属于违法所得,而且不属于其他人合法所有,法院应当作出没收的裁决。

3. 不能认定涉案财产是违法所得，解除强制性措施，返还原所有人或其他人。如果不能认定是违法所得，法院应当裁定解除查封、扣押、冻结等措施，将财产返还原所有人或其他人。

4. 申请没收的财产具有高度可能属于违法所得及其他涉案财产的，应当认定为申请没收的财产属于违法所得及其他涉案财产。巨额财产来源不明犯罪案件中，没有利害关系人对违法所得及其他涉案财产主张权利，或者利害关系人对违法所得及其他涉案财产虽然主张权利但提供的证据没有达到相应证明标准的，应当视为"申请没收的财产属于违法所得及其他涉案财产"。

三、终止审理

我国《刑事诉讼法》第 301 条第 1 款规定，在法庭审理过程中，在逃的犯罪嫌疑人、被告人自动投案或者被抓获的，人民法院应当终止审理。即当犯罪嫌疑人、被告人归案后，违法所得没收程序所实施的条件不再成立，人民法院应当终止违法所得没收程序将其转为普通刑事诉讼程序审理。从而能够更加准确地认定案件的事实，作出公正的判决，妥善地处理违法所得问题，以保障犯罪嫌疑人、被告人的合法权益。

四、审理期限

我国《刑事诉讼法》对违法所得没收程序的审理期限并没有明确的规定。根据最高法《解释》第 627 条的规定，审理申请没收违法所得案件的期限，参照公诉案件第一审普通程序和第二审程序审理期限执行。公告期间和请求司法协助的时间不计入审理期限。

五、上诉、抗诉

根据我国《刑事诉讼法》第 300 条第 2 款的规定，对于人民法院依照前款作出的裁定，犯罪嫌疑人、被告人的近亲属和其他利害关系人或者人民检察院可以提出上诉、抗诉。最高法《解释》第 518 条对此进一步予以明确规定，根据最高法《解释》，对于不服一审没收违法所得或者驳回申请裁定的上诉、抗诉案件，第二审人民法院经审理，应当按照下列情形分别作出裁定：(1) 原裁定正确的，应当驳回上诉或者抗诉，维持原裁定；(2) 原裁定确有错误的，可以在查清事实后改变原裁定；也可以撤销原裁定，发回重新审判；(3) 原审违反法定诉讼程序，可能影响公正审判的，应当撤销原裁定，发回重新审判。

六、国家赔偿

我国《刑事诉讼法》第 301 条第 2 款规定："没收犯罪嫌疑人、被告人财产确有错误的，应当予以返还、赔偿。"违法所得的没收程序是在涉案人员本人没有参加的情况下进行的，缺乏涉案人本人的辩护，即便有其家属或者其他利害关系人参加，也不能完全查明事实，在这种情形下，法院作出的没收裁定，有可能是错误的，没收财产可能大于其违法所得，因此，我国刑事诉讼法规定了没收犯罪嫌疑人、被告人财产确有错误的,应当予以返还、赔偿,这对于保护犯罪嫌疑人、被告人的权利具有重要意义。但是我国刑事诉讼法仅规定了对犯罪嫌疑人、被告人赔偿,没有规定因没收程序存有错误而导致第三人财产遭受损失的处理程序。

案例精选

王某在一恐怖活动犯罪案件中使用了所在单位的仪器和设备制造爆炸装置(源于2014年国家司法考试真题卷二第42题)。

【问】这些仪器和设备是否属于犯罪嫌疑人、被告人逃匿、死亡案件违法所得没收程序中的"违法所得及其他涉案财产"?

【答案与解析】不属于。根据最高检《规则》第515条的规定,"违法所得是指实施犯罪行为所取得的财物及其孳息";其他"涉案财产"主要包括被告人非法持有违禁品和供犯罪所用的本人财物。据此,我国刑事诉讼法规定的违法所得没收程序中刑事涉案财产的范围主要包括以下内容:一是犯罪分子的违法所得;二是犯罪分子非法持有的违禁品;三是供犯罪所用的本人财物。该案例中为单位的仪器和设备,因此不属于违法所得及其他涉案财产。

思考问题

1. 如何理解我国违法所得没收程序的性质?
2. 违法所得没收程序中不开庭审理是否能够确保程序公正?

法条链接

《刑事诉讼法》第298~301条;六机关《规定》第37、38条;最高法《解释》第598~608条;最高检《规则》第505~533条;公安部《规定》第339~341条。

扩展阅读

1. 张吉喜:《违法所得没收程序适用中的相关问题研究》,载《现代法学》2019年第1期。
2. 熊秋红:《从特别没收程序的性质看制度完善》,载《法学》2013年第9期。
3. 汪建成:《论特定案件违法所得没收程序的建立和完善》,载《国家检察官学报》2012年第2期。
4. 陈卫东:《论新刑事诉讼法中的判决前财产没收程序》,载《法学论坛》2012年第5期。
5. 朱孝清:《违法所得没收程序中的几个问题》,载《人民检察》2014年第15期。
6. 黄风:《我国特别刑事没收程序若干问题探讨》,载《人民检察》2013年第13期。

第二十六章　依法不负刑事责任的精神病人的强制医疗程序

本章知识要点

依法不负刑事责任的精神病人的强制医疗程序是指司法机关对不负刑事责任且社会危险性小的精神病人决定采取强制医疗措施的特别诉讼程序。本章主要介绍了强制医疗的适用条件、适用程序、解除程序、法律援助和法律救济程序、人民检察院对强制医疗的决定和执行实行监督等内容。

第一节　概　　述

一、依法不负刑事责任的精神病人的强制医疗程序的概念

强制医疗程序，是指公安司法机关对不负刑事责任且有社会危险性的精神病人采取强制治疗措施的特别诉讼程序。我国《刑法》第 18 条规定了精神病人在不能辨认或者不能控制自己行为的时候造成危害结果，经法定程序鉴定确认的，不负刑事责任，但是应当责令他的家属或者监护人严加看管和医疗；在必要的时候，由政府强制医疗。为实施刑法的这一规定，以及保护精神病人合法权益的需要，2012 年《刑事诉讼法》新增加了依法不负刑事责任的精神病人的强制医疗程序，明确规定了强制医疗的适用条件、适用程序、解除程序，在审理程序中设置了法律援助和法律救济程序，同时规定人民检察院对强制医疗的决定和执行实行监督。2018 年《刑事诉讼法》修改时沿用了这些规定，但 2021 年最高法《解释》和 2020 年最高检《规则》均进行了修正。

二、设立依法不负刑事责任的精神病人的强制医疗程序的意义

对实施暴力行为的精神病人进行看管和治疗往往需要大量的精力、物力、财力以及较强的专业知识，多数家属或监护人不具备条件，无力承担。有些家属或监护人将他们长期封闭在家中，使他们得不到有效的治疗、关心和照顾，其基本权利得不到保障。设立依法不负刑事责任的精神病人的强制医疗程序有助于对精神病人

的关心、照顾和治疗,有助于充分保护精神病人的基本权利,也有助于防止精神病人继续危害社会,保障社会公众安全,维护社会和谐有序。[1]

三、强制医疗的适用对象

《刑事诉讼法》第302条规定:"实施暴力行为,危害公共安全或者严重危害公民人身安全,经法定程序鉴定依法不负刑事责任的精神病人,有继续危害社会可能的,可以予以强制医疗。"按照此规定,在我国采取强制医疗的对象应当同时具备以下三个条件:

第一,精神病人实施了暴力行为,危害公共安全或者严重危害公民人身安全。行为人必须采取暴力手段,危害广大群众生命健康和公私财产的安全,足以使多人死伤或使公私财产遭受重大损失,如杀人、伤害、强奸、绑架等。

第二,精神病人经法定程序鉴定依法不负刑事责任。根据刑事诉讼法和有关司法鉴定管理问题的决定,对精神病人由符合条件的鉴定机构或鉴定人经过法定程序鉴定后,确定属于《刑法》第18条规定的,在不能辨认或者不能控制自己行为的时候造成危害结果的精神病人。

第三,精神病人有继续危害社会的可能。从精神病人已实施的行为性质及其精神、生理状态等判断,精神病人是否使法律所保护的社会关系处于危险状态。如果有继续危害社会的可能性,应当对其采取强制医疗;否则,就没有必要采取强制医疗措施。

第二节　强制医疗程序

强制医疗程序与普通案件诉讼程序类似,即分别由公安机关、人民检察院、人民法院主持不同的诉讼阶段,最后由法院决定是否对行为人采取强制医疗措施。但是,由于强制医疗程序本身的特殊性,诸多方面又有别于普通程序。

一、强制医疗申请的提出与管辖

《刑事诉讼法》第303条第2款规定:"公安机关发现精神病人符合强制医疗条件的,应当写出强制医疗意见书,移送人民检察院。对于公安机关移送的或者在审查起诉过程中发现的精神病人符合强制医疗条件的,人民检察院应当向人民法院提出强制医疗的申请。人民法院在审理案件过程中发现被告人符合强制医疗条件的,可以作出强制医疗的决定。"由此可见,只有人民检察院有权向人民法院提

---

〔1〕 参见王爱立主编:《中华人民共和国刑事诉讼法释义》(最新修正版),法律出版社2018年版,第658～659页。

出强制医疗的申请。另外,人民法院在审理案件过程中发现被告人符合强制医疗条件的,也可以直接决定启动强制医疗程序,作出强制医疗的决定。这种做法符合诉讼经济原则,有利于维护社会秩序和公共安全。

具体而言,在司法实践中,由于暴力性犯罪一般由公安机关管辖,公安机关往往最早发现精神病人是否符合强制医疗的条件。根据相关司法解释,如果公安机关发现精神病人符合强制医疗的条件,应当在 7 日以内写出强制医疗意见书,经县级以上公安机关负责人批准,连同相关证据材料和鉴定意见一并移送人民检察院。人民检察院应当在接到公安机关移送的强制医疗意见书后 30 日以内作出是否提出强制医疗申请的决定。经审查认为不符合《刑事诉讼法》第 302 条规定条件的,应当作出不提出强制医疗申请的决定,并向公安机关书面说明理由;认为需要补充证据的,应当书面要求公安机关补充证据,必要时也可以自行调查。公安机关补充证据的时间不计入人民检察院办案期限。人民检察院发现公安机关应当启动强制医疗程序而不启动的,可以要求公安机关在 7 日以内书面说明不启动的理由。经审查,认为公安机关不启动理由不能成立的,应当通知公安机关启动程序。这里要注意的是,根据《刑事诉讼法》第 303 条第 3 款的规定,对实施暴力行为的精神病人,在人民法院决定强制医疗前,公安机关可以采取临时的保护性约束措施。

根据最高法《解释》第 631 条的规定,人民检察院申请对依法不负刑事责任的精神病人强制医疗的案件,由被申请人实施暴力行为所在地的基层人民法院管辖;由被申请人居住地的人民法院审判更为适宜的,可以由被申请人居住地的基层人民法院管辖。

二、强制医疗的审理与决定

根据刑事诉讼法和有关司法解释的规定,强制医疗的审理与决定应当遵循下列程序规范:

(一)对强制医疗申请的审查与处理

人民法院对人民检察院提出的强制医疗申请,应当审查以下内容:(1)是否属于本院管辖;(2)是否写明被申请人的身份,实施暴力行为的时间、地点、手段、所造成的损害等情况,并附证据材料;(3)是否附有法医精神病鉴定意见和其他证明被申请人属于依法不负刑事责任的精神病人的证据材料;(4)是否列明被申请人的法定代理人的姓名、住址、联系方式;(5)需要审查的其他事项。对人民检察院提出的强制医疗申请,人民法院应当在 7 日以内审查完毕并按照下列情形分别作出处理:一是属于强制医疗程序受案范围和本院管辖,且材料齐全的,应当受理。二是不属于本院管辖的,应当退回人民检察院。三是材料不齐全的,应当通知人民检察院在 3 日以内补送;3 日以内不能补送的,应当退回人民检察院。

(二)强制医疗案件的审理

《刑事诉讼法》第 304 条第 1 款规定:“人民法院受理强制医疗的申请后,应当组成合议庭进行审理。”强制医疗案件的案情通常比较复杂,专业性强,需要查明行为人是否实施了暴力行为,行为人实施暴力行为时是否患有精神病,还要查明行为人是否因精神病而无刑事责任能力,是否将来仍然具有社会危险性必须予以强制医疗,涉及对行为人自由的限制和剥夺,由法官一人独任审理显然不合适,应当适用合议庭进行审理。此外,根据相关司法解释,审理强制医疗案件,应当开庭审理,但是被申请人、被告人的法定代理人请求不开庭审理的,并经人民法院审查同意的除外。

《刑事诉讼法》第 304 条第 2 款规定:“人民法院审理强制医疗案件,应当通知被申请人或者被告人的法定代理人到场。被申请人或者被告人没有委托诉讼代理人的,人民法院应当通知法律援助机构指派律师为其提供法律帮助。”这种“强制代理”制度很有必要,因为精神病人不能正确辨认或控制自己的行为,有必要通知其法定代理人到场,代为行使其诉讼权利,还应当保障有律师为其提供法律帮助。但是,从上述法条可以看出,“强制代理”仅在法庭审理过程中适用,在侦查、起诉阶段均无相关规定,导致实践中涉案精神病人辩护权利的缺失。

根据最高法《解释》第 635 条的规定,审理强制医疗案件,应当组成合议庭,开庭审理。但是,被申请人、被告人的法定代理人请求不开庭审理,并经人民法院审查同意的除外。审理强制医疗案件,应当会见被申请人,听取被害人及其法定代理人的意见。

开庭审理申请强制医疗的案件,按照下列程序进行:(1)审判长宣布法庭调查开始后,先由检察员宣读申请书,后由被申请人的法定代理人、诉讼代理人发表意见。(2)法庭依次就被申请人是否实施了危害公共安全或者严重危害公民人身安全的暴力行为、是否属于依法不负刑事责任的精神病人、是否有继续危害社会的可能进行调查;调查时,先由检察员出示有关证据,后由被申请人的法定代理人、诉讼代理人出示证据,并进行质证;必要时,可以通知鉴定人出庭对鉴定意见作出说明。(3)法庭辩论阶段,先由检察员发言,后由被申请人的法定代理人、诉讼代理人发言,并进行辩论。被申请人要求出庭,人民法院经审查其身体和精神状态,认为可以出庭的,应当准许。出庭的被申请人,在法庭调查、辩论阶段,可以发表意见。检察员宣读申请书后,被申请人的法定代理人、诉讼代理人无异议的,法庭调查可以简化。

对于申请强制医疗的案件,人民法院审理后,应当按照下列情形分别处理:(1)符合《刑事诉讼法》第 302 条规定的强制医疗条件的,应当作出对被申请人强制医疗的决定。(2)被申请人属于依法不负刑事责任的精神病人,但不符合强制医疗条件的,应当作出驳回强制医疗申请的决定;被申请人已经造成危害结果的,应当同时责令其家属或者监护人严加看管和医疗。(3)被申请人具有完全或者部分刑事责任能力,依法应当追究刑事责任的,应当作出驳回强制医疗申请的决定,并退回人民检察院依法处理。根据最高法《解释》第641条的规定，人民法院决定强制医疗的，应当在作出决定后5日以内，向公安机关送达强制医疗决定书和强制医疗执行通知书，由公安机关将被决定强制医疗的人送交强制医疗。

一审人民法院在审理案件过程中发现被告人可能符合强制医疗条件的，应当依照法定程序对被告人进行法医精神病鉴定。经鉴定，被告人属于依法不负刑事责任的精神病人的，应当适用强制医疗程序，对案件进行审理。二审人民法院在审理案件过程中，发现被告人可能符合强制医疗条件的，可以依照强制医疗程序对案件作出处理，也可以裁定发回原审人民法院重新审判。

(三)强制医疗的审限

《刑事诉讼法》第305条规定，法院对于被申请人或者被告人符合强制医疗条件的，应当在1个月内作出强制医疗的决定。

(四)对强制医疗决定的复议

被决定强制医疗的人、被害人及其法定代理人、近亲属对强制医疗决定不服的，可以自收到决定书第二日起5日以内向上一级人民法院申请复议。

复议期间不停止执行强制医疗的决定。对不服强制医疗决定的复议申请，上一级人民法院应当组成合议庭审理，并在1个月以内，按照下列情形分别作出复议决定：(1)被决定强制医疗的人符合强制医疗条件的，应当驳回复议申请，维持原决定；(2)被决定强制医疗的人不符合强制医疗条件的，应当撤销原决定；(3)原审违反法定诉讼程序，可能影响公正审判的，应当撤销原决定，发回原审人民法院重新审判。如果对第一审人民法院在审理案件过程中发现被告人符合强制医疗条件，从而适用强制医疗程序并对案件进行审理得出的判决、决定，人民检察院提出抗诉，同时被决定强制医疗的人、被害人及其法定代理人、近亲属申请复议的，上一级人民法院应当依照第二审程序一并处理。

三、强制医疗的解除、复查和监督

(一)强制医疗的解除与复查

《刑事诉讼法》第306条规定："强制医疗机构应当定期对被强制医疗的人进行诊断评估。对于已不具有人身危险性，不需要继续强制医疗的，应当及时提出解除意见，报决定强制医疗的人民法院批准。被强制医疗的人及其近亲属有权申请解除强制医疗。"根据最高法《解释》第645条的规定，被强制医疗的人及其近亲属可于解除强制医疗申请被人民法院驳回的6个月后再次申请。这一规定也可以解决被强制医疗的人不服强制医疗机构作出的继续治疗的决定而反复申诉的情况。

强制医疗机构提出解除强制医疗意见，或者被强制医疗的人及其近亲属申请解除强制医疗的，人民法院应当审查是否附有对被强制医疗的人的诊断评估报告。强制医疗机构提出解除强制医疗意见，未附诊断评估报告的，人民法院应当要求其提供。被强制医疗的人及其近亲属向人民法院申请解除强制医疗，强制医疗机构未提供诊断评估报告的,申请人可以申请人民法院调取。必要时,人民法院可以委托鉴定机构对被强制医疗的人进行鉴定。

对于解除强制医疗的审理,人民法院应当组成合议庭进行审查,并在1个月以内,按照下列情形分别处理:(1)被强制医疗的人已不具有人身危险性,不需要继续强制医疗的,应当作出解除强制医疗的决定,并可责令被强制医疗的人的家属严加看管和医疗;(2)被强制医疗的人仍具有人身危险性,需要继续强制医疗的,应当作出继续强制医疗的决定。对前款规定的案件,必要时,人民法院可以开庭审理,通知人民检察院派员出庭。

人民法院应当在作出决定后5日以内,将决定书送达强制医疗机构、申请解除强制医疗的人、被决定强制医疗的人和人民检察院。决定解除强制医疗的,应当通知强制医疗机构在收到决定书的当日解除强制医疗。人民检察院认为强制医疗决定或者解除强制医疗决定不当的,应在收到决定书后20日内提出书面纠正意见。人民法院应另行组成合议庭审理,并在1个月以内作出决定。

(二)检察机关对强制医疗的监督

《刑事诉讼法》第307条规定:"人民检察院对强制医疗的决定和执行实行监督。"最高检《规则》对于人民检察院对强制医疗的决定和执行实行监督的程序进行了规范。

人民检察院发现人民法院、公安机关、强制医疗机构在对依法不负刑事责任的精神病人的强制医疗的交付执行、医疗、解除等活动中有违反有关规定的,应当依法提出纠正意见。

人民检察院认为人民法院作出的强制医疗决定或者驳回强制医疗申请的决定不当,应当在收到决定书副本后20日以内向人民法院提出书面纠正意见。

人民法院在审理案件过程中发现被告人符合强制医疗条件,作出被告人不负刑事责任的判决后,拟作出强制医疗决定的,人民检察院应当在庭审中发表意见。

人民检察院对强制医疗执行活动是否合法实行监督。人民检察院对强制医疗的交付执行活动实行监督。发现交付执行机关未及时交付执行等违法情形的,应当依法提出纠正意见。人民检察院在强制医疗执行监督中发现被强制医疗的人不符合强制医疗条件或者需要依法追究刑事责任,人民法院作出的强制医疗决定可能错误的,应当在5日以内将有关材料转交作出强制医疗决定的人民法院的同级人民检察院。收到材料的人民检察院负责捕诉的部门应当在20日以内进行审查,并将审查情况和处理意见反馈负责强制医疗执行监督的人民检察院。

人民检察院发现公安机关在对涉案精神病人采取临时保护性约束措施时有违法情形的,应当依法提出纠正意见。

案例精选

甲在公共场所实施暴力行为，经鉴定为不负刑事责任的精神病人，被县法院决定强制医疗。甲父对决定不服向市中级法院申请复议，市中级法院审理后驳回申请，维持原决定。关于本案处理，下列哪一选项是正确的？（源于 2017 年国家司法考试真题卷二第 41 题）

A. 复议期间可暂缓执行强制医疗决定，但应采取临时的保护性约束措施

B. 应由公安机关将甲送交强制医疗

C. 强制医疗 6 个月后，甲父才能申请解除强制医疗

D. 申请解除强制医疗应向市中级法院提出

【答案与解析】B。司法解释的时间效力具体包括三点：(1)"司法解释自发布或者规定之日起施行，效力适用于法律的施行期间。"即司法解释可能施行于其生效施行前发生的行为。(2)"对于司法解释施行前发生的行为，行为时没有相关司法解释，司法解释施行后尚未处理或者正在处理的案件，依照司法解释的规定办理。"即司法解释只适用于未决案。(3)"对于新的司法解释实施前发生的行为，行为时已有相关司法解释，依照行为时的司法解释办理，但适用新的司法解释对犯罪嫌疑人、被告人有利的，适用新的司法解释。"即竞合时采取从旧兼从轻原则处理。

A 项错。因为司法解释不是刑法的渊源。此外，司法解释的时间效力也不是与《刑法》的时间效力完全一样。例如，刑法的生效时间有两种：一是公布之日起施行；二是公布一段时间后施行。而"司法解释自发布或者规定之日起施行，效力适用于法律的施行期间。"这个"法律"指被解释的法律。可见，司法解释的时间效力从属于被解释法律的时间效力。例如，最高人民法院《关于审理交通肇事刑事案件具体应用法律若干问题的解释》自 2000 年 11 月 21 日施行，该解释是对 1997 年《刑法》第 133 条交通肇事罪的解释，所以该解释的时间效力与《刑法》第 133 条相同，适用于 1997 年 10 月 1 日之后发生的交通肇事行为。

B 项正确。

C 项错，太绝对。对于新的司法解释实施前发生的行为，行为时已有相关司法解释，依照行为时的司法解释办理，但适用新的司法解释对犯罪嫌疑人、被告人有利的，适用新的司法解释。

D 项错。新的司法解释只能适用于未决案，不能适用于已决案。

思考问题

1. 强制医疗程序的适用条件有哪些？
2. 检察机关对强制医疗程序的法律监督体现在哪些方面？

法条链接

《刑事诉讼法》第 302 ~307 条；《刑法》第 18 条；《人民警察法》第 14 条；最高法《解释》第 630 ~649 条；最高检《规则》第 534 ~550 条；公安部《规定》第 342 ~345 条。

扩展阅读

1. 庄洪胜编:《精神病司法鉴定与强制医疗》,中国法制出版社 2012 年版。
2. 张吉喜:《刑事强制医疗客观要件的反思与重构》,载《比较法研究》2021 年第 2 期。
3. 元轶:《法官心证与精神病鉴定及强制医疗关系论》,载《政法论坛》2016 年第 6 期。
4. 王君伟:《我国强制医疗诉讼救济机制之检讨》,载《法学》2016 年第 1 期。
5. 卞建林等:《浙江检察机关新刑诉法实施调研报告》,载《国家检察官学院学报》2014 年第 3 期。
6. 倪润:《强制医疗程序中"社会危险性"评价机制之细化》,载《法学》2012 年第 11 期。

第七编　附　论

第二十七章　在线刑事诉讼

本章知识要点

在线刑事诉讼是人工智能时代的互联网司法新模式，在我国各地法院蓬勃发展，在线刑事诉讼已不再是疫情期间的"权宜之计"，而将成为"常态之策"。本章主要介绍了在线刑事诉讼的产生、概念、基本原则、适用条件、身份认证、电子材料提交、在线庭审的主要程序规则与纪律、妨害在线诉讼的处罚以及在线诉讼数据保护。

第一节　概　　述

一、在线刑事诉讼的产生与概念

一般认为，在线刑事诉讼的最早实践是2007年上海市第一中级人民法院通过在线的方式对一起盗窃案件进行了审理。2013年《最高人民法院关于适用〈中华人民共和国刑事诉讼法〉的解释》第544条规定，人民法院讯问被告人、宣告判决、审理减刑、假释案件，根据案件情况，可以采取视频方式进行。2014年最高人民法院《关于减刑、假释案件审理程序的规定》第8条规定，开庭审理减刑、假释案件时，有条件的人民法院可以通过视频开庭的方式进行。2016年，最高人民法院《关于进一步推进案件繁简分流优化司法资源配置的若干意见》第10条要求创新开庭方式，对于适用简易程序审理的民事、刑事案件，经当事人同意，可以采用远程视频方式开庭。2020年2月14日最高人民法院《关于新冠肺炎疫情防控期间加强和规范在线诉讼工作的通知》第8条规定："刑事案件可以采取远程视频方式讯问被告人、宣告判决、审理减刑、假释案件等。对适用简易程序、速裁程序的简单刑事案件、认罪认罚从宽案件，以及妨害疫情防控的刑事案件，可以探索采取远程视频方式开庭。"这是我国最早的在线刑事诉讼的规范性文件。2021年5月28日最高人民法院通过了《人民法院在线诉讼规则》（以下简称《规则》），这是最高人民法院颁布的首部指导全国法院开展在线诉讼工作的司法解释，于2021年8月1日起施行。它首次构建了涵盖各审判领域、覆盖诉讼全流程的在线诉讼规则体系，全面总结体现了近年来人民法院在线诉讼领域探索成果，对保障当事人合法诉讼权益，增强人民群众诉讼便利，提升审判质量效率，构建完善"中国特色、世界领先"的互联网司法模式，推动司法审判模式划时代变革具有重大意义。

根据《规则》第1条的规定，在线刑事诉讼，是指人民法院、当事人及其他诉讼参与人等可以依托电子诉讼平台(以下简称诉讼平台)，通过互联网或者专用网络在线完成立案、调解、证据交换、询问、庭审、送达等全部或者部分诉讼环节。准确理解在线刑事诉讼应当主要把握好以下三个问题：

一是关于在线诉讼的表现形式。在线诉讼包括从立案到执行的各个诉讼环节，但不要求所有流程均必须在线办理。无论是"全部诉讼环节在线"，还是"部分诉讼环节在线"，或者"部分当事人线上，部分当事人线下"，都属于在线诉讼的表现形式。

二是关于在线诉讼的网络载体。在线诉讼可以通过互联网或专用网络两种方式进行。对于民事、行政等案件，在线诉讼活动主要在互联网上完成，人民法院应当在确保数据和系统安全的前提下，实现内外网系统数据互通。对于刑事案件，在线诉讼一般通过专用网络进行，以满足刑事案件审理的技术保障要求。

三是关于在线诉讼的开展方式。在线诉讼活动主要依托电子诉讼平台开展。考虑到目前全国法院信息化建设规模、进程尚不均衡，《规则》中的"诉讼平台"还是一个泛指概念，既包括最高人民法院统一指导建设的电子诉讼平台，也包括各地法院结合工作需要自行建设的平台，是各类服务于在线诉讼工作平台的集合。未来，随着"智慧法院"建设不断深入，电子诉讼平台也将逐步向规范化、系统化、一体化发展。

在效力方面，在线诉讼活动与线下诉讼活动具有同等法律效力。

目前，刑事案件的"云审判"已成为一种新型司法模式，在我国各地法院蓬勃发展，在线刑事诉讼已不再是疫情期间的"权宜之计"，而将成为"常态之策"。牛津大学教授理查德·萨斯坎德对线上诉讼的发展也持乐观态度，他认为，"在线法院的历史变革已经启动，不会因疫情结束再开倒车"，"也许到2025年或者2030年，全球法院都将以'在线审理为原则，现场开庭为例外'"。[1] 并且他在《线上法院与未来司法》一书中明确指出："尽管我们的关注焦点是小额民事案件，我们也说了有些建议可以延伸到合适的裁判庭、家事、刑事工作中。……仍有人对技术变革在刑事法庭的适用范围存有疑虑，这可以理解，确实，当人们本能地忧虑线上法院理念时，他们往往想到的是刑事案件。有些人觉得有个实体场所来组织审判很

---

〔1〕 参见《美最高院首试"电话"庭审，全球互联网司法下步走势如何》，载微信公众号"法影斑斓"2020年5月7日。

重要——借用丹宁勋爵(Lord Denning)在不同语境中的表达——这样才能让全社会一起'断然谴责'那些犯罪。正如我导言中所说的,刑事案件超出了本书的讨论范围,但我的直觉是针对轻微犯罪,本书讨论的系统和方法也大有用武之地。我诚邀大家一起来系统化探讨这种可能性。"[2]

二、在线刑事诉讼的基本原则

人民法院开展在线刑事诉讼应当遵循以下五项基本原则:

第一,公正高效原则。这是在线诉讼的根本特征。要求严格依法开展在线诉讼活动,完善审判流程,健全工作机制,加强技术保障,提高司法效率,保障司法公正。

第二,合法自愿原则。这是在线诉讼的适用前提。要求尊重和保障当事人及其他诉讼参与人对诉讼方式的选择权,未经当事人及其他诉讼参与人同意,人民法院不得强制或者变相强制适用在线诉讼。

第三,权利保障原则。这是在线诉讼的核心要求。要求充分保障当事人各项诉讼权利,强化提示、说明、告知义务,不得随意减少诉讼环节和减损当事人诉讼权益。

第四,便民利民原则。这是在线诉讼的价值取向。要求优化在线诉讼服务,完善诉讼平台功能,加强信息技术应用,降低当事人诉讼成本,提升纠纷解决效率。统筹兼顾不同群体司法需求,对未成年人、老年人、残障人士等特殊群体加强诉讼引导,提供相应司法便利。

第五,安全可靠原则。这是在线诉讼的基础保障。要求依法维护国家安全,保护国家秘密、商业秘密、个人隐私和个人信息,有效保障在线诉讼数据信息安全。规范技术应用,确保技术中立和平台中立。

第二节　在线刑事诉讼程序

一、适用条件

考虑到刑事案件涉及侦查、检察、审判机关的协调衔接,在证据规格、权利保障、数据安全方面也有特殊要求,在线诉讼应当依法审慎稳妥推进,主要适用于案情简单、程序简便或者因疫情防控等特殊原因不宜适用线下审理的刑事案件。[3]

---

〔2〕［英］理查德·萨斯坎德:《线上法院与未来司法》,何广越译,北京大学出版社 2021 年版,第 106～107 页。

〔3〕参见刘峥、何帆、李承运:《〈人民法院在线诉讼规则〉理解与适用》,载最高人民法院新闻局网 2021 年 6 月 17 日,https://baijiahao.baidu.com/s?id=1702809186445471867&wfr=spider&for=pc。

按照《规则》的规定,开展在线刑事诉讼应当满足以下三项条件:

一是符合管辖案件范围要求。人民法院在线诉讼可以适用刑事速裁程序案件,减刑、假释案件,以及因其他特殊原因不宜线下审理的刑事案件。案件是否适用在线诉讼,人民法院需要结合案件性质、特点、证据类型、社会关注度等各方面因素,综合作出判断。需要注意的是,实践中需区分考虑是所有诉讼环节均不适用在线方式,还是部分诉讼环节不宜在线。例如,对于涉及国家安全、国家秘密、重大涉外、涉港澳台案件,一般应当全案线下审理;而对当事人人数众多、案件疑难复杂、证据繁多、审理耗时长的案件,庭审环节一般应当在线下开展,而此类案件的立案、调解、送达等环节可以在线完成。线上线下有序融合衔接,才应当是在线诉讼的主流和常态。[4]

二是诉讼各方同意。需征得公诉人、当事人、辩护人同意。刑事案件与民事、行政案件存在一定差异,除当事人外,作为控方的公诉人和具有独立诉讼权利的辩护人均是重要的诉讼主体,享有相应的程序利益,因此适用在线诉讼应当征得其同意。

关于"当事人同意",实践中需注意以下四个方面:

第一,关于"当事人同意"的方式。《规则》对当事人同意的方式未作具体限制,实践中至少可以包括:主动作出在线诉讼行为、口头同意、在诉讼平台确认同意、线下书面同意等。只要是当事人的真实意思表示,并可以留痕追溯,均是作出同意的有效方式。

第二,关于"当事人同意"的效力范围。当事人关于是否同意在线诉讼的意思表示,原则上仅对自身产生效力。一方当事人不同意在线诉讼,不影响其他方当事人选择在线诉讼的权利,案件可以采取"半在线"方式审理。

第三,关于"当事人同意"后又反悔的处理。《规则》明确当事人同意适用在线诉讼后可以作出反悔,但需满足三个条件:(1)反悔应当在开展相应诉讼活动前的合理期限内提出。考虑到不同诉讼环节的准备时间存在差异,《规则》未对"合理期限"作出"一刀切"式的规定,可由各地法院具体细化或者审判组织根据案件情况确定。(2)反悔需通过申请方式提出,并经人民法院审查同意。(3)反悔不得基于恶意诉讼目的,如果能够认定当事人反悔是为了故意拖延诉讼或者增加对方当事人诉讼成本的,人民法院可以不予批准。

第四,关于"当事人同意"的法律后果。《规则》第6条明确,当事人同意适用在线诉讼后,如果既不申请转为线下审理,又无其他正当理由,无故不作出相应诉

---

[4] 参见刘峥、何帆、李承运:《〈人民法院在线诉讼规则〉理解与适用》,载最高人民法院新闻局网2021年6月17日,https://baijiahao.baidu.com/s?id=1702809186445471867&wfr=spider&for=pc。

讼行为或不参与在线诉讼活动的，人民法院应参照线下诉讼对应情形作出处理，以确保在线诉讼的严肃性和规范性。[5]

三是具备相应技术能力和条件。开展在线诉讼需以人民法院具备技术条件和当事人具备技术应用能力为前提。各级法院应当坚持实事求是，结合自身技术条件，稳妥有序推进在线诉讼，并不要求"一步到位"、追求"应上尽上"，更不能"强上硬上"。实践中，人民法院应当结合实际情况，对当事人的在线诉讼能力做出判断，综合考虑当事人年龄、职业、身体状况、知识背景、所处地域、上网条件、通信设备、操作能力等因素，准确判断当事人是否具备参与在线诉讼的能力与条件，合理确定案件审理方式。[6]

二、身份认证

《规则》第7条明确了在线诉讼身份认证规则，即"参与在线诉讼的诉讼主体应当先行在诉讼平台完成实名注册。人民法院应当通过证件证照在线比对、身份认证平台认证等方式，核实诉讼主体的实名手机号码、居民身份证件号码、护照号码、统一社会信用代码等信息，确认诉讼主体身份真实性。诉讼主体在线完成身份认证后，取得登录诉讼平台的专用账号。使用专用账号登录诉讼平台所作出的行为，视为被认证人本人行为，除非有证据证明存在账号被盗用或者系统错误的情形外"。相比线下诉讼，在线诉讼数字化、网络化的特点，更容易引发人们对诉讼主体身份真实性问题的关注，因此必须强化在线身份认证程序，实践中应注意以下三个方面：

一是在认证方式上。应当主要通过证件证照在线比对、身份认证平台认证等方式验证身份。实践中，部分法院通过对接公安部门人口信息系统，采取人脸识别方式验证身份。采取这一验证方式的，应当严格遵守国家关于人脸识别的法律法规要求，充分履行告知义务，并征得当事人明确同意。

二是在认证环节上。身份认证是在线诉讼的前提，应当在开展诉讼活动前即有效完成。身份认证时，可以同步告知在线诉讼权利义务和法律后果，征求当事人对是否同意在线诉讼及具体适用环节的意见。针对庭审等需多方参与的重要诉讼环节，应当再次认证身份，确保诉讼主体身份准确无误，诉讼行为合法有效。

三是在认证效力上。身份认证具有固定诉讼主体和诉讼行为效力的作用。初次身份认证的效力，及于之后各个诉讼环节，被认证人也因此负有妥善保管诉讼平

---

〔5〕 参见刘峥、何帆、李承运：《〈人民法院在线诉讼规则〉理解与适用》，载最高人民法院新闻局网2021年6月17日，https://baijiahao.baidu.com/s?id=1702809186445471867&wfr=spider&for=pc。

〔6〕 参见刘峥、何帆、李承运：《〈人民法院在线诉讼规则〉理解与适用》，载最高人民法院新闻局网2021年6月17日，https://baijiahao.baidu.com/s?id=1702809186445471867&wfr=spider&for=pc。

台账户密码的义务。但是,如果能够证明存在诉讼平台系统错误或者诉讼平台账号被盗用的,“视为被认证人行为”的效力可被推翻,以充分保障当事人诉讼权利。[7]

三、电子材料提交

电子材料是开展在线诉讼的基础要素。《规则》第 11 条明确了电子材料的主要类型和提交方式。

从内容上看,电子材料分为诉讼文书材料和证据材料。

从表现形式上看,电子材料分为三种类型:

一是诉讼主体直接在电子诉讼平台中录入的电子文本,即在线填写起诉书、辩护词、代理意见、案件要素信息等。

二是线下实体材料经过扫描、翻拍、转录等方式进行数字化处理后形成的材料,也被称为电子化材料。形成方式是对线下已经形成书面起诉书、辩护词、代理意见、书证等材料作电子化处理后,直接上传至诉讼平台。

三是材料本身即以电子数据形式存在的,如电子合同、网络购物表单、网络支付凭证等。如果存有上述电子数据的数据平台已对接人民法院诉讼平台,可以直接将电子数据导入诉讼平台。

当事人是提交电子材料的主要义务人。如果提交电子化材料确有困难的,人民法院可以通过卷宗扫描等方式,帮助当事人将线下材料转化为电子化材料。同时,人民法院应当通过完善系统设置、细化操作指引、畅通数据传输等方式,尽可能为当事人提交电子材料提供司法便利。[8]

四、在线庭审的主要程序规则

刑事案件在线审理主要适用于讯问被告人、开庭审理、宣判环节。《规则》关于立案、证据交换、证据认定、送达、签名等诉讼活动的规定,原则上均不适用于刑事案件。

(一)庭审地点

刑事案件的诉讼主体原则上不得在非指定场所以外的地点在线出庭,以确保刑事案件在线审理的规范性、严肃性和可操作性。

在线开展庭审活动,人民法院应当设置环境要素齐全的在线法庭。在线法庭

---

〔7〕 参见刘峥、何帆、李承运:《〈人民法院在线诉讼规则〉理解与适用》,载最高人民法院新闻局网 2021 年 6 月 17 日,https://baijiahao.baidu.com/s? id = 1702809186445471867&wfr = spider&for = pc。

〔8〕 参见刘峥、何帆、李承运:《〈人民法院在线诉讼规则〉理解与适用》,载最高人民法院新闻局网 2021 年 6 月 17 日,https://baijiahao.baidu.com/s? id = 1702809186445471867&wfr = spider&for = pc。

应当保持国徽在显著位置,审判人员及席位名称等在视频画面合理区域。因存在特殊情形,确需在在线法庭之外的其他场所组织在线庭审的,应当报请本院院长同意。

出庭人员参加在线庭审,应当选择安静、无干扰、光线适宜、网络信号良好、相对封闭的场所,不得在可能影响庭审音频视频效果或者有损庭审严肃性的场所参加庭审。必要时,人民法院可以要求出庭人员到指定场所参加在线庭审。

(二)开庭审理

案件采取在线方式审理的,按照以下情形分别处理:(1)被告人、罪犯被羁押的,可以在看守所、监狱等羁押场所在线出庭;(2)被告人、罪犯未被羁押的,因特殊原因确实无法到庭的,可以在人民法院指定的场所在线出庭。

人民法院开庭审理的案件,应当根据当事人意愿、案件情况、社会影响、技术条件等因素,决定是否采取视频方式在线庭审,但具有下列情形之一的,不得适用在线庭审:(1)各方当事人均明确表示不同意,或者一方当事人表示不同意且有正当理由的;(2)各方当事人均不具备参与在线庭审的技术条件和能力的;(3)需要通过庭审现场查明身份、核对原件、查验实物的;(4)案件疑难复杂、证据繁多,适用在线庭审不利于查明事实和适用法律的;(5)案件涉及国家安全、国家秘密的;(6)案件具有重大社会影响,受到广泛关注的;(7)人民法院认为存在其他不宜适用在线庭审情形的。

采取在线庭审方式审理的案件,审理过程中发现存在上述情形之一的,人民法院应当及时转为线下庭审。已完成的在线庭审活动具有法律效力。

适用在线庭审的案件,应当按照法律和司法解释的相关规定开展庭前准备、法庭调查、法庭辩论等庭审活动,保障当事人申请回避、举证、质证、陈述、辩论等诉讼权利。

(三)关于在线庭审方式和程序

《规则》所指的在线庭审,既包括各方诉讼主体均在线参与庭审,也包括部分当事人在线,部分当事人在线下的庭审形式。在线庭审必须在诉讼平台上进行,采取视频方式开庭,而不得采取电话、书面等方式。在线庭审的程序应当依照法律和司法解释确定的诉讼环节和程序进行,总体上与线下庭审程序相一致,并应当充分保障当事人各项诉讼权利,不得因庭审方式的不同而减损当事人的诉讼权利。[9]

(四)关于证人在线出庭作证

刑事案件的证人、鉴定人一般应当在线下出庭,但法律和司法解释另有规定的

---

〔9〕 参见刘峥、何帆、李承运:《〈人民法院在线诉讼规则〉理解与适用》,载最高人民法院新闻局网 2021 年 6 月 17 日,https://baijiahao.baidu.com/s?id=1702809186445471867&wfr=spider&for=pc。

除外。

我国刑事诉讼法及相关司法解释均规定,证人作证应当出庭,特定情形下证人可以采取视听传输技术方式作证。在线诉讼模式下,证人在线出庭也属于出庭作证的一种形式,关键是要解决证人不得旁听案件和不受他人诉讼指挥的问题。因此,《规则》第26条规定:"证人通过在线方式出庭的,人民法院应当通过指定在线出庭场所、设置在线作证室等方式,保证其不旁听案件审理和不受他人干扰。"在目前技术条件下,尽管不能完全赋予证人自由选择在线出庭场所的权利,但可以通过指定相对便利的在线出庭场所,解决在线出庭时证人中立性问题。例如,实践中,部分法院与街道、社区合作建设专门的在线庭审工作室、证人作证室等,未来还可以探索证人就近选择人民法院数字法庭在线出庭作证。[10]

五、在线庭审纪律

《规则》第25条规定了在线庭审纪律:"出庭人员参加在线庭审应当尊重司法礼仪,遵守法庭纪律。人民法院根据在线庭审的特点,适用《中华人民共和国人民法院法庭规则》相关规定。除确属网络故障、设备损坏、电力中断或者不可抗力等原因外,当事人无正当理由不参加在线庭审,视为'拒不到庭';在庭审中擅自退出,经提示、警告后仍不改正的,视为'中途退庭',分别按照相关法律和司法解释的规定处理。"根据这一规定,在线庭审应确保庭审活动的庄重严肃性。一方面,在线庭审应当遵守《中华人民共和国人民法院法庭规则》的相关规定,线下庭审中的纪律性要求、禁止性规定和行为规范,对在线庭审同样适用。另一方面,《规则》结合在线庭审的特点,对庭审纪律作出特殊规定。对于非因技术等客观原因,当事人不参加庭审或者擅自退出的,可视为"拒不到庭"或者"中途退庭",并按相关情形处理。需要注意的是,考虑到在线庭审易受到技术因素影响,当出现"不按时到庭、脱离庭审画面、庭审音频、视频静止"等情形时,不宜直接认定违反庭审纪律,人民法院有必要先作出提示、警告,要求其说明理由。

六、妨害在线诉讼的处罚

《规则》第28条规定:"在线诉讼参与人故意违反本规则第八条、第二十四条、第二十五条、第二十六条、第二十七条的规定,实施妨害在线诉讼秩序行为的,人民法院可以根据法律和司法解释关于妨害诉讼的相关规定作出处理。"根据这一规定,在主观方面,行为人应当存在故意,即在知道或者应当知道相关禁止性要求,或者在人民法院提示、警告后仍不改正的。在客观方面,行为人主要是违反了《规则》关于在线庭审环境、在线庭审纪律、证人在线出庭、在线庭审公开的相关禁止

---

〔10〕 参见刘峥、何帆、李承运:《〈人民法院在线诉讼规则〉理解与适用》,载最高人民法院新闻局网2021年6月17日,https://baijiahao.baidu.com/s?id=1702809186445471867&wfr=spider&for=pc。

性要求，存在披露传播调解过程和内容、扰乱庭审秩序、证人旁听案件庭审、违法违规录制传播庭审过程等行为。在处罚依据上，上述行为均应视为妨害诉讼的行为，按照诉讼法律和司法解释的相关规定，根据情节轻重，处以训诫、责令退出法庭、罚款、拘留等处罚，构成犯罪的，依法追究刑事责任。[11]

七、在线数据信息保护

在线诉讼需高度重视和防范数据信息安全风险。因此根据《规则》的规定，对涉及国家安全、国家秘密、个人隐私的案件，庭审过程不得在互联网上公开。未经人民法院同意，任何人不得违法违规录制、截取、传播涉及在线庭审过程的音频、视频、图文资料。参与在线诉讼的相关主体应当遵守数据安全和个人信息保护的相关法律法规，履行数据安全和个人信息保护义务。除人民法院依法公开的以外，任何人不得违法违规披露、传播和使用在线诉讼数据信息。出现上述情形的，人民法院可以根据具体情况，依照法律和司法解释关于数据安全、个人信息保护以及妨害诉讼的规定追究相关单位和人员法律责任，构成犯罪的，依法追究刑事责任。

思考问题

1. 在线刑事诉讼的基本原则。
2. 在线刑事庭审的主要程序规则。

法条链接

最高人民法院《人民法院在线诉讼规则》(2021 年 5 月 28 日)第 1～39 条。

扩展阅读

1. 左卫民:《中国在线诉讼:实证研究与发展展望》，载《比较法研究》2020 年第 4 期。
2. 董学华:《刑事案件检察在线办案机制研究——以疫情期间提升办案质效为视角》，载《中国检察官》2020 年第 19 期。
3. 谢小剑、张曼莉:《新冠肺炎防控期间刑事案件在线庭审的发展与完善》，载《政法学刊》2020 年第 4 期。
4. 郑曦:《刑事侦查中远程在线提取电子数据的规则》，载《国家检察官学院学报》2010 年第 5 期。

---

[11] 参见刘峥、何帆、李承运:《〈人民法院在线诉讼规则〉理解与适用》，载最高人民法院新闻局网 2021 年 6 月 17 日，https://baijiahao.baidu.com/s? id = 1702809186445471867&wfr = spider&for = pc。

第二十八章　涉外刑事诉讼

本章知识要点

涉外刑事诉讼是办理具有涉外因素的刑事案件时所适用的特别刑事诉讼程序。本章主要介绍了涉外刑事诉讼的概念、基本原则、管辖、强制措施、特殊程序以及刑事司法协助等内容。

第一节　概　　述

一、涉外刑事诉讼程序的概念

涉外刑事诉讼程序是指我国公安机关、国家安全机关、人民检察院、人民法院和司法行政机关依法办理具有涉外因素的刑事案件时所适用的特别刑事诉讼程序。根据2021年最高法《解释》第475条，涉外刑事案件是指：(1)在中华人民共和国领域内，外国人犯罪或者我国公民侵犯外国人合法权利的刑事案件；(2)符合《刑法》第7条、第10条规定情形的我国公民在中华人民共和国领域外犯罪的案件；(3)符合《刑法》第8条、第10条规定情形的外国人对中华人民共和国国家或公民犯罪的案件；(4)符合《刑法》第9条规定情形的中华人民共和国在所承担国际条约义务范围内行使管辖权的案件。这里的外国人包括外国籍人和无国籍人。外国人的国籍根据其入境时的有效证件确认；国籍不明的，根据公安机关或者有关国家驻华使、领馆出具的证明确认。国籍无法查明的，以无国籍人对待，在裁判文书中写明“国籍不明”。

二、涉外刑事诉讼的基本原则

涉外刑事诉讼的基本原则是指办案机关及诉讼参与人进行涉外刑事诉讼时所应遵守的基本行为准则。这些原则主要包括：维护国家主权原则、信守条约义务原则、诉讼权利义务同等和对等原则、使用我国通用语言文字原则以及指定或委托中国律师参加诉讼原则。

(一)维护国家主权原则

我国《刑事诉讼法》第17条规定:“对于外国人犯罪应当追究刑事责任的,适用本法的规定。对于享有外交特权和豁免权的外国人犯罪应当追究刑事责任的,通过外交途径解决。”据此,外国人或无国籍人在中华人民共和国领域内进行刑事诉讼,一律适用我国刑事诉讼法;但是,基于国际交往中的平等互惠原则,享有外交特权和司法豁免权的外国人犯罪应当追究刑事责任的,通过外交途径解决。外国法院的刑事裁判经我国人民法院按照我国法律、我国缔结和参加的有关双边协定和国际条约予以承认的,才能在我国境内发生应有的法律效力。

(二)信守条约义务原则

我国公安司法机关处理涉外刑事案件时,不仅应适用我国的法律,还须兼顾我国缔结或参加的国际条约或协议所规定的相应义务,但我国声明保留的条款除外。对此,2020年公安部《规定》第357条规定:“办理外国人犯罪案件,应当严格依照我国法律、法规、规章,维护国家主权和利益,并在对等互惠原则的基础上,履行我国所承担的国际条约义务。”

(三)诉讼权利义务同等和对等原则

2021年最高法《解释》第478条规定:“在刑事诉讼中,外国籍当事人享有我国法律规定的诉讼权利并承担相应义务。”也就是说,外国人在我国参与刑事诉讼,依法享有与我国公民同等的诉讼权利,承担同等的诉讼义务。这是独立自主的和平外交政策及“国民待遇”原则在涉外刑事诉讼中的体现。但是,如果外国法律和司法机关对我国公民在该内国诉讼时实行歧视或限制的,我国则采取对等原则,也对该国公民在我国诉讼时进行相应的限制。

(四)使用我国通用语言文字原则

使用本国通用语言文字进行诉讼也是国家主权的重要体现。外国法院请求我国提供司法协助的请求书及其所附文件,应附有中文译本或国际条约规定的其他文字文本。人民法院请求外国提供司法协助的请求书及其所附文件,应当附有该国文字译本或者国际条约规定的其他文字文本。为了查明案情,方便外国人参与诉讼,保障其合法权益,应根据外国诉讼参与人的要求为其提供翻译。我国公安司法机关为外国籍当事人制作、提供或送达的诉讼文书为中文本,并附有其通晓的外文译本,但译本不加盖人民法院印章,对诉讼文书的理解与执行仍以中文本为准。外国诉讼参与人通晓中国语言文字,拒绝他人翻译或不需要诉讼文书外文译本的,应由其本人出具书面声明。

(五)指定或委托中国律师参加诉讼原则

律师制度是一国司法制度的重要组成部分,律师通常只能在其本国内执行律师职务。1981年10月20日,我国司法部、外交部、外国专家局联合签发的《关于外国律师不得在我国开业的联合通知》明确规定:外国律师不得在我国开业;不得以律师名义在我国代理诉讼和出庭……不得从事任何有损于我国主权和利益的活动。1992 年司法部、国家工商行政管理局制定的《关于外国律师事务所在中国境内设立办事处的暂行规定》指明,外国律师事务所在华办事处的业务范围包括代理外国当事人、委托中国律师事务所办理在华境内的法律事务,禁止外国律师事务及其成员从事中国法律事务。外国籍犯罪嫌疑人委托辩护人的,应当委托在中华人民共和国的律师事务所执业的律师。外国籍被告人委托律师辩护,或者外国籍附带民事诉讼原告人、自诉人委托律师代理诉讼的,应当委托具有中华人民共和国律师资格并依法取得执业证书的律师。外国籍被告人在押的,其监护人、近亲属或者其国籍国驻华使、领馆可以代为委托辩护人。其监护人、近亲属代为委托的,应当提供与被告人关系的有效证明。外国籍当事人委托其监护人、近亲属担任辩护人、诉讼代理人的,被委托人应当提供与当事人关系的有效证明。经审查,符合刑事诉讼法、有关司法解释规定的,人民法院应当准许。外国籍被告人没有委托辩护人的,人民法院可以通知法律援助机构为其指派律师提供辩护。被告人拒绝辩护人辩护的,应当由其出具书面声明,或者将其口头声明记录在案。外国籍当事人从中国领域外寄交或者托交给中国律师或中国公民的委托书,以及外国籍当事人的监护人、近亲属提供的与当事人关系的证明,必须经所在国公证机关证明,所在国中央外交主管机关或者其授权机关认证,并经我国驻该国使、领馆认证,但我国与该国之间有互免认证协定的除外。

第二节　涉外刑事诉讼的特殊制度

一、涉外刑事诉讼的管辖

我国开展涉外刑事诉讼的前提是我国对涉外刑事案件享有管辖权。我国刑事诉讼法对涉外刑事诉讼的职能管辖并没有作出具体规定,一般是依据刑事诉讼法规定的公、检、法三机关的各自职权来依法管辖。但是,在级别管辖、地域管辖以及专属管辖方面,立法和司法解释则进行了比较完整的规范。

(一)级别管辖和地域管辖

根据公安部《规定》,外国人犯罪案件,由犯罪地的县级以上公安机关立案侦查。设区的市一级以上公安机关负责重大的危害国家安全犯罪、恐怖活动犯罪、涉外犯罪、经济犯罪、集团犯罪案件的侦查。外国人犯中华人民共和国缔结或者参加的国际条约规定的罪行后进入我国领域内的,由该外国人被抓获地的设区的市一级以上公安机关立案侦查。外国人在中华人民共和国领域外对中华人民共和国国家或者公民犯罪,应当受刑罚处罚的,由该外国人入境地或者入境后居住地的县级以上公安机关立案侦查;该外国人未入境的,由被害人居住地的县级以上公安机关立案侦查,没有被害人或者是对中华人民共和国国家犯罪的,由公安部指定管辖。

根据2021年最高法《解释》第11条的规定,外国人在我国领域外对中华人民共和国国家或公民犯罪,根据我国刑法应当受处罚的,由该外国人登陆地、入境地或者入境后居住地的人民法院管辖,也可以由被害离境前居住地或者现居住地的人民法院管辖。该《解释》第12条规定:"对中华人民共和国缔结或者参加的国际条约所规定的罪行,中华人民共和国在所承担条约义务的范围内,行使刑事管辖权的,由被告人被抓获地、登陆地或者入境地的人民法院管辖。"该《解释》第476条规定:"第一审涉外刑事案件,除《刑事诉讼法》第二十一条至第二十三条规定的以外,由基层人民法院管辖。必要时,中级人民法院可以指定辖区内若干基层人民法院集中管辖第一审涉外刑事案件,也可以依照《刑事诉讼法》第二十四条的规定,审理基层人民法院管辖的第一审涉外刑事案件。"

(二)专属管辖

根据2020年公安部《规定》,在中华人民共和国领域外的中国航空器内发生的刑事案件,由该航空器在中国最初降落地的公安机关管辖。在国际列车上发生的刑事案件,根据我国与相关国家签订的协定确定管辖;没有协定的,由该列车始发或者前方停靠的中国车站所在地的铁路公安机关管辖。

二、涉外刑事诉讼中的强制措施程序

我国刑事诉讼法中对犯罪嫌疑人、被告人采取的五种强制措施同样适用于涉外刑事诉讼。在处理涉外刑事案件时,为保障诉讼活动的顺利进行,可依法对外籍被告人或犯罪嫌疑人采取强制措施。在五种强制措施中,逮捕最为严厉,因而相关司法解释也作出了特别规定。

(一)批准逮捕

根据2019年最高检《规则》第294条的规定,外国人、无国籍人涉嫌危害国家安全犯罪的案件或者涉及国与国之间政治、外交关系的案件以及在适用法律上确有疑难的案件,认为需要逮捕犯罪嫌疑人的,依法分别由基层人民检察院或者分、州、市人民检察院审查并提出意见,层报最高人民检察院审查。最高人民检察院经审查认为需要逮捕的,经征求外交部的意见后,作出批准逮捕的批复,经审查认为不需要逮捕的,作出不批准逮捕的批复。基层人民检察院或者分、州、市人民检察院根据最高人民检察院的批复,依法作出批准或者不批准逮捕的决定。层报过程中,上级人民检察院经审查认为不需要逮捕的,应当作出不批准逮捕的批复,报送的人民检察院根据批复依法作出不批准逮捕的决定。基层人民检察院或者分、州、市人民检察院经审查认为不需要逮捕的,可以直接依法作出不批准逮捕的决定。外国人、无国籍人涉嫌其他犯罪案件,决定批准逮捕的人民检察院应在作出批准逮捕决定后48小时以内报上一级人民检察院备案,同时向同级人民政府外事部门通报。上一级人民检察院对备案材料经审查发现错误的,应当依法及时纠正。

(二)通知和报告

根据2020年公安部《规定》的规定,对外国籍犯罪嫌疑人依法作出取保候审、监视居住决定或者执行拘留、逮捕后,应当在48小时以内层报省级公安机关,同时通报同级人民政府外事办公室。重大涉外案件应当在48小时以内层报公安部,同时通报同级人民政府外事办公室。对外国籍犯罪嫌疑人依法作出取保候审、监视居住决定或执行拘留、逮捕后,由省级公安机关根据有关规定,将其姓名、性别、入境时间、护照或证件号码、案件发生的时间、地点,涉嫌犯罪的主要事实,已采取的强制措施及其法律依据等,通知该外国人所属国家的驻华使馆、领事馆,同时报告公安部。经省级公安机关批准,领事通报任务较重的副省级城市公安局可以直接行使领事通报职能。外国人在公安机关侦查或者执行刑罚期间死亡的,有关省级公安机关应当通知该外国人国籍国的驻华使馆、领事馆,同时报告公安部。未在华设立使馆、领事馆的国家,可通知其代管国家的驻华使馆、领事馆;无代管国家或者代管国家不明的,可以不予通知。

(三)探视、会见与通信

公安机关侦查终结前,外国驻华外交、领事官员要求探视被监视居住、拘留、逮捕或者正在看守所服刑的本国公民的,应当及时安排有关探视事宜。如当事人拒绝其所属国家驻华外交、领事官员探视,主管机关可不予安排,但应由其本人提出书面意见。被拘捕的外籍被告人或犯罪嫌疑人要求通知其家属会见时,我国主管的公安司法机关应及时通知其家属,并允许其近亲属、监护人会见、通信。有关探视、会见及通信活动应遵照《维也纳领事关系公约》《关于会见在押案犯以及案犯与外界通信的规则》等。

(四)扣留护照与限制出境

对外国籍犯罪嫌疑人采取强制措施的同时,经省级公安机关批准,可依法扣留其护照,发给本人扣留护照的证明,并将有关情况及时报告公安部,通报同级人民政府外事办公室。对涉外刑事案件的被告人及人民法院认定的其他相关犯罪嫌疑人,可决定限制出境。人民法院决定限制外国人和中国公民出境的,应当书面通知被限制出境的人,也可以采取扣留其护照或者其他有效出入境证件的办法,在案件审理终结前不得离境。另外,对开庭审理案件时必须到庭的证人,可要求暂缓出境。

三、涉外刑事诉讼特殊程序

除了基本原则、管辖、强制措施等,涉外刑事诉讼程序在证据的收集和审查、审判程序、执行程序等方面也有其特殊规定。

(一)公开审判

法院审理涉外刑事案件也应当公开进行,但依法不应公开审理的除外。公开审理的涉外刑事案件,外国籍当事人国籍国驻华使、领馆官员要求旁听的,可以向受理案件的人民法院所在地的高级法院提出申请,法院应当安排。涉外刑事案件宣判后,外国籍当事人国籍国驻华使、领馆要求提供裁判文书的,可以向受理案件的人民法院所在地的高级法院提出,法院可以提供。

(二)驱逐出境与限期出境

对判处独立适用驱逐出境刑罚的外国人,省级公安机关在收到人民法院的刑事判决书、执行通知书的副本后,应当指定该外国人所在地的设区的市一级公安机关执行。被判处徒刑的外国人,主刑执行期满后应当执行驱逐出境附加刑的,省级公安机关在收到执行监狱的上级主管部门转交的刑事判决书、执行通知书副本或者复印件后,应当指定该外国人所在地的设区的市一级公安机关执行。

我国政府已按照国际条约或《中华人民共和国外交特权与豁免条例》的规定,对实施犯罪但享有外交或者领事特权和豁免权的外国人宣布为不受欢迎的人,或者不可接受并拒绝承认其外交或者领事人员身份、责令限期出境的人,无正当理由逾期不自动出境的,由公安部凭外交部公文指定该外国人所在地的省级公安机关负责执行或者监督执行。

第三节　刑事司法协助

一般而言,刑事司法协助是指一国的司法机关根据另一国司法机关的请求,代为或协助实行与刑事诉讼有关的司法行为。狭义的刑事司法协助是指与审判有关的刑事司法协助,包括送达文书、调查取证等;广义的刑事司法协助除了狭义上的刑事司法协助外,还包括引渡等内容。我国《刑事诉讼法》第 18 条规定:“根据中华人民共和国缔结或者参加的国际条约,或者按照互惠原则,我国司法机关和外国司法机关可以相互请求刑事司法协助。”2018 年我国颁布了《国际刑事司法协助法》,该法第 2 条指出:“国际刑事司法协助,是指中华人民共和国和外国在刑事案件调查、侦查、起诉、审判和执行等活动中相互提供协助,包括送达文书,调查取证,安排证人作证或者协助调查,查封、扣押、冻结涉案财物,没收、返还违法所得及其他涉案财物,移管被判刑人以及其他协助。”根据我国司法部官方网站的公开资料,截至 2021 年 1 月,我国已与 55 个国家缔结刑事司法协助条约;与 39 个国家缔结引渡条约;并与 13 个国家缔结了被判刑人移管条约。[1]

一、刑事司法协助的主管机关

公安部《规定》第十三章专门规定了“刑事司法协助和警务合作”。据此,公安部是公安机关进行刑事司法协助和警务合作的中央主管机关,通过有关法律、国际条约、协议规定的联系途径、外交途径或者国际刑事警察组织渠道,接收或者向外国提出刑事司法协助或警务合作请求。地方各级公安机关依照职责权限办理刑事司法协助事务和警务合作事务。其他司法机关在办理刑事案件中,需要外国警方协助的,由其中央主管机关与公安部联系办理。在不违背我国法律和有关国际条约、协议的前提下,我国边境地区设区的市一级公安机关和县级公安机关与相邻国家的警察机关,可以按照惯例相互开展执法会晤、人员往来、边境管控、情报信息交流等警务合作,但应当报省级公安机关批准,并报公安部备案;开展其他警务合作的应当报公安部批准。

最高人民检察院是检察机关开展国际刑事司法协助的主管机关,负责审核地方各级人民检察院向外国提出的刑事司法协助请求,审查处理对外联系机关转递的外国提出的刑事司法协助请求,审查决定是否批准执行外国的刑事司法协助请求,承担其他与国际刑事司法协助相关的工作。办理刑事司法协助相关案件的地方各级人民检察院应当向最高人民检察院层报需要向外国提出的刑事司法协助请求,执行最高人民检察院交办的外国提出的刑事司法协助请求。地方各级人民检察院需要向外国请求刑事司法协助的,应当制作刑事司法协助请求书并附相关材料。经省级人民检察院审核同意后,报送最高人民检察院。

人民法院请求外国提供司法协助的,应当经高级人民法院审查后报最高人民法院审核同意应当层报最高人民法院,经最高人民法院审核同意后交由有关对外联系机关及时向外国提出请求。外国法院请求我国提供司法协助,属于人民法院职权范围的,经最高人民法院审核同意后转有关人民法院办理。

二、刑事司法协助的主要内容

公安机关进行刑事司法协助和警务合作的范围,主要包括犯罪情报信息的交流与合作,调查取证,送达刑事诉讼文书,移交物证、书证、视听资料或电子数据等证据材料,引渡、缉捕和递解犯罪嫌疑人、被告人或者罪犯以及国际条约、协议规定的其他刑事司法协助和警务合作事宜。最高检《规则》第十六章规定了人民检察院“刑事司法协助”的有关事宜,主要包括刑事诉讼文书送达,调查取证,安排证人作证或者协助调查,查封、扣押、冻结涉案财物,返还违法所得及其他涉案财物,移管被判刑人以及其他协助。人民法院向在我国领域外居住的当事人送达刑事诉讼

---

[1] “司法协助相关法律法规”,载中华人民共和国司法部网,http://www.moj.gov.cn/Department/node_357.html,2021 年 1 月 30 日访问。

文书,可采用下列方式:(1)根据受送达人所在国与中华人民共和国缔结或者共同参加的国际条约规定的方式送达;(2)通过外交途径送达;(3)对中国籍当事人所在国法律允许或者经所在国同意的,可以委托我国驻受送达人所在国的使、领馆代为送达;(4)当事人是自诉案件的自诉人或者附带民事诉讼原告人的,可以向有权代其接受送达的诉讼代理人送达;(5)当事人是外国单位的,可以向其在中华人民共和国领域内设立的代表机构或者有权接受送达的分支机构、业务代办人送达;(6)受送达人所在国法律允许的,可以邮寄送达;自邮寄之日起满3个月,送达回证未退回,但根据各种情况足以认定已经送达的,视为送达;(7)受送达人所在国法律允许的,可以采用传真、电子邮件等能够确认受送达人收悉的方式送达。人民法院通过外交途径向在中华人民共和国领域外居住的受送达人送达刑事诉讼文书的,所送达的文书应当经高级人民法院审查后报最高人民法院审核。最高人民法院认为可以发出的,由最高人民法院交外交部主管部门转递。外国法院通过外交途径请求人民法院送达刑事诉讼文书的,由该国驻华使馆将法律文书交我国外交部主管部门转最高人民法院。最高人民法院审核后认为属于人民法院职权范围,且可以代为送达的,应当转有关人民法院办理。

根据《中华人民共和国引渡法》的规定,外国向中华人民共和国提出的引渡请求必须同时符合下列条件,才能准予引渡:(1)引渡请求所指的行为,依照我国法律和请求国法律均构成犯罪;(2)为了提起刑事诉讼而请求引渡的,根据我国法律和请求国法律,对于引渡请求所指的犯罪均可判处1年以上有期徒刑或其他更重的刑罚,为了执行刑罚而请求引渡的,在提出引渡请求时,被请求引渡人尚未服完的刑期至少为6个月。应当拒绝引渡的事由包括:(1)犯罪嫌疑人是我国公民的;(2)外国提出请求时,我国已审结判决或终止刑事诉讼程序的;(3)犯罪嫌疑人是政治犯或已被我国庇护的;(4)被请求引渡人由于种族、宗教、国别、性别、政治见解或身份等原因被提起刑事诉讼或执行刑罚的;(5)纯属军事犯罪的;(6)依据我国法律,外国提请求时犯罪已过追诉时效或被赦免的;(7)被引渡请求人可能遭受酷刑的;(8)请求国是依据缺席判决提出的引渡请求。可以拒绝引渡的事由如下:(1)我国对该案有管辖权,正在刑事诉讼中或准备提起诉讼的;(2)由于被引渡请求人的年龄、健康原因,出于人道主义考虑不宜引渡的。

三、刑事司法协助的程序

根据公安部《规定》,公安部收到外国的刑事司法协助或警务合作请求后,应当依据我国法律和国际条约、协议的规定进行审查。对于符合规定的,交有关省级公安机关办理,或者移交其他有关中央主管机关;对于不符合条约或者协议规定的,通过接收请求的途径退回请求方。负责执行刑事司法协助或者警务合作的公安机关收到请求书和所附材料后,应当按照我国法律和有关国际条约、协议的规定安排执行,并将执行结果及其有关材料报经省级公安机关审核后报送公安部。在执行过程中,需要采取查询、查封、扣押、冻结等措施或者返还涉案财物,且符合法律规定的条件的,可根据我国有关法律和公安部的执行通知办理有关法律手续。请求书提供的信息不准确或者材料不齐全难以执行的,应当立即通过省级公安机关报请公安部要求请求方补充材料;因其他原因无法执行或者具有应当拒绝协助、合作的情形等不能执行的,应当将请求书和所附材料,连同不能执行的理由通过省级公安机关报送公安部。执行刑事司法协助和警务合作,请求书中附有办理期限的,应当按期完成。未附办理期限的,调查取证应当在 3 个月以内完成;送达刑事诉讼文书,应当在 10 日以内完成。不能按期完成的,应当说明情况和理由,层报公安部。需要请求外国警方提供刑事司法协助或者警务合作的,应当按照我国有关法律国际条约、协议的规定提出刑事司法协助或警务合作请求书,所附文件及相应译文经省级公安机关审核后报送公安部。需要通过国际刑事警察组织查找或者缉捕犯罪嫌疑人、被告人或者罪犯、查询资料、调查取证的,应当提出申请层报国际刑事警察组织中国国家中心局。公安机关提供或者请求外国提供刑事司法协助或者警务合作,应当收取或者支付费用的,根据有关国际条约、协议的规定,或者按照对等互惠的原则协商办理。

根据最高检《规则》的规定,人民检察院依据国际刑事司法协助法等有关法律和有关刑事司法协助条约进行刑事司法协助。人民检察院刑事司法协助的范围包括刑事诉讼文书送达,调查取证,安排证人作证或者协助调查,查封、扣押、冻结涉案财物,返还违法所得及其他涉案财物,移管被判刑人以及其他协助。办理刑事司法协助相关案件的地方各级人民检察院应当向最高人民检察院层报需要向外国提出的刑事司法协助请求,执行最高人民检察院交办的外国提出的刑事司法协助请求。地方各级人民检察院需要向外国请求刑事司法协助的,应当制作刑事司法协助请求书并附相关材料。经省级人民检察院审核同意后,报送最高人民检察院。刑事司法协助请求书应当依照相关刑事司法协助条约的规定制作;没有条约或者条约没有规定的,可以参照《国际刑事司法协助法》第 13 条的规定制作。被请求方有特殊要求的,在不违反我国法律的基本原则的情况下,可以按照被请求方的特殊要求制作。最高人民检察院收到地方各级人民检察院刑事司法协助请求书及所附相关材料后,应当依照国际刑事司法协助法和有关条约进行审查。对符合规定、所附材料齐全的,最高人民检察院是对外联系机关的,应当及时向外国提出请求;不是对外联系机关的,应当通过对外联系机关向外国提出请求。对不符合规定或者材料不齐全的,应当退回提出请求的人民检察院或者要求其补充、修正。

最高人民检察院收到外国提出的刑事司法协助请求后,应当对请求书及所附材料进行审查。对于请求书形式和内容符合要求的,应当按照职责分工,将请求书及所附材料转交有关主管机关或者省级人民检察院处理;对于请求书形式和内容不符合要求的,可以要求请求方补充材料或者重新提出请求。外国提出的刑事司法协助请求明显损害我国主权、安全和社会公共利益的，可以直接拒绝提供协助。

最高人民检察院在收到对外联系机关转交的刑事司法协助请求书及所附材料后，经审查，分别作出以下处理：(1)根据国际刑事司法协助法和刑事司法协助条约的规定，认为可以协助执行的，作出决定并安排有关省级人民检察院执行；(2)根据国际刑事司法协助法或者刑事司法协助条约的规定，认为应当全部或者部分拒绝协助的，将请求书及所附材料退回对外联系机关并说明理由；(3)对执行请求有保密要求或者有其他附加条件的，通过对外联系机关向外国提出，在外国接受条件并且作出书面保证后，决定附条件执行；(4)需要补充材料的，书面通过对外联系机关要求请求方在合理期限内提供。

有关省级人民检察院收到最高人民检察院交办的外国刑事司法协助请求后，应当依法执行，或者交由下级人民检察院执行。负责执行的人民检察院收到刑事司法协助请求书和所附材料后，应当立即安排执行，并将执行结果及有关材料报经省级人民检察院审查后，报送最高人民检察院。对于不能执行的，应当将刑事司法协助请求书和所附材料，连同不能执行的理由，通过省级人民检察院报送最高人民检察院。因请求书提供的地址不详或者材料不齐全，人民检察院难以执行该项请求的，应当立即通过最高人民检察院书面通知对外联系机关，要求请求方补充提供材料。最高人民检察院应当对执行结果进行审查。对于符合请求要求和有关规定的，通过对外联系机关转交或者转告请求方。

根据最高法《解释》的规定，外国法院请求的事项有损中华人民共和国的主权、安全、社会公共利益以及违反中华人民共和国法律的基本原则的，人民法院不予协助；属于有关法律规定的可以拒绝提供刑事司法协助情形的，可以不予协助。人民法院请求外国提供司法协助的，应当层报最高人民法院，经最高人民法院审核同意后交由有关对外联系机关及时向外国提出请求。外国法院请求我国提供司法协助，有关对外联系机关认为属于人民法院职权范围的，经最高人民法院审核同意后转有关人民法院办理。人民法院请求外国提供司法协助的请求书，应当依照刑事司法协助条约的规定提出；没有条约或者条约没有规定的，应当载明法律规定的相关信息并附相关材料。请求书及其所附材料应当以中文制作，并附有被请求国官方文字的译本。外国请求我国法院提供司法协助的请求书，应当依照刑事司法协助条约的规定提出；没有条约或者条约没有规定的，应当载明我国法律规定的相关信息并附相关材料。请求书及所附材料应当附有中文译本。

人民法院向在中华人民共和国领域外居住的当事人送达刑事诉讼文书，可以采用下列方式：(1)根据受送达人所在国与中华人民共和国缔结或者共同参加的国际条约规定的方式送达。(2)通过外交途径送达。(3)对中国籍当事人，所在国法律允许或者经所在国同意的，可以委托我国驻受送达人所在国的使领馆代为送达。(4)当事人是自诉案件的自诉人或者附带民事诉讼原告人的，可以向有权代其接受送达的诉讼代理人送达。(5)当事人是外国单位的,可以向其在中华人民共和国领域内设立的代表机构或者有权接受送达的分支机构、业务代办人送达。(6)受送达人所在国法律允许的,可以邮寄送达;自邮寄之日起满3个月,送达回证未退回,但根据各种情况足以认定已经送达的,视为送达。(7)受送达人所在国法律允许的,可以采用传真、电子邮件等能够确认受送达人收悉的方式送达。人民法院通过外交途径向在中华人民共和国领域外居住的受送达人送达刑事诉讼文书的,所送达的文书应当经高级人民法院审查后报最高人民法院审核。最高人民法院认为可以发出的,由最高人民法院交外交部主管部门转递。外国法院通过外交途径请求人民法院送达刑事诉讼文书的,由该国驻华使馆将法律文书交我国外交部主管部门转最高人民法院。最高人民法院审核后认为属于人民法院职权范围,且可以代为送达的,应当转有关人民法院办理。

案例精选

中国驻某国大使馆内中方工作人员甲、乙因看世界杯而发生斗殴的故意伤害案件(源于2010年国家司法考试真题卷二第79题)。

【问】请问对此案的审理是否适用涉外刑事诉讼程序?

【答案与解析】不适用。依据最高法《解释》第313条的规定,本解释所称的涉外刑事案件是指:"(一)在中华人民共和国领域内,外国人犯罪的或者我国公民侵犯外国人合法权利的刑事案件;(二)在中华人民共和国领域外,符合《刑法》第八条、第十条规定情形的外国人对中华人民共和国国家和公民犯罪和中国公民犯罪的案件;(三)符合《刑法》第九条规定的情形,中华人民共和国在所承担国际条约义务范围内行使管辖权的案件。"此案件虽发生在国外,但当事人双方均是中国人,且案件发生在我国使馆内,所以不属于涉外案件,由我国法院管辖,不适用涉外诉讼程序。

思考问题

1. 区际刑事司法协助与国际刑事司法协助有何异同?
2. 在刑事司法协助中,如何处理不同法域之间的制度差异?

法条链接

《刑事诉讼法》第17、18条;公安部《规定》第十二、十三章;最高检《规则》第十六章;最高法《解释》第二十章。

扩展阅读

1. 黄风主编:《国际刑事司法协助国内法规则概览》,中国方正出版社2012年版。

2. 成良文:《国际刑事司法协助的基本原则》,载《中国法学》2002 年第 3 期。
3. 黄风:《中华人民共和国国际刑事司法协助法(立法建议稿)》,载《法学评论》2008 年第 1 期。
4. 黄风:《制定我国〈国际刑事司法协助法〉的几个问题》,载《中外法学》2011 年第 6 期。

第二十九章　联合国刑事司法准则与我国刑事诉讼

本章知识要点

联合国刑事司法准则是联合国自1945年创建以来在刑事司法领域制定、认可或倡导的规范或标准，其以国际人权法和其他有关刑事司法的国际公约为基础，以人权保障为核心，对完善各国或地区的刑事司法制度具有重要的指导意义。本章主要介绍了《联合国禁止非法贩运麻醉药品和精神药物公约》《联合国打击跨国有组织犯罪公约》《联合国制止向恐怖主义提供资助的国际公约》《联合国反腐败公约》等与惩罚犯罪有关的国际公约，以及诉讼权利平等原则、审判独立、公正、公开原则、无罪推定原则、一事不再理原则、诉讼及时原则等关于公正司法的一般原则、关于基本权利、死刑、未成年人刑事司法、被害人保护等方面的联合国刑事司法准则。

第一节　概　　述

1955年8月，第一届联合国预防犯罪和罪犯待遇大会在瑞士日内瓦隆重召开，联合国在预防犯罪和刑事司法领域开始发挥主导作用。此次会议的议题如下：囚犯待遇最低限度标准规则；监狱工作人员的挑选、培训和地位；开放型刑罚和矫正机构；监狱劳动；预防少年犯罪。1966年12月16日，第二十一届联合国大会通过了《国际人权公约》，包括《经济、社会、文化权利国际公约》《公民权利和政治权利国际公约》《公民权利和政治权利国际公约任择议定书》。此后，联合国还出台了《联合国少年司法最低限度标准规则》(《北京规则》)、《关于司法机关独立的基本原则》、《关于律师作用的基本原则》、《关于检察官作用的准则》、《保护所有遭受任何形式拘留或监禁的人的原则》、《保护人人不受酷刑和其他残忍、不人道或有辱人格待遇或处罚宣言》、《关于保护面对死刑的人的权利的保障措施》、《囚犯待遇基本原则》、《为罪行和滥用权利行为受害者取得公理的基本原则宣言》、《刑事事件互助示范条约》等。

第二节　有关惩罚犯罪的联合国刑事司法准则与我国刑事诉讼

联合国通过了一系列旨在预防和惩治犯罪、尤其是跨国犯罪的文件，如《发展和国际经济新秩序环境中预防犯罪和刑事司法的指导原则》《关于从发展角度进行预防犯罪和刑事司法国际合作的建议》《综合性预防犯罪措施汇编》《打击国际恐怖主义的措施》《防止侵犯各民族动产形式文化遗产罪行示范条约》等。联合国惩罚犯罪准则的覆盖面很广，而且还在不断扩大。我国于1988年12月20日加入《联合国禁止非法贩运麻醉药品和精神药物公约》、2000年12月12日签署《联合国打击跨国有组织犯罪公约》、2001年11月14日签署《联合国制止向恐怖分子提供资助的国际公约》以及2003年12月10日签署《联合国反腐败公约》，这些国际文件对我国的刑事立法和司法实践产生了深远的影响。

一、《联合国禁止非法贩运麻醉药品和精神药物公约》

1988年12月19日，《联合国禁止非法贩运麻醉药品和精神药物公约》在奥地利维也纳经审议通过，并于1990年11月1日生效，也称《维也纳公约》。中国于1988年12月20日签署，1989年9月4日全国人大常委会批准加入了该公约。根除非法贩运是所有国家的共同责任，有必要在国际合作范围内采取协调行动，为此，该公约明确规定了毒品、洗钱犯罪的概念，打击毒品洗钱犯罪的刑法手段和缔约国承担的强制性义务；并初步规范了侦查毒品洗钱犯罪案件的有效法律手段和国际合作机制等。

二、《联合国打击跨国有组织犯罪公约》

2000年11月15日，第五十五届联合国大会在日内瓦通过了《联合国打击跨国有组织犯罪公约》（以下简称《巴勒莫公约》），这也是联合国制定的专门用于打击跨国有组织犯罪的首部国际刑法公约。

1. 关于没收犯罪所得的原则。《巴勒莫公约》第14条关于"没收的犯罪所得或财产的处置"规定："根据本公约第13条的规定应另一缔约国请求采取行动的缔约国，应在本国法律许可的范围内，根据请求优先考虑将没收的犯罪所得或财产交还请求缔约国，以便其对犯罪被害人进行赔偿，或者将这类犯罪所得或财产归还合法所有人。""优先返还请求缔约国"原则将被害人及请求国的利益置于首位。我国2012年《刑事诉讼法》新增犯罪嫌疑人、被告人逃匿、死亡案件违法所得没收程序，以提升防逃追逃的效果。

2. 关于引渡机制。《巴勒莫公约》加重了缔约国的引渡义务，缔约国可以突破缔约国内法要求有引渡条约的限制,将公约作为缔约国之间引渡合作的法律依据。根据有条件的"或引渡或起诉"原则,被指控人所在的缔约国如果仅以罪犯系本国国民为由不将其引渡,则有义务在要求引渡的缔约国的请求下,将该案提交其主管当局以便起诉,而不得有任何不应有的延误。

3. 关于司法协助。根据《巴勒莫公约》第 17 条的规定,缔约国可考虑缔结双边或多边协定或安排,将因犯有公约所涉犯罪而被判监禁或其他形式剥夺自由的人员移交其本国服满刑期。该公约第 21 条规定了刑事诉讼移交制度,缔约国在认为相互移交诉讼有利于正当司法,特别是在涉及数国管辖权时,为了使起诉集中,应考虑相互移交诉讼,以便对公约中所确定的犯罪进行追究。

4. 关于联合调查与执法合作。《巴勒莫公约》要求,各缔约国应考虑缔结双边或多边协定,并以此为基础建立有关一国或多边刑事侦查、起诉或审判事宜的联合调查机构。各缔约国应在符合本国法律和行政管理制度的情况下,加强并在必要时建立各国主管当局、机构和部门之间的联系渠道,以促进安全、迅速地交换有关犯罪情报,以及在有关缔约国认为适当时还包括与其他犯罪活动联系的有关情报;加强同其他缔约国的合作,就犯罪事项进行调查。

5. 关于证人及被害人保护制度。《巴勒莫公约》指出,各缔约国均应在其力所能及的范围内采取适当的措施,为刑事诉讼中就公约所涵盖犯罪作证的证人并酌情为其亲属及其他与其关系密切者提供有效的保护,使其免遭可能的报复或恐吓。在不影响被告人权利的情况下,保护措施可包括:(1)制定向此种人提供人身保护的程序,如在必要和可行的情况下将其转移,并在适当情况下允许不披露或限制披露有关其身份和下落;(2)规定允许以确保证人安全的方式作证的证据规则,如允许借助于诸如视像连接之类的通信技术或其他适当手段提供证言。上述措施也应适用于作为证人的被害人。各缔约国均应制定适当的程序,使公约所涵盖犯罪的被害人有机会获得赔偿和补偿。各缔约国均应在符合其本国法律的情况下,在对犯罪的人提起的刑事诉讼的适当阶段,以不损害被告人权利的方式使被害人的意见和关切得到表达和考虑。

6. 关于特殊侦查手段。该公约第 20 条规定了特殊侦查手段:(1)各缔约国均应在其本国法律基本原则许可的情况下,视可能并根据本国法律所规定的条件采取必要措施,允许其主管当局在其境内适当使用控制下交付并在其认为适当的情况下使用其他特殊侦查手段,如电子或其他形式的监视和特工行动,以有效地打击有组织犯罪。(2)为侦查公约所涵盖的犯罪,鼓励缔约国在必要时为在国际一级合作时使用这类特殊侦查手段而缔结适当的双边或多边协定或安排,此类协定或安排的缔结和实施应充分遵循各国主权平等原则,执行时应严格遵守这类协定或安排的条件。(3)在无相关协定或安排的情况下,关于在国际一级使用这种特殊侦查手段的决定,应在个案基础上作出,必要时还可考虑到有关缔约国就行使管辖权所达成的财务安排或谅解。(4)经各有关缔约国同意,关于在国际一级使用控制下交付的决定,可包括诸如拦截货物后允许其原封不动地或将其全部或部分取出替换后继续运送之类的办法。我国2012年《刑事诉讼法》修改时,在"侦查"一章中增加"技术侦查"一节,规定了秘密侦查、监听监视、控制下交付等特殊侦查手段。

三、《联合国制止向恐怖主义提供资助的国际公约》

恐怖主义是对国际和平与安全的严重威胁,《联合国制止向恐怖主义提供资助的国际公约》旨在断绝恐怖主义的资金来源,是国际社会共同打击恐怖主义犯罪的一项重要举措。该公约界定了"资助恐怖主义罪",要求缔约国采取相应的立法、司法、执法及金融监管措施,对该类犯罪进行预防和打击。该公约还规定了缔约国对"资助恐怖主义罪"行使管辖权的法律依据,以及缔约国应当就惩治该罪进行引渡和刑事司法协助方面的国际合作等内容。

四、《联合国反腐败公约》

腐败犯罪不利于社会的公平正义,阻碍社会的正常发展,反腐败是全世界关注的重要议题。2005年12月14日正式生效的《联合国反腐败公约》是联合国通过的第一个用于指导国际反腐败斗争的法律文件,对促进国际反腐合作具有重大意义。

1. 反腐败专职机构。《联合国反腐败公约》规定,各缔约国均应当根据本国法律制度的基本原则,确保设有一个或酌情设有多个机构通过诸如下列措施预防腐败:实施公约相关政策,并在适当情况下进行监督和协调;积累和传播预防腐败的知识。各缔约国均应当提供必要的物资和专职工作人员,并为这些工作人员履行职能提供必要的培训。各缔约国均应当将可以协助其他缔约国制定和实施具体预防腐败措施的机关的名称和地址通知联合国秘书长。

2. 特殊侦查。《联合国反腐败公约》第50条第1款规定:"为有效地打击腐败,各缔约国均应当在其本国法律制度基本原则许可的范围内并根据本国法律规定的条件在其力所能及的情况下采取必要措施,允许其主管机关在其领域内酌情使用控制下交付和在其认为适当时使用诸如电子或者其他监视形式和特工行动等其他特殊侦查手段,并允许法庭采信由这些手段产生的证据。"

3. 保障证人及其他相关人员安全的措施。各缔约国均应当依法为腐败犯罪作证的证人和鉴定人并酌情为其亲属及其他与其关系密切者提供有效的保护,使其免遭可能的报复或者恐吓。在不影响被告人权利包括正当程序权的情况下,保护措施包括:(1)制定为这种人提供人身保护的程序,例如,在必要和可行的情况下将其转移,并在适当情况下允许不披露或者限制披露有关其身份和下落的资料;(2)规定允许以确保证人和鉴定人安全的方式作证的取证规则,如允许借助于诸如视听技术之类的通信技术或其他适当手段提供证言。上述规定还应当适用于作为证人的被害人。在刑事诉讼中,应以不损害被告人权利的方式使被害人的意见和关切得到表达和考虑。

4. 关于污点证人制度。《联合国反腐败公约》第 37 条第 1 款规定:“各缔约国均应当采取适当措施,鼓励参与或者曾经参与实施根据本公约确立的犯罪的人提供有助于主管机关侦查和取证的信息,并为主管机关提供可能有助于剥夺罪犯的犯罪所得并追回这种所得的实际具体帮助。”而且,各缔约国应当对提供实质性配合的被告人减轻处罚或不予起诉。对提供实质性配合的被告人的保护,应当变通适用《联合国反腐败公约》中保护证人、鉴定人和被害人的有关规定。提供实质性配合的被告人可享有另一缔约国提供的减轻处罚和不予起诉的待遇。

5. 关于推定和举证责任。《联合国反腐败公约》第 28 条规定:“作为犯罪要素的明知、故意或者目的,根据本公约确立的犯罪所需具备的明知、故意或者目的等要素,可以根据客观实际情况予以推定。”该公约第 20 条规定:“资产非法增加,即公职人员的资产显著增加,而本人无法以其合法收入作出合理解释。”该公约第 31 条第 8 款规定了举证责任倒置:“缔约国可以考虑要求由罪犯证明这类所指称的犯罪所得或者其他应当予以没收的财产的合法来源。”我国刑事诉讼法规定审查起诉和有罪判决必须达到“犯罪事实清楚,证据确实、充分”的标准,没有采用推定规则,应当借鉴公约的规定,明确犯罪主观状态的推定。我国存在关于举证责任倒置的情形,如巨额财产来源不明罪。

6. 关于附带民事诉讼和缺席审判。《联合国反腐败公约》规定,考虑采取必要的措施,以便在因犯罪人死亡、潜逃或缺席而无法对其起诉的情形或者其他有关情形下,能够不经过刑事定罪没收这类财产。对于该公约第 17 条和第 23 条所述的贪污公共资金或者对所贪污的公共资金的洗钱行为,被请求缔约国应当在依照第 55 条实行没收后,基于被请求国的生效判决,将没收的财产返还请求缔约国,被请求缔约国也可放弃对生效判决的要求。

7. 财产冻结、扣押和没收。《联合国反腐败公约》第 31 条规定,各缔约国均应当在本国法律制度的范围内尽最大可能采取必要的措施,以便能够没收:来自腐败犯罪所得或价值相当的财产;用于或者拟用于腐败犯罪的财产、设备或其他工具。各缔约国均应当采取必要的措施,辨认、追查、冻结或者扣押所述任何物品,以便最终予以没收。如果这类犯罪所得已经部分或全部转变或转化为其他财产,则应当以这类财产代替原犯罪所得而对之适用相关措施。如果这类犯罪所得已与从合法来源获得的财产相混合,则应当在不影响冻结权或扣押权的情况下没收这类财产,没收价值最高可以达到混合于其中的犯罪所得的估计价值。各缔约国均应当使其法院或其他主管机关有权下令提供或扣押银行记录、财务记录或商业记录,缔约国不得以银行保密为由拒绝。

第三节　有关保障人权的联合国刑事司法准则与我国刑事诉讼

1945年《联合国宪章》第一次将"人权"规定在一个普遍性的国际组织文书中;1948年,《世界人权宣言》发布。如今,联合国已经形成一系列人权文件,在刑事司法方面构建了一个比较完整的人权保障体系。

一、公正司法的一般原则

1.诉讼权利平等原则。《公民权利和政治权利国际公约》第2条要求:"本公约第一缔约国承担尊重和保证在其领土内和受其管辖的一切个人享有本公约所承认的权利,不分种族、肤色、性别、语言、宗教、政治或其他见解、国籍或社会出身、财产、出生或其他身份等任何区别。"

2.审判独立、公正、公开原则。根据《关于司法机关独立的基本原则》《〈关于司法机关独立的基本原则〉的有效执行程序》《关于检察官作用的准则》《关于律师作用的基本原则》等文件,各国应保护司法机关的独立,并将此原则正式载入本国的宪法或法律之中。人人有资格由一个依法设立的合格的、独立的、无偏倚的法庭进行公正的和公开的审讯。司法机关应不偏不倚、以事实为根据,依法裁决案件,不应有任何约束,也不应为任何直接或间接的不当影响、怂恿、压力、威胁或干涉所左右。我国刑事诉讼法也确立了这一原则。

3.无罪推定原则。《公民权利和政治权利国际公约》第14条第2项规定:"受刑事控告之人,未经依法确定有罪之前,应假定其无罪。"我国《刑事诉讼法》第12条规定:"未经人民法院依法判决,对任何人都不得确定有罪。"可见,我国的这一表述与联合国标准尚存在差距。

4.一事不再理原则。《公民权利和政治权利国际公约》第14条第7款规定:"任何人已依一国的法律及刑事程序被最后定罪或者宣告无罪后,不得就同一罪名再予审判或处罚。"比较而言,我国再审程序的启动条件比较宽松,未能充分遵守一事不再理的要求,应当加以限制。

5.诉讼及时原则。《公民权利和政治权利国际公约》第9条第3款规定:"任何因刑事指控被逮捕或拘禁的人应被迅速带见审判官或其他经法律授权行使司法权的官员并有权在合理的时间内受审或在审判前释放。"

二、基本权利

1.依法拘捕的权利。根据《保护所有遭受任何形式拘留或监禁的人的原则》《联合国非拘禁措施最低限度标准规则》《执法人员行为守则》等文书,逮捕、拘留或监禁应严格依法进行；被拘捕的人应获得人道待遇和人格尊重，有权获得律师的帮助，有权在合理期间内接受审判。应当采用非拘禁措施，以减少监禁办法的使用。警察和执法人员在执行拘捕等任务时应当维护人权，只有在绝对必要时才能使用武力。

2. 人道待遇和不受酷刑权。《保护人人不受酷刑和其他残忍、不人道或有辱人格待遇或处罚宣言》《禁止酷刑和其他残忍不人道或有辱人格的待遇或处罚公约》《有关医务人员、特别是医生在保护被监禁和拘留的人不受酷刑和其他残忍不人道或有辱人格的待遇或处罚方面的任务的医疗道德原则》等文件宣布：任何国家不得容忍酷刑或其他残忍、不人道或有辱人格的待遇或处罚。在任何诉讼程序中，不得援引任何业经确定系以酷刑取得的口供为证据，但这类口供可用作被控施用酷刑者刑讯逼供的证据。应确保酷刑受害者得到补偿。我国2012年刑事诉讼法也明确禁止刑讯逼供，并完善了非法证据排除规则。

3. 不受强迫自证其罪的权利。《公民权利和政治权利国际公约》第14条第3项(g)规定："受刑事追诉的人不得强迫作不利于自己的证言，或者强迫承认有罪。"我国2012年《刑事诉讼法》第50条的规定在某种程度上借鉴了这一权利："审判人员、检察人员、侦查人员必须依照法定程序，收集能够证实犯罪嫌疑人、被告人有罪或者无罪、犯罪情节轻重的各种证据。严禁刑讯逼供和以威胁、引诱、欺骗以及其他非法方法收集证据，不得强迫任何人证实自己有罪。必须保证一切与案件有关或者了解案情的公民，有客观地充分地提供证据的条件，除特殊情况外，可以吸收他们协助调查。"

4. 辩护权和获得法律援助的权利。《公民权利和政治权利国际公约》第14条第3项规定：受刑事追究者应"有足够的时间和便利准备他的辩护并与他自己选择的律师联络"；受刑事追究者有权"亲自在场接受审判，自行或者通过他自己选择的律师进行辩护；在他没有获得律师法律帮助时被告知享有这一权利；在司法利益有此需要的案件中为他指定律师提供法律帮助，并且在他没有足够的能力支付律师费用时免除其费用负担"。我国2012年刑事诉讼法扩大了法律援助的适用对象，旧法中被告人是盲、聋、哑、未成年人、可能被判处死刑而没有委托辩护人的，人民法院应当指定承担法律援助义务的律师为其提供辩护，修改后的刑事诉讼法强制辩护的对象还包括限制行为能力人及可能被判处无期徒刑而没有委托辩护人的情形，特别程序中新增了强制医疗程序，将审理强制医疗案件中的精神病人列为法律援助的受援对象。此外，新法将指定（通知）法律援助的时机提前至侦查阶段，侦查、审查起诉阶段的犯罪嫌疑人符合法律援助的情形时，侦查及审查起诉机关有义务通知法律援助机构指派律师提供辩护；且犯罪嫌疑人、被告人因经济困难或者其他原因没有委托辩护人的，本人及其近亲属可以向法律援助机构提出申请。

三、死刑

联合国经社理事会1984年5月25日通过《关于保护死刑犯权利的保障措施》;1989年5月24日通过了《关于有效防止和调查非法、任意和既决处决的原则》。据此,在没有废除死刑的国家,对法律有明文规定的、最严重罪行、年满18岁的人,才能判处死刑。执行死刑应尽量以引起最少痛苦的方式实施,应以法律禁止一切法外、任意和即决处决,应确保任何此类处决均应根据其刑法规定施用罪刑加以惩处。《关于保护死刑犯权利的保障措施》第4条还明确规定:“只有在对被告的罪行根据明确和令人信服的证据而对事实没有其他解释余地的情况下,才能判处死刑。”我国2010年“两院三部”《办理死刑案件证据规定》,基本肯定了死刑案件的上述证明标准。

四、未成年人刑事司法

1959年11月20日通过的《儿童权利宣言》、1985年11月29日通过的《联合国少年司法最低限度标准规则》(《北京规则》)、1990年12月14日通过的《联合国预防少年人犯罪准则》、1990年12月14日通过的《联合国保护被剥夺自由少年规则》规定:应从家庭、学校教育、社会环境、大众传媒及立法、司法等多方面有效预防少年违法犯罪;少年司法制度应强调少年的幸福,并应确保对少年犯作出的任何反应与罪犯和违法行为的情况相称;刑事责任年龄的起点不应规定得太低。在诉讼的各个阶段,应当保证有基本程序的保障措施。我国2012年刑事诉讼法在“特别程序”中专门规定了“未成年人刑事案件诉讼程序”,更好地体现了“教育、感化、挽救”的方针。

五、关于被害人保护

1985年11月25日通过的《为罪行和滥用权利行为受害者取得公理的基本原则宣言》宣布:对待罪行受害者应给予同情并尊重其尊严,他们有权向司法机构申诉;应考虑将为滥用权利行为受害者提供补救措施的规定纳入国家法律准则。我国1996年刑事诉讼法赋予被害人当事人的诉讼地位,除了上诉权以外,被害人依法享有当事人的其他诉讼权利,承担当事人的义务。与扩大和保障被害人诉讼权利的国际潮流相比,我国立法限制并剥夺了被害人作为当事人应有的上诉权,对被害人的保护还不够全面彻底。此外,我国也没有制定专门的被害人保护法,对被害人的隐私保护、经济赔偿和精神损害赔偿方面仍存在一定缺憾。

思考问题

1. 我国的刑事诉讼制度与联合国刑事司法准则存在哪些差异?
2. 我国的刑事诉讼法应在哪些方面进行完善,以符合我国加入的联合国刑事司法准则?

法条链接

《刑事诉讼法》第 5、6、11、12、14、15、52、56、60、63 ~64、81、188、277 ~287、288 ~290 条;《刑事司法协助法》(2018 年)。

扩展阅读

1. 陈光中、丹尼尔・普瑞方廷:《联合国刑事司法准则与中国刑事法制》,法律出版社 1998 年版。
2. 杨宇冠、杨晓春主编:《联合国刑事司法准则》,中国人民公安大学出版社 2003 年版。
3. 杨宇冠、吴高庆主编:《〈联合国反腐败公约〉解读》,中国人民公安大学出版社 2004 年版。
4. 杨宇冠主编:《联合国人权公约机构与经典要义》,中国人民公安大学出版社 2005 年版。
5. 黄风:《检察机关实施〈国际刑事司法协助法〉若干问题》,载《国家检察官学院学报》2019 年第 4 期。

第三十章　公安司法机关等的信息化建设与发展

本章知识要点

进入人工智能时代之后，现代智能科技助力公安司法机关办案，加速了智慧刑事诉讼等发展进程。本章主要介绍了公安机关、检察机关、人民法院、纪检监察机关、律师事务所、司法行政机关等在信息化建设方面的现状与未来发展，同时介绍了市面上一些典型的智能办案辅助工具，为刑事诉讼办案提供更好的研究工具和方法。

第一节　公安机关信息化建设与发展

2015 年，我国正式出台《促进大数据发展行动纲要》，明确提出要建设数据强国。而在此之前，公安机关很早就迈出了以数据归口整合为目标的信息化建设步伐，建立了全国人口基本信息库、机动车和驾驶员信息库、违法犯罪人员信息库等重要数据库。公安部还先后推动了“金盾工程”“平安城市”等信息化项目，着力强化数据采集感知端和分析端的建设和应用探索。2018 年，公安部成立了大数据工作领导小组，加强公安大数据工作的顶层设计和战略规划，将大数据战略不断推向更深层次。近年来，各级公安机关也针对不同应用场景，积极推进大数据建设与应用，取得丰硕成果。

“十三五”期间，按照《法治政府建设实施纲要（2015－2020）》《法治政府建设与责任落实督察工作规定》《深化警务执法规范化建设实施方案》要求，警务机关建设完成了九大类各项重大项目或任务，投资近 8000 万元建成启用了“天网”工程项目、建成了人脸识别系统项目、350M 数字集群通信系统项目、“智慧警务”项目、建成 2 个警务治安检查站、推进“一村一辅警”工作、树立新时期县域禁毒工作“模式”；投入近 3000 余万元，建设完成 14 项警用装备项目；“十三五”期间，新改扩建完成各类基础设施项目 18 个，新增建筑面积近 11000 平方米。“十三五”期间，警务局创新管理体制机制，全力推进 4 + X 警务机制建设，围绕“四个大抓”，强化队伍管理,聚焦警心工程,涌现出了禁毒工作"模式"、辅警改革"经验"、队伍管理"特色"等一系列经验典型,形成了警务"精诚团结、艰苦创业、负重奋进、求真务实"的"警务精神"。

公安信息通信基础设施趋于完善,公安信息通信专网基本上覆盖了所有基层单位,形成了四通八达的信息高速网络,开展公安信息应用提供了高效、可靠的传输平台,"金盾工程"各项建设任务基本完成,积极搭建了公安信息系统应用支撑平台和公安网安全保障体系,完成了"一机两用"检测系统、身份认证与访问控制系统建设,初步建成了安全高效的信息系统、通信系统、电子地图系统、监控系统以及把接、报、处警集一体的统一智慧调度在内的完整的公安现代化作战体系,为各警种、各部门实现网络化应用和网上信息共享提供了可靠保证。

"十四五"时期,警务机关要根据中央、省、市、县的总部署,务实进取、主动作为,努力实现"十四五"发展目标:大力开展警务体制机制创新发展探索,持续深化"政治建警",强力推进"县域警务",从严治警,到"十四五"期末,力争将警务局锻造成一支"政治过硬、业务过关、素质过人"的新时代一流警务队伍,各项事关警务事业长远发展的基础设施装备信息化建设更上一层楼。通过警务体制机制的创新发展,建成应急处突指挥体系,快速提升警务局指挥应急处突能力;通过立体治安防控体系的构建,快速提升警务局维护社会治安大局长期稳定向好的防控能力。力争基础设施建设项目落地见效,"十四五"期间投资跨越5000万元大关(含交警);力争实现科技信息化建设的新突破,"十四五"期间投资跨越2000万元大关;力争警用装备新购及建设更上一层楼,"十四五"期间投资跨越3000万元以上。智慧警务建设以5G、人工智能、大数据、云计算等新一代信息技术为支撑,结合警务工作实际,深度开展公安各领域的基础数据整合和应用拓展,综合统筹互联网、移动网络、物联网等,推动数据互通、信息共享、资源共用、业务共办、力量共融。

第二节　检察机关信息化建设与发展

2018年7月20日,最高检印发《全国检察机关智慧检务行动指南(2018-2020年)》(以下简称《行动指南》),提出2020年年底全面构建新时代智慧检务生态:

一是全面构建以办案为中心的智慧检务应用层生态。推进智能辅助办案系统建设;推进跨部门数据共享和业务协同;升级优化统一业务应用系统;构建便民智慧服务平台;优化高效智慧管理平台。

二是全面构建以安全可靠为基础的智慧检务支撑层生态。大力推进检察工作网建设;全面加强音视频技术应用;加强信息网络安全体系建设;大力开展标准体系建设;完善国家检察大数据中心基础设施。

三是全面构建以开放共享为导向的智慧检务数据层生态。加快建立数据资源体系;切实加强数据资源管理;科学开展大数据分析应用。

《行动指南》强调,以需求为导向,统筹研发智能辅助办案系统,推进大数据、人工智能等前沿科技在刑事、民事、行政、公益诉讼等检察工作中的应用,持续提升检察办案质效。《行动指南》要求,深度利用统一业务应用系统案件数据,整合各类数据资源,构建权威的案例知识库,搭建知识服务平台,提供知识查询、在线问答等服务,为检察官办理案件提供智库支撑。《行动指南》指出,加强与政法机关和行政执法部门资源共享,积极推进行政执法和刑事司法衔接、行政执法与行政检察衔接、侦查和侦查监督信息共享、刑事审判和刑事审判监督信息共享等平台建设,积极推进普通刑事案件信息、民事案件信息、行政执法和行政案件信息、减刑假释信息等数据共享。《行动指南》提出建设包括检察人员库、组织机构库、法律文书库、数字图书馆、案例库、检务知识库、检务语音资源库、视频图像资源库、涉检全国信访数据库等基础资源库,涵盖各检察业务、各诉讼阶段的检务大数据资源库。《行动指南》还明确了检察机关各业务部门和技术部门在推进智慧检务建设中的责任分工,以及完成各项工作任务的时间表,要求各级检察机关要完善智慧检务统筹管理机制、综合保障机制和创新发展机制等保障措施。

2020 年 12 月 10 日,全国检察机关统一业务应用系统 2.0 部署应用推进会在杭州召开,该业务系统涵盖刑事、民事、行政、公益诉讼、未检、控告申诉以及案管、法律政策研究、国际合作、检务督察、检察技术等检察机关各个条线的业务,全部功能包含 330 余个案件流程、1400 余个案卡表、4100 余份文书,具有 250 余项系统功能和 80 余个个案功能,实现了对检察办案业务的全系统覆盖和全方位支撑。

其中辅助办案的主要内容是:系统内增加了辅助阅卷、文书纠错、量刑辅助(如法宝智刑等)、出庭辅助、类案检索(如法宝类案检索等)、检务问答(如法小宝等)等多种智能化的办案辅助工具,为检察官办案提供更加全面的服务。知识服务的主要内容是:汇聚司法领域专业知识,提供公共法律知识库(如北大法宝、法信、知网等)、专业化办案知识库、检察内部知识库等多样化的知识服务,以及“一站式”检索和划词检索等场景化检索功能,为检察业务办案提供智力支撑。数据应用的主要内容是:包括“业务总览”“各业务分析”“核心业务指标”“质量评价指标”“业绩考评指标”“数据检索”“专题报告”“全景画像”等八大功能板块。政法协同的主要内容是:提供跨部门数据共享和业务协同接口,为进一步消除跨部门、跨地区数据“壁垒”打下了良好基础。同时系统在案件受理、文书卷宗阅卷、文书制作、案件归档等多个应用场景更加注重操作使用的便捷性。

2020 年以来,北京等 9 个地方检察机关按照高检院试点工作部署安排,先后开展系统试点应用工作。目前,北京、上海、广东、海南、重庆、贵州、陕西等7个地区已实现在本地各级院系统部署全覆盖,北京实现了全国产化环境下系统运行,各试点单位已使用统一业务应用系统2.0办理各类案件近20万件,取得了初步成效。现在,正在结合试点工作加快推进系统测试、国产化适配和功能优化等工作。

第三节　人民法院信息化建设与发展

2016年2月22日,最高院印发《人民法院信息化建设五年发展规划(2016－2020)》,提出人民法院信息系统已如一棵茁壮成长的常青之树,以办公内网、法院专网、外部专网、互联网和涉密内网为纽带,形成了网内互联互通、类型较为齐全的信息基础设施;十类业务应用遍及各地法院,为司法服务、审判执行和司法管理提供了直接支持;以审判执行为主体、包括司法人事和司法政务信息的三类信息资源初具规模,数据集中管理实现突破,为构建以数据为中心的人民法院信息化3.0版奠定了良好的发展基础。新时期人民法院信息化建设面临十分难得的发展机遇和前所未有的迫切需求,信息化服务依法治国战略的使命更加重大、服务人民群众司法需求的任务更加迫切、服务法院司法改革的职责更加繁重、服务法院科学发展的机遇更加难得,需要满足人民群众多元化司法需求、提升审判质效、提高司法管理科学性,因此提出了如下系统建设需求:

一是信息基础设施建设需求。需要完善和优化五大网系,新建移动专网,构建以法院专网、移动专网、外部专网、互联网和涉密内网组成的五大网系,并通过网系整合建设人民法院专有云、开放云和涉密云,集成各类诉讼服务、审判执行和司法管理重点设施,构建一体化信息基础设施。

二是应用建设需求。需要大力整合现有应用,覆盖全业务,贯通全流程,为人民群众和法院干警提供“一站式”综合服务平台。

三是数据管理和服务建设需求。需要以人民法院数据集中管理平台为基础,集中信息资源,强化交换能力,提升智能化服务水平。

到2020年年底,人民法院信息化顶层设计进一步丰富完善以大数据管理与服务平台为中心、以专有云、开放云和涉密云为支撑、以全流程全业务应用平台为重点的人民法院信息化系统,向中基层法院延伸拓展。中级以上法院及大多数基层法院主要业务信息化覆盖率达到100%,国家司法审判信息资源库的审判执行、司法人事、司法政务、司法研究、信息化管理信息覆盖率达到100%;按需实现外部相关部门的网络接入和信息互通;通过移动互联能够为各类用户提供全方位服务;各级法院全面实现应用和数据、内部和外部、管理和服务之间的信息共享与业务协同；全国各级法院大数据智能化服务充分支持诉讼服务、审判执行、司法管理等各类业务，全国各级法院立案、庭审、执行、听证、文书、审务等全过程司法公开进一步深化完善，网上接访、立案、送达、证据交换、查询、咨询、调解等便民措施得到普遍应用；人民群众对信息化服务的满意度达到90%以上；非涉密重要信息系统全面完成等保测评和整改，中级以上法院按需完成涉密信息系统建设、测评和整改；各级法院全面建成基础设施、应用、数据和安全运维保障体系，并实现运维质效可视化；各级法院信息化人才队伍和管理机制不断健全；应用成效评估体系全面完善。人民法院信息化3.0版持续深化完善，全面支撑审判体系和审判能力现代化。

目前智慧法院基本建成，"十三五"期间建设了全面覆盖、移动互联、跨界融合、深度应用、透明便民、安全可控的人民法院信息化3.0版，总投资约218亿元，实现了全业务网上办理（网络化）、全流程依法公开（阳光化）、全方位智能服务（智能化），服务人民群众、审判执行、司法管理和廉洁司法，为信息时代的世界法治文明贡献了中国智慧，提供了中国方案，智慧法院建设成果在新冠肺炎疫情期间大显身手，突出彰显了中国特色社会主义司法文明的体制优势、制度优势和能效优势。

下一步智慧法院将以习近平新时代中国特色社会主义思想为指导，贯彻新发展理念和构建新发展格局要求，围绕全面依法治国战略、创新驱动发展战略、网络强国战略，以全面推进审判体系和审判能力现代化为目标，坚持服务人民群众、服务审判执行、服务司法管理、服务廉洁司法，推进智能协同应用，拓展数据知识服务，构建一体云网设施，提升质效运维水平，夯实主动安全体系，加强科技创新引领，打造全方位智能化、全系统一体化、全业务协同化、全时空泛在化、全体系自主化的人民法院信息化4.0版，推动智慧法院支持多元解纷、诉讼服务、审判执行、司法管理和辅助决策能力水平实现新的跃升，构建中国特色、世界领先的互联网司法模式，创造更高水平的数字正义，为国家治理体系和治理能力现代化作出新的更大贡献。

第四节　纪检监察机关信息化建设与发展

信息化建设是纪检监察机关提升科技反腐能力的一个有效途径，是做好反腐败工作的一个重要保障，2009年中纪委就发布了《纪检监察系统信息化建设2009－2013年规划》，中纪办2015年又下发《全国纪检监察系统信息化建设2014－2017年规划》，对纪检监察信息化建设提出了更进一步、更符合经济发展新常态的要求。2018年，《中央纪委国家监委信息化工作规划（2018－2022年）》的印发实施，为今后五年纪检监察信息化工作提供了根本遵循。

当前,纪委监委机关信息化水平已经得到了大幅度的提升,在一定程度上,提高了纪委监委机关工作的开展效率,但依然存在许多问题,具体有缺少专门的信息化机构、信息化运用方式较为落后、信息化建设工作落后情况较为普遍。

十九届中央纪委四次全会指出:建立权力运行可查询、可追溯的反馈机制,加强信息化监督平台建设,以公开促公正、以透明保廉洁。各地纪检监察机关注重打造运用信息化监督平台,利用现代信息技术创新监督方式方法,不断提升监督质效。信息化亮点工程如下:

1. 2018 年,黑龙江被确定为全国纪检监察信息化综合试点单位。经过两年多的实践探索,初步形成了"网络通、数据通、业务通"的纪检监察信息化体系,建成了由省级统建、省市县三级共同使用的纪检监察信息化平台。

2. 浙江省纪委监委精心谋划、统筹部署全省纪检监察系统数字化改革,坚持全省"一盘棋",突出"小切口、大场景",围绕村社行权高频事项,开发建设了贯通省市县乡村五级的基层公权力大数据监督应用平台,让百姓身边的公权力运行和监督全程"在线",以信息化助力监督下沉落地。

3. 四川省成都市纪委监委对接共享市人社局、市场监管局等 20 余个部门数据,搭建起跨部门、跨层级的公共基础信息查询系统。为严格规范查询工作,该市纪委监委设立专门的信息查询室,同步配套制定有关工作办法,依规依纪依法为全市纪检监察系统提供信息查询服务。

4. 江苏省纪委监委大力推进纪检监察信息化建设,相继推动建成多个信息化监管平台,积极构建"以检举举报平台为引领,监督办案平台、办公管理平台为骨干,大数据平台为支撑"的江苏智慧纪检监察平台体系,实现省市县乡网络通、监督办案办公业务通、信息平台数据通,信息化服务纪检监察主责主业的功能作用得到有效发挥,实现了以信息化推进政治监督具体化常态化、以信息化精准监督维护人民群众利益、以信息化助推纪检监察业务高效运转。

5. 山西省纪委监委积极适应大数据时代形势要求,把握科技对监督效能的提升作用,以全国信息化监督平台省级试点为契机,探索推进"智慧监督"工程,坚持"数据为王、分析为纲、问题导向、结果检验",运用大数据、"互联网 +"等新技术手段拓展监督途径,实现各类监督贯通融合。建设信息化平台,实现立体化监督,探索常态化监督,提升综合治理效能,智能分析研判,拓展监督途径。

6. 2021 年 12 月 15 日,中央纪委国家监委召开全国纪检监察系统检举举报平台建设成果总结暨深化应用工作会议,经过全国纪检监察机关共同努力,党的十九大部署的平台建设任务基本完成,初步实现对工作机构、举报渠道、工作流程和业务数据的全面覆盖,效能逐步显现,通过四年的平台建设,各级纪检监察机关贯彻落实党中央决策部署的思想自觉和贯通协调发展的理念进一步增强,党员群众信访举报更加安全便捷，信访举报工作质效明显提升，纪检监察信息化建设整体向前迈进一大步。

随着科学技术的迅猛发展，信息化正从整体上引导和影响经济社会方方面面发展的进程。利用信息化和高科技手段腐败以及违纪违规的行为也越来越多，越来越隐蔽，侦破难度也越来越大，传统的办案方式和反腐败斗争工作方法，已明显不能适应新形势下反腐倡廉工作的需要。因此，加强纪检监察机关信息化建设、改进信息化办案方式、提高信息化反腐败工作水平迫在眉睫。大数据时代已经到来，信息化较量是未来的主战场，纪检监察工作同样如此，在坚持稳中求进工作总基调的同时，进一步推进全面从严治党向纵深发展，必须拿出新招实招硬招，持续提升监督监察实效。大数据运用为纪检监察工作提供了新的思路和手段，在监督、惩治、教育和夯实治本基础方面发挥了重要作用。下一步需要纪委监察机关加强对信息化建设工作的重视程度、建立专门的机关信息数据中心、建设高素质信息化团队、加强信息化基础设施的投入和建设、建立完善的信息化管理机制。

第五节　律师事务所信息化建设与发展

自 1979 年律师制度恢复至今，中国法律服务行业的发展规模已趋于稳定，律师行业的竞争亦趋于成熟，律师事务所之间的竞争从全国到区域已趋于白热化、多元化、全面化，并沿着专业化、规模化、品牌化、国际化等方向不断向纵深推进。截至 2022 年 6 月，全国共有律师事务所 3.7 万多家，全国共有执业律师 60.5 万多人。

《2020 法律科技行业白皮书》显示，截至 2019 年年底，全球律师事务所共参与了 209 项与数字化法律服务平台相关的创新。各大律师事务所都在积极围绕项目管理、知识管理、远程协作、流程优化等平台核心能力开展合作创新和产业孵化，以实现法律服务的数字化、自动化、智能化，支撑在泛法律时代下律师事务所组织架构和服务模式的转型。司法部颁发的《律师事务所管理办法》和全国律协颁布的《律师事务所内部管理规则》中，均对律所提出了信息化、规范化建设的明文规定，并在各种律师事务所的评比中加以体现。

律所的信息化系统，国内现状两级分化比较严重，大型律所一般都进行定制化开发，少则上百万，多则上千万，小型律所要么采用市面上一些协同办公软件，要么采用传统工作方式。律所办公软件主要分三类：基础工具类（算算费用、查查基本法条），团队协作类（团队成员工作内容、工作时长共享、通过软件下达任务，拆解执行），检索类（查案例、司法观点、法律注解）。

大型律所如北京京师律师事务所制定《北京市律师事务所疫情期间律师在线办公操作指引》,通过OA系统为全国44家分所和346家联盟所提供线上办公支持;盈科律师事务所上线LawWit盈科云端办公室,律师通过云端办公室进行客户洽谈、案件办理、电子所函、在线签约;满和律师机构开放"KindleLaw数字化法律服务系统"为全国律师提供线上办公支持;金杜律师事务所的CloudOffice依托于云中子线上法律服务平台(云中子律服),旨在充分整合并运用线上办公和线下赋能机制,汇聚来自金杜全球网络及专业人员,以便更好地满足市场客户多元化的客观需求;北京道可特律师事务所的绿云VIT系统实现了法律服务市场与社会各行业的智能化全息整合,致力于构建法律行业共同体,开创法律服务生态圈新时代;吉林功承律师事务所的GC办公系统设置了诸多模块,着重管理律所盈亏和律师勤懒;泰和律师事务所的Digital - LawOffice构建起立体化、数字化的律所运营平台体系。并且依托平台丰富的流程和数据,实现了以用户为中心的极简的使用体验;E律师智慧律所管理系统专注于为律所打造的云办公平台,集合人财务于一体,帮助律所实现业务联动、数据分析,为律所经营管理提供全面的、一体化的IT支撑,同时实现律师个人和团队的高效协作;君合律师事务所的律携APP建立了律师在线网络,为律师及其他法律从业人员构建一个互动、互助的移动平台;元甲律所的办案系统是针对交通事故案件的辅助管理及办案系统,已成为团队工作的核心工具;大成律师事务所的下一代法律全球转介网络通过创立一个鼓励互惠、重复转介的技术平台,致力于连接客户与全球顶尖法律人才,连接高质量律所与世界各地的机遇。

小型律所一般采用第三方线上工作管理平台,例如,iCourt自主研发的Alpha系统,集法律大数据、专业模板库、律所管理、案件管理、文档管理等工具于一体的法律智能操作系统;律谷科技的iworklaw律师事务所管理系统;法蝉的智能化律师办案平台,创造性地将专业知识和大数据技术进行有效整合,将案例法规大数据、工商大数据、合同数据库、智能对客户服务、案件管理、客户管理、卷宗管理、律所行政管理全业务流程打通;必智科技的律师E通及律智荟律所运营管理云平台;南京策问的运营管理软件平台,包括数字化律所运营管理系统以及一系列专业化法律服务工具组成;金助理的律所管理系统,打通律所内部的业务、人、行政和财务流程,为律所打造更加便捷规范的管理环境;中律联(CAN)研发的"案件协作"模块,发布了异地案件协助模式;领络科技的和讼脑机协作工具,集合了思维导图、大纲绘制、同步编辑、法律检索、文书模板等多个工具的亮点。

另外,北大法宝、小包公智能法律平台、法天使、聚法科技、秘塔科技、威科先行、晓法AI法律尽调系统、OpenLaw等数据支持服务工具,也已经成为律师行业里的工作标配。

未来,数字化和以新技术驱动的法律实务技能将为律师事务所提供竞争优势和主导地位，在未来快速发展过程中，法律服务业将面临新科技渗透市场、律所管理痛点增多、行业竞争加剧等一系列新的问题与挑战。利用大数据、AI、区块链等先进技术，对律师事务所的运营与服务场景进行改造，解决律师事务所管理、产品、协作、分配等难题，建立业务中心与连接器，真正让律师的执业成本趋近于零，让律师无论何时何地，都能感受到同等数字化、智能化、线上化、平台化、协同化、自动化的运营支持，将成为律师事务所的竞争优势和保持主导地位的重要手段。

第六节　司法行政机关信息化建设与发展

司法行政机关作为国家的行政机关，加强信息化建设，运用高科技服务司法行政工作，实现办公自动化、办案现代化，维护司法的公正和统一，已是势在必行、刻不容缓。加强办公自动化系统的建设和应用对于推进政府职能转变，规范行政行为，提高工作效率具有重要意义。司法行政信息化是以司法鉴定、法律援助、人民调解、律师管理、社区矫正、安置帮教、法制宣传等司法行政职能为核心，通过计算机、为网络通信、信息资源共享、标准规范统一建立应用功能完备的信息化体系，为司法行政工作的高效发展提供信息保障和技术支撑；着力构建面向社会公众的司法公开信息平台，将信息平台建设作为服务社会、化解矛盾、宣传法治、接受监督的重要方式，以信息化促进司法公开公正；大力推进信息化在司法为民、公正司法以及司法审判管理、司法人事管理、司法政务管理等方面的应用。

2016 年 12 月 30 日，司法部印发《关于进一步加强司法行政信息化建设的意见》。2017 年 7 月 12 日，司法部发布《“十三五”全国司法行政信息化发展规划》。信息化建设已步入大数据时代，全国司法行政信息化也随之步入 3.0 时代，由司法部主导的“电子司法 3.0 工程”也在全国各省市区全面铺开。通过全国司法行政系统的不懈努力，智能化建设呈现百舸争流、千帆奋进的良好局面，覆盖行政立法、行政执法、刑事执行、公共法律服务四大职能的“大平台、大系统、大数据”初步形成，司法行政应急指挥体系基本建成，网络安全防御能力显著提高，“数字法治、智慧司法”总体框架初步形成。

一是大平台建设取得新成绩。部指挥中心应急指挥平台已汇聚全系统近百万路监控视频，视频点名系统已覆盖近 4000 个司法行政单位，基本建成多级指挥联动体系。司法公有云建成，公证、律师、法律援助等 20 个系统已完成迁云并在云上运行，各地业务数据也基本上云。全系统网信工作互联互通程度显著提高，整体上实现了数据集中、资源共享，全国“一盘棋”的格局已经基本形成，“信息孤岛”“数据烟囱”问题得到有效治理。

二是大系统共治取得新提升。司法行政四大职能业务系统全面覆盖。立法意见征集、备案审查等系统实现数据资源高效采集、汇集、整合。立法备案审查系统已接入有立法权的429个报备单位,有效助力落实“有件必备、有备必审、有错必纠”;行政复议工作平台已接入48个国务院部门、31个省(市、区)、新疆生产建设兵团,全国行政复议“一张网”初步形成;行政执法综合管理监督系统投入使用。以信息数据融合为支撑,司法行政协同治理能力得到有效提升。

三是大数据慧治取得新突破。司法行政大数据初步形成,汇聚各业务数据14.4亿条,通过跨业务条线数据分析,发现了“一人多证”“一人多职”等问题;与公安部人口库、民政部婚姻库、自然资源不动产库建立数据共享机制。有的地方通过大数据应用,形成了法律法规适用频度、部门履职、执法效能等多维度分析评估指标体系。有的地方通过公共法律服务大数据分析,在提供精准法律服务、有效感知社情民意、防范化解社会矛盾方面发挥了积极作用。

四是大服务惠民取得新成效。“互联网+公共法律服务”成为司法为民的重要渠道,实体、热线和网络平台日趋融合。中国法律服务网实行“大服务”模式,开通行政执法监督平台、农民工欠薪求助绿色通道、英文频道、即时咨询、刑事案件智能咨询等功能,上线微信小程序,办事功能极大丰富,为民服务能力大幅提升,上线以来累计访问14亿人次,法律咨询1000万人次,在线办事150余万件,用户满意度持续保持95%以上,增强了人民群众的法治获得感。在2019年数博会政府信息化大会上,中国法律服务网获得2019中国政府信息化卓越成就奖。

五是科技与标准化支撑体系取得新进展。与科技部签订了“科司协同”工作机制合作协议,推动将全面依法治国、行政立法、行政执法监督等领域纳入国家科技创新重大专项,目前已有“精准公共法律服务支撑技术与装备研究”“刑事执行监督控制技术研究”等7个项目正在由各牵头单位组织科研攻关,后续将继续组织申报“司法行政知识图谱关键技术研发及应用示范”等3个项目。司法鉴定、物联网、人工智能等司法行政重点实验室进入建设阶段。行政执法监督、监狱、公证、仲裁等51项标准发布实施,司法行政行业标准体系日趋完善。

六是网络安全水平取得新提高。制定《司法部网络安全工作责任制实施细则》《司法部网络安全事件应急预案》,司法部各级党组织和领导班子的网络安全责任进一步加强,网络安全事件应急处置能力进一步提升。组织官网、普法网、律师网参加网络攻防演习,进一步增强网络安全防护能力。搭建司法部统一可视化安全监测分析平台,对司法部网站及应用系统网络安全情况进行实时监测。

七是为打赢司法行政疫情防控阻击战提供有力支撑。疫情防控期间,司法部利用应急指挥平台召开调度会80余次,开展240余次视频巡查,对750余所监所点名调度,确保了司法行政系统疫情防控战时指挥顺畅。新冠肺炎疫情发生以来,中国法律服务网开通“防控疫情、法治同行”“企业复工复产”专栏,共解答涉及疫情相关法律咨询3万余条,为人民群众提供不见面法律服务,取得良好的社会效果和法律效果。

2021年9月,司法部印发“十四五”司法行政事业发展规划。司法行政信息化目前还面临系统相对独立、业务各自管理、经费保障不均等统筹难,数据标准不一、建设公司不同、“司法云”待建等信息共享难,理念存在差异、领导重视不一、软硬件基础不足导致的应用水平低现象。所以下一步司法行政系统的信息化将会继续以数字化、智能化、线上化、平台化、协同化、自动化的科技手段推进司法行政信息化基础建设、综合管理平台建设、应用能力建设和网络安全防御能力建设。

第七节 大型企业的法务信息化建设与发展

近年来,在企业经营发展过程中企业法务发挥的作用愈加显著,法律事务与经营之间的关系更加密切,主要表现为:法律事务从事后救济向事前预防、事中控制转变,最典型的体现就是企业要求合同100%通过法律审查;企业法务的管理意识和服务意识更强;企业法务为企业经营赋能的诉求愈加强烈。

由于技术的发展给企业提供了新的工具和手段,法务管理平台逐渐成为企业管理信息化建设的新热点,大量民企也开始着手建设法务管理平台,并强调法务平台的用户体验,对“服务型”功能兴趣浓厚,法务相关“数据类”服务备受关注,法务场景下的内外业务协同初现雏形。中国企业法务信息化服务可以追溯到2000年左右,中间有十余年时间发展相对平稳,基本以厂商根据企业需求提供定制化服务为主,功能上主要体现在线下审批流程的线上化。近10年受企业法务和法律科技发展的共同影响,企业法务信息化领域创新层出不穷,加之企业数字化转型大趋势地推动作用,企业法务正以开放的姿态拥抱这些创新和变化。

企业法务信息化不仅仅是一个IT项目,也不单单是企业一个法务部的事情。企业信息化的建设是一项庞大而复杂的系统工程,涉及公司的经营管理、业务特点、行业特点,需要公司业务部门以及财务、法务等中后台部门协同配合,密切合作,同时需要投入大量的人力、物力、资源才能切实得到落地实现。企业法务部的信息化建设与传统工程建设一样,需要国家标准、行业标准、单位制度体系作为执行依据,也需要资产管理部门、财务、法务、合规、审计等部门共同参与建设管理,形成各部门之间的分工协作,协同联动。

很多大型央企或上市集团统一规划、统一建设,自上而下实现数据和业务互联互通,依托现有信息化基础,建立数据标准,自下而上实现数据集中和运用。例如,中国大唐集团公司系统建设初期以合同为纽带,集成招标、工程、燃料、财务共享等八大业务系统,与业务管控过程有效融合,降低企业法律风险,风控智能化,基于合同范本智能提示风险,智能推送相关法规,辅助合同审核人员更高效、更精准地判断和识别合同风险,建设法律事务管理信息系统面向全集团的智能化法务管理中心,覆盖集团三级责任主体法务管理所有业务范围,实现系统“一级部署、多级使用”,落实合同全生命周期的管理要求;国家电网新一代智慧法治平台是法治信息化建设的一次转型升级,在巩固流程化管理的基础上,以“聚焦、赋能、智慧、共享”为建设理念,构建以人为核心、围绕工作岗位配备法治资源、打造高效工作平台与场景的新一代法治信息化建设平台。

在企业法务信息化的建设中,大中型的企业法务需要成为行业的风向标,对法律科技行业的发展形成一定影响,从而带动中小型企业法务信息化建设。譬如,企业法务信息化试点(像合同电子签名,法务台账数据分析系统),如能从标杆企业开始,推广到上下游产业链,最后形成政府/行业的规范和标准。有了上述规范和标准,商务招标文件就有了引用依据,则投标企业会更主动将法务信息化建设纳入优先考虑范畴。

企业法务信息化发展经历过三个阶段:第一个阶段是合同管理在合同订立、合同执行监控等环节发挥信息化的作用;第二个阶段是法务管理用流程化解决法务问题,参与公司法律事务、合同管理、法律意见出具等支撑工作,全面实施企业法务管理信息化,这个阶段的解决方式已经相对比较成熟,发展也触及到了天花板;第三个阶段是智慧法治用数据和智能技术驱动创新,融合内外数据资源,智能分析潜在法律风险,建立智慧法务平台。未来法律知识库是法务系统的基础,唯有基于知识库的法务系统,才能符合时代发展的趋势,才能沉淀业务经验,持续提升法律风险的防控水平,为企业行稳致远保驾护航,通过对法律数据的分析、拆解、标注、运算和智能化应用,将大大提升企业法务信息化水平,帮助企业建立法务、合规、风险、内控一体化管理平台,助力业务创新,塑造健康企业。

第八节　法学院校的智慧法学院建设与发展

中国特色社会主义法治建设已经进入新时代。2018 年教育部、中央政法委联合发布了《关于坚持德法兼修实施卓越法治人才教育培养计划 2.0 的意见》,作为贯彻落实习近平总书记在中国政法大学考察时的重要讲话精神的具体措施,对新时代卓越法治人才培养教育做了全面规划和部署。法学教育的性质是专业教育、专门职业教育、精英教育,法学教育的人才培养目标是以“健全人格教育观”为统领,以德法兼修、教学相长、教研互动、通专并举、虚实结合、内外协同“六结合”为路径,解决好法学教育"培养什么人、怎样培养人、为谁培养人"以及如何着力培养德才兼备的高素质法治人才的问题。

我国的法学专业人才培养模式的供给侧改革是法学专业发展的必经之路,根据社会的发展和实际情况不断的完善和更新法律知识体系,提高法律的教育资源的质量,只有这样才能培养出应用型的法学专业人才。法科学生从大一进校到成为一名成熟的法律职业人需要漫长的时间,成熟法律职业人才的各种能力的获取并不是仅仅依靠法学实践教学就能达到的,在互联网日益发达的时代,高校法学类课程教学中导入智慧课堂的模式,充分利用海量信息和知识,综合利用互联网、大数据、人工智能和虚拟现实技术,重视人工智能与法学学科专业教育的交叉融合,拓展教育新形态,以教育信息化推动教育现代化,积极促进信息技术与教育的融合创新发展,努力构建网络化、数字化、个性化的教育体系,强化实验、实训、实习环节,建立高校与企业、行业、科研机构、社区等合作育人机制,全面提升高等学校教学水平的任务与要求,全面提升法学院本科生、研究生的创新精神、实践能力、社会责任感和职业能力,积极探索高校和智能科技公司联合培养法律职业型人才的模式,才能真正培养出以能力为导向的现代化法治人才。

人工智能已经成为全球三大尖端科学技术之一。为应对前沿科学技术的发展,迎接新科学技术带给时代的挑战,国家先后制定了有关人工智能科学技术发展的政策战略,要求在若干重点领域形成国际竞争优势。2017 年 7 月 20 日,在高瞻远瞩的国家人工智能战略《新一代人工智能发展规划》中,国务院向法律行业提出了战略发展规划:一方面,新规划在对人工智能理论、技术和应用作出前瞻布局的同时,呼吁加强人工智能相关法律、伦理和社会问题研究,建立人工智能法律法规、伦理规范和政策体系;另一方面,新规划力挺智慧法庭建设,提出促进人工智能在证据收集、案例分析、法律文件阅读与分析中的应用,实现法院审判体系和审判能力智能化。此外,新规划还前瞻性地提出"人工智能 + X"符合专业培养模式,法学赫然在列,法学教育的变革已然剑在弦上。

北京大学法律人工智能实验室、北京大学法律人工智能研究中心、清华大学智能法治研究院、香港大学法学院法律与资讯科技研究中心、中国人民大学法学院未来法治研究院、上海交通大学法律与认知科学研究中心、东南大学人民法院司法大数据研究基地、四川大学法律大数据实验室、中国政法大学法学院大数据和人工智能法律研究中心、西南政法大学人工智能法学院/案例大数据研究中心、中南财经政法大学大数据研究院等各个高校联合政产相关部门和机构积极探索相关实践教学和以学生为中心的智慧法学院教育,致力于高端法律人工智能复合型人才的培养,积极为国家法治建设和法学人才培养贡献力量。2018 年 10 月,北理工法学院与北大法宝携手共建"人工智能法学教育实践基地",共同探索法律人工智能的应用实践创新,为高端法律人工智能复合型人才的培养提供坚实的后盾。截至

2022年年底,北理工法学院与北大法宝已联合举办七届人工智能法学教育实践,带领340余名法学本科生和硕士研究生开展了法律科技探索之旅,为法律科技行业培养了"法学+人工智能"的优秀后备力量,践行着双方共建"人工智能法学教育实践基地"的初衷。

目前含有法学专业的高校共计618家,对智慧法学院的建设目标、教学课程体系、组织过程及评价方法都有着很高的期待,尤其对教学资源智能化、交流互动灵活、教学评价反馈及时、教学决策的支撑等越来越在新的教学模式中得到体现。在互联网数据支撑下,智慧课堂将为学生推送动态学习信息数据,进行智能分析。这里包括电子版的教学大纲、教案、视频等,可对学生进行分组,针对学生的特点的差异推送不同的学习资源,提高学习效果,综合进行分析。这就要求智慧课堂在原有的学生以来教师授课的方式,转变为学生在信息平台自主学习,提高思维能力。师生之间以及学生之间通过客户端等平台随时可进行灵活的交流,真正的实现课堂内知识的延伸。智慧课堂包括课前预习结果测评反馈,课堂上的事实教学反馈,课后跟踪和反馈的过程。这就意味着教师可对学生的学习状态及时地进行诊断和评价,形成综合的全方位的评价反馈体系,实现了及时的动态的分析。学生和教师在智慧课堂模式的学习过程当中的分析和评价、反馈等数据,为作为授课教学经验的总结与改进提供丰富的支撑材料,为教师整体把握教学内容和教学进度、教学难点和重点提供可靠的数据资料。以上是对法学院整体教学体制的变革,影响较为广泛,前景较好。

智慧法学院的建设目标是培养具有"信念执着、品德优良、知识丰富、本领过硬"的卓越法律人才,是创新引领法学教育的大胆尝试和探索,未来的发展方向是面向跨学科教育融合、面向"十四五"和"十五五"科研课题、面向司法领域的法学应用和技术创新实践、面向产学研用的专家智库建设提供较好的平台,能够面向法学行业领域的应用,通过"法律+智能科技"特色教育资源融合、混合式教学模式创新、法律人工智能科研、"法律+智能科技"实验实训等产学研用一体化联合措施来公关和引领法学领域的技术前沿,解决法学领域当前行业中的重大问题,提供科学方法来解决问题,并提出未来法律技术发展的方向,促进卓越法治人才培养和法学院教师的科研成果水平。